SV

Unter den Briefwechseln Adornos ist der sich von 1927-1968 erstreckende mit Max Horkheimer nicht nur der umfänglichste, sondern auch der aufschlußreichste für Adornos Biographie und für die interne Arbeit wie die externen Wirkungen des Instituts für Sozialforschung. Die vollständige Edition dieses in weiten Teilen unveröffentlichten Briefwechsels, die auch hier erstmalig edierte Memoranden, Gutachten, Berichte und Briefe Adornos an Dritte einschließt, ist nicht weniger als eine Dokumentation der Geschichte der Kritischen Theorie und eines der zentralen Dokumente der Philosophiegeschichte des 20. Jahrhunderts.

Im ersten Band, der 1937 endet – als Adornos Übersiedlung nach New York beschlossen ist – stehen Horkheimers Bemühen um die finanzielle Sicherung der theoretischen Arbeit in New York im Mittelpunkt und Adornos Entschlossenheit, seine eigene Arbeit für Horkheimers Intentionen fruchtbar zu machen. Sosehr sich Adorno bereit zeigt, die großen theoretischen Linien zu übernehmen, wie sie von Horkheimer, Löwenthal, Marcuse und Fromm geprägt sind, so sehr setzt er von Anfang an eigene Akzente. Sie kreisen vor allem um die Frage einer immanenten Kritik geistiger Produktionen, wie sie sich im Zuge seiner in Oxford unternommenen Arbeit über die »phänomenologischen Antinomien« bei Husserl ergeben hat. Die Überwindung des Idealismus, der Entwurf einer »materialistischen Logik«, die diesen nicht sozialhistorisch oder politisch von außen kritisiert, ist danach das große Projekt, das beide Briefschreiber als ihr eigentliches Werk betrachten.

Theodor W. Adorno
Max Horkheimer

Briefwechsel
1927–1969

Band I: 1927–1937

Herausgegeben von Christoph Gödde und Henri Lonitz

Suhrkamp

Erste Auflage 2023

Umschlag: hißmann, heilmann, hamburg
Druck: BoD GmbH, Norderstedt
Printed in Germany
ISBN 978-3-518-24391-6

www.suhrkamp.de

Inhalt

Briefwechsel 1927-1937

1 Horkheimer an Adorno
Kronberg im Taunus, 2.10.1927

Cronberg i./Ts., den 2. Oktober 1927

Lieber Herr Wiesengrund!

Ich mache von Ihrer Aufforderung Gebrauch und beantworte Ihre Fragen ohne große Ausführlichkeit.

Erstens: Ob Cornelius Ihre Arbeit schon gelesen hat, weiss ich nicht. Ihre Ankunft um die Mitte Oktober würde sicher nichts schaden, aber ich glaube kaum, dass sie den Gang der Dinge beeinflussen kann. Ob es günstig ist, C. zu mahnen, ehe er sich selbst äussert, gehört zu den Kafka-Problemen.

Zweitens: Die letzten Seiten Ihrer Arbeit kenne ich noch nicht. Ich werde bei nächster Gelegenheit darum bitten, sie mir zu geben und ihn nötigenfalls von unseren Bedenken unterrichten. Ich glaube nicht, dass es Schwierigkeiten machen würde, diese Seiten zurückzuziehen.

Drittens: Über die Probevorlesung wollen wir uns erst Sorgen machen, wenn die Arbeit von der Fakultät angenommen ist. Sie haben dann – wenn ich mich nicht täusche – acht Tage Zeit, um die Probevorlesung vorzubereiten, sodass Sie nicht in Verlegenheit kommen können.

Hier hat die Saison noch nicht begonnen und Sie haben in keiner Weise bis jetzt etwas versäumt. Ich wünsche Ihnen weiter noch recht gute Erholung und freue mich, bis Sie wieder zurück sind.

Schöne Grüsse von meiner Frau, P. und

Ihrem

Max Horkheimer

ÜBERLIEFERUNG O: Ts; Theodor W. Adorno Archiv, Frankfurt a. M.

Ihre Fragen: Anfang September 1927 hatte Adorno seine erste Habilitationsschrift »Der Begriff des Unbewußten in der transzendentalen Seelenlehre« (vgl. Adorno GS 1, S. 79-322) abgeschlossen und war zu einer auf zwei Monate geplanten Ferienreise aufgebrochen, die ihn nach Italien und Nordafrika führen sollte; tatsächlich hielt sich Adorno nach kurzen Besuchen in Florenz und Fiesole bis Anfang Oktober in San Remo auf, von wo aus er – in Sorge um das Schicksal seiner Habilitation – Horkheimer den nicht erhaltenen Brief geschrieben haben dürfte. Adorno kehrte Mitte Oktober nach Frankfurt zurück; sein Habilitationsgesuch zog er noch vor Einleitung des Verfahrens durch die Fakultät zurück, um einer drohenden Ablehnung zuvorzukommen.

Cornelius: Adorno hatte ebenso wie Horkheimer bei Hans Cornelius (1863-1947) studiert und promoviert; bis zu seiner Habilitation 1925 war Horkheimer drei Jahre lang Assistent Cornelius' gewesen. – Adorno, der Horkheimer 1922 kennengelernt hatte, hoffte auf dessen Unterstützung bei seiner Habilitation. Daß Adornos Befürchtungen nicht grundlos waren, zeigt ein Schreiben Cornelius' vom 8. Januar 1928 an die Fakultät, in dem er sich negativ über Adornos Arbeit äußert und hinzufügt: »Ich muß also beantragen, dass Herrn Wiesengrund der Rat erteilt werde, sein Gesuch zurückzuziehen, da seine Arbeit in der vorliegenden Form wenigstens den zu stellenden Anforderungen nicht entspricht.« (Zit. Burckhardt Lindner, Habilitationsakte Benjamin. Über ein ›akademisches Trauerspiel‹ und über ein Vorkapitel der »Frankfurter Schule« (Horkheimer, Adorno), in: Zeitschrift für Literaturwissenschaft und Linguistik 53/54 [1984], S. 147-165; das Zitat auf S. 159)

Die letzten Seiten Ihrer Arbeit: Vermutlich sind die Seiten 316-322 in Adorno GS 1 gemeint, auf denen eine ideologiekritische Untersuchung der »Funktion der Lehren vom Unbewußten« (S. 319) versucht wird.

meine Frau: Maidon (eigentlich: Rosa Christine, geb. Riekher; 1887 bis 1969) war seit 1926 mit Horkheimer verheiratet.

P: Horkheimers lebenslanger Freund und Mitarbeiter Friedrich Pollock (1894-1970), der studierter Ökonom und Soziologe war.

2 Horkheimer an Adorno
Monte-Carlo, 24.2.1932

HOTEL D'ALBION
& DU LITTORAL
MONTE-CARLO

24. Februar 1932.

Lieber Herr Wiesengrund!

Am Ende dieses Semesters möchte ich Ihnen für alle Ihre Hilfe danken. Vorerst geht es mir zwar noch nicht besonders, aber ich hoffe, dass ich im Sommer wieder arbeitsfähig bin und wir manches zusammen tun können.

Die Protokolle der Colloquien habe ich mit Interesse gelesen. Ich halte es für wichtig, die Differenz zwischen Idealismus und Materialismus auch im Hinblick auf die ganz verschiedene Art der Fragestellung, die in beiden Fällen vorliegt, zu klären. Der Materialist könnte dem Idealismus jeder Schattierung antworten wie jener Wunderrabbi dem Oberrabbiner von Wiesbaden: »Möglech«, denn er versteht die Frage gar nicht, auf die jener die Antwort gibt, indem er sie als selbstverständlich voraussetzt. Daher wird der Materialist dem Idealisten gegenüber mit Recht zum Erkenntniskritiker; er zeigt die Unsinnigkeit seiner Fragestellung. Die idealistische These ist in jedem Fall, selbst in der positivistischen Elementenmetaphysik, so gefasst, dass sie sich der Verifikation im geschichtlichen Prozess überhebt. Der Materialist hat ihr daher keine Gegenthese auf gleicher Ebene entgegenzusetzen, er kann höchstens versuchen, seinen Gegner zu erklären, und wird daher immer als ganz unphilosophisch erscheinen. Wer metaphysisch frägt, ist bereits Idealist, denn der Glaube an die Möglichkeit der Lösung setzt notwendig die Behauptung der Autonomie des Geistes voraus. Aus unseren Gesprächen wissen wir ja, dass die metaphysische Frage sich auf die Totalität bezieht.

Was werden Sie in den Ferien tun? Ich will, wenn es mir besser geht, nach Genf fahren und dort in unsrem Büro arbeiten. Die politische Weltlage sieht ja recht ermutigend aus, die conférence du désarmement ist die idealistische Philosophie der Rüstungsindustrie, nur mit dem Unterschied, dass die Teilnehmer sich selbst viel klarer darüber sind als viele unsrer Freunde.

Mit den freundlichsten Grüssen an Sie und die Ihren, auch von meiner Frau,

bin ich Ihr

Max Horkheimer

Bitte grüssen Sie Sternberger und gratulieren Sie ihm in meinem Namen!

ÜBERLIEFERUNG O: Ms m. gedr. Briefkopf; Theodor W. Adorno Archiv, Frankfurt a. M. – E: Horkheimer, Briefwechsel 1913-1936, S. 94 f.

Die Protokolle der Colloquien: Im Wintersemester 1931/32 hatte Horkheimer laut Vorlesungsverzeichnis über »Gesellschafts- und Staatsphilosophie« gelesen; zur Vorbereitung seiner Vorlesungen hatte ein Privatissimum stattgefunden, dessen Themen »Wissenschaft und Krise« und »Differenz zwischen Idealismus und Materialismus« waren. An den Sitzungen hatten außer Horkheimer auch Adorno, Löwenthal und eine Reihe anderer Studenten und Mitarbeiter des Instituts für Sozialforschung teilgenommen. Die erhaltenen *Protokolle* sind in Horkheimer GS 12, S. 349-397 veröffentlicht.

Der Materialist könnte dem Idealismus jeder Schattierung antworten wie jener Wunderrabbi dem Oberrabbiner von Wiesbaden: Weder der *Wunderrabbiner* noch der *Oberrabbiner von Wiesbaden* noch die Überlieferung der Anekdote konnten ermittelt werden.

Was werden Sie in den Ferien tun?: Adorno fuhr im März mit Gretel Karplus zunächst an die Côte d'Azur und dann nach Korsika.

Genf . . . unser Büro: Die Genfer Zweigstelle des Instituts war 1931 eingerichtet worden; sie arbeitete mit dem Völkerbundinstitut »Bureau International du Travail« zusammen und wurde von Pollock und dessen Assistenten Kurt Mandelbaum geleitet.

die conférence du désarmement: Die Internationale Abrüstungskonferenz, die am 2. Februar 1932 eröffnet worden war, stand unter dem Eindruck des japanischen Überfalls auf Shanghai; außerdem sollten während ihrer Sitzungen die Spannungen zwischen Frankreich und Deutschland, das die Aufhebung der Sanktionen des Versailler Vertrags und die volle Gleichberechtigung im Völkerbund anstrebte, abgebaut werden.

Sternberger: Dolf Sternberger (1907-1989) war Anfang 1932 mit einer Arbeit über Heidegger – »Der verstandene Tod« – promoviert worden, die 1934 in Leipzig überarbeitet erschien; Adorno hatte für Paul Tillich, den Doktorvater, ein positives Gutachten über die Arbeit geschrieben (s. Anhang S. 546-551).

3 Horkheimer an Adorno
Kronberg im Taunus, 30.6.1932

DR. PHIL. MAX HORKHEIMER
O. Ö. PROFESSOR DER UNIVERSITÄT
FRANKFURT A. M.

CRONBERG I. T.,
MINNHOLZWEG 3

z. Zt. Genf, den 30.6.32.

Lieber Herr Wiesengrund!

Aus Ihrem Brief vom 24., für den ich Ihnen herzlich danke, ist mir vor allem anderen der Hinweis wichtig, dass wir uns im Sommer sprechen können. Es gibt bereits eine ganze Reihe von praktischen Problemen, über die wir uns persönlich verständigen sollten, ich denke u. a. an die Kritik des Buches von Klages, an Ihren berechtigten Vorschlag eines gemeinsamen Privatissimums, aber auch an eine Reihe anderer mit der Zeitschrift und den künftigen Arbeiten des Instituts zusammenhängender Fragen. Mein Programm für August steht noch nicht fest. Vielleicht können wir folgendes vereinbaren: Wenn bei uns nichts dazwischen kommt, bin ich Anfang August noch in Genf, und Sie könnten, wenn es Ihnen recht ist, möglichst schon in den ersten Augusttagen hierher kommen. Im anderen Falle werde ich Ihnen schreiben, ob ich, um meine Erholung noch etwas zu vervollständigen, zu dieser Zeit etwa an einen anderen Ort der Schweiz reisen werde.

Über den ersten Teil Ihres Aufsatzes sind wir hier sehr froh. Wir halten ihn alle für eine sehr wichtige Arbeit. Den zweiten Teil habe ich noch nicht gelesen. Wenn nicht irgend ein besonderer Umstand, den auch Sie selbst anerkennten, dazwischen kommt, werden wir Ihren Wunsch erfüllen und ihn im zweiten Heft unterbringen.

Dass die ganze Arbeit als Broschüre erscheint, können wir dem Verlag nicht zumuten. Dieser steht nicht mit Unrecht auf dem Standpunkt, dass die Gepflogenheit, Aufsätze aus Zeitschriften nachträglich in Broschürenform herauszubringen, einen der wichtigsten Anreize zum Kauf der teuren Zeitschriften selbst beseitigt. Dagegen wird es möglich sein, dass wir den Verlag veranlassen, die Auflage des Sonderdrucks, den er ja ohnehin anfertigt, bei Ihrem Aufsatz in dem von Ihnen gewünschten Umfang zu vergrössern. Wir können dann vereinbaren, in welcher Form und an wen dieser Sonderdruck verschickt werden soll.

Dass Ihnen die Lektüre des Borkenau viel zu schaffen macht, tut mir sehr leid. Sie erweisen uns einen großen Dienst, indem Sie eine begründete Entscheidung ermöglichen. Ich selbst wäre gegenwärtig nicht dazu fähig, mich durch das Manuskript hindurchzuarbeiten. Ich fange an, die wichtigsten Erscheinungen zu lesen, aber es fällt mir noch ziemlich schwer. Auch den Klages will ich mir bald ansehen. Schön ist es, dass wir mit den Vorarbeiten für die Kollektivuntersuchung, mit der sich die Genfer Zweigstelle beschäftigen soll, vorwärts kommen. Ich nehme an, dass Löwenthal Ihnen über diese Pläne des Näheren berichtet hat.

Zur Lage lässt sich von hier aus wohl das gleiche sagen wie in Deutschland selbst. Die grossen Züge der Entwicklung sind ziemlich festgelegt. Wie der Prozess im einzelnen aussieht, hängt hauptsächlich von aussenpolitischen Momenten ab, die sich unmöglich vorhersagen lassen. Aller Wahrscheinlichkeit nach wird es aber gelingen, die Interessen der verschiedenen sozialen Gruppen, die sich in der nationalsozialistischen Bewegung verselbständigt haben, wieder vollständig unter die Direktion der grossen Industrie zu bekommen, und alles, was an sprengenden Tendenzen in ihr steckt zu paralysieren. Es sei denn, dass die Krise infolge einer verkehrten Aussenpolitik im Winter einen solchen Umfang erreicht, dass man zu den extremsten Mitteln greifen muss. So ungefähr ist auch Pollocks Meinung. Gewiss ist nur eines: die Irrationalität der Gesellschaft hat einen Grad erreicht, in dem nur die dunkelsten Voraussagen wahrscheinlich sind. Die Erkenntnis, dass ein Satz wie der des lieben Coudenhove-Kalergi: »Die zehn Millionen Toten des Weltkriegs sind längst durch Geburten ersetzt« durchaus dem Bewußtsein der gegenwärtig herrschenden Mächte angemessen ist, berechtigt zu den schönsten Erwartungen.

Mit den herzlichsten Grüssen
Ihr Max Horkheimer

NB. Ihren Brief wegen der These 2 habe ich soeben erhalten. Ich möchte nicht gern auf sie verzichten, weil sie unsere positive Beziehung zur sachlichen Einzelforschung ausdrückt und uns ausserdem vom Soziologismus abgrenzt, der mir wirklich zuwider ist. Ich glaube aber durch die Änderungen, die Ihnen Löwenthal zeigen wird, Ihren Wünschen weitgehend Rechnung getragen zu haben. Gegebenenfalls erwarte ich noch Ihre Äusserung. Über die Sache selbst sind ja unsere Debatten noch nicht abgeschlossen.—

ÜBERLIEFERUNG O: Ts m. gedr. Briefkopf; Theodor W. Adorno Archiv, Frankfurt a. M. – E: Horkheimer, Briefwechsel 1913-1936, S. 96ff.

Ihr Brief vom 24.: Nicht erhalten.

die Kritik des Buches von Klages: Eine Auseinandersetzung mit Klages' dreibändigem Werk »Der Geist als Widersacher der Seele«, dessen letzter

Band 1932 erschienen war, hat Adorno nicht geschrieben, obwohl der Plan in seiner Korrespondenz zu der Zeit und auch in den folgenden Jahren mehrfach genannt wird.

Ihr Aufsatz: Der erste Teil von Adornos Aufsatz »Zur gesellschaftlichen Lage der Musik« war im ersten Heft (einem Doppelheft) des ersten Jahrgangs der »Zeitschrift für Sozialforschung« (im folgenden ZfS abgekürzt) erschienen, der zweite Teil folgte im dritten Heft; vgl. jetzt Adorno GS 18, S. 729-777.

die Lektüre des Borkenau: Adorno hatte die Aufgabe übernommen, Borkenaus »Der Übergang vom feudalen zum bürgerlichen Weltbild« zu begutachten; das Buch wurde 1934 in der Schriftenreihe des Instituts veröffentlicht. (Adornos eingeschränkt befürwortendes Gutachten, s. Anhang S. 552-557) – Franz Borkenau (1900-1957), der 1921 bis 1929 der KPD angehörte, hatte für die Arbeit seit 1929 ein Stipendium des Instituts für Sozialforschung erhalten.

Löwenthal: Leo Löwenthal (1900-1993), in Frankfurt a. M. geboren und mit Adorno und Kracauer in seiner Jugend befreundet, hatte 1923 mit einer Arbeit über Franz von Baader promoviert und anschließend als Gymnasiallehrer gearbeitet, bevor er 1930 Mitglied des Instituts für Sozialforschung wurde. Löwenthal leitete von 1932 bis 1941 die Redaktion der Zeitschrift für Sozialforschung.

die Kollektivuntersuchung: Die »Studien über Autorität und Familie«, die 1936 in zwei Bänden in Paris publiziert wurden.

ein Satz wie der des lieben Coudenhove-Kalergi: Richard Nikolas Graf Coudenhove-Kalergi (1894-1972), aus österreichisch-ungarischer Familie stammend, hatte 1923 die Paneuropa-Bewegung begründet, deren Ziele er in seinem im selben Jahr erschienenen Buch »Paneuropa« publizierte: Die Vereinigung Europas sollte vor allem die vermeintlich drohende Gefahr einer Eroberung durch die Sowjetunion mindern. Coudenhove-Kalergi emigrierte 1938, nach der Annektierung Österreichs, zunächst in die Schweiz, 1940 in die USA, wo er den Sitz des Zentralbüros der Paneuropa-Bewegung etablierte. Er setzte nach dem Zweiten Weltkrieg seine Politik für ein vereintes Europa fort. – Der *Satz* steht in Coudenhove-Kalergis Buch »Los vom Materialismus!« (Wien/Leipzig 1931) auf S. 207. Es heißt dort weiter: »Aber nicht die zehn werdenden Genies, die sich vielleicht unter diesen Toten befanden. Nicht die Blüte der deutschen Intelligenz, die 1914 vor Ypern in den Studentenlegionen fiel. Nicht die Blüte des britischen Adels, der im Kampf mit dieser akademischen Jugend Deutschlands kriegsfreiwillig am anderen Ufer dieser Wasserfront unterging. So tobte die weisse Rasse gegen sich selbst, gegen ihre Elite, gegen ihre Qualität, gegen ihre Zukunft.«

Ihr Brief wegen der These 2: Adornos Intervention zur zweiten These von Horkheimers »Bemerkungen über Wissenschaft und Krise«, die im ersten Heft der Zeitschrift erschienen (vgl. jetzt Horkheimer GS 3, S. 40-47), ist nicht erhalten.

4 Horkheimer an Adorno
New York, 25.9.1934

Lieber Herr Wiesengrund,

Sehr gerne möchte ich Ihnen einige Zeilen schreiben, habe jedoch Ihre gegenwärtige Adresse nicht. Ich sende diese Karte in Ihre Sommerfrische und hoffe, Sie auf diese Weise zu erreichen. Schreiben Sie mir doch einige Zeilen. Meine Adresse lautet:

Hotel Oliver Cromwell
12 West 72 Street
New York City
U. S. A.

ÜBERLIEFERUNG O: nicht erhalten; Dv: Abschrift im Max-Horkheimer-Archiv der Stadt- und Universitätsbibliothek, Frankfurt a. M.

5 Horkheimer an Adorno
New York, 25.10.1934

429 West 117 Street
New York City den 25. Oktober 1934.

Lieber Herr Wiesengrund,

Meine Karte nach Madonna hat Sie offenbar nicht erreicht. Die Adresse, an welche ich Ihnen schreibe, habe ich aus Genf erfahren; hoffentlich erhalten Sie diesmal meine Nachricht.

Ich muss nämlich meinem gegen Sie angesammelten Groll Luft machen. Es ist eine unbestreitbare Tatsache, dass wir uns seit März 1933 nicht gesprochen haben. Daran mögen eine Reihe von Missverständnissen schuld sein, aber es ist jedenfalls ein unglaublicher Zustand. Sie haben sich bis zum April 1934 weder persönlich noch durch eine wirklich unterrichtete Mittelsperson ausdrücklich an mich gewandt und mir Nachricht über Ihre Lage und Ihre Pläne gegeben. Dafür habe ich von einigen anderen Stellen gehört, dass Sie mit ihnen in Unterhandlung getreten sind. Als Sie dann glücklich aus Deutschland heraus waren, konnten Sie eine wichtige Besprechung nicht absagen, um mich vor meiner Amerikareise zu erreichen.

Wenn es gegenwärtig überhaupt Beziehungen zwischen theoretisch arbeitenden Menschen gibt, die fruchtbar werden können, dann zählt die regelmässige Zusammenarbeit zwischen Ihnen und dem Institut dazu. Sie hatten einfach die Verpflichtung, mit uns in Verbindung zu bleiben. Wir selbst konnten Ihnen ja unmöglich vorschlagen, Deutschland zu verlassen, und zu uns zu kommen, denn dies mussten Sie auf eigene Gefahr hin tun. Es hätte sich dann schon ein modus vivendi herausgestellt. Von uns selbst wäre es aber ein Verrat an den in Paris und sonstwo hungernden Freunden gewesen, aus der ohnehin allzu kleinen verfügbaren Summe ein Angebot zu machen, von dem wir nicht einmal wussten, ob es gewünscht wird. Irgendjemand erzählte gelegentlich, wenn Sie im Institut mitarbeiteten, könnte das nur unter der Bedingung dauernder Sicherung geschehen, weil Sie vom Institut kommend nachher vielleicht Schwierigkeiten fänden. Ich halte dies für Geschwätz; immerhin haben Sie sich über Ihre Zukunft lieber mit Herrn Cassirer beraten als mit mir. Jetzt sollten wir einige Besprechungen drucken, die mit Charles de Kloës gezeichnet waren. Dieses habe ich abgelehnt. Wenn Sie bei uns Buchbesprechungen über Ganzheitspsychologie nicht unter Ihrem Namen bringen können, müssen wir es eben bleiben lassen. Es besteht kein Zweifel darüber, dass der Mangel an Beziehungen zwischen Ihnen und dem Institut für dieses einen Schaden bedeutet, denn Sie gehören notwendig mit zu uns. Andrerseits wird sich aber auch in Ihrer Entwicklung diese Trennung auswirken. Über beides bin ich recht traurig.

Ihr

Max Horkheimer.

ÜBERLIEFERUNG O: Ts; Theodor W. Adorno Archiv, Frankfurt a. M. – E: Horkheimer, Briefwechsel 1913-1936, S. 252f.

Madonna: Der Ort Madonna di Campiglio in den Dolomiten war bis zur Emigration ein bevorzugter Ferienaufenthalt Adornos.

Ihre Lage und Ihre Pläne: Adorno, der schon im Sommersemester 1933 nicht mehr gelehrt hatte, wurde mit einem Brief vom 8. September, der ihn an seinem dreißigsten Geburtstag erreichte, die venia legendi auf Grund des »Gesetzes zur Wiederherstellung des Berufsbeamtentums« aberkannt. Zeitweilig hatte er beabsichtigt, in Berlin das Privatmusiklehrerexamen abzulegen. Im Herbst 1933 stellte Adornos Vater Oscar Wiesengrund (1870-1946) durch seinen seit langem in England lebenden Bruder Bernard Robert Wingfield (1872[?]-1935) die Verbindung zu der im Mai 1933 gegründeten Hilfsorganisation »Academic Assistance Council« her, mit dessen Mitarbeiter P. G. Gent er in London sprach. Daraufhin schickte Adorno Ende Oktober einen ausgefüllten Fragebogen des A. A. C., in dem er Max Horkheimer, Paul Tillich, Ernst Cassirer, Karl Mannheim und Walter Dubislav als philosophische und soziologische Referenzen angab sowie die Frankfurter Altphilologen Walter F. Otto und Karl Reinhardt. In seinen Briefen vom 10. November und 5. Dezember an Gent konzentrierte er sich schließlich auf Cassirer, Mannheim und den ehemals in Frankfurt lehrenden Nationalökonomen Adolf Löwe, der nach England emigriert war; als musikalische Referenz nannte Adorno den in Cambridge lehrenden Edward Dent, für den er Alban Berg um einen Empfehlungsbrief gebeten hatte. Da Adorno keine finanzielle Unterstützung verlangte – er konnte vom väterlichen Vermögen leben – gelang es relativ schnell, ihn als »advanced student« am Oxforder Merton College zu plazieren, wo er im April 1934 zu seinem ersten »term« eintraf. Außerdem wurde ihm nahegelegt, innerhalb von zwei Jahren den englischen degree des »D. Phil« zu erwerben. Adornos Hoffnung, in irgendeiner Form in England zu lehren und dem akademischen Lehrkörper integriert zu werden, erfüllte sich nicht, da es die Position des Privatdozenten, die er in Frankfurt inne gehabt hatte, an englischen Universitäten nicht gibt. Andreas Kramer und Evelyn Wilcock, die die englischen Archive konsultieren konnten, haben über Adornos englische Zeit ausführlich geschrieben, vgl. »A preserve for professional philosophers«. Adornos Husserl-Dissertation 1934-37 und ihr Oxforder Kontext, in: Deutsche Vierteljahrsschrift für Literaturwissenschaft und Geistesgeschichte, Jg. 73 (1999), Sonderheft: Wege deutsch-jüdischen Denkens im 20. Jahrhundert, S. 115-161.

einige andere Stellen: Horkheimers Vorwurf richtet sich wohl vor allem gegen Adornos Versuche im englischen intellektuellen Leben Fuß zu fassen, die seit April 1934 wesentlich vom A. A. C. vermittelt, wenn nicht gar initiiert waren (so beim Warburg Institut und beim Courtauld Institute), während seine Beziehung zum Institut sich auf die im Frühjahr 1934 wieder aufgenommene Korrespondenz mit Leo Löwenthal beschränkte, der bis Ende Juli 1934 in der Genfer Zweigstelle des Instituts arbeitete. Die Quelle für Horkheimers Informationen ist nicht ermittelt. Adorno selbst bezieht diese Anklage im folgenden Brief vor allem auf seine Beziehungen zu Cassirer und Mannheim.

[Sie] haben sich lieber [. . .] mit Herrn Cassirer beraten als mit mir: Ernst Cassirer (1874-1945) hatte 1933 am Oxforder All Souls College eine zeitlich befristete »Chichele Lectureship« erhalten; er ging bereits im Sommer 1934 mit einem Rockefeller-Stipendium nach Göteborg. Noch vor seiner Abreise nach England hatte Adorno am 13. März 1934 geschrieben: »Den Verlauf der Londoner Reise kann ich noch nicht recht übersehen, hoffe aber doch ganz dringend, daß der Rückweg mich nach Paris bringt – es sei denn, daß ich gleich zum Beginn des Term drüben bleiben und (etwa bei Cassirer in Oxford) lesen müßte, eine Aussicht indessen, die mir zu ro-

sig dünkt, als daß ich sie ernsthaft fürchtete.« (Adorno/Benjamin, Briefwechsel, S. 46) – Da Adornos Briefe an Cassirer sowenig erhalten scheinen wie die Cassirers an Adorno, ist es kaum zu sagen, inwieweit dessen Hoffnungen in Äußerungen Cassirers Nahrung haben finden können. Cassirer referierte in einem Brief vom 12. März an P. Gent vom A. A. C. schon vor Adornos Ankunft in England seine vorsichtige Auskunft gegenüber diesem: »Von Herrn Dr. Theodor Wiesengrund-Adorno erhalte ich einen neuen Brief, in dem er mir einen Besuch in Oxford für Ende April in Aussicht stellt. Ich habe ihm darauf geschrieben, daß ich mich jederzeit freuen werde, seine Bekanntschaft zu machen und gern versuchen will[,] ihn in persönliche Fühlung mit einzelnen Oxforder Gelehrten zu bringen. Ob sich darüber hinaus etwas Sicheres und Dauerndes für seine akademische Zukunft erreichen lassen wird, erscheint mir allerdings recht fraglich. Nach meiner Kenntnis der Dinge besteht z. Z. keinerlei Aussicht, daß hier neue Stellen geschaffen werden. Ob in anderen englischen Universitäten die Dinge anders liegen, kann ich nicht beurteilen. [. . .] Nach seinem letzten Brief habe ich den Eindruck, daß er sich auf Grund der Einladung des Acad. Assistance Council schon mit ganz bestimmten Hoffnungen trägt, hier irgend eine dauernde Beschäftigung – wenngleich zunächst noch ohne feste Besoldung – finden zu können. Wenn Sie diese Hoffnungen für verfrüht ansehen – was ich, wenigstens für Oxford, auf Grund meiner bisherigen Erkundigungen tun muss – so wäre es vielleicht besser, wenn das Ac. Assist. Council ihm die Sachlage noch einmal völlig klarlegt, damit seine Erwartungen nicht enttäuscht werden.« (Zit. nach einer Photokopie der Akte Adornos, die das A. A. C. angelegt hatte und die im Archiv der »Society for the Protection of Science and Learning« – so der Name des A. A. C. seit 1936 –, Department of Western Manuscripts, Bodleian Library, Oxford [Ms SPLS 322/2] aufbewahrt ist [vgl. auch Kramer, Wilcock, A preserve for professional philosophers, a. a. O., S. 121].) – Am 3. Mai trafen Cassirer und Adorno sich im Büro des A. A. C., das sich im Gebäude der London School of Economics befand; während dieses Gesprächs wurde Adorno gesagt, daß der einzige Weg für ihn in England der Erwerb des D. Phil. sei.

einige Besprechungen: Adornos zu Lebzeiten ungedruckt gebliebene Rezension von Walter Ehrensteins »Einführung in die Gestaltpsychologie« (Leipzig 1934) ist die einzige erhaltene, die mit dem im Brief genannten Pseudonym gezeichnet ist und dem Ort »Cagnes sur mer« (vgl. Adorno GS 20·1, S. 218-220).

6 Adorno an Horkheimer
Oxford, 2.11.1934

Oxford, 2. November 1934
47 Banbury Road (oder Merton College)

Lieber Herr Horkheimer,

lassen Sie mich Ihnen sogleich antworten. Zuvor: in Madonna fand ich eine Karte Löwenthals, noch vor seiner Abreise geschrieben, aber nichts von Ihnen, sonst hätte ich natürlich reagiert. Um so froher bin ich über die Tatsache Ihrer Nachricht, von der ich mir nicht vorstellen kann, daß sie schließlich etwas anderes bezweckt als das Richtige; und Ihren Groll nehme ich dessen zum Zeichen.

Aber freilich: den Groll selber halte ich für ungerecht und muß mich zur Wehr setzen, so absurd eine solche Haltung mir auch Ihnen gegenüber (keinem mehr als Ihnen gegenüber) scheint. Sie haben offen geredet und ich darf das Gleiche tun. Ich meine, wenn jemand Grund hätte, von uns beiden, sich vom anderen im Stich gelassen zu fühlen, so wäre ich es gewiß eher als Sie. Oder was anders kann es bedeuten, daß beim Ausbruch des dritten Reiches ich allein, vom Institut, in Deutschland zurückblieb; ohne jede Instruktion vom Institut, was zu tun, wohin zu gehen. Ich will nur das anführen: mit Leo war ich noch *nach* dem Reichstagsbrand zusammen, ich glaube am Tag vor seiner Abreise: ohne auch nur ein Wort darüber zu erfahren, daß es sich nicht um einen Erholungsaufenthalt an der Riviera handelte, sondern um eine definitive Übersiedlung: und dies kaum 4 Wochen, nachdem Sie mir, im Parkhotel, die vollste empirische Solidarität des Instituts emphatisch zugesagt hatten; wobei sogar eine Wendung fiel, die besagte, daß Sie im Ernstfall unsere Gemeinschaft, in Genf, für dichter hielten als die mit Leo. Wäre es also nicht möglich gewesen, mir, etwa wie Sie Dreyfuss nach Stockholm dirigierten, mit einem Wort und verantwortlich zu sagen, ich *solle* kommen? Das geschah aber nicht, sondern das Gegenteil: in einem Telephonat mit

Dreyfuss sagte, ich glaube, Pollock diesem, ich sei nicht gefährdet und könne bleiben; wobei ich ganz darüber hinweggehe, daß ich in der Tat *ja* gefährdet war, zweimal nur durch blinden Zufall dem Eingesperrtwerden entging, und zwar beidemale in Gefahr eben als zum Institut gehörig. Daß ich solange in Deutschland blieb, hängt ebendamit zusammen, ich konnte erst im Oktober 1933 damit rechnen, überhaupt die Ausreiseerlaubnis zu erhalten und wäre, wenn ich mich früher darum bemüht hätte, Gefahr gelaufen, den Paß entzogen zu bekommen. Weiter: das erste, was ich dann tat, war: zu versuchen, Sie in Genf zu sehen und das war ja, wie Sie wissen, bereits abgemacht: als *Sie,* wegen Krankheit, die Verabredung rückgängig machten. Und was mir Tillich von Genf mitbrachte (den ich gebeten und autorisiert hatte, mit Ihnen zu reden und Ihnen meine vollste Bereitschaft zur Mitarbeit zu erklären), klang alles eher als ermunternd; ich könne kommen, gewiß, und sei willkommen, aber irgendeine Möglichkeit der festen Eingliederung bestünde nicht.

Damit aber komme ich zum zentralen Punkt, nämlich eben meinem Verhältnis zum Institut. Ich kann Ihrer Argumentation nicht folgen und muß genauer darauf eingehen. Sie schreiben, das Institut hätte mir nicht vorschlagen können, aus Deutschland herauszugehen, das hätte ich auf eigene Gefahr tun müssen. Warum konnte das das Institut nicht? Gerade *solange* ich nicht äußerlich-organisatorisch eingegliedert war (und Sie wissen, daß ich seit Jahren immer wieder auf diese Eingliederung drängte, etwa so wie eine Freundin auf Heirat zu drängen pflegt –), wäre es nicht an mir, sondern am Institut gewesen, den entscheidenden Schritt zu tun; ich hätte mich sonst in eine durchaus schiefe Situation begeben. Und freilich ist hier die materielle Frage wichtig. Sie schreiben, es sei ein Verrat an den hungernden Freunden gewesen, mir ein Angebot zu machen. Es will mir scheinen, daß damit unser Verhältnis, so wie es bestand, in einem ganz falschen Licht erscheint. Denn ich war ja kein Outsider, den man hätte unterstützen müssen, sondern ich war, das darf ich wohl sagen und wohl auch aus Ihrem Brief entnehmen, ein Stück des Instituts selber, wie Sie, Pollock und Löwenthal. So wenig Sie es aber als einen Verrat an den Freunden ansehen werden, wenn das Institut materiell für diese drei, als seine innerste Produktivkraft, zuerst einsteht, so wenig wäre es doch ein Verrat in meinem Falle gewesen, vorausgesetzt, daß ich wirklich von Ihnen in der gleichen Weise nicht als ein »Mitarbeiter« des Instituts sondern als ein integrierendes Moment in dessen Dasein aufgefaßt wurde; und Sie haben es ja nie anders dargestellt und den Mangel offizieller Funktionen dort stets und betont als quantité negligeable behandelt. Daß aber für mich eine Solidarität mit dem Institut nur eben unter dieser Bedingung des vollen Inter pares, und keinesfalls in einer mehr »externen« Weise in Betracht kommt, dürfte sich von selbst verstehen. Weiter aber wäre die materielle Solidarität in meinem Falle auch sachlich ebenso gerechtfertigt gewesen wie in den Pariser Fällen. Denn abgesehen von der Schwierigkeit, Geld aus Deutschland herauszubekommen, selbst wenn man dort welches hat, und der ebensogroßen, draußen sich seinen Lebensunterhalt zu verdienen: meine Eingliederung ins Institut wird ja bedeuten, daß ich nicht nach Deutschland zurückkann, wo einstweilen meine materielle Basis liegt. Es scheint mir aber nicht eben zwingend geschlossen, wenn Sie meine Eingliederung ins Institut als eine Sache der Solidarität fordern, aber gleichzeitig die materielle Solidarität ablehnen, obwohl meine eigene materielle Basis eben durch meine Eingliederung in Fortfall kommt. Und – seien Sie jetzt nicht böse! – es hat mich ungemein erstaunt, dabei von Ihrer Seite her eine Argumentation zu vernehmen, die wir früher an Tillich zu durchschauen und verspotten nicht müde wurden. Der Satz, daß ich vom Institut kommend »nachher vielleicht Schwierigkeiten fände« ist in dieser Form natürlich nie gesagt worden und der bare Unsinn. Gemeint war nur (und Tillich hat wohl Konfusion gemacht), daß ich im Institut nur materiell gesichert arbeiten könne, weil eben durch meine Mitarbeit dort die Resourcen in Fortfall kommen, um deretwillen Sie gerade glaubten, materiell nicht einstehen zu müssen.

Was die Absage nach Paris anlangt: nachdem ich das Appointment mit dem Council Wochen vorher schriftlich abgemacht hatte, konnte ich es unmöglich mit der Begründung abblasen, ich hätte gerade nach Paris zu gehen. Von Ihrer Übersiedlung nach New York hatte ich keine Ahnung zuvor. Ihr Hohn über mein Vertrauen zu Cassirer geht ganz daneben, er ist ein konformistischer Trottel, heute wie nur je, und ich habe ihn nie um Rat gefragt, sondern seine Funktion bestand einzig darin, meine Lage dem Council auseinanderzusetzen. In Oxford habe ich ihn ein Mal (vorgestern) gesehen und wir haben uns darauf beschränkt, Kriminalromane auszutauschen. Was den anderen Mann anlangt, auf den Sie anspielen, Mannheim, so dürfte es genügen, daß ich gerade jetzt den Entwurf einer ungemein scharfen und prinzipiellen Arbeit gegen seine Art Soziologie abgeschlossen habe. Davon aber erst des Näheren, wenn das Terrain zwischen uns wirklich bereinigt ist und wir uns genug beschimpft haben, um uns so zueinander zu verhalten wie es einzig möglich ist: als Freunde und in einer Solidarität, die ich heute wie stets für bindend und ganz erachte. Und wenn ich auch Groll gegen Groll setze, so geht meiner doch nicht so weit, um Ihnen nicht zu sagen, was ich Leo sogleich schrieb, daß ich von der Dämmerung den allergrößten und nachhaltigsten Eindruck hatte und dem Buch meine Blankounterschrift gebe, wenn sie Ihnen noch etwas wert ist.

Fragen möchte ich Sie heute nur: was weiter und wie ist zwischen uns der richtige Zustand zu realisieren? Und schließlich: ist Ihnen, nach Ihrem immerhin ernst aggressiven Brief, an mir noch so viel gelegen wie eine solche Realisierung es voraussetzt? Ich selber stehe nicht an, die reziproke Frage für mich zu bejahen.

Der arme Charles de Kloës hat Sie erbittert, offenbar als eine vermeintliche Fehlleistung eines unverbesserlichen Snobismus (etwa wie Gelb auf dem Kostümfest als Hakenkreuzler erschien). Aber Sie irren: er ist eine alte Phantasiefigur von mir, von der ich Ihnen einmal die erstaunlichsten Details berichte. Er ist debil, hat ein Verhältnis mit einem Kind und mit einer Gazellenherde. Vielleicht genügt das, dem Armen ein Imprimatur zu verschaffen. Über die Frage der Pseudonymität selber wollen wir uns verständigen, wenn wir im Prinzip klar sind.

Meine Existenz hier, offiziell die eines »advanced student«, zugelassen zum d.phil. (dem höchsten Oxford degree, der wissenschaftlich etwa unserer Habilitation entspricht, aber nicht mit einer venia legendi verbunden ist – und auf den ich 2 Jahre warten muß, um ihn zu erwerben) kann beim besten Willen nicht anders als trostlos heißen. Es ist die eines mittelalterlichen Studenten und teilweise der verwirklichte Angsttraum, daß man wieder in die Schule muß, kurz das verlängerte dritte Reich. Dazu überaus unangenehme gesundheitliche Beschwerden. Hoffentlich sind Sie in jedem Stück besser daran.

Bitte antworten Sie rasch. Jede Klärung ist besser als der gegenwärtige Zustand.

Immer Ihr

Teddie Wiesengrund.

ÜBERLIEFERUNG O: Ts; Max-Horkheimer-Archiv der Stadt- und Universitätsbibliothek, Frankfurt a. M. – E: Horkheimer, Briefwechsel 1913-1936, S. 259ff.

eine Karte Löwenthals: Eine Karte Löwenthals *noch vor seiner Abreise* aus Genf Anfang August 1934 ist nicht erhalten.

Leo . . . seine Abreise: Leo Löwenthal hatte Deutschland am 2. März 1933 verlassen.

Dreyfuss: Carl Dreyfuss (1898-1969) war vor 1933 gelegentlicher Mitarbeiter des Instituts für Sozialforschung. 1933 publizierte er eine Arbeit »Beruf und Ideologie des Angestellten«, in der er seine Erfahrungen als leitender Angestellter in der Industrie verwerten konnte. Unter dem Namen Ludwig Carls arbeitete er, von einem Aufenthalt in Stockholm 1933 abgesehen, mindestens bis 1935 in Berlin – hauptsächlich als Dramaturg – für die Berliner Filmindustrie. Dreyfuss, der seinen Namen später Dreyfus schrieb, emigrierte 1937 nach England und 1938 – mit der Unterstützung von Paul Oppenheim – nach Argentinien, wo er bis 1962 in Buenos Aires lebte. Nach seiner Ankunft dort scheint er seinen Lebensunterhalt dank einer Gesellschaft, die Fachzeitschriften in Kinos vertrieb und deren Leiter er war, verdient zu haben. Anfang 1963 kehrte Dreyfuss nach Deutschland zurück und lebte bis zu seinem Tod in München.

[ich entging] zweimal nur durch blinden Zufall dem Eingesperrtwerden: Die näheren Umstände konnten nicht ermittelt werden. – Am 8. Juli 1933 hatte auf Antrag der Gestapo eine kriminalpolizeiliche Hausdurchsuchung bei Wiesengrunds stattgefunden.

die Verabredung [in Genf]: Nicht mehr zu ermitteln; s. aber den folgenden Brief, aus dem hervorgeht, daß Horkheimer Adorno gebeten hatte, nach Paris (s. unten) statt nach Genf zu kommen.

Tillich: Paul Tillich (1886-1965) hatte von 1929 bis 1933 in Frankfurt a.M. einen Lehrstuhl für Philosophie und Soziologie inne; bei Tillich habilitierte sich Adorno 1931 mit seiner Arbeit »Kierkegaard. Konstruktion des Ästhetischen« und fungierte als »de facto«-Assistent bei ihm (vgl. Adorno GS 2, S. 7-213). Wann und wie oft Tillich, der im Sommer 1933 eine Einladung als »visiting professor« in die USA erhielt und am 3. November mit seiner Familie in New York eintraf, wo er am »Union Theological Seminary« und an der Columbia University philosophische und theologische Vorlesungen hielt, in Genf war, ist nicht ermittelt. Adorno traf Tillich im August 1933 noch einmal auf Rügen.

die Absage nach Paris: Über die Verabredung – wohl für April 1934, als sich Horkheimer vor seiner Reise in die USA in Paris aufhielt – konnte Näheres nicht ermittelt werden.

Mannheim . . . der Entwurf einer ungemein scharfen und prinzipiellen Arbeit gegen seine Art Soziologie: Der Soziologe Karl Mannheim (1893-1947), der Begründer der Wissenssoziologie, hatte von 1930-1933 in Frankfurt gelehrt; 1933 ging er nach England in die Emigration und gehörte bis 1945 zum wissenschaftlichen »staff« der London School of Economics. – Diesen Vorschlag hatte Adorno schon am 6. August 1934 auf einer Karte aus Madonna di Campiglio Löwenthal gegenüber gemacht: »Ich möchte gerne einen prinzipiellen Aufsatz ›Zur Kritik der generalisierenden Soziologie‹ bezw. ›Zur Kritik des Soziologismus‹ schreiben, ausgehend von einer Arbeit von Mannheim.« (Die Arbeit Mannheims war ein Vortrag »The Crisis of Culture in the Era of Mass-Democracies and Autarchies«, der im April 1934 in der »Sociological Review« [S. 105-129] erschienen war.) Dieser Aufsatz, den er vor dem über Klages zu schreiben vorhatte, beschäftigte Adorno bis 1937, als eine vorläufig letzte Fassung unter dem Titel »Neue wertfreie Soziologie. Aus Anlaß von Karl Mannheims ›Mensch und Gesellschaft im Zeitalter des Umbaus‹« (vgl. Adorno GS 20·1, S. 13-45) fertig vorlag und auf das Einverständnis der Redaktion gestoßen war, aber dann doch nicht in der Zeitschrift des Instituts erschien; die Umarbeitung des Aufsatzes unter dem Titel »Das Bewußtsein der Wissenssoziologie« nahm Adorno in die Essaysammlung »Prismen« auf (vgl. jetzt Adorno GS 10·1, S. 31-46).

die Dämmerung: Horkheimers Notizen waren 1934 unter dem Pseudonym Heinrich Regius in Zürich erschienen; vgl. jetzt Horkheimer GS 2, S. 309-452.

Gelb: Der Gestaltpsychologe Adhémar Gelb (1887-1936) lehrte bis 1931 an der Frankfurter Universität; er war dort enger Mitarbeiter Kurt Goldsteins (1878-1965) am Psychologischen Institut, dessen Direktor er 1929 wurde. Bis 1933, als er von den Nazis entlassen wurde, lehrte Gelb in Halle.

7 Horkheimer an Adorno
New York, 16.11.1934

INTERNATIONAL INSTITUTE OF SOCIAL RESEARCH
429 WEST 117TH STREET
NEW YORK, N. Y.

den 16. November 1934.

Lieber Herr Wiesengrund,

Dass ich auf Ihren Brief noch mit der »Berengaria« antworte, mag Ihnen zeigen, welche Wichtigkeit ich unserer Zusammenarbeit, vor allem aber unseren persönlichen Beziehungen beimesse.

Einige von Ihnen erwähnte Einzelheiten wären nur mit

grosser Umständlichkeit schriftlich zu erörtern; sie werden bei einer Aussprache dagegen rasch erledigt sein. Ein paar Missverständnisse glaube ich jedoch sogleich klären zu können. Die Verabredung Ihres Besuchs habe ich nie rückgängig gemacht. Für die Zeit, zu der Sie kommen wollten, hatte ich einige dringende Unterredungen in Paris angemeldet. Unter Angabe meines Pariser Hotels teilte ich Ihnen dies sogleich mit und fragte, ob Sie anstatt nach Genf nach Paris kommen könnten. Ich war fest davon überzeugt, dass Sie, falls Ihnen Paris aus irgendeinem Grund unangenehm war, ein wenig später in Genf sein werden, mindestens jedoch aus Deutschland ausreisten, damit wir uns sonst irgendwo treffen konnten. Als ich dann wegen Krankheit den Pariser Besuch verschieben musste, habe ich Sie dies sogleich wissen lassen und aufs neue Genf vorgeschlagen. Daraufhin hörte ich nichts mehr von Ihnen. Selbstverständlich ist es möglich, dass eine Nachricht von mir oder Ihnen verloren gegangen ist. Ich glaubte jedoch, dass Ihnen meine Gesinnung durch Tillich eindeutig bestätigt worden sei. Diesem hatte ich gesagt, dass, wenn Sie nur erst einmal da wären, sich selbstverständlich auch die finanzielle Lage klären liesse.

Auch in dieser Hinsicht glaube ich aber, ein Missverständnis berichtigen zu können. In meinem letzten Brief an Sie, ebenso wie damals gegenüber Tillich, habe ich geltend gemacht, dass wir jeden verfügbaren Beitrag zur Erleichterung der furchtbaren Zustände verwenden müssten, unter denen unsere mittellosen Freunde litten. Wir konnten es uns nicht leisten, Sie aufzufordern, eine einigermassen gesicherte Lage aufzugeben und vom Institut zu leben. Diese Ansicht war aber niemals identisch mit dem Entschluss, Ihre Mitarbeit auch dann nicht zu honorieren, wenn sich dies in der Tat als der einzig gangbare Ausweg aus einer für Sie unmöglichen Situation gezeigt hätte. Pollock und ich haben es stets so gehalten, gerade so viel aus dem Einkommen des Instituts zu nehmen, als wir nicht selbst privat aufbringen konnten. Lange Zeit haben wir überhaupt ohne Gehalt gearbeitet.

Dass Sie im Falle einer Zusammenarbeit mit dem Institut in Deutschland mit grösseren Schwierigkeiten zu rechnen haben sollten, als es ohnehin der Fall ist, konnte ich nicht annehmen. Abgesehen von einigen offenbar irrtümlichen Äusserungen in der lokalen Presse, die im Zusammenhang mit der Institutsschliessung in der ersten Märzhälfte standen und rasch verstummten, ist kein öffentlicher Vorwurf gegen uns formuliert worden. Ich habe damals sogleich einen ganz ausgezeichneten und äusserst beziehungsreichen Mann als Anwalt gewonnen, der nicht nur die ausdrückliche Erklärung der Behörden erlangte, dass der Institutsleitung kein Verschulden vorgeworfen wird, sondern auch die Freigabe meines gesamten Eigentums und die Bewilligung zur Ausfuhr grösserer Vermögensteile erwirkte. Dass im Zusammenhang mit dem Institut niemand in Anklagezustand versetzt worden ist, wird Ihnen bekannt sein. Ein Mitarbeiter, der eine Zeitlang aus anderen Gründen in Haft war und nicht ganz ohne unsere Mitwirkung mit einem Auslandspass entlassen wurde, hat während seiner Haft, ohne dass ihn dies im geringsten belastet hätte, für die Zeitschrift geschrieben. Schliesslich ist Marcuse, der immerhin etwa ein Jahr lang in unserem Genfer Büro arbeitete, im April zu einem Besuch nach Deutschland gefahren, ohne im geringsten behelligt zu werden. Aus seinen Papieren ging sein Verhältnis zum Institut ohne weiteres hervor. Es konnte mir daher nicht in den Sinn kommen, dass Ihre Resourcen wegen der Mitarbeit im Institut in Fortfall kommen sollten. Einen Prozess, den wir führten, um die Absetzung des Vorstandes der Gesellschaft rückgängig zu machen, haben wir vor deutschen Gerichten gewonnen.

Dies alles ist jedoch nebensächlich, denn es handelt sich darum, was nun geschehen soll. Am liebsten schriebe ich: »Kommen Sie hierher und arbeiten Sie zunächst in der hiesigen Zweigstelle mit, das weitere wird sich finden. Sie erhalten vorerst einen Gehalt, der den hiesigen Verhältnissen entspricht, und im übrigen versuchen Sie, an einer Universität festen Fuss zu fassen, was hier wenigstens vorerst noch leichter ist als in Europa.« Wenn Sie sich nicht sehr verändert haben, dann sind Sie einer der ganz wenigen Menschen, von denen das Institut und die besondere theoretische Aufgabe, die es zu erfüllen sucht, geistig etwas zu erwarten haben. Aus denselben Gründen und im gleichen Masse wie die Zahl dieser Menschen, und das Verständnis, auf das sie im Augenblick rechnen dürfen, zusammenschrumpft, werden die Verpflichtungen grösser, bei der Stange zu bleiben und die eigene Position weiter zu entwickeln. Wir sind die einzige Gruppe, deren Existenz nicht von einer fortschreitenden Assimilierung abhängt, sondern welche den in Deutschland erreichten relativ hohen Stand der Theorie halten und weiter erhöhen kann. Um dafür wenigstens so günstige Bedingungen zu schaffen, wie es unter den heute höchst unsicheren Verhältnissen möglich ist, habe ich nicht nur auf die Ausübung einer Lehrtätigkeit verzichtet, sondern meine Zeit und Energie darauf verwandt, das Institut einigermassen arbeitsfähig zu erhalten. Wir haben, wie Sie wissen, in der Ecole Normale Supérieure in Paris eine ziemlich tätige Zweigstelle, und auch das Londoner Büro, das freilich gegenwärtig eine problematische Position darstellt, ist gegebenenfalls entwicklungsfähig. Was daraus wird, hängt zum Teil davon ab, ob die London School of Economics, die gerade in diesen Wochen die Herausgabe unserer Bibliothek ziemlich energisch betreibt, dieses Ziel erreicht. Hier in Amerika sind wir einer unerwartet grossen Hilfsbereitschaft begegnet. Auf Grund einer erstaunlich verbreiteten Kenntnis unserer Schriftenreihe, der Zeitschrift, wie auch der mit unseren Enquêten zusammenhängenden Forschungen hat man uns ein kleines Haus zur Verfügung gestellt, in dem es sich recht gut arbeiten lässt. Dazu kommt, dass uns die vorzüglichen Einrichtungen der Columbia Universität auf bequemste Weise zugänglich sind. Wenn die Krise sich nicht rapid zuspitzt und nichts neues dazwischenkommt, werden wir wenigstens zunächst hier Ruhe zu wissenschaftlicher Arbeit haben. Aber wer weiss? Mit langen Zeiträumen rechne ich jedenfalls nicht.

Die Besorgung dieser Angelegenheiten, die verschiedenen

Reisen, die Sorgfältigkeit, mit welcher wir im Interesse unserer Mitarbeiter und Angestellten, auch im Hinblick auf die Herausgabe der Bibliothek die ursprünglichen Vorwürfe gegen das Institut entkräften mussten, die nicht unbeträchtliche Hilfe, welche wir vielen Freunden in verschiedener Hinsicht gewährten, all dies hat nicht bloss sehr viel Kraft gekostet, sondern wir haben im Augenblick buchstäblich nicht die Mittel, welche es uns erlaubten, die Bezahlung eines nennenswerten Gehaltes über die laufenden Ausgaben hinaus zu versprechen. Eine solche Zusage könnte der Vermögensverwaltung, das heisst Pollock die allerschwersten Vorwürfe zuziehen. Seit gestern, als ich Ihren Brief erhielt, habe ich sehr ernsthaft mit ihm über die Sache gesprochen. Die Aussicht, dass sich im nächsten Jahr unsere finanzielle Lage bessert, ist nicht gering. Wenn es überhaupt heute noch einen Standort gibt, der nach verschiedenen Richtungen hin diese Hoffnung begründet, so ist es Amerika. Wenn auch die Krisenelemente hier viel stärker sind, als man gemeinhin sieht, und die ganze Entwicklung sich der europäischen nähert, so bilden doch die Grösse und der Reichtum des Landes auch ein positives Moment.

Diese Ansicht über unseren hiesigen Standort zusammen mit der Überzeugung, dass auch Ihnen der Fortbestand und die steigende Wirksamkeit des Instituts in Anbetracht der sich fortwährend verdunkelnden Umwelt als eine verpflichtende Sache erscheint, mögen den Vorschlag begründen, einen trip nach Amerika ernsthaft in Erwägung zu ziehen. Im Falle, dass ich bereits in den allerersten Monaten des nächsten Jahres nach Europa komme, hätten wir die Möglichkeit, eine solche Fahrt gemeinsam zu besprechen. Da sich jedoch meine Reise unter Umständen auch noch länger hinausziehen kann, so ist der Gedanke, dass Sie noch im Winter kommen, gar nicht so abwegig. Ich halte es für nicht ausgeschlossen, dass Sie auf Grund der Eindrücke an Ort und Stelle Ihre hiesigen Chancen, auch unabhängig von der rein materiellen Hilfe des Instituts bedeutend besser beurteilen als die in England. Mit dem Vorbehalt, dass eine Enttäuschung immer möglich ist, neige ich auf

Grund der überaus wohlwollenden Einstellung entscheidender Kreise der Columbia Universität und auch einiger massgebender Personen von andern Universitäten zu allem, was unser Institut betrifft, zu einer sehr günstigen Prognose. Jedenfalls scheint mir Ihre augenblickliche Lage im Zusammenhang mit der gegenwärtigen hiesigen Konstellation eine Orientierungsreise vollauf zu motivieren. Die Kosten der Überfahrt hin und zurück könnten wir teilen, so dass die Sache Sie jedenfalls nicht höher zu stehen käme, als sie es im Hinblick auf die Gestaltung Ihres Lebens wert ist. Bitte, denken Sie sehr ernsthaft darüber nach! Es ist selbstverständlich, dass bei meinem Vorschlag auch der Wunsch, Sie wieder einmal zu sprechen, mitspricht. Aber auch ganz unabhängig davon, meine ich, dass der Vorschlag berechtigt sei.

Charles de Kloës habe ich deshalb nicht empfangen, weil sein Vater in unserer Gesellschaft sich nicht zeigen wollte. I hope that now we shall have the father with us very soon, and not only in the review but personally.

Mit herzlichem Gruss
Ihr Max Horkheimer.

ÜBERLIEFERUNG O: Ts m. gedr. Briefkopf; Theodor W. Adorno Archiv, Frankfurt a. M. – E: Horkheimer, Briefwechsel 1913-1936, S. 263 ff.

»Berengaria«: Das 1912 in Hamburg vom Stapel gelaufene Schiff »Imperator« fuhr auf seiner Jungfernfahrt von Cuxhaven nach New York. Nach dem Ersten Weltkrieg beschlagnahmt und von der US-Marine als Truppentransporter genutzt, fuhr es mit dem neuen Namen »Berengaria« für die Cunard-Linie. Im März 1938 brach im New Yorker Hafen Feuer auf der »Berengaria« aus, und es wurde außer Dienst genommen und verschrottet.

Anwalt: Nicht sicher zu ermitteln; möglicherweise der Schweizer Rechtsanwalt Paul Guggenheim (1899-1977), der Mitglied der »Société Internationale de Recherches Sociales« war und das Institut in den Auseinandersetzungen mit der Frankfurter Universität vertrat. Guggenheim war Professor für Internationales Recht und Berater der Schweiz bei internationalen Verhandlungen.

Ein Mitarbeiter: Nicht sicher zu ermitteln; möglicherweise ist Karl August Wittfogel (1896-1988) gemeint, der von 1925 bis 1940 Mitarbeiter des Instituts war, in dessen Schriftenreihe 1931 sein Werk »Wirtschaft und Gesellschaft Chinas« erschien. Wittfogel, von 1920 bis 1939 Mitglied der KPD, war 1933 beim Versuch, in die Schweiz zu flüchten, festgenommen und zuerst in das KZ Esterwegen verbracht worden; im November 1933 wurde Wittfogel in das KZ nach Lichtenburg überstellt, aus dem er noch in demselben Monat entlassen wurde. Wittfogel emigrierte am 2. Januar 1934 nach England.

ein Prozeß: Am 11. September 1933 hatte das Kuratorium der Frankfurter Universität mit Hilfe des Amtsgerichts erfolgreich den abwesenden Vorstand der »Gesellschaft für Sozialforschung« durch einen kommissarischen Vorstand ersetzen lassen. Im April 1934 wurde dieses Urteil vom Berliner Kammergericht aufgehoben. Vertreten wurde die »Gesellschaft für Sozialforschung« von dem Anwalt Adolf Arndt, der dem Schweizer Anwalt Paul Guggenheim als Korrespondenzanwalt diente. (Vgl. Wolfgang Schivelbusch, Intellektuellendämmerung. Zur Lage der Frankfurter Intelligenz in den zwanziger Jahren: Die Universität. Das Freie Jüdische Lehrhaus. Die Frankfurter Zeitung. Radio Frankfurt. Der Goethe-Preis und Sigmund Freud. Das Institut für Sozialforschung, 2. Aufl. Frankfurt a. M. 1983, S. 97-101)

die hiesige Zweigstelle: Sie war in einem separaten Haus der Columbia University untergebracht, das deren Präsident Nicholas Murray Butler (1862 bis 1947) dem Institut zur Verfügung stellte. Horkheimer, der im Mai 1934 zur Erkundung der Arbeitsmöglichkeiten in die USA gefahren war, hatte das Angebot im Sommer erhalten und ihm vor zwei anderen Kooperationsmöglichkeiten – mit der Universität von Chicago und der Brooking Institution in Washington – den Vorzug gegeben. Das New Yorker Büro, das seine Arbeit zu dem Zeitpunkt gerade aufgenommen hatte, zählte neben Horkheimer und Pollock Fromm, Löwenthal und Marcuse zu seinem wissenschaftlichen staff.

in Paris eine ziemlich tätige Zweigstelle: Das zur École Normale Supérieure gehörende »Centre de documentation sociale«, das die Pariser Zweigstelle seit Sommer 1933 beherbergte, war 1920 von dem Soziologen Célestin Bouglé (1870-1940) gegründet worden. Bouglé war seit 1927 stellvertretender Direktor und ab 1935 Direktor der ENS. Leiter des Büros des Instituts war bis 1936 der Soziologe und Pädagoge Paul Honigsheim (1885 bis 1963).

das Londoner Büro: Es war am »Institute of Sociology« der Londoner Universität untergebracht und wurde von dem Soziologen Jay Rumney (1905-1957) betreut, der in London bei Morris Ginsberg (1889-1970), L. T. Hobhouse (1864-1929) und Harold Laski (1893-1950) studiert und 1933 den Ph. D. gemacht hatte; 1934 erschien sein Buch »Herbert Spencer's Sociology«. – Alle Zweigstellen oder Büros arbeiteten zu der Zeit an den Erhebungen über »Autorität und Familie«.

die Herausgabe unserer Bibliothek: Eigentümerin der Bibliothek und des Archivs des Instituts war die »Gesellschaft für Sozialforschung«, die durch Vertrag vom 16. März 1932 die Bibliothek der »Genossenschaft für sozialwissenschaftliche Studien Zürich« übereignete. Durch Vertrag vom 14. Juni 1933 ging die Bibliothek in das Eigentum der »London School of Economics« über, die sich bis 1938 vergeblich bemühte, die nach der Hausdurchsuchung des Instituts am 13. März 1933 beschlagnahmte Bibliothek auf dem Klagewege und durch diplomatische Schritte aus Deutschland herauszubekommen, um sie dem Institut zur Verfügung stellen zu können.

wohlwollende Einstellung entscheidender Kreise der Columbia Universität: Die Verbindung hatte der in Nordamerika geborene Ökonom Julian Gumperz (1898-1972) hergestellt, der seit 1927 gemeinsam mit Pollock am Institut für Sozialforschung arbeitete. Besonders die an der Columbia University lehrenden Soziologen Robert S. Lynd (1892-1970) und Robert MacIver (1882-1970), der Vorsitzende des Department of Sociology, setzten sich für ein selbständiges Büro des Instituts ein.

8 Adorno an Horkheimer
Oxford, 24.11.1934

Oxford, 24. November 1934.
47 Banbury Road. c/o Mrs. Nye.

Lieber Herr Horkheimer,

Ihr Brief hat mich sehr glücklich gemacht und ich beantworte ihn ebenfalls sogleich, in der Hoffnung, daß nun alle Dinge zwischen uns so gründlich ins Gleichgewicht kommen, daß wir besser befähigt sein werden, andere Dinge in ihrem Gleichgewicht zu stören.

Ein paar Worte nur zu den von Ihnen angeführten Einzelheiten. Die Nachricht von Ihrer Krankheit habe ich – nach der Umdisposition Genf-Paris – in der Tat mißverstanden d. h. geglaubt, daß Sie aus irgendwelchen politischen Gründen meinen Besuch für inopportun hielten. Wichtiger aber ist die Botschaft Tillichs, die keine frohe war, so evangelisch er auch sein mag. Denn er hat mir *nur* von der Zwangslage des Instituts, den notleidenden Freunden zu helfen, gesprochen (übrigens ganz abstrakt und ohne mir nur irgendeinen dringenden Fall namhaft zu machen). Sie schreiben nun, daß Sie ihm sagten, daß »wenn ich nur erst einmal da wäre, sich selbstverständlich auch die finanzielle Lage klären ließe«. Davon hat er mir *nichts* gesagt, auch nichts nur angedeutet; vielmehr mußte mein Eindruck unbedingt der sein, daß ich zwar ein willkommener Gast wäre, daß aber an irgendeine reale Eingliederung nicht zu denken sei. Er hat das sogar sehr betont und, wenn ich richtig fühlte, nicht ohne ein geheimes Behagen, sei es einfach aus Sadismus, sei es, weil er damals noch hoffte, einen seiner sozialdemokratischen Novemberverbrecher wie Löwe oder gar Herrn Grimme im Institut unterbringen zu können; bei welchem solidarischen Wunsche ich ihm nur im Wege gewesen wäre. Ich stehe unbedingt zu dem, was ich Ihnen hier sage, und autorisiere Sie auch, die Sache bei Tillich aufzuklären. Auf jeden Fall dürfte er als Bote zwischen uns nicht empfehlenswert sein. Auch wenn man keinerlei Böswilligkeit voraussetzt – er hat sich auf jeden Fall von mir das Bild eines intellektuellen wie empirischen Luxusgeschöpfes zurechtgemacht, dessen Gedanken man beschnuppern kann, ohne wirklich Konsequenzen daraus zu ziehen, und dessen Empirie man am besten unter Glas läßt, wo sie nicht nur gesichert ist, sondern auch von jeder eigenen Verpflichtung der Solidarität säuberlich getrennt bleibt. Über das Theoretische habe ich ihm einiges geschrieben; das Praktische wird mir jetzt erst ganz klar.

Viel wichtiger ist ein Anderes – sozusagen der letzte Punkt, der zwischen uns ganz klar gestellt werden muß. Es betrifft ganz einfach Vertrauen und Aufrichtigkeit des Instituts im

Verhältnis zu mir. Als ich im Frühjahr Ihren Freund sprach – wenn man die Stunde, die er zwischen Konferenzen freimachte, ernsthaft als Sprechen bezeichnen kann, – hat er nicht nur die nach Ihrem Brief doch ziemlich wichtige Pariser Zweigstelle völlig als Quantité négligeable behandelt, sondern die Londoner – obwohl wir uns in London sahen! – überhaupt nicht erwähnt, ja, wenn ich mich nicht sehr täusche, auf meine Frage (denn Gerüchte von der Londoner Zweigstelle hatten mich in Berlin erreicht) deren Existenz verleugnet; eine Sünde gewiß schlimmer als alles, was Charles de Kloës je verübt hat. Ich will ganz davon schweigen, daß ich mich den Leuten von der London School gegenüber, die von unserer engen Beziehung wissen, offenbar im Zusammenhang mit der Zweigstelle stehen, und bei denen ich, im Vertrauen auf Ihren Freund, die Existenz eben der Zweigstelle mag bestritten haben – höchst lächerlich gemacht, ja in eine unmögliche Situation gebracht habe. Aber es ist höchst auffallend, daß keiner der Herren (z. B. auch Neumann nicht, der doch wohl davon weiß) mir von der Zweigstelle etwas sagte. Ganz untragbar endlich scheint es mir, daß, bei einer Beziehung, die schließlich wirkliche Solidarität von beiden Seiten voraussetzt, die eine Seite über höchst wichtige Verhaltensweisen der anderen einfach im unklaren bleibt. Es handelt sich dabei übrigens um ein Moment, das schon vor die Nazizeit zurückdatiert; ich habe noch in Frankfurt bemerkt, daß ich, trotz unseres täglichen Miteinanderseins, in den spezifischen *Institutsangelegenheiten* häufig vor ein fait accompli gestellt worden bin, ohne wirklich real beteiligt zu sein; und das war einer der Hauptgründe, warum ich so auf die offizielle Eingliederung drang (daß ich, als ich als einziger Mann des Instituts, März 1933 in Frankfurt zurückblieb, ohne jede Vollmacht war, nichts tun konnte und alles den Herrn Riezler und Löwe überlassen mußte, gehört ebendahin; übrigens war es wahrscheinlich vom Institutsinteresse aus ein Fehler; denn ich weiß nicht, wie weit Riezler sich mit dem Institut identifizierte und ob er nicht lieber, um sich und die Universität zu retten, alles preisgab; vielleicht hätte ich die Bibliothek retten können, freilich wäre ich möglicherweise auch eingesperrt worden). Ich glaube, daß das ein Punkt ist, über den wir uns wirklich bindend verständigen müssen. Ich will nur hinzufügen, daß ich recht wohl weiß, daß die Widerstände hier nicht bei Ihnen liegen, sondern bei Ihrem Freund, der psychologisch zum Geheimhalten neigt, und bei Löwenthal, der diese Neigung sozusagen machtpolitisch gegen mich einsetzt; aber ich meine, wir sollten alle zusammen aufgehellt genug sein, das in Ordnung zu bringen.

Wenn ich dabei gerade an die Frage der Londoner Zweigstelle anknüpfe, so ist das nicht um der Platonischen Idee willen gemeint. Denn: wäre es nicht das Gegebene und Nächstliegende, daß ich die *Leitung* der englischen Zweigstelle übernähme? Ich will keinem der Herren von der London School zu nahe treten, aber soweit ich sie kenne, kann ich mir schwer vorstellen, daß sie für die Arbeit des Instituts mehr sollten bedeuten als ich. Und da ich heute ja allerhand Kontakt mit den englischen Universitäten habe, so könnte ich gewiß auch praktisch nutzen. Das Problem, die Zweigstelle von London nach Oxford zu verlegen, ließe sich wahrscheinlich meistern und da ich hier eine ganz annehmbare Wohnung habe, so wären eigene Räume wahrscheinlich nicht erforderlich. Wenn ich nach London zu Verhandlungen müßte, so ließe sich das arrangieren; Oxford ist praktisch heute ein Vorort von London. Wegen des Ökonomischen könnten wir uns sicher leicht verständigen – die einzige Voraussetzung wäre die, daß die Sache mir Zeit zur eigenen Arbeit läßt, aber auch das würde sich ja wohl leicht ergeben. Dahin zielt also mein erster positiver Vorschlag.

Im Zusammenhang damit nun zu Ihren Plänen. Prinzipiell bin ich zu dem »Trip« nach Amerika entschlossen. Ich danke Ihnen sehr herzlich für den Vorschlag, den ich mit Freude aufnehme. Nur wird es während der Weihnachtswochen sich schlecht machen lassen, einmal, da die Ferien zu kurz sind, als daß es sich lohnte, dann, weil ich dringend nach Frankfurt muß, um mich von demselben Chirurgen untersuchen zu lassen, der mich vor 7 Jahren operierte, da es nicht unmöglich ist, daß ich mich einer zweiten und sehr ernsten Operation unterziehen muß. Ich würde Ihnen vorschlagen, Mitte März etwa loszufahren, Ende März dort zu sein; das Sommer-Term hier fängt erst am 25. April an. Sollten Sie, was natürlich wunderschön wäre, im Januar oder Februar hierher d. h. nach Europa kommen, so könnten wir dann evt. zusammen die Überfahrt machen, eine herrliche Aussicht auf Ruhe und Ungestörtheit. Was die größeren Dispositionen anlangt, so wäre es vielleicht gut, wenn ich, solange die volle Eingliederung drüben nicht möglich ist, hier den d.phil. erwürbe (es ist der höchste degree von England und in Amerika höchst angesehen), gleichzeitig die englische Zweigstelle übernähme und dann definitiv herüberkäme, durch beides gleichermaßen legitimiert. Was dann die amerikanische Arbeit anlangte, so würde ich, ebenso wie Sie, gegebenenfalls auf Lehrtätigkeit verzichten, um ganz für die Theorie frei zu sein, die mir wie Ihnen allem anderen vorzugehen scheint; ich dächte also an etwas wie eine research-fellowship; aber das kann man erst an Ort und Stelle entscheiden. Noch möchte ich sagen, daß ich genügend englisch kann, um alles zu lesen und über alles zu sprechen, worüber ich auf deutsch sprechen kann, aber noch nicht genug, um meine eigenen Dinge adäquat auf englisch zu schreiben; aber ich hoffe in einem Jahr so weit zu sein.

Nun bin ich Ihnen einige Rechenschaft über meine Arbeit schuldig. Daß ich eine Menge musiktheoretischer Dinge schrieb und teilweise sogar, ohne Konzessionen zu machen, in Deutschland publizierte, wissen Sie wohl; für diese Arbeiten steht mir jetzt eine recht ordentliche Wiener Zeitschrift in jedem Umfang zur Verfügung. Viel wichtiger sind andere Dinge. 1) habe ich, wie ich Ihnen wohl schon sagte, eine große Auseinandersetzung mit dem Mannheimschen Soziologismus geschrieben, bestehend aus einem fortlaufenden kritischen Kommentar zu dessen englischen Vortrag über »Kulturkrise und Massendemokratie« (NB. Beides gibt es nicht) und einer langen prinzipiellen Einleitung dazu. Um die Sache publikationsfähig zu machen, müßte der »Kommentar« umdisponiert d. h. selbständig und von Mannheims Text unabhängig gegliedert werden, die Einleitung in manchem gebessert und das ganze, das heute eine dicke Broschüre ist, gekürzt (ich denke dabei schon an die Frage einer Publikation in der Zeitschrift). Nun habe ich die Sache Mannheim vorgetragen und es scheint mir, daß ich ihn zum ersten Male doch etwas aus dem Gleichgewicht brachte. Er war sichtlich beeindruckt, bat mich aber, mit der Publikation zu warten, bis sein neues (deutsch geschriebenes) Buch heraus ist. Ich glaube ihm das schwer verweigern zu können, ohne unfair zu sein, zumal meine Kritik außerordentlich gravierend und scharf ist, und möchte deshalb die definitive Fassung noch etwas aufschieben, aber heute Sie prinzipiell fragen, wie Sie sich zur Publikation stellen würden. 2) als »Dissertation« für den d.phil. schreibe ich eine große und ganz prinzipielle Arbeit über *Husserl,* die sich wohl zu einem ziemlich umfangreichen Buch auswächst (ich schreibe die erste Fassung deutsch, muß dann eine englische herstellen, denke aber auch den definitiven Text auf deutsch herzustellen). Fertig ist im Entwurf eine eingehende Analyse des 1. Bandes L. U., zentriert um die Probleme: Ontologisierung der Wissenschaft; Verdinglichung der Logik, Problem der »Norm« als Verdeckung des Praxisproblems; Dialektik des Kampfs gegen den Psychologismus (nebenbei gesagt, eines der interessantesten Resultate meiner bisherigen, sehr angestrengten Arbeit scheint mir zu sein, daß sich ergibt, daß Husserls Kampf gegen den Psychologismus, soweit er berechtigt ist, allemal objektiv gleichsinnig ist einem Kampf gegen *schlechte* d. h. rationalistische Psychologie und darüber hinaus der psychologischen Eliminierung der gesellschaftlichen Objektivität – aber falsch und reaktionär wird in der Verabsolutierung der Logik, die sich immanent-logisch nicht durchhalten läßt). Aber das sind erst Teile, in der Tat wird die ganze Phänomenologie, als die, wie mir scheint, immer noch fortgeschrittenste bürgerliche Erkenntnislehre, aufgerollt und das ganze soll eine Art kritisch-dialektisches Vorspiel einer materialistischen Logik abgeben, womit die Arbeit ja in engsten Zusammenhang mit Ihren eigenen tritt. Über den Fortgang der Arbeit halte ich Sie auf dem Laufenden. Hier versteht sie kein Mensch, aber das ist kein Fehler, auch taktisch nicht. Es ist eine sehr aufregende Aufgabe, aus Philosophie gerade dort, wo sie sich am abstraktesten gibt, den Funken der historischen Konkretion zu schlagen, und freilich eine Art Probe auf die Anwendbarkeit der materialistisch-dialektischen Methode; eine, die mir bis jetzt zu gelingen scheint. Ich kenne kaum einen größeren Fall von »richtigem falschem Bewußtsein« als Husserl.

Einiges zu Institutsdingen und Zeitschrift noch: erinnern möchte ich an den Plan, Aufsätze über Pareto und Lévy-Bruhl zu bringen; für beides müßte man tüchtige Leute finden, vielleicht könnte den Pareto Korsch ganz ordentlich machen, den ich leider trotz aller möglichen Versuche in London nie erreichen konnte; den Lévy-Bruhl aber sicher *nicht* Herr Landsberg, dessen Rasseaufsatz ich, im Gegensatz zu Löwenthal, einen Skandal erster Ordnung finde; das ist ein notdürftig verhinderter Gleichgeschalteter, der nur beweisen möchte, daß auch die lieben Juden Blut und Boden haben, wenns nur ginge, und der am widerlichsten wird, wo er mit marxistischen Begriffen kokettiert, so frech, wie es nur der Genius des Krieges selber vermocht hätte. Übrigens möchte ich vor Borkenau warnen. Er ist nach wie vor ein hochbegabter Mensch und manche seiner Intentionen, auch etwa die Historisierung der Psychoanalyse, auf die er jetzt aus ist, scheinen mir höchst fruchtbar und fortgeschritten. Aber es ist ganz einfach die moralische Frage; nachdem er die Politik an den Nagel gehängt hat, sucht sein maßloser Ehrgeiz anderswo Unterschlupf und ist bereits heute zu jeder Assimilation bereit. Was meine eigene Arbeit für die Zeitschrift anlangt, so würde ich gern einmal zum Psychoanalysekomplex, mit dem ich dauernd befaßt bin, einiges Prinzipielle sagen (ich hätte hier Bedenken gegen eine falsche und äußerliche Arbeitsteilung; so finde ich, daß das Buch der Bonaparte, es mag so schlecht sein wie es will, eher in meine Hand gehört hätte als [in] die des Herrn Landauer). Ich würde ganz gern von den Dingen von Reich ausgehen, der manches Gute hat (z. B. m. E. gegen Fromm insofern im Recht ist als er die bruchlose Übertragung der individuellen Psychologie auf die Sozialtheorie ablehnt), aber insgesamt höchst instruktive Fehler macht und von einer ganz neuen Seite die Gefahr des Feuerbachianismus (»gesunde Sinnlichkeit«), der falschen Unmittelbarkeit, kurz des romantischen Anarchismus heraufzuführen scheint, und zwar, das ist das Interessante, durch Versagen in der psychologischen Theorie selbst (weil er nämlich die genitale libido gewissermaßen verabsolutiert und als Maß setzt, unter Übernahme einer höchst fragwürdigen Biologie). An der Politik wird sein Unsinn manifest. Meine eigenen Überlegungen kreisen um das Problem der Vermittlung von Gesellschaft und Psychologie, das ja wohl das zentrale ist. Und ich denke, es geht nicht an, einfach von der Versagung der genitalen Befriedigung auszugehen (so wenig man als Marxist etwa statisch von der Armut ausgehen kann), sondern anstelle dieser invarianten libido wird man sie selber in ihren gesellschaftlichen Phasen zu verstehen haben, d. h. aber vor allem dem Problem der psychischen Verdinglichung nachzugehen haben, wenn man nicht in eine undialektische Anthropologie zurückfallen will. (Der Nazi, der die Gefangenen foltert, tut es nicht aus verdrängter genitaler libido, die oft genug gar nicht verdrängt zu sein braucht, sondern aus verdrängtem Sadismus; auch die Partialtriebe können verdrängt werden und sind nicht selber unmittelbar als Verdrängungen zu charakterisieren, sondern eben als historische Stufen der, an sich ganz dunklen, libido in der Klassengesellschaft.) Sie sehen vielleicht etwa, wohin ich ziele und worin ich mich von Reich, aber auch von Fromm (der eben auf andere Weise, nämlich durch die Wahl des Individuums als Modell, den Warencharakter nicht hinreichend durchsetzt) unterscheide. Ich würde gern versuchen, einmal diese Dinge als »Ideen zu einer dialektischen Psychologie« zu formulieren; hier kann ich Ihnen natürlich nur Ansätze bezeichnen.

Aber genug von all diesen Dingen – vielleicht haben sie genügt, Ihnen zu zeigen, daß ich mich nicht »sehr verändert habe« – es sei denn, daß Sie darunter verstehen, daß ich immer »orthodoxer« und immer pessimistischer werde. Pessimistisch: weil ich heute, nach dem Versagen der demokratischen Länder gegen Deutschland und Japan, einen Krieg für unabwendbar halte, bei dem keiner weiß, was übrigbleibt, und der übrigens um so schlimmer wird, je später er kommt. Deutschland scheint tatsächlich stabilisiert und wird der Schwierigkeiten Herr, die Saar wird glatt an Deutschland fallen, Frankreich wird sich nicht regen – und bis es in Österreich zum Klappen kommt, ist es möglicherweise schon zu spät.

Ich werde Gelegenheit haben, Deutschland wieder zu sehen, und zwar etwa am 15. Dezember. Bis zum 8. bin ich hier, dann werde ich noch eine Woche in London bleiben müssen wegen Geldsachen. Hier bin ich wieder Mitte Januar und es wäre gut, wenn Sie die Antwort so einrichten würden, daß sie mich entweder noch vor dem 8. hier erreicht (was unter Umständen ein Telegramm empfehlenswert machen würde, wenn Sie nämlich auf meinen Vorschlag mit London eingehen; ich könnte dann notwendige Verhandlungen usw. in London in der Zeit zwischen dem 8. und 15. führen); oder aber erst Mitte Januar, was sehr schade wäre, aber es läßt sich aus Deutschland fast unmöglich korrespondieren.

Noch eines, und diesmal eine Bitte in einer Sache, in der Sie mir vielleicht ohne große Schwierigkeiten eminent behilflich sein könnten. Ich nehme an, daß Sie allerhand Zahlungen in Deutschland zu leisten haben, an Ihre Eltern usw. Mein Vater, mit dem ich darüber noch im September sprach und der mich autorisierte, wäre nun bereit, diese Zahlungen zu leisten, wenn Sie den Gegenwert mir nach England senden würden, wo ich es ja außerordentlich schwer habe, auch nur einen Penny aus Deutschland zu bekommen. Zugleich wäre es vielleicht auch für Sie in gewisser Weise angenehm, nicht in Deutschland als zahlend in Erscheinung zu treten. Sollten Sie einverstanden sein, so würde ich Sie bitten, mir evt. telegraphisch noch Höhe des Betrages und Empfänger mitzuteilen. Es würde dann im Dezember sofort von Deutschland aus erledigt und ich würde Sie bitten, mir den Gegenwert so hierherzusenden, daß er mich Ende Januar hier erreicht. Sollte es notwendig sein, etwa Ihre Eltern zu verständigen, so würde ich zu diesen einen Tag nach Stuttgart herüberfahren; brieflich ist das Ganze weder von noch nach Deutschland zu erörtern, da mein Vater u. U. eingesperrt werden könnte. Wenn Sie so disponieren könnten, würde es auch meine Amerikareise sehr erleichtern und ich wäre Ihnen höchst dankbar. Andererseits aber möchte ich Ihnen nichts zumuten, was nicht mit Ihren eigenen Dispositionen ganz zusammenstimmt. Und nur so bitte ich meine Anregung aufzunehmen.

In steter Herzlichkeit Ihr

Teddie Wiesengrund.

ÜBERLIEFERUNG O: Ts; Max-Horkheimer-Archiv der Stadt- und Universitätsbibliothek, Frankfurt a. M. – E: Horkheimer, Briefwechsel 1913-1936, S. 270ff.

Löwe: Der Rechts-, Wirtschafts- und Sozialwissenschaftler Adolf Löwe (1893-1995), der sich nach seiner englischen Naturalisierung Adolph Lowe nannte, hatte nach dem Ersten Weltkrieg für die Demobilisierung und die Nationalisierung der Großindustrie gearbeitet, ab 1922 war er im Wirtschaftsministerium tätig. 1926 in Kiel habilitiert, arbeitete er neben seiner Lehrtätigkeit für das Kieler Institut für Weltwirtschaft. 1931 erhielt Löwe einen Ruf nach Frankfurt und trat in intensiven Kontakt mit dem Institut für Sozialforschung. Er mußte 1933 Deutschland verlassen und lehrte bis 1940 in Manchester, bevor er nach New York an die New School for Social Research ging, wo er bis 1963 lehrte.

Grimme: Gemeint ist der Tillich nahestehende Pädagoge Adolf Grimme (1889-1963), der 1930 preußischer Kultusminister war und 1932 vom Reichskommissar amtsenthoben wurde. Grimme wurde 1942 zu drei Jahren Haft verurteilt.

Tillich / Über das Theoretische habe ich ihm einiges geschrieben: Der Brief scheint nicht erhalten zu sein.

Ihr Freund: Friedrich Pollock.

Neumann: Franz Neumann (1900-1954) hatte Rechtswissenschaften in Breslau, Leipzig und Frankfurt am Main studiert, wo er 1921 Horkheimer und Adorno kennenlernte; nach seiner Promotion arbeitete er als Rechtsreferendar in Frankfurt und war Assistent von Hugo Sinzheimer sowie Dozent an der Akademie der Arbeit. Von 1928 bis 1933 war er als Rechtsanwalt in Berlin tätig. Neumann wurde 1933 ausgebürgert und ging nach London, wo er bei Harold Laski an der London School of Economics and Political Science studierte und 1935 den Ph. D. mit der Arbeit »The Governance of the Rule of Law. An Investigation into the Relationship between the Political Theories, the Legal System, and the Social Background in the Competitive Society« erwarb. Von 1936 bis 1942 war Neumann in New York Mitarbeiter des Institute of Social Research. Danach arbeitete er als Forschungsdirektor des »Office of Strategic Services« und des State Department in Washington. Von 1947 bis 1954 lehrte Neumann an der Columbia University. Vgl. auch »Franz Neumann zum Gedächtnis«, in: Adorno GS 20·2, S. 700-702.

Riezler: Kurt Riezler (1882-1955), verheiratet mit der Tochter von Max Liebermann, war von 1928 bis 1933 Vorsitzender des Kuratoriums der Frankfurter Universität; von 1907 bis 1920 war Riezler Diplomat, 1918 Botschaftsrat in Moskau. Er emigrierte 1938 in die USA und lehrte an der New School for Social Research in New York.

derselbe Chirurg: Wahrscheinlich der in Brief Nr. 10 genannte Dr. Rudolf Oppenheimer, Spezialist für Nieren- und Harnwegserkrankungen; der genannten Operation hatte sich Adorno im Februar 1927 unterziehen müssen.

eine recht ordentliche Wiener Zeitschrift: Die von Willi Reich (1898-1980) 1932 nach dem Vorbild der »Fackel« gegründete »23 – Eine Wiener Musikzeitschrift«, deren Titelblatt Alban Berg entworfen hatte. (Der Paragraph 23 des österreichischen Pressegesetzes diente der Erzwingung der Berichtigung eines Zeitungsartikels.)

Mannheim / sein neues . . . Buch: Vgl. Karl Mannheim, Mensch und Gesellschaft im Zeitalter des Umbaus, Leiden 1935.

eine große und ganz prinzipielle Arbeit über Husserl: Das sogenannte Husserlbuch, das den Titel »Die phänomenologischen Antinomien. Prolegomena zur dialektischen Logik« tragen sollte, schrieb Adorno während seines England-Aufenthaltes nicht; die sehr umfangreiche Rohfassung hat sich in Adornos Nachlaß erhalten. Erst nach seiner Rückkehr aus der amerikanischen Emigration entstand das Buch mit dem Titel »Zur Metakritik der Erkenntnistheorie. Studien über Husserl und die phänomenologischen Antinomien« (Stuttgart 1956; jetzt Adorno GS 5, S. 7-245).

L. U.: Vgl. Edmund Husserl, Logische Untersuchungen, Band 1: Prolegomena zur reinen Logik, Tübingen 1900.

Aufsätze über Pareto und Lévy-Bruhl: Vgl. Raymond Aron, La sociologie de Pareto, in: ZfS 6 (1937), S. 489-521 (Heft 3); ein Aufsatz über den an der Sorbonne lehrenden Philosophen und Ethnologen Lucien Lévy-Bruhl (1857-1939) erschien in der Zeitschrift nicht.

Korsch: Der Jurist und Philosoph Karl Korsch (1886-1961), der von 1920 bis 1926 der KPD angehörte und wegen Linksabweichung ausgeschlossen wurde, gehörte 1924 bis 1928 dem Reichstag an. Korsch hielt in Berlin Vorlesungen und arbeitete in der »Gesellschaft für empirische Philosophie« mit, zu der u. a. Hans Reichenbach und Walter Dubislav zählten. 1930 erschien sein Buch »Marxismus und Philosophie«. Korsch wurde 1933 endgültig aus seiner Jenaer Professur entlassen und flüchtete zunächst nach Dänemark zu Bertolt Brecht, dann nach London und 1936 in die USA.

Herr Landsberg, dessen Rasseaufsatz: Der Philosoph Paul Ludwig Landsberg (1901-1944) hatte zunächst bei Husserl und dann vor allem bei Max Scheler studiert, von 1928 bis zu seiner Entlassung war er Privatdozent in Bonn, seine »Einführung in die philosophische Anthropologie« erschien noch 1934 in Deutschland. Landsberg emigrierte nach Spanien, wo er bis 1936 zumeist lebte und lehrte. Seit 1936 lebte Landsberg in Paris, 1940 flüchtete er vor den Deutschen nach Pau, wurde 1943 verhaftet und deportiert; Landsberg starb 1944 im KZ Oranienburg. – Der *Rasseaufsatz* ist Landsbergs Sammelbesprechung »Rassenideologie und Rassenwissenschaft«, die 1933 im dritten Heft der Zeitschrift erschienen war.

Genius des Krieges: Anspielung auf Max Schelers 1915 veröffentlichtes Buch »Der Genius des Krieges und der Deutsche Krieg«. Im sechsten Kapitel seines Romans »Ginster«, wo der kriegsbegeisterte Scheler als Professor Johann Caspari porträtiert ist, parodiert Siegfried Kracauer diese Art der »geistigen Mobilmachung«.

das Buch der Bonaparte . . . Landauer: Vgl. Marie Bonaparte, Edgar Poe. Psychoanalytische Studie, 3 Bde., Wien 1934. – In einem nicht erhaltenen

Brief hatte Adorno offenbar schon Löwenthal um die Bände gebeten, der am 11. Mai 1934 aus Genf antwortete: »Bücher zur Besprechung werde ich Dir selbstverständlich mit dem größten Vergnügen schicken; im Augenblick ist allerdings nichts da, auch das übrigens ziemlich mäßige Buch der Marie Bonaparte ist bereits an Landauer auf dessen ausdrücklichen Wunsch vergeben worden.« – Karl Landauer (1887-1945) hatte nach einem Medizinstudium und einer psychiatrischen Ausbildung 1912 bis 1914 bei Sigmund Freud eine Lehranalyse absolviert; er lebte von 1919 bis 1933 als Psychoanalytiker in Frankfurt am Main und stand Horkheimer nahe, den er 1927/29 analysierte. Landauer mußte 1933 mit seiner Familie über Schweden nach Holland flüchten, er gehörte seit 1935 als Mitglied dem Vorstand der »Société Internationale de Recherches Sociales« an. Landauer wurde 1943 verhaftet und in das KZ Westerbork und Anfang 1944 in das KZ Bergen-Belsen verschleppt, wo er starb. Landauer hat die Rezension des Buches über Poe nicht geschrieben.

Reich: Der Psychoanalytiker Wilhelm Reich (1897-1957), der schon als Medizinstudent 1921 in die Wiener Psychoanalytische Vereinigung aufgenommen wurde, eröffnete 1928 in einzelnen Stadtteilen Wiens Sexualberatungsstellen und trat in demselben Jahr in die KPÖ ein. 1930 ging Reich nach Berlin und war in der KPD aktiv, die ihn 1933 ebenso ausschloß wie die Internationale Psychoanalytische Vereinigung. Reich emigrierte nach Dänemark und ging 1939 in die USA. 1933 publizierte Reich die »Massenpsychologie des Faschismus. Zur Sexualökonomie der politischen Reaktion und zur proletarischen Sexualpolitik« und die »Charakteranalyse«, in deren Vorwort es heißt: »Die charakterliche Struktur ist erstarrter soziologischer Prozeß einer bestimmten Epoche.«

Fromm: Erich Fromm (1900-1980) hatte in Heidelberg und Frankfurt am Main Psychologie, Philosophie und Soziologie studiert und 1922 bei Alfred Weber promoviert. Danach studierte Fromm Medizin und ließ sich zum Psychoanalytiker ausbilden. Ab 1929 war er Mitarbeiter des Instituts für Sozialforschung. Fromm ging 1934 in die USA und war bis 1939 Gastdozent an der Columbia University. Von 1946 bis 1956 lehrte Fromm an der New School for Social Research, seit 1949 lebte er in Mexiko. – Adorno bezieht sich auf Fromms Aufsatz »Über Methode und Aufgabe einer analytischen Sozialpsychologie«, der im ersten Heft der ZfS von 1932 (S. 28-54) erschienen war; vgl. jetzt Fromm GA I, S. 37-57.

»Ideen zu einer dialektischen Psychologie«: Adorno hat erst 1955 in seinem Aufsatz »Zum Verhältnis von Soziologie und Psychologie«, der in dem

Band »Sociologica. Aufsätze, Max Horkheimer zum sechzigsten Geburtstag gewidmet« dieses Versprechen eingelöst (vgl. jetzt Adorno GS 8, S. 42 bis 85).

die Saar wird glatt an Deutschland fallen: Am 13. Januar 1935 entschieden sich 90,36% der Abstimmenden für den Anschluß an Deutschland.

Ihre Eltern: Babette Horkheimer (1869-1946) und Moriz Horkheimer (1858-1946) lebten in Stuttgart.

9 Horkheimer an Adorno
New York, 2.1.1935

429 West 117 Street
New York City N. Y.

den 2. Januar 1934.

Lieber Herr Wiesengrund,

Sehr gerne hätte ich Ihnen die Freude gemacht, noch vor Ihrer Abreise von Oxford, also vor dem 8. Dezember, ein Telegramm zu schicken und Ihre beiden aktuellen Fragen positiv zu beantworten. Dies war jedoch leider unmöglich.

Die finanzielle Angelegenheit hätte ich schon deshalb abgelehnt, weil Ihr Vorschlag trotz aller Genauigkeit zu den grössten Unannehmlichkeiten führen könnte. Wir haben dies auch in den dringendsten Fällen immer abgelehnt. Ausserdem liegt aber bei mir selbst der Fall ganz ähnlich wie bei Ihnen, und ich wäre sehr froh, wenn heute die Möglichkeit einer solchen Transaktion bestünde. Davon kann aber aus einer ganzen Reihe von Gründen nicht die Rede sein.

Von der Leitung der englischen Zweigstelle des Instituts haben Sie bestimmt nur gesprochen, weil Sie die Verhältnisse nicht kennen. Das Büro besteht im wesentlichen aus einem jungen Mitarbeiter und Freund, der uns einen Teil seiner Arbeitszeit widmet und wenn nötig, eine Hilfskraft zuzieht. Er gehört keineswegs zum Lehrkörper der London School, sondern ist einfach ein anständiger und dabei recht armer Intellektueller. Er besorgt hauptsächlich die Verteilung und Registrierung von Fragebogen für die Familienenquête, wobei ihn das Institute of Sociology, in dessen Gebäude sich unser Raum befindet, tatkräftig unterstützt. Abgesehen davon, dass als Standort nur London in Frage kommt, wäre auch die Übertragung der in Betracht kommenden Funktionen unerklärlich und ungerecht. Sie hätten sicher keine Freude daran.

Ich halte es für sehr wichtig, dass wir uns bald aussprechen. Manches von dem, worüber Sie sich beklagen, scheint, ähnlich wie Ihre Vorstellung vom Londoner Büro, auf ein etwas zu grossartiges Bild des Institutsbetriebs zurückzugehen. Wir sind eine Gruppe von Leuten, die sich nach ihren sehr schwachen Kräften bemühen, die Theorie vorwärts zu bringen. Der organisatorische Apparat, zu dem auch die Repräsentation gehört, spielt nur eine geringe Rolle. Sie selbst haben der sogenannten offiziellen Eingliederung immer zu viel Wert beigemessen. Dass die Institutskasse Ihre Mitarbeit in Frankfurt nicht zu honorieren brauchte, weil Sie von zuhause Geld bekamen, hatte jedenfalls nichts mit der Enge Ihrer Zugehörigkeit zu tun. Ich kann verstehen, dass Sie über gewisse Einzelheiten der Institutsführung schon immer besser unterrichtet sein wollten. Unter den verschiedenen durchaus unabsichtlichen Ursachen, warum es dazu nicht kam, steht sicher die Neigung zur Geheimnistuerei an letzter Stelle. Den hauptsächlichen Grund sollten Sie darin suchen, dass jeder von uns mit äusseren Angelegenheiten überlastet war und nicht gerade Lust hatte, mit Ihnen oder einem andern von uns mehr als nötig von diesen Geschichten zu reden. So schrecklich wichtig haben wir diese Sachen nie genommen.

Dass ich Sie in Genf bestimmt erwartete und Tillich darum bat, Ihnen dies zu berichten, möchte ich noch einmal betonen. Sie wären in Genf entsprechend unsrer Überzeugung von dem Wert Ihrer Mitarbeit aufgenommen worden. Wenn ich überhaupt darauf hinwies, dass wir keine besonderen Sicherungen zu geben imstande seien, so geschah dies nur deshalb, weil ich zu verstehen glaubte, dass Sie besonders sicher gehen wollten. Dass Sie glauben konnten, wir hätten Ihnen gegenüber nicht die unsrem Verhältnis angemessene Solidarität gezeigt, falls Sie uns wirklich gebraucht hätten, kann ich mir schwer vorstellen. Es ist bei uns freilich der Irrtum entstanden, als hegten Sie Illusionen über Ihre zukünftige Existenz in Deutschland oder auch über eine anderweitige akademische Karriere, so dass Sie für den Fall eines Verzichts auf diese Möglichkeiten Garantien des Instituts erwarteten. Diese konnten wir jedoch unmöglich geben.

Zum Hinweis auf Ihre gegenwärtigen Arbeiten kann ich von hier aus schwer etwas sagen. Dass die »lange prinzipielle Einleitung« und der »fortlaufende kritische Kommentar« zu einem M.'schen Vortrag im Augenblick besonders dringend seien, vermag ich kaum einzusehen. Im Gegenteil! Auch die Arbeit über Husserl scheint mir bei der ersten Überlegung nicht gerade ein Schlüsselproblem der gegenwärtigen Lage zu betreffen, es sei denn, dass die Verbindung mit unserer Realität durch den Stil unzweideutig hervorträte. Wir sollten darüber sprechen. – Damit dass Landsberg bei uns nicht über Lévy-Bruhl schreiben soll, bin ich ganz einig, es schiene mir freilich ein weniger grober Fehler, als wenn wir Ihren Vorschlag wegen Pareto annähmen. Die Zuständigkeit von Landsberg bei Lévy-Bruhl hat zufällig dieser selbst mir gegenüber anerkannt; über diejenige des andern Herrn werden wir uns noch verständigen.

Ich wiederhole meine im letzten Brief ausgesprochene Einladung. Wenn Sie kommen, werden Sie uns allen eine grosse Freude machen, und ich glaube, dass der Besuch nicht bloss für uns, sondern auch für Sie eine wichtige theoretische Anregung bedeuten kann. Darüber hinaus wird eine Orientierung hier für Sie vielleicht praktischen Wert gewinnen. It would make me very happy to meet you at one of the piers of New York in the near future. If you need any papers for your visa, I shall gladly send them immediately if you write or cable to me.

Herzlichst
Ihr
Max Horkheimer.

ÜBERLIEFERUNG O: Ts; Theodor W. Adorno Archiv, Frankfurt a. M. – E: Horkheimer, Briefwechsel 1913-1936, S. 289 ff.

den 2. Januar 1934: Irrtum der Sekretärin.

10 ADORNO AN HORKHEIMER OXFORD, 25.2.1935

Oxford, 47 Banbury Road,
c/o Mrs. Nye.
25. Februar 1935.

Lieber Herr Horkheimer,

hierher zurückgekehrt, fand ich Ihren Brief vor. Lassen Sie mich zuerst sagen, daß, was Sie mir über die Londoner Zweigstelle sagen, natürlich die ganze Sache völlig aufklärt und daß ich nicht daran denke, den jungen Mann, von dem Sie schreiben, aus einer offenbar unerheblichen Position zu verdrängen oder gar um seinen Verdienst zu bringen – immerhin fände ich es angebracht, wenn er sich einmal bei mir melden würde, seis hier seis in London, wo ich etwa am 16. März sein werde (Adr. Albemarle Court Hotel, Leinster Gardens, W 2) – beste Aufnahme ist ihm gewiß. Auch was Sie über die Finanzfrage schreiben, leuchtet mir durchaus ein. Freilich sehe ich einstweilen nicht, wie ich draußen à la longue, unter den bekannten Restriktionen, durchkommen soll – einstweilen geht es nur, solange ich lediglich die reine Semestralzeit draußen bin und in den »Ferien« d. h. das halbe Arbeitsjahr in Deutschland; was nicht nur eine dauernde schwere psychische Belastung sondern, was noch mehr zählt, auch eine erhebliche Hemmung meiner Arbeit *draußen* darstellt, wie es ja keiner Erläuterung bedarf. Aber ich meine, es wird das beste sein, die Behandlung dieses ganzen Komplexes unserer Begegnung vorzubehalten – schon um die gewiß falsche Perspektive zu vermeiden als ob ich dem Institut oder gar Ihnen selber als supplex nahte; wodurch neben anderem auch die Aussichten unserer Zusammenarbeit nur getrübt würden.

Lassen Sie mich weiter von mir Ihnen nur noch dies sagen, daß ich gesundheitlich wieder hergestellt bin und zwar ohne ernste Operation. Es handelte sich um eine Verengung der Harnröhre, Rückstand aus der Kindheit, die schließlich zu den allerschwersten Unannehmlichkeiten geführt hatte, jetzt aber von Oppenheimer in Ordnung gebracht, nämlich wochenlang erweitert worden ist – freilich in einer Prozedur, deren Qualen schlechterdings jeder Beschreibung spotten. Ich habe oft an das Gewicht gedacht, das Sie medizinischen Fragen beimessen und das mir früher zuweilen nicht verständlich war; nun ist es mir in der allerdeutlichsten Erfahrung verständlich geworden. Nun hoffe ich also gesund zu sein; bin aber immerhin noch in einem Zustand, der mir eine sehr weite Reise für die nächsten Monate nicht eben ratsam erscheinen läßt, schon weil die Möglichkeit der Kontrolle und u. U. des raschen ärztlichen Eingriffes fehlt (eine starke Empfindlichkeit besteht immer noch). Ich glaube deshalb unsere amerikanische Begegnung vertagen zu müssen; möchte Sie aber fragen wie es denn mit Ihrem Europaprojekt steht. Aus dem bezeichneten Grund wäre es eine eminente Erleichterung für mich, wenn wir uns hier, d. h. in England oder an der Riviera sehen könnten, wohin ich zur Erholung wahrscheinlich im April auf 14 Tage gehe. Sonst müßten wir eben bis Sommer warten. Bitte halten Sie mich auf dem Laufenden.

Die neue Nummer der Zeitschrift habe ich mit großem Anteil gelesen. Ich finde den Bergsonaufsatz ganz außerordentlich. Insbesondere ist es die Stelle über den Historiker als Retter, die mich im höchsten Maße ergriffen hat – es ist erstaunlich, wie völlig hier die Konsequenzen Ihres »Atheismus« (an den ich freilich je weniger glaube, je vollkommener er sich expliziert: denn mit jeder Explikation steigt seine metaphysische Gewalt) solchen aus meinen theologischen Intentionen begegnen, die Ihnen so unbehaglich sein mögen wie sie wollen, aber deren *Konsequenzen* jedenfalls eben in nichts von Ihren sich unterscheiden – könnte ich doch das Motiv der Rettung des Hoffnungslosen als Zentralmotiv all meiner Versuche einsetzen, ohne daß mir ein Mehr zu sagen bliebe; es sei denn, daß ich zu jener historischen Verzeichnung des Leidens und des Nichtgewordenen den Leser hinzudenke, von dem Sie schweigen und der doch der einzige Leser wäre, dem diese Geschichte des kreatürlichen Leidens zugeeignet wäre. Und freilich glaube ich: so wie keiner meiner Gedanken ein Recht zu atmen hätte, wenn er nicht, Ihrem Atheismus konfrontiert, sich als unverhüllend und wahr erwiese, so sicher wäre keiner Ihrer Gedanken zu denken ohne dies Wozu als Kraftquelle durch den Tod hindurch, die um so gewaltiger in Ihre Erkenntnisse hineinwirkt, je dichter Sie diese dagegen absperren; wie eine Art von Strahlen, die nicht nur von keiner Mauer aufgehalten werden sondern gerade die Macht besitzen, das Innerste der Mauer selber zu zeigen. Ich glaube nicht, daß es ein müßiges und bürgerlich weltanschauliches Beginnen wäre, wenn wir diese Frage endlich einmal nicht ungelöst ließen (nicht als ob sie sich lösen ließe – aber noch weniger läßt aufs Lösen sich verzichten!), sondern durchsprächen und ganz aufrollten; und ich könnte mir selbst vorstellen, daß daraus Alle möglichen gesellschaftstheoretischen Konsequenzen erwachsen möchten, die auch von Ihrem gegenwärtigen antimetaphysischen Aspekt her dies Beginnen rechtfertigen würden.

Ich habe auch mit Freude die Arbeit von Löwenthal gelesen. Sie ist thematisch ein vorzüglicher Griff und voll der besten Destruktion. Insbesondere der Absatz über den »Psychologen« Dostojewskij hat mir helle Freude gemacht. Ich möchte nur zu bedenken geben, ob nicht eine solche Arbeit ihre volle dialektische Fruchtbarkeit erst dann gewinnt, wenn sie nicht die »Wirkung« in abstracto mißt sondern mit dem Werk selber konfrontiert. Dabei käme an Dostojewskij auch vieles andere und bürgerlich Unterschlagene zutage (es scheint mir übrigens ein Resultat von Löwenthals Untersuchung, auf das er nicht ausdrücklich hinweist das mir aber äußerst wichtig dünkt, daß eigentlich nur *ein* Konkretes bei Dostojewskij wirklich gewirkt hat, während alles andere nur mit Phrasen bedacht wird, nämlich die Darstellung der Motivation von Raskolnikows Mord. Nach diesem einen Modell ist alles gebildet; vielleicht noch nach den analogen Zügen in den Karamasows; Idiot und Dämonen spielen keine ernste Rolle. Gerade diese Motivation ist aber keine Psychologie sondern eine *rationale Kasuistik*. Und damit scheint mir das Zentralproblem von Dostojewskijs Psychologie getroffen. Er war, wie übrigens merkwürdiger Weise einmal der faszistische Schriftsteller Paul Ernst erkannt hat, überhaupt kein »Psychologe« d. h. das Problem des Unbewußten existiert bei ihm nur rudimentär. Andererseits ist ihm aber die Unübersichtlichkeit und Irrationalität des individuellen Verhaltens im Kapitalismus klar. Aber zugleich vertraut er (Bürger des zurückgebliebenen Landes) noch gewissermaßen auf den homo oeconomicus und dessen wirtschaftliche Rationalität, die sich ihm als Kausalkategorie darstellt. Daher kommt er zu der paradoxen Lösung einer Behandlung von wahrhaft Irrationalem – nämlich der gesellschaftlichen Dialektik, die der statischen Rationalität unangemessen ist, und dem an sie gebundenen Triebleben – mit einer rationalen Psychologie und als Mittel zum Ausgleich zwischen beidem, dem sinnwidrigen und widerspruchsvollen Handeln und der zugrundeliegenden Kategorie der Vernünftigkeit des individuellen Tuns, handhabt er, vergebens, die Ausbildung der Kasuistik, d. h. ein System unendlich vieler und vermittelter Zweckbegründungen des individuellen Handelns, die schließlich daran heranreichen sollen, das Unvernünftige der Vernunft kommensurabel, identisch zu machen. So ist er gewiß nicht nur kein Seitenstück zu Freud sondern auf diesen aporetisch bloß bezogen; man könnte sagen, das Mißlingen der Kasuistik der Seele oder die Tatsache, daß es sich bei ihr um ein bloßes Fiktum, eine durchschaubare Hilfskonstruktion handelt, hat vor die Notwendigkeit gestellt, die Zweckrationalität des Handelns als psychologisches Begründungssystem aufzugeben und stattdessen jene Frage nach dem Unbewußten zu stellen, die Freud ganz anders, nämlich vom positivistischen Befund und der »Deskription« her gestellt hat. Ich wäre froh zu wissen, was Sie und Löwenthal dazu meinen). – Zum Löwenthalschen Aufsatz möchte ich nur noch sagen, daß mir wieder problematisch die Sprache gewesen ist. Ich verlange gewiß nicht daß er à la Bloch sich äußerlich einen Stil als Ausdruck zulegt und keiner billigt es mehr als ich, wenn man den Ausdruck aus der Sache schöpft – aber wenn man die Sache tief genug und fremd genug anschaut, kann es dann noch bei Formeln eben der bürgerlichen Wissenschaft bleiben, mit der wir ja schließlich so wenig zu tun haben wie mit dem bürgerlichen Irrationalismus? Ich erinnere nur an einen Ausdruck am Ende: das »klassische Musikstück«. Ich glaube, ich brauchte mich gar nicht auf die Abgegriffenheit dieser Formel zu beziehen; aber wenn man die Assoziationen mitdenkt, die darin stecken, wird man gerade darin einen Restbestand vor-kritischer Elemente des bürgerlichen Denkens und bürgerlicher Kunstanschauung entdecken, die für uns nicht gelten. Wir haben nach beiden Seiten zu kämpfen, gegen den Nebel und gegen die »Entfremdung«; das meint aber, daß wir nicht bloß eine klare sondern auch eine der Entfremdung entrissene Sprache reden müssen und wenn sie sich schon nicht der Entfremdung positiv entreißen läßt (ich habe keine romantischen Anschauungen), dann wenigstens eine, die durch Selektion und Prägung sich vom wissenschaftlichen Convenu abhebt so sicher wie von dem Convenu der Urgefühle.

Zu meinen Arbeiten nur ein paar Worte. Natürlich habe ich nicht daran gedacht (es war ein Mißverständnis), einen »fortlaufenden Kommentar« zu Mannheim in der Zeitschrift zu publizieren; nur meine sehr ausgiebigen Notizen haben die Form dieses Kommentars und was ich Sie fragte war, ob ich sie zu einem kritischen Aufsatz verarbeiten solle – eine Frage, die ich heute wiederhole, ohne sie mehr zu belasten als sie verdient, obwohl mir eine Abgrenzung nützlich, auch aktuell schiene (Soziologismus gerade dieser Art blüht hier und in Amerika besonders, wird hier von der Labour party patronisiert, die gewiß die große Zeche in nicht zu ferner Zeit bezahlen muß). – Was allerdings die Husserlarbeit anlangt, so bilde ich mir ein, daß sie in der Tat aktuell ist und Sie sehr viel angehen wird. Es bedürfte eines langen Briefes, von dem Gang dieser Arbeit, die gut fortschreitet und die mich psychologisch heute allein aufrecht hält, auch nur eine näherungsweise Vorstellung zu geben. Ich will Ihnen heute nur den voraussichtlichen Titel sagen: Die phänomenologischen Antinomien, mit dem Untertitel: Prolegomena zur dialektischen Erkenntnislehre. Sie unternimmt es, die immanenten Widersprüche der Phänomenologie bis zur Selbstauflösung zu treiben, also gleichsam die undialektischste aller Philosophien (und dennoch heute die vorgeschrittenste bürgerliche Erkenntnistheorie) durchzudialektisieren; schreitet aber dann positiv zu dialektischen Formulierungen der erkenntnistheoretischen Zentralprobleme: des Gegebenen, des Allgemeinbegriffs, der Subjekt-Objektrelation; von denen ich hoffe, daß sie als wirkliche Prolegomena unserer eigentlichen und gemeinsamen theoretischen Aufgabe, nämlich der dialektischen Logik, zugute kommen, wobei ich die Hoffnung hege, daß wir diese Aufgabe gemeinsam angehen können. Auch das Problem des Psychologismusstreits wird im dialektischen Begriff aufgenommen. Der Begriff der Wesensanschauung hat sich mir nun *völlig* zersetzt und ihn immanent aufzublättern ist eine Hauptaufgabe. Vielleicht genügen diese Andeutungen wenigstens Ihnen zu zeigen, daß ich mich nicht auf akademische Spielereien einlasse, wie Sie offenbar geargwöhnt haben; oder meinen Sie, die Verzweiflung über die Lage hätte mich schon so verdummt, daß ich zu hundert erkenntnistheoretischen

Standpunkten den hundertersten hinzuzufügen gedächte? – Immerhin liegt ja der Gegenstand der Arbeit nicht an der Front sondern an der Etappe, wenn ich auch hoffe, daß er zur Versorgung etwas beitrage. Aber ich fühle natürlich den Zwang zu unmittelbareren Mitteilungen. Und damit komme ich zum Ende. Haben Sie eine Adresse, wo Sendungen Sie *allein* erreichen und sind Sendungen von hier nach Amerika zensursicher? Dann nämlich möchte ich Ihnen in ein paar Monaten ein zweites in Entstehung befindliches Manuskript senden – mit der Bitte darüber zu verfügen und es evt. zu publizieren –, dem Sie undeutliche Sprache nicht werden nachsagen können und dem Heinrich Regius, wenn anders ich ihn kenne, das Placet nicht versagen wird. Es handelt sich um ein Aphorismenbüchlein, das an Regius unmittelbar anknüpft aber durchaus die Situation im *vollzogenen* Faszismus behandelt. Titel: Der gute Kamerad. Aber wie gesagt, ich kann es Ihnen nicht an die offizielle Institutsadresse schicken und bitte Sie den ganzen Komplex mit höchster Diskretion zu behandeln. Kein Mensch außer Ihnen weiß von der Existenz der Sache. Sie ist schon ziemlich weit gediehen.

Ich hoffe Sie alle wohlauf. Meine Existenz ist soweit erträglich als ich keine habe – d. h. ich arbeite, wie bei der Doppelarbeit klar ist, ohne Unterlaß und in vollkommener Einsamkeit.

Schreiben Sie bald ein Wort Ihrem alten und getreuen

Teddie Wiesengrund.

ÜBERLIEFERUNG O: Ts; Max-Horkheimer-Archiv der Stadt- und Universitätsbibliothek, Frankfurt a. M. – E: Horkheimer, Briefwechsel 1913-1936, S. 326 ff.

der Bergsonaufsatz / die Stelle über den Historiker als Retter: Vgl. Max Horkheimer, Zu Bergsons Metaphysik der Zeit, in: ZfS 3 (1934), S. 321-341 (Heft 3); jetzt Horkheimer GS 3, S. 225-248. – Gegen Ende seines Aufsatzes wendet sich Horkheimer gegen den »Aberglauben, daß alles, was vergangen ist, auch ohne die bewußt geleitete Tätigkeit der Erinnerung in der Gegenwart existiere und in die Zukunft ›vorgestoßen‹ werde, eben weil der reale Wechsel unteilbar sei, unterschlägt nicht bloß die Rolle des

Historikers bei dem Kampf um neue Lebensformen der Gesellschaft, sondern auch seinen Auftrag, das Entschwundene im Gedächtnis zu bewahren.« Und dann heißt es: »Was den Menschen, die untergegangen sind, geschehen ist, heilt keine Zukunft mehr. Sie werden niemals aufgerufen, um in der Ewigkeit beglückt zu werden. [. . .] Inmitten dieser unermeßlichen Gleichgültigkeit kann allein das menschliche Bewußtsein die Stätte bilden, bei der erduldetes Unrecht aufgehoben ist, die einzige Instanz, die sich nicht damit zufriedengibt.[. . .] Jetzt, wo das Vertrauen auf das Ewige zerfallen muß, bildet die Historie das einzige Gehör, das die gegenwärtige und selbst vergängliche Menschheit den Anklagen der vergangenen noch schenken kann. Selbst wenn dieser Appell nicht zur Produktivkraft für eine bessere Gesellschaft werden könnte, stellte auch die Funktion der Erinnerung allein schon den Beruf des Geschichtsschreibers über den der Metaphysik.« (ZfS, a. a. O., S. 340 f. und Horkheimer GS 3, S. 247 f.)

das Motiv der Rettung des Hoffnungslosen: Der Schlußsatz von Benjamins Abhandlung über »Goethes Wahlverwandtschaften« ist: »Nur um der Hoffnungslosen willen ist uns die Hoffnung gegeben.« Adorno hat dieses *Motiv* – das theologische Motiv par excellence für ihn – aufgenommen und in seinem Buch über Kierkegaard mehrfach angeführt; an einer Stelle heißt es: »Alles Kierkegaardsche Existieren ist in Wahrheit Verzweiflung, und daraus allein ziehen die Sätze der ›Krankheit zum Tode‹ ihre Gewalt. Hoffnung hat in ›Existenz‹ keinen Raum, und das christliche Paradox wird nicht einer allgemeinen, existentiellen ›Religiosität A‹ als Gnadenwunder geschenkt, sondern von ihr verzweifelt gefordert. Keine Theologie hat jemals die Idee der Hoffnung für ein ›Verhältnis‹ oder dessen unbestimmtes Substrat, sondern stets bloß fürs sterbliche Geschöpf entworfen [. . .].« (Adorno GS 2, S. 118)

die Arbeit von Löwenthal / der Absatz über den »Psychologen« Dostojewskij: Vgl. Leo Löwenthal, Die Auffassung Dostojewskis im Vorkriegsdeutschland, in: ZfS 3 (1934), S. 343-381 (Heft 3); jetzt ders., Schriften, hrsg. von Helmut Dubiel, Bd. 1: Literatur und Massenkultur, Frankfurt a. M. 1990, S. 188-230. Über den *»Psychologen« Dostojewkij* handeln die Seiten 364 bis 374 bzw. 211-222.

Paul Ernst: Der Dramatiker, Dichter und Essayist Paul Ernst (1866-1933), der in seiner Jugend der alten SPD nahe und in Briefwechsel mit Friedrich Engels stand, war von Dostojewskij und Nietzsche beeinflußt. Ernst war seit 1911 mit Georg Lukács befreundet. Gegen Ende seines Lebens fand eine Annäherung an den Nationalsozialismus statt. – Eine Formulierung

Ernsts, wie Adorno sie charakterisiert, konnte in Ernsts Essays über Dostojewskij nicht ermittelt werden. In einem um 1900 entstandenen Essay über Dostojewskij schreibt Ernst: » [Dostojewskij] vermeidet fast ängstlich ein Anklingen an Gefühlsschilderungen; die Gefühle der beiden Personen werden lediglich durch die Handlungen vermittelt, welche sie begehen, und diese Handlungen werden naiv, ohne Reflexion erzählt. [. . .] Auch die zweite Eigentümlichkeit seiner Manier wird nur halbwegs von den französischen Realisten geteilt: die Unkenntnis der handelnden Personen über sich selbst und ihre Gefühle.« (Zit. Paul Ernst, Völker und Zeiten im Spiegel ihrer Dichtungen. Aufsätze zur Weltliteratur, hrsg. von Karl August Kutzbach, München 1940, S. 166f.)

das »klassische Musikstück«: Der Schluß von Löwenthals Aufsatz lautet: »Wenn gelänge, zum Bewußtsein zu bringen, was an Feindseligkeit und Protest gegen eine bestehende Ordnung, an inhaltlicher Vorstellungskraft über eine mögliche und bessere in der Widerspruchsfülle von Roman und Drama, in der Trauer eines Liebesgedichts, in der Gewalt eines klassischen Musikstücks, ja noch in der Inbrunst und Verzweiflung eines Gebets und in der Weltabgekehrtheit eines starken persönlichen, leidenschaftlichen Gefühls gelegen ist, dann könnte vor der Übermacht und Klarheit, die aus einem solchen allgemeinen Bewußtsein der Menschen spräche, die bestehende Welt nicht mehr bestehen. Die Tatsache, daß bisher im allgemeinen stets die irrationalen Gebilde und mit ihnen die Kunst dazu gedient haben, das Bewußtsein zu bestechen, rechtfertigt nicht den Glauben, daß diese Bestechung ihren einzigen historischen Sinn, ihre einzige Möglichkeit darstelle.«

ein Aphorismenbüchlein / Titel: Der gute Kamerad: Das Heft ist verschollen. Am 5. Juni 1942 bat Adorno, der in Los Angeles lebte, seine Eltern in New York um Nachforschungen: »Als Ilse Maier uns in New York halb verrückt heimsuchte, hat sie mir mit Gewalt ein rotes Heft entrissen, das eine Reihe Aphorismen unter dem Titel: Vademecum für Emigranten, vor allem aber eine Reihe von Aufzeichnungen über den Ödipusmythos, im Anschluß an ein Stück von Cocteau enthielt. Ilse versprach mir, das Heft sofort zurückzugeben, ist aber damit abgehaun.« Möglicherweise ist dieses rote Heft mit jenem *Aphorismenbüchlein,* das den Titel eines Uhlandschen Gedichts trug, identisch.

11 Horkheimer an Adorno
New York, 15.3.1935

z. Z. New York.
15. März 1935.

Dr. T. Wiesengrund-Adorno
c/o Mrs. Nye
47 Banbury Road
Oxford

Lieber Herr Wiesengrund!

Verzeihen Sie, wenn dieser Brief nur kurz ausfällt, denn es kommt mir darauf an, dass Sie mit dem nächsten Schiff noch einige Zeilen erhalten und es wartet noch in diesen Stunden recht viel Arbeit auf mich. Ich möchte Ihnen sagen, dass Ihr Brief mich gefreut hat und der Wunsch gross ist, Sie bald zu sprechen. Leider scheinen Sie den Plan Ihrer baldigen Reise hierher fast aufgegeben zu haben. Ich habe Pollock, der wahrscheinlich um die Mitte April nach Europa fahren wird, gebeten, diese Frage eingehend mit Ihnen durchzusprechen. Auch ich finde, dass wir uns über die von Ihnen bezeichneten theologischen Probleme auszusprechen haben.

Wegen der von Ihnen gewünschten Adresse werde ich noch schreiben. Sollten Sie in den nächsten vierzehn Tagen nichts gegenteiliges von mir hören, so schlage ich vor, die Sendung an Frl. Alice Heumann. Apt. 9 A 3569 Broadway. New York City. zu richten. Orientieren Sie sich aber vorher über das Schiff, das Sie dabei benutzen.

Besonders freut es mich, dass Sie wieder gesund sind und die Schmerzen hinter sich haben. Andrerseits ist es beunruhigend, von der Notwendigkeit einer weiteren Kontrolle zu hören. Sollten Sie jedoch die Reise nach Amerika beschliessen, so brauchen Sie dieserhalb keine Sorgen zu haben; alles Medizinische, das von fern mit Mechanik oder Chemie zu tun hat, ist hier ausgezeichnet.

Einige Kategorien, die eigentlich in die Logik gehörten, habe ich in den letzten Wochen für unsere Publikation über Autorität und Familie abgehandelt. Ich bin recht neugierig, was Sie dazu sagen werden. Die Sache geht nächsten Monat in Satz. In der Frühjahrsnummer der Zeitschrift erscheint ein kleiner Artikel zur philosophischen Anthropologie. Er besteht wesentlich aus einigen lose zusammengefügten Bemerkungen zu diesem Thema und ist ganz uneinheitlich. Er musste in wenigen Tagen geschrieben werden, denn es stellte sich heraus, dass ein anderer Artikel, den wir ursprünglich für diese Stelle bestimmt hatten, nicht in Frage kam. – Wie steht es mit Ihrem Klages?

Schreiben Sie bitte doch einmal, wie es bei Ihnen zuhause geht, ebenso etwas über Gretel Karplus. Meine Frau und ich hätten längst an Ihre Eltern geschrieben, wenn wir uns nicht aus naheliegenden Gründen aller Korrespondenzen mit Bekannten drüben soweit wie möglich enthalten wollten.

Verzeihen Sie die Kürze und Oberflächlichkeit des Briefes und seien Sie von meinen besten Gedanken für Sie überzeugt.

ÜBERLIEFERUNG O: Ts(Dg); Max-Horkheimer-Archiv der Stadt- und Universitätsbibliothek, Frankfurt a. M.

Alice Heumann: Alice Heumann (1907-1993), verheiratete Maier, war Horkheimers New Yorker Sekretärin.

Einige Kategorien, die eigentlich in die Logik gehörten, habe ich . . . abgehandelt: Horkheimer, der im Sommer 1934 erneut mit Überlegungen zu einer materialistischen Logik begonnen hatte, verfaßte für die erste Abteilung – »Theoretische Entwürfe über Autorität und Familie« – der »Studien über Autorität und Familie« (Paris 1936) den »Allgemeinen Teil« (S. 3-76).

ein kleiner Artikel zur philosophischen Anthropologie: Vgl. Max Horkheimer, Bemerkungen zur philosophischen Anthropologie, in: ZfS 4 (1935), S. 1 bis 25 (Heft 1); jetzt Horkheimer GS 3, S. 249-276.

Gretel Karplus: Adornos Freundin seit den zwanziger Jahren und spätere Frau Margarete Karplus (1902-1993), die Chemie, Physik und Technologie in Berlin studiert und promoviert hatte, voluntierte von Oktober 1925 bis Dezember 1926 bei den I. G. Farbwerken in Frankfurt. Am 1. Januar trat sie als Chemikerin in die elterliche Lederfabrik Karplus & Herzberger ein. 1930 wurde sie als Nachfolgerin ihres Vaters Mitinhaberin der Firma, die Ende 1932 liquidiert wurde. Am 1. Januar 1933 trat sie als Junior-Teilhaberin in die Berliner Firma Georg Tengler ein. Nach dem Tod von Georg Tengler 1934 führte Gretel Adorno die Fabrik mit über 200 Arbeitern bis 1936 weiter.

Ihre Eltern: Die Sängerin Maria Wiesengrund (1865-1952), geborene Calvelli-Adorno, und der Weingroßhändler Oscar Wiesengrund (1870 bis 1946), die bis Mai 1939 in Frankfurt a. M. lebten.

12 Adorno an Horkheimer
Oxford, 13.5.1935

Oxford, 13. Mai 1935.
47 Banbury Road.

Lieber Herr Horkheimer,

ich bin mit Pollock ausgiebig zusammen gewesen und wir haben Gelegenheit gehabt, die Situation zwischen uns – sachlich gesprochen: mein Verhältnis zum Institut – eingehend durchzusprechen und eine Reihe von Mißverständnissen aufzuklären. Um weitere Mißverständnisse zu verhindern, gebe ich Ihnen, nach Vereinbarung mit Pollock, kurze Rechenschaft über unsere Unterhaltung und sende ihm einen Durchschlag meines Briefes. Wir sind einig in der Überzeugung, daß das Leben zu kurz und die Gesamtlage zu düster ist, als daß die paar Menschen, die in einem verantwortlichen Sinne zusammengehören, es sich leisten könnten, durch private Verstimmungen ihre Solidarität gefährden zu lassen.

Ich möchte damit beginnen, daß die speziellen Differenzen, die sich auf die Verhaltensweise in der Vergangenheit beziehen, bereinigt sind. So habe ich mich davon überzeugt, daß von einer internen Geheimpolitik des Institutes mir gegenüber tatsächlich nicht die Rede sein kann und daß die Dinge, die man mir nicht sagte, ungesagt blieben nur, weil sie Ihnen und Pollock zu unerheblich dünkten. Das bezieht sich insbesondere auf den Komplex der Londoner Zweigstelle (der im übrigen in dem Augenblick mir ganz klar und harmlos wurde, als ich Rumney sah) und ebenso auf Paris und Herrn Honigsheim, in dessen Beurteilung wir ja völlig übereinstimmen. Was Frankfurt anlangt und mein Verbleiben dort, so hat mir Pollock dargelegt, daß Sie mich nur deshalb nicht sogleich von dort nach Genf holten, weil Sie mich nicht für gefährdet ansahen. Die Tatsachen haben Ihnen ja auch Recht gegeben. Wenn Löwenthal Frankfurt verließ, ohne mich wissen zu lassen, daß es für immer geschehe, so meint Pollock (ohne freilich ganz sicher zu sein), er habe das damals in der Tat selbst noch nicht gewußt. Ich halte das zwar für unwahrscheinlich, seine Verhaltensweise scheidet aber aus *unserer* Auseinandersetzung aus. Immerhin wäre ich durchaus damit einverstanden, wenn Sie diesen Punkt aufklären würden.

Wir haben weiter erörtert den Punkt der Einladung nach Genf und stimmen überein in der Überzeugung, daß wir beide Fehler gemacht haben. Tillich war denkbar ungeeignet zur Vermittlung: Sie hatten niemand anderen zur Verfügung; jedenfalls ging das, was er mir berichtete, eindeutig dahin, daß ich zwar ein gern gesehener Gast sei, aber keinesfalls auf Eingliederung rechnen könne und damit hat er fraglos seinen Auftrag überschritten. Die Fehler, die wir machten, scheinen Pollock und mir diese: von Ihrer Seite, daß man mich nicht einfach dringend und vorbehaltlos nach Genf rief; von meiner, daß ich nicht ebenso einfach im Vertrauen auf Sie und ohne lange zu zögern hinfuhr. Mildernde Umstände gibt es für uns beide: für Sie, daß Sie mit jeder direkten Mitteilung höchst vorsichtig sein mußten, um nicht den Adressaten zu gefährden; für mich, daß ich unter dem Druck der unsäglichen deutschen Verhältnisse weder die Situation richtig sah noch die Entschlußkraft aufbrachte, zu tun, was unter normaleren Bedingungen das Selbstverständliche gewesen wäre.

Wir betrachten diese Dinge als definitiv *liquidiert.* Weder also erhebe ich, wie verschwiegen auch immer, den Vorwurf der Unsolidarität noch sieht Pollock darin, daß ich nicht va banque kam (was, auch nach seiner Ansicht, mir nicht zugemutet werden könnte) etwas Unsolidarisches.

Wir sind dann zur Besprechung der Zukunft gekommen und da war leider unser Resultat weit weniger positiv als für die Vergangenheit. Da nach seinen Erklärungen es im Augenblick nicht möglich ist, mich in New York adäquat d. h. inter pares zu übernehmen; da ich in die englische Sache viel Zeit und Arbeit investiert habe und sie nicht fahren lassen kann, ehe ich den degree habe; und da die Aussichten hier, ob auch reichlich unsicher, doch keineswegs ohne Hoffnung sind, so sind wir übereingekommen, daß ich erst – im nächsten Jahr – den degree nehmen soll und wir dann weiter sehen. Pollock hielte es für unverantwortlich, mich heute nach Amerika zu holen, ohne daß dort Eingliederung und positive Zukunftsaussicht gegeben seien.

Meine eigene Stellungnahme ist nun die: da Sie, Herr Horkheimer, nach wie vor der einzige Mensch sind, mit dem ich mich in solcher Breite einig weiß, daß ich in voller Gemeinschaft mit ihm arbeiten könnte; und da ich unser beider Arbeitskraft so einschätze, daß ich glaube, daß eine solche Gemeinschaft nicht bloß privat sondern für die Theorie in einem außerordentlichen Sinne fruchtbar werden könnte, so hielte ich es nach wie vor für dringend notwendig, daß wir wieder dauernd zusammen kämen. Ich erkläre Ihnen – so wie Pollock – hier nochmals ausdrücklich meine Bereitschaft dazu. Ich kann Ihnen dabei nicht verschweigen, so wenig ich es Pollock verschwieg, daß ich freilich von dem Sinn unserer Arbeit so ernst überzeugt bin, daß ich das Argument von den »Bedürftigeren«, das in der ersten Zeit durchaus seine Berechtigung hatte, als dauerndes Apriori nicht anerkennen kann. Ich habe Pollock gesagt, daß, wenn ich an Ihrer Stelle wäre und

Sie an meiner, ich nicht gezögert hätte, wen immer herauszuwerfen, um Ihrer mich zu versichern. Ich habe das einmal so brutal formuliert, weil hier das Zentrum der Zukunftspläne liegt, die nur dann gefördert werden können, wenn in diesem zentralen Punkt – also der Einschätzung der extremen *Notwendigkeit* unserer Zusammenarbeit – eine Entscheidung vollzogen ist und weil ich glaube, gerade nach der Erfahrung in der fruchtbaren Unterhaltung mit Pollock, daß uns nur mit extremer Offenheit gedient ist. Ich will aber hinzufügen, daß ich wohl weiß, daß man zwar einen solch extremen Standpunkt für sich selber einnehmen, ihn nicht aber von einem anderen, und wäre es der nächste, fordern kann und dies um so weniger als ich weder gewisse Unterschiede unserer Charaktere verkenne noch die Tragweite dessen, daß ich nicht *da* bin; ein Faktum, das ich freilich geneigt bin äußerst ernst zu beurteilen und das ich Sie in Ihre Erwägungen einzustellen bitte.

Es versteht sich, daß es sich dabei konkret um die Position von Herrn Marcuse handelt und es wird Sie nicht wundernehmen, wenn es mich traurig macht, daß Sie philosophisch unmittelbar mit einem Mann arbeiten, den ich schließlich für einen durch Judentum verhinderten Faszisten halte; denn weder konnte er sich über Herrn Heidegger Illusionen machen, dem er laut dem Vorwort des Hegelbuches alles zu verdanken hat, noch etwa über seinen Verleger, Herrn Klostermann aus dem Tatkreis. Nun hat mich Pollock dahin aufgeklärt, daß die Stelle Marcuses für mich nicht in Betracht käme, weil sie eine subalterne Assistenten- und Hilfsarbeiterstelle sei, während man mich nur inter pares akzeptieren und mir selber einen Marcuse beigesellen könne. I take it for granted. Genau hier aber schließen meine Erwägungen an: Erwägungen, die über mein Gespräch mit Pollock hinausgreifen.

Ich sagte ihm, man hätte die rein stoffliche Arbeit, die jetzt Marcuse macht, ohne diesen ja so verteilen können, daß ein Quantum davon auf mich entfallen wäre, ohne daß ich dadurch als produktive Kraft dem Institut entzogen gewesen wäre: zumal ich ja der Meinung bin, daß Interpretieren und

Das richtige Material finden in Wahrheit dasselbe ist. Pollock verwies mich auf die organisatorischen Schwierigkeiten und sprach mir in diesem Zusammenhang von der geplanten großen Umorganisation des Instituts. Dazu nun mein Vorschlag. Ich habe hier etwa noch mit anderthalb Jahren zu rechnen, bis ich den degree habe. Das ist eine lange Zeit – ausreichend für die weitestreichende Umorganisation. Könnte man nun nicht so sich verhalten, daß man die jetzt begonnene Umorganisation von Anbeginn mit darauf einstellt, dann (also nach 2½ Jahren) jene Eingliederung inter pares zu vollziehen, von der Pollock und ich gesprochen haben, Erhaltung des Institutsfonds vorausgesetzt? Ich denke an eine Stellung etwa wie Grossmann in Frankfurt sie innehatte. Bis dahin könnte man so sorglich disponieren, daß Härten gegen zu Entlassende vermieden würden; ich spräche dann perfekt englisch; mein logisches Buch stünde dem Institut zur Verfügung; die Umorganisation könnte selbst das Plus einsparen, das in meinem Fall relativ zu Marcuse nun einmal angemessen wäre. Nicht kann ich dabei verschweigen, daß ich mich nachgerade verpflichtet fühle, Gretel zu heiraten, schon um sie aus dieser Hölle herauszubringen. Ich halte es auch nicht für sentimental Sie daran zu erinnern, was es für mich selber heißt, alle 8–10 Wochen unter dem Risiko des Eingesperrtwerdens (das neuestens wieder sehr gestiegen ist) nach Deutschland zurückzumüssen um materiell existieren zu können; welch ungeheure Gefahr in der intellektuellen Isolierung, der allgemeinen und der von Ihnen, für mich liegt. Gerade aber eine à la longue-Disposition gibt, so will mir scheinen, bei wirklicher Entschlossenheit von beiden Seiten die Aussicht, über Hoffnungen hinaus zu etwas Positivem zu gelangen. Darum bitte ich Sie um Ihre prinzipielle Stellungnahme. Im Falle Ihrer Zusage würde ich alle englischen Dinge außer dem Buch und dem degree fahren lassen und schon vorher mich einarbeiten. Auch einer akademischen Nebentätigkeit drüben, zur Entlastung des Instituts, würde ich mich nicht entziehen; lieber allerdings nur mit Ihnen arbeiten und zwar mit aller Energie den Komplex des dialektischen Materialismus als dringlichsten Gegenstand in Angriff nehmen. Wenn ich diesen à-la-longue-Vorschlag mache, so leitet mich dabei auch das Bewußtsein, daß gerade der Zwang *nicht* à la longue zu disponieren sondern zu improvisieren guten Teiles Schuld daran ist, daß wir getrennt wurden – entgegen unserem Willen.

Nur noch ein paar Worte nach diesem langen public business. Ich war sehr traurig zu hören, daß es Ihnen gesundheitlich so wenig gut geht und (egoistischer) daß damit Ihre Reise nach dem Kontinent entfällt. Ich selber bin wieder in Ordnung, wenn auch noch reichlich labil. Meine Sommerpläne sind noch ganz im Dunkeln; auf jeden Fall muß ich mich in Deutschland zeigen, wenn ich nicht riskieren will, daß ich überhaupt nicht mehr zurückkann (auch so ist nach den neuesten Meldungen die Sache schwierig). Meiner Familie geht es ganz gut: meine Eltern und Agathe sind so alt um nicht mehr viel zu hoffen und darum auch nicht so zu verzweifeln wie wir und unmittelbar ist ihnen bis jetzt nichts geschehen; auch materiell hat sich da nichts geändert. Sicher wären sie sehr froh, von Ihnen einen Brief zu bekommen und aus manchem Grunde wäre ich Ihnen sogar sehr dankbar, wenn Sie einmal schreiben wollten. Gretel geht es gesundheitlich leider sehr schlecht. Sie hat ständig Anfälle von ganz unerträglichen Kopfschmerzen, mit Ausfallserscheinungen aller Art; oft ist sie tagelang apathisch und zu allem unfähig. Kein Arzt weiß, was es ist: sie nennen es Migräne und erklären sie für physisch gesund wenn auch überaus zart (sie ist ein Siebenmonatskind und im Brutkasten aufgezogen). Es ist mir außer Frage, daß psychische Dinge entscheidend mitspielen, aber wir wissen keinen Analytiker in Berlin, zu dem wir ernsthaft Vertauen hätten. Aber Deutschland ist eben bereits eine Krankheit für sich. – Beruflich geht es Gretel nicht schlecht und sie hat als Industrielle unter Judenschikanen verhältnismäßig wenig zu leiden. Ihre und Ihrer Familie Ausbürgerung ist, wie Sie wohl wissen, im letzten Sommer zurückgenommen worden.

Meine Arbeit schreitet stetig, wenn auch langsam fort; es

gibt eben vieles bei Husserl (die VI. Log. Untersuchung, auch vieles der neuen Logik) wodurch man sich wie durch ein Dikkicht den Weg schlagen muß, wofern man es nicht vorzieht wie Ernst Bloch zu verfahren, wozu ich aber keine Lust habe. Zu der anderen Arbeit bin ich in den letzten Wochen weniger gekommen. Es hat mich in diesem Zusammenhang besonders gefreut von Pollock zu hören, daß Sie nicht meine pseudonyme Arbeit *generell* sondern nur einige von mir gewählte Pseudonyme mißbilligen. Ich überlasse die Wahl dieser Pseudonyme ganz Ihnen, würde freilich nichtdeutsche bevorzugen. Noch wäre ich froh zu hören, ob Sie an der Mannheimkritik, wenn ich sie umredigiere, Interesse hätten, nachdem Sie seinerzeit meinen Plan als einen »Kommentar« mißverstanden hatten, während ich nur meine *Aufzeichnungen dazu* in die Form der Einzelanmerkung gekleidet hatte, und selbstverständlich die endgültige und kritische Fassung sich von seinem Text ganz emanzipieren müßte. Ich habe sein Buch in der Fahne gelesen. Es ist ein Schmarren: nichts als ein Versuch die entscheidenden gesellschaftlichen Konsequenzen, die aus dem Monopolkapitalismus entspringen, unter Aussparung der marxistischen Kategorien, vor allem der der Klasse zu erklären. Interessant daran ist nur, wie er sich verfängt: da er schon kein Faszist sein kann, wurstelt er [mit] liberalen Begriffen weiter ohne zu merken, daß die in der gegenwärtigen Situation, wenn man sie nur ernsthaft anwendet, selber bereits die Tendenz haben in die marxistischen umzuschlagen, wenn man sie nur mit der Wirklichkeit konfrontiert. Auch hier bestand zwischen Pollock und mir volle Einigkeit und ebenso in Bezug auf Herrn Cassirer, den ich für völlig vertrottelt halte. Auch was einige zu diskutierende Institutsfiguren wie Korsch (der jetzt ein Opfer der sozialdemokratischen Emigrantenmeute zu werden droht), Rusche (untragbar), Borkenau (pfui Teufel) anlangt, gab es keine Differenzen. Wie es mir denn ein gutes Zeichen scheint, daß wir uns bis jetzt offenbar *nicht* auseinanderentwickelt haben. Aber wie gesagt, ich unterschätze die Gefahr der isolierten Arbeit nicht.

Was die politische Lage anlangt, so haben wir nicht ganz übereingestimmt. Pollock ist geneigt die Solidarität der kapitalistischen Länder gegen Rußland für wichtiger zu halten als ihre Antagonismen; ich setze die Widersprüche höher an und ganz einfach die Gefahr, die ein gegen Rußland siegreiches Deutschland für England und Frankreich bedeutet. Ich weiß wohl, daß die Passivität gegenüber der deutschen Aufrüstung ein großes Argument für Ihren Freund ist, aber es gibt auch genau entgegengesetzte (vor allem Italien, das selber einen siegreichen Krieg so nötig braucht wie Deutschland). Sehr viel wird von der inneren Entwicklung in Deutschland abhängen: wenn das Vordringen der Deutschnationalen wirklich zu einem radikalen Erfolg führt (und noch sind die Dinge keineswegs so eindeutig geklärt wie es nach dem 30. Juni aussah), dann gewinnt die Theorie Ihres Freundes sehr an Wahrscheinlichkeit. Aber daß die Nazis bei den gegenwärtigen Herrschaftsverhältnissen aus der Isolierung herauskommen ist unwahrscheinlich. Die Situation im Inneren ist übrigens sehr undurchsichtig. Ich glaube selbst bei größter Skepsis heute sagen zu können, daß die Gleichschaltung der Arbeiter nicht gelungen ist und die Betriebsratswahlen lassen erstmals etwas wie eine sich bildende Opposition erkennen.

Ich war mit Gretel 14 Tage in Königstein – wir haben es aber nicht übers Herz gebracht nach Cronberg zu gehen. Ob wir doch noch einmal dorthin kommen? Denn es ist kein Zweifel, daß uns etwas genommen worden ist, was nicht ersetzt werden kann und dies in einem viel schwereren Sinn als dem des Eigentums.

Grüßen Sie Frau Maidon sehr, schreiben Sie bald.

Alles Herzliche Ihr

Teddie Wiesengrund

ÜBERLIEFERUNG O: Ts; Max-Horkheimer-Archiv der Stadt- und Universitätsbibliothek, Frankfurt a. M. – E: Horkheimer, Briefwechsel 1913-1936, S. 345 ff.

die Position von Herrn Marcuse: Herbert Marcuse (1898-1979), der 1922 promoviert hatte, setzte 1928 nach einer Verlags- und Buchhandelstätigkeit seine philosophischen Studien in Freiburg i. Br. bei Heidegger fort, gab aber seine Absicht, sich dort zu habilitieren wegen politischer Differenzen mit Heidegger und auf Grund der Ablehnung Heideggers, jüdische Dozenten in seiner Fakultät zu dulden, auf und ging nach Frankfurt, wo Kurt Riezler den Kontakt zu Horkheimer herstellte, welcher Marcuses Habilitation betreute. (Vgl. Horkheimer, Briefwechsel 1949-1973, S. 772) – In New York arbeiteten Marcuse und Horkheimer gemeinsam an einer materialistischen Kritik des Idealismus, die dem Horkheimerschen Plan einer materialistischen Logik präludieren sollte.

das Hegelbuch ... sein Verleger ... der Tatkreis: Marcuses Buch »Hegels Ontologie und die Theorie der Geschichtlichkeit« war 1932 im Frankfurter Verlag Vittorio Klostermann erschienen. Nach der Einleitung hatte Marcuse einen separaten kleinen Absatz angefügt, der lautet: »Was diese Arbeit etwa zu einer Aufrollung und Klärung der Probleme beiträgt, verdankt sie der philosophischen Arbeit Martin *Heideggers.* Dies sei gleich anfangs statt aller besonderen Hinweise betont.« – Vittorio Klostermann (1901-1977), der bald nach der Gründung seines Verlags 1930 Heidegger zu verlegen begann, stand dem »Tatkreis« nahe, der aus der 1909 gegründeten religiös-philosophischen Zeitschrift »Die Tat« hervorging, als Hans Zehrer 1929 die Zeitschrift zum politischen Sprachrohr eines Nationalsozialismus ohne NSDAP machte.

eine Stellung etwa wie Grossmann in Frankfurt: Henryk Grossmann (1881 bis 1950), der aus Krakau stammte, studierte dort und in Wien Rechtswissenschaft und Politische Ökonomie. Carl Grünberg (1861-1940), bei dem er in Wien gehört hatte, holte Grossmann 1925 als seinen Assistenten nach Frankfurt an das Institut für Sozialforschung. Seine Habilitation erfolgte 1927 mit der 1914 erschienenen Arbeit »Österreichs Handelspolitik mit Bezug auf Galizien in der Reformperiode 1772-1790«; 1930 wurde er zum außerordentlichen Professor ernannt. Grossmanns Hauptwerk »Das Akkumulations- und Zusammenbruchsgesetz des kapitalistischen Systems (Zugleich eine Krisentheorie)« erschien 1929 als erster Band der Schriftenreihe des Instituts. Grossmann emigrierte zunächst nach Paris, dann nach England und folgte 1938 dem Institut nach New York; 1949 wurde Grossmann Professor in Leipzig.

Agathe: Agathe Calvelli-Adorno (1868-1935) war ausgebildete Pianistin und lebte im Hause Wiesengrund.

Husserl . . . die neue Logik: Vgl. Edmund Husserl, Formale und transzendentale Logik. Versuch einer Kritik der logischen Vernunft, Halle 1929.

zu diskutierende Institutsfiguren wie Korsch: Karl Korsch gehörte dem Institut nicht an.

Rusche: Von dem Ökonomen und Juristen Georg Rusche (1900–1950), der von 1930 bis 1933 Mitarbeiter des Instituts war, war im ersten Heft des Jahrgangs 1933 der Zeitschrift ein Aufsatz mit dem Titel »Arbeitsmarkt und Strafvollzug« erschienen. Rusche emigrierte nach England und arbeitete mit Otto Kirchheimer (1905–1965) an der Institutsstudie über Konjunktur und Strafvollzug (vgl. Georg Rusche, Otto Kirchheimer, Punishment and Social Structure, New York 1939).

der 30. Juni: An dem Tag fand die von Hitler befohlene Mordaktion gegen die SA-Führung und konservative Gegner unter dem Vorwand statt, daß von Röhm und der SA Putschgefahr gedroht hätte.

13 Adorno an Horkheimer
Oxford, 8.6.1935

Oxford, 47 Banbury Road.
8. Juni 1935.

Lieber Herr Horkheimer,

es ist sehr schade, daß Ihr Freund nicht mehr nach London kam, wie wir beide es gehofft hatten. Wir hätten so viel zu besprechen noch gehabt. Und auch der Gegenstand, um dessentwillen ich Ihnen heute schreibe, wäre in dies Gespräch gefallen, so wie er bereits ins letzte fiel.

Es handelt sich um Walter Benjamin. Pollock sagte mir, dieser habe ihm in Paris den Plan der Arbeit »Paris capitale du XIXième siècle«, zwischen mir und Benjamin seit 10 Jahren als »Passagenarbeit« im Zentrum unserer Diskussion, vorgetragen. Ich habe Pollock gesagt, daß ich diese Arbeit für das eigentliche chef d'œuvre Benjamins, eine Sache von der denkbar größten theoretischen Tragweite und – wenn uns solch ein

Wort ansteht – für eine geniale Konzeption halte. Ich habe aber zugleich meiner Ansicht Ausdruck gegeben, daß dies Buch, ähnlich etwa wie der Kierkegaard, zu sehr mit Metaphysik belastet sei, um nach meiner aufrichtigen Überzeugung dem Arbeitsplan des Instituts sich einzufügen. Da ich nun natürlich einsehe, daß das Institut, wenn es Benjamin wesentlich erhält, von diesem auch eine wirklich im Institutssinne verwertbare Gegenleistung erhalten muß, so hatte ich vorgeschlagen, daß Benjamin eben jetzt die längst vereinbarten Dinge (also Fuchs und Neue Zeit) schreibt und die Passagen sozusagen als Privatsache daneben.

Diesen Vorschlag habe ich zu revidieren. Benjamin hat mir ein Exposé der Passagenarbeit geschickt. Ich bin nach eingehendem Studium dieses Exposés zu der Überzeugung gekommen, daß diese Arbeit *nichts* enthalten wird, was sich nicht vom Standpunkt des dialektischen Materialismus aus wird verantworten lassen. Den Charakter der metaphysischen Improvisation, der ihr ehedem zukam, hat sie ganz verloren. Ich will nicht einmal sagen, daß das endlich ein Positivum sei (das führte auf die ausstehende Diskussion zwischen Ihnen und mir –): auf jeden Fall ist es ein Positivum für die Verwertbarkeit der Arbeit im Arbeitsplan des Instituts, dem sie sich *einfügt.* Und die Neuheit der Fragestellung und ihre scharfe Unterschiedenheit von den im Wissenschaftsbetrieb üblichen bedeutet, eben im Angesicht der zentralen Übereinstimmung, keinen Nachteil, sondern einen Vorzug. Es handelt sich um einen Versuch der Erschließung des neunzehnten Jahrhunderts als »Stil« durch die Kategorie der Ware als dialektisches Bild.

Diese Konzeption hat Ihnen so viel zu danken wie sie mir nahesteht (und wie ich selber seit vielen Jahren ihr verpflichtet bin). In jenem denkwürdigen Gespräch, das Sie, Benjamin und ich, mit Asja Lacis und Gretel, im Hotel Carlton vor Jahren über dialektische Bilder führten, waren Sie es, der diesen Charakter eines historischen Bildes zentral für die Ware in Anspruch nahm und seit diesem Gespräch datiert eine entscheidende Umorganisation der hier zuständigen Gedanken von Benjamin und mir. Das Kierkegaardbuch enthält sie rudimentär, der Passagenentwurf voll explizit. Er ist aber auch in anderer Hinsicht von höchster Wichtigkeit, gerade im Zusammenhang mit Ihrer Thematik. Sie erinnern sich vielleicht, daß ich Ihnen vor ein paar Monaten in einem Brief schrieb, ich halte für die entscheidende Vermittlungskategorie zwischen Gesellschaft und Psychologie nicht die Familie sondern den Warencharakter. Ich habe das neulich auch Pollock gegenüber vertreten. Ohne zu wissen, daß Benjamin sich in der gleichen Richtung bewegt, ist der Entwurf mir eine große Bestätigung. Der Fetischcharakter der Ware wird als Schlüssel für das Bewußtsein und vor allem das Unbewußtsein des Bürgertums des 19. Jahrhunderts genommen. Sowohl ein Kapitel über die Weltausstellungen wie insbesondere ein großartiges über Baudelaire enthalten darüber Entscheidendes. Mit diesen Hinweisen will ich es heute genug sein lassen.

Es ist nun nicht so, als ob ich in allen Dingen mit dem Exposé übereinstimmte. Keineswegs. Von gewissen sehr schwierigen erkenntnistheoretischen Fragen abgesehen – es kommt darin ein Begriff des Kollektivbewußtseins vor, den ich zumindest in der im Exposé erscheinenden hypostasierten (an Jung anklingenden – obwohl der sicher nicht gemeint ist) Fassung und ohne schärfste Artikulation des Klassencharakters nicht akzeptieren könnte. Es will mir weiter auch scheinen, als sei die Gleichsetzung von 19. Jahrhundert und Warencharakter (ähnlich wie auch im Kierkegaard) noch zu abstrakt. Waren hat es ja schließlich schon vorher gegeben. Es handelt sich eben spezifisch um die Fabrikware. Technologisch sieht das Benjamin sehr wohl – es scheint mir aber unbedingt erforderlich, den *ökonomischen* Charakter der spezifisch industriellen Warenform zu bestimmen, wenn wirklich der Überbau soll transparent gemacht werden. Auch scheinen mir nicht alle materialen Behauptungen ohne weiteres zu stimmen (z. B. wenn das Guß-Eisen als das erste künstliche Baumaterial in der Geschichte bezeichnet wird und ähnliches). Aber einmal ist der Wurf so groß, daß ich wirklich einige Liberalität für angezeigt erachte – gar wenn ich denke, wieviel an Liberalität wir seinerzeit Herrn von Borkenau konzediert haben (der jetzt wahrscheinlich als Professor für Anthropologie nach Südafrika geht – ich muß Ihnen nicht sagen, was das bedeutet!!). Dann aber: ich glaube, daß gerade wenn wir, Sie und ich, die bezeichneten Punkte und noch andere kritisch urgieren, ohne dabei die Konzeption anzutasten, damit gleichzeitig dem Institut geholfen wird, das sich dann mit der Arbeit identifizieren kann, und Benjamin, dessen Arbeit dann eben richtiger wird.

Nun liegt der Fall so, daß Benjamin, wenn er die Arbeit wirklich schreibt, unmöglich gleichzeitig andere Dinge tun kann. Sie fordert schon einen ganzen Mann. Müßte er wirklich jetzt Fuchs und Neue Zeit schreiben, um leben zu können, so würde das eine Vertagung der Passagen auf unabsehbar lange Zeit bedeuten – und wer weiß, ob er sie dann überhaupt je zustande brächte. Aber ich halte die Arbeit für einen so wirklich ganz außerordentlichen Beitrag zur Theorie, daß ich glaube, wir könnten es nicht verantworten, wenn wir nicht alles versuchen wollten, wenn einmal uns wirklich eine Produktivkraft von dieser Gewalt begegnet – die schließlich auch wir, durch unsere Produktionsverhältnisse, nicht fesseln sollten.

Wenn irgend Sie auf mein philosophisches Urteil noch etwas geben (und aufrichtig – daran vermag ich nicht zu zweifeln, wenn ich sehe, wie gründlich wir nach wie vor in unseren Intentionen übereinstimmen – so jüngst beim Anthropologieaufsatz) dann machen Sie es möglich, daß die Passagenarbeit geschrieben wird, die nicht bloß objektiv sondern auch ad majorem Instituti gloriam wichtiger ist als Fuchs und die Neue Zeit. Ob man einzelne Materialkapitel in der Zeitschrift druckt oder (was mir adäquater erschiene) das Ganze in der Schriftenreihe, können natürlich nur Sie entscheiden. Aber ich bitte Sie sehr herzlich und wahrhaft im Institutsinteresse so gut wie in Benjamins: ermöglichen Sie ihm das Leben bis zum Abschluß der Arbeit, ohne daß er gleichzeitig Verpflichtungen übernehmen muß, die die Arbeit hemmten.

Ich hoffe Sie bei besserer Gesundheit. Mir geht es nicht schlecht, denn meine Arbeit ist in vollem Gang. Ich habe eine kritische Analyse der kategorialen Anschauung in extenso geschrieben, von der ich bestimmt glauben möchte, daß sie Ihnen gefallen wird. Nun schlägt mein Zerstörungswerk auf den Intentionalitätsbegriff selbst zurück.

Noch etwas über 14 Tage bin ich in England, dann zuhause. Ich glaube aber, daß Sie mir auf neutralem Papier ruhig dorthin schreiben können, wenigstens prinzipiell, Benjamins wegen. Alle wesentlichen sachlichen Dinge müssen natürlich in Korrespondenz mit und aus Deutschland ungesagt bleiben.

Meine Tante hat einen Schlaganfall erlitten und hat schwere Sprach- und Gedächtnisstörungen davongetragen. Es sei aber Aussicht auf wirkliche Wiederherstellung. Trotzdem ist es eine furchtbare Sorge. Ich bitte Sie nicht darüber zu sprechen.

Alles Herzliche, auch an Frau Maidon und Pollock
Ihr alter

T. W.

ÜBERLIEFERUNG O: Ts; Max-Horkheimer-Archiv der Stadt- und Universitätsbibliothek, Frankfurt a. M. – E: Horkheimer, Briefwechsel 1913-1936, S. 360ff.

Plan der Arbeit »Paris capitale du XIXième siècle«: Im Frühjahr 1935 hatte Walter Benjamin einen neuen Anlauf zu seiner »Passagenarbeit« unternommen, deren Plan auf 1927 zurückgeht, und das genannte Exposé geschrieben (vgl. Benjamin GS V·1, S. 45-59). Während eines Treffens mit Pollock in Paris am 21. April 1935 war über die Arbeit gesprochen und eine Verdoppelung der Unterstützung seitens des Instituts verabredet worden.

Fuchs und Neue Zeit: Der Aufsatz über den Sammler und Kulturkritiker Eduard Fuchs (1870-1940) scheint zwischen Horkheimer und Benjamin schon vor der Emigration verabredet gewesen zu sein; nach dem März 1933 verband Horkheimer mit diesem Aufsatz auch die Hoffnung, den nach Paris geflüchteten Fuchs bei der Herausgabe seiner beschlagnahmten Sammlung unterstützen zu können. Benjamin schrieb den Aufsatz »Eduard Fuchs, der Sammler und der Historiker« erst 1937 (vgl. jetzt Benjamin GS II·2, S. 465-505). – Der Aufsatz über die kulturpolitische Haltung der sozialdemokratischen Zeitschrift »Neue Zeit«, zu dem Benjamin 1934 zahlreiche Exzerpte während seines Besuchs bei Brecht in Dänemark gemacht hatte, blieb ungeschrieben.

Benjamin hat mir ein Exposé der Passagenarbeit geschickt: Vgl. den Abdruck dieses – geringfügig von dem an Horkheimer geschickten abweichenden – Textes in Benjamin GS V·2, S. 1237-1249.

jenes denkwürdige Gespräch: Das Gespräch im Frankfurter Hotel Carlton dürfte 1929 stattgefunden haben.

Asja Lacis: Die aus Riga stammende Regisseurin Asja Lacis (1891-1979) hatte Benjamin 1924 in Capri kennengelernt.

Begriff des Kollektivbewußtseins: Vgl. Benjamin GS V·2, S. 1239.

die Gleichsetzung von 19. Jahrhundert und Warencharakter (ähnlich wie auch im Kierkegaard): An Benjamin schrieb Adorno Anfang August: »S. 14 [Benjamin GS V·2, S. 1243 f.] ist die Stelle, zu der ich insbesondere das Bedenken gegen den zu abstrakten Gebrauch der Warenkategorie anzumelden habe: als sei sie als solche ›erstmals‹ im 19. Jahrhundert erschienen (beiläufig gesagt gilt der gleiche Einwand auch gegen Intérieur und Soziologie der Innerlichkeit im Kierkegaard [vgl. Adorno GS 2, S. 61-76] und gerade hier habe ich alles, was ich gegen Ihr Exposé vorbringe, auch gegen die eigene ältere Arbeit zu sagen). (Adorno/Benjamin, Briefwechsel, S. 147 f.)

Guß-Eisen als das erste künstliche Baumaterial: Vgl. Benjamin GS V·2, S. 1238.

14 Horkheimer an Adorno
New York, 5.7.1935

429 West 117th Street
New York City
5. Juli 1935.

Dr. Th. Wiesengrund
47 Banbury Road
Oxford, England.

Lieber Herr Wiesengrund,

Ihren Brief vom 13. Mai zu beantworten bedeutet eine grosse Schwierigkeit für mich. Sie urteilen darin über Angelegenheiten des Instituts ohne in den letzten Jahren in enger Beziehung zu ihm gestanden zu haben. Ich kann zu all dem nicht schriftlich Stellung nehmen, denn in den letzten Monaten sind für mich nach einer sehr grossen Arbeitsanstrengung viele neue, schwere Belastungen eingetreten, sodass ich buchstäblich fast sanatoriumsreif bin. Ich müsste Ihnen mit einem sehr langen Brief antworten und kann jetzt nur wenige Zeilen schreiben.

Wenn nichts weiteres dazwischen kommt, fahre ich im Laufe nächster Woche in Ferien. Briefe und Telegramme erreichen mich über meine alte Adresse. Ich wiederhole was ich schon früher vorgeschlagen habe. Besuchen Sie mich in New York! Es zeigt sich immer deutlicher, dass eine blosse Korrespondenz nicht genügt um uns in wirklichen Kontakt zu bringen. Ich habe Ihnen schon gesagt, dass sich das Institut an Ihren Reisekosten gerne beteiligen wird; wenn Sie eine deutsche Linie nehmen kann ausserdem der Betrag dort in Reichsmark bezahlt werden. In New York selbst sind Sie Gast des Instituts. Wir können Sie zwar nicht sehr feudal unterbringen, aber immerhin so, dass die äusseren Bedingungen Ihrer Anwesenheit hier nicht ungünstig werden. Kämen Sie im August, so könnten Sie uns noch in der Sommerfrische treffen. In New

York ist es dann zu heiss. Im September gibt es hier zu viel Arbeit, vom 1. Oktober an wäre mir jedoch jede Zeit recht. Sollte sich freilich die Möglichkeit ergeben, dass ich im Winter oder Frühjahr nach Europa fahre, so werde ich Ihnen rechtzeitig Nachricht geben. Überlegen Sie sich aber bitte Ihre Reise hierher und kommen Sie, wenn es vorher nicht geht, wenigstens über Weihnachten. Ich sehe aus den Briefen, dass eine Zusammenkunft dringend notwendig ist.

Ihr Vorschlag vom 8. Juni, Benjamin an seinem Buch arbeiten zu lassen, ist gewiss durch die Qualität dieser Arbeit begründet. Den Aufsatz über die neue Zeit mag B. ruhig zurückstellen. Aber den Artikel über Fuchs benötigen wir dringend. Ich habe ihn darum schon vor mehreren Jahren gebeten und die Antwort erhalten, dass die Arbeit daran ihm besondere Freude machen würde. Es ist mir schwer vorstellbar, dass B. diesen Artikel hätte nicht schon längst schreiben können ohne das Buch ernsthaft zu gefährden, ja ich empfinde das fortwährende Hinausschieben dieses Auftrages in Anbetracht der Haltung des Instituts gegenüber B. als eine unverdiente Gleichgültigkeit uns gegenüber. Abgesehen davon, dass wir fortwährend versuchen B. selbst zu helfen so gut es geht, habe ich seit meinem Aufenthalt in New York schon unzählige Gänge für ihn gemacht, um eine Position für ihn in Amerika oder wenigstens ein fellowship zu finden. Ich tue was in meinen Kräften steht, damit diese ausserordentliche geistige Kraft endlich würdigere Entwicklungsbedingungen findet als sie zur Zeit bestehen; aber von B. selbst ist es recht wenig verständnisvoll, dass er uns in die Situation bringt, unser Versprechen gegenüber Fuchs nicht halten zu können.

Bitte entschuldigen Sie die Flüchtigkeit dieses Schreibens. Ich bin im Augenblick wirklich recht herunter. Meine Frau und Pollock lassen freundlichst grüssen. Ich selbst bin in alter Herzlichkeit

ÜBERLIEFERUNG O: Ts(Dg); Max-Horkheimer-Archiv der Stadt- und Universitätsbibliothek, Frankfurt a. M. – E: Horkheimer, Briefwechsel 1913-1936, S. 367 f.

15 Horkheimer an Adorno
New York, 8.10.1935

Z. Zt. New York, den 8. Oktober 1935
429 West 117th Street

Lieber Herr Wiesengrund!

Diese Zeilen schreibe ich in grosser Eile, damit sie noch vor Postschluss der Normandie in den Schalter kommen und Sie bei Ihrer Ankunft in Oxford erreichen, wo Sie nach einer soeben eingetroffenen Nachricht von Gabrielle sich vom 13. Oktober an wieder befinden.

Gabrielle hat mir Ihren Brief über Karl D. geschickt. Sie teilt mir mit, dass sie ihm zwar eine »subvention« gesandt habe, aber »que Paul ne peut pas l'employer«; darüber werde ich ihr selbst schreiben.

Ich verstehe nur eines nicht. Karl hatte uns vor Jahren in der Schweiz einen Betrag zwischen s.frs. 2000.-- bis 3.000.-- zur Aufbewahrung übergeben. So weit ich in der Eile feststellen kann, ist dieses Geld von ihm nicht abgehoben worden. Er kann es also jederzeit, auf welchem Wege auch immer, ausgezahlt erhalten. Es ist mir unbekannt, ob Karl den Betrag vergessen hat oder was er mit ihm tun will. Sollten Sie keine Möglichkeit sehen, sich mit ihm über diese Sache zu verständigen, so schlage ich vor, dass Sie ihm regelmässig eine kleine Summe schicken (etwa monatlich einen Betrag im Wert von RM 200.--) und sagen, dass Sie sie von einem Freund für ihn bekommen hätten. In diesem Falle bitte ich Sie um Ihr Kabel, damit wir Ihnen den Betrag jeweils sogleich wieder ersetzen können. Sollte es sich herausstellen, dass Karl sein Guthaben schon früher abgehoben hat, so werden wir ihm eben ein paar Monate aus eigenen Kräften geholfen haben. Wenn nichts besonderes dazwischen kommt, werde ich ohnedies im Dezember in Europa sein und mit Ihnen sehr vieles zu besprechen haben. Wir müssen zusammen kommen, es ist höchste Zeit.

An Gabrielle schreibe ich nichts von dem Guthaben, denn ich befürchte, dass sie ihm dann überhaupt keine weiteren »subventions« aus eigenen Mitteln zukommen lässt.

Bitte schreiben Sie mir bald und seien Sie aufs herzlichste gegrüsst

von Ihrem

ÜBERLIEFERUNG O: Ts(Dg); Max-Horkheimer-Archiv der Stadt- und Universitätsbibliothek, Frankfurt a. M.

Gabrielle . . . Paul: Die aus Brüssel stammende Gabrielle Oppenheim-Errera und ihr Mann Paul Oppenheim (1885-1977), die bis 1933 in Frankfurt lebten und – wie Adorno sich später erinnerte – »den maßgeblichen Intellektuellensalon in Frankfurt hatte[n], wo sich alles traf, was einigermaßen einen Füllfederhalter halten konnte.« (Adornos Erinnerungen an Paul Tillich, in: Werk und Wirken Paul Tillichs. Ein Gedenkbuch, Stuttgart 1967, S. 24) Paul Oppenheim hatte in Gießen Chemie studiert und von 1908 bis 1926 eine leitende Position in der Firma N. M. Oppenheimer Nachfolger in Frankfurt inne, anschließend arbeitete er für die I. G. Farbenindustrie. Seit 1927 war er auch Privatdozent. Oppenheims gingen 1933 nach Brüssel und 1939 in die USA.

Ihr Brief über Karl D.: Adornos Brief vom 20. September 1935 (s. Anhang, S. 519-521) hatten Oppenheims mit ihrem Brief vom 15. September an Horkheimer geschickt (vgl. Horkheimer, Briefwechsel 1913-1936, S. 401 f.).

An Gabrielle schreibe ich: Horkheimer schreibt in seinem unveröffentlichten Brief vom 10. Oktober 1935: »Bei Ihrem Wunsch, ihm [scil. Carl Dreyfuss] bei uns eine Stelle zu geben, haben Sie gewiss ebenso wie ich gefühlt, dass die Rollen in dieser Bitte gewissermassen vertauscht worden sind. Seit dem Frühjahr 1933 bringen wir zur Hilfe für vertriebene Wissenschaftler der verschiedensten Fächer und Richtungen das Äusserste auf, was unsere private und die Institutskasse nur irgend leisten kann. [. . .] Mehr als einmal hatte ich mich daher angeschickt, an Sie und Ihren Mann zu schreiben, um für den einen oder den anderen der Gelehrten mit bekanntem Namen in und ausserhalb Deutschlands, die Zusage einer regelmässigen Unterstützung zu erbitten. [. . .] Nun wenden Sie sich im Falle Karl D.'s, diesem befreundeten Menschen, mit der Mitteilung an mich, dass Paul ihn nicht gebrauchen könne und erhoffen von mir, was ich in dieser und in manchen anderen Angelegenheiten gerne von Ihnen erbeten hätte. Ich verspreche Ihnen, auch diese Sache aufs Reiflichste zu erwägen und mich nach besten Kräften um eine Lösung zu bemühen.«

16 Adorno an Horkheimer
Oxford, 14.10.1935

BACK OXFORD PLEASE WIRE IF URGENT

TEDDIE

ÜBERLIEFERUNG O: Telegramm; Max-Horkheimer-Archiv der Stadt- und Universitätsbibliothek, Frankfurt a. M.

17 Adorno an Horkheimer
Oxford, 21.10.1935

Oxford
47 Banbury Road, c/o Mrs. Nye.
21. Oktober 1935.

Lieber Herr Horkheimer,

ich danke Ihnen recht sehr für die beiden Briefe, den einen, den ich vorfand und den zweiten, der mich dieser Tage erreichte. Ich hatte im Juni ganz plötzlich Oxford zu verlassen, um Agathe noch lebend zu sehen; ich kam auch noch zurecht und sie hat mich erkannt und sich über mein Kommen gefreut, wenn sie auch in Wahrheit schon ganz gebrochen und fast ohne Unterlaß getrübt oder verwirrt war. Ich bin bis zum letzten Augenblick bei ihr gewesen. Ich glaube nicht, daß sie physische Schmerzen gelitten hat und sie hat auch nicht gewußt daß sie sterben muß; ja höchst merkwürdiger Weise überhaupt nicht einmal was ihr fehlte, obwohl der erste Schlaganfall (Ende Mai) sie noch im Besitz ihrer Denkkraft ließ. Der Tod wurde durch eine Lungenentzündung herbeigeführt, wie sie in der Regel als Folge der Lähmung der Schluck- und Atemfunktionen aufzutreten pflegt. Sie wurde von Liefmann behandelt, ich glaube sorgfältig und mit Anteil; aber es scheint da wirklich beim gegenwärtigen Stand wenig Hilfe zu sein. Obwohl diese Frage zu einer endlosen Erwägung führt, die Ihnen so vertraut ist wie mir. Was der Verlust Agathens für mich bedeutet, brauche ich Ihnen nicht zu sagen. Ich übertreibe nicht, wenn ich den Ausdruck wähle, daß seitdem mein privates Dasein von Grund auf verändert ist.

Post konnte ich mir aus den bekannten Gründen nicht nachsenden lassen, Ihr Brief lag hier, zusammen mit Genfer Anfragen nach meiner Adresse, die ich sogleich beantwortet habe. Die Möglichkeit einer Amerikareise schied aus, erst weil ich bei Agathe bleiben mußte – sie starb am 26. Juni –, dann, weil ich meine Mutter nicht allein lassen konnte. Ich bin mit Gretel und ihr zusammen in Ferien gewesen – in Deutschland. Es war natürlich grauenhaft, aber ich konnte ihr eine größere Reise unmöglich zumuten. Sie hat sich nicht schlecht erholt und hält sich sehr tapfer in jeder Weise. Sie war jetzt nochmals 14 Tage in Amorbach.

Nachdem der amerikanische Plan scheiterte, bin ich um so glücklicher über die Aussicht, daß Sie herkommen. Um die Möglichkeit, daß wir uns wieder verfehlen, radikal auszuschließen, bitte ich Sie, möglichst jetzt schon mich Ihre Dispositionen wissen zu lassen, damit ich die meinen danach einrichten kann. Mit mir sieht es so aus: der Term hier dauert bis etwa zum 10. Dezember. Dann würde ich, normaler Weise, etwa eine Woche in London bleiben, vielleicht etwas kürzer, da ich mit Gabi verabredet bin. Vor Weihnachten würde ich in Frankfurt sein – ich *muß* einstweilen noch nach Deutschland zurück, um nicht als Emigrant zu gelten und die Möglichkeit der Rückkehr zu verlieren; auf die ich einstweilen aus materiellen Gründen noch angewiesen bin, da das, worüber ich hier verfüge, für die Termzeit, aber nicht für ein volles Leben draußen ausreicht. Die Rückkehr nach Deutschland bedeutet jedesmal eine härtere Nervenprobe, wohl auch Gefahr – aber ich muß dies Risiko einstweilen laufen. – Normaler Weise müßte ich dann in der 2. Woche des Januar wieder hier sein. Es gäbe also für uns folgende Möglichkeiten:

1) uns zu treffen zwischen dem 10. und 20. Dezember.
2) uns zu treffen etwa zwischen dem 5. und 10. Januar.

Als Ort wäre mir persönlich London am liebsten, nicht nur weil es lange Reisen überflüssig macht, sondern vor allem auch aus dem einleuchtenden Grund, daß ich annehme, daß Sie dort weniger überlaufen sein werden als in Paris und wir zeitlich ungebundener zusammen sein können. Und Sie werden es mir gewiß nachfühlen können, wenn ich unserem Zusammensein alles eher wünschte als den Charakter einer »Besprechung« zwischen Besprechungen. Wenn Ihr Weg Sie aber nicht nach London führt (ich nehme an, daß Sie dort noch mit der Liquidation der Londoner Zweigstelle zu tun haben werden), so käme ich auch nach Paris oder der Schweiz. Wenn Ihnen gerade die Zeit zwischen 20. und 30. Dezember die genehmste wäre und Sie Genf vorschlügen, so könnte ich auch das einrichten und käme dann eben von Deutschland aus. Das einzige worum ich Sie bitte, ist, mich rechtzeitig zu verständigen und so zu disponieren, daß wir, einmal zusammen, nicht disponieren müssen oder nicht mehr als für uns psychologisch zu ertragen ist.

Was Benjamin anlangt, so bin ich sehr glücklich, daß Sie seine Arbeit ermöglichen. Ich habe ihm, noch vom Schwarzwald aus, auf sein Exposé ein überaus eingehendes Gegenexposé geschickt, das ihn sehr beeindruckt zu haben scheint. Ich stimme auch in Bezug auf die Fuchsarbeit völlig mit Ihnen überein und will nur dringend hoffen, daß er, wie er mir ankündigte, sie unterdessen schrieb. Zumal sie ja materialiter mit seiner großen Arbeit eng verknüpft ist.

Zu meinem letzten Brief will ich nur noch soviel sagen: er stellt gewissermaßen ein »Protokoll« meines langen Gesprächs mit Pollock dar und hat als solches auch dessen ausdrückliche Billigung gefunden. Ich glaube also jedenfalls das eine nicht, daß er als gleichsam aus dem leeren Raum, »in Unkenntnis« gesprochen gedacht werden kann. Ich bin aber mit Ihnen der Ansicht, daß der darin zusammengefaßte Komplex ebenso wie die darin ventilierten Möglichkeiten einer konkreten Lösung einzig durch unser Miteinandersein gelöst werden können.

Carl D.: ich sah ihn in Berlin und hatte den Eindruck, daß es ihm in der Tat sehr schlecht geht. Deshalb wandte ich mich an Gabi. Nachdem sie in anderen Fällen, wie dem Benjamins, nichts getan, hoffte ich zumindest, daß sie in dem eines persönlich ihr so überaus nahestehenden Menschen wie Carl etwas tun werde. Der Gedanke, auf den ich am letzten gefaßt war, war aber der, in der Sache an Sie und das Institut sich zu wenden. Wenn ich das für gangbar gehalten hätte, hätte ich es selber getan und fand es, aufrichtig gesagt, etwas merkwürdig von Gabi, daß sie es, ohne mich erst zu fragen über meinen Kopf weg und gar unter Benutzung meines durchaus für sie gemeinten Briefes getan hat. Mein Staunen darüber war schon in Brüssel außerordentlich. Ich kenne Ihre Meinung über Carl; ich weiß von Pollock von der Knappheit der zur Verfügung stehenden Mittel; weiß, daß sie kaum ausreichen um wirklichen Produktivkräften wie Benjamin die freie Arbeit zu ermöglichen – ich würde es weder Ihnen gegenüber verantworten können, Sie nochmals für Carl einzuspannen, nachdem ich ihn schließlich an das Institut brachte und gewissermaßen mich für seine nicht eben fruchtbare Arbeit dort verantwortlich weiß, noch dem Institut gegenüber, die Mittel, die notwendig sind, um die Theorie weiterzubringen (notwendiger als je), für eine reine Mitleidsaktion auszugeben. Andererseits aber tut mir Carl doch sehr leid und ich möchte ihn nicht im Stich lassen und eine Möglichkeit, ihn über ein paar kritische Monate hinwegzubringen, ihm nicht gefährden. Von dem Schweizer Kapital hat er *nichts* erwähnt und es ist überaus schwer, darüber hier etwas auszumachen; er war aber, soviel ich weiß, mit Marianne Hoppe längere Zeit in der

Schweiz und er müßte nicht Carl sein, wenn er es nicht ausgegeben hätte. Ich bin also in einer etwas prekären Lage. Ich habe mich so verhalten, daß ich meinen Vater angewiesen habe, ihm 200 M zu schicken (von hier aus kann ich es nicht, da ich über jedes Pfund froh bin, das ich draußen habe), und darf Sie bitten, mir gelegentlich den Betrag in Dollars zu überweisen. Eine Weiterführung der Unterstützung möchte ich gewiß nicht sabotieren, kann sie aber, wenn wirklich die ökonomische Situation des Instituts noch so ist wie Pollock im Sommer sie schilderte, auch nicht positiv befürworten, sondern lege die Entscheidung in Ihre Hände. Sollten Sie die Unterstützung weiterführen, so würde ich gern weiter die Vermittlung übernehmen, ja es läge das insofern in meinem Interesse, als ich dann Dollars bekäme, während mein Vater Mark zahlt, und ohne daß irgend ein konstruierbarer Zusammenhang bestünde. Ich kann aber trotz oder richtiger gerade wegen dieses Vorteils am letzten mich dazu bringen, in diesem Sinn auf Sie einzuwirken.

In Deutschland war es grauenvoller als je, das Land ist wirklich bis in den kleinsten Alltag hinein zu einer Hölle geworden. Von Schicksalen uns Näherstehender heut nur soviel: Liesel Paxmann ist tot. Angeblich an Lungenentzündung bei einer Verwandten gestorben; in Wahrheit nach sicherem Vernehmen in politischer Untersuchungshaft in Düsseldorf. Man weiß nicht einmal, ob sie sich getötet hat (so wurde berichtet), oder ob sie ermordet worden ist. Vielleicht kann das Institut Nachforschungen anstellen lassen. – Dörter mußte wegen kommunistischer Propaganda für viele Jahre ins Zuchthaus. – Langerhans ist verschwunden; niemand weiß, ob er noch lebt. – Selbst die Schwester des Günther Stern ist im Zuchthaus, für 1 Jahr, weil sie einmal Kommunisten beherbergt hat. – Von dem Fall Dubislav haben Sie wohl gehört. Er hat nicht direkt mit Politik zu tun, ist aber doch nur auf der Folie des Grauens in Deutschland denkbar: er hat seiner Freundin mit dem Korkzieher das Auge ausgestochen, nachdem vorher seine Frau einen mysteriösen Selbstmord verübte. Sitzt in Untersuchungshaft, jetzt zur Beobachtung seines Geisteszustandes in einer Klinik, schreibt seine Autobiographie unter dem Titel »Liebe macht blind« (nämlich den anderen). – Das ist der Horizont, in dem ich jetzt vier Monate existieren mußte. Sie können sich denken, wie ich mich fühle. Ich habe mich in die Arbeit verbissen und habe Freude an ihr. Gerade habe ich mich auf zwei Einsichten von Ihnen beziehen können: einmal auf Ihre Theorie über die Abhängigkeit der prédiction von ihrem Gegenstand (gegen Husserls Glaube an »vorgezeichnete« Gegenstände als solche, ohne Rücksicht darauf, ob nicht deren Struktur selber verändert werden kann und muß); dann über Ihre Kritik an Bergson, daß er undialektisch die begrifflichen Verfestigungen auflöst, ohne zugleich sie in ihrer Erkenntnisfunktion auch zu übernehmen, mit anderen Worten gegen seine *undialektische* Dynamik. Ich halte gerade diese Analyse für eine entscheidende Leistung.

Zum Schluß eine Bitte: Lieselotte Karplus, Gretels Schwester, Ernst Schachtels Verlobte oder nicht-mehr-Verlobte (ich kenne mich da nicht recht aus), kommt nach Amerika, um in Boston ihren amerikanischen zahnärztlichen degree zu nehmen (sie hat in Deutschland zuende studiert und trotz der Nazis mit Auszeichnung ihr Examen gemacht). Sie wird ein paar Tage in New York bleiben und ich möchte sie Ihnen wärmstens ans Herz legen und Sie bitten, sie zu beraten und evt. zu empfehlen (materielle Unterstützung ist nach meiner Kenntnis *nicht* nötig, dagegen ein menschlicher Anhalt). Sie ist ein reizendes, kluges und ungewöhnlich hübsches Mädchen und Sie werden es nicht bereuen, mit ihr zusammenzusein. Und Sie würden Gretel und mir damit einen wirklich sehr großen Gefallen tun. Haben Sie im voraus meinen herzlichsten Dank.

Hoffentlich haben Sie in Ihren Ferien sich endlich wirklich erholt und sind wieder ganz auf der Höhe. Ich möchte Sie vor allem bitten, doch darüber mir zu schreiben. Grüßen Sie sehr herzlich und seien vor allem Sie selbst aufs herzlichste gegrüßt von Ihrem alten

T. W.

Ich habe Ihnen sogleich bei meiner Ankunft hier telegraphiert, falls es etwas Dringendes mitzuteilen gibt. Sehr begierig wäre ich auf Ihre große Arbeit im Buch über die Familie, von der Pollock mir sprach.

ÜBERLIEFERUNG O: Ts; Max-Horkheimer-Archiv der Stadt- und Universitätsbibliothek, Frankfurt a. M.

Liefmann: Der Arzt Emil Liefmann (1878-1955) konnte mit seiner Frau noch 1938 in die USA emigrieren; er wohnte in New York und behandelte dort auch noch Adornos Eltern.

Ferien: In Hornberg im Schwarzwald.

Gabi: Gabrielle Oppenheim-Errera.

ein überaus eingehendes Gegenexposé: Adornos sogenannter Hornberger Brief vom 2.-5. August, vgl. Adorno/Benjamin, Briefwechsel, S. 138-152.

Marianne Hoppe: Die Schauspielerin Marianne Hoppe (geb. 1909) war mit Carl Dreyfuss befreundet.

Liesel Paxmann: Liesel Paxmann (1909-1935) hatte vor 1933 in Frankfurt promoviert, sie war Mitglied der Roten Studentengruppe der KPD. 1933 emigrierte sie nach Prag, kehrte aber vermutlich im Auftrag der Partei 1935 nach Deutschland zurück und wurde an der Grenze verhaftet. Horkheimer widmete ihrem Andenken die 1968 erschienene Sammlung seiner Aufsätze.

Dörter: Willi Dörter (1898-1968) war von 1929 bis 1931 studentischer Mitarbeiter am Frankfurter Institut gewesen. Er wurde Anfang Oktober 1933 wegen des Versuchs der Gründung der SAP (linke Opposition Bolschewiki-Leninisten) verhaftet und 1934 verurteilt; bis 1935 saß er im Gefängnis Frankfurt-Preungesheim, 1936 wurde er wegen Wiederaufnahme illegaler Tätigkeit in das Konzentrationslager Börgermoor verbracht. Dörter flüchtete 1936, nach seiner Freilassung, nach Genf und ging 1937 nach Paris, wo Horkheimer ihn im Sommer 1948 wiedertraf (vgl. Horkheimer, Briefwechsel 1941-1948, S. 1017). Dörter lebte später als Bankangestellter in New York.

Langerhans: Der Soziologe Heinz Langerhans (1904-1976) hatte in Berlin und Frankfurt a. M. studiert und bei Horkheimer 1931 promoviert, von

1929 bis 1931 war er Mitarbeiter des Instituts in Frankfurt. Langerhans wurde im Dezember 1933 »wegen Fortsetzung sozialdemokratischer Parteitätigkeit gegen die NSDAP« (Heinz Langerhans, Lebenslauf) verhaftet und 1939 aus dem KZ Sachsenhausen entlassen; er flüchtete über Belgien und Frankreich, wo er in den Lagern St. Cyprien, Gurs und Les Milles interniert war, 1941 in die USA. Langerhans war erneut von 1941 bis 1945 Mitarbeiter des Instituts und lehrte von 1947 bis 1956 am Gettysburg College.

die Schwester des Günther Stern: Eva Michaelis-Stern (1904-1996), die dann in England in der jüdischen Kinderhilfe arbeitete und später nach Palästina ging. – Günther Stern (1902-1992), der sich seit der Emigration Günther Anders nannte, hatte bei Husserl und Heidegger in Freiburg i. Br. studiert; er war 1933 nach Paris geflüchtet und ging 1936 in die USA.

Dubislav: Walter Dubislav (1895-1937) hatte Mathematik in Göttingen und Philosophie in Berlin studiert, wo er 1922 promovierte und sich 1928 an der Technischen Hochschule habilitierte. Dubislav war seit 1931 außerordentlicher Professor an der TH und Mitbegründer sowie letzter Vorsitzender der »Gesellschaft für empirische Philosophie«. Er emigrierte 1936 nach Prag. – Über den *Fall* ist Näheres nicht ermittelt. Am 9. September 1936 schreibt Dubislav aus Prag an Horkheimer: »Meine Angelegenheit steht folgendermaßen. Das seinerzeit gegen mich eingeleitete Strafverfahren ist vor etwaiger Eröffnung der Hauptverhandlung eingestellt worden. Ein daraufhin von mir gegen mich eingeleitetes Disziplinarverfahren ist abgelehnt worden mit der Begründung: wenn die Justizbehörden die Angelegenheit nicht strafrechtlich verfolgten, so hätte meine Behörde auf Grund meiner ihr bekannten persönlichen Eigenschaften und sachlichen Leistungen überhaupt kein Interesse daran, sich mit ihr zu befassen. [. . .] Die Generalstaatsanwaltschaft [hat] nach erfolgtem Einstellungsbeschluß des Strafverfahrens den nur in Deutschland möglichen Antrag auf Eröffnung eines Antragsverfahrens gestellt, mich zu internieren. Als ich das erfuhr, habe ich mich ins Ausland begeben, zumal einige weitere meinen Anwälten bekannt gewordene Absichten der Generalstaatsanwaltschaft zeigten, daß die Angelegenheit nunmehr in politisches Fahrwasser geraten würde.«

Ihre Theorie über die Abhängigkeit der prédiction von ihrem Gegenstand: Vgl. Horkheimer, Zum Problem der Voraussage in den Sozialwissenschaften, in: ZfS 2 (1933), S. 407-412 (Heft 3), besonders S. 412; jetzt Horkheimer GS 3, S. 140-157, besonders S. 156f.

Husserls Glaube an »vorgezeichnete« Gegenstände: Vgl. etwa Edmund Husserl, Ideen zu einer reinen Phänomenologie und phänomenologischen Philosophie, 2. Aufl., Halle 1929, S. 279 f.

Bergson, daß er undialektisch die begrifflichen Verfestigungen auflöst: Die Stelle in dem Aufsatz »Zu Bergsons Metaphysik der Zeit«, vgl. jetzt Horkheimer GS 3, S. 234 f.

Lieselotte Karplus: Liselotte Karplus (geb. 1909) hatte Zahnmedizin studiert; sie heiratete 1940 Egon Wissing, mit dem sie in Boston lebte.

Ernst Schachtel: Ernst Schachtel (1903-1975), ursprünglich Jurist, ließ sich zum Psychoanalytiker ausbilden. Er war 1933 zunächst nach England gegangen und 1934 dann in die Schweiz. Seit 1935 Mitarbeiter des Instituts in New York.

18 Horkheimer an Adorno New York, 31.10.1935

den 31. Oktober 1935

Dr. Theodor Wiesengrund-Adorno
47 Banbury Road
Oxford, England.

Lieber Herr Wiesengrund!

Ihren Brief vom 21. habe ich soeben erhalten, wenige Minuten vor Abgang der Post, welche die »Berengaria« noch erreicht. Ich sende Ihnen in aller Eile einige Zeilen, denn der Unterschied zwischen der Ankunft der »Berengaria« in Europa und dem nächsten geeigneten Schiff beträgt ungefähr 8 Tage.

Meine Reise hängt noch von zwei unsicheren Faktoren ab. Erstens steht noch nicht fest, ob wir (meine Frau und ich) am 16. November oder 7. Dezember fahren. Ich habe jedenfalls für beide Termine vorsorglich eine Kabine reserviert, denn es ist unsicher, ob die laufenden Arbeiten hier bis zum 16. soweit sind, dass ich weg kann. Zweitens kommt zu den Eventualitäten, die eine solche Reise immer verhindern können, diesmal noch eine leichte, immerhin jedoch nicht ganz harmlose Erkrankung, die eigentlich eine ununterbrochene Behandlung notwendig macht. Ich habe ein Darmgeschwür, das zunächst nicht bösartig ist, aber bei Vernachlässigung sich verschlimmern kann. Zusammen mit der Blutkreislaufstörung, die mich seit einiger Zeit behindert, trägt diese Sache dazu bei, dass ich gesundheitlich nicht sehr auf der Höhe bin.

Wenn wir dort eintreffen, wollen wir uns höchstens einen oder zwei Tage in Paris aufhalten und uns dann mit den beiderseitigen Eltern in der Schweiz treffen. Darüber werden etwa 14 Tage vergehen. Ob wir dann zunächst nach Paris oder London gehen, hängt von der Dringlichkeit der betreffenden Angelegenheiten ab. Ich schlage vor, dass ich Ihnen den Abfahrtstermin kabele sobald er feststeht. Sie schreiben dann nach Genf und teilen Ihre eigenen Pläne im einzelnen mit. Dann vereinbaren wir schriftlich oder telegrafisch, ob Sie nach der Schweiz kommen oder warten bis wir in London sind. Unter Umständen können wir uns auch in Brüssel treffen. Jedenfalls bin ich dafür, dass unsere Zusammenkunft sobald wie nur möglich stattfindet, denn die Aussprache mit Ihnen gehört für mich zu den wichtigsten Angelegenheiten dieser Reise.

Über die meisten der traurigen Sachen, die Sie aus Deutschland mitteilen, war ich bereits unterrichtet. Wir werden auch in dieser Richtung manches zu besprechen haben. – Wir haben heute nach Genf geschrieben, daß Ihnen wegen Carl D. £ 30.-- von dort angewiesen werden. Das ist der Gegenwert der RM 200.--, die Sie bis jetzt ausgelegt haben zuzüglich eines Restbetrags, den Sie im Falle grosser Dringlichkeit noch einmal an D. gelangen lassen können.

Ich freue mich, dass Sie an gemeinsamen theoretischen Fragen arbeiten. Es ist zu spät, um noch etwas über die Arbeit zu sagen. Das Buch wird wohl im November herauskommen. Für das dritte Heft dieses Jahrgangs der Zeitschrift habe ich einen Aufsatz »Zum Problem der Wahrheit« geschrieben. Ich hatte keine Zeit, die Gedanken darin richtig durchzuführen, hoffe jedoch, dass Sie mit dem meisten einverstanden sind.

Mit Lieselotte Karplus werden wir sehr gerne zusammen sein. Hoffentlich lässt sie es uns wissen, wenn sie angekommen ist.

Vielen Dank noch für Ihr Telegramm, das durch den inzwischen eingetroffenen Brief erledigt war.

Mit herzlichem Gruss, auch von meiner Frau,
bin ich

ÜBERLIEFERUNG O: Ts(Dg); Max-Horkheimer-Archiv der Stadt- und Universitätsbibliothek, Frankfurt a. M.

die beiderseitigen Eltern: Babette und Moriz Horkheimer und Rosa Susanne und Hermann Riekher.

»Zum Problem der Wahrheit«: Vgl. jetzt Horkheimer GS 3, S. 277-325.

19 Adorno an Horkheimer
Oxford, 12.11.1935

Oxford, 47 Banbury Road.
12. November 1935.

Lieber Herr Horkheimer,

haben Sie schönsten Dank für Ihren Brief vom 31. Oktober. Ich bin sehr traurig, daß Sie gesundheitlich immer noch nicht ganz auf der Höhe sind und vermag die Sorge, die die Darmgeschichte bereitet, nur zu gut zu verstehen, nach der eigenen Erfahrung mit der Harnröhrengeschichte, von der sich übrigens ebenfalls noch immer gewisse Anzeichen melden, wenn ich auch nicht ernstlich mehr behindert bin. Ich hoffe dringend, daß die Sache nicht ernst ist, und sehe natürlich völlig ein, daß sie auszukurieren das erste Anliegen ist. Aber das läßt mich die Hoffnung nicht aufgeben, daß Sie endlich nach Europa kommen. Ihr Vorschlag, sogleich zu telegraphieren, scheint mir das klügste. Sollten Sie noch im November fahren, so wäre es wohl möglich, sich im Dezember in London zu treffen; fahren Sie im Dezember, so ist wohl der Januar (also nach meiner Reise nach Deutschland) das praktische; aber ich möchte Ihren Dispositionen so weit es nur möglich ist entgegenkommen, da ich wirklich unser Wiedersehen für eine dringende Notwendigkeit halte.

Wie mir im übrigen diesmal vor der deutschen Reise graut (die, von allem anderen abgesehen, mit jedem Mal gefährlicher wird, da ich ja nie absehen kann, wann die Nazis mich zum »Emigranten« erklären und in ein »Schulungslager« sperren), vermag ich Ihnen nicht zu sagen. Die Frage, eine Existenz draußen zu finden, beginnt nachgerade zur Frage der Existenz schlechthin für mich zu werden. Und selbst wenn diese gelöst wäre bliebe die furchtbare Sorge um meine Eltern und Gretel. Denn angesichts der neuesten Entwicklung vermag ich nicht zu übersehen, ob ihnen auch nur die Möglichkeit bleiben wird, ihr Leben – ein Ghettoleben! – zu fristen. Dazu die trostlose außenpolitische Situation; Hitler bekommt alles konzediert und man wird ihm wahrscheinlich am Ende Rußland preisgeben, nur damit er nicht über die anderen Länder herfällt (– und freilich auch, um Rußland definitiv loszuwerden; die Duldung der Hitlerei ist nur durch deren Büttel-Funktion für den Kapitalismus zu erklären). Und kein Ende abzusehen. Was einen eigentlich überhaupt noch am Leben hält außer der animalischen Angst, es sich zu nehmen, ist mir dunkel. Für Deutschland habe ich keine Hoffnung mehr; und was immer dort geschieht, wird von den Herrn Laval und Hoare verständnisvoll geduldet, von amerikanischen Sportsgenerälen zu schweigen. Im Inneren scheint in der Tat alles stabilisiert; obwohl es mir zuhause weniger so schien als von England aus.

Ich bin vergraben in meine Arbeit und sie kommt befriedigend vorwärts. Im Augenblick habe ich hauptsächlich mit der »Formalen und transzendentalen Logik« zu tun. Ich finde sie das Interessanteste, was H. geschrieben hat und vielleicht auch das Bedeutendste. Freilich indiziert sie die Selbstaufhebung der Phänomenologie. Aber die ist ja ein Moment von sich durchsetzender Wahrheit.

Carl Dreyfuss ist in London; ich habe ihn hierher eingeladen und hoffe daß er kommt, da ich mitten aus meiner Arbeit heraus nicht in den Londoner Trubel kann. Er scheint übrigens, nach einer Andeutung in einem Brief, jenes von Ihnen erwähnte Kapital längst nicht mehr zu besitzen; ich berichte Ihnen davon, sobald ich ihn gesehen habe. Schönsten Dank für die £ 30, die mir bereits aus Genf bezw. Paris avisiert sind; ich werde sie dorthin bestätigen, sobald sie eingegangen sind. Was den Restbetrag für Carl anlangt, so möchte ich erst sehen, wie es mit ihm jetzt steht; gegebenenfalls veranlasse ich bei meinem Vater sogleich das Nötige, sonst ist es vielleicht besser etwas zu warten.

Eine Bitte: Sie bezeichnen auf Ihren Briefen stets so genau das Schiff, das sie mitnehmen soll. Mir scheint das ein sehr praktisches Verfahren; würden Sie mich gelegentlich wissen lassen, wie man die Abfahrtstermine der einzelnen Dampfer erfährt? Hier sind sie nicht zu eruieren.

Noch möchte ich Ihnen sagen, daß Brüssel für unser Meeting mir weniger günstig erscheint als London, wo wir viel besser untertauchen können; aber ich will Ihnen auch hier nicht vorgreifen.

Alles Herzliche, auch an Frau Maidon und Pollock
Ihr alter

Teddie W.

Unterdessen erhielt ich das neue Heft der Zeitschrift. Benjamins Aufsatz ist nützlich und anregend, obwohl ich mich nicht ganz dem Eindruck verschließen kann, daß eine Bibliographie raisonnée besser von einem subalterneren Mann gemacht wird, da B. eben doch sehr oft nur seine spezialen Interessenprobleme herausgreift oder gleich ein Werk zerfallen sieht, während man erst wissen möchte, was drinsteht; auch der Versuch, die disparaten Bücher an einem Faden aufzureihen, scheint mir nicht ganz glücklich. Aber never mind. Unmöglich finde ich nur, daß, wo er von der Sprachkritik der Logistiker redet, Carnap vorkommt und nicht der wirklich wichtige Traktat von Wittgenstein; und daß Moore ganz fehlt. – Grossmann: ich habe es noch nicht eingehend studieren können; der Einwand, daß bei Borkenau anstatt des Standes der Produktivkräfte eine fetischisierte Technologie tritt, ist sicher richtig, überhaupt macht die Arbeit einen zuverlässigen Eindruck – aber das Ressentiment, aus dem sie offensichtlich geschrieben ist, scheint mir ein genaues Korrelat zu der Ambitioniertheit von Borkenau. Es ist schade, daß Sie diese Auseinandersetzung nicht selber geschrieben haben, sie wäre dann viel wirksamer, allein schon wegen der viel breiteren Kenntnis; denn die vom Grossmann ist doch wohl ad hoc angeeignet. – Wissen Sie, daß Borkenau als Professor nach Panama gegangen ist? Was er da anrichten wird, ist nicht auszudenken.

ÜBERLIEFERUNG O: Ts; Max-Horkheimer-Archiv der Stadt- und Universitätsbibliothek, Frankfurt a. M.

»Schulungslager«: Adorno bezieht sich hier auf einen Bericht der »Frankfurter Zeitung« vom 10. Mai 1935 mit dem Titel »Schulungslager für Emigranten«, in dem es heißt: »Da die Heimkehr dieser draußen enttäuschten Auswanderer in letzter Zeit sehr im Zunehmen begriffen sei, habe man sich zu ihrer einstweiligen Unterbringung in *Schulungslagern* entschlossen, schon deshalb, um den heimischen Stellenmarkt nicht weiter zu belasten. Als Stichtag für diese Maßnahme sei der 28. Januar 1935 festgesetzt worden, so daß alle nach diesem Termin heimgekehrten oder noch zurückkommenden Emigranten sich darauf gefaßt machen müßten, interniert zu werden.« – Adornos Vater hatte ihm im Mai 1935 geschrieben, daß nach seinen Erkundigungen Adorno nicht persönlich betroffen sei, wie aus dessen Brief an Walter Adams vom A. A. C. vom 25. Mai hervorgeht.

die neueste Entwicklung: Im Sommer 1935 hatte es in ganz Deutschland gewaltsame Boykotte jüdischer Geschäfte gegeben. Schacht, damals Reichsbankpräsident und kommissarischer Wirtschaftsminister, hatte Gesetze zur Einschränkung der jüdischen Wirtschaftstätigkeit angekündigt, die zunächst aber ausblieben. Am 15. September wurden die Nürnberger Gesetze erlassen, die im »Reichsbürgergesetz« und dem »Gesetz zum Schutze des deutschen Blutes und der deutschen Ehre« Juden von den »vollen politischen Rechten« ausschlossen und ihnen »außerehelichen Verkehr« und Eheschließungen mit Nichtjuden verboten.

die trostlose außenpolitische Situation /Laval und Hoare: Am 3. Oktober hatte die italienische Armee sich gegen Abessinien in Bewegung gesetzt, und die von der Sowjetunion im Völkerbundsrat geforderte strenge Sanktionspolitik gegen Italien war von den eher lässig eingestellten Außenministern Frankreichs und Englands Pierre Laval (1883-1945) und Sir Samuel Hoare (1880-1959) aufgeweicht worden. Gleichzeitig hatte die Abessinienkrise Mussolini stärker an Hitlerdeutschland gebunden.

amerikanische Sportsgeneräle: Adorno denkt wahrscheinlich an den ehemaligen General und Fabrikanten Hugh S. Johnson, der 1934 von Roosevelt die Leitung der »National Recovery Agency« übertragen bekommen hatte. In der Frankfurter Zeitung vom 21. Oktober hatte ein Kommentator geschrieben: »In seiner frischen und derben Soldatenart hat General Hugh S. Johnson, der frühere Verwalter der ›N. R. A.‹ vor kurzem angekündigt, er wolle demnächst in aller Öffentlichkeit die Finger auf einige ›faule‹ Stellen im Regierungswerk legen, um die Dinge durch eine offenherzige, aber gut gemeinte Kritik wieder ins Reine zu bringen.« (A. a. O., S. 1)

Benjamins Aufsatz / die Sprachkritik der Logistiker: Vgl. Walter Benjamin, Probleme der Sprachphilosophie. Ein Sammelreferat, in: ZfS 4 (1935), S. 248-268 (Heft 2); jetzt Benjamin GS III, S. 452-480. – Von der *Sprachkritik der Logistiker* handeln die Seiten 258 f. bzw. 466 f.

Moore: George Edward Moore (1873-1958) war von 1925 bis 1939 Professor für Philosophie in Cambridge und von 1921 bis 1947 Herausgeber der Zeitschrift »Mind«.

Grossmann ... die Arbeit ... der Einwand: Vgl. Henryk Grossmann, Die gesellschaftlichen Grundlagen der mechanistischen Philosophie und die Manufaktur, in: ZfS 4 (1935), S. 161-229 (Heft 2); *der Einwand, daß bei Borkenau anstatt des Standes der Produktivkräfte eine fetischisierte Technologie tritt,* findet sich auf den Seiten 216-219.

20 Adorno an Horkheimer
Oxford, 30.11.1935

Oxford.
47 Banbury Road, c/o Mrs. Nye.
30. November 1935.

Lieber Herr Horkheimer,

ich kann Ihnen nicht sagen, wie glücklich ich bin, daß Sie in Europa sind und welche Freude mir Ihr Brief war. Ich will es unter allen Umständen möglich machen, Anfang übernächster Woche, also etwa mit Ihnen gleichzeitig, nach Paris zu kommen; ich muß nur dann, aus den bekannten leidigen Gründen, um den 15. zuhause sein; hoffe dann aber Anfang Januar in London Sie nochmals zu treffen, sodaß wir zusammen doch 10-14 Tage haben dürften (wenn Ihnen das nicht zuviel wird). Bitte halten Sie mich wegen Ihrer Dispositionen auf dem Laufenden; ebenso gebe ich Ihnen genaue Nachricht. Es wäre sehr lieb von Ihnen, wenn Sie mir ein billiges Zimmer reservieren ließen, nicht weit von Ihnen, damit keine unnütze Zeit mit Untergrundbahn und Ähnlichem vertan wird.

Es ist übrigens das erste Mal, daß ich nach Paris komme und ich bin besonders froh, daß es mit Ihnen sein wird.

Meine eigene Situation scheint sich im übrigen rapid zuzuspitzen. Mein Vater muß aus seinem Leipziger Unternehmen ausscheiden, dem er bisher einen sehr wesentlichen Teil seines Einkommens verdankte; ich kann von hier nicht übersehen, wie es weiter gehen wird, und möchte alle diese Dinge ebensowohl mit Ihnen besprechen wie die sachlichen (mein Buch ist mittlerweile im Rohbau der Analysen sehr fortgeschritten; die literarische Formung steht noch aus). Auch Gretel wird sich in Deutschland kaum halten können. Evt. würde ich sie zu einer gemeinsamen Besprechung nach Paris bitten, aber nur, wenn Sie es für angemessen halten; ich schreibe ihr nichts von dieser Idee, bis ich von Ihnen Nachricht habe.

Ich hoffe, daß Sie gesundheitlich wohlauf sind und daß Sie

und Maidon die Reise gut überstanden haben. Geben Sie mir auf jeden Fall Ihre Adressen, damit ich evt. depeschieren kann. Ich gebe Ihnen für alle Fälle auch meine private Telephonnummer: Oxford 35 59. (Am sichersten morgens um 9 englischer Zeit)

Endlich also à bientôt!

Ihr getreuer

Teddie Wiesengrund.

ÜBERLIEFERUNG O: Ts; Max-Horkheimer-Archiv der Stadt- und Universitätsbibliothek, Frankfurt a. M.

Ihr Brief: Nicht erhalten.

Mein Vater muß aus seinem Leipziger Unternehmen ausscheiden: Näheres über Oscar Wiesengrunds Beteiligung an der Leipziger Firma Daehne (s. Brief Nr. 23) konnte nicht ermittelt werden.

21 Horkheimer an Adorno
Genf, 4.12.1935

4/12/1935.

Dr. Th. Wiesengrund-Adorno
c/o Mrs. Nye
47, Banbury Road
Oxford.
Angleterre

Lieber Herr Wiesengrund,

Herzlichen Dank für Ihren Brief, vor allem dafür, dass Sie nach Paris kommen. Es wird wohl Mitte nächster Woche werden, bis wir von Genf wegkommen. Ist der Grund, warum Sie am 15. zu Hause sein müssen, lediglich finanziell? In diesem Fall käme es auf einige Tage nicht an, denn unsere Aussprache ist wahrhaftig für das Institut wichtig genug. Sollten Sie jedoch auch abgesehen von Geldgründen am 15. zu Hause sein müssen, dann würden nur zwei Möglichkeiten bleiben: entweder würde ich alles daransetzen nicht später als am Mittwoch, den 11., abends in Paris einzutreffen, um mit Ihnen Donnerstag, Freitag und Samstag möglichst ununterbrochen zusammen zu sein, oder Sie machten sich die grosse Mühe (selbstverständlich auf unsere Kosten) nach Genf zu fahren, um hier bereits am 10. einzutreffen. Dann führen Sie gemeinsam mit uns nach Paris zurück, was jedenfalls einen weiteren Tag ungestörter Aussprache im Zug bedeutete. Das Motiv, warum ich nicht vor Mitte der Woche in Paris sein kann, werden Sie bestimmt billigen, wenn ich es Ihnen erzähle.

In Paris wohnen wir in unserem alten Hotel Lutetia, Boulevard Raspail. Ihr letzter Brief hat meine Ungeduld Sie zu sehen, noch verstärkt.

Au revoir

ÜBERLIEFERUNG O: Ts(Dg); Max-Horkheimer-Archiv der Stadt- und Universitätsbibliothek, Frankfurt a. M.

22 Horkheimer an Adorno
Genf, 6.12.1935

Vergass briefliche Nachricht Gretelreise stop vorschlage unsere erste Aussprache abwarten

Horkheimer

ÜBERLIEFERUNG Telegramm; Max-Horkheimer-Archiv der Stadt- und Universitätsbibliothek, Frankfurt a. M.

23 Adorno an Horkheimer
Oxford, 6.12.1935

Oxford, 47 Banbury Road
6. Dezember 1935.

Lieber Herr Horkheimer,

schönsten Dank für Brief und Telegramm; beides habe ich fast genau gleichzeitig bekommen.

Meine Absicht, schon am 15. zurück zu sein, ist nur teilweise von ökonomischen Erwägungen abhängig, teilweise aber auch davon, daß mein Aufenthalt draußen sich der Dreimonatsgrenze zu nähern beginnt; überschreitet man diese, so läuft man in Deutschland Gefahr, als rückwandernder Emigrant in ein Schulungslager gesperrt und (noch viel unangenehmer) des Passes beraubt zu werden. Ich glaube aber, daß ich noch ein paar Tage zugeben kann. Ich schlage Ihnen darum vor, daß Sie es möglich machen, wie Sie es andeuten (falls es nicht gar zu große Schwierigkeiten bereitet), am 11. abends in Paris einzutreffen; ich würde es ebenso halten und dann bis Montag oder Dienstag sous les toits bleiben. Ich fahre dann also jetzt erst am Montag nach London, verbringe dort den Dienstag und fahre Mittwoch früh nach Paris. Meine Londoner Adresse ist wieder Albemarle Court Hotel, 18 Leinster Gardens, W. 2. Die Telegramm-adresse des Hotels ist einfach Apporter London, ohne weitere Zusätze. Vielleicht schreiben oder depeschieren Sie mir dorthin noch die genaue Ankunftszeit und ich drahte Ihnen auch die meine. Haben Sie schönsten Dank für die Einladung nach Genf. Ich glaube aber aus verschiedenen Gründen, daß es praktischer ist, wenn wir uns in Paris treffen. Einmal habe ich kein französisches Dauervisum sondern nur ein vierzehntägiges für Transit; käme ich also nach Genf, müßte ich mir ein zweites besorgen für die Rückreise nach Paris. Dann aber würde die Reise nach Genf eine Nacht ohne Schlaf bedeuten, wovor ich an sich keinerlei Angst habe, was aber bedeutet, daß ich am folgenden Tag so blöd bin, daß Sie von mir gar nichts haben werden. Und nach meiner Erfahrung sind Eisenbahnfahrten für wichtige Gespräche sehr, sehr ungeeignet. Womit ich nicht sagen will, daß ich glaube, all unsere Gespräche müßten wichtig sein. Im Gegenteil, die nichtwichtigen und ziellosen sind es in Wahrheit, auf die ich mich am meisten freue.

Die ökonomischen Schwierigkeiten für mich sind, wie ich, um Mißverständnisse zu vermeiden, ausdrücklich sagen möchte, nicht sowohl solche wirklicher Not (meinen Eltern zuhause geht es immer noch ordentlich) als vielmehr currency-Probleme. Sollten wir hier zu einer für beide Teile ersprießlichen Regelung kommen können, so wäre ich besonders dankbar. Mein Vater hat mir da plein pouvoir gegeben. – Seinen Austritt aus der Firma Daehne hat er auf meine Veranlassung gestoppt; im Augenblick ist in den deutschen Judenverfolgungen eine gewisse Atempause eingetreten (sicher nur bis nach Olympia), die man sorgfältig nutzen muß. Wenn bis dahin nicht alles drunter und drüber geht, oder doch Schacht gegen Heydrich sich durchsetzt. Denn die wirklich entscheidende Machtposition der Partei ist heute dessen SS und geheime Staatspolizei. Wenn ich Ihren Brief richtig verstehe, sind Sie einverstanden wenn ich auch im Lutétia wohne; falls aus irgendeinem Grund nicht (was ich durchaus verstehen könnte), lassen Sie es mich bitte wissen und empfehlen Sie mir ein anderes, nahe gelegenes.

Was Gretel anlangt, so war ich mittlerweile schon zum selben Entschluß gekommen wie Sie. Sollte eine Besprechung mit ihr als notwendig sich ergeben (was ich übrigens wahrscheinlich erst nach unserer Besprechung *und* nachdem ich Gretel Weihnachten gesehen habe ganz beurteilen kann), so müßte sie eben evt. im Januar ein paar Tage nach London kommen. Denn daß wir, Sie und ich, dort nochmals zusammen sein werden, hoffe ich bestimmt. Zumal ich glaube, daß man dort doch ungestörter wird sein können als in Paris, allein schon weil es weniger Deutsche dort gibt. Was diese anlangt, so möchte ich immerhin vorschlagen, daß wir in Paris Benjamin einmal zusammen sehen.

Wenn ich daran denke, wie ich Ihnen diesmal auch nur einigermaßen zureichend von meiner Arbeit berichten soll, wird mir etwas schwindlig. Aber ich bringe alle meine Manuskripte mit. Im übrigen, je mehr ich mich in logische Dinge einwühle, um so »orthodoxer« werden meine Ansichten. Ich bin heute überzeugt, daß prinzipiell die gesamte Position der subjektiven Immanenzphilosophie in Wahrheit Ausdruck eines Eigentumsbewußtseins ist, und glaube auch allmählich die »Vermittlung« zu sehen. Sie scheint mir durch Kategorien des Rechts gestiftet. Denn ich kann kaum mehr daran zweifeln, daß unsere gesamte Logik, auch die sogenannte »formale« (die gerade übrigens die gesamte gesellschaftliche Problematik in sich enthält) nach dem Modell von Rechtsnormen gebildet ist, die ihrerseits wieder der Erhaltung von bestimmten Produktionsverhältnissen gelten. – Ich glaube übrigens beim Vermittlungsproblem selber nun an einem konkreten Modell wirklich entscheidend weitergekommen zu sein d. h. die Alternative zwischen einer vagen Analogisierung à la Borkenau und einer hypothetischen Kausation andererseits an einer (freilich durchaus speziellen und partikularen) Stelle liquidiert zu haben. Es ist wie ein Kolumbusei: die Vermittlung ist nämlich wahrscheinlich überhaupt keine, sondern es ist eine Identität. Ideologien sind nicht vom Unterbau rätselhaft »abhängig«; sie sind der Unterbau selber als »Erscheinung«; der Unterbau so wie er mit den zwangsläufigen Verzerrungen und Widersprüchen der Klassengesellschaft dieser selbst sich darstellt, die prinzipiell eben *kein* Hegelsches Selbstbewußtsein haben kann. Nicht bloß ist das Hegelsche Selbstbewußtsein Ideologie, sondern die Ideologie ist das Hegelsche Selbstbewußtsein – als notwendig *falsches* Bewußtsein. Ich rede so idealistisch, um mich rasch verständlich zu machen. Aber ich will nicht zuviel von unseren Gesprächen vorwegnehmen. Nach diesen schreit wie der Hirsch nach Wasser

Ihr alter Teddie W.

Es empfiehlt sich wohl, den Brief zu verbrennen. *Jede* Erwähnung des Mannes H. ist gefährlich, auch in Gesprächen dort.

ÜBERLIEFERUNG O: Ts; Max-Horkheimer-Archiv der Stadt- und Universitätsbibliothek, Frankfurt a.M. – E: Horkheimer, Briefwechsel 1913-1936, S. 426ff.

sous les toits: Anspielung auf René Clairs Film »Sous les toits de Paris« von 1930.

Schacht gegen Heydrich: Hjalmar Schacht (1877-1970) war seit 1933 Reichsbankpräsident (das Amt hatte er schon von 1923 bis 1930 ausgeübt) und seit August 1934 Wirtschaftsminister; am 31. Mai 1935 wurde er zum Generalbevollmächtigten für die Kriegswirtschaft ernannt. Schacht war schon vor 1933 Hitlers Fürsprecher bei der Großindustrie gewesen, deren Sprachrohr er auch nach 1933 blieb. Seine Fähigkeit, mit dem Ausland vorteilhafte Handelsabkommen abzuschließen und Hitlerdeutschland Kredite zu beschaffen, konnte die Hoffnung nähren, in ihm einen mäßigenden Einfluß auf die Politik der NSDAP und vor allem der SS zu sehen, in der Reinhard Heydrich (1904-1942) nächst Himmler eine zentrale Rolle dank seinem Anteil bei der Ermordung der SA-Führung spielte. Heydrich wurde 1936 Chef der Sicherheitspolizei.

24 Horkheimer an Adorno
Amsterdam, 10.12.1935

Eintreffe Mittwoch abend Paris stop Treffpunkt Lutetiahotel
Horkheimer

ÜBERLIEFERUNG Telegramm; Max-Horkheimer-Archiv der Stadt- und Universitätsbibliothek, Frankfurt a. M.

25 Adorno an Horkheimer
London, 10.12.1935

ARRIVED LONDON PLEASE GIVE DISPOSITION= TEDDIE

ÜBERLIEFERUNG Telegramm; Max-Horkheimer-Archiv der Stadt- und Universitätsbibliothek, Frankfurt a. M.

26 Adorno an Horkheimer
London, 13.1.1936

PHONES PADDINGTON 7228 OR 4419=WIESEN-GRUND

ÜBERLIEFERUNG Telegramm; Max-Horkheimer-Archiv der Stadt- und Universitätsbibliothek, Frankfurt a. M.

27 Adorno an Horkheimer
Oxford, 20.1.1936

Oxford, 20. Januar 1936.

Lieber Herr Horkheimer,

so traurig war ich, Sie nicht mehr an der Bahn in Amsterdam zu sehen, so sehr ich auch Ausschau hielt – um so größer war meine Freude, heute, als ich hier eintraf, den herrlichen Doré vorzufinden, für den ich Ihnen aufs allerherzlichste danken möchte.

Ich habe die Tage in London mit jenem Jazzexperten Seiber das Exposé vorbereitet und hoffe es in den nächsten Tagen Ihnen senden zu können. Bitte lassen Sie mich wissen, ob Sie doch bis Februar en France doulce terre bleiben oder noch am 22. reisen (– in welchem Fall freilich mein Brief kaum mehr Sie erreichen würde). – Da ich für das Exposé Seiber weniger brauchte als ich dachte, so fand ich für seine Mithilfe anstatt 10 £ den Betrag von 5 £ ein angemessenes Honorar und habe Genf gebeten, es ihm zu überweisen. Er war sehr befriedigt von dem Betrag, als ich ihn vorschlug.

Zu unserer großen Arbeit noch eines: es sind ja in den letzten 10 oder 15 Jahren doch eine Menge Publikationen zu dialektischer Logik und Prinzipienfragen des Historischen Materialismus erschienen. Über den Wert des meisten werden wir uns einig sein. Immerhin meine ich, daß wir bei unserer Arbeit das vorliegende, es sei so schlecht es mag, nicht einfach ignorieren können (gerade auch das Schlechte nicht!). Andererseits können wir unmöglich diese Dinge alle selbst lesen. So möchte ich denn vorschlagen, aus der betreffenden Literatur einfach kurze, aber *präzise* Exzerpte für uns beide herstellen zu lassen. Vielleicht könnte das durch Marcuse am ehesten geschehen. Vielleicht auch durch Benjamin, an dessen wirklich verzweifelte Situation ich Sie im Sinne unseres letzten Gespräches nochmals erinnern darf. Marcuse würde das aber wohl besser machen.

In London war ich mit Neumann zusammen und wir bleiben auch in Institutsangelegenheiten dauernd in Kontakt. Ich hatte einen sehr guten Eindruck von ihm. Es ist ein Glück, daß er nicht an die London School kommt. Mannheim rief ich nicht an —.

Sehr froh wäre ich, ein Wort zu hören wegen der Auseinandersetzung mit Benjamins Ewigkeitswerten und Ihrer Endredaktion des Marcuseaufsatzes. Könnte man übrigens, da Sie doch auf das *Sachliche* dabei den Hauptwert legen, nicht vielleicht den historischen Teil einfach weglassen? Relativ zur Theorie ist er ohnehin zu lang und dafür in sich zu kurz.

Dreyfuss ist in London; ich hoffe ihm auf eine nicht verletzende Weise beigebracht zu haben, daß die Chancen seiner Mitarbeit bei uns sehr klein sind. Da er aber wieder einmal

Aussichten und Geldgeber hat, so wird man deswegen kein schlechtes Gewissen zu haben brauchen – gar wenn wir an andere denken.

Eben bekomme ich einen Brief von Hannah Tillich, die mich zur Mitarbeit an einer Festgabe für Paulus zum 50. Geburtstag auffordert. Was soll man da tun? Man kann sich schlecht entziehen, noch weniger aber doch sich identifizieren. Mir schwebt als Lösung vor, etwas über Tillich als Pädagogen beizutragen. Als solchen kenne ich ihn am genauesten und hier sehe ich seine wirkliche Begabung. Aber ich kann doch nicht das »Ringen« feiern. Bitte raten Sie mir, was tun. Sind Sie auch aufgefordert oder hat sie sich nicht getraut?

Zur Politik möchte ich nur meiner Begeisterung für Herrn Goebbels Ausdruck geben. Etwas besseres als seine Rede hätten wir uns ja wirklich nicht wünschen können. Ganz zu schweigen von ihrem symptomatischen Wert.

Ihnen und Maidon wünsche ich eine glatte und schmerzlose Überfahrt (meine kleine war wiederum völlig glatt). Wenn Sie mein Brief noch in Paris erreicht, bitte schreiben Sie noch eine Karte. – Wegen meiner eventuellen Kontrollreise nach Paris im März, Ihrer Essais matérialistes wegen, geben Sie mir bitte rechtzeitig Bescheid. Ich bin normaler Weise, von heute (Montag) an gerechnet, genau 8 Wochen hier, Telephon Oxford 3559.

Sollte man nicht auf jeden Fall etwas gegen Borkenaus Paretobuch bringen? Es scheint ein toller Skandal zu sein. Schauen Sie sich doch auch meine Mannheimnotizen an, etwa auf der Überfahrt, und sagen Sie mir (ganz rückhaltlos), ob Sie es für der Mühe wert halten, daß ich daraus eine kleine prinzipielle Sache gegen die »generalisierende Soziologie« oder wie das Zeug gerade heißt, abdestilliere. Wenn ja, senden Sie mir die Notizen zurück. Ich möchte immerhin dazu apologetisch bemerken, daß es das erste ist, was ich schrieb, als ich aus Deutschland heraus war, vermutlich mit deutlichen Spuren der Hitlerpsychose. Aber vielleicht ließen [sie] sich bei der Umformung beseitigen.

Noch darf ich Sie, nach unserer Absprache, daran erinnern, daß Sie so lieb sein wollten, mir eine Art Bestätigung unserer Vereinbarung, für Vater- und ähnliche Zwecke, zu schicken, evt. auf englisch und offiziellem Papier. Die Formulierung überlasse ich ganz Ihnen und möchte Sie nur bitten, an jenen Zweck, nämlich gewissermaßen über meine zugleich vage und radikale Zukunft zu beruhigen, dabei zu denken.

Es geht mir ganz gut, abgesehen von Halsschmerzen, die, nach den Leistungen des englischen Klimas in den letzten Tagen, kein Wunder sind. Ich kann Ihnen nicht sagen, wie glücklich ich über den Tag in Amsterdam war. Nur war er viel zu kurz. Aber ich bin sicher, daß nun zwischen uns everything alright ist. Und daß sich diese Formel auf unseren gemeinsamen theoretischen Entwicklungsstand erstreckt – daß wir wirklich heute beide so weit sind, gemeinsam eine Arbeit in Angriff zu nehmen, deren Tragweite sich kaum überschätzen läßt, ist daran das schönste.

Wissen Sie, daß ich, ohne es zu wissen, Ihren Bleistift mitgenommen habe?

In treuer Verbundenheit Ihr Teddie Wiesengrund.

ÜBERLIEFERUNG O: Ts; Max-Horkheimer-Archiv der Stadt- und Universitätsbibliothek, Frankfurt a. M.

der herrliche Doré: Horkheimers Geschenk – ein Buch mit Illustrationen des französischen Zeichners und Malers Gustave Doré (1833-1885) – befindet sich nicht im Nachlaß Adornos.

Ich habe die Tage in London mit jenem Jazzexperten Seiber das Exposé vorbereitet: Horkheimer hatte mit Adorno während ihrer Besprechungen in Paris und Amsterdam den Gedanken einer kollektiven Untersuchung über die gesellschaftliche Funktion des Jazz diskutiert, die zugleich dazu führen sollte, »eine gesellschaftliche Theorie des Jazz zu erarbeiten: mit besonderer Rücksicht auf das Problem der ›Vermittlung‹ von Unterbau und Überbau, das am Jazz als einem Produkt des ›objektiven Geistes‹ mit fraglosem Warencharakter zureichend zu konkretisieren ist«, wie es zu Beginn des »Jazz-Exposés« heißt, von dem sich ein Typoskript-Durchschlag im

Nachlaß des Komponisten Mátyás Seiber (1905-1960) erhalten hat, der seit 1982 in der British Library liegt (vgl. Nick Chadwick, Mátyás Seiber's Collaboration in Adornos Jazz Project, 1936, in: The British Library Journal, volume 31, number 2, autumn 1995, S. 259-288; die zitierte Stelle S. 264). – Der aus Ungarn stammende Seiber, der von 1928 bis 1933 eine Jazzklasse am Frankfurter Hoch'schen Konservatorium leitete, war 1935 nach England emigriert, wo er bei Ernst Schoen, dem ehemaligen Programmdirektor des Südwestdeutschen Rundfunks, wohnte. Seiber wurde in England ein sehr gesuchter Kompositionslehrer.

en France doulce terre: Vielleicht und trotz der archaisierenden Schreibweise eine Anspielung auf das Chanson »Douce France« von Charles Trenet (1913-2001).

unsere große Arbeit: Das geplante Buch über materialistische Dialektik und Logik.

Benjamins Ewigkeitswerte: Benjamins Aufsatz »Das Kunstwerk im Zeitalter seiner technischen Reproduzierbarkeit« enthält im achten Kapitel den Satz: »Die Griechen waren durch den Stand ihrer Technik darauf angewiesen, in der Kunst Ewigkeitswerte zu produzieren.« (Benjamin GS I·2, S. 446) – Horkheimer hatte gegen den Ausdruck Bedenken angemeldet: »Um den Irrtum auszuschließen, daß Sie selbst an Ewigkeitswerte glauben, ein Irrtum, der selbst durch den Schluß des Aufsatzes nicht völlig behoben werden könnte, schlagen wir vor, das Wort ›valeurs éternelles‹ in Anführungsstriche zu setzen.« (Horkheimer, Briefwechsel 1913-1936, S. 489).

Ihre Endredaktion des Marcuseaufsatzes: Marcuse hatte Horkheimer seinen Aufsatz »Zum Begriff des Wesens« geschickt, der im ersten Heft des Jahrgangs 1936 (S. 1-37) erschien; vgl. jetzt Marcuse Schriften 3, S. 45-84.

eine Festgabe für Paulus zum 50. Geburtstag: Die von Hannah Tillich (1896 bis 1988) geplante Festschrift kam nicht zustande.

Goebbels / seine Rede: Der Reichsminister für Volksaufklärung und Propaganda Joseph Goebbels (1897-1945) hatte in seiner Rede auf dem Berliner »Gautag« am 17. Januar 1935 erklärt: »Heute steckt in jung und alt, in hoch und niedrig, in arm und reich der besessene Wille, die deutsche Nation wieder zu einem Weltvolk emporzuführen. Jedermann bei uns ist davon überzeugt: Wir müssen an der Beherrschung der Welt teilnehmen. Wir müssen deshalb ein Herrenvolk werden, und deshalb müssen wir unser Volk zum Herrenvolk erziehen.«

Ihre Essais matérialistes: Horkheimer beabsichtigte, eine Sammlung seiner Aufsätze in französischer Übersetzung zu veröffentlichen. Dieser Plan scheiterte ebenso wie der 1934 mit Jay Rumney, der gut deutsch konnte, besprochene, eine englische Übersetzung seiner Aufsätze zu publizieren.

Borkenaus Paretobuch: Vgl. Franz Borkenau, Vilfredo Pareto. 1848-1923, London 1936 (Modern Sociologists).

Ihr Bleistift: Es fällt schwer, nicht an das Kapitel »Hippe« aus Thomas Manns »Zauberberg« zu denken.

28 Horkheimer an Adorno
Paris, 22.1.1936

22.1.36.

Lieber Herr Wiesengrund,

es hat also nicht mehr gereicht. Ich bin zwar Ihrem abfahrenden Zug noch nachgelaufen, aber er war rascher als ich. Ausserdem haben wir ihn auf irgendeiner Station nach Rotterdam noch einmal mit unserem Zug eingeholt; als wir es aber bemerkten, waren ebenfalls nur noch die letzten Wagen sichtbar. Quand même habe ich dieses Zusammentreffen sehr genossen, und ich hoffe, dass auch Sie eine gute Erinnerung daran haben. Es war sehr notwendig.

Mit Benjamin habe ich schon eine Unterredung gehabt. Dass der Inhalt seiner Abhandlung irgendetwas mit Brecht zu tun haben soll, hat er weit von sich gewiesen. Ich habe ihm bei einigen Stellen die Richtigkeit meiner und auch Ihrer Einwände klargemacht. Er wird sich, bevor die Übersetzung beginnt, noch einmal eingehend damit beschäftigen. Das Deprimierendste ist die Empfindung, dass die Mängel zum Teil sicher auf die materielle Not zurückgehen, in der er sich befindet. Ich will alles versuchen, dem abzuhelfen. Benjamin ist einer der wenigen Menschen, die wir um ihrer Denkkraft willen nicht zugrunde gehen lassen dürfen.

Der Aufsatz von Marcuse weist im Fortgang nicht mehr die Mängel auf, welche Sie am Anfang gerügt haben. Ich habe vom Ganzen keinen ungünstigen Eindruck und bin überzeugt, dass es Ihnen bei der gesamten Lektüre ebenso ergehen wird. Die Bedeutung des Wesens in der materialistischen Theorie ist immerhin so klar dargestellt, dass die Arbeit einen Fortschritt bedeutet. Vous verrez.

Seit ich hier bin, habe ich eine neue, ausgezeichnete Arbeit von Max Ernst gesehen: »La Semaine de Bonté«. Ernst verwendet an einzelnen Stellen Figuren aus den Bibelillustrationen Dorés, z. B. den Engel aus dem Kampf Jakobs mit dem Gesandten des Herrn, der in einem vornehmen Wohnzimmer eine Irrsinnige zu bändigen versucht. Manches ist freilich flüchtiger als im ›Rêve d'une jeune fille‹, manches aber auch noch stärker.

Mit herzlichem Gruss

ÜBERLIEFERUNG O: Ts(Dg); Max-Horkheimer-Archiv der Stadt- und Universitätsbibliothek, Frankfurt a. M.

Benjamin / seine Abhandlung / die Übersetzung: Vgl. Walter Benjamin, L'œuvre d'art à l'époque de sa reproduction mécanisée, traduit par Pierre Klossowski, in: ZfS 5 (1936), S. 14-66 (Heft 1); jetzt in: Benjamin GS I·2, S. 709-739.

eine neue, ausgezeichnete Arbeit von Max Ernst: Une semaine de bonté ou les sept éléments capitaux. 5 Hefte in einer Kassette mit insgesamt 173 Strichätzungen nach Collagen, Reproduktionen von neun Zeichnungen, Paris 1934.

die Bibelillustrationen Dorés: 1865 zuerst publiziert.

›Rêve d'une jeune fille‹: Vgl. Max Ernst, Rêve d'une petite fille qui voulut entrer au Carmel. Roman in 79 Bildern, Strichätzungen nach Collagen, Paris 1930.

29 Adorno an Horkheimer
Oxford, 26. 1. 1936

Oxford, 26. Januar 1936.

Lieber Herr Horkheimer,

schönsten Dank für Ihren Brief, der sich ja mit meinem gleichzeitig gekreuzt hat. Ich habe noch geglaubt, Sie in Amsterdam hinter dem Zug herlaufen zu sehen, und gewinkt – ich war in einem der letzten, ich glaube *im* letzten Wagen –; aber wie es sich damit verhält, das wird wohl ähnlich ungeklärt bleiben wie jene Erscheinung am Ende von Kafkas Prozeß.

Benjamin: ich möchte weniger einen bestimmten Zusammenhang *dieser* Arbeit mit Brecht behaupten (dazu kenne ich sie ja viel zu flüchtig) als vielmehr eine allgemeine magnetische Ablenkung seiner Arbeiten durch diesen »Wilden«, wie sie u. a. auch in der Sprache des neuen Essays zum Ausdruck kommt. Sollte es uns gelingen, ihn endlich davon loszumachen, so wäre das ein großer Gewinn (ich würde in diesem Zusammenhang unbedingt versuchen, ihn vom Plan einer Reise nach Dänemark abzubringen, der, wie Gretel schreibt, wieder einmal akut zu sein scheint). Ich würde natürlich das Manuskript sehr gern lesen und Notizen dazu machen; vielleicht bitten Sie ihn darum, mir einen Durchschlag zu schikken, ich bin so furchtbar eingespannt, daß ich die nächsten Tage noch nicht zum Schreiben komme.

Sehr glücklich bin ich, daß Sie Ihre Absicht bestätigen, seine ökonomische Situation zu ändern. Wir hatten von 1000 Francs gesprochen – ist es unzart, wenn ich Sie an diese Zahl erinnere? Da er ja einstweilen nichts dazuverdienen kann, wird es mit weniger in Paris selbst bei größten Sparkünsten kaum gehen. Daß eine gewisse Abnahme der Qualität seiner Arbeiten mit der materiellen Not zusammenhängt, haben ganz wie Sie es nun konstatieren Gretel und ich schon seit einiger Zeit festgestellt.

Den Aufsatz von Marcuse hätte ich gern zuende gelesen –

aber es ging ja mit der Zeit wirklich nicht mehr. Den neuen Max Ernst hoffe ich in London zu sehen zu bekommen. Übrigens soll es Max Ernst ebenfalls geradezu verzweifelt schlecht gehen. Aber niemand von uns kennt ihn persönlich; ich weiß es durch Lotte Lenja, die mit ihm befreundet war und eine Ausstellung in London zu arrangieren suchte. (Wohl ohne Erfolg!)

Heute erhalten Sie nun das Jazzexposé und ich habe nur die eine Angst, es könnte Ihnen ähnlich ergehen wie wahrscheinlich dem Parlament, das zu jenem Redner gehört, der auf sein dickes Manuskript gelehnt sagt: Je serai court. Ich habe nur die eine Entschuldigung beizubringen, daß Ihre Idee einer Jazzuntersuchung sozusagen längst angesammelte Massen von Brennstoff bei mir entzündet hat; und ich glaube nicht Benjaminischem Größenwahn verfallen zu sein, wenn ich meine, daß der Schluß der Verifikationsthesen (die mir natürlich das wichtigste waren und mich aufs intensivste beschäftigt haben) wirklich etwas wie eine theoretische Dechiffrierung des Jazz bietet. Der Hauptmangel ist der an konkreten ökonomischen Kategorien; aber den konnte und wollte ich nicht verdecken. Vielleicht ist Ihnen jetzt deutlich, warum die Idee jener Arbeit mich so leidenschaftlich ergriffen hat. Ich konnte mich ihrer nicht anders erwehren, als indem ich zu formulieren suchte, was ich bis jetzt weiß. Jetzt bin ich wieder an meinen Prolegomenois, an denen ich im übrigen viel Freude habe.

Die Formulierungen des Exposés sind natürlich vorläufig und machen keinen Anspruch auf Geprägtheit. Ich glaube aber, daß, wenn Sie sich zur Ausführung der Arbeit in größerem Maßstab nicht entschließen könnten, man aus den Verifikationsthesen ohne viel Schwierigkeit einen Zeitschriftenaufsatz von 20 Druckseiten machen könnte (man müßte einfach noch gewisse hier vorausgesetzte sachliche Angaben über Jazz hinzufügen und einen einheitlicheren Begründungszusammenhang herstellen). Ich gebe Ihnen diese Alternativmöglichkeit zur freundlichen Erwägung.

Seiber hat sich als brauchbarer Assistent erwiesen und mir

einige sehr verwertbare Sachen gesagt, die in den Thesen ihre Aufnahme gefunden haben. Ich habe Genf mittlerweile gebeten, ihm £ 5 zu überweisen; über die 10 restlichen disponiere ich erst, wenn Sie Weiterarbeit, Rückfragen usw. für erforderlich halten.

Natürlich möchte ich Sie nicht damit plagen, das Exposé sogleich zu lesen; aber dankbar wäre ich für die Bestätigung, daß Sie es bekommen haben. Wenn Sie es Benjamin zeigen wollen, bin ich gern einverstanden; ebenso natürlich wenn Fromm es sieht. Ich könnte mir gut vorstellen, daß es ihn besonders interessiert.

Ich hoffe, Sie und Maidon haben noch eine hübsche Zeit sous les toits. Und

Don't forget
Monette!

Alles Herzliche Ihr alter
Teddie Wiesengrund.

ÜBERLIEFERUNG O: Ts; Max-Horkheimer-Archiv der Stadt- und Universitätsbibliothek, Frankfurt a. M.

Max Ernst / eine Ausstellung in London: Sie fand vom 11. Juni bis 4. Juli 1936 in den New Burlington Galleries statt.

Lotte Lenja: Die Schauspielerin, Sängerin und Tänzerin Lotte Lenya (1898-1981), seit 1926 mit Kurt Weill verheiratet.

jener Redner: Nicht ermittelt.

die Verifikationsthesen: Das ist der Teil des Exposés, der unter dem Titel »Verifizierungsthesen: Elemente einer gesellschaftlichen Theorie des Jazz« die theoretischen Grundlagen der geplanten Untersuchung enthält (vgl. Nick Chadwick, Mátyás Seiber's Collaboration in Adorno's Jazz Project, a. a. O., S. 263). – Aus diesem Entwurf entstand dann Adornos »Über Jazz« (vgl. jetzt Adorno GS 17, S. 74-100).

Monette: Wahrscheinlich eine der reizenden Bewohnerinnen jener berühmten Pariser »maison de tolérance«: »Le sphinx« auf dem Boulevard

Edgar-Quinet (s. Brief Nr. 37), das Adorno aufgesucht haben dürfte. Nach der Besetzung wurde es von Wehrmachtsoffizieren frequentiert.

30 Horkheimer an Adorno
Paris, 29.1.1936

, 29.1.1936.

Lieber Herr Wiesengrund,

Soeben erhalte ich Ihre Sendung mit dem Exposé. Vielen Dank. Ich beeile mich, den Eingang zu bestätigen, damit Sie schon eine Nachricht von mir haben. Die nächsten Tage werde ich sehr viel hier zu tun haben.

Der Gedanke, aus dem Exposé sogleich einen Zeitschriftenaufsatz von 20 Druckseiten zu machen, erscheint mir beim ersten Eindruck äusserst glücklich. Sie hätten dann auch Ihre Ideen in dieser Hinsicht schon einmal gedruckt und das Institut hätte für seine Absichten bereits einen Beleg. Zum Lesen bin ich natürlich noch nicht gekommen.

Dass Max Ernst so arm sei, hatte ich ebenfalls gehört. Der persönliche Eindruck hat dies jedoch bis jetzt nicht bestätigt. Er sah gar nicht pauvre aus, ebenso wenig wie seine übrigens entzückende Frau.

Sobald der Aufsatz von Benjamin übersetzt ist, wird er Ihnen ein Exemplar schicken. Ich bitte Sie, dies dann gleich durchzusehen und Ihre Korrekturvorschläge möglichst einen bis zwei Tage nachher B. direkt zugehen zu lassen, denn das Manuskript soll, falls es überhaupt brauchbar ist, schon kurz nach Fertigstellung in Satz gehen. Ich selbst aber werde gerade um diese Zeit in der Abfahrt begriffen sein. Durchschlag Ihrer Vorschläge nebst Kommentar senden Sie dann direkt nach New York.

Wegen der Übersetzung meiner eigenen Aufsätze ist noch nichts Bestimmtes entschieden. Falls die Übersetzung des

Benjaminschen Aufsatzes gut ist, wird vielleicht doch Klossowski auch mit dieser Arbeit betraut. Ich erwarte noch Angabe darüber, welche meiner Aufsätze Sie nicht dort haben.

Wir fahren am 12. Februar. Nach dem Süden kommen wir natürlich nicht mehr.

In Eile

ÜBERLIEFERUNG O: Ts(Dg); Max-Horkheimer-Archiv der Stadt- und Universitätsbibliothek, Frankfurt a. M.

Max Ernst / seine übrigens entzückende Frau: Max Ernst war von 1927 bis 1936 mit Marie-Berthe Aurenche (geb. 1910) verheiratet.

der Aufsatz von Benjamin / Ihre Korrekturvorschläge: Adornos Brief vom 18. März 1936 zum Kunstwerk-Aufsatz, vgl. Adorno/Benjamin, Briefwechsel, S. 168-175.

Klossowski: Der Schriftsteller, Maler und Übersetzer Pierre Klossowski (1905-2001).

31 Adorno an Horkheimer
Oxford, 31. 1. 1936

31. Januar 1936

Merton College,
Oxford.

Lieber Herr Horkheimer,

schönsten Dank für Ihren Brief – ich antworte handschriftlich, was ich zu entschuldigen bitte, weil meine Maschine out of [order] ist.

Den Gedanken, aus dem Exposé einen Aufsatz zu machen, nehme ich gern auf; sowohl weil die Theorie, die ich unterdessen weitergebracht habe, mich sehr gefangen nimmt, wie weil ich froh wäre, die ἐποχή meiner Mitarbeit an der Zeitschrift so kurz zu halten wie möglich. Ich möchte aber doch erst Ihren Eindruck von meiner Theorie, insbesondere des Jazz-Subjekts als Exzentrik und Schein-Opponenten, abwarten, ehe ich ans Werk gehe. Sollten Sie zu der Entscheidung kommen, daß wir die Sache [schon] jetzt, in gewissem Sinne programmatisch also (– obwohl ich einen recht hohen Grad von Geschlossenheit der Theorie glaube versprechen zu können) publizieren sollen, so wäre ich Ihnen nur für recht baldige Angabe des äußersten *Termins* – und für *Kritik*, wenigstens in Stichworten, dankbar. Denn Sie werden verstehen, daß ich, wenn ich *jetzt* nach 4 Jahren wieder eine größere Arbeit in der Zeitschrift publiziere, Wert darauf lege, daß sie unseren, Ihren und meinen, *strengsten* Kriterien Genüge tut. Dabei ist aber die verfügbare Zeit nicht gleichgültig, da ich ja neben meinen »Prolegomena«, an denen ich viel Freude habe, in den nächsten 2 Monaten auch den größten Teil der Analysen für die Bergbiographie zustande bringen *muß*. Und ich möchte mir die Arbeit gerne einteilen. – Am *Schluß* des Jazzaufsatzes würde ich dann einiges »Erkenntnistheoretische« über oder vielmehr gegen »Vermittlung« bringen; Sie kennen meine Anschauung und, irre ich nicht: billigen sie.

Über Max Ernst Besseres zu hören als von Lenja bin ich froh. – Übrigens, zu einem unserer Gespräche: ich habe gehört, Walt Disney sei *Jude*.

Benjamin: ich schicke ihm also meine Marginalien *umgehend,* wäre aber, um einigermaßen verantwortlich Vorschläge machen zu können, sehr dankbar, wenn er mir auf jeden Fall das *deutsche* Manuskript mitschickte.

Ihre Essais Matérialistes: ich erwarte noch Ihren Bescheid, ob ich zur Durcharbeitung der französischen Fassung nach terms end nach Paris soll. Ich schicke Ihnen noch ein Verzeichnis derjenigen Ihrer für das Buch in Betracht kommenden Aufsätze, die ich hier zur Verfügung habe. Übrigens kann mir schlimmsten Falles sicher Neumann aushelfen.

Ein Vorschlag für die Zeitschrift: Aufsatz über den Begriff der Dekadenz. Der wäre ganz durchzudialektisieren als: Kampf der Bourgeoisie gegen ihre psychologisch fortgeschrittenen

Tendenzen und *zugleich* als ihr schlechtes Gewissen über die Fesselung der Produktivkräfte. Mit der Nebenabsicht, den *reaktionären* Gebrauch des Dekadenzbegriffs beim Proletariat zu verhindern. Es ist der Dekadenzbegriff zugleich ein τὸρος νοητικός der Konstellation von gesellschaftlicher Dialektik und Psychologie. Bei Nietzsche, auf den Sie in der Autoritätsarbeit mit Recht bezugnehmen, wäre da viel zu holen! Aber: das könnten nur *Sie* schreiben!

Sie sehen, der wohlhabende Band ist in meinen Händen, gebunden gar, und ich danke Ihnen sehr herzlich! Ich habe erst Ihren Aufsatz durchflogen, den ich großartig finde. Ich schreibe Näheres nach der 2., eingehenderen Lektüre. Sonst den sehr instruktiven über Jugendbewegung von Jungmann. Schade, daß keine Konsequenzen gezogen sind. Hier liegt ein sehr entscheidendes Ursprungsmotiv des Faszismus. Man sollte den offenbar vorzüglich informierten und auch klugen (wenn auch bis zu einem gewissen Grade noch in den Rationalisierungen der Jugendbewegung befangenen) Mann einen Zeitschriftenaufsatz: »Faszismus und Jugendbewegung« schreiben lassen. Übrigens hat Baldur Schirach ausdrücklich die Hitlerjugend als Erbin der deutschen Jugendbewegung erklärt. – Wie gut mir unsere Zusammenkunft getan hat, sehe ich ganz erst jetzt bei der Arbeit. Ich hoffe, daß Sie, wenn Sie sie sehen werden, was so rasch geschieht wie das letzte Wort geschrieben ist, *trotz* des Materials Ihr Placet erteilen werden.

Ihnen und Maidon alles Herzliche

Ihr Teddie Wiesengrund.

ÜBERLIEFERUNG O: Ms m. gedr. Briefkopf; Max-Horkheimer-Archiv der Stadt- und Universitätsbibliothek, Frankfurt a. M. – E: Horkheimer, Briefwechsel 1913-1936, S. 449 f.

Exzentrik: Vgl. jetzt Adorno GS 17, S. 97-100.

die Bergmonographie: Vgl. Alban Berg. Mit Bergs eigenen Schriften und Beiträgen von Theodor W. Adorno und Ernst Krenek, hrsg. von Willi Reich, Wien/Leipzig/Zürich 1937.

Walt Disney: Walter Elias Disney (1901-1966) war jüdischer Abstammung.

der wohlhabende Band: »Autorität und Familie«.

der [Aufsatz] über Jugendbewegung von Jungmann: Vgl. Fritz Jungmann [Pseudonym von Franz Borkenau], Autorität und Sexualmoral in der freien bürgerlichen Jugendbewegung, in: Autorität und Familie, Paris 1936, S. 669-705.

Baldur Schirach: Der Reichsjugendführer Baldur von Schirach (1907 bis 1974) leitete die Hitlerjugend, die 1936 sechs Millionen Mitglieder hatte.

32 Horkheimer an Adorno
Paris, 4.2.1936

4. Februar 1936.

ODEon 83-69

Dr. Th. Wiesengrund-Adorno
c/o Mrs. Nye
47 Banbury Road
O x f o r d Angleterre

Lieber Herr Wiesengrund,

In aller Eile danke ich Ihnen für Ihre Zeilen vom 31. Januar. Eine Äusserung zur Jazz-Arbeit kann ich Ihnen vor Abfahrt nicht mehr zukommen lassen, denn mein Tag ist allzu besetzt, als dass ich jetzt zum aufmerksamen Lesen käme. Das kann ich erst auf dem Schiffe tun.

Ob Sie nach terms end wegen der französischen Fassung meiner Aufsätze am besten nach Paris fahren, kann ich jetzt auch noch nicht bestimmen. Der von Groethuysen ursprünglich vorgeschlagene Übersetzer kommt nicht in Frage, und ich will nun abwarten, ob Klossowski, der die Übersetzung des Benjaminschen Aufsatzes besorgt, seine Sache gut macht. In diesem Falle will ich u. U. ihn mit dieser grösseren Übersetzung beauftragen. Jedenfalls erhalten Sie darüber noch Nachricht. Sollten Sie jedoch nichts erfahren, so bedeutet dies, dass wir das Ganze zurückstellen mussten.

Der Aufsatz über Dekadenz wäre sicher wichtig. Es wäre eine Gelegenheit, endlich einmal eine zusammenhängende, verbindliche Äusserung über Nietzsche von unserer Seite zu publizieren. Zunächst werde ich jedoch wohl kaum daran kommen.

Ich erwäge gegenwärtig folgende Frage: Huizinga, der Leidener Kulturhistoriker hat ein Buch »Im Schatten von morgen« erscheinen lassen. H. ist ein Gegner des Faschismus und steht der deutschen Emigration, soviel ich höre, freundlich gegenüber. Als Inbegriff naiven Professorengeschwätzes fordert das Buch jedoch dazu heraus, dass wir einen Trennungsstrich zwischen uns und diese Art von Freunden machen. Es gehört zu jener Sorte von wohlmeinender Literatur, mit der wir aufräumen sollten. Während die emigrierten deutschen Universitätsleute im allgemeinen heilsfroh sein müssen, wenn irgendein kleiner Professor und gar ein solcher mit grossem Namen sich gegen Hitler äussert, sollten wir unsere Unabhängigkeit benutzen, den Dreck auch als solchen zu kennzeichnen, wenn er von dieser Seite kommt. Was meinen Sie dazu? —

Wir fahren am 12. Auf Wiedersehen aussitôt que possible

herzlichst Ihr

Sollte ich eine Frage Ihres Briefes übersehen haben, so bitte ich um Nachricht.

ÜBERLIEFERUNG O: Ts(Dg) m. Ergänzung von fremder Hand; Max-Horkheimer-Archiv der Stadt- und Universitätsbibliothek, Frankfurt a. M. – E: Horkheimer, Briefwechsel 1913-1936, S. 452 f.

Groethuysen: Bernard Groethuysen (1880-1946), Schüler von Georg Simmel und Wilhelm Dilthey, lebte seit 1905 abwechselnd in Paris und Berlin. Ende 1920 wurde er auf die Bitte ihres Chefredakteurs, Jean Paulhan (1884-1968), Mitarbeiter an der Nouvelle Revue Française. Groethuysen war auch als Verlagsberater für Gallimard tätig.

Der von Groethuysen ursprünglich vorgeschlagene Übersetzer: Wahrscheinlich ist René Etiemble (1909-2002) gemeint. Etiemble, der in der École Normale Supérieure Sprachwissenschaft studiert hatte, bereitete zwischen 1933 und 1936 eine Doktorarbeit über »Métaphysique et culture physique chez les taoïstes« vor und war Mitarbeiter der Nouvelle Revue Française, wo er 1934 unter dem Pseudonym Jean Louverné einen »Conversion« betitelten Aufsatz über Gide und den Kommunismus publizierte. 1936 brach Etiemble mit dem Stalinismus. Er lehrte von 1937 bis 1942 in Chicago und ab 1955 an der Sorbonne.

Huizinga: Vgl. Johan Huizinga [1872-1945], Im Schatten von morgen. Eine Diagnose des kulturellen Leidens unserer Zeit, dt. von Werner Kaegi, Bern/Leipzig 1935.

33 Adorno an Horkheimer
Oxford, 9.2.1936

9. Februar
1936.

Merton College,
Oxford.

Lieber Herr Horkheimer,

so müssen wir denn wieder Abschied nehmen und ich wünsche von Herzen, daß es nicht für lange sein wird.

Jazz-Arbeit: ich werde also im *März* den Aufsatz schreiben. Bis 14. März bin ich in Oxford, bis dahin habe ich ja gewiß von Ihnen gehört. Evt. schreibe ich den Aufsatz in Paris fertig. Ihn in Deutschland zu schreiben und von dort zu senden ist natürlich ausgeschlossen.

Es wäre eine große Erleichterung, wenn ich im Text ein *Notenbeispiel* bringen könnte; nicht auf Notensystem sondern einen bloßen Rhythmus, so:

Man könnte das am einfachsten *photographisch* vervielfältigen. Vielleicht lassen Sie mich wissen, ob das möglich sein wird.

(Es handelt sich um den Nachweis, daß *alle* Hot Music auf *ein* rhythmisches Modell zurückgeht!) Ich mache dauernd Notizen und denke weiter gekommen zu sein.

Wegen Klossowski und Paris erwarte ich Ihren Bescheid. Von Benjamin einen sehr frohen Brief. Lassen Sie mich Ihnen nochmals *herzlichst* danken!

Huizinga: ich bin natürlich *ganz* Ihrer Ansicht, daß man sich solcher schwatzender Freunde zu erwehren hat. Das Buch kenne ich nicht, mais je vois ça d'ici. Wie froh ich immer bin, wenn es solchen Leuten an den Kragen geht, muß ich Ihnen nicht sagen. Wer wird den Streich führen?

Ein Oxforder Hegelforscher, G. Mure, dem ich Marcuses Buch gab, ist sehr begeistert davon.

Meine Arbeit geht gut vorwärts. In etwa 10 Tagen kann ich mit Ordnung und Schematisierung meiner Aufzeichnungen beginnen. Es sind tausende von Seiten die eingekocht werden müssen.

Ihnen und Maidon-que-fais-tu-de-ma-vie wünsche ich eine ganz glatte Überfahrt und alles Gute!

Herzlichst Ihr

Teddie Wiesengrund.

ÜBERLIEFERUNG O: Ms m. gedr. Briefkopf; Max-Horkheimer-Archiv der Stadt- und Universitätsbibliothek, Frankfurt a. M.

ein Notenbeispiel: Im Druck nicht berücksichtigt.

G. Mure: Geoffrey Reginald Gilchrist Mure (1893-1979) veröffentlichte 1940 »An introduction to Hegel«.

Maidon-que-fais-tu-de-ma-vie: Es dürfte sich um eine Variation des ersten Verses von Alfred de Mussets Gedicht »Ninon« handeln, das Adorno in einer Vertonung von César Franck oder von Victor Massé kennengelernt haben wird: »Ninon! Ninon! que fais-tu de la vie?«.

34 Horkheimer an Adorno
New York, 24.2.1936

24. Februar 1936

Dr. Theodor Wiesengrund-Adorno
47 Banbury Road
Oxford, England

Im Auftrage von Herrn Professor Horkheimer sende ich Ihnen die von ihm angekündigten Sonderdrucke seiner Aufsätze.

Es fehlt der Aufsatz »Materialismus und Metaphysik«, der im Jahrgang 2, Heft 1, erschienen ist. Davon ist hier kaum noch ein Exemplar vorhanden. Sollte Ihnen jedoch der Aufsatz fehlen, so werde ich es möglich machen, Ihnen auch davon ein Exemplar zuzusenden.

Mit ausgezeichneter Hochachtung!

ÜBERLIEFERUNG O: Ts(Dg); Max-Horkheimer-Archiv der Stadt- und Universitätsbibliothek, Frankfurt a. M.

»Materialismus und Metaphysik«: Vgl. jetzt Horkheimer GS 3, S. 70–105.

35 Adorno an Horkheimer
Oxford, 29.2.1936

PROMISE COMPLETE JAZZ ARTICLE IN DUE TIME
WIESENGRUND

ÜBERLIEFERUNG Telegramm; Max-Horkheimer-Archiv der Stadt- und Universitätsbibliothek, Frankfurt a. M.

36 Horkheimer an Adorno
New York, 29.2.1936

February 29, 1936.

Mr. Theodor Wiesengrund-Adorno
47 Banbury Road
Oxford. England.

My dear Mr. Wiesengrund-Adorno:

With reference to our recent conversations I take pleasure in confirming you that we have the intention to appoint you as a permanent member of the staff of the International Institute of Social Research as soon as you have received your Ph. D. degree.

The details of your appointment have to be worked out in further conferences, but we are confident that we shall be in the position to agree with you upon a contract which will do justice to your scientific standing.

This confirmation, however, is subject to the condition that no unfavorable circumstances arise in the situation of our endowment until the time you will be able to join us.

Very sincerely yours,

Research Director.

ÜBERLIEFERUNG O: Ts(Dg); Max-Horkheimer-Archiv der Stadt- und Universitätsbibliothek, Frankfurt a. M.

our recent conversations: Sie hatten in Paris und in Amsterdam stattgefunden. In einem Brief an Pollock schrieb Horkheimer am 26. Dezember 1935: »Die Unterhaltungen mit Teddy sind nur unterbrochen, bis er aus Deutschland zurückkehrt. Trotz einer Reihe störender Momente, die in seiner Persönlichkeit begründet sind, scheint es mir notwendig zu sein, dass ich mit ihm zusammenarbeite; er ist der einzige Mensch, der ausser der Assistenz Marcuses an dem Zustandekommen der Logik mitarbeiten kann. Da er zunächst in Oxford zu einem Abschluss kommen muss, was wohl 1-1½ Jahre in Anspruch nehmen wird, so ist die Organisation dieser Zusammenarbeit nicht dringend. New York kommt meiner Ansicht nach aus verschiedenen Gründen nicht in Frage. Man könnte sich denken, dass ich zur gegebenen Zeit nach Europa gehe, nachdem ich inzwischen mit Marcuse die Vorarbeiten weiter getrieben habe. In der Zwischenzeit soll jedoch T. seine Verbundenheit mit dem Institut dadurch dokumentieren, dass er einen Plan ausarbeitet, wie der Besprechungsteil auf ein höheres Niveau gehoben werden kann. Auch für den Aufsatzteil soll T. einiges tun.«

37 Horkheimer an Adorno
New York, 3.3.1936

INTERNATIONAL INSTITUTE OF SOCIAL RESEARCH
429 WEST 117TH STREET
NEW YORK, N. Y.

Tel. UNiversity 4-3200
Ext. 276
Columbia University

3. März 1936.

Dr. Theodor Wiesengrund-Adorno
47 Banbury Road
Oxford, England.

Lieber Herr Wiesengrund!

Dass ich Ihnen noch nicht geschrieben habe, liegt nicht allein an den grossen Arbeitsanforderungen, die ich hier vorgefunden habe, sondern auch daran, dass die Akklimatisation hier nicht ganz einfach ist. Die Atmosphäre enthält so viele andersartige Bakterien, als wir sie drüben gewohnt sind, dass eine Reihe leichter oder schwerer Infektionskrankheiten kurz nach der Ankunft, mindestens jedoch eine wochen- und monatelang anhaltende Ermüdung, die Regel sind. Die Überfahrt verlief recht ordentlich; meiner Frau ging es diesmal nicht so schlecht wie auf dem Weg nach Europa. Da mir auch in diesem Augenblick nur recht wenig Zeit zur Verfügung steht, so teile ich Ihnen in Eile das Dringendste mit.

In Paris glaube ich sowohl die Arbeit unseres dortigen Büros als auch die übrigen Angelegenheiten soweit gefördert zu haben, dass wenigstens bis zur Reise Pollocks im April alles gut von statten gehen kann. Ich glaube auch, dass unser Verlag in Zukunft besser funktionieren wird, so dass, ohne die Notwendigkeit eines Wechsels, die Zeitschrift nächstes Jahr viermal erscheinen, und ausserdem mit einer »Kleinen Schriftenreihe« begonnen werden kann.

Wegen der »Essais de philosophie materialiste« habe ich mit Benjamin vereinbart, dass er zwischen zwei in Frage kommenden Übersetzern selbst die Auswahl trifft. Der eine ist Klossowski, welcher den Artikel über das Kunstwerk übersetzt. Wir alle werden ja jetzt Gelegenheit haben zu sehen, was er da zustande gebracht hat. Der andere ist ein uns ganz nahestehender junger Sinologe, den ich kurz vor meiner Abreise kennen gelernt habe. Er ist der Abstammung und Erziehung nach Franzose, beherrscht jedoch auch die deutsche Sprache sehr gut und macht überhaupt einen ganz ausgezeichneten Eindruck. Ferner habe ich B. darum gebeten, mit Gallimard (zunächst über Groethuysen) in Verbindung zu treten, um eine Vereinbarung zustande zu bringen. Bis jetzt besteht nur das Versprechen Groethuysens, dafür zu sorgen, dass die übersetzten Aufsätze in diesem Verlag herauskommen. B. ist über unsere Verabredung orientiert, dass auch Sie sich um die Gestalt dieser Übersetzungen kümmern wollen und wird Ihnen für alles, was Sie dabei tun, dankbar sein. Die Kosten einer etwa notwendig werdenden Reise oder eines Umweges können wir selbstverständlich von hier aus übernehmen. Mein wissenschaftliches und verwaltungstechnisches Programm ist in den nächsten Monaten so reichhaltig, dass ich mich unmöglich selbst um diese Sache kümmern kann. Andererseits glaube ich, dass wir es den uns nahestehenden französischen

Kreisen schuldig sind, ihnen sobald wie möglich Proben gegenwärtiger materialistischer Philosophie zu übermitteln und auch den Irrtum zu berichtigen, als hätten die soziologischen Schmonzes, die dort als fortgeschrittene deutsche Wissenschaft zirkulieren, etwas mit der Tradition zu tun, an die wir anknüpfen. Zu Ihnen und B. habe ich das Vertrauen, dass Sie diese gemeinsame Angelegenheit in der richtigen Weise fördern werden.

Auf Ihre Ansicht über den B.schen Artikel in französischer Übersetzung bin ich sehr neugierig. Sie ist bis jetzt hier nicht eingetroffen, und ich kann daher selbst noch nichts dazu sagen. Jedenfalls sind wir entschlossen, die Arbeit wenn irgend möglich im nächsten Heft zu bringen. Mit B. und dem Übersetzer habe ich eine Reihe von Änderungen schon besprochen, und B. ist auch meinen Anregungen weitgehend nachgekommen. Dass wir eine bestimmte Art der Naivität durch weitere Umarbeitung aus dem Artikel entfernen können, glaube ich kaum. Die Veröffentlichung bedeutet auch nicht, dass wir alles unterschreiben. Erst in Zukunft wird es – nicht zuletzt, wie ich hoffe, durch Ihre redaktionelle Mitwirkung – gelingen, wenigstens die wichtigsten Artikel einwandfrei zu gestalten.

Einliegend erhalten Sie den verabredeten Brief. Der letzte Absatz entspricht einer Gepflogenheit, die jedes grosse Institut, das nicht gerade verstaatlicht ist, beobachten muss. Keine unterrichtete Person wird ihn als sachliche Einschränkung ansehen. Er wird, wie wir glauben, im Gegenteil den Ernst der Vereinbarung besser hervortreten lassen. Sollte Ihnen jedoch in diesem oder sonst einem Punkte eine andere Fassung willkommener erscheinen, so werden wir gerne einen anderen Text anfertigen. Der vorliegende stellt lediglich meinen und P.s Vorschlag dar.

Von Ihren Arbeiten habe ich bis jetzt nur die maschinenschriftliche Einleitung in eine Kritik der Soziologie und den Jazzentwurf gelesen. Das Heft über Mannheim habe ich auf dem Schiff nicht mehr durchsehen können und hier bin ich noch nicht dazu gekommen. Vielleicht lasse ich es zunächst einmal abtippen. Ich darf Ihnen sagen, dass die beiden Arbeiten, das Fragment sowie der Entwurf, beide eine besonders grosse Freude für mich bedeuten. Ich finde darin aufs Neue bestätigt, was ich bereits bei unseren Besprechungen erfahren habe, dass Sie unbedingt zu uns gehören und dass Ihre Arbeit für das Institut von ganz entscheidender Wichtigkeit ist. Trotz der langen Trennung haben wir uns nicht nur keineswegs voneinander entfernt, sondern haben unsere Gedanken in der gleichen Richtung weiter entwickelt. Die Jazzarbeit enthält, obgleich sie bloss einen Entwurf darstellt, Formulierungen von ganz ausserordentlicher Präzision und Leuchtkraft. Ich habe sie den meisten hier vorgelesen und alle haben in gleicher Weise reagiert. Da es höchst fraglich ist, ob und wann die Untersuchung wirklich durchgeführt wird, so war die nächste Folge der Lektüre das Telegramm vom 28. II. Dank für Ihre zusagende Antwort. Über die Form des Artikels brauche ich kaum etwas Näheres zu sagen. Wir rechnen damit, dass Sie die Theorie, die Sie in der Beilage Nummer 3 ausführen, in dem Aufsatz etwas eingehender skizzieren. Sollten Sie die von Ihnen angeführte Art von Notenbeispielen für sehr erwünscht halten, so lässt sich das wohl ohne Schwierigkeiten verwirklichen. Im übrigen bitte ich Sie, mich anzufragen, falls Sie noch irgendeiner Auskunft bedürfen. Dankbar wäre ich, wenn Sie bei der Ablieferung sogleich ein englisches Resumé von etwa einer halben Druckseite mitliefern könnten.

Maidon und ich hatten bis zum letzten Augenblick die feste Absicht, Monette kennen zu lernen. Es ist durch eine Reihe von bösen Zufällen verhindert worden. Hier nun besteht keine Aussicht, auf eine ihrer Zwillingsschwestern zu treffen. So wird sie bis zu unserer nächsten Fahrt zu den unbekannten und durch die Phantasie vertrauten Dinge gehören, die Heimweh machen.

Herzlichst

Ihr Max Horkheimer

Wie geht es Gretel?

P. S. Pollock kommt, wie oben erwähnt, im April nach Europa. Ich wäre Ihnen dankbar, wenn Sie mir ungefähr mitteilten, wo Sie zwischen dem 10. April und 4. Mai anzutreffen sind. Falls P. und Sie sich nicht sehen können, wäre es nicht besonders schlimm, da wir alles Dringende besprochen haben, und P. ohnedies in grosser Eile sein wird. Trotzdem wäre es schön, wenn eine Begegnung zustande kommen könnte.

ÜBERLIEFERUNG O: Ts; Theodor W. Adorno Archiv, Frankfurt a. M.

unser Verlag . . . die Notwendigkeit eines Wechsels: Horkheimer hatte Ende 1935 in Paris einen Verlagswechsel erwogen, weil Alcan die Auslieferung von »Autorität und Familie« verzögert hatte. In einem unveröffentlichten Brief Horkheimers an Pollock vom 26. Dezember 1935 heißt es: »Dass Lisbonne [von Alcan] zittert, beweist mir ein Brief, den er mir gestern, am heiligen Noël, ins Hôtel geschickt hat und in dem er handschriftlich sein Bedauern über die Verspätung ausspricht mit der Bitte, dass er mich noch einmal sehen dürfe. Heute spreche ich Schneider und werde durchblicken lassen, dass wir aus verschiedenen Gründen mit der Idee eines Verlagswechsels umgehen. [. . .] Anschliessend an das Verlagsangebot des Brüsseler Verlages, über das ich Dir schon schrieb, werde ich weitere Ermittlungen anstellen.«

eine »kleine Schriftenreihe«: Sie kam nicht zustande.

ein . . . junger Sinologe: René Etiemble hatte nach der École Normale Supérieure an der École Nationale des Langues Vivantes studiert.

die maschinenschriftliche Einleitung in eine Kritik der Soziologie / Das Heft über Mannheim: Während die handschriftlichen Aufzeichnungen – ›Zur Kritik des Soziologismus. Mannheim-Referat und Einhakstellen nebst Elementen einer Theorie des Faszismus‹ (Theodor W. Adorno Archiv, Ts 53546-53582) – in einer in New York von Alice Heumann verfertigten maschinenschriftlichen Abschrift erhalten sind, scheint die *maschinenschriftliche Einleitung* in keinem Exemplar mehr zu exisitieren. Wahrscheinlich hat Adorno sie in den Mannheim-Aufsatz eingearbeitet.

das Telegramm vom 28.II.: Nicht erhalten.

die Beilage Nummer 3: Das sind die »Verifizierungsthesen«.

Maidon und ich hatten bis zum letzten Augenblick die feste Absicht, Monette kennen zu lernen: Daß auch Horkheimers Frau Monette habe kennenlernen wollen, ist wohl eine durch die Anwesenheit der Sekretärin notwendig gewordene camouflage.

38 Adorno an Horkheimer
London, 21.3.1936

London, 21. März 1936.

Lieber Herr Horkheimer,

nach einigem Zögern, der politischen Lage wegen, habe ich mich nun doch entschlossen, nach Deutschland zurückzufahren, da ich glaube, daß zunächst nichts passieren wird. Oder vielmehr: ich glaube, das schlimmste ist schon passiert. Es gibt für die englische Haltung nur die eine Erklärung, daß man Rußland an Deutschland ausliefern *will* und es ist sehr entscheidend, daß während der ganzen Verhandlungen der Locarno powers der Name Rußland nicht einmal erwähnt worden ist. Das ganze ist Theater; in längstens 2 Jahren wird Deutschland über Rußland herfallen, Frankreich und England werden auf Grund der bis dahin abgeschlossenen Verträge draußen bleiben, und dann steht ja wohl der definitiven Genesung der Welt am deutschen Wesen nichts mehr im Wege. Es ist eine verzweifelte Situation.

Schönsten Dank für Brief und Bestätigung. Diese erscheint mir durchaus angemessen; wenn vielleicht (für den Fall, daß man mir den degree *nicht* gäbe, was ich zwar für recht unwahrscheinlich aber doch nicht ganz unmöglich halte) der auf diesen degree bezügliche passus fortfiele und stattdessen meine eigene wissenschaftliche Qualifikation etwas näher bezeichnet würde, so wäre mir das ganz angenehm – vorausgesetzt, daß es Ihnen nicht zu viel Mühe bereitet.

Arbeiten: die Vorarbeiten meines Husserlbuches sind abgeschlossen, ich schematisiere es jetzt und werde wohl den deutschen definitiven Text bis in den Sommer hinein fertig haben. – Jazzarbeit: ich bin hier nicht mehr damit fertig geworden, wie ich gedacht hatte, werde aber suchen, es in Deutschland zu schaffen. Es haben sich gewisse sachliche Schwierigkeiten ergeben, die ich unbedingt überwinden möchte, da ich das Gefühl habe, daß nun eine Publikation von mir in der Zeitschrift unbedingt so aussehen muß, daß wir beide sie voll verantworten können. Ich hoffe die Arbeit in Deutschland fertig zu machen und dann Ihnen sogleich bei meiner Rückkehr nach England, spätestens am 22. April, zu senden. Hoffentlich kommt sie so noch zurecht; hätte ich ein paar Tage Spielraum (sagen wir eine Woche höchstens), so wäre ich sehr dankbar. Direkt aus Deutschland möchte ich die Arbeit aber nicht schicken. Vielleicht lassen Sie mich wegen Benjamin wissen, ob solch eine Verzögerung möglich wäre. Wie gesagt, ich will mein äußerstes tun, um den Termin innezuhalten. – Sollten Sie die Arbeit über décadence wirklich *nicht* machen wollen, so hätte ich Lust, später im Jahr sie selber zu schreiben. Über die Grundlinien müßten wir uns noch genau verständigen. Vielleicht entscheiden Sie auch, ob Sie eine literarische Ausarbeitung der Mannheimsache für worth while halten. Sehr froh bin ich daß die Introduktion (die übrigens noch sehr genau revidiert werden müßte) und das Jazzexposé Ihnen eingeleuchtet ha[ben]. Die Jazzsache scheint mir tatsächlich große Perspektiven zu eröffnen. Mir war das bei dem Chaplinfilm so deutlich. – Mit Ihrer Arbeit über den Begriff der Wahrheit bin ich sehr einverstanden, mit zwei Nuancenabweichungen, die eine auf den logischen »Objektivismus« bezüglich (der als solcher eine Fetischisierung ist, die wir jedenfalls nicht toto coelo übernehmen können), die andere auf den Ansatz der »Wissenschaft« – worüber die Introduktion manches verrät. Gar nicht gefallen hat mir diesmal Fromm – er hat mich in die paradoxe Situation gebracht, Freud zu verteidigen. Sentimental und falsch unmittelbar, eine Mischung von

Sozialdemokratie und Anarchismus, vor allem ein empfindlicher Mangel an dialektischem Begriff. Er macht es sich mit dem Begriff der Autorität viel zu leicht, ohne den ja schließlich weder Lenins Avantgarde noch die Diktatur zu denken ist. Ich würde ihm dringend raten Lenin zu lesen. Und welcher Art sind die Gegenpäpste gegen Freud! Nein, gerade wenn man wie wir Freud von links kritisiert, dürfen nicht solche Dinge wie das läppische Argument vom »Mangel an Güte« passieren. Genau das ist der Dreh, den die bürgerlichen Individualisten gegen Marx haben. Ich kann Ihnen nicht verschweigen, daß ich in dieser Arbeit eine wirkliche Bedrohung der Linie der Zeitschrift sehe und wäre Ihnen dankbar, wenn Sie meine Einwände, die ich ja nur anzutippen brauche, in einer Ihnen geeignet scheinenden Form auch Fromm mitteilen wollten.

Benjamins Arbeit habe ich nun im deutschen Original sehr genau gelesen, das französische war mir noch nicht zugänglich. Literarisch hat es mir als ganzes doch einen wesentlich besseren Eindruck gemacht als die Bruchstücke in Amsterdam; es ist eine große Konzeption dahinter (– eine zu große, würde ich vielleicht sagen), die Tendenz zur Rettung der Verdinglichung ist gut und sehr in Übereinstimmung mit unserem Willen, viele der kunst-spezifischen Details und auch manche politischen (etwa der Exkurs gegen den Begriff der »Masse«) sind ganz ausgezeichnet und die Entmythologisierung der Kunst ist sehr nach meinem Sinne. Ich habe dagegen nur – und das ist ja wohl auch hinter Ihren Einwänden gewesen – den Grundeinwand, daß er die Entmythologisierung mythologisiert und wie aus dem abscheulichen Lachen der Kinobesucher so aus allen erdenklichen Greueln (etwa der »Zerstreuung«, dem »Test« und ähnlichen kindischen Tabuierungen) eine wahre Ontologie macht. Man kann das vielleicht am besten durch die Kategorie der Angst bezeichnen. Er ist im Grunde über das mir gewiß sehr vertraute Stadium der Angst des bürgerlichen Künstlers vor der »Kunstfeindschaft« der Revolution nicht hinausgekommen. Er weiß aber zugleich daß diese Haltung reaktionär ist. Und er hilft sich damit, daß er die

Augen zukneift, sich Watte in die Ohren steckt und dazu mit Emphase alle die Dinge schreit, vor denen er sich fürchtet. Es ist eine inverse Tabuierung: er mythisiert die Entmythologisierung, weil er sie anders nicht tragen kann. Oder drastischer gesprochen, er schüttet erst das Kind mit dem Bade aus und betet dann die leere Wanne an, so wie man in dem Kinderspiel den Ofen anbetet. Es wäre aber m. E. viel tiefer zu revidieren, nämlich bei der Angst selber. Die Revolution soll die Angst abschaffen und die Barbarei und wir brauchen uns vor ihr nicht zu fürchten sondern zu fürchten ist das Bestehende. Brauchen wir Sie aber nicht zu fürchten, so müssen wir sie auch nicht in einer abstrakten Überspannung (jenem zu frühen Extrem, das Sie so sehr richtig kritisiert haben) verehren. Politisch gesprochen heißt das nichts anderes als daß das Proletariat der Intellektuellen zur Revolution so gut bedarf wie diese des Proletariats – während Benjamin, und da steckt tatsächlich der schlechteste Brecht, auf das Proletariat wie auf einen blinden Weltgeist vertraut und an ihm genau die Züge hinnimmt, die, als von der bürgerlichen Maschinerie produziert, durch Erkenntnis zu verändern gerade unsere Aufgabe ist. Er sieht auf der einen Seite viel zu wenig die fortschrittlichen, auf gute Rationalität und technische Bemächtigung abzielenden Intentionen der »autonomen« Kunst, bei der ihn alle Dialektik im Stich läßt und die er mit einer Promptheit und Bündigkeit liquidiert, die mir der Liquidationsmasse schädlich zu sein scheint. Auf der anderen Seite erfindet er im Bereich der technisierten kapitalistischen Kunst, dem des Kinos, das doch schließlich der entfremdeteste ist von allen, Theorien, die der gemeinsten kapitalistischen Praxis zur Ideologie dienen könnten (welch ein Unsinn etwa zu sagen, daß der Film die aura zerstöre – während gerade er sie dämonisch produziert. Sich dabei auf das böse »Filmkapital« zu berufen ist doch nur Geschwätz!). Ich bin gewiß mit ihm der Ansicht, daß die untersten Dinge durch und durch dialektisch sind – aber dazu bedürfte es ebensowohl einer Dialektik der obersten Produktionen (was ich schon lange so aussprach daß ich erklärte, in der Musik käme es auf Schönberg und die Schlager an). Sein Masochismus aber läßt ihn dies dialektische Gegenstück vergessen. Ich meine, für Masochismus ist »Sphinx« ein angemessener[er] Ort als die marxistische Theorie. Dazu die professoral romantischen Vorstellungen von der Technik. Es hat wirklich etwas von einem wahnsinnig gewordenen Wandervogel und die Emanzipation von Brecht ist ihm längst nicht gelungen. Aber als Diskussionsbasis ist die Arbeit trotz allem sehr brauchbar und muß natürlich unbedingt publiziert werden. Mein Jazzaufsatz dürfte schon einiges Korrektive enthalten.

Ich habe ihm ausführlich, in sehr positivem Ton aber doch mit der sehr deutlichen Kritik geschrieben und ihm gesagt, als Kontrapunkt gehöre zu dieser Arbeit eine über Mallarmé und den Begriff der ästhetischen Technologie. Und freilich bin ich überzeugt, daß er davon mehr versteht als von Tests und ähnlichen Zivilisationsgottheiten, von denen er soviel weiß wie, sehr wahrscheinlich, jene Kinobesucher von Chaplin, die da nach seiner Meinung vor ihm zur »Avantgarde« werden. Man muß nur das Lachen bei Chaplins mißlungenem Kopfsprung gehört haben.

Ich bin froh, daß Sie eine glatte Reise hatten, und hoffe Sie leidlich wieder akklimatisiert. Ich bin von der äußersten Anstrengung der letzten 3 Monate gänzlich erschöpft. Philosophisch war mein Hauptgegenstand diesmal das sogenannte »Problem« des fremden Ich. Ich denke, daß der materialistische Umriß des Husserlbuches bestimmt genug ausfallen wird. – Mein sehr erheblicher Anteil an der Bergmonographie ist ebenfalls fast fertig.

Ich füge Ihnen das Exposé eines Bekannten, früheren Berliner Privatdozenten, über den bürgerlichen Charakter des Florentiner Humanismus bei. Der Mann ist kein Marxist, aber scheint eine Menge zu wissen und wir könnten unter Umständen einen Historiker recht gut brauchen. Bitte schauen Sie es einmal an. Vielleicht käme das geplante Buch für die kleine Schriftenreihe in Betracht; man müßte ihm dann Direktiven geben. Ich möchte es nicht »vorschlagen«, aber zur Erwägung geben. Meine Reise erfüllt mich mit sehr gemischten Gefühlen. Aber ich hoffe, daß es bald solcher Reisen nicht mehr bedürfen wird. Pollock hoffe ich bestimmt hier zu sehen. Ich könnte die Woche etwa vom 20. bis 27. April für ihn disponieren.

Ihnen und Maidon-que-fais-tu-de-ma-vie alles Liebe Ihr alter
Teddie Wiesengrund.

Gretel grüßt sehr herzlich. Es geht ihr relativ auf die Situation nicht schlecht. Sie kommt zu Pfingsten hierher, um Schritte einzuleiten, auszuwandern.

ÜBERLIEFERUNG O: Ts; Max-Horkheimer-Archiv der Stadt- und Universitätsbibliothek, Frankfurt a. M. – E: Horkheimer, Briefwechsel 1913-1936, S. 496 ff.

Verhandlungen der Locarno powers: Der 1925 geschlossene Vertrag von Locarno enthielt einen Sicherheitspakt, in dem Deutschland, Belgien und Frankreich auf eine gewaltsame Revision der gemeinsamen Grenzen verzichteten. Unter dem Vorwand, der französisch-sowjetische Vertrag destabilisiere den Locarnopakt, ließ Hitler am 7. März das entmilitarisierte Rheinland von Soldaten der Wehrmacht besetzen. Gleichzeitig machte er das Angebot eines 25jährigen Nichtangriffspakts, der sich auch auf die Luftwaffe erstreckte, was für England wichtig war; dieser Nichtangriffspakt sollte das Locarno-Abkommen ersetzen. Der Einmarsch deutscher Truppen in das Rheinland war nicht nur ein Bruch des Versailler Vertrages, sondern auch der »casus foederis« nach dem Locarno-Pakt. England und Frankreich nahmen es hin.

der Chaplinfilm: »Modern Times« von 1936.

zwei Nuancenabweichungen: Vgl. jetzt etwa Horkheimer GS 3, S. 295-298 und S. 281 f.

Fromm: Vgl. Erich Fromm, Die gesellschaftliche Bedingtheit der psychoanalytischen Therapie, in: ZfS 4 (1935), S. 365-396 (Heft 3); jetzt in: Fromm GA I, S. 115-138.

Benjamins Arbeit / der Exkurs gegen den Begriff der »Masse«: Vgl. jetzt Benjamin GS VII·1, S. 370f. – Vgl. auch Adornos Brief an Benjamin über »Das Kunstwerk im Zeitalter seiner technischen Reproduzierbarkeit« vom 18. März 1936 (Adorno/Benjamin Briefwechsel, S. 168-175).

daß der Film die aura zerstöre: Vgl. Benjamin GS VII·1, S. 366.

in der Musik kommt es auf Schönberg und die Schlager an: In einem Aphorismus »Asozial« von 1930/31 heißt es: »Manche Einwände kommen scheinbar von links. Indem die neue Musik, jedenfalls einer gewissen Haltung, ihre technischen Forderungen bis zur letzten Konsequenz treibe, werde sie unverständlich; lediglich noch dem Autor selber oder exklusiven Fachzirkeln einsichtig; ordne sich damit dem romantischen Individualismus, dem Glauben an die Autonomie des Kunstwerks trotz aller materialen Änderungen zu. [. . .] Der Glaube an eine ›brauchbare‹ Musik mit ›Niveau‹, die zwischen ästhetischer und sozialer Forderung vermittle, ist illusorisch. Die Wahrheit liegt allein noch bei den Extremen. Wenn sie sich berühren, dann ist der Vorwurf des Asozialen gegen die neue Musik ohne Grund.« (Adorno GS 18, S. 30f.) Und am Schluß des ersten Teils des Aufsatzes »Zur gesellschaftlichen Lage der Musik« schreibt Adorno: »Immerhin verdient es Aufmerksamkeit, daß in der Figur des bislang konsequentesten proletarischen Komponisten, Eisler, die Schönbergschule, aus der er hervorging, mit Bestrebungen sich berührt, die scheinbar ihr konträr entgegengesetzt sind. Damit diese Berührung fruchtbar werde, müßte der Gebrauch seine Dialektik finden: es müßte die Musik sich nicht passiv-einseitig nach dem Stand des Verbraucherbewußtseins, auch des proletarischen, richten, sondern mit ihrer Gestalt selber aktiv ins Bewußtsein eingreifen.« (Ebd., S. 752)

das Exposé eines Bekannten: Der Historiker Hans Baron (1900-1988) hatte 1933 seine Privatdozentur in Berlin verloren und mußte in die USA emigrieren. Baron arbeitete an dem Manuskript eines Buches über »Florenz und den Humanismus«. Baron ging 1936 nach England und 1938 in die USA.

39 Adorno an Horkheimer
London, 22.3.1936

LEAVE TOMORROW FOR GERMANY BACK LONDON APPORTER APRIL TWENTYSECOND BEG PARIS DISPOSITIONS VIA BENJAMIN REGARDS WIESENGRUND +

ÜBERLIEFERUNG Telegramm; Max-Horkheimer-Archiv der Stadt- und Universitätsbibliothek, Frankfurt a. M.

40 Adorno an Horkheimer
London, 25.4.1936

BACK LONDON STOP JAZZ ASSISTANT ILL PLEASE WIRE APPORTER LAST POSSIBLE DATE FOR ARTICLE REGARDS = TEDDIE +

ÜBERLIEFERUNG Telegramm; Max-Horkheimer-Archiv der Stadt- und Universitätsbibliothek, Frankfurt a. M.

41 Horkheimer an Adorno
New York, 25.4.1936

LAST DAY FOR ARTICLE ARRIVING NEW YORK 11 MAY STOP POLLOCK NEXT WEDNESDAY RUSSELLHOTEL RUSSELLSQUARE LONDON CORDIALLY HORKHEIMER

ÜBERLIEFERUNG Telegramm; Max-Horkheimer-Archiv der Stadt- und Universitätsbibliothek, Frankfurt a. M.

42 Adorno an Horkheimer
London, 29.4.1936

ALBEMARLE COURT HOTEL

29. April 1936.

Lieber Herr Horkheimer,

dem Abschluß des Jazzaufsatzes hatten sich, teils durch meinen Aufenthalt in Deutschland und teils durch Seibers Erkrankung, erhebliche Widerstände entgegengesetzt. Dadurch aber, daß Sie mir zehn Tage mehr gaben, habe ich es doch geschafft und nun dürfte der Aufsatz ein paar Tage vor dem Termin in Ihrer Hand sein. Hoffentlich befriedigt er Sie. Mir hat er bei der Arbeit große Freude gemacht. Immerhin glaubte ich – schon mit Hinblick auf die geplante Kollektivarbeit des Instituts – den Charakter der Vorläufigkeit betonen zu sollen und auch Seiber als meinen Mitarbeiter zu nennen. Ich wäre dankbar, wenn Sie die Vorbemerkung publizieren wollten.

Das Pseudonym Hektor Rottweiler habe ich gewählt, weil ich unter diesem in Wien einigermaßen bekannt bin (ich schreibe regelmäßig unter ihm in einer Wiener Musikzeitung), sodaß er einigermaßen wahrscheinlich wirkt (außerdem ist er mir ans Herz gewachsen). Sollte er Ihnen nicht behagen, so würde ich an seiner statt: Ludwig Kulpke, Wien, vorschlagen. – Sehr froh wäre ich mit Korrekturfahnen. Ich würde sie *umgehend* erledigen.

Heute (Mittwoch) bin ich hierhergekommen, um Pollock zu treffen, hörte aber zu meinem Bedauern im Russell, daß er erst am *Samstag* kommt. Auf eine Karte nach Paris hatte ich nichts gehört. Ich werde ihn aber auf jeden Fall abwarten, ehe ich nach Oxford zurückkehre. Dort hatte ich die Jazzarbeit abgeschlossen.

In Deutschland fand ich es trauriger als je. Meine Eltern haben jetzt wenigstens ein Mädchen. Manches werden Sie von Wissing hören; auch was Gretels und meine Situation anlangt. Ich freue mich, daß Sie ihn mögen und möchte ihn Ihnen ans Herz legen: vor allem aber ihn Ihnen als *Arzt* empfehlen. Ich glaube, daß er außerordentlich tüchtig ist und würde mich auf jeden Fall einmal von ihm untersuchen lassen.

Im übrigen hoffe ich Sie und Maidon wieder leidlich akklimatisiert und bei guter Gesundheit. Ich wäre froh, sehr bald von Ihnen (unter meiner alten Oxford Adresse: 47 Banbury Road) zu hören. Und wie froh wäre ich erst, wenn wir definitiv zusammen wären! Ich stehe *unbedingt* zu unserem Plan – es wird mir schwer noch ein Jahr zu warten.

Ihnen und Maidon alles
Herzliche von Ihrem treuen
Teddie W.

ÜBERLIEFERUNG O: Ms m. gedr. Briefkopf; Max-Horkheimer-Archiv der Stadt- und Universitätsbibliothek, Frankfurt a. M.

die Vorbemerkung: Vgl. ZfS 5 (1936), S. 235.

Wissing: Egon Wissing (1900-1984) war ein Vetter mütterlicherseits von Walter Benjamin. Wissing hatte Medizin studiert und arbeitete in den USA am Bostoner »Massachusetts Memorial Hospital«. Er heiratete in zweiter Ehe Liselotte Karplus.

43 Horkheimer an Adorno
New York, 1.5.1936

z. Z. 429 West 117th Street
New York. N. Y.

1. Mai 1936.

Dr. Theodor Wiesengrund-Adorno
47 Banbury Road
Oxford

Lieber Herr Wiesengrund!

In dieser Stunde habe ich das Diktat des Aufsatzes über das Problem des Führers und die spezifisch bürgerliche Grausamkeit (Titel noch unbestimmt) für das zweite Heft der Zeitschrift beendet, in dem auch Ihre Jazzarbeit erscheinen soll. Die letzten Wochen haben mich ungemein erschöpft. Zu den Institutsgeschäften, die sich gehäuft haben, kam noch die Verwaltungsarbeit, die ich in Abwesenheit Pollocks zu besorgen habe. An dem Aufsatz konnte ich hauptsächlich nur über Mittag, abends und nachts arbeiten. Es war eine recht grosse Energie nötig.

Im Augenblick vermag ich Ihnen nur einen Gruss zu senden und für den Brief vom 21. März zu danken. Ich hoffe sehr, dass Pollock meinen Wunsch erfüllt und sich ausführlich mit Ihnen besprochen hat. Bitte, grüssen Sie auch Gretel von mir, und verzeihen Sie, wenn ich jetzt auf keine sachliche Frage eingehen kann. Ich sende diese Zeilen einfach deshalb, weil ich befürchte in den nächsten Tagen überhaupt nicht schreiben zu können.

Für Dr. Wissing, den mir Gretel geschickt hat, tue ich, was in meinen Kräften steht; er macht einen besonders guten Eindruck.

Herzlichst, auch von Maidon

ÜBERLIEFERUNG O: Ts(Dg); Max-Horkheimer-Archiv der Stadt- und Universitätsbibliothek, Frankfurt a. M.

der Aufsatz: Vgl. Max Horkheimer, Egoismus und Freiheitsbewegung, in: ZfS 5 (1936), S. 161-233 (Heft 2); jetzt in: Horkheimer GS 4, S. 9-88.

44 Horkheimer an Adorno
New York, 6.5.1936

New York, den 6.5.36
429 West 117th Street

Lieber Herr Wiesengrund!

Der in einliegendem Brief von Herrn Marcuse an unseren engeren Mitarbeiterkreis gerichteten Bitte möchte ich mich auch persönlich anschliessen. Da wir den grössten Wert darauf legen wollen, dass besonders solche philosophischen und literarischen Schriftsteller benützt werden, die man in der Geschichtsschreibung kaum erwähnt, missdeutet oder völlig ungenannt gelassen hat, so sind wir für Anregungen in dieser Richtung besonders dankbar. Es ist nicht so sehr beabsichtigt, viele, als ausführliche Zitate zu bringen. Wenn Sie daher dazu gelangen, uns Exzerpte aus seltenen Schriftstellern nachzuweisen oder selbst zu übersenden, so bitten wir Sie, die betreffenden Stellen möglichst ungekürzt anzugeben.

Sollten Sie etwa einen Historiker aus Ihrem Bekanntenkreis in dieser Sache zu Rate ziehen, so bitten wir Sie, ihm unseren Plan jedenfalls nicht mitzuteilen. Sollte nämlich die Absicht unseres Unternehmens, die wohl erst in 1 – 2 Jahren ausgeführt werden kann, allgemein bekannt werden, so besteht die Gefahr, dass der Gedanke in diskreditierender Weise von anderer Seite in die Tat umgesetzt und ausgebeutet wird.

ÜBERLIEFERUNG O: Ts(Dg); Max-Horkheimer-Archiv der Stadt- und Universitätsbibliothek, Frankfurt a. M. – E: Horkheimer, Briefwechsel 1913-1936, S. 518 f.

45 Herbert Marcuse an Adorno
New York, 6.5.1936

Dr. Theodor Wiesengrund-Adorno
47 Banbury Road
Oxford, England

Lieber Herr Wiesengrund!

Wir wären Ihnen für Rat und Mitarbeit in folgender Angelegenheit dankbar.

Angesichts des Umstandes, daß über die Unterscheidung von Idealismus und Materialismus eine ziemliche Verwirrung in der gegenwärtigen Literatur herrscht, planen wir ein Lesebuch, das materialistische Lehren der abendländischen Philosophie von der Antike bis zum Ende des XIX. Jahrhunderts enthält. Es sollen besonders solche Tendenzen des Materialismus zum Ausdruck kommen, die in den üblichen Darstellungen ganz übersehen, mindestens vernachlässigt wurden. Dazu gehören vor allem die Problemkreise: Leid und Elend in der Geschichte, Sinnlosigkeit der Welt, Unrecht und Unterdrükkung, Kritik der Religion und Moral, Verbindung der Theorie mit der geschichtlichen Praxis, Forderung einer besseren Organisation der Gesellschaft, usw. Der Stoff soll unter folgende Haupttitel gegliedert werden: Die Aufgabe der Theorie. Geschichte. Mensch und Natur. Mensch und Mensch. Die Forderung nach Glück. Ideologie-Kritik. Die Person des Materialisten.

Dabei sollen auch besonders solche Denker Berücksichtigung finden, die in der zünftigen Geschichtsschreibung nur als Außenseiter behandelt oder bloß beiläufig erwähnt wurden, auch materialistische Abschnitte aus Nichtmaterialisten (etwa Aristoteles, Kant, Hegel), während andererseits die materialistische Naturphilosophie (z. B. die antike Atomistik) und der sogenannte Vulgärmaterialismus zurückzutreten hätten.

Wir wären Ihnen dankbar, wenn Sie uns auf Dinge aufmerksam machten, die Ihrer Meinung nach in ein solches Buch hineingehören (vergessene oder wenig beachtete Namen und Stellen). Es sollen nicht nur die Fachphilosophen berücksichtigt werden, sondern auch Ketzer, Literaten, Kritiker, Ökonomen, Soziologen. Sie werden also sicher aus Ihren Studien manches zu unserem Plane beitragen können.

Mit herzlichem Dank

ÜBERLIEFERUNG O: Ts(Dg); Max-Horkheimer-Archiv der Stadt- und Universitätsbibliothek, Frankfurt a. M. – E: Horkheimer, Briefwechsel 1913-1936, S. 517 f.

46 Horkheimer an Adorno
New York, 11.5.1936

ANFERTIGET ENGLISCHES RESUME JAZZARTIKEL MAXIMAL DREISSIG ZEILEN STOP ABSENDET ENGLISCHEN TEXT ZUGLEICH MIT DEUTSCHEM PARISER BUERO ZWECKS FRANZOESISCHER UEBERSETZUNG

HORKHEIMER

ÜBERLIEFERUNG Telegramm; Max-Horkheimer-Archiv der Stadt- und Universitätsbibliothek, Frankfurt a. M.

47 Horkheimer an Adorno
New York, 14.5.1936

New York, den 14. Mai 1936

DR. PHIL. MAX HORKHEIMER
vormals ORDENTLICHER PROFESSOR
DER SOZIALPHILOSOPHIE
AN DER UNIVERSITÄT
FRANKFURT A. M.

Lieber Herr Wiesengrund!

Der Aufsatz von Rottweiler ist ausgezeichnet. Thank you so much. Er ist bereits auf dem Weg zur Druckerei.

Wir haben beim Durchlesen teils aus taktischen, teils aus redaktionellen Gründen einige unbedeutende Änderungen vorgenommen. Die Liste davon übersende ich Ihnen einliegend. Sollten Sie irgendeine Änderung nicht in Ordnung finden, was ich kaum annehme, so bitte ich um Nachricht. Ich selbst bin jedenfalls der Ansicht, dass für jede Änderung ein zureichender Grund vorliegt, den Sie im Prinzip billigen können.

Fritz Pollock ist mit einer Erkältung hier eingetroffen und

liegt seit seiner Ankunft im Bett. Als er mir von Ihrer Unterhaltung berichtete, erwähnte er, Sie rechneten bestimmt damit, dass Ihre spätere Zusammenarbeit mit uns auf jeden Fall hier in Amerika stattfinden würde. Ich berichtigte dies dahingehend, dass wir beide, Sie und ich, diese Frage offen gelassen haben. Ich weiss noch nicht, ob es nicht viel zweckmässiger sein wird, dass Sie, mindestens während des grösseren Teils des Jahres, in Europa arbeiten. Das lässt sich erst entscheiden, wenn ich selbst zur Zeit des Abschlusses Ihrer Oxforder Studien meine eigenen Pläne feststellen werde.

Wegen der Frage Ihrer Beschäftigung neben der Institutsarbeit habe ich Pollock gegenüber ebenfalls unsere Übereinkunft wiederholt. Auf Ihren Wunsch hin hatte ich mich damit einverstanden erklärt, dass Sie gegebenenfalls noch eine akademische Stellung in England bekleiden. Selbstverständlich bedeutet dies für Sie keine Verpflichtung. Es war davon lediglich als von einer Möglichkeit die Rede.

Ich erwähne diese Punkte deshalb, weil Pollock mir gestern mitgeteilt hat, dass er in einem Brief an Sie auf diese Punkte nochmals zurückgekommen sei, damit kein Missverständnis entstehe.

Mein neuer Aufsatz, dessen Manuskript mit dem Ihrigen nach Paris gegangen ist, hat jetzt einen Namen. Er heisst »Egoismus und Freiheitsbewegung. Zur Anthropologie des bürgerlichen Zeitalters«. Ich hätte lieber geschrieben: »Zur Lehre vom bürgerlichen Menschen«, habe dies jedoch aus taktischen Bedenken unterlassen. Als Motto hätte ich mir gewünscht: »Tout cela sera balayé. A. Gide«. Aber es kam leider nicht in Frage.

Herzlichst
Ihr
Max Horkheimer.

ÜBERLIEFERUNG O: Ts; Theodor W. Adorno Archiv, Frankfurt a. M.

Änderungen / Die Liste davon: Auf den Abdruck der Liste wurde verzichtet.

Tout cela sera balayé: André Gide, Les Nouvelles nourritures, Paris 1935, S. 140. – Drei Seiten vorher hat Gide geschrieben: »Moi aussi, parbleu, j'ai pu sourire, ou rire avec Flaubert, devant l'idole du progrès; mais c'est qu'on nous présentait le progrès comme une divinité dérisoire. Progrès du commerce et de l'industrie; des beaux-arts surtout, quelle sottise! Mais ce qui m'importe c'est le progrès de l'Homme même.« Und nach dem geplanten Horkheimerschen Motto heißt es bei Gide: »Ce qui mérite de l'être, et aussi ce qui mériterait de ne pas l'être. Car comment séparer ceci de cela? Vous voulez chercher le salut de l'humanité dans le rattachement au passé, et ce n'est qu'en repousser le passé, qu'en repoussant dans le passé ce qui a cessé de servir, que progresser devient possible. Mais vous ne voulez point croire au progrès. ›Ce qui a été, c'est ce qui sera‹, dites-vous. Je veux penser que ce qui a été, c'est ce qui ne saurait plus être. L'homme se dégagera peu à peu de ce qui le protégeait naguère; de ce qui désormais l'asservit.«

48 Adorno an Horkheimer
Oxford, 15.5.1936

Oxford, 47 Banbury Road.
15. Mai 1936.

Lieber Herr Horkheimer,

haben Sie schönsten Dank für Ihren Brief vom 1. Mai. Ich hoffe Sie haben sich wieder etwas erholt nach den Anstrengungen von denen Sie berichten. Wenn Ihr Sadismusaufsatz mit meinem über Jazz in der gleichen Nummer erscheint, dann wird sie ein sehr ungemütliches air haben: ich freue mich jetzt schon darauf. Die Jazzarbeit hoffe ich in Ihren Händen und bin jetzt schon äußerst gespannt auf Ihr Urteil. Ein paar stilistische Kleinigkeiten sind vielleicht noch zu ändern (evt. in der Fahne).

Auf Ihr Telegramm hin habe ich den deutschen und englischen Auszug sogleich geschrieben und nach Paris gesandt; von beiden lege ich Durchschläge bei. Der englische bedarf vielleicht einiger Revision, da ich ihn ganz allein anfertigte. Für Änderungen, auch etwaige Kürzungen des Auszugs haben Sie plein pouvoir. Mein Fetischismus bezieht sich nur auf den großen deutschen Text, nicht auf die Résumés. – Ich glaube Ihr Telegramm richtig so verstanden zu haben, daß der *Auszug* ins Französische übersetzt werden soll, die Arbeit selber aber auf deutsch erscheinen.

An gemeinsamen Arbeiten für die nächsten Monate würde ich vorschlagen, wenn Sie es für geeignet halten, aus dem in Ihren Händen befindlichen Manuskript gegen Mannheim einen selbständigen (also von M.s Text emanzipierten) Aufsatz, im Umfang der Jazzarbeit, etwa unter dem Titel Historischer Materialismus und generalisierende Soziologie zu machen (Termin etwa 1. Oktober). Weiter würde ich an die Dekadenzarbeit erinnern und evt. einen Aufsatz gegen die Gestalttheorie vorschlagen.

Übrigens existiert ja die ungedruckte Doktorarbeit von Liesel Paxmann über Gestalt. Wie stünden Sie zur Publikation?

Pollock, den ich leider ebenfalls unwohl fand, mit dem ich aber einen sehr anregenden Abend verbrachte, sagte mir von Ihrem Interesse an der Publikation des Baronschen Buches. Ich habe daraufhin Baron verständigt und er wird sich wohl sogleich mit Ihnen in Verbindung gesetzt haben.

Ich war ein paar Tage mit Tillich zusammen. Obwohl sie äußerlich so harmonisch verliefen wie es mit einem solchen Harmonisten nur sein kann, war mein Eindruck ungemein negativ. Ich fand ihn zerfahren, geschäftig, theoretisch stehen geblieben und voll der ärgsten reaktionären Instinkte. In den letzten fünf Minuten an der Bahn erklärte er mir, es müsse ein neues »kommunistisches oder sozialistisches« Manifest geschrieben werden mit Religion usw. Wir müssen uns darüber klar sein, daß, so »nett« er auch ist, uns mit ihm in Wahrheit keine gemeinsame Überzeugung verbindet. Besonders mißfiel mir, daß er zwischen uns (Ihnen und mir) theoretische Differenzen zu konstruieren suchte, indem er Ihre größere »Beweglichkeit« als Vorzug meinem »starren Radikalismus«

entgegenstellte. Schwer zu sagen, ob Lob oder Angriff die größere Unverschämtheit sind. Er hielt in Manchester College einen unmöglichen Vortrag in unmöglichem Englisch.

Gretel: es geht ihr nicht so schlecht; sie liquidiert Tengler und will so rasch wie möglich aus Deutschland heraus. Gestern ist ihr Vater gestorben. Es war ein durch und durch ambivalentes Verhältnis. Sicher wäre sie sehr froh über ein paar Worte von Ihnen (Berlin-Halensee, 27 Westfälische Straße).

Besonders möchte ich Ihnen noch dafür danken, daß Sie sich Wissings annehmen. Er scheint, neben allem anderen, ein ganz hervorragender Arzt zu sein.

Hoffentlich höre ich bald von Ihnen. Dies ist kein »Brief« sondern nur ein Lebenszeichen – dessen man freilich bedarf in einer Situation, in de[r] bereits die bloße Tatsache des Lebens so problematisch ist.

Ihnen und Maidon alles Liebe
Ihr alter
Teddie Wiesengrund

ÜBERLIEFERUNG O: Ts; Max-Horkheimer-Archiv der Stadt- und Universitätsbibliothek, Frankfurt a. M.

die ungedruckte Doktorarbeit von Liesel Paxmann: Der Titel der Arbeit konnte nicht ermittelt werden.

Gretel / ihr Vater: Albert Karplus war Chemiker und Fabrikant.

49 Horkheimer an Adorno
New York, 21.5.1936

New York, den 21. Mai 1936

Lieber Herr Wiesengrund!

Im Augenblick, in dem ich Ihnen für Ihre Zeilen vom 29.4., vor allem für Ihren Wunsch zu baldiger Zusammenarbeit danken wollte, empfing ich die Gedichte von Borchardt.

Ich danke Ihnen und Gretel aufrichtig für dieses Buch, das ich seit langem besitzen wollte. Sie haben mir damit eine sehr grosse Freude bereitet.

Mein Telegramm wegen des Resumés zum Jazzartikel haben Sie wohl richtig erhalten und den deutschen und englischen Text sogleich nach Paris geschickt. Das gesamte Manuskript der Zeitschrift ist diesen Montag mit der »Normandie« in Paris eingetroffen und müsste eigentlich bereits abgegeben sein. Da die Ablieferung an die Druckerei bis zur Stunde jedoch nicht telegrafisch bestätigt ist, so könnte es sein, dass eine kleine Verzögerung eingetreten ist. Sollte diese mit Ihrem Resumé zu tun haben, so werden Sie durch Kabel benachrichtigt.

Wird Gretel jetzt, nachdem ihr Vater gestorben ist, bald nach England kommen? – Hat sich ihre finanzielle Situation durch diesen Todesfall verändert? Senden Sie ihr bitte die herzlichsten Grüsse von mir und seien Sie selbst herzlichst gegrüsst von Maidon und

ÜBERLIEFERUNG O: Ts(Dg); Max-Horkheimer-Archiv der Stadt- und Universitätsbibliothek, Frankfurt a. M.

die Gedichte von Borchardt: Entweder die 1920 erschienenen »Jugendgedichte« oder die 1924 ebenfalls bei Rowohlt veröffentlichten »Vermischten Gedichte«.

50 Adorno an Horkheimer
Oxford, 26.5.1936

Oxford, 47 Banbury Road.
26. Mai 1936.

Lieber Herr Horkheimer,

schönsten Dank für Ihren Brief vom 14. Mai, den ich gestern erhalten habe. Ich bin von Herzen froh, daß Sie den Rottweiler mögen. Meine Hauptarbeit dabei hat der Konstruktion eines durchgehaltenen Gedankenganges gegolten und es wäre mir besonders daran gelegen zu wissen, ob Ihnen das gelungen scheint. Ein Exposé in eine kontinuierliche sachliche Entfaltung umzudenken, bringt ja besondere Schwierigkeiten mit sich. Diesen, und der Zeitnot, in der ich mich befand, ist es auch zuzuschreiben, daß der Aufsatz einige sprachliche Laxheiten (meist, hoffentlich, offenbare Schreibfehler) enthielt, die ich sonst verbessert hätte. So bin ich Ihnen für die Korrekturen zu großem Dank verbunden. Nur zu zweien hätte ich etwas zu fragen: S. 10, Zeile 7-8 war mir meine eigene Formulierung um ihrer ökonomischen Unexaktheit willen nicht behaglich. Ich glaube aber daß der Gedanke eines gegen den einzelnen Unternehmerwillen sich durchsetzenden Profits, wie immer unzulänglich ausgedrückt, als solcher richtig und dialektisch fruchtbar ist. Könnten Sie ihn nicht, in einer korrekteren Formulierung als die meine, wieder einführen? Sicher fänden Sie eine schlagende. Dann S. 13, Z. 20-22: es ist mir um den gestrichenen Satz etwas leid, obwohl ich gern zugebe, daß der Gebrauch des Wortes »anormal« von der *Welt* ein wenig preziös ist (er schreibt sich übrigens von Baader her). Wäre er nicht zu retten in dieser Form: ». . . weil dieser selber, nach dem Maße eines richtigen Zustandes, anormal ist«? – Aber ich bitte Sie dies nur als Anregung und nicht als sturen Eigensinn zu verstehen, d. h. wenn es beim Druck irgend Schwierigkeiten macht, so verzichte ich gern darauf. Sehr dankbar dagegen wäre ich, wenn ich Korrektur erhielte und wenn Sie gleichzeitig in Paris veranlassen wollten, daß mir ein Abzug Ihres Aufsatzes über den bürgerlichen Charakter gesandt wird, auf den ich überaus gespannt bin. Auch aus einem sehr egoistischen Grund; es geht mir bei meiner Arbeit immer mehr auf, wie wenig im Grunde das bürgerliche Denken je sich geändert hat; wie alle die vielbejammerten Standpunktdifferenzen bloßer Schein sind; und diese philosophiehistorische Einsicht steht höchstwahrscheinlich zu Ihrer gesellschaftlichen in der denkbar engsten Beziehung.

Vor ein paar Tagen habe ich die Zeitschrift erhalten und finde, daß das Heft deshalb diesmal einen besonders guten Eindruck macht, weil der Besprechungsteil merklich besser geworden ist. Zu Marcuse haben Sie ganz recht; es fängt zwar wie eine übliche geistesgeschichtliche Survey an, wird aber später sachlich präzis und treffend. Ich finde besonders erfreulich daran, daß M. sich um eine exakte materialistische Übersetzung der erkenntnistheoretischen Begriffe bemüht. Im übrigen ist es mir deshalb etwas schwierig, zu dieser Arbeit mich gerecht zu verhalten, weil ich ihr viel zu nahe stehe. Alle darin behandelten Probleme stehen zentral in meiner gegenwärtigen Arbeit (die ich übrigens noch im Sommer abzuschließen hoffe) und es ist selbstverständlich, daß mir alles, was über die gleichen Dinge aus einer gewissen distance gesagt wird, mir, der ich sie unablässig vor Augen habe, etwas problematisch scheint (das gilt vor allem für die Sätze über Husserl selbst: überall sind die wesentlichen Probleme gesehen, aber die Darstellung ist vereinfacht und ent-dialektisiert). Ich glaube aber soviel jedenfalls dazu sagen zu können: daß es nicht genug ist, diese und jene Strukturen an idealistischem Denken materialistisch zu konstatieren und so die Ebene gewissermaßen einer materialistischen Geistesgeschichte zu konstituieren, sondern daß das Problem nur so gelöst werden kann, daß man in die sachliche Diskussion und *immanente* Auflösung der idealistischen Thesen sich einläßt und die materialistische Theorie verbindlich aus der Kritik der idealistischen *Fehler,* im striktesten Sinne, entwickelt. So schwebt es mir jedenfalls für unsere große Arbeit vor und ein wenig auch für meine gegenwärtige, die versucht, überall exakt die Umschlagstellen in materialistische Dialektik zu erreichen. Marcuse ist dafür noch ein wenig zu diltheyisch befangen. – As to Benjamin, haben Sie ganz recht, die Arbeit liest sich französisch weit humaner und nicht wie ein thomistisches Enunciamento der unthomistischesten Dinge. Rottweiler ist ja in vielem ein Kontrapunkt dazu und ich bin auf die sich ergebende Diskussion sehr gespannt. An Benjamin schreibe ich dieser Tage. Sehr dankbar wäre ich Ihnen, wenn Sie mich rechtzeitig wissen ließen, ob die Arbeit an der Übersetzung der Essays de philosophie matérialiste jetzt d.h. nach terms end (also Ende Juni) in Betracht kommt. Denn dann werde ich ja nach Deutschland gehen und normaler Weise erst Oktober wieder hier sein; ich kann wahrscheinlich überhaupt keine Ferien im Ausland nehmen, da ich unter allen Umständen mein Buch unter Dach und Fach bringen will.

Zum Besprechungsteil: Marcuse ausgezeichnet und auch Löwith überraschend gut. Ich habe die Kritiken der faszistischen Philosophie-Produkte mit besonderem Anteil gelesen und mir ist dabei folgende Idee gekommen: ob man nicht eine größere Betrachtung (seis als Zeitschriftenaufsatz seis in der Reihe der kleinen Schriften) über die Philosophie des Nationalsozialismus anstellen sollte. Und eine höchst dialektischer Art, die die immanente Auflösung dieser Art Philosophie herauszuarbeiten hätte. Einmal durch Analyse der Antinomien; dann aber (und das ist es, was mir eigentlich entgegensprang) unter einem anderen Gesichtspunkt: daß es nämlich bei den Nazis selber zu einer Ideologie überhaupt nicht mehr kommt, daß die plumpeste Lüge anstelle der verhüllenden Theorie tritt; daß die Nazis gerade die Substanz, die sie anrufen, durch den Phrasencharakter des Anrufs ad absurdum führen – kurz daß dieser ganze Schwindel ungeheuer fortschrittlich ist in dem Sinne, daß er nicht mehr hinreicht, die Wahrheit zu verdecken. Man müßte, und könnte das genau belegen. Vielleicht als Kollektivarbeit. Ich tue gern mit, würde auch ein Exposé dazu machen, wenn es Ihnen der Mühe wert erscheint. – Noch bitte ich Sie um Ihre Stellungnahme zu einigen anderen Vorschlägen: Mannheimarbeit (Kritik des Soziologismus); Gestaltkritik; und etwas was ich neulich Marcuse andeutete, eine materialistische Interpretation von Baudelaire und prinzipiell gerade der antinaturalistischen Dichtung. Ich hatte dabei an Benjamin gedacht, der ja zu Baudelaire und Mallarmé sehr viel gearbeitet hat; ich würde aber evt. diese Arbeit auch mit ihm gemeinsam machen, falls Sie es so wünschen und ihm es recht ist. – Und da ich schon bei Vorschlägen bin: ich verkehre hier recht viel mit C. M. Bowra, der vielen als der bedeutendste lebende klassische Philologe in England gilt (er wird wahrscheinlich Gilbert Murrays Nachfolger). Er ist einer der geistreichesten und gebildetesten Menschen die ich kenne; steht dem Kreis von Hofmannsthal und Borchardt nahe, ist aber im Gegensatz zu unseren Bekannten aus der gleichen Sphäre politisch *hochanständig* und sehr gesellschaftstheoretisch interessiert (hat z. B. mit Erfolg den Mythos von Homer als »Volksdichtung« bekämpft). Ich glaube, daß ich ihn für Mitarbeit an der Zeitschrift gewinnen könnte. Er würde sicher eminent wertvolle Dinge beistellen, auch auf gesellschaftstheoretische Fragen der Antike eingehen; es wäre in jedem Sinn erwünscht, wenn wir über einen des Altertums Kundigen verfügten; und sein Name wäre auch äußerlich ein großer Gewinn. Ich habe ihm natürlich nichts von meiner Idee gesagt und bitte Sie um Ihre prinzipielle Stellungnahme.

Noch möchte ich zur Zeitschrift sagen, daß ich die Goldsteinrezension unseres Paulus einen Skandal und eine Unverschämtheit finde. Daß er in unserer Umgebung, und in Kenntnis des Rationalismus- und Anthropologieaufsatzes, schreibt von den »Denkern, denen die Frage nach dem Menschen zum Mittelpunkt alles übrigen (!) Fragens geworden« sei, ist schon ein starkes Stück. Ich finde auch, daß wir für einen alten reaktionären Hochstapler wie Goldstein nicht darum Reklame zu machen brauchen, weil Hitler ihn herausgeworfen hat. Wenn ich je an Ihre Aversion gegen »Plattformen« dachte, dann war es in diesem Fall.

Ich hatte Gretel gebeten mit Baron zusammen zu sein. Sie schreibt mir, und bittet mich, es Ihnen wieder zu schreiben, ihr Eindruck sei nicht günstig gewesen. Er sei ganz und gar naiv, in seiner geisteswissenschaftlichen Neutralität versteckt und (soweit ich das ihrem Brief aus Deutschland entnehmen kann) politisch uns ganz fern. Sie schließt mit dem Hinweis, sie halte Vorsicht für angebracht. Ich möchte nun, falls Sie von seinem Exposé einen so günstigen Eindruck haben, keinesfalls darum gegenüber der Publikation Konsequenzen anraten, glaube aber andererseits verpflichtet zu sein, Sie soweit zu informieren, daß Sie jedenfalls sich auf nichts Näheres einlassen, solange Sie den Mann nicht selber besehen haben. Gretel hat im allgemeinen einen sehr zuverlässigen Instinkt und würde lieber etwas Freundliches über einen von mir Empfohlenen sagen als das Gegenteil.

Verzeihen Sie die lange Epistel. Ich hoffe Pollock wieder ganz hergestellt. Das Mißverständnis habe ich, in unserem gemeinsamen Sinn, schon vor etwa 10 Tagen aufgeklärt. Hoffentlich sind Sie gesundheitlich ganz auf dem Damm. Mir geht es gut, ich habe große Freude an der Arbeit.

Ihnen und Maidon alles Liebe von Ihrem alten

Teddie Wiesengrund.

ÜBERLIEFERUNG O: Ts; Max-Horkheimer-Archiv der Stadt- und Universitätsbibliothek, Frankfurt a. M. – E: Horkheimer, Briefwechsel 1913-1936, S. 537ff.

S. 10, Z. 7-8: »Manchmal [. . .] bringt das Neue den großen Erfolg, etwa bei dem ersten Six-eight, Valencia, oder dem ersten Rumba. Solche Stücke werden meist gegen den Willen der Verleger gedruckt, da sie allemal Risiken sind~~; der Mehrwert setzt gegen den Unternehmer sich durch.~~« (Adorno GS 17, S. 84 f.) – Der Strich blieb stehen.

S. 13, Z. 20-22: »Was gerade ihn [scil. den Amateur] und nicht einen beliebigen anderen legitimiert, diesen Abklatsch an die Öffentlichkeit zu bringen, der er ihn verdankt, ist nicht sowohl die individuelle Qualifikation seiner Ideen als vielmehr, daß er die hysterische Hemmungslosigkeit aufbringt zu sagen, was er nicht leidet. ~~Er ist der dialektische Schulfall des Anormalen, der zum Sprecher des normalen objektiven Geistes wird, weil dieser selber ›anormal‹.~~« (Adorno GS 17, S. 88 f.) – Auch dieser Strich blieb stehen.

»anormal«: Die Stelle in den Werken Franz von Baaders ist nicht ermittelt.

Marcuse /die Sätze über Husserl: Vgl. ZfS 5 (1936), S. 11-17 und Marcuse, Schriften 3, S. 55-62.

Zum Besprechungsteil: Marcuse hatte Bücher von Theodor Litt (»Philosophie und Zeitgeist«), Arnold Gehlen (»Der Staat und die Philosophie«),

Hans Freyer (»Pallas Athene. Ethik des politischen Volkes«), Erwin Metzke (»Geschichtliche Wirklichkeit«) und Hugo Dingler (»Das Handeln im Sinne des höchsten Zieles«) rezensiert (vgl. ZfS 5 [1936], S. 107-109). – Von Karl Löwith wurden die Arbeiten »Das Schicksal des Menschen in unserer Zeit« von Nikolai Berdiajew, »Wahrheit und Geschichte« von Karl Buchheim und »Idee und Existenz« von Hans Heyse besprochen (vgl. ebd., S. 104-107).

Bowra: Der Klassische Philologe Sir Cecil Maurice Bowra (1898-1971) war von 1922 bis 1971 warden des Wadham College. Von 1946 bis 1951 hatte er auch einen Lehrstuhl für poetry inne. – Über eine Verbindung zu Rudolf Borchardt und Hofmannsthal ist nichts ermittelt. Bowras Aufsatz über Stefan George, vgl. New Oxford Outlook, February 1934, S., 316 bis 331.

Gilbert Murray: Sir George Gilbert Murray (1866-1957) war seit 1908 Professor für griechische Sprache und Literatur in Oxford. Seine »History of Ancient Greek Literature« erschien 1903, »The Rise of Greek Epic« 1907. Murray übersetzte eine Anzahl von griechischen Tragödien für die Bühne ins Englische. – Hugo von Hofmannsthal, der die »History of Ancient Greek Literature« gelesen hatte (vgl. Christiane von Hofmannsthal, Tagebücher und Briefe des Vaters an die Tochter 1903-1929, hrsg. von Maya Rauch und Gerhard Schuster, Frankfurt a.M 1991, S. 26), traf Murray im Juni 1925 in London. Auch für Borchardt ist eine zumindest briefliche Verbindung mit Murray bezeugt, die durch Hofmannsthal vermittelt war.

die Goldsteinrezension unseres Paulus: Paul Tillichs Kritik von Kurt Goldsteins »Der Aufbau des Organismus« (Den Haag 1935), vgl. ZfS 5 (1936), S. 111-113 (Heft 1); der im Brief zitierte Satz findet sich auf S. 111.

Goldstein: Der Begründer der Neuropsychologie als Wissenschaft Kurt Goldstein (1879-1965) war ab 1929 Ordinarius des Neurologischen Instituts in Frankfurt a. M. Goldstein ging 1930 nach Berlin und 1933 in die USA.

Gretel / Sie schreibt mir: Die Korrespondenz zwischen Gretel Adorno und Adorno ist verschollen.

Das Mißverständnis: Pollock hatte Adorno am 12. Mai geschrieben: »Wenn ich Ihnen heute sofort nach meiner Ankunft und vom Bett aus schreibe, so geschieht es, weil mir besonders viel daran liegt, ein Mißverständnis aufzuklären, das in den Unterhaltungen zwischen Ihnen und Horkheimer offenbar unterlaufen ist. Ich weiß nicht, ob Ihnen bei unserem Gespräch aufgefallen ist, daß ich auf Ihre Mitteilung, Sie hätten für die Zeit nach dem Abschluß Ihrer Promotion Ihre Übersiedlung nach Amerika mit H. besprochen, etwas zögernd reagierte, und einige der Schwierigkeiten andeutete, die sich einer solchen Übersiedlung in den Weg stellten. [Absatz] Nun sagt mir H., daß über die Absicht einer engen Zusammenarbeit zwischen Ihnen und dem Institut nach Beendigung Ihrer Promotion keine Meinungsverschiedenheit besteht, daß aber über Ihre Übersiedlung nach New York nichts Festes vereinbart worden sei, daß vielmehr im Gegenteil zwischen Ihnen besprochen worden ist, Sie sollten versuchen, in England nach Erlangen des Ph. D. eine Universitätsstellung zu erhalten, die für die Mitarbeit bei uns kein Hindernis bedeutete. [Absatz] Es ist durchaus möglich, daß das Mißverständnis allein auf meiner Seite liegt, und daß ich als feste Absicht aufgefaßt habe, was Sie lediglich als Möglichkeit oder Wunsch geäußert hatten.« – Adornos Brief an Pollock ist nicht erhalten.

51 Horkheimer an Adorno
New York, 6.6.1936

429 WEST 117TH STREET
New York, N. Y.

6. Juni 1936.

Lieber Herr Wiesengrund!

Vielen Dank für Ihre beiden Briefe vom 15. und 26. Mai. Die Hitze oder vielmehr die warme Feuchtigkeit nimmt hier bereits Formen an, die das Denken, jede Tätigkeit überhaupt, recht erschweren. Gerne möchte ich anlässlich einiger Stellen des Jazzaufsatzes ausführlich schreiben, doch bin ich jetzt dazu einfach nicht fähig. Durchgehaltener Gedankengang? – Das ist Ihnen ausgezeichnet gelungen. Ich bin überhaupt recht froh über den Aufsatz. Dass Sie in dieser Rekordzeit das machen konnten, ist eine Leistung, wie ich sie selbst bei Ihnen nicht für möglich gehalten hätte. – Unter anderen ausgezeichneten Stellen erscheint mir besonders die Deutung Kastration-Potenz erhellend. Über diese wird hier noch viel diskutiert. Unsere amerikanischen Leute haben Bedenken gegen sie und zwei andere analytische Hinweise – wegen »shocking«. Ich habe mich dem bis jetzt nicht angeschlossen, möglich jedoch, dass wir auf Grund weiterer zuverlässiger Zeugen mit Ihnen wegen einiger Retouchen in dieser Richtung noch korrespondieren müssen.

Ihr Resumé musste im Französischen wesentlich gekürzt werden. Herr Aron, der Assistent Bouglés, dem in unserer Pariser Zweigstelle die Beurteilung darüber zusteht, was gegenüber dem französischen Publikum noch tragbar ist, hat um einige Striche gebeten und weitere angeregt. Der englische Text musste stilistisch in Paris einer Umarbeitung unterzogen werden. Diese ist nun zwar in Druck gegangen, aber wir müssen auch hier noch einige Änderungen vornehmen. Auch für den amerikanischen Leserkreis der Zeitschrift klingt nämlich das Resumé genau so, als ob es sich um einen Artikel handelte, der in Wirklichkeit shocking ist, nur dass man es nicht recht zu sagen wagt. Über alle diese Dinge brauchen Sie sich jedoch keinerlei Sorgen zu machen, wir werden diese formellen Dinge richtig besorgen.

Wegen der Ihnen angezeigten Änderungen im Aufsatz selbst bitte ich Sie darum, mit unseren Korrekturen grundsätzlich einverstanden zu sein. Wenn sich ohne grosse Umständlichkeit noch etwas tun lässt, wird es geschehen.

Die Korrekturfahnen Ihres und meines Aufsatzes werden Ihnen zugesandt. Bitte senden Sie jedoch die Bogen mit Ihren Korrekturen nicht nach Paris zurück, sondern hierher nach New York. Die endgültige Korrektur der Zeitschrift wird nämlich hier vorgenommen. Damit nun etwaige Korrekturen, die wir von Ihnen übernehmen, infolge des Umwegs über London keine Verzögerung hervorrufen, werden wir diese erst bei der Revision anbringen. Das Wichtigste ist, dass bei dem ganzen Prozess der Drucklegung des Heftes kein Tag verloren geht, weil wir in diesem Jahr ohnehin schon spät daran sind und das dritte Heft noch im Spätherbst herauskommen soll. Dies ist deshalb besonders wichtig, weil die Zeitschrift nächstes Jahr, wie Sie wissen, zum ersten Mal vierteljährlich erscheinen soll. Der Übergang ist infolge der französischen Verhältnisse recht umständlich.

Die neue Arbeit von Ihnen könnte entweder in dem dritten Heft oder im ersten Heft des nächsten Jahres stehen. Grundsätzlich sind wir mit allen Ihren Vorschlägen einverstanden. Gegen den Aufsatz über Materialismus und Soziologie liesse sich vielleicht einwenden, dass er auch bei der Emanzipation von Mannheims Text ihn schliesslich doch recht wichtig nehmen müsste. Ausserdem könnte man bei der Entwicklung der Gegenthese es wohl kaum vermeiden, recht offenherzig und bekennermutig zu sein. Wenn Sie dieses Thema behandeln wollen, so würde ich es nicht im Sinne einer ausdrücklichen Antithese (»Historischer Materialismus und ...«) tun, sondern dann eben als eine entschiedene Kritik seines letzten Buches, aus der ersichtlich wird, dass die Wichtigkeit weniger in der Sache selbst als in der angestifteten Verwirrung zu suchen ist. Die andern Themen, Gestalt, Dekadenz, Baudelaire erscheinen mir alle durchaus geeignet, wenn sie freilich auch nicht so sehr dazu beitragen, eine immerhin recht gefährliche Verwirrung unmittelbar zu beseitigen. Wir wollen Ihnen selbst die letzte Entscheidung überlassen.

Die Mitarbeit von Herrn Bowra ist uns durchaus willkommen, und ich bin Ihnen dankbar, wenn Sie ihn im Namen der Zeitschrift dazu auffordern. Da wir für das dritte Heft noch keinen englischen Artikel akzeptiert haben, andererseits für die ersten beiden Hefte Arbeiten einiger einflussreicher Freunde des Instituts an der Columbia in Aussicht stehen, wäre es sehr schön, wenn Herr Bowra etwa bereits bis zum Anfang September eine kleine Arbeit liefern könnte.

Die Nachricht über Baron ist dankend vermerkt. Wir hatten ihm bereits über den Academic Assistance Council geschrieben, werden jedoch keinesfalls die Dinge überstürzen.

Ich kann Ihnen kaum sagen, wie sehr ich mich auf die Zeit

freue, in der unsere gemeinsame Arbeit verwirklicht wird. Gegenwärtig sind meine Pläne so, dass Maidon und ich im nächsten Frühjahr auf längere Zeit nach Europa gehen wollen. Ich denke, dass Sie bis dahin so weit sind, dass wir alles einrichten können. Wenn Sie *vorher* frei sind – tant mieux.

Was Sie über Paulus schreiben, ist durchaus richtig. Es gibt ausserhalb unseres Kreises kaum jemand, mit dem in entscheidenden philosophischen Dingen wirkliche Gemeinsamkeit besteht.

Wo befindet sich eigentlich die Doktorarbeit von Liesel Paxmann? Ich habe sie nicht. Wenn Sie selbst die Arbeit beschaffen könnten, wäre eine Publikation durchaus zu erwägen.

Soweit Ihr Brief Marcusens Aufsatz betrifft, habe ich ihn ihm zugänglich gemacht und er hat Ihnen selbst geschrieben. Er wird Ihnen bestimmt dankbar sein, wenn Sie gelegentlich Zeit zu einer sachlichen Erwiderung finden.

Das, was Sie zu meinem Aufsatz sagen, trifft genau meine Intention. Es kommt mir darauf an, die gegenwärtigen Ereignisse mit der Geschichte des Bürgertums in einen engeren Zusammenhang zu bringen, als es unsere Freunde gewöhnlich tun, und nicht bloss die gegenwärtigen Verhältnisse aus den vergangenen, sondern auch die vergangenen aus den gegenwärtigen zu verstehen.

Anfang Juli werden wir in ein kleines Seebad in der Nähe von Boston gehen. Post erreicht mich bis auf weiteres über die alte Adresse, übrigens auch während der ganzen Ferien.

Wegen der Übersetzung der Essais kann ich vorerst noch nichts mitteilen, weil die Arbeit ja erst begonnen werden soll, wenn der Verlag sich endgültig entschlossen hat. Nun teilt Benjamin, der mit den Verhandlungen beauftragt ist, soeben mit, dass er in den letzten Tagen eine Unterhaltung über diesen Gegenstand gehabt hat, über die er mir berichten wird. Sollte vor Ihrer Abreise in die Ferien sich noch etwas Entscheidendes ereignen, so werde ich es Ihnen mitteilen. Wenn Sie wollen, können Sie auch selbst mit Benjamin in eine Korrespondenz eintreten, ob er sich jetzt schon mit Ihnen über die Gestaltung der Übersetzung besprechen möchte.

An Gretel habe ich kurz geschrieben.

Mit den herzlichen Grüssen
bin ich
Ihr
Max Horkheimer.

P.S. Der Gedanke, dass Sie, letzten Endes aus Geldgründen, nach Hause fahren müssen, ist uns allen recht unangenehm. Wenn es Ihnen recht ist, so beantworten Sie bitte zu unserer Orientierung folgende Fragen:

1. Hätte (unabhängig von allem Finanziellen) der Umstand, dass Sie diesmal nicht nach Hause führen, die Konsequenz, dass Sie dann überhaupt nicht mehr heim könnten?

2. Beabsichtigen Sie, nach diesem Ferienaufenthalt späterhin weitere Reisen nach Deutschland zu unternehmen?

3. Könnten Sie sich das Geld, das Sie zum Abschluss Ihres Studiums brauchen, auch beschaffen, wenn Sie nicht nach Hause führen?

4. Wieviel müssten wir Ihnen, wenn Frage 3 mit »ja« zu beantworten ist, zuschiessen, damit Sie Ihre Ferien in einem kleinen englischen Seebad verbringen können?

5. Welchen Zuschuss brauchen Sie zum Abschluss Ihrer Studien, falls Sie überhaupt nicht mehr nach Hause führen und Frage 3 mit »Nein« zu beantworten ist?

6. Stehen Sie selbst zu Ihrer Reise nach Hause so skeptisch, dass Ihnen eine Entscheidung unsererseits, Sie von dieser Notwendigkeit zu befreien, als eine grosse Erleichterung erschiene?

Für den Fall, dass Sie es für notwendig erachten, können wir unter Umständen über das durch diese Fragen aufgeworfene Problem einen Kabelwechsel führen.

D. U.

ÜBERLIEFERUNG O: Ts/Ms; Theodor W. Adorno Archiv, Frankfurt a. M.

die Deutung Kastration-Potenz: Vgl. jetzt Adorno GS 17, S. 98 f.

Aron: Der französische Soziologe Raymond Aron (1905-1983) unterrichtete an der École Normale Supérieure; er hatte 1930 und 1931 in Köln studiert und war 1932 für einige Zeit in Berlin gewesen.

Marcuse . . . er hat Ihnen selbst geschrieben: Der Brief ist nicht erhalten.

An Gretel habe ich kurz geschrieben: Der Brief ist nicht erhalten.

52 Horkheimer an Adorno
New York, 15.6.1936

ABWARTET VOR ABREISE BRIEF EINTREFFEND ETWA ACHTZEHNTEN STOP FERNERHIN EINHOLET ANSICHT BENJAMINS WEGEN PARISER TREFFEN ZWECKS UEBERSETZUNG HERZLICHEN GRUSS

HORKHEIMER

ÜBERLIEFERUNG Telegramm; Max-Horkheimer-Archiv der Stadt- und Universitätsbibliothek, Frankfurt a. M.

53 Horkheimer an Adorno
New York, 15./16.6.1936

den 15. Juni 1936

Lieber Herr Wiesengrund!

Soeben kabelte ich Ihnen, dass Sie meinen »Ile de France«-Brief jedenfalls erst zur Kenntnis nehmen sollen, bevor Sie abreisen. Es kommt mir dabei hauptsächlich darauf an, dass Sie sich die am Schluss gestellten Fragen überlegen und gegebenenfalls deshalb in einen Kabelwechsel mit uns eintreten.

Ausserdem hat Benjamin nunmehr geschrieben, dass er Verhandlungen mit dem Verlag wegen der Essais begonnen hat und ihm eine Aussprache mit Ihnen auf jeden Fall angenehm wäre. Sollten Sie nach Deutschland kommen, so können Sie ja unter Umständen bei der Hin- oder Herreise den Umweg über Paris wählen. Andernfalls könnten Sie einen Abstecher dorthin machen. Die dadurch entstehenden Kosten trägt selbstverständlich das Institut.

Anschliessend an meine handschriftlichen Bemerkungen zum »Ile de France«-Brief überreiche ich Ihnen hierbei noch einige von uns geplante Änderungen. (Da wir nicht das von Ihnen eingesandte Exemplar, sondern nur die für Druckzwecke hergestellte Abschrift im Augenblick zur Hand haben, ist die Angabe nicht nach Seitenziffern, sondern nach Absätzen erfolgt.[)]

Die beiden ersten rühren von Pollock her. Er ist der Ansicht, dass der Begriff »Tauschwert« einer anderen theoretischen Ebene angehört als die, in welcher das Wort im Aufsatz verwendet wird. Diese Stelle könnte infolgedessen den Eindruck des blossen »Kokettierens« mit der Marxschen Terminologie machen, der jedenfalls vermieden werden sollte. Wenn Sie trotz dieses Bedenkens an der Formulierung festhalten wollen, so werden wir diese Änderung jedoch unterlassen.

»Ruling class« haben wir deshalb geändert, weil dieser Begriff einheitlich benannt werden soll.

»Äusserste« Wichtigkeit wollen wir dem Tatbestand, von dem an der betreffenden Stelle die Rede ist, nicht zuerkennen.

Die übrigen Änderungen gehen alle auf den dringenden Wunsch unserer amerikanischen Freunde zurück, die Wirkung des Aufsatzes und in gewisser Hinsicht des ganzen Heftes nicht durch die allzu unvermittelte Anwendung Freud'scher Denkgewohnheiten zu beeinträchtigen. Ferner haben wir hier eine Reihe äusserst begabter, unsere Arbeiten mit höchstem Interesse verfolgender Studenten. Sie sind in mancher Hinsicht ganz ausgezeichnet geschult. Wir können jedoch auch an ihnen kontrollieren, dass sie noch nicht erfahren genug sind, um diese exakte psychologische Redeweise richtig zu erfassen. Sie würden den Unterschied von den automatisierten Deutungen der Imago und der hiesigen society-Analytiker nicht sehen und mit einem überlegenen Lächeln reagieren, das nicht einmal so ganz schlecht wäre, weil es sich im Grunde auf die objektive Rolle der psychoanalytischen Bewegung in der Gegenwart bezöge. Dies gilt also für die fortgeschrittensten Leute hier; von anderen brauche ich garnicht zu reden.

Obgleich ich selbst diese Stellen für ungemein erhellend und theoretisch bedeutsam halte, so habe ich mich schliesslich der Kraft der vorgebrachten Argumente nicht entziehen können. So gross die Bedeutung der geänderten Formulierungen auch sein mag, so wird doch der Aufsatz in seiner Schlagkräftigkeit kaum angegriffen. Ich muss ausserdem auch anerkennen, dass zum Verständnis Ihres Gebrauchs der analytischen Kategorien gegenüber dem hier allgemein verbreiteten eine Erfahrung gehört, die wir bei unseren Lesern nicht voraussetzen dürfen.

Ihr Mannheim-Manuskript wird gegenwärtig bei uns abgeschrieben. Die Schreiberin dieses fügt hinzu: »Mit vieler Mühe und Not«. Sie bekommen natürlich einen Durchschlag. Ich bin gespannt, welches Thema Sie für den nächsten Aufsatz wählen.

Mit herzlichsten Grüssen, auch von Maidon

bin ich

ÜBERLIEFERUNG O: Ts(Dg); Max-Horkheimer-Archiv der Stadt- und Universitätsbibliothek, Frankfurt a. M. – E: Horkheimer, Briefwechsel 1913-1936, S. 561 f.

Benjamin [hat] nunmehr geschrieben: Vgl. Benjamin, Gesammelte Briefe V, S. 301-303.

»Tauschwert«: »Der Jazz ist Ware im strikten Sinn: seine Tauglichkeit zum Gebrauch setzt in der Produktion anders sich nicht durch denn in Gestalt ~~seines Tauschwerts~~ seiner Absatzfähigkeit [. . .]« (Adorno GS 17, S. 77).

»Ruling class«: Die Funktion des Jazz ist denn auch zunächst relativ auf die ~~ruling class~~ Oberklasse zu verstehen [. . .]« (Ebd., S. 78).

»Äusserste« Wichtigkeit: »[. . .] die historische Frage, wieweit die ersten Steptänze im Varieté entsprungen sind, wäre darum sachlich für eine ausgeführte Theorie des Jazz von äußerster Wichtigkeit.« (Ebd., S. 97) – Adornos Akzentuierung blieb erhalten.

Anwendung Freud'scher Denkgewohnheiten: Vgl. ebd., S. 98 f.

54 Horkheimer an Adorno
New York, 18.6.1936

New York, den 18.6.1936

Sehr geehrter Herr Wiesengrund!

Herr Professor Horkheimer bittet mich, Sie zu fragen, ob Sie vielleicht noch die Doktor-Dissertation von Helfgott über Tanzmusik haben; wenn ja, schicken Sie sie doch bitte schnellstens her, da sie hier dringend benötigt wird.

Besten Dank im voraus.

Hochachtungsvoll

Prof. Horkheimers Sekretärin:

ÜBERLIEFERUNG O: Ts(Dg); Max-Horkheimer-Archiv der Stadt- und Universitätsbibliothek, Frankfurt a. M.

Helfgott: Vgl. Margarete Helfgott, Das Erleben moderner Tanzmusik. Versuch einer psychologischen Analyse, Dissertation Wien 1935.

55 Horkheimer an Adorno
New York, nach dem 15.6.1936

ANTWORTLOS AUF BRIEFE UND KABEL ERSTE JUNI-HAELFTE STOP RUECKKABELT DA BEUNRUHIGT
HORKHEIMER

ÜBERLIEFERUNG Telegramm; Max-Horkheimer-Archiv der Stadt- und Universitätsbibliothek, Frankfurt a. M.

56 Adorno an Horkheimer
London, 25.6.1936

London W, 2.
18 Leinster Gardens
Albemarle Court Hotel.
25. Juni 1936.

Lieber Herr Horkheimer,

haben Sie für Ihre beiden ausführlichen Briefe meinen allerherzlichsten Dank: zumal für Ihr Angebot, einen etwaigen Ferienaufenthalt in England und den Abschluß meines Studiums in Oxford von Instituts wegen finanziell zu stützen: ein Angebot, das mir, glauben Sie es, als Zeugnis der realen Solidarität noch unvergleichlich viel mehr wert ist als es praktisch bedeuten könnte – so wichtig auch diese Perspektive werden mag. Ich glaube mich aber verpflichtet Ihnen zu sagen, daß so, wie die Dinge eben liegen, die Zeit, bis ich meinen degree nehme (also mindestens bis Frühjahr) nach menschlichem Ermessen sichergestellt ist und daß auch meine Reise nach Deutschland, obwohl teilweise durch den Wunsch Devisen zu sparen bedingt, keineswegs durch eine *Notwendigkeit* solcher Art verursacht ist. Seit wir uns zuletzt sahen, haben sich diese Dinge nicht unwesentlich zum Guten verändert. So bedenkenlos ich aber im Falle der Bedürftigkeit – oder auch schon im Falle eines wirklichen Arbeitsäquivalents die Hilfe des Instituts in Anspruch nehmen würde (ich habe Tillichs Argument, daß ich, weil ich selber in verhältnismäßig guten Umständen, auf materiellen Lohn zu verzichten habe, so wenig anerkannt wie Sie es anerkannten) – so wenig glaube ich jetzt, wo ich außer den voll angemessen honorierten Beiträgen ja noch keine reguläre Arbeit leiste, anderen und Bedürftigeren etwas entziehen zu dürfen. Es ist vielleicht das beste, ich beantworte Ihre Fragen der Reihe nach:

1) ob, wenn ich jetzt nicht nachhause führe, ich überhaupt nicht mehr nach Hause könnte, läßt sich schwer entscheiden. Im Augenblick scheint die Praxis eher etwas gelockert (laut Information durchs Academic Assistance Council). Ich könnte mich aber auf jeden Fall dem aussetzen, daß man mir den Frankfurter Wohnort entzöge und das könnte Unannehmlichkeiten bedeuten. Ich antworte am genauesten so: das Risiko zu reisen scheint mir kleiner als das Risiko nicht zu reisen.

2) wie es mit späteren Reisen nach Deutschland wird, kann ich noch nicht übersehen. Wenn ich draußen einen festen Wohnsitz habe und nur besuchsweise komme, werden die Schwierigkeiten eher geringer sein. Aber das hängt wirklich großen Teils von der Art meiner künftigen Stellung ab. Würde ich die offizielle Leitung eines Institutsbüros (Paris etwa) übernehmen, so wäre es wohl wenig ratsam, wieder nach Deutschland zu gehen. Wir werden diesen Punkt bei der definitiven Eingliederung genau erwägen müssen.

3) das Geld zum Abschluß des Studiums ist beschafft und es wäre wohl auch dann durchzukommen, wenn ich nicht nachhause führe.

4) durch Antwort auf 3) erledigt, ebenso 5).

Ich glaube nach sorgfältiger Information, daß meiner Rückkehr nach Deutschland nichts Ernstliches im Wege steht. Für den Fall, daß man mich dort fragt, wovon ich hier lebe, habe ich mir eine pro-forma-Einladung des Academic Assistance

Council beschafft, das sich zu mir sehr freundlich und entgegenkommend verhält.

Zur Frage der Zeitschrift: ich möchte doch gern den Mannheimaufsatz zuerst schreiben, zu dem ja schon sehr viel Rohmaterial vorliegt, und halte es für richtig, wie Sie es vorschlagen, dafür die Form einer Kritik seines letzten Buches zu wählen, die schon so ausfallen wird, daß sich keine falschen Gewichte ergeben; auch an Eindeutigkeit soll es nicht fehlen. Jene Notizen von mir sind natürlich nur als Rohmaterial im striktesten Sinn zu betrachten: daß sie je könnten abgeschrieben werden, kam mir bei ihrer Niederschrift am letzten in den Sinn. Etwas weiter gefördert sind die 7 oder 8 Seiten Einleitung, die freilich ebenfalls der *gründlichen* Durcharbeit bedürftig sind. Der Schwächen beider Entwürfe bin ich mir voll bewußt und werde suchen, ihnen zuleibe zu rücken. Eine gewisse Schwierigkeit sehe ich nur darin, jene Notizen in die Hand zu bekommen, da ich ja erst Anfang Oktober wieder hier sein werde und eine Sendung gerade dieser Dinge nach Deutschland natürlich ganz unmöglich ist. Es wäre also wichtig, einmal einen Termin zu wissen, zu dem Sie den fertigen Aufsatz (den ich etwa in der Länge der Jazzarbeit anlegen möchte), brauchen: was Sie mich am einfachsten durch Benjamin wissen lassen könnten. Sollte Ende Oktober zu spät sein (oder lassen Sie uns, Seereise des Manuskripts inbegriffen, lieber sagen Anfang November) so wäre es wohl am besten, wenn Sie meine Vorarbeiten an Benjamin schickten; ich würde sie dann in Paris in Empfang nehmen und evt. (nachdem ich andere Vorarbeiten in Deutschland genügend gefördert hätte) in Paris den Text schreiben. Ich möchte Sie noch ausdrücklich bitten, sich über die endgültige Gestalt dieser Arbeit kein Urteil nach den Notizen zu machen, die ich Ihnen viel unverantwortlicher gab, als sie nun, getippt, sich darstellen mögen.

Lassen Sie mich aber bei dieser Gelegenheit sogleich einige weitere Vorschläge für die Zeitschrift machen. Im Rahmen der philosophischen Räumungsarbeit schiene mir wichtig eine Kritik der Logistik. Ich selber fühle mich dazu nicht fit; und gar Sie damit aufzuhalten, wage ich schon gar nicht; aber vielleicht könnte Marcuse es machen. Es scheint mir aktuell sehr fällig. Auch ein Mathematiker käme in Betracht; aber welchen gäbe es, der unsere Kategorien hat? Ich könnte mir sogar Lukács vorstellen. – Weiter: ich habe schon seit geraumer Zeit um den Komplex Determinismus-Indeterminismus mich gekümmert und glaube wohl eine dialektische Lösung vorlegen zu können. Einstweilen möchte ich Sie nur bitten, das im Auge zu halten; der Vorschlag könnte sich wohl erst im nächsten Jahre durchführen lassen. Wegen der Baudelaireidee will ich erst noch mit Benjamin sprechen; vielleicht ist es geraten, sie wegen dringlicherer Aufgaben zurückzustellen. Dagegen ist mir die Dekadenz-Idee nach wie vor wichtig; ich finde, es wäre ein idealer Gegenstand für Sie, gerade im Zusammenhang mit Ihrer Arbeit zur bürgerlichen Psychologie, die mir bei erster Lektüre großartig gefällt, über die ich Ihnen aber erst nach genauestem Studium schreiben möchte. Die Dekadenzsache möchte ich *nur* übernehmen, wenn Sie selber sie *nicht* machen können oder wollen. Die Kritik der Gestalttheorie könnte im Plan einer sinnvollen Arbeitsteilung vielleicht Herrn Marcuse zufallen, wenn wir auf das sadistische Vergnügen verzichten wollen, die Herrn Gelb und Wertheimer buchstäblich zu ermorden (meine Meinung über Tillichs* Goldsteinkritik, die unseren Anschauungen Hohn spricht, habe ich Ihnen wohl geschrieben). Schließlich noch ein Vorschlag in ganz anderer Richtung. Man wird ja endlich doch das Fascismusproblem in Angriff nehmen müssen und dabei stellt sich sogleich das Problem der sozialpsychologischen »Vermitt-

* [Marginalie:] NB: Tillich hat mir einige ganz dumme Theorien über einen »historischen Existenzbegriff« erzählt. Er gehört im Grunde zu den Heideggers, fühlt sich aber durch uns erwischt und sucht nach einem Loch, in das er schlüpfen kann.

lung«. Die läßt sich aber an einem scheinbar »harmlosen« Modell studieren, nämlich der Reklame. Man kann wahrscheinlich zu den tiefsten Einsichten in die Struktur des Faszismus gelangen durchs Studium der Reklame, die in ihm erstmals ins politische Zentrum – oder besser in den politischen Vordergrund – tritt und deren ökonomische Voraussetzungen wahrscheinlich wieder mit denen des Faszismus korrespondieren (es geht aus den sonst ganz schlechten Hitlerbüchern von Heiden und Olden zumindest hervor, daß die ganze Technik der pseudodemokratischen Wirkung der Diktatur der der Reklame unmittelbar abgelernt ist; das scheint eine Trivialität; aber nimmt man sie nicht metaphorisch sondern ernst, so kann sie wahrscheinlich zu höchst wichtigen Einsichten führen). Diese Idee hat noch den Vorteil, daß man sie für Amerika als »Sozialpsychologie« oder etwas derartiges tarnen kann. Ich dächte an eine Kollektivuntersuchung in größerem Rahmen; auch dies heute nur »zu den Akten«.

Bowra: ich habe mit ihm gesprochen und er hat prinzipiell zugesagt (ich habe ihn von unseren Links-Intentionen informiert, ohne diese zu spezifizieren). Es würde ihn besonders reizen, etwas gegen die Vorstellung von der griechischen »Volkskunst« usw. zu schreiben, die natürlich eine Ideologie ist. Ich habe den Eindruck, daß man ihn mit Geschick dahin lenken könnte, zu helfen, den faulen Zauber zu enthüllen, der heut mit der Antike getrieben wird. Man muß ihn aber dazu vorsichtig und allmählich lenken, da er natürlich an einer kulturkonservativen Erbschaft selber trägt (er steht dem Kreis von Hofmannsthal nahe und ist auch mit E. Kantorowicz befreundet, hat freilich vor all diesen eine wahrhaft kaustische Skepsis voraus). Er kommt Mitte September nach Amerika und wird das Herbst-term in Harvard über Homer lesen. Mitte September sind Sie ja wohl noch an der Küste und es wäre schön, wenn Sie ihn kennen lernten: einen der geistreichsten und amüsantesten Menschen, die mir je begegnet sind und mit sehr viel Instinkt. Ich habe ihm Ihre Adresse gegeben und gebe Ihnen nun auch die seine: C. M. Bowra, M. A., Lowell

House, Cambridge, Mass., ab 15. September*. Wegen Art und Ablieferungstermins seiner Arbeit verständigen Sie sich am besten dort mit ihm; ebenso über die Bedingungen.

Es wird übrigens noch ein anderer Freund von mir, der mir persönlich besonders lieb ist, in der Nähe von Boston auftauchen: der Nationalökonom Redvers Opie (seine Frau ist die Tochter von Taussig). Ich habe ihm ebenfalls Ihre Adresse gegeben und gebe Ihnen die seine, sehr einfache: »Cotuit«, Mass. Zur Mitarbeit habe ich ihn, obwohl er Sozialist und ungemein klug und aufgeklärt ist, nicht aufgefordert. Er ist mathematischer Ökonom, der Mann, der Marschak nach Oxford brachte (er ist domestic bursar und fellow von Magdalen, eine sehr große Position); und wird wahrscheinlich, gerade weil er uns scheinbar nahesteht, aber doch sozialdemokratisch gebunden ist, sich schwerer einfügen als äußerlich uns Fernerstehende, wie Bowra, die wir gewissermaßen als Spezialisten brauchen können. Andererseits, wenn Sie glauben, daß eine Zusammenarbeit (etwa Kritik mathematisch-ökonomischer Neuerscheinungen und Dogmengeschichte des 19. Jahrhunderts, sein Spezialgebiet) möglich ist, so werde ich mich sehr freuen; von den kleinbürgerlichen Zügen der Löwe und Genossen ist er frei, wenn auch keineswegs von großbürgerlichen ... er ist hochangesehen und sein Name wäre ein Gewinn für uns; nur die Frage, ob er uns nicht eben als Marxisten belastet. Jedenfalls wollte ich Ihnen nicht vorgreifen. Sollten Sie ihn auffordern wollen, so wäre es vielleicht gut, sich auf mich zu beziehen; wenn nicht, werden Sie jedenfalls wirklich amüsante Stunden mit ihm haben. Über einen dritten möglichen – konservativen! – Mitarbeiter berichte ich Ihnen gelegentlich. Alle drei sind garantiert keine Juden, was allein schon äußerlich seine Vorteile hat.

---

* [Marginalie:] daß er bis 15. Sept. ein fertiges Manuskript hat, ist unwahrscheinlich, wenn auch nicht unmöglich. Evt. schreiben Sie ihm nach Oxford, Wadham College; er ist bis September in England.

Doktorarbeit Liesel Paxmann: ich habe keine Ahnung, wo sie sich befindet; ich dachte, ein Exemplar müsse beim Institut sein, vielleicht steckt es in Frankfurt. Ich werde mich aber der Sache durch Haselberg annehmen und wenn irgend möglich Ihnen das Exemplar verschaffen.

Essais: Benjamin, an den ich sofort schrieb, meint, mein Kommen sei frühestens im Juli sinnvoll; jetzt seien die Dinge noch nicht genügend gefördert. Ich möchte aber annehmen, daß es vielleicht besser ist, ich komme Anfang Oktober nach Paris, wenn das ganze sich übersehen läßt: dann habe auch ich einen freieren Kopf. Sollte aber die Sache dringlich sein, so käme ich im Juli; es hängt ja wohl auch teilweise mit den Dispositionen über meine Mannheimarbeit zusammen. Vielleicht geben Sie mir Ihre Ansicht via Benjamin, überhaupt können mich wichtige Nachrichten über ihn stets mühelos erreichen.

Marcuse: sein Brief ist hochinteressant und trifft ins Zentrum meiner gegenwärtigen Interessen. Ich werde versuchen, ihm noch von hier aus detailliert zu antworten. Heute möchte ich nur sagen, daß mir die immanente Liquidation des Idealismus unabdingbar scheint und daß ich sie – nachdem ich lange, gerade im Sinn von Marcuses Einwänden, geschwankt – wieder für voll möglich halte. Ich wäre Ihnen dankbar, wenn Sie meinen Brief an ihn lesen wollten, der sich ja sachlich unmittelbar auf unsere kommende Hauptarbeit beziehen wird.

Ich komme zur Jazzarbeit. Die Frage der Abstracts überlasse ich völlig Ihnen; übrigens scheint in der mir vorliegenden Fahne gegenüber meinem englischen Original kaum etwas geändert. Auch die anderen Änderungen, etwa das Wort »Tauschwert« betreffend, nehme ich gern hin; die Wichtigkeit des Zusammenhangs von Excentric- und Step dance halte ich freilich nach wie vor für zentral für eine Jazz-Theorie. Dagegen halte ich in der Tat die von den Amerikanern angeregten Striche von unserem Standpunkt aus für kaum vertretbar. Ich will mir zunächst deren Einwand zu eigen machen: daß durch die analytischen Begriffe der Aufsatz an New Yorker mondänes Sexualgeschwätz erinnere. Ich kann mir wirklich kaum vorstellen, daß ein einigermaßen intelligenter Leser meines Aufsatzes ihn mit »automatisierten« analytischen Kategorien in Beziehung bringen wird; denn diese treten doch bei mir weiß Gott nicht als dei ex machina auf, sondern sorgfältig vorbereitet durch materiale Analysen. Wie grotesk gerade bei mir der Vorwurf der analytischen Orthodoxie ist, weiß keiner besser als Sie; ihn bei dieser Arbeit zu machen, kann eigentlich nur einem Leser von mala fides einfallen. Aber selbst wenn es so wäre: sind denn die Opponenten sich im klaren darüber, wie der Aufsatz wirken wird, wenn diese Stellen gestrichen sind? Wenn nicht mehr »freudistisch«, so dafür adlerianisch im schlechtesten und abstraktesten Sinn; anstatt der Kastration tritt dann »automatisch« der Minderwertigkeitskomplex und all das; ist das denn nicht tausendmal schlimmer? Nein, die Arbeit ist so komponiert, daß eine schlüssige Aussage über die Bedeutung des Jazz die Theorie des Zufrühkommens im musikalischen und analytischen Sinn zur Voraussetzung hat: die Synkope ist die Kastrationsangst als Erscheinung, nicht eine vage »Folge« einer vagen Angst und einer solchen geht die historische Konkretion des Phänomens unbedingt verloren.* Glauben Sie mir, daß es weder Rechthaberei noch literatenhafte Verstocktheit ist, wenn ich mich hier aufs heftigste zur Wehr setze (zumal ich ja den Amerikanern nicht unmittelbar antworten konnte, alles durch unsere räumliche Trennung so sehr erschwert ist) – in der Fahne habe ich selber eine andere Shocking-Stelle, die sich auf die onanierende Frau bezieht, umformuliert, weil sie mir in der krassen Gestalt entbehrlich

* [Marginalie:] NB die Sexualtheorie des Jazz wäre natürlich zu ergänzen. Außer der symbolischen Darstellung des verfrühten Orgasmus spielt auch besonders die des Coitus interruptus mit. Aber *beides* steht unter Kastrationsdrohung: sie ist *fraglos* die entscheidende Formel zum Jazz: Identifizierung mit der Kastrationsinstanz.

schien. Aber entfällt die Kastrationstheorie, wird der Aufsatz selbst kastriert und genau auf die Ebene jener vag analogisierenden Sozialpsychologie verschoben, die er sprengen sollte: die *methodologische* Intention geht verloren. Ich möchte Sie inständig bitten, die Striche in dem Kastrationsabschnitt nicht durchzuführen. Ich überlasse es Ihnen, etwa Worte zu wählen, die weniger affektbeladen sind; aber hier von der Sache *nichts* zu opfern. Besonders der letzte Strich, der sich auf die Coitiermaschine bezieht, ist katastrophal. Ich möchte Sie um so mehr darum bitten, als ich ja keine Gelegenheit hatte, den Amerikanern meine Gegenargumente zu sagen. Und daß meine Arbeit mehr shocking sein soll als die gesamte übersetzte analytische Literatur, kann ich mir schwer vorstellen – es sei denn, daß der wahre Chock nicht der sexuelle, sondern der gesellschaftliche sei? Aber wollen wir den opfern? Und daß sie ans Seelengeschwätz mahne – ich glaube, das wird sich unbefangen einfach nicht halten lassen. Ich weiß, Ihr Instinkt ist mit mir einig; wären wir zusammengewesen, so wären diese Einwände überhaupt nicht aufgetreten: lassen Sie uns nicht eine Sache, die nicht unsere private, sondern die der Wahrheit der Theorie ist und zugleich eine der Qualität dessen, was das Institut vertritt, nicht Leuten opfern, die, so begabt sie auch sein mögen, einfach die Tragweite dessen, was wir tun, nicht überschauen können. Nochmals, glauben Sie mir, es geht mir um nichts Privates dabei sondern einfach um die gemeinsame intellektuelle Verantwortung. Die vorgesehenen Striche würden in der Tat das Zentrum der Arbeit treffen: sie ist von Anfang an auf die Kastrationsthese hin komponiert und wird mit den Strichen nicht bloß um ihre exponiertesten und schärfsten Formulierungen, sondern um ihren eigentlichen Sinn gebracht.

Ich sende Ihnen die Fahne mit meinen Korrekturen in den nächsten Tagen und füge außerdem ein Manuskript von Seiber bei, ohne jede Änderung, in all der Naivetät, in der es abgefaßt ist. Es enthält sehr interessante Belege und zwar im Sinne von »Verifizierungen«, da mir diese Notizen bei Abfassung der Arbeit noch nicht bekannt waren. Ich möchte es Ihnen überlassen, Seibers Manuskript entweder einem Jazz-Archiv einzuverleiben oder petit, gewissermaßen als Anmerkungsteil, in der Zeitschrift zu drucken; zu welchem Behuf man es freilich sehr durchkorrigieren müßte. Bei diesem Anlaß möchte ich Sie an den ursprünglichen Plan einer Kollektivarbeit über Jazz erinnern und fragen, ob diese Idee noch besteht und etwa festeren Umriß angenommen hat.

Vor etwa 14 Tagen rief mich in Oxford der edle Von Borkenau an. Er wollte mich sprechen und ich habe das nicht abgelehnt und ihn, nachdem er sehr besetzt tat, auf einen Abend eingeladen. Er hat dann aber im letzten Augenblick abgesagt, ohne noch irgendetwas von sich hören zu lassen. Mir ist diese Lösung sehr angenehm. Natürlich kommen neue Verabredungen mit ihm nicht mehr in Frage. Ich nehme an, daß das auch in Ihrem Sinn ist.

Was Mannheim anlangt, so glaube ich mich immerhin verpflichtet, ihm zu sagen, daß ich mich prinzipiell und kritisch mit ihm auseinandersetzen werde: schon damit keine Dolchstoßlegende entsteht.

Über die Arbeit zum bürgerlichen Charakter kann ich Ihnen vielleicht von Deutschland aus via Benjamin schreiben; kein Zensor liest theoretische Dinge. Ich konnte an Gretel ohne weiteres einen Maschinendurchschlag der Jazzarbeit schicken.

Ich hoffe, daß Sie und Maidon sich gut erholen. Ich verzichte ganz auf Ferien und ohne Kummer, da es mir psychisch für Monate unmöglich wäre von meiner Arbeit mich zu trennen. Die beiden ersten Kapitel sind in der rohen Skizze fertig; das Ganze durchschematisiert. Bis zum Herbst hoffe ich das Ganze unter Dach und Fach. Daß es die Widmung an Sie tragen wird, habe ich Ihnen wohl schon gesagt. Ich hoffe nur das eine, daß es Sie nicht enttäuschen wird.

Die Aussicht, daß Sie nächstes Frühjahr für länger nach Europa kommen, ist wunderbar. Ich werde mich selbstverständlich dafür ganz frei machen und selbst wenn mein mündliches

Examen erst im Sommer wäre, würde das die Dispositionen nicht beeinträchtigen, da ich dann nur eben für ein paar Tage nach Oxford müßte. Sie können also auch für die große gemeinsame Arbeit so disponieren, daß Sie fest auf mich rechnen.

Verzeihen Sie den überlangen Brief: aber es liegt ein Vierteljahr mit erschwerten Kommunikationsmöglichkeiten vor uns und ich wollte Ihnen doch noch das wichtigste vorher sagen.

Ihnen und Maidon que fais-tu de ma vie alles Herzliche von
Ihrem treuen Teddie Wiesengrund.

Herr *Schoen* hat mir von seinen Arbeiten zur Geschichte des Rundfunks erzählt. Ich habe den Eindruck, daß diese sich unter Umständen in eine Untersuchung über Propaganda eingliedern ließen oder daß ein Zeitschrift-Aufsatz daraus zu machen wäre. Ich habe angeregt, daß er – natürlich ganz unverbindlich und ohne Honoraranspruch – Ihnen ein Exposé schickt. Vielleicht ergibt sich etwas Brauchbares. Schoen lebt unter verzweifelten Verhältnissen und gehört zu den politisch anständigen Intellektuellen.

ÜBERLIEFERUNG O: Ts/Ms; Max-Horkheimer-Archiv der Stadt- und Universitätsbibliothek, Frankfurt a. M. – E: Horkheimer, Briefwechsel 1913-1936, S. 568 ff.

Wertheimer: Der Psychologe Max Wertheimer (1880-1943), der nach juristischen Studien in Prag Philosophie und Psychologie studiert hatte, war Mitbegründer der Gestalttheorie; er lehrte von 1929 bis 1933 Psychologie an der Frankfurter Universität. Wertheimer emigrierte 1933 in die USA und unterrichtete bis zu seinem Tod in New York an der »New School for Social Research«.

schlechte Hitlerbücher: Vgl. Konrad Heiden, Geburt des Dritten Reiches. Die Geschichte des Nationalsozialismus bis Herbst 1933, Zürich 1934, und Rudolf Olden, Hitler, Amsterdam 1936.

Kantorowicz: Der zum George-Kreis gehörende Historiker Ernst Kantorowicz (1895-1963) war von 1930 bis 1933 Professor für Mittelalterliche Geschichte in Frankfurt a. M., er emigrierte später in die USA.

Redvers Opie: Redvers Opie (1900-1984) lehrte zu der Zeit am Magdalen College in Oxford.

Taussig: Frank William Taussig (1859-1940) lehrte von 1885 bis 1935 in Harvard Ökonomie.

Marschak: Der Ökonom Jacob Marschak (1889-1977) wurde 1933 aus seiner Heidelberger Professur entlassen; er emigrierte nach England und lehrte seit 1943 an amerikanischen Universitäten.

Haselberg: Peter von Haselberg (1908-1994), ein Hörer Adornos aus dessen Privatdozentenzeit, der nach dem Zweiten Weltkrieg noch bei Adorno mit einer Arbeit über Veblen promovierte.

Marcuse / Ich werde versuchen, ihm noch von hier aus detailliert zu antworten: Ein Brief Adornos an Marcuse aus der Zeit scheint nicht erhalten zu sein.

die Theorie des Zufrühkommens . . . die Synkope ist die Kastrationsangst als Erscheinung: Vgl. Adorno GS 17, S. 98.

die Coitiermaschine: Der vorletzte Absatz des Aufsatzes (vgl. jetzt Adorno GS 17, S. 99) endet im Typoskript: »Dieser Mechanismus steht leibhaft vor Augen. Das Jazzorchester ist die Imago einer Maschine mit doppelter Funktion: der der drohend gezückten Kastrationsmaschine und wieder der unablässig stampfenden, machtvollen Koitiermaschine. Daß das Jazzorchester selber keine Maschine ist sondern bloß eine imitiert; daß sein eigenes Funktionieren in Frage steht – das macht die tiefste gesellschaftliche Paradoxie aus.«

ein Manuskript von Seiber: Die handschriftlichen Aufzeichnungen, die im Horkheimer-Archiv erhalten sind, enthalten den Bericht über »Erlebnisse mit Verlegern, Komponisten, Textdichter[n] und musikalische[n] Berater[n]«.

Schoen . . . seine Arbeiten zur Geschichte des Rundfunks: Ernst Schoen schrieb am 1. Oktober 1936 an Horkheimer: »Die Arbeit, die ich Ihnen hier überreiche, basiert auf Material, das ich für eine umfassende Untersuchung des Rundfunks in allen Ländern vom Standpunkt des historischen Materialismus gesammelt habe; ich bin aber nicht sicher, ob ich den Plan dieses Buches ausführen werde. Die Arbeit selbst versucht, entsprechend den Andeutungen, die Dr. Wiesengrund mir über die Absichten des Instituts machte, dokumentarisch und kritisch die Propaganda- und die Reklametätigkeit des Rundfunks in vier m. A. n. repräsentativen ›Rundfunkländern‹ darzustellen.« – Im Nachlaß von Ernst Schoen im Koblenzer Bundesarchiv befindet sich, möglicherweise als Fragment, ein 26seitiges Typoskript mit dem Titel »Some Draft Proposials for an International Broadcasting Institute«, das nach 1932 entstanden zu sein scheint. Schoens Arbeit für das Institut dürfte das auf Herbst 1936 datierte Typoskript »Über die Funktion des Rundfunks in den Vereinigten Staaten, England und Deutschland« sein, das 41 Seiten umfaßt.

57 Adorno an Horkheimer
London, 29.6.1936

London, 29. Juni 1936.

Lieber Herr Horkheimer,

ich vermag es nicht, London zu verlassen und nach Deutschland zurückzukehren, ohne Ihnen wenigstens noch gesagt zu haben, daß Ihre Sadismusarbeit, deren Studium ich nun abgeschlossen habe, mich bis ins innerste bewegt und ergriffen hat. Ich kenne nichts von Ihnen, was eine solche Kraft der Erhellung und einen solchen »Funken« hätte wie das dritte Kapitel, zumal der Schluß, die Rettung des Sadismus und die abgrundtiefe Aristotelesinterpretation; es ist mir unmöglich, mehr dazu zu sagen, als daß ich mit dieser Arbeit – auch mit Außenstehenden so schwer verständlichen Wendungen wie der Apologie Nietzsches, wovon ich übrigens bereits zu Pollock sprach – bis ins Zentrum einverstanden bin und daß die einzige »bürgerliche« Reaktion, die ich dagegen präsentieren kann, der Neid ist, daß nicht ich sie geschrieben habe. Ich muß Ihnen nicht sagen, daß das kein gefährlicher Neid ist – und auch nicht, daß solcher Neid mich nur sehr, sehr selten erfaßt. Im übrigen bewegt sich der Plan meiner Dekadenzarbeit vollkommen in der Sphäre dieser Arbeit und ich werde unmittelbar an sie anknüpfen (und an Nietzsche). Besonders möchte ich dabei die Übereinstimmung in der Haltung gegen jene Revolutionäre betonen, die die bürgerliche Moral positiv übernehmen. Aber noch bis in Details wie die Fußnote über Reich weiß ich mich mit Ihnen völlig einig. Ich habe seinen Kultus der genitalen Sexualität schon vor längerem romantisch-anarchistisch (in gleichzeitiger Anerkennung des Fortschritts gegenüber Freud) genannt; Ihr Hinweis auf das »Utopische« daran trifft genau das gleiche; in der Tat habe ich ihn immer mit den von Marx bekämpften Anarchisten zusammengesehen. – In diesem Zusammenhang möchte ich übrigens sagen, daß ich auf Grund neuerlicher Lektüre meine Ansicht über Groddeck revidiert habe; im Ich als Symbol gibt es ganz erstaunliche Dinge (NB der Begriff des Kindes ist selber zu dialektisieren, außer dem von Ihnen bezeichneten bürgerlich sentimentalen Ideal von Unschuld usw. gibt es genau entgegengesetzte Züge und es ist Groddecks großes Verdienst, diese Gegenseite gesehen zu haben. Die Gefahr des »Utopischen« auch an ihm verkenne ich keineswegs; aber er hat vor Reich einfach die unendlich viel reichere und konkretere psychologische Intuition voraus).

Eine ganz besondere Bestätigung Ihres Aufsatzes ist mir die Sprache, die sich am Schluß zu einer wahren Gewalt des Ausdrucks erhebt, wie ich nur ganz weniges kenne – es ist, als ob heute unter Ihren Händen selbst das taktische Mittel des Verschweigens sich zu einem Mittel des Ausdrucks wandelte: das Ganze vibriert von Verschwiegenem. Es will mir scheinen, als lägen unsere Stilideale gar nicht mehr weit voneinander.

Kritisch hätte ich höchstens zu sagen, daß mir das erste Kapitel etwas weit auszuholen scheint und die Beschreibung der bürgerlichen Anthropologie etwas zu geräumig im Verhältnis zur sehr konkreten These. Man könnte vielleicht von Anbeginn das Problem Grausamkeit mehr ins Zentrum stellen (auch in der Dokumentierung). Vielleicht ist die Schematisierung im ersten Teil nicht so straff wie im Rest; Kürzungen könnten es plastischer machen. Ich würde, um nur ein Beispiel herauszugreifen, etwa den Max Weberstreit um die Religion als Ursache oder Wirkung nicht in einem Satz peremptorisch abtun. Es handelt sich um ein wichtiges Tabu der bürgerlichen Wissenschaft; und gerade weil ich Ihre Ansicht so sehr teile, sähe ich es lieber, wenn sie einmal prinzipiell und belegt ausgeführt würde, anstatt am Rande und ohne die durchgeführte Analyse aufzutreten. Aber diese Einwände wiegen wirklich nicht schwer und ich würde sie auch nur dann als Vorschläge zu Änderungen aufzufassen bitten, wenn Ihnen solche Änderungen keine sinnlosen Opfer an Zeit und Arbeit zumuten.

Ich bin sehr glücklich, daß Ihr Aufsatz mit dem über Jazz zusammen erscheinen wird. Freilich, gerade im Angesicht Ihrer Arbeit scheint mir die Kastrationsthese in ihrer strengen Form unentbehrlich.

Zwei Bitten nur: einmal, daß Sie mich gelegentlich die Stellung von Fromm zur Jazzarbeit wissen lassen; dann[,] daß Sie mir das Honorar für diese erst nach meiner Rückkehr nach Oxford überweisen lassen. Ich werde dort am 10. Oktober sein. Übermorgen denke ich zu reisen.

Herzlichst stets Ihr

Teddie Wiesengrund.

ÜBERLIEFERUNG O: Ts; Max-Horkheimer-Archiv der Stadt- und Universitätsbibliothek, Frankfurt a. M. – E: Horkheimer, Briefwechsel 1913-1936, S. 577 ff.

Ihre Sadismusarbeit: Vgl. Max Horkheimer, Egoismus und Freiheitsbewegung, in: ZfS 5 (1936), S. 161-231 (Heft 2); jetzt in: Horkheimer GS 4, S. 9-88.

die abgrundtiefe Aristotelesinterpretation: »Nach der ästhetischen Theorie des Aristoteles bewirkt das Ansehen von Leiden Lust. [Cf. das 6. Kapitel der »Poetik«] Die Menschen werden reiner, indem sie diesen Trieb, die Freude am Mitleiden, befriedigen. Die Anwendung der Theorie des Aristoteles auf die neuere Zeit scheint problematisch zu sein, sie ist, selbst von Lessing, im Sinn der idealistischen Moral umgedeutet und ›versittlicht‹ worden. Die Katharsis durch das Schauspiel, durch das Spiel überhaupt, setzt eine veränderte Menschheit voraus.« (Horkheimer GS 4, S. 88)

die Apologie Nietzsches: Vgl. ebd., S. 87 f.

die Fußnote über Reich: Vgl. ebd., S. 80, Fußnote 144: »Wir stimmen in vielen Punkten mit seiner psychologischen Deutung [scil. in »Massenpsychologie des Faschismus«] einzelner Züge des bürgerlichen Charakters überein. Reich leitet diese allerdings, hierin ein echter Schüler Freuds, im wesentlichen aus der Sexualunterdrückung ab; der Enthemmung der genitalen Sexualität schreibt er bei der Veränderung der gegenwärtigen Zustände eine fast utopische Bedeutung zu.«

Reich / Ich habe seinen Kultus der genitalen Sexualität . . . romantisch-anarchistisch genannt: S. Brief Nr. 8.

Groddeck: Der Arzt Georg Groddeck (1866-1934), der als Begründer der psychosomatischen Medizin gilt, leitete in Baden-Baden seit 1900 ein Sanatorium. Groddeck veröffentlichte 1923 »Das Buch vom Es. Psychoanalytische Briefe an eine Freundin«.

Ich als Symbol: Irrtümlich für Groddecks Buch »Der Mensch als Symbol. Unmaßgebliche Meinungen über Kunst und Sprache« (Wien 1933).

der Begriff des Kindes . . . sentimentales Ideal von Unschuld: »Das sentimentale Verhimmeln des Kindes als eines Symbols der Reinheit gehört zu jenen Äußerungen bürgerlichen Geistes, die zugleich Mittel und Ausdruck der erzwungenen Verinnerlichung von Triebregungen sind. Man dichtet dem Kind eine Freiheit von Begierden an, in der die schwere Entsagung, die man selbst zu leisten hat, mühelos verwirklicht ist.« (Horkheimer GS 4, S. 60) – In Groddecks Buch handelt das fünfte Kapitel vom Kind; dort heißt es: »Der Immoralist Nietzsches ist keine Illusion, das Kind ist immoral. [. . .] Und eine Menschenklasse gibt es, die kennt das Gewissen nicht, die infantes, die Kinder. Ihrer aber ist das Himmelreich.« (Georg Groddeck, Der Mensch als Symbol, Frankfurt a. M. 1989, S. 105)

der Max Weberstreit: »Das städtische Bürgertum, von dem die neue Ordnung ausgegangen ist, hat auch infolge seiner besonderen Interessenlage die Entwicklung der Predigt bedingt. Im Gegensatz zu Theorien, die sich heute, wenn auch nur mit relativem Recht, vornehmlich an den Namen Max Webers knüpfen, ist der religiöse Geist der Neuzeit, der in den predigenden Volksführern seinen ersten Ausdruck findet, keine primäre und selbständige Wesenheit.« (Horkheimer GS 4, S. 43 f.)

58 ADORNO AN HORKHEIMER
PARIS, 8.10.1936

KRANKHEITSABSAGE ETIEMBLES STOP ALS UEBERSETZER GOLDBECK UND KLOSSOWSKI MOEGLICH STOP GALLIMARD WEITERHIN DILATORISCH BOETE LAUT GROETHUYSENS EROEFFNUNG BESTENFALLS PUBLIKATION IN POPULAERER SPEZIALREIHE STOP MIT BENJAMIN PEINLICH UEBERRASCHT ERBITTE DRAHTDIREKTIVEN INSTITUTSADRESSE = WIESENGRUND

ÜBERLIEFERUNG Telegramm; Max-Horkheimer-Archiv der Stadt- und Universitätsbibliothek, Frankfurt a. M.

GOLDBECK: Adorno kannte Fred (Frederick) Goldbeck (1902-1981) seit seiner Jugend. Goldbeck war in Holland geboren und lebte in Frankfurt, wo er, wie Adorno, bei Bernhard Sekles Komposition studierte und bei Josef Willem Mengelberg Dirigieren. Seit 1925 wohnte Goldbeck meist in Paris, wo er von 1936 bis 1939 die Orchesterklasse an der Pariser École Normale de Musique leitete und an Musikzeitschriften mitarbeitete.

59 HORKHEIMER AN ADORNO
NEW YORK, 8.10.1936

FUER WIESENGRUND STOP ERFREUT UEBER IHRE RUECKKUNFT STOP ORGANISIERET UEBERSETZUNG NACH EUREM GUTDUENKEN STOP VERLAGSFRAGE ZUNAECHST NICHT WICHTIG GRUSS

HORKHEIMER

ÜBERLIEFERUNG Telegramm; Max-Horkheimer-Archiv der Stadt- und Universitätsbibliothek, Frankfurt a. M.

60 Walter Benjamin und Adorno an Horkheimer
Paris, 10.10.1936

Lieber Herr Horkheimer,

unser letzter gemeinsamer Abend in Paris soll nicht vergehen, ehe wir Ihnen herzliche Grüße gesandt haben. Es war eine schöne und fruchtbare Folge von Tagen. Wenn ein Schatten auf sie fällt, so waren es nur die Erfahrungen mit einigen Hiesigen, von denen wir Ihnen genau berichten werden. Herzlichst Ihr

Walter Benjamin

Lieber Herr Horkheimer, lassen Sie mich heute nur vorweg für diese Tage Ihnen danken, die schönste Bestätigung, die unsere Gemeinschaft finden kann, solange wir noch getrennt sind, war die Woche in Paris. Es folgt ein ausführlicher Bericht. Herzlichst Ihr Teddie Wiesengrund

ÜBERLIEFERUNG Ansichtskarte: Paris et ses merveilles: Porte Saint-Denis; Poststempel: 10.X.1936. – O: Ms; Max-Horkheimer-Archiv der Stadt- und Universitätsbibliothek, Frankfurt a. M. – E: Benjamin, Gesammelte Briefe V, S. 389.

61 Adorno an Horkheimer
Oxford, 12.10.1936

Oxford, 12. Oktober 1936

Lieber Herr Horkheimer,

gestern abend bin ich nach glatter Reise, ohne mich in London aufzuhalten, von Paris eingetroffen und es ist mein Erstes, Ihnen zugleich mit dem Dank für die Woche dort, die Sie mir ermöglicht haben, einen kurzen Bericht über diese Woche zu geben. Um es Ihnen zu ersparen, die gleichen

Dinge doppelt zu hören, habe ich mich mit Benjamin dahin geeinigt, daß über die spezielleren Übersetzungsprobleme er Ihnen berichten wird, während ich die allgemeineren outlines übernehme. Freilich werden auch so einige Wiederholungen sich nicht ganz vermeiden lassen. Denn Verlags- und Übersetzungsproblem sind auf eine vielfache Weise verknüpft.

Die Ausgangssituation, vor die Benjamin und ich uns gestellt sahen, war ein dilatorischer und im Tone höchst unerfreulicher Brief von Etiemble, dem dann rasch genug die definitive Absage folgte. Da immerhin, als ich kam (am 4.), noch die Aussicht bestand, Etiemble werde wenigstens sein Versprechen innehalten und am 8. zu einer gemeinsamen Besprechung nach Paris kommen, so hielt ich es vorerst für angezeigt, mit Groethuysen Fühlung zu nehmen, von dem ja das ganze Gallimard-Projekt und auch der Vorschlag Etiemble stammt. Er bat uns denn auch in die NRF, empfing uns aber nicht etwa dort in seinem oder einem anderen Raum, sondern entführte uns sogleich – nach Benjamins Angabe hält er es nie anders – in eine unbeschreibliche Spelunke, die einer Aufführung von Gorkis Nachtasyl in einem Provinztheater Ehre machen würde. Ohne überhaupt meine Frage nach dem Stande der Verhandlungen wegen des Verlags Ihrer Essais bei Gallimard abzuwarten, begann er sofort damit, für Ihr Buch andere Verleger vorzuschlagen – darunter Alcan. Als ich ihm schließlich bedeutete, daß der Vorschlag Alcan für Sie schwerlich eine trouvaille sein könne und daß es sich doch um seinen eigenen Verlag und Vorschlag handle, kam er schließlich damit heraus, daß gegen die Publikation Ihres Buches dort erhebliche Widerstände bestünden. Auf meine Frage, ob wir nicht mit Gallimard selber reden könnten, dem ich gern die besondere Publikationschance Ihres Buches in Frankreich (die Kommunikation von Aufklärung und Marxismus) klar gemacht hätte, reagierte er durchaus ablehnend; es sei zwecklos, da Herr Gallimard kaum genügend orientiert sei (obwohl doch Groethuysen als sein Lektor fungiert). Dagegen sei er bereit, ein Rendez-vous mit eben jenem Kollegen, von dem die Widerstände ausgingen, Herrn Parain, zu arrangieren. Das hielt ich sogleich fest, konnte aber nicht verhindern, daß er wiederum absprang. Dabei äußerte er beiläufig, die Publikation im Rahmen der weißen Reihe (die ja für uns alle das Bestechende an der Gallimard-Idee ausmachte) käme ohnehin nicht in Frage sondern allenfalls die in den Documents bleus – einer etwas apokryphen Sammlung, in der Kuriositäten der verschiedensten Art mit gewissen Standardwerken wie Freud, die hier popularisiert werden sollen, vereinigt sind. Am nächsten Tag erfolgte dann die Absage Etiembles und unser Telegrammwechsel. Zum Rendezvous mit Parain erschienen wir pünktlich, zusammen mit Raymond Aron, der Übersetzungsfrage wegen. Wir mußten sogleich wieder in die Spelunke übersiedeln. Parain erschien nicht. Als ich nach ihm fragte, erklärte Groethuysen, er müsse ihn holen. Als ich ihn darum bestimmt bat, gestand er, daß Parain jetzt und hier überhaupt nicht zu erreichen sei. Falls ich auf einer Entscheidung bestünde, könne er sie herbeiführen; sie falle dann aber bestimmt negativ aus. – Da Sie nun in Ihrem Telegramm die Verlagsfrage in den Hintergrund gerückt hatten, wollte ich einen clash vermeiden und ließ die Sache auf sich beruhen. Der einzige neue Gesichtspunkt, der sich während der zweiten, stundenlangen Besprechung mit G. (oder vielmehr seinem monologue intérieur) ergab, war seine Idee, Ihr Buch evt. in der von Malraux herausgegebenen Essayreihe zu bringen. Das schien Benjamin und mir immerhin möglicher als die documents bleus, ich kann Ihnen aber nicht verschweigen, daß ich auch gegen das Zustandekommen dieses Planes, sowohl Groethuysens wie Malraux' wegen, höchst mißtrauisch bin. (NB beide hassen sich und sabotieren sich gegenseitig)

Den ganzen Fall beurteile ich als Fall Groethuysen. Schelten Sie mich bitte nicht eigensinnig, wenn ich auf meine alten Widerstände gegen diesen Mann zurückkomme. Den Mechanismus sehe ich so: er hat Sie oder das Institut, seis allgemein, seis aus besonderen Gründen, seis auch bloß aus neurotischer Geschaftlhuberei, sich verpflichten wollen, und deshalb den

Vorschlag der Publikation bei Gallimard gemacht. Er hat aber zugleich tödliche Angst, daß sein eigener Vorschlag sich realisieren könnte. Abgesehen von den Konkurrenzinstinkten, mit denen ja immer zu rechnen ist, aus zwei Gründen. Einmal aus Furcht vor seinen marxistischen Freunden, denen Ihr Buch zu gelehrt sein könnte (dies Motiv kam deutlich heraus). Dann aber auch aus Angst vor den offiziellen Leuten, denen es wieder zu marxistisch wäre. Er hat also die Tendenz, seinen eigenen Vorschlag zu sabotieren, d. h. die ideale Lösung für ihn wäre, wenn man das Buch zwar drucken, aber dann sogleich die gesamte Auflage einstampfen könnte (immerhin, das hat er nicht gesagt!). Von hier aus fällt auch Licht auf den Fall Etiemble. G. hat diesen Ihnen vorgeschlagen und wahrscheinlich E. große Hoffnungen auf eine Publikation bei Gallimard gemacht. E., offenbar ein Karrierist jener gefährlichsten Art, wie ich sie unter Normaliens schon verschiedentlich gefunden habe, war davon angelockt; sobald er aber sah, wie G. die Dinge bei Gallimard seis laufen läßt seis dirigiert, sprang er ab. Von seiner Krankheit glaube ich kein Wort; in den Begründungen alternieren ja auch Militärdienst, Schulstelle und Erkrankung ganz nach Belieben. Außerdem mag er freilich so neurotisch wie die anderen Akteure sein.

Ich habe an Positivem unter diesen Umständen und angesichts einer Sumpflandschaft von wahrhaft Gideschen Ausmaßen nichts erreichen können und gestehe Ihnen das rückhaltlos ein. Ich weiß, daß ich Ihnen nicht versichern muß, daß ich mir alle erdenkliche Mühe gab; aber der Einsatz meiner Brutalität hat um kein Jota mehr geholfen als der der Benjaminschen Diplomatie. C'était plus fort que moi. Es ist aber nun freilich zu einer Ehrenfrage für mich geworden, die Sache zu einem Sie befriedigenden Abschluß zu bringen. Ich gehe, wenn anders Ihnen daran gelegen ist, wieder nach Paris und sehe zu; sei es nach Ende des terms (d. h. etwa zwischen 10. und 20. Dez.), sei es selbst, obwohl sich das gar nicht so leicht richten läßt, während der Semestralzeit. Ich erwarte deswegen nur Ihre Dispositionen.

Zur Übersetzungsfrage nur soviel: da Klossowski, der ja wirklich etwas kann, ungemein langsam und schwerfällig arbeitet und wir schließlich Sorge tragen müssen, daß die Sache nicht ad Kalendas Graecas vertagt wird, habe ich mit Goldbeck gesprochen, der uns zwar politisch denkbar fern steht (neothomistische Sympathien), aber wenigstens den Vorzug einer wirklich adäquaten Verfügung über beide Sprachen hat. Leider aber hat sich die Probe derart gestaltet, daß weder Benjamin noch ich ohne weiteres die Verantwortung übernehmen können, ihn (wäre es auch nur für die Hälfte des Buches, während man die andere dem Klossowski gäbe) zu verpflichten. Die Qualität seiner Probe scheint mir nicht so übel, obwohl es da ebensogut der genauesten Kontrolle und Korrektur bedürfte wie bei Klossowski und jedem anderen, und obwohl Aron auch gewisse stilistische Bedenken hat. Aber entscheidend ist: er hat einfach das Quantum des Aufgegebenen nicht entfernt gebracht – 3 Seiten anstatt 10 –, verhält sich zur Kollaboration mit Benjamin etwas obstinat und würde so wahrscheinlich nur aufs Neue all die Schwierigkeiten bereiten, die wir gerade vermeiden wollen. Benjamin tendiert zu Klossowski, der meint, das Ganze bis Mitte Februar zu schaffen (???). Außerdem will auch Aron einige Vorschläge machen. Groethuysen hat natürlich auf die Absage Etiembles sofort ein Schock anderer Übersetzer genannt. Die Vorschläge halte ich aber allesamt für lächerlich: u. a. nannte er ein Ehepaar, von dem der Mann deutsch und die Frau französisch könne, worauf Benjamin schlagfertig antwortete, er halte sich an das Kind. Ich möchte vor allem, was mit Groethuysen zusammenhängt, vor seinen Empfehlungen, Freunden, Beziehungen, aufs *dringendste* warnen. Gewiß kann man Mitleid mit ihm haben. Aber das impliziert doch nicht, daß wir uns von ihm helfen lassen können. Und Dostojewskifiguren sind zwischen zwei roten Buchdeckeln besser.

Wir sind also in der Übersetzungsfrage so verblieben, daß wir zunächst den von Goldbeck übersetzten Teil (Anfang des 3. Kapitels des letzten Aufsatzes, der zwar in Ihrem Entwurf nicht enthalten ist, der aber einen sehr guten Maßstab abgibt – und dessen Aufnahme ins Buch ich ebenso wie Benjamin mit Nachdruck befürworten möchte) von Klossowski einverlangt haben und außerdem noch Proben von denjenigen der von Aron vorgeschlagenen Leute uns ansehen, die uns in Betracht zu kommen scheinen (er nannte u. a. auch Koyré und Lévinas; wir haben aber in beiden Fällen Bedenken). Ich bleibe mit Benjamin in engstem Kontakt und es wird keine Abmachung getroffen, ohne daß ich als Rottweiler knurrend darüber wachte.

Noch ein paar Worte zur Institutssituation. Benjamin beginnt langsam wieder in die Höhe zu kommen: wirklich ein vom Schiffbruch Geretteter. Ich kann Ihnen nicht sagen, wie dankbar ich Ihnen bin, daß Sie sich seiner so energisch angenommen haben. Unsere Begegnung war sachlich, für unser beider Arbeit, von der denkbar größten Fruchtbarkeit und Wichtigkeit (soweit in der wahrhaft bis zum Grunde verzweifelten Welt, in der wir nun leben, überhaupt solche Wichtigkeit von Individuen noch beansprucht werden kann). Er wird sich auch in den technischen und organisatorischen Dingen besser verwenden lassen, als es bis jetzt den Anschein hat, sobald einmal die furchtbare Last von Angst gelöst ist, die auf diesem Menschen Jahre und Jahre lag. Ich habe ihm vor allem geraten, mit der Pariser Zweigstelle engeren Kontakt aufzunehmen, öfters dort zu erscheinen und zu arbeiten, sich etwa Arons personelle Vorschläge anzusehen – kurz in den täglichen Dingen des Instituts aktiver mitzuwirken. Ich hoffe, daß mein Rat in Ihrem Sinne ist: er wird ja sowohl dem Institut zugute kommen, dessen Pariser Stelle einer geistigen Kraft nach meinem Eindruck recht sehr bedarf, wie Benjamin, der auf diese Weise aus seiner Isoliertheit gelöst werden kann (er kennt z.B. keinen der Surrealisten). – Von den anderen hat mir Aron einen wirklich begabten und netten Eindruck gemacht. Brill und Schröder sind mir in jeder Hinsicht behilflich gewesen. Ich traf im Büro Hilde Weiss: institutspolitisch gesehen, müßte man sie verstecken. Aber es ist ja wohl vorzeitig, über alle diese Dinge zu reden.

Ich sah auch Kracauer. Er ist ein hoffnungslos schwieriger Fall und ich kann nur Benjamins Formel aufnehmen: man müßte ihn »entmündigen«, d. h. wenn man ihn retten will, im buchstäblichen und intellektuellen Sinn, so wird man es nur gegen ihn selber können. Sie werden mir darauf sagen, Sie, und wir, hätten andere Sorgen, und es fällt schwer, darauf zu entgegnen. Doch glaube ich immerhin, daß auch seine Begabung so beträchtlich ist, daß man etwas mit ihr anfangen könnte: und er wird ja im Ernstfall geistig fügsam, nur allzu fügsam sein. Ich möchte Sie also heute nur bitten, sich die Sache einmal wieder durch den Kopf gehen zu lassen. Natürlich würde er brennend gern fürs Institut arbeiten, fühlt sich aber von uns allen, mich inbegriffen, verfolgt, und hat darauf die bei ihm unvermeidlichen narzißtischen Reaktionen. Ich habe ihm gesagt, ich sei bereit, zu versuchen, wenn Sie nach Europa kommen, eine gemeinsame Besprechung zwischen Ihnen, ihm und mir zustandezubringen – natürlich unter dem absoluten Vorbehalt Ihrer Entscheidung darüber, ob Ihnen diese Besprechung sinnvoll erscheint. Sollten Sie sich für meine Idee einer Untersuchung über Propaganda interessieren, so wäre da m. E. Kracauer u. U. einzusetzen. – Ich kenne Ihre Affekte gegen Kracauer und glauben Sie mir: die meinen sind nicht anders. Trotzdem werden Sie es verstehen, wenn schließlich bei mir das Mitleid mit meinem alten Freunde doch selbst diese Affekte überwiegt.

Eine große Freude war mir die letzte Nummer der Zeitschrift. Die Figur, die unsere beiden Aufsätze zusammen bilden, ist die erste Verwirklichung eines Wunsches nach manifester geistiger Solidarität, den ich genährt habe, seit ich selbständig denke, und der nun, wie Ernst Bloch sagen würde, »heimgekommen« ist. Aber ich glaube, daß diese Figur auch objektiv eine gute ist. Über Ihre Arbeit habe ich Ihnen ja bereits von London aus geschrieben. Ich möchte jetzt nur wiederholen, daß ich dringend raten würde, sie (und evt. auch den Einleitungsaufsatz des Autoritätsbandes) in den Essayband aufzunehmen; evt. anstatt von Materialismus und Moral, da ja die entscheidende These jenes Essays in dem neuen, nur, wie mir scheint, weit konkreter, enthalten ist. – Kritisch hätte ich beim letzten Heft der Zeitschrift bloß über den Besprechungsteil zu reden. Der aber muß unbedingt anders werden und ich bin, trotz aller Zeitnot, jetzt schon bereit, dabei mitzutun, so notwendig scheint das mir. Den Aufsatz des Herrn Aster haben Sie selber schon genügend gekennzeichnet; ich möchte Sie nur noch auf die unmöglichen Phrasen des Herrn Marshall über Borkenaus Paretobuch und das nahezu parodistische Referat von E. Krapf über William Stern hinweisen. Ich weiß, daß hier der Ort der politischen Konzessionen, auch des Mitleids ist; aber mit solchen Referaten scheint mir doch die Quantität in die Qualität umzuschlagen. Bitte schlagen Sie mir doch vor, was ich selber machen soll!* (für Philosophie käme etwa der offenbar sehr gescheite Kuhn in Betracht; für ältere Philosophiegeschichte Klibansky). Nie wieder Aster! Wer schreibt über Oppenheim? Er bedrängt mich schon wieder!

Was meinen großen Soziologismusaufsatz (so nenne ich ihn einstweilen) anlangt, so wird er ja wohl erst fürs übernächste Heft in Betracht kommen. Auf jeden Fall bitte ich um die Termine. Und es wäre sehr lieb, wenn Sie mir das Material, das noch in New York ist, möglichst bald zugänglich machen ließen.

Wie stünden Sie zu einer französischen Übertragung und Publikation der Jazzarbeit? Meinen sehr großen Brief aus London, unmittelbar vor der Abreise, haben Sie wohl richtig erhalten. Ihr Telegramm fand ich hier vor; aus evidenten Gründen lasse ich nichts nachsenden. Ich bitte darum mein Nicht-Antworten zu entschuldigen. Die sachliche Antwort enthielt mein Brief. – Eine musiksoziologische Doktorarbeit, die Ihre Sekretärin anmahnt, habe ich nicht in Händen gehabt. Es muß ein Irrtum vorliegen.

---

* NB sehr schade, daß Marcuse über die russische Sammelpublikation so kurz schrieb

Benjamin gab mir Löwenthals Ibsenarbeit. Ein merkwürdiges Zusammentreffen; in Deutschland kam mir die Idee, Ihnen für Löwenthal eine größere Arbeit über Ibsen vorzuschlagen; nun existiert sie. Ich würde unbedingt raten, die Sache weiter zu verfolgen. Die Arbeit ist ein first approach, von der Art, daß bei der definitiven Fassung gegenüber der ursprünglichen leicht alles sich radikal verändert. Es liest sich wie die allgemeine Einleitung zu einem Buch, dessen Gewicht erst in den konkreten Einzelanalysen liegt. Meine Stellungnahme im einzelnen wird Benjamin Löwenthal wissen lassen. Ich halte die Arbeit jedenfalls für durchaus publikationsmöglich.

Alfred Sohn-Rethel, den ich in Paris sah, gab mir seine große Arbeit, die wieder Exposé heißt, mit. Sie dürfte bei Ihnen kompromittiert sein durch die Empfehlung Tillichs, der da eine existentialistische Umbiegung des Marxismus zu wittern und zu erhoffen scheint. Ich habe das äußerst schwierige Exposé noch nicht lesen können, möchte aber auf jeden Fall annehmen, daß es besser ist als Tillichs Empfehlung und genau betrachtet werden muß. Wenn Sie wollen, mache ich Ihnen gern ein Gutachten darüber. – Ebenso will ich mir gern Schoens Rundfunksache für Sie ansehen und auf Brauchbarkeit prüfen, die ich anregte, aber ebenfalls nicht kenne. Ich müßte Sie dann um Sendung des Manuskripts bitten.

Von mir ist sehr wenig zu berichten. Zuhause fand ich die Dinge erträglich und sie waren es auch für Gretel, solange ich bei ihr weilte (9 Wochen). Ich habe ununterbrochen, ohne Ferien zu nehmen, gearbeitet. 5 Kapitel meines Buches sind in mehr oder minder ausführlicher Rohfassung fertig. Die drei ausstehenden hoffe ich in den nächsten 8 Wochen zu schaffen. Dann folgt die definitive Redaktion. Die englische Teilfassung nehme ich, neben der großen, möglichst jetzt schon in Angriff. Ich habe an der Arbeit viel Freude und auch Benjamin scheint davon wirklich angetan. Es ist selbstverständlich, daß Sie sie als erster zu sehen bekommen. Examen frühestens März, spätestens Juni, hoffe ich; der Examenstermin muß aber vor unserer Begegnung unbedingt zurücktreten. D.h. wird sich nach Ihrer Zeiteinteilung richten.

Ein Wort noch zu den finanziellen Dingen. Ich hatte nach Paris von Benjamin 1500 Francs beordern lassen, um auf keinen Fall knapp zu sein. Ich habe davon 1300 gebraucht, inklusive Reise (den Rest bat ich B. dem Institut zurückzugeben); ich hatte ja allerhand Ausgaben. Sollte es Ihnen aber zu viel erscheinen, so bitte ich, den Surplusbetrag von 100 M abzuziehen, die ich Frl. Wadsack für ihre Arbeit in Deutschland gab und um die ich Herrn Marcuse bat. Seien Sie versichert: ich wäre im Fall eines solchen Abzuges nicht empfindlich. Dagegen möchte ich Ihnen nochmals für das Pariser Arrangement danken, das für mich seit Januar die erste Möglichkeit eines ernsthaften Austauschs bedeutete. Es hat nur eines gefehlt und das waren Sie.

Ich will diesen sehr langen Brief nicht noch mit Politik belasten. Aber muß ich Ihnen sagen, daß die Aussicht auf einen fast sicheren Überfall Deutschlands auf ein isoliertes Rußland; die innere Entwicklung in Rußland, wie sie sich in dem unsäglichen Trotzkistenprozeß und der Urteilsvollstreckung ausdrückt; und die gesamte spanische Situation mich wirklich verzweifeln macht? Ist denn dieser Planet wirklich und vollkommen in die Hölle hineingeraten? Es ist keine Phrase, wenn ich Ihnen sage, daß ich nicht weiß, wie ich diese Realität länger ertragen soll, es sei denn in der Gemeinschaft mit Ihnen.

Ihnen, Maidon, Fritz Pollock und dessen Frau alles Herzliche von Ihrem alten

Teddie Wiesengrund.

Wally Schultz bittet mich, Ihnen zu sagen, daß man der neuen antimarxistischen Welle in Deutschland wegen mit jeder direkten Kommunikation höchst vorsichtig sein müsse (selbst mit der Nennung von Vornamen; meint sie; ich kann schwer beurteilen, ob sie übertreibt). Auf jeden Fall muß auch jede private Sendung der Zeitschrift nach Deutschland sistiert werden. Die letzte ging an die Adresse von Peter Schultz; man bat ihn aufs Zollamt, offenbar eine Falle der Gestapo; er konnte sich nur aus der Affäre ziehen, indem er sagte, die Sendung der Zeitschrift an ihn erfolge ohne seine Kenntnis.

Haselberg ist von der F. Z. auf Verlangen der Gestapo entlassen worden. – Von Gelbs Tod wissen Sie wohl.

ÜBERLIEFERUNG O: Ts; Max-Horkheimer-Archiv der Stadt- und Universitätsbibliothek, Frankfurt a. M. – E: Horkheimer, Briefwechsel 1913-1936, S. 662 ff.

Benjamin [wird] über die spezielleren Übersetzungsprobleme [. . .] berichten: Vgl. Benjamin, Gesammelte Briefe V, S. 389-393.

Gallimard / die weiße Reihe . . . die Documents bleus: Die seit der Verlagsgründung 1911 prestigereiche Reihe »Collection blanche«, in der die Bücher der Hausautoren der NRF erschienen. Zu den *Documents bleus* vgl. Benjamin, Gesammelte Briefe V, S. 416 und die Anm. S. 418.

Parain: Der Philosoph Brice Parain (1897-1971) arbeitete seit 1927 für den Verlag.

Sumpflandschaft von wahrhaft Gideschen Ausmaßen: Anspielung auf Gides 1895 erschienenes Buch »Paludes«.

Dostojewskifiguren . . . zwischen zwei roten Buchdeckeln: Adorno bezieht sich auf die im Piper-Verlag erschienene deutsche Dostojewskij-Ausgabe.

Koyré: Der französische Philosoph russischen Ursprungs Alexandre Koyré (1892-1964) war Mitherausgeber der Zeitschrift »Recherches philosophiques«.

Lévinas: Der französische Philosoph litauischer Herkunft Emmanuel Lévinas (1906-1995) lebte seit 1923 in Frankreich; er hatte 1928 und 1929 in Freiburg bei Husserl und Heidegger studiert, 1930 wurde er mit einer Arbeit »Théorie de l'intuition dans la phénoménologie de Husserl« promoviert, die im selben Jahr erschien. Lévinas lehrte von 1973 bis 1975 an der Sorbonne.

Brill . . . Schröder . . . Hilde Weiss: Hans Klaus Brill und der Honigsheim-Schüler Rudolf (Rudy) Schröder, der 1938 Hilde Weiss heiratete, waren seit 1933 bzw. 1935 Mitarbeiter des Pariser Büros.

Kracauer: Siegfried Kracauer (1889-1966), mit dem Adorno seit seinem sechzehnten Lebensjahr befreundet war, lebte seit seiner Flucht aus Deutschland im März 1933 in Paris.

Materialismus und Moral: Horkheimers Aufsatz war 1933 im zweiten Heft der Zeitschrift erschienen; vgl. jetzt Horkheimer GS 3, S. 111-149.

Der Aufsatz des Herrn Aster: Der seit 1935 in Istanbul lehrende Philosoph Ernst von Aster (1880-1948) hatte Jaspers »Vernunft und Existenz« besprochen.

Marshall über Borkenaus Paretobuch: Thomas Humphrey Marshall (1893 bis 1981) war der Rezensent von Borkenaus Buch.

E. Krapf: Der Mediziner und Psychiater Eduard Krapf (geb. 1901) hatte William Sterns 1935 erschienenes Buch »Allgemeine Psychologie auf personalistischer Grundlage« besprochen.

Kuhn: Gemeint ist der Philosoph Helmut Kuhn (1899-1991), der 1931 ein zweibändiges Werk über »Die Kulturfunktion der Kunst« publiziert hatte. Adorno spricht über ihn in dem Bericht über den »Congrès Descartes« (s. Anhang, S. 571-579, bes. 574).

die russische Sammelpublikation: Marcuses Besprechung von »N. I. Bucharin, M. Deborin, Y. M. Uranovsky and others, Marxism and Modern Thought« nahm nicht die ganze Seite 280 des Heftes ein.

Klibansky: Raymond Klibansky, 1905 in Paris geboren und in Frankfurt a. M. zur Schule gegangen, hatte in Heidelberg Philosophie studiert. Klibansky emigrierte 1933 nach England, war seit April 1934 »Honorary Lecturer« an der Universität von London und arbeitete am Warburg-Institut; anschließend ging Klibansky ans Oriel College in Oxford. Von 1946 bis 1975 lehrte er in Montreal.

Wer schreibt über Oppenheim?: Paul Oppenheim hatte gemeinsam mit Carl Gustav Hempel 1936 ein Buch mit dem Titel »Der Typusbegriff im Lichte der neuen Logik« veröffentlicht, von dem ausgehend Paul Lazarsfeld seinen Zeitschriftenaufsatz »Some Remarks on the Typological Procedures in Social Research« (vgl. ZfS 6 [1937], S. 119-138 [Heft 1]) schrieb; Lazarsfeld und Oppenheim hatten sich im September 1935 auf einem »Congrès de philosophie scientifique« in Paris kennengelernt.

Löwenthals Ibsenarbeit: Vgl. Leo Löwenthal, Das Individuum in der individualistischen Gesellschaft. Bemerkungen über Ibsen, in: ZfS 5 (1936), S. 321-361 (Heft 3); jetzt in: Löwenthal, Schriften 2, S. 193-236.

Alfred Sohn-Rethel ... seine große Arbeit: Alfred Sohn-Rethel (1899-1990) war im Februar aus Deutschland nach Luzern geflohen, wo er das »Exposé zum Plan einer soziologischen Theorie der Erkenntnis« (vgl. Alfred Sohn-Rethel, Soziologische Theorie der Erkenntnis, Frankfurt a. M. 1985) schrieb; im September 1936 war Sohn-Rethel nach Paris übergesiedelt.

Frl. Wadsack: Die Historikerin und Sinologin Marga Wadsack hatte 1936 mit einer Arbeit über die französische Nachkriegspolitik in Frankfurt a. M. promoviert – 1938 unter dem Titel »Frankfurts Sicherheitspolitik in der Nachkriegszeit« in Frankfurt a. M. erschienen –, wie sie am 24. August 1937 an Horkheimer schreibt. Danach begann sie am Frankfurter China-Institut chinesischen Sprachunterricht zu nehmen, um das »Studium des modernen Chinas vorzubereiten«, wie es in demselben Brief heißt. Ein Stipendium des Instituts für Sozialforschung in Höhe von RM 100.-- erhielt sie von April bis Dezember 1937, das ihr einen Englandaufenthalt ermöglichte, den sie zur Sondierung der Möglichkeiten ihrer Fortbildung als Sinologin zu nutzen suchte. Marga Wadsack scheint schon während der Arbeit an ihrer Dissertation ein Stipendium des Instituts erhalten und im Austausch dafür wohl gelegentlich Berichte, wie aus Brief Nr. 65 hervorgeht, für das Institut geschrieben zu haben.

Wally Schultz: Über Horkheimers Bekannte Wally Schultz und ihren Mann Peter Schultz ist nichts ermittelt.

Gelbs Tod: Adhémar Gelb war am 7. August 1936 in Frankfurt a. M. an Tuberkulose gestorben.

62 Horkheimer an Adorno
New York, 22.10.1936

New York, 22. Oktober 1936.

Lieber Herr Wiesengrund,

Für Ihren ausführlichen Brief vom 12.10. danke ich Ihnen bestens. Mit Groethuysen haben Sie also völlig recht behalten. Die Furcht vor seinen marxistischen Freunden einerseits und den offiziellen Leuten andererseits kennzeichnet freilich nicht nur ihn, sondern die Situation bei den französischen Intellektuellen, ja darüber hinaus bei den Intellektuellen überhaupt. Die Abneigung von der offiziellen Seite ist immer noch auf die Vorstellung zurückzuführen, daß hinter der marxistischen Theorie irgendwie eine Macht stehe, während diese Macht doch gerade darum so erbarmungswürdig dahinschwindet, weil sie sich jener Theorie begeben hat. Die Abneigung gegen alles »Gelehrte«, die sich wahrhaftig nicht auf die Tradition berufen darf, entspringt bloss jenem panischen Schrecken vor der Kritik, dem schon das Denken an sich verdächtig scheint. Der Ruf nach Disziplin ist jedoch nicht erst jetzt, sondern allzu lange schon in die krasse Angst vor der Wahrheit umgeschlagen, als dass uns dies heute noch erstaunen könnte. Man musste schon seit Jahren damit rechnen, dass die Mächte, die sich einander angleichen, auch einander finden werden. Der gemeinsame Feind wird in steigendem Mass das Denken überhaupt. Dieses ist unter den gegebenen Umständen an sich schon subversiv. Wir beide haben wahrhaftig den Anfang dieses Prozesses in Frankfurt verfolgen können. Jetzt ist er allgemein geworden und vereint die entgegengesetzten Gruppen.

Angesichts dieses Zustandes hänge ich im Augenblick nicht so sehr an der Publikation in Frankreich. Ich denke, wir stellen die Übersetzung her und suchen einen Verleger, soweit beides keine grossen Schwierigkeiten macht. Sollten sich jedoch sehr grosse Widerstände zeigen, so werden wir nicht allzu viel

Energie auf diese Sache verwenden. Das Wichtigste ist ja, dass wir unsere Arbeiten überhaupt zustande bringen und auf deutsch publizieren. Es zeigt sich immer wieder, dass sie dann schliesslich in die Hände der richtigen Leute kommen. Es ist gewiss wünschenswert, dass die Essais auf französisch erscheinen, und wir werden die Angelegenheit ja auch nicht ruhen lassen. Dass Sie zunächst von verschiedenen Leuten Proben einverlangt haben, erscheint mir ganz richtig. Lévinas kenne ich nicht. Koyré hat bestimmt keine Zeit und ist wohl auch sonst schwerlich zu dieser Arbeit zu bewegen. Klossowski könnte, falls er ohne ständige Kollaboration Benjamins vorginge, nur einen Entwurf herstellen, der dann erst eingehend bearbeitet werden müsste. Ist denn Alix Guillain, die Frau oder Freundin Groethuysens, immer noch so beschäftigt, dass man sie nicht gewinnen kann? Es wäre wohl überhaupt nicht unrichtig, mit ihr einmal über die ganze Sache zu sprechen, denn es erscheint mir nicht ausgeschlossen, dass sie das Verhalten ihres Mannes bei näherem Zusehen entschieden missbilligen wird. Bei Alcan möchte ich die Übersetzung jedenfalls aus einer Reihe von Gründen nicht herausbringen. Ihnen danke ich für alles, was Sie schon getan haben und noch tun werden, um die Unternehmung zu einem guten Ende zu führen.

Wegen der finanziellen Fragen bitte ich Sie noch um Mitteilung, ob Sie die Ihnen aus der Jazz-Arbeit zustehende Summe schon erhalten haben. Ich weiss, dass die Anweisung nach Genf gegangen ist, bin mir jedoch über die Ausführung nicht im klaren. Die RM 100.– für Fräulein W. sollen Ihnen selbstverständlich nicht abgezogen werden. Insofern irgendetwas mit der Abrechnung nicht klappt, erwarte ich Ihren Bescheid.

Die aktivere Mitarbeit Benjamins im Pariser Büro ist mir durchaus willkommen. Ich habe jedoch zwei Bedenken. Erstens glaube ich, dass er als geistige Kraft doch nur dann wirksam werden kann, wenn man ihm bestimmte Kompetenzen erteilt, die erst besprochen sein müssen. Ich weiss jedoch nicht, ob es gut ist, die damit zusammenhängenden Fragen im einzelnen anzuschneiden, bevor wir in persönlicher Aussprache mit Ihnen die künftige Organisation der europäischen Arbeit erörtert und neu festgelegt haben. Zweitens haben Sie offenbar Aron von seiner günstigsten Seite kennengelernt. Ich bin mir nicht völlig klar über ihn. Sein Buch, das er freilich vor der Bekanntschaft mit uns abgefasst hat, ist recht problematisch, und ich weiss nicht, ob Ihre Charakteristik Etiembles nicht auch auf Aron zutrifft. Jedenfalls bedürfte eine aktivere Mitwirkung Benjamins an den täglichen Institutsarbeiten meiner Ansicht nach einer recht diplomatischen Einführung. Daran, dass Aron recht empfindlich ist, besteht jedenfalls kein Zweifel. Dies alles soll aber nicht heissen, dass ich mit Ihnen über die Aufgabe, Benjamin noch enger als bisher mit der Institutsarbeit zu verbinden, nicht übereinstimmte.

Davon, dass H. W. regelmässig im Büro ist, habe ich keine Ahnung. Offiziell hat sie nicht mehr das geringste damit zu tun.

Zu den Fragen, die wir eingehend besprechen müssen und an deren Lösung auch Benjamin mitwirken kann, gehört der von Ihnen mit Recht bemängelte Besprechungsteil. Die von Ihnen erwähnten Besprechungen in der letzten Nummer und noch eine ganze Reihe anderer haben auch wir nur schweren Herzens durchgelassen. Diese »Schandflecke« und überhaupt die gegenwärtige Gestalt des Besprechungsteils sind freilich nicht bloss dadurch zu erklären, dass wir alle in den letzten Jahren ununterbrochen furchtbar überlastet waren, sondern auch dadurch, dass wir die Zahl der Gegner des Instituts und der Zeitschrift und der übelwollenden Neutralen, deren es in der sogenannten wissenschaftlichen Öffentlichkeit wahrhaftig mehr als genug gibt, nicht ohne Not vergrössern wollen. Sobald Sie Ihr Examen hinter sich haben, werden Sie diese ganzen Probleme ja aus eigener Erfahrung kennenlernen. Sie werden nicht nur dabei mithelfen, dass die schlechte Quantität nicht in Qualität umschlägt, sondern auch dafür sorgen, dass die gute Qualität in der Zeitschrift zur Quantität wird.

Oppenheim wird über das nächste Heft begeistert sein. Wir hatten ursprünglich nur eine kleine Anzeige seines Buches geplant. Lazarsfeld, der seit langem einen englischen Artikel zum Gebrauch einer Reihe am Institut interessierter amerikanischer empirischer Soziologen schreiben sollte, hat nun aber die Gelegenheit benützt, um rasch in Auseinandersetzung mit Oppenheim einen kleinen Artikel über den Typusbegriff zu schreiben. Da ich in einer Anmerkung ausdrücklich betone, dass die Kritik an O. in dieser Studie Lazarsfelds nicht von der dialektischen Logik aus erfolgt, sondern im Felde einer statischen Logik verbleibt, so werden unsere theoretisch interessierten Leser sogleich merken, dass es sich hier ganz und gar nicht um eigentlich philosophische Fragen, sondern um Spezialprobleme rein empirischer Sozialforschung handelt. Andererseits werden Paul und eine Reihe anderer an solchen Diskussionen Interessierter diese Studie als eine szientifische Finesse ansehen.

Die Auseinandersetzung mit der »Wissenschaftlichen Philosophie« soll dafür nächstes Jahr umso entschiedener erfolgen. Wir haben hier im Institut in letzter Zeit bereits einige ausgedehnte Seminardiskussionen zum Zwecke unserer Orientierung geführt. Das letzte [Mal] hat Otto Neurath, der es ja wissen muss, über die jüngsten Schicksale der Schule referiert. Im Grunde ist das ganze nur ein elendes Rückzugsgefecht der formalistischen Erkenntnistheorie des Liberalismus, der auch auf diesem Gebiet in offene Liebedienerei gegen den Faschismus übergeht. Bestand schon eine wichtige Funktion des Neukantianismus darin, durch die Apologetisierung des herrschenden Wissenschaftsbetriebs die Gesellschaft, deren Erhaltung eben dieser dient, zu verklären, so werden jetzt schamlos alle Sphären der Kultur überhaupt dem Irrationalismus preisgegeben. Nichts anderes kann es ja bedeuten, dass nur diejenigen Gedanken als Erkenntnis gelten dürfen, die mit den Mitteln der modernen Logik auszudrücken sind. Da sich nun aber immer deutlicher herausstellt, dass man damit im Grunde überhaupt nichts ausdrücken kann, so enthüllt sich das ganze schließlich als der Kampf gegen die Anwendung des Denkens auf Gesellschaft und Geschichte überhaupt. Lasst uns nur unsere Posten als Physiker und Chemiker, als bescheidene Diener der Industrie, die Wissenschaft hält dafür in allen menschlichen Angelegenheiten geflissentlich das Maul! Das klingt ähnlich wie das Bekenntnis der mittleren Industrie in Deutschland: Lasst uns unsere bescheidenen Geschäfte machen, dann geben wir Euch politisch plein pouvoir. Was sich hier zeigt, ist eben das, was ich im Wahrheitsaufsatz angedeutet habe: die prästabilierte Harmonie von Fachwissenschaft und Barbarei.

Kracauer ist von uns durch Löwenthal wiederholt zur Mitarbeit aufgefordert worden. Er hat immer abgelehnt. Ich bin auch heute bereit, meine Affekte gegen ihn zurückzustellen. Sollten Sie gelegentlich mit ihm über die Untersuchung über Propaganda (für die Zeitschrift) sprechen wollen, so gebe ich Ihnen gerne meine Zustimmung. Da ich jedoch nicht weiss, wie weit Kracauer heute mit unseren Problemen und Anschauungen vertraut ist, so müssten Sie ihn schon eingehend instruieren und einen grösseren Entwurf einfordern.

Zu den Arbeiten, die uns gegenwärtig belasten, gehört auch die Vorlesung an der Columbia-Extension. Ich sende Ihnen einliegend die »outlines«. Die verschiedenen Kapitel sind unter die Mitglieder des Instituts verteilt. Ich übernehme die »philosophical introduction«, Marcuse die »history«, Lazarsfeld die »empirical approaches«, Pollock die »economics«, Schachtel das »contemporary law«, Gumperz die »modern institutions«, Fromm die »psychological problems« usf. Den Wunsch von Seiten der Columbia, dass wir eine Vorlesung halten sollen, haben wir nicht ablehnen können. Es ist denkbar, jedoch nicht sicher, dass sie sich in künftigen Semestern wiederholt. Wir haben eine Reihe recht interessierter, intelligenter Studenten nach unserem Sinn.

Das Exposé von Schoen werde ich Ihnen zusenden, wenn wir es hier durchgelesen haben. Vielleicht sagen Sie ihm inzwischen, dass ich für seinen sympathischen Brief danken lasse und ihm Antwort gebe, sobald es mir möglich ist.

Über meine Europareise kann ich noch keine genauen Angaben machen. Jedenfalls müssen wir uns spätestens im Frühjahr sprechen. Ich wünsche Ihnen für die Beendigung Ihrer Arbeit und der ganzen Examensangelegenheit alles Gute. Wie intensiv Sie sich der Sache widmen, habe ich schon von Lotte Karplus in Boston gehört. Ich habe zwei Gründe, mich auf die Vollendung zu freuen: erstens der Sache selbst wegen und zweitens, weil dann endlich das langersehnte gemeinschaftliche Arbeiten beginnen kann.

Der letzte Absatz Ihres Briefes über die gegenwärtige Wirklichkeit entspricht in jeder Nuance meinem eigenen Gefühl.

Maidon, Fritz Pollock und seine Frau lassen herzlichst grüssen. Von mir selbst ebenfalls alles Herzliche.

Ihr

Max Horkheimer

Wohnen Sie nicht mehr in Banbury Road?

ÜBERLIEFERUNG O: Ts; Theodor W. Adorno Archiv, Frankfurt a. M. und Ts(Dg); Max-Horkheimer-Archiv der Stadt- und Universitätsbibliothek, Frankfurt a. M. – E: Horkheimer, Briefwechsel 1913-1936, S. 686 ff.

Alix Guillain: Die aus Brüssel stammende Alix Guillain (1876-1951) arbeitete nach dem Studium als Übersetzerin aus dem Englischen und Deutschen. Sie lernte in den zwanziger Jahren Bernard Groethuysen kennen, dessen »compagne libre« sie bis zu seinem Tode blieb. Alix Guillain war Mitglied der französischen KP.

Aron / Sein Buch: Vgl. Raymond Aron, La sociologie allemande contemporaine, Paris 1936.

H. W.: Hilde Weiss.

Lazarsfeld: Der Soziologe Paul Felix Lazarsfeld (1901-1976) hatte in Wien Mathematik studiert und nach seiner Promotion 1924, bevor er von 1925 bis 1929 als Gymnasiallehrer tätig war, ein Jahr in Frankreich studiert. Von 1929 bis 1933 war Lazarsfeld Assistent von Karl Bühler am Psychologischen Institut der Universität Wien. Er ging 1933 in die USA, wo er bis

1935 Stipendiat der »Rockefeller Foundation« und seit 1936 Mitarbeiter an mehreren Forschungsvorhaben des Instituts für Sozialforschung war. Von 1937 bis 1939 leitete Lazarsfeld das von der »Rockefeller Foundation« geförderte »Office of Radio Research« an der Princeton University, das 1939 an die Columbia University in New York wechselte.

Die Auseinandersetzung mit der »Wissenschaftlichen Philosophie«: Daraus entstand Horkheimers Aufsatz »Der neueste Angriff auf die Metaphysik«.

Neurath: Otto Neurath (1882-1945), Initiator des »Wiener Kreises der wissenschaftlichen Weltauffassung« und, 1934 im holländischen Exil, Organisator der »International Unity of Science«, mußte 1940 nach England flüchten, wo er von 1941 an Vorlesungen in Oxford hielt.

die Vorlesung an der Columbia Extension: Auszüge aus Horkheimers Vorlesungen vgl. Horkheimer GS 12, S. 39-68.

63 Horkheimer an Adorno
New York, 23.10.1936

New York, 23. Oktober 1936.

Lieber Herr Wiesengrund,

Nach Absendung meines heutigen Briefes fällt mir ein, dass ich mich nicht für die grosse Freude bedankt habe, die Sie mir mit Ihren Zeilen von Ende Juni, vor Ihrer Abreise aus London, bereitet haben (auch der ausführliche erste Brief von Ende Juni ist richtig eingetroffen). Ich bin sehr glücklich darüber, dass Sie dem Egoismus-Aufsatz zustimmen. Ihre Reaktion ist mir eine weitere Garantie für unsere künftige gemeinsame Arbeit.

Dem, was Sie damals kritisch sagten, habe ich völlig zugestimmt. Jedoch habe ich angesichts der Schwerfälligkeit unseres französischen Verlages in Übereinstimmung mit Ihren eigenen Bemerkungen keine Umänderung mehr vorgenommen. Die Umständlichkeit des ersten Teils war mir selbst deutlich bewusst. Sie entsprang zum Teil taktischen Erwägungen.

Der Satz über Max Weber war immerhin so vorsichtig formuliert, dass ich nicht glaubte, wegen seiner Ausmerzung eine Änderung des Umbruchs riskieren zu sollen, umsomehr als man schon sehen konnte, dass das Heft nur mit Verspätung herauskam. Deshalb wird auch ein zur Verstärkung der Eindeutigkeit im dritten Teil notwendiger Zusatz erst in der Druckfehlerberichtigung des nächsten Heftes erscheinen.

In Ihrem Jazz-Aufsatz haben wir alle von Ihnen bemängelten Änderungen wieder rückgängig gemacht mit Ausnahme der Stelle, in der die Coitiermaschine vorkommt. Die Widerstände gegen diesen Passus, der mir selbst als höchst aufhellend erscheint, waren so stark, dass ich sie nicht überwinden konnte. In der Überzeugung, dass auch Sie selbst schliesslich nachgegeben hätten, wenn Sie hier gewesen wären, habe ich dann unter Bedauern der Beibehaltung dieser Streichung zugestimmt. Die Jazzarbeit erscheint mir als eine besonders ausgezeichnete Studie. Sie machen in der strengen Analyse dieses scheinbar belanglosen Phänomens die ganze Gesellschaft mit ihren Widersprüchen sichtbar. Die Arbeit hätte überall, wo sie auch erschienen wäre, ein Glanzstück gebildet. In diesem Heft erfüllt sie auch noch die Funktion, dem Irrtum vorzubeugen, dass unsere Methode nur auf sogenannte grosse Probleme und umspannende Geschichtsperioden anzuwenden sei, und zeigt durch die Ausführung selbst, dass die richtige Problemstellung eben gar nichts mit dem zu tun hat, was man in der Wissenschaft so obenhin wichtig und dringend heisst. – Gegen eine Publikation der Jazzarbeit in französischer Sprache habe ich nichts einzuwenden, nur sollten Sie aus taktischem Interesse darauf sehen, dass sie nicht in einer allzu eindeutigen Zeitschrift erscheint. Sie werden mich ja über die Sache auf dem Laufenden halten.

Über Besprechungen, die Sie übernehmen oder vergeben können, wird Ihnen wahrscheinlich Löwenthal bald schreiben. Für ein Gutachten über das Exposé Alfred Sohn-Rethels bin ich, wenn es sich Ihrer Meinung nach lohnt, dankbar. Bowra hat von Berlin aus eine Arbeit für Oktober zugesagt. Ich habe ihm inzwischen nach Boston geschrieben, ohne bis jetzt darauf Antwort erhalten zu haben.

Jetzt glaube ich, auf die Stellen Ihres Briefes, die einer Antwort bedürfen, eingegangen zu sein. Sollte ich doch etwas vergessen haben, so bitte ich um Nachricht.

Mit den herzlichsten Grüssen

ÜBERLIEFERUNG O: Ts(Dg); Max-Horkheimer-Archiv der Stadt- und Universitätsbibliothek, Frankfurt a. M. – E: Horkheimer, Briefwechsel 1913-1936, S. 691 f.

64 Adorno an Horkheimer
Oxford, 26.10.1936

Oxford, 47 Banbury Road
26. Oktober 1936.

Lieber Herr Horkheimer,

gestern habe ich das Manuskript der Rundfunkarbeit von Schoen erhalten und sogleich gelesen, und obwohl ich nicht weiß, wie Sie zu dem ganzen, von mir im Sommer angeregten Projekt stehen (Ihre Antwort auf den damaligen und den neuen sehr ausführlichen Brief schwimmt wohl im Augenblick), möchte ich Ihnen doch gleich meine Meinung dazu sagen; wäre es auch nur als test case, ob wir auf solche Dinge in gleicher Weise reagieren, aber ehrlich gestanden auch, um gewisse peinliche Impressionen zu beseitigen, die sich einstellen könnten, wenn Sie meinten, es entspräche etwa dieser Essay im leisesten meinen Intentionen.

Es ist selbstverständlich ganz ausgeschlossen, daß wir ihn in dieser Form publizieren. Einmal wegen der politischen Enunziationen, die ja ihren Ortes recht gut sein mögen (obwohl ich, wenn die Fundamente so schmal sind, selbst die politische Wirksamkeit bezweifeln möchte), für die wir aber nun einmal nicht der Ort sind; von den Hymnen auf ein Rußland zu schweigen, dem man wohl im Augenblick die loyalste Haltung bezeugt, wenn man eben schweigt. Dann aber auch wegen der sachlichen Qualität. Es steht eine ganze Menge sehr interessanten und auch neuen Materials darin, aber die daraus gezogenen Folgerungen sind ganz schematisch und leer d. h. die dialektische Konkretisierung eines ideologischen Phänomens, wie sie uns als eine der dringlichsten Aufgaben der Theorie erscheint, ist ganz verfehlt zugunsten der immer wiederholten und gewissermaßen gegen die konkreten Momente blinden Versicherung, daß der Rundfunk ein Klasseninstrument usw. sei, woran wir ja gewiß nicht zweifeln, was in dieser Allgemeinheit zu beteuern aber ganz sinnlos ist. Am besten würde die Arbeit in eine ausgesprochen politische Zeitschrift wie die Left Review oder den New Statesman oder drüben in eine wie die New Republic passen. Ich habe mich auch bereits deswegen umgetan; es ist aber aussichtslos, einmal wegen der Länge, die selbst bei radikalen Strichen immer noch das dort Mögliche um ein Vielfaches überschritte; dann aber auch, weil diese Arbeit, die so fatal an die Dreyfussche Angestelltenuntersuchung erinnert, und wie die Parodie einer wissenschaftlichen wirkt, dort immer noch viel zu wissenschaftlich stünde.

Da ich es andererseits schade fände, wenn das Material und die wirkliche Sachkenntnis Schoens verloren ginge, so habe ich ihn gebeten, am Sonntag zu mir zu kommen und das Ganze mit mir genau durchzusprechen. Es gibt die Möglichkeit, ihn ganz auf die empirischen Angaben zu begrenzen und den Umfang auf die Hälfte (etwa 15 Druckseiten höchstens) zu bringen; es gibt auch die, daß ich ihm einige der theoretischen Konsequenzen klar mache und ihn zur völligen Umarbeit veranlasse (das würde praktisch bedeuten, daß sehr viel von mir hereinkommt, ich würde das aber gern machen, da ich mich, gleichgültig um den »offiziellen« Stand der Dinge, jetzt schon wesentlich mitverantwortlich für die Zeitschrift fühle). Sollten Sie aber zu der Entscheidung kommen, daß die Sache für uns radikal und unter allen Umständen unbrauchbar ist, so würde ich Sie bitten, falls

Sie diesen Brief *vor* Sonntag erhalten, mir zu depeschieren, damit ich dem Schoen absagen kann. Erhalten Sie den Brief später, so muß er den Trip eben à fonds perdu machen (so wie wir nach meiner Verabredung mit ihm in der ganzen Sache *keinerlei* materielle Verpflichtung ihm gegenüber eingegangen sind). Immerhin möchte ich für diesen Fall, angesichts von Schoens verzweifelter Armut, anregen, daß die von dem Dispositionsfonds Seiber noch erübrigten £ 5 nicht an Seiber gehen, den ich als genügend honoriert betrachte, sondern an Schoen. Vielleicht kann man für den Fall, daß die Publikation auch einer umgearbeiteten Fassung ausscheidet, sich so helfen, daß man den Aufsatz als Forschungsbericht erwirbt und gelegentlich (etwa wie es mit vielen Arbeiten der Autoritätsuntersuchung geschah) im petit-Teil einige Thesen publiziert. Vielleicht sind Sie so lieb und geben mir deshalb Bescheid.

Wegen des Jazzaufsatzes habe ich noch kaum Stimmen gehört, ebensowenig über Egoismus und Freiheitsbewegung. Ich wäre froh, wenn ich etwas über die Wirkung des Heftes erführe. Meine Arbeit geht gut vorwärts und beginnt überschaubar zu werden. In guten Augenblicken bilde ich mir wirklich ein, daß es mir gelingen kann, das von Marcuse bezeichnete »Desiderat« einer bündigen immanenten Sprengung des Idealismus – ohne *zu früh* mit dem Begriff der Praxis einzubrechen – [zu erfüllen], und in solchen Augenblicken freilich fühle ich ein Glück das uns verboten sein mag aber dennoch wieder das einzige scheint, das uns aufbehalten ist. Halten Sie mir den Daumen, daß es nicht illusionär ist – und ich nicht in der Einsamkeit größenwahnsinnig geworden bin. Aber es will mir scheinen, als hätte ich gerade über diese große Arbeit recht feste Kontrolle.

Noch möchte ich Sie bitten, mir doch einen Termin für die Mannheim-Arbeit – und das Material zu geben. Ich arbeite so gern nach Terminen. Titelvorschlag: Standort der wertfreien Soziologie, oder auch »Neue wertfreie Soziologie«, mit dem Untertitel »bei Gelegenheit von Karl Mannheims ›Gesellschaft im Umbau‹«.

Noch möchte ich den Cheque £ 20 von Ihnen und die von

Frau Favez überwiesenen Rm. 100, die ich Fräulein Wadsack ausgelegt hatte, mit schönstem Dank bestätigen.

Hoffentlich vernehme ich bald von Ihnen!

Herzlichst stets Ihr

Teddie Wiesengrund.

ÜBERLIEFERUNG O: Ts; Max-Horkheimer-Archiv der Stadt- und Universitätsbibliothek, Frankfurt a. M.

das von Marcuse bezeichnete »Desiderat«: In Marcuses Aufsatz »Zum Begriff des Wesens« heißt es: »Die Theorie ist auf ein anderes Subjekt übergegangen: ihre Begrifflichkeit ist getragen von dem Bewußtsein bestimmter Gruppen und Individuen, die um eine vernünftigere Organisation der Gesellschaft im Kampfe stehen. [Absatz] Erst von dem so veränderten geschichtlichen Standort aus kann die Theorie ein Desiderat erfüllen, um das sich die Philosophie in den letzten Jahrzehnten vergeblich bemüht hat.« (Vgl. jetzt Marcuse, Schriften 3, S. 76)

Frau Favez: Juliane (nach anderer Überlieferung: Juliette) Favez war mit Horkheimer von Frankfurt nach Genf gegangen und leitete dort das Büro des Instituts.

65 Adorno an Horkheimer
Oxford, 30.10.1936

Oxford
47 Banbury Road
30. Oktober 1936.

Lieber Herr Horkheimer,

wenn ich Ihren ausführlichen Brief vom 22. Oktober sogleich beantworte, so ist diese Hast damit zu erklären, daß ja mein Aufenthalt draußen – und damit die Möglichkeit der Korrespondenz – stets noch begrenzt ist und ich diese Möglichkeit ausnutzen möchte, so gut es eben geht. Wahrscheinlich gehe ich ja über Weihnachten wieder nach Hause. Wahrscheinlich – nicht absolut sicher. Einmal schwebt eine Auseinandersetzung mit der Devisenstelle, die nachfragte, wovon ich hier gelebt habe, und auf die Angabe einer Unterstützung durch das Academic Assistance Council Zahlung einer Strafe (auf dem Verwaltungsweg, nicht als Strafsache) von mir verlangte, übrigens eine geringe Geldstrafe (150 Rm.). Obwohl nach dem letzten Brief meines Vaters die Sache geregelt scheint, möchte ich jedenfalls nicht nach Deutschland zurück, ehe ich ganz klar sehe, und wäre Ihnen auf jeden Fall für Ihre Meinung besonders dankbar. Weiter scheint ja nach der heute berichteten Goebbelsrede (vom 29.) eine neue Judenhetze loszubrechen und es ist immerhin fraglich, ob es geraten ist, sich gerade dann in den Rachen des Löwen zu begeben, wenn das Fleisch so knapp ist wie heute in Deutschland. Aber wie gesagt, das sind einstweilen erst Kreuzerwägungen: mein Plan ist, Weihnachten zuhause zu sein (geschäftlich scheint es übrigens nach wie vor, wie durch ein Wunder – und Wunder betreffen ja nur noch geschäftliche Dinge! – zuhause recht gut zu gehen). Ich halte Sie auf dem laufenden und bitte Sie zugleich darum, auch mich jeweils Ihre Meinung wissen zu lassen.

Übersetzungssache: Details wird Ihnen wohl Benjamin berichten. Goldbeck scheidet wohl aus, 1) wegen der Qualität seiner Probe 2) wegen ihrer nicht vorhandenen Quantität. Was Alix Guillain, die ich nicht Groethuysens Frau oder Freundin, sondern schlechterdings eine Lebensgefährtin nennen möchte, anlangt, so hätte ich freilich die schwersten Bedenken. Sie ist mit ihm sicherlich ganz solidarisch (stets einzig besorgt, ob er nicht zu seinen Appointments zu spät kommt) und macht mir überhaupt einen höchst problematischen Eindruck. Benjamin hat sie schlechterdings als »gefährlich« bezeichnet. Die Probe von Klossowski sei gut ausgefallen und Benjamin hat sich für ihn entschieden – vorbehaltlich Ihrer Zustimmung natürlich. Die Kontrolle wird er übernehmen und ich will gerne im Dezember, wenn ich nach Paris komme, mithelfen. Nach Benjamins Mitteilung hat übrigens Etiemble wenigstens Teile seiner Übersetzung angekündigt. Sie sind freilich immer noch nicht eingegangen und ich würde jedenfalls bei den gesamten Dispositionen nicht mehr auf ihn zählen. Lassen Sie mich bei dieser Gelegenheit die Frage nach der Auswahl der Kapitel wiederholen. Meinen Sie nicht, man sollte unbedingt Egoismus und Freiheitsbewegung und evt. den Autoritätsaufsatz aufnehmen und lieber dafür den Moralaufsatz aufgeben? Bitte geben Sie mir doch deswegen Bescheid.

Das Jazzhonorar von £ 20 habe ich nicht bloß erhalten: ich fand es bei meiner Ankunft hier schon vor und zwar (was ich freilich jetzt nicht mehr beschwören kann) direkt von Ihrer Bank in New York. Frau Favez wollte es mir ebenfalls aus Genf überweisen, ich habe sie aber sogleich aufgeklärt. Wahrscheinlich hatten Sie selbst nach meinem vorletzten Brief (Ende Juni oder Anfang Juli) in New York Order gegeben. Jedenfalls ist die Sache völlig in Ordnung und ich danke Ihnen vielmals.

Von Fräulein W. lege ich Ihnen für Marcuse einen weiteren auf meine Veranlassung geschriebenen kleinen Bericht vor, den ich ganz brauchbar finde. Bitte lassen Sie oder Marcuse mich wissen, ob ich Sie weiterarbeiten lassen – und wie ich sie in Deutschland honorieren soll (alles Bisherige wird von jenen Rm. 100 gedeckt, deren Äquivalent Frau Favez mir ebenfalls hierher überwies).

Benjamin: ich bin ganz Ihrer Ansicht, seine aktivere Eingliederung wird sich erst durchführen lassen, wenn wir zusammen sind; ich wollte Ihnen nur meinen generellen Eindruck wiedergeben und der ist, daß er immer noch in einer gewissen Isoliertheit existiert, die wir versuchen müssen zu lockern und zwar gerade im Interesse seiner eigenen Produktivkraft. Wie dächten Sie darüber, wenn man ihm jetzt schon – da es mir zeitlich ja noch schwer möglich ist – die Reorganisation wenigstens des philosophischen Besprechungsteils übertragen und ihn auch selber gleichzeitig stärker zu den Besprechungen heranziehen würde?

Aron: natürlich war mein Eindruck nur oberflächlich, aber eben positiv. Ich halte es für durchaus möglich, daß auch er Seiten wie Etiemble hat. Mit Benjamin schien er mir ganz gut zu stehen und ich hatte nicht den Eindruck, daß er von diesem nur schwer sich lenken ließe. Auch dies wird sich erst an Ort und Stelle gemeinsam entscheiden lassen. – Um Mißverständnissen vorzubeugen: ich kann nicht sagen, daß H. W. regelmäßig in der rue d'Ulm sei. Jedenfalls war sie da, als ich zuerst hinkam – immer noch die Alte.

Paul Oppenheim: ich bin im Grunde herzlich froh, daß ich nicht darüber schreiben muß. Ich habe einen Teil gelesen und finde es vor allem unbeschreiblich langweilig. Über die »neue Logik« sind wir im übrigen vollkommen d'accord. Ich hatte seinerzeit geglaubt, daß man sie dialektisch als eines der Instrumente zur Selbstzerstörung der bürgerlichen Ideologie benutzen könnte. Heute glaube ich nicht einmal mehr das. Sie ist eben in der Tat in jenem fatalen Sinne »destruktiv«, daß sie einfach alle Inhalte der Irrationalität und Kontingenz ausliefert und ihr Sekuritätsbedürfnis an Tautologien stillt. Ihre Kritik akzeptiere ich Wort für Wort. Eine Analyse wird m. E. derart zu verfahren haben, daß man die Logistik dort anpackt, wo sie überhaupt mit Inhalten irgend noch kommuniziert, nämlich bei der Sprachtheorie, und zeigt – immanent – daß die sprachkritischen Intentionen der Logistiker konstitutiv fehlgehen. Vielleicht geht man am besten gleich vom Ansatzpunkt, Wittgensteins Tractatus, aus. Aber es käme auch Moore in Cambridge und Carnap in Betracht. – Was Sie über Fachwissenschaft und mittlere Industrie sagen, kommt fast wörtlich in meiner Husserlarbeit vor, wo die Verdinglichung der Logik und die spezialistische Einzelwissenschaft unmittelbar aufeinander bezogen sind. Solche Übereinstimmungen zwischen uns haben freilich nichts Erstaunliches mehr.

Kracauer: ich danke Ihnen für Ihre Bereitschaft, und verspreche Ihnen, daß ich aus ihr die Konsequenzen ziehe, die einzig in unseren Intentionen gelegen sind. Es ist wohl das beste, wenn ich den Komplex in Paris mit ihm bespreche, und ich möchte Sie heute anfragen, ob das Institut mir im Dezember eine Woche Paris zu diesem und einigen anderen Zwekken (vor allem Kontrolle der Übersetzungsangelegenheit, aber auch Sohn-Rethel, Benjamins große Arbeit und mehr) ermöglichen würde – eine Woche, die strikt der Arbeit an Institutsdingen gehörte. Daß Kracauer, wenn man ihn bei der Propagandauntersuchung ernstlich beteiligt, sich allen unseren Bedingungen fügen wird, halte ich für sicher und es soll da an meiner bewährten Brutalität nicht fehlen. Man wird höchstens seinen Prestige-Instinkten gewisse Konzessionen machen müssen – sachlich keine. Es wäre immerhin gut, wenn ich erführe, ob Sie prinzipiell geneigt wären, die Propagandauntersuchung in größerem Maßstab (evt. als Kollektivuntersuchung) durchführen zu lassen, oder ob Sie zunächst bloß an einen Aufsatz denken. Einen solchen könnte man ja gewiß aus dem von Kracauer einzureichenden Exposé herstellen. Doch wäre ich froh, ehe ich mit K. spreche, von Ihnen wenigstens etwas Näheres zu wissen.

Unterdessen hat mir Sohn-Rethel geschrieben. Ich habe seine Arbeit, bin aber noch nicht dazu gekommen. Bitte lassen Sie mich doch auch in aller Kürze wissen, ob ich das vorgeschlagene Gutachten machen soll und ob Sie für die Sache überhaupt Interesse haben. Sie scheint mir jedenfalls unsere Aufmerksamkeit zu verdienen. Ob der zunächst sich aufdrängende Verdacht einer Ontologisierung der materialistischen Dialektik zu einer Art von »Befindlichkeit des Seins« – oder wie man das heute so nennt – berechtigt ist, weiß ich nicht. Sohn bestreitet es heftig.

Die Mannheimsache kann ich wohl hier noch beginnen und in Deutschland abschließen; ich lasse sie dann Ihnen über Benjamin zugehen. Nur möchte ich nochmals um das Material bitten, das noch bei Ihnen ist.

Schoen kommt morgen hierher, ich richte ihm gerne Ihren Auftrag aus. Ich will versuchen, entweder die Arbeit strikt auf das in ihr enthaltene Material zu beschränken, also die Theorie gewissermaßen auszusparen; oder zu verbindlicheren theoretischen Formulierungen mit ihm zu gelangen. Das Resultat erhalten Sie dann baldigst. Ich habe übrigens, teilweise nach den sehr fruchtbaren Gesprächen mit Benjamin, einige Ergänzungen zur Jazz-Arbeit geschrieben, die ich Ihnen gelegentlich gern senden würde.

Mein Buch ist im VI. Kapitel über »die phänomenologische Verhaltensweise«. Ich halte bei der Analyse der Begriffe »natürliche« und »phänomenologische« Einstellung, wobei diese sich als völlig von jener bestimmt, und gänzlich scheinhaft herausstellt: bloße Ideologie des vor der Praxis sich zurückziehenden Wissenschaftsdenkens. Das Hauptkapitel, über kategoriale Anschauung, hat eben mein »Supervisor«, der sehr angetan ist. Leider ist das Ganze einstweilen unförmig lang und literarisch noch ganz ungestaltet. Aber ich muß erst Gedankenzug und Material im Großen in Übereinstimmung gebracht haben, ehe ich an die Ausarbeitung denken kann. Die wird dann sehr kondensiert. Die englische Dissertation muß sich dabei als Nebenprodukt ergeben. Im Zentrum steht immer mehr die Konzeption des »aporetischen Begriffs«, d. h. daß die gesamten Begriffe der idealistischen Erkenntnistheorie nicht sowohl Ausdruck irgend realer Verhaltensweisen des »Geistes« sind als vielmehr Ausdruck der Widersprüche, in die sich das Denken zwangsläufig verwickelt, indem es versucht, Realität aus sich zu entwickeln, und ohne Beziehung auf die Realität oder mit einer bloß verzerrten. Die Arbeit kulminiert in einer Analyse des H.schen eidos ego, das einmal als notwendige Konsequenz des Idealismus erwiesen, andererseits aber in der Unmöglichkeit seiner »Reinheit« herausgestellt wird und zwar derart, daß das transzendentale Subjekt seinem eigenen *Sinne* nach auf die Existenz des Leibes weist und darum als Fundament nicht zu halten ist. Alles hängt von der strikten Immanenz dieses Nachweises ab; ist sie möglich, dann ist wirklich der Idealismus aus den Angeln zu heben.

Eine Bitte noch: ich habe einem hiesigen Philosophie-Don, G. Mure von Merton College, einem ausgezeichneten Hegelkenner und sehr klugen Mann, Marcuses Hegelbuch gegeben, von dem er sehr angetan ist. Es wäre vielleicht – auch im Interesse der Beziehung des Instituts zu dem College – ganz angebracht, wenn Marcuse ein Separatum des Wesensaufsatzes aus der Zeitschrift an Herrn Mure unter Berufung auf mich schicken würde. Mure selbst schreibt ein großes Hegelbuch mit dem in der Tat frappanten Nachweis der Verwandtschaft der Hegelschen Konzeption mit der Aristotelischen. Er ist übrigens ein Todfeind der Logistik. Die Leute aus der alten Hegeltradition hier sind als einzige gegen den Spuk der Leere gefeit. Die Jungen fallen allesamt, aus einer Art von pervertiertem Sekuritätsbedürfnis, darauf herein. Welch eine Sicherheit, daß a gleich a und nicht gleich nicht a ist!

Der Brief ist wiederum arg angeschwollen! Bitte verzeihen Sie es. Grüßen Sie Maidon, Fritz Pollock und Frau und seien Sie selbst aufs herzlichste gegrüßt von Ihrem

Teddie Wiesengrund

Haben Sie von Maurice Bowra gehört?
Die Ankündigung der Vorlesungen macht einen sehr guten Eindruck. Wie dächten Sie über einen Aufsatz »Musik und Fetischcharakter«?

ÜBERLIEFERUNG O: Ts; Max-Horkheimer-Archiv der Stadt- und Universitätsbibliothek, Frankfurt a. M. – E: Horkheimer, Briefwechsel 1913-1936, S. 706ff.

Goebbelsrede: Goebbels' Rede während der Schlußkundgebung des zehnjährigen Jubiläums des Gaus Berlin hatte am 30. Oktober im Sportpalast stattgefunden. Einen Tag zuvor hatte Göring eine Rede zum Vierjahresplan gehalten. Goebbels hatte gesagt: »Im Auslande hat man das [scil. die Nation vor dem bolschewistischen Chaos zu retten] vielfach nicht verstanden und versteht es mitunter auch heute noch nicht, vor allem nicht in den Ländern, die selbst vom Bolschewismus bedroht sind. Wir aber haben diese Auseinandersetzung[en] hinter uns, und niemals wieder werden sie bei uns fällig werden. Wenn der Kommunismus glaubt, daß für ihn nochmals der Hafer in Deutschland blühen könnte, so irrt er. Wir brauchten nur die festgehaltenen Zügel etwas locker zu lassen und die letzten Reste eines gegnerischen Widerstandes würden von dem Gewicht dieser Bewegung zermalmt werden. [. . .] Wir haben das Heer der Kritiker im Ausland und im Inland Lügen gestraft.« (Zit. Frankfurter Zeitung vom 31. Oktober 1936)

Fräulein W.: Marga Wadsack.

Carnap: Rudolf Carnap (1891-1970), Begründer des logischen Empirismus, war 1935 in die USA gegangen; 1934 war sein Buch »Logische Syntax der Sprache« erschienen.

Unterdessen hat mir Sohn-Rethel geschrieben: Dieser Brief ist nicht erhalten.

einige Ergänzungen zur Jazz-Arbeit: Sie wurden zuerst in »Moments musicaux« veröffentlicht; vgl. jetzt Adorno GS 17, S. 100-108.

mein »Supervisor«: Es war Gilbert Ryle (1900-1976), der von 1945 bis 1968 Professor in Oxford war.

ein Aufsatz »Musik und Fetischcharakter«: Adorno schrieb diesen Aufsatz, der den Titel erhielt »Über den Fetischcharakter in der Musik und die Regression des Hörens«, erst 1938.

66 Horkheimer an Adorno
New York, 14.11.1936

429 WEST 117TH STREET
NEW YORK, N. Y.

14. November 1936.

Lieber Herr Wiesengrund,

Vielen Dank für Ihren ausführlichen Brief vom 30. Oktober. Haben Sie meinen Nachtrag vom 23. Oktober zu meinem Brief vom 22. erhalten? Ich frage vor allem deshalb, weil wir diesen Nachtrag nicht an die Banbury Road, sondern auf Grund Ihrer Adressenangabe auf dem Umschlag des letzten Briefes an das Merton College gesandt hatten. Ihre verschiedenen Anfragen beantworte ich der Reihe nach.

Sie nennen die Gedanken, die Sie sich wegen Ihrer Rückkehr an Weihnachten machen, »Kreuzerwägungen«. Ich erwarte Ihre Nachricht, ob Sie es riskieren wollen.

In der Frage der Kapitelauswahl habe ich Benjamin bereits mitgeteilt, dass ich sehr damit einverstanden bin, statt dem

Moralaufsatz »Egoismus und Freiheitsbewegung« zu bringen. Dagegen habe ich einige Bedenken gegen den Aufsatz im Autoritätsband. Sein Stil und seine Disposition sind stark von der Aufgabe bestimmt, eine ziemlich akademische Einleitung zu den Studien zu geben, die das Institut auf diesem Gebiete unternommen hat und noch unternehmen will. Sollte es sich im Laufe der Übersetzung herausstellen, dass der Band durch diesen Aufsatz um vieles gewinnen würde, so können wir ihn ja als letzten immer noch übersetzen lassen. »Egoismus und Freiheitsbewegung« sollten wir im Gegensatz dazu jedoch möglichst bald übersetzen und unter Umständen in einer französischen Zeitschrift zum Vorabdruck bringen. Was meinen Sie dazu? Der Umstand, dass ich vielen Leuten bei meiner letzten Europareise die Grundgedanken dieses Aufsatzes mitgeteilt habe, hat dazu geführt, dass einzelne Theorien daraus schon ziemlich verbreitet sind. Ich hatte sogar einige dazu angeregt, im Zusammenhang mit meinem Plan Spezialstudien durchzuführen. Ein Dozent der Geschichte in Genf (Meyer-Lindenberg) sammelt Material zu einem Buch über die Reformation und ist schon ziemlich weit gediehen. Ludwig Marcuse ist mit seiner Veröffentlichung über Rienzo in einem der letzten Hefte des Tagebuches freilich etwas oberflächlich gewesen. Er arbeitet an einem Buch über Befreiungskriege, zu dem ich ihm anlässlich eines Gespräches in Paris eine Reihe theoretischer Gesichtspunkte geliefert habe.

Über die Weiterarbeit von Fräulein W. wird Ihnen unser Marcuse selbst schreiben.

Benjamin die Reorganisation des Besprechungsteils zu übertragen, wäre ohne genaue vorherige Verständigung sehr schwierig. Wir sind uns ja darüber einig, dass der Besprechungsteil ein anderes Aussehen bekommen soll. Die Tendenzen auf den verschiedenen Wissenschaftsgebieten müssen von unserem Standpunkt aus dargestellt werden. Die Auswahl der Bücher, die wirklich besprochen werden, hat sich dem Ziel unterzuordnen, Einsicht in die wichtigen Vorgänge der wissenschaftlichen Produktion zu vermitteln. Man wird wahrscheinlich zwei Teile des Besprechungsteils einrichten müssen: erstens Sammelbesprechungen zur Orientierung über die einzelnen Wissenschaftsgebiete, in denen nur die wichtigsten Bücher und Zeitschriftenaufsätze erwähnt werden, zweitens eine Art von bibliographie raisonnée, in der die etwa sonst noch interessierenden Neuerscheinungen nur ganz kurz charakterisiert werden. Ich denke, dass wir den Jahrgang 1938 bereits mit einem reorganisierten Besprechungsteil beginnen können. All dies bedarf persönlicher Aussprache und kostet viel Arbeit. Experimente, die nicht genügend vorbereitet sind, erscheinen mir nicht zweckmäßig. Dagegen bin ich sehr damit einig, dass Benjamin stärker zu Besprechungen herangezogen wird. Ich überlasse es Ihnen, entweder allein oder nach einer Rücksprache mit Benjamin einen Vorschlag zu Einzel- oder Sammelbesprechungen zu machen. Löwenthal hat Ihnen ja in den letzten Tagen dieserhalb geschrieben.

Oppenheims Buch wird nun nicht in der nächsten, sondern erst in der übernächsten Nummer der Zeitschrift besprochen. Nachdem der Artikel von Lazarsfeld bereits gesetzt war, hat es sich nämlich herausgestellt, dass das Englisch, das freilich von einigen Amerikanern vorher überprüft war, dem Ansehen der Zeitschrift doch geschadet hätte. Vor allem müssen die persönlichen Bemerkungen fallen und die vielen we's und our's ausgemerzt werden. Ich kann Ihnen, wenn Sie es in der Korrespondenz mit Oppenheim brauchen, von Paris ein Fahnenexemplar zusenden lassen. Anstelle des Lazarsfeldschen Artikels erscheint jetzt eine von Mandelbaum verfasste und von Pollock überarbeitete Kritik des neuesten Keynesschen Buches, das allerorten als grosse Tat gepriesen oder bekämpft wird. – Ich habe übrigens Anweisung gegeben, dass vom nächsten Jahr an Ihnen ein Exemplar der Korrekturen von jedem Heft so rechtzeitig zugesandt wird, dass Sie es – wenigstens auf den Inhalt hin – zugleich mit uns lesen können. Wir müssen dann nur ein Korrespondenzsystem zwischen Ihnen und uns verabreden, mittels dessen Ihre Vorschläge so rasch diskutiert werden können, dass keine Verzögerung bei der Drucklegung entsteht. Ein direkter Verkehr wegen Korrekturen zwischen London und Paris zusätzlich zu dem zwischen New York und Paris müsste notwendig dort ein Chaos bewirken. Beim ersten Heft 1937 wird wohl nichts anderes übrig bleiben, als dass Sie Ihre Änderungsvorschläge so zusammendrängen, dass ihnen noch bei der zweiten Korrektur stattgegeben werden kann. Beim Sommerheft sind hoffentlich schon die Grundlinien einer engeren Kooperation ausgearbeitet und in Kraft.

Was Sie über die Logistik sagen, ist mir besonders wichtig. Da ich die Absicht habe, die Kritik recht bald zu schreiben, wäre ich Ihnen dankbar, wenn Sie mir alles mitteilen könnten, was Ihnen zu diesem Gegenstand irgend wichtig erscheint. Soweit ich bis jetzt sehe, ist die Arbeit von Sohn-Rethel im wesentlichen dieselbe, die er uns schon in Frankfurt vorgelegt hat. Es wäre wohl nicht zuviel verlangt, wenn wir Sohn-Rethel aufforderten, ein knappes Résumé seiner Ansichten, die er in dem Buch darlegen will, zu übermitteln. Sicher ist, dass sein Entwurf nicht veröffentlicht werden kann; er setzt mit sehr vielen Worten auseinander, was jeweils durchgeführt werden müsste, er gibt eine ganze Masse von Themen für theoretische Studien und Nachweise an, ohne dass es ihm trotz dieser Weitschweifigkeit auch nur gelänge, diese Desiderata genau zu bestimmen. Angesichts des Umstands, dass Ihre Zeit sehr knapp bemessen ist, scheint es mir, dass Sie sich im Augenblick eher zu einem Brief an Sohn-Rethel als zu der schwierigen und wenig fruchtbaren Lektüre entschliessen sollten. Wenn Sie ihm schreiben, so bitte ich Sie, dies gleichzeitig auch in meinem Namen und in dem des Instituts zu tun.

Kracauer in irgendeine Art von Kollektivuntersuchung einzuspannen, erscheint mir als höchst problematisch. Sollten Sie nach Rücksprache mit ihm anderer Meinung sein, so bitte ich um Nachricht darüber. Für den anderen Fall schlage ich vor, dass Sie mit ihm sogleich die Anfertigung eines Aufsatzes über das Propaganda-Thema besprechen und ihn auffordern, ein ausführliches Exposé darüber einzureichen. Ich glaube es ist gut, dass wir von ihm zunächst einmal einen Beweis für seinen Willen zur Mitarbeit in die Hand bekommen. Wenn dann einmal ein Aufsatz von ihm bei uns veröffentlicht ist, können wir wegen Mitarbeit am Besprechungsteil und einer etwaigen Kollektivuntersuchung weiter verhandeln. Zur letzteren ist übrigens zu sagen, dass Aron vor kurzem über die grossen Schwierigkeiten berichtet hat, die gegenwärtig jeder Kollektivuntersuchung in Frankreich im Wege stehen. – Anlässlich unserer hiesigen Bemühungen, für Kracauer hier irgendeine fellowship zu erreichen, ist uns übrigens vor wenigen Tagen in einem Kommittee gesagt worden, es ginge ihm doch sehr gut. Er habe vor nicht allzu langer Zeit in einem erstklassigen Prager oder Wiener Hotel logiert. Ich gebe Ihnen dies Getratsche weiter, damit wir hier den Übermittlern eventuell das Maul stopfen können. Ich nehme an, dass Kracauer entweder eingeladen war, oder dass es sich überhaupt um einen geflissentlich verbreiteten Irrtum handelt. Die Herrschaften verlangen offenbar, dass ein Intellektueller, dem geholfen wird, sich erst einmal wie ein richtiger Minjan-Mann verhält.

Bowras Arbeit ist vorgestern eingetroffen. Er hat sich wirklich die vereinbarte These »Gegen die Volkskunst« zu eigen gemacht. Die Gründe, die er vorbringt, bestehen jedoch leider in der Angabe ziemlich bekannter Tatsachen, zum Beispiel, dass Homer einer anderen sozialen Formation angehört wie Hesiod und dergleichen mehr. Die Arbeit wird gegenwärtig hier abgeschrieben. Sie bekommen eine Kopie, und wir können dann darüber korrespondieren, ob die Publikation bei uns möglich ist. Gerade unsere amerikanischen Leser sind äusserst fortgeschritten und kritisch. Bowra hat übrigens zum Manuskript einen sehr netten Brief geschrieben, in dem er uns ausdrücklich auffordert, gegebenenfalls das Manuskript nicht zu veröffentlichen.

Ihr Mannheim-Manuskript geht Ihnen mit gleicher Post nebst zwei Durchschlägen der Abschrift zu. Die Abschrift ist von einer der Sache selbst ganz unkundigen Sekretärin zwischen anderen Arbeiten eilends angefertigt worden, ohne dass wir sie kontrolliert hätten. Es sind eine Masse Lücken, sinnstörende Missverständnisse und andere Fehler unterlaufen. Ich weiss gar nicht, ob Sie etwas damit anfangen können. Ich freue mich auf Ihren Aufsatz. Vielleicht finden Sie Zeit, uns die Disposition mitzuteilen, sobald Sie darüber im klaren sind.

Darauf, wie Sie Husserls transzendentales Subjekt durch den immanenten Nachweis seiner Bezogenheit auf die Existenz des Leibs destruieren wollen, sind wir hier alle nicht wenig neugierig. Wenn diese Absicht gelungen ist, werden Sie dem Materialismus einen sehr grossen Dienst erwiesen haben.

Ihren Wunsch wegen G. Mure habe ich an Marcuse weitergegeben.

Einen Aufsatz über Musik und Fetischcharakter jetzt kurz nach dem Jazzaufsatz zu bringen, erscheint mir als nicht sehr geschickt. Vielleicht sprechen wir darüber, wenn die Mannheim-Arbeit fertig ist. Der Redaktionsschluss für das erste Heft 1937, zu dem wir, wenn irgend möglich, den Mannheim-Aufsatz erwarten, ist übrigens der 15. Januar in New York. Wir wären Ihnen dankbar, wenn Sie uns Ihr Manuskript bis dahin in doppelter Ausführung übersendeten; das gleiche gilt für die Besprechungen.

Neben einigen Vorbereitungen zum Positivismus-Aufsatz beschäftige ich mich gegenwärtig mit einem viel dringenderen theoretischen Problem, an dessen Ausführung ich jedoch im Augenblick nicht gehen kann. Die Lehre, dass die Ökonomie die Anatomie der bürgerlichen Gesellschaft ist und daher die geschichtlichen Prozesse alle letzten Endes aus den Verhältnissen im Unterbau erklärt und abgeleitet werden müssen, führt, undialektisch angewandt, notwendig zur Verkennung der Gegenwart an einer sehr entscheidenden Stelle. Es folgt aus dieser Lehre zu Recht, dass die Aufhebung der gegenwärtigen Eigentumsverhältnisse im Sinne einer Vergesellschaftung der Produktionsmittel das Ende der herrschenden Gesellschaftsform und die Vorbedingung einer höher differenzierten bildet. Diese Einsicht entartet in einen vulgären weltanschaulichen Glaubensakt, wenn man sie auch dort stereotyp wiederholt, wo sich wirklich ein solcher Umschlag vollzieht.

Mit der Aufhebung der Eigentumsverhältnisse ändert sich sogleich das Verhältnis der Kategorien, und es ist nicht mehr angängig, das Verhältnis von Unterbau und Überbau oder auch nur der einzelnen Sphären des Überbaus untereinander in unveränderter Weise aufzufassen wie im Hinblick auf die gegenwärtige Gesellschaftsform. Spielten etwa die Staats- und Verwaltungsformen in bestimmten Perioden der bürgerlichen Ordnung keineswegs die entscheidende Rolle, die eine liberalistische Theorie ihnen geflissentlich beizulegen suchte, so hängt in der Entwicklung nach dem Umschlag unter Umständen der ganze weitere Geschichtsverlauf von unmerkbaren Nuancen in diesen Sphären ab. Die Unklarheit über die dialektische Methode in dieser Frage hat man sich drüben in R. nun allzu lange schon zunutze gemacht, und es wäre an der Zeit, dass wir endlich etwas Bestimmtes darüber formulierten. Im Wahrheitsaufsatz (S. 352/53) habe ich das Problem, freilich sehr allgemein, angedeutet. Auch in früheren Aufsätzen, so in »Geschichte und Psychologie« steht etwas davon. Es bedürfte jedoch einer zusammenhängenden, expliziten Behandlung.

Auch durch eine andere, damit zusammenhängende Erwägung kann vielleicht die Erkenntnis der uns gegenwärtig bedrückenden Vorgänge gefördert werden. Die Rolle der Sozialdemokratie vor und während des Krieges war zum grossen Teil durch die Verhältnisse innerhalb der einzelnen Länder zu erklären. Die bürokratische Führung war in sehr hohem Mass innerlich und äusserlich von den herrschenden Gruppen abhängig. Das Verständnis der gegenwärtigen Verhältnisse in R. ist nun dadurch erschwert worden, dass man in genauer Analogie zur bürgerlichen Ordnung nach den ökonomischen Gruppen suchte, von [denen] die ebenso verkehrt handelnde, verfestigte Bürokratie dort abhing, und keine finden konnte. Nun vermute ich, dass die Dinge inzwischen sich schon soweit entwickelt haben, dass eine gründliche Analyse derartige Gruppen zu entdecken vermöchte. Aber auch in dieser Hinsicht hat sich die Struktur der historischen Faktoren in den letzten zwanzig Jahren stark verändert: man begreift die Vorgänge nicht, wenn man bloss auf die Abhängigkeit von nationalen und nicht auf die von international massgebenden Gruppen blickt. Der soziale Gegensatz ist in hohem Grad auf internationaler Ebene zu fassen. Dies bedeutet aber einen qualitativen Umschlag. Dies geht auch daraus hervor, dass früher die Aussenpolitik wesentlich der unfreiwillige Ausdruck der inneren Spannungen war, während heute die Innenpolitik in gewisser Weise zur Funktion der gemeinsamen sozialen Interessen der herrschenden internationalen Gruppen und ihres Anhangs geworden ist. Selbstverständlich ist diese Gemeinsamkeit so sehr mit Sprengstoff geladen, dass es nur zu einer äusserst bedenklichen Harmonie kommt, die jeden Tag in die Brüche gehen kann, aber man sollte diese Veränderungen weit mehr in die Theorie einbeziehen, als es gewöhnlich noch geschieht.

Ihr Brief vom 26. Oktober bedarf keiner besonderen Beantwortung. Er traf zu spät ein, als dass ich wegen Schoen noch hätte depeschieren können, selbst wenn ich grundsätzlich negativ eingestellt wäre. Dies bin ich jedoch gar nicht, was Sie wahrscheinlich aus meinem an ihn gerichteten Brief ersehen haben. Den hat er Ihnen wohl bei seinem Besuch gezeigt. Andernfalls sende ich Ihnen gern eine Abschrift.

Mit herzlichem Gruss Ihr

M. H.

PS. Klossowski fragt mich in einem freundlichen Brief an, welches Honorar ich für die Übersetzung festsetzen wolle. Ich habe Benjamin mitgeteilt, dass er den Preis auf Grund eigener Erkundigungen und Rücksprache mit Klossowski bestimmen solle. Wenn sich da irgendwelche Schwierigkeiten ergeben, bitte ich Sie, Benjamin zu beraten.

ÜBERLIEFERUNG O: Ts; Theodor W. Adorno Archiv, Frankfurt a. M. – E: Horkheimer, Briefwechsel 1913-1936, S. 717 ff.

Meyer-Lindenberg: Der Historiker und Völkerrechtler Hermann Meyer-Lindenberg (1912-1982) war 1933 in die Schweiz emigriert und studierte in Genf am »Institut Universitaire des Hautes Études Internationales«, wo er 1935 promovierte. Meyer-Lindenberg ging anschließend nach Kolumbien, wo er nach seinem juristischen Doktorexamen Völker- und Verwaltungsrecht lehrte. Die Arbeit, von der Horkheimer spricht, trug den Titel »Reformation und Revolution«. In seinem Bericht vom 2. April 1938 an den Präsidenten der Columbia sagt Horkheimer, daß das deutsch geschriebene Manuskript ins Englische übersetzt werden solle.

Ludwig Marcuse . . . über Rienzo / ein Buch Befreiungskriege: Vgl. Ludwig Marcuse, Der Führer Cola di Rienzo, in: Das Neue Tage-Buch, 24.10.1936, Jg. 4, Nr. 43, S. 1021-1026. Die Arbeit Ludwig Marcuses (1894-1971) über *Befreiungskriege* scheint identisch zu sein mit dem vom Institut unterstützten Buchplan »Der Rebell«, der um den »Turnvater« Jahn zentriert war (vgl. Horkheimer, Briefwechsel 1913-1936, S. 530 Anm. 10).

Löwenthal hat Ihnen . . . geschrieben: Löwenthals Brief datiert vom 10. November.

eine von Mandelbaum verfasste . . . Kritik: Die Kritik von John Maynard Keynes' »The General Theory of Employment, Interest, and Money« (London 1936), vgl. Erich Baumann [Pseudonym], Keynes' Revision der liberalistischen Nationalökonomie, in: ZfS 5 (1936), S. 384-403 (Heft 3).

Kracauer / Er habe vor nicht allzu langer Zeit in einem erstklassigen Prager oder Wiener Hotel logiert: Kracauer schrieb darüber am 28. Januar 1937 an Horkheimer: »Was die über mein angebliches Wohlleben verbreiteten Behauptungen betrifft, so weiß ich Ihre Einstellung hierzu, die mir in der Tat von Wiesengrund bekannt gegeben wurde, nicht hoch genug einzuschätzen. [. . .] Wenn es rein nach mir ginge, beantwortete ich natürlich solche Verleumdungen mit Stillschweigen. Aber man muß der Welt geben, was ihr gebührt, und so möchte ich Ihnen mit der Bitte, das Notwendige zu veranlassen, mitteilen, daß wir uns *eingeladenerweise* in Oberbolzen aufhielten. Soll ich auch noch die Frage des Frontzimmers behandeln? Doch es würde den Bewohner des billigeren Zimmers vermutlich noch mehr erbittern, wenn er erführe, daß wir als erste Mieter der Saison das Frontzimmer zu einem Ausnahmepreis erhielten, der womöglich hinter dem von ihm gezahlten zurückstand.«

Minjan-Mann: Minjan (hebr. »Zahl«). Die für den jüdischen Gottesdienst erforderliche Anwesenheit von mindestens zehn religiös mündigen, d. h.

über vierzehn Jahre alten, männlichen Juden. Ein *Minjan-Mann* ist derjenige, der für seine Teilnahme bezahlt wurde.

Bowras Arbeit: Vgl. Cecil Maurice Bowra, Sociological Remarks on Greek Poetry, in: ZfS 6 (1937), S. 382-398 (Heft 2).

R.: Rußland.

Im Wahrheitsaufsatz (S. 352/53): Die Passagen zur »unabgeschlossenen Dialektik« vgl. jetzt Horkheimer GS 3, S. 295-297.

»Geschichte und Psychologie«: Horkheimers Aufsatz (ursprünglich ein Vortrag von 1931) eröffnete das erste Heft des Jahrgangs 1933 der Zeitschrift (vgl. jetzt Horkheimer GS 3, S. 48-69).

67 Adorno an Horkheimer
Oxford, 23.11.1936

Oxford
47 Banbury Road
23. November 1936.

Lieber Herr Horkheimer,

auch Ihren zweiten Brief – die Ergänzung des ersten – habe ich erhalten und mich besonders mit dem gefreut, was Sie über die Jazzarbeit sagen. Ich habe mittlerweile, teilweise auf Grund der Pariser Gespräche mit Benjamin, eine Reihe von Ergänzungen geschrieben, die ich Ihnen demnächst schicke; ohne zunächst an Publikation zu denken und es völlig Ihnen überlassend, ob wir sie gelegentlich in der einen oder anderen Form publizieren sollen. Dagegen wäre ich dankbar gelegentlich zu erfahren, wie Sie heute zu dem Plan einer weitergreifenden Untersuchung über Jazz stehen, der Ihnen ursprünglich den Anstoß zu der ganzen Sache gegeben hatte. Obwohl ich *nicht* glaube, daß an prinzipiellen Einsichten dabei sehr viel mehr herauszuholen ist, als ich versucht habe zu explizieren, wären eine ganze Reihe von Dingen (wie das Verhältnis zur Neger- bezw. Sklavenmusik und der Ursprung im Excentric dance) zu verifizieren und es ist durchaus möglich, daß die materiale Untersuchung doch auch die Theorie weiter brächte. Das Ganze ist von Bedeutung natürlich bloß als methodisches Modell einer ausgeführten materialistischen Analyse eines überblickbaren Phänomens des Überbaus.

Heute schreibe ich Ihnen nun hauptsächlich »personalpolitisch« wegen der drei Leute, mit denen ich Fragen einer eventuellen Mitarbeit erörtert habe. Diese Erörterungen trugen allesamt – das möchte ich im voraus nachdrücklich feststellen – unverbindlichen Charakter; ich habe keinerlei feste Vorschläge gemacht, nichts versprochen und Ihnen in keiner Weise vorgegriffen; andererseits aber versucht, die Dinge soweit klarzustellen, daß ich Ihnen meine eigene Stellungnahme und auch einiges an Vorschlägen einigermaßen präzisieren kann. Es handelt sich um Schoen, Kracauer und Sohn-Rethel.

Der Fall Schoen liegt verhältnismäßig am einfachsten. Ich hatte ihn vor 14 Tagen zu mir eingeladen und sprach mit ihm sein Manuskript genau durch. Er hat sich in jeder Weise denkbar nett und unprätentiös verhalten und ist auf alles – ohne dabei in Liebedienerei zu verfallen – mit Verständnis eingegangen. Er ist ein anständiger, sehr kultivierter und informierter Mann und hat auch jene entscheidenden Erfahrungen gemacht, die ich im Gespräch mit Pollock »den Stein aufheben und die Würmer erkennen« nannte. Ich glaube, daß er in dem Bereich seiner Sachkenntnis uns, richtig gelenkt, von Nutzen sein kann und daß er verdient, von uns gefördert zu werden. Ich bin mir andererseits völlig darüber im Klaren, daß er nicht als eine »theoretische Begabung« anzusehen ist und er selber erhebt auch nicht den Anspruch. Ich habe denn auch im Gespräch mit ihm meine ursprüngliche Absicht, seinen großen Aufsatz im Sinne theoretischer Interpretation umzugestalten, bald aufgegeben: es hätte das einfach bedeutet, daß ich den Aufsatz selber hätte schreiben müssen, and this was not the idea. So habe ich mich darauf beschränkt, seine Arbeit mit ihm kritisch durchzugehen, einzelne theoretische Hinweise zu geben und die grob anstößigen Politika zu beseitigen (ich bin der Ansicht, daß Zeitpunkt und Art des Anstoßerregens wenigstens von uns selber bestimmt werden muß und nicht der enthusiastischen Improvisation überlassen werden kann). Als Resultat unseres Gesprächs schickt er mir die einliegenden, von ihm ausgearbeiteten Änderungen (in manchen Stücken meine Anregungen zu unverdaut enthaltend!). Der Rußlandteil ist ganz gestrichen. Sollten sich immer noch bedenkliche Passagen finden, was ich freilich finde, so könnten sie in New York ausgemerzt werden; Schoen würde sicherlich keine Widerstände produzieren. Eine gewisse Schwierigkeit bedeutet weiter die Länge der Arbeit, selbst in der gegenwärtigen Form. Schoen meint, es sei nicht ganz leicht, weiter zu kürzen, da der Aufsatz in der jetzigen Gestalt nur die Thesen und das freilich wichtige Belegmaterial enthält. Doch würde er auch weiteren Kürzungen wohl kaum sich widersetzen. Ich würde evt. vorschlagen, den Aufsatz als letzten im Aufsatzteil eines der Hefte zu publizieren und zwar in der Gestalt, daß nur die »Thesen« in der normalen Antiqua, die gesamten Belege aber petit (so wie jüngst Koyrés Aufsatz) gesetzt würden. Dadurch könnte man Platz sparen. Unter der Voraussetzung, daß über die angedeuteten Punkte eine Verständigung erzielt wird, möchte ich den Druck der Arbeit befürworten. – In seinem letzten Brief schrieb mir Schoen mit großer Freude von Ihrer Antwort, für die auch ich Ihnen sehr herzlich danken möchte. Er nimmt Ihre Anregung wegen einer Sammelbesprechung von Rundfunkliteratur gern auf und hat mir bereits Vorschläge gemacht. Ich habe ihn daraufhin sofort gebeten, sich deshalb des Näheren mit Löwenthal in Verbindung zu setzen. – Noch wäre ich Ihnen, in Sachen Schoen, dankbar, wenn Sie mich wissen ließen, ob ich die noch existierenden 5 Pfund vom Jazzfonds ihm anweisen lassen kann. Seine Lage ist verzweifelt: er hatte nicht das Fahrgeld von London nach Oxford.

Unvergleichlich viel schwieriger liegt der Fall Kracauer. Ich hatte ihm mitgeteilt, daß Sie mir Ihr Einverständnis aussprachen, mit ihm über die Untersuchung über Propaganda (*und* Reklame: ich bin der Ansicht, daß die vom System betriebene Scheidung der beiden Begriffe entlarvt werden muß) zu reden. Die Antwort, die ich erhielt, war das offenbare Produkt von Verfolgungsphantasien; ich habe weder Sie damit aufhalten wollen, noch freilich auch es vermocht, ihm darauf zu antworten; dies um so weniger, als er, aus angeblicher Besorgnis um seine Frau, mir die »Weisung« (so nannte er es selbst) erteilte, in der Korrespondenz mit ihm auf die Sache nicht weiter einzugehen, was natürlich jede fruchtbare Kommunikation, zumindest ehe ich in Paris bin, unmöglich machte. Mein Schweigen hat nun aber gewirkt: heute erhielt ich einen zweiten, durchaus vernünftigen Brief, in dem er sich für den ersten entschuldigte, ihn selber als pathologisch bezeichnete und ausdrücklich erklärte, daß er nicht irgendwelche unbegründeten Schwierigkeiten bereiten wolle. Ich glaube es danach verantworten zu können, wenn ich Sie weiter mit der Sache befasse. Ich möchte Sie dabei bitten, zunächst eine Unklarheit aufzuhellen, die wahrscheinlich durch ein Mißverständnis von meiner Seite verursacht worden ist. Nämlich: ob Ihre Stellungnahme zu meinem gesamten Vorschlag »Reklame und Propaganda« (der natürlich personell nicht etwa durch Kracauer allein ausgeführt werden könnte) derart ist, daß Sie dabei, so wie es mir vorschwebte, an eine größere und wahrscheinlich kollektiv zu führende Untersuchung denken oder bloß an einen Aufsatz in der Zeitschrift. In Ihrem Brief reden Sie von der »Untersuchung (für die Zeitschrift) über Propaganda«, womit wohl ein *Aufsatz* gemeint ist, während ich es in jenem anderen Sinne auffaßte, ohne freilich Kracauer gegenüber darauf mich festzulegen. Für die weitere Behandlung der Angelegenheit K. gegenüber ist das nun von einiger Wichtigkeit. Er ist natürlich im Grunde hochbeglückt über die Möglichkeit und wird froh sein, seine narzißtischen Aggressionen an mir zu betätigen und Ihnen gegenüber sich räsonabel zu verhalten. Immerhin stellt er (wohl von der Annahme einer weitergehenden Kollektivarbeit ausgehend) zwei Bedingungen, die ich Ihnen referieren muß. Die eine ist, daß er in der Sache sachlich nur mit Ihnen, Pollock und mir zu tun hat: das Ergebnis gemeinsamer Besprechungen werde er dann als bindend für seine Arbeit anerkennen (womit er wohl meint, daß wir ihm nicht einfach Vorschriften machen sondern ihn anhören – was ich für ebenso selbstverständlich halte, wie daß wir andererseits keinerlei Konzessionen an den Pseudohumanismus der Frankfurter Zeitung machen könnten!). Ich halte diese Bedingung zwar als »Bedingung« für bereits neurotisch, aber inhaltlich akzeptabel. Wenn Sie mich autorisieren, die Richtlinien der Arbeit in Paris mit ihm festzulegen, nachdem Sie mich vorher genau über Ihre eigenen Intentionen informiert haben, so glaube ich, daß hier kaum ernste Schwierigkeiten entstehen werden. Er hat sich weiter auch bereit erklärt, ein Exposé zu schreiben und das als »legitime Bedingung« anerkannt, sofern – ich zitiere wörtlich – »ich vorher mit Sicherheit weiß, daß Horkheimer nicht nur an einen Aufsatz, sondern an einen Forschungsauftrag denkt . . . und daß er außerdem gewillt ist, mir für die Dauer der Arbeit eine Existenzmöglichkeit zu gewähren«. Er fügt dem hinzu, daß er das materielle Arrangement dann durch gleichzeitige Mitarbeit an der Zeitschrift zu erleichtern suche. – Mir erscheint nun diese zweite Bedingung etwas merkwürdig. Denn ob, und in welcher Weise ihn das Institut verpflichtet, das soll ja gerade von dem Exposé abhängen: was soll geschehen, wenn wir es nicht akzeptieren können (was doch durchaus ins Bereich der Möglichkeiten fällt)? Einen Ausweg sehe ich nun gerade in dem Problem Aufsatz oder größere Untersuchung. Gesetzt, wir fordern nur einen Aufsatz ein. Dann soll er uns zunächst ein ganz kurzes Exposé dieses Aufsatzes (von 3 Maschinenseiten) schicken, *ohne* daran irgendwelche »Bedingungen« zu knüpfen. Leuchtet dieses Exposé uns ein, so bestellen wir daraufhin fest den Aufsatz und Sie machen ein Honorar mit ihm aus. Was sich dann weiter ergibt, muß man sehen: ich würde mich aber unter keinen Umständen vorher festlegen. Das werde ich ihm zunächst wieder unverbindlich, als meine Privatmeinung, schreiben. Hier aber setzt nun meine Bitte an Sie ein. Es würde nicht nur meine wirklich K. gegenüber nicht einfache Situation in der Sache, sondern auch die gesamte Atmosphäre ungeheuer erleichtern und wahrscheinlich eine Verständigung ohne weiteres möglich machen, wenn Sie selber, unter Bezug auf meine Gespräche und den Briefwechsel mit K., an diesen ein paar Zeilen schrieben. Das bloße Faktum würde wahrscheinlich genügen seine Verfolgungsideen zu zerstören und wir könnten in ihm, in den Grenzen, die ich wohl sehe, jedenfalls einen Mitarbeiter gewinnen, dessen geistige Kraft immer noch unverächtlich ist. Ich stellte mir Ihren Brief ganz kurz vor: enthaltend bloß, daß Sie von unseren Besprechungen Kenntnis genommen hätten, daß Sie sich freuten, daß er die vom Institut aus zu stellenden Bedingungen prinzipiell akzeptiere; daß, was seine Vorbehalte anlange, der erste sich dadurch erledige, daß Sie mich autorisiert hätten, die Grundlinien eines Aufsatzes zunächst zu besprechen; und daß man dem zweiten dadurch begegnen könne, daß er zunächst zum Thema Reklame und Propaganda einen mehr oder minder programmatischen Aufsatz auf Grund eines kürzeren Exposés schreiben möge, der in dem Augenblick als »bestellt« gelte, in dem wir zum Exposé positiv Stellung genommen hätten. Über alles weitere könne man dann in der Folge reden. Ich glaube, daß wir uns auf diese Weise nichts vergeben, sachlich unsere Ansprüche aufrecht halten und zugleich beitragen, ihn aus seiner neurotischen Situation zu lösen. Die weitere Mitarbeit an der Zeitschrift könnte man dabei ja evt. ventilieren. Ich hoffe, mit meiner Bitte Ihrem Affekt kein zu großes Opfer zuzumuten: sollte es aber eines bedeuten, so wäre es vielleicht damit zu rechtfertigen, daß es mir und meinem Interventionsversuch – und nicht etwa Kracauer gebracht wäre. Haben Sie tausend Dank im voraus! – Mir ist in diesem Zusammenhang übrigens noch eine Idee gekommen. Wie Sie wissen, hat K. ein unveröffentlichtes Buch über den Detektivroman geschrieben. Das Buch als solches ist, wie ich feststellen mußte, heute nichts mehr wert und auch wohl von ihm selbst nicht mehr zu vertreten (er schrieb es vor 13 Jahren). Er ist aber immerhin ein genauer Kenner der Materie und bringt viele Voraussetzungen dazu mit. Wie wäre es, wenn man bei ihm einen gesellschaftstheoretischen Aufsatz über Detektivroman bestellte? Zunächst für die Zeitschrift; aber im Hintergrund steht bei mir folgende Idee: daß man in der von Ihnen projektierten Kleinen Schriftenreihe einen Essayband, betitelt etwa DIE KUNST DES MASSENKONSUMS (wobei mir das Wort »Masse«, als nivellierend, noch nicht [ge]fällt; aber man kann gewiß einen besseren Titel finden*) publiziert: bestehend aus Benjamins Reproduktionsarbeit, meinem (evt. ergänzten) Jazz, Kracauer, Detektivroman, einem fachmännischen Aufsatz über die neue Architektur und die fortschrittlichen und regressiven Elemente in ihr (vielleicht Giedion??), das ganze mit einem prinzipiellen Aufsatz über das Problem des »Massenbewußtseins« von Ihnen an der Spitze. Ich könnte mir wohl vorstellen, daß ein solcher Band sehr stark wirkte und zugleich die erste konkrete (nicht im Sinne der russischen Theoretiker schematische) Anwendung der Theorie auf die *gegenwärtige* Gestalt der sogenannten »Kultur« bedeutete. Was meinen Sie?

Ich komme zu Sohn-Rethel, und damit nach meiner Überzeugung zum wichtigsten. Zunächst zum äußeren Stand der Dinge: ich hatte ihn aufgefordert, mir zur Erleichterung des »Gutachtens«, das ich Ihnen vorgeschlagen, mir eine Art Inhaltsangabe seines großen Manuskripts anzufertigen. Er hat das in der Form eines Briefes getan, der mich, um das sogleich vorwegzunehmen, aufs stärkste beeindruckt hat. Der Zufall hat es nun mit sich gebracht, daß er in diesen Tagen nach England kam, um hier etwas zu suchen. Ich habe ihn sogleich zu mir eingeladen und gestern den ganzen Tag in intensivster Arbeit mit ihm verbracht. Er wird auf Grund dieser Besprechung nun eine genaue Inhaltsangabe seines Manuskripts herstellen

---

* etwa: Die Kunst des Publikums. Oder *besser:* Die Kunst des Konsumenten.

und Ihnen und mir schicken und ich möchte Ihnen, und übrigens auch Marcuse und Löwenthal, die genaue Lektüre dieser Inhaltsangabe und womöglich des Exposés selber dringend ans Herz legen. Ich bin mir bewußt, daß die Art, in der das Exposé sich gibt, selbst für uns den Zugang denkbar schwer macht und zunächst jeden Verdacht rechtfertigt, es handle sich um eine Heidelbergische oder Freiburgische »Verflachung durch Tiefe«: des Marxismus. Ohne heute inhaltlich auf die Sache einzugehen (was ins Uferlose führen würde), möchte ich Ihnen nur als meine bestimmte und, ich glaube, sehr begründete Meinung sagen, daß dieser erste Eindruck trügt und daß es sich bei der Arbeit um eine hochbedeutende – ich wage zu sagen: eine genialische Intention handelt. Freilich ist es mir schwer, distanziert darüber zu reden. Denn das Anliegen der Arbeit ist identisch mit dem meiner eigenen gegenwärtigen und übrigens mit der These, die ich seinerzeit in meinen kritischen Bemerkungen zu Marcuses Wesensaufsatz aufstellte: den Idealismus von innen, auf Grund seiner eigenen Voraussetzung, zu sprengen. Die Methoden und Ausgangsbereiche sind völlig verschieden, die Resultate aber von einer Übereinstimmung, die mich, und ich glaube auch ihn, in die äußerste Erregung versetzt hat, in die mich heute theoretische Fragen noch versetzen können. Seine These ist, schlicht gesagt, die: daß der »Sinn« der Synthesis im Kantischen Sinn (als des idealistischen Zentralbegriffs) selber ein gesellschaftlicher und auf den Tatbestand der Ausbeutung reduktibler ist: die Arbeit ist der Versuch, die idealistischen Kategorien ihrem eigenen Geltungscharakter nach (also ohne Einbeziehung von Analogien, sondern streng aus ihrer eigenen Konsequenz) auf den Begriff der menschlichen Arbeit zurückzuführen. Oder, anders ausgedrückt: die Kantische Deduktion der Kategorien aus der Warenform und ihrer Dialektik abzuleiten. Ohne jetzt auf das Verhältnis von Sohns Unternehmen zu meinem eigenen einzugehen, möchte ich nur sagen: ich glaube, daß es uns beiden, von ganz verschiedenen Seiten, aber zentral übereinstimmend, gelungen ist, die idealistische Philosophie wirklich aus ihren Angeln zu heben, immanent zur Aufhebung zu bringen oder anders gewandt: Praxis (im Sinne der Thesen gegen Feuerbach) als den Gehalt der Theorie selber qua Theorie zu erweisen. Daß diese Übereinstimmung mich in eine wahre Exaltation versetzt, bedarf keines Wortes. Ich erinnere mich zu genau des Ausdruckes, den Marcuse für das Gelingen dieses Vorsatzes brauchte, um nicht das Gefühl zu haben, daß hier etwas Entscheidendes, vielleicht das Entscheidende für die Theorie geschehen ist. Oder vielmehr: geschehen kann. Denn so sicher ich der Bedeutung der Grundeinsichten Sohns bin, so evident ist mir (und ihm) die Insuffizienz ihrer gegenwärtigen Formulierung. Die Arbeit ist der äußersten Einsamkeit: erst einer ganz isolierten Existenz in Deutschland, dann in der Schweiz, abgerungen; und ist zudem mit allen Malen einer monologischen und oft monomanischen Denkstruktur gezeichnet. Ich glaube aber, daß sie ein wirklicher Durchbruch ist und daß, wenn Sohn die Möglichkeit dazu hat, sie zu entfalten, etwas von der allergrößten Tragweite zu erwarten ist (verstehen Sie mich recht: es handelt sich *nicht* um eine Begabung à la Borkenau, sondern um eine der allerhöchsten Substantialität und freilich auch mit allen Kanten und Schrunden einer solchen). Ich möchte – und zwar ganz einfach im Interesse der Aufgabe des Instituts selber – *dringend* raten, ihm die Ausarbeitung möglich zu machen. Soweit dabei meine kritische Mitarbeit notwendig ist, steht sie selbstverständlich zur Verfügung. Sohn wird ab Ende Januar ohne alle Subsistenzmittel sein. Auch er hat Familie; für Frau und Kind aber kann evt. anderweitig gesorgt werden. Und er käme gewiß mit einer schmalen Rente (die man ja, um der Sache einen festen Umriß zu geben, befristen könnte) bestimmt aus. Er ist überaus anspruchslos und wird psychologisch keinerlei Schwierigkeiten machen. – Lassen Sie mich noch hinzufügen, daß ich, falls ökonomische Erwägungen etwa zu einer Wahl: entweder Kracauer oder Sohn-Rethel, führen müßten, trotz meiner viel intimeren Privatbeziehung zu Kracauer aus sachlichen Gründen, die allem Persönlichen voran gehen, unbedingt für Sohn-Rethel optieren würde.

Ich gebe Ihnen noch die Adressen: Kracauer: Paris XVII, 3 Avenue Mac Mahon. Sohn-Rethel: Paris XV, 8, rue François Mouthon (mit th!).

Meine Arbeit schreitet gut voran. In der Rohfassung ist jetzt das VI. Kapitel fertig; das Manuskript 240 Maschinenseiten lang; zwei Kapitel stehen noch aus. Es wird natürlich aufs äußerste konzentriert werden müssen. Um Weihnachten hoffe ich mit dem Rohentwurf fertig zu sein. Die endgültige Redaktion und die englische Teilfassung arbeite ich dann gleichzeitig. Das Entscheidende ist die Analyse des transzendentalen Subjektbegriffes. Soweit geht es mir gut. Von Löwenthal Brief; sogleich beantwortet. Politisch sehe ich mehr als schwarz. Der Kriegsausbruch ist wohl nur noch eine Frage von Monaten. Es ist nur noch ungewiß, ob eine fascistische Erhebung in Frankreich oder schon Spanien der Anlaß sein wird. Demgegenüber scheint sogar im Augenblick selbst das Problem Rußland zurückzutreten. Die letzte Hoffnung ist, daß England sich doch noch richtig entscheidet. Ich glaube nicht an diese Hoffnung.

Mein letzter Brief an Sie war falsch adressiert (329 anstatt 429). Ich habe auf dem Postamt gebeten, die Adresse zu ändern. Hoffentlich ist der Brief in Ihre Hände gelangt. Ich warte sehnlich auf Antwort. Hier werde ich bis etwa 7. Dezember sein. Ob ich noch einmal nach Deutschland gehe, ist immer noch ungewiß. Gegebenenfalls depeschiere ich.

Ich hoffe Sie alle wohlauf. Verzeihen Sie den abermals endlosen Brief. Aber ich glaube wirklich, es ist nicht private Geschwätzigkeit, die ihn so lang werden ließ.

Alles Herzliche, auch für Maidon, Pollock und Frau Pollock

Ihr Teddie Wiesengrund

ÜBERLIEFERUNG O: Ts; Max-Horkheimer-Archiv der Stadt- und Universitätsbibliothek, Frankfurt a. M. – E: Horkheimer, Briefwechsel 1913-1936, S. 735 ff.

Koyrés Aufsatz: Vgl. Alexandre Koyré, La sociologie française contemporaine, in: ZfS 5 (1936), S. 260-264 (Heft 2).

Kracauer / Die Antwort . . . Besorgnis um seine Frau / Ein zweiter . . . Brief: Kracauer antwortete am 24. Oktober auf zwei Briefe Adornos, die nicht erhalten sind, mit einem Brief, in dem es heißt: »Aus Deinem mir nachgeschickten Briefchen ersehe ich, daß Du an Horkheimer meinetwegen geschrieben hast. Ich erkläre Dir hierzu ausdrücklich: Du hast das ohne meine Veranlassung und ohne mein Wissen getan. Es war nur besprochen zwischen uns, daß ich mich dazu bereit finde, mit Horkheimer zu *reden,* wenn er hier ist. Nach den verschiedenen Abweisungen, die mir vom Institut zuteil geworden sind, ist eine von mir ausgehende Anknüpfung unmöglich. Völlig unmöglich. So unmöglich, daß ich jede andere Verbindung suchen würde und werde, nur eben nicht diese. Ich klopfe nie und nimmer dort an, wo ich drei-, viermal herausgeschmissen, bzw. unwürdig behandelt worden bin. Durch den weit geöffneten Haupteingang gehe ich hier hinein, und mit vollen Ehren empfangen.« In seinem »Wichtigen Nachwort« zu dem Brief, weist Kracauer in der Tat Adorno an, aus Rücksicht auf seine leidende Frau Lili (1893-1971), die er vom Inhalt der Briefe nicht unterrichtet hatte, diese auch seinerseits unerwähnt zu lassen. Ein zweiter Brief datiert vom 9. November und ein dritter schließlich vom 21. November, den Adorno in seinem Brief an Horkheimer als zweiten bezeichnet.

zwei Bedingungen: »Und was die beiden von Horkheimer gestellten Bedingungen betrifft, so habe ich sie unter gewissen Reserven akzeptiert, gegen die wohl nichts einzuwenden sein wird. Das heißt, ich bin bereit, mich vorbehaltlos nach dem Ergebnis der Diskussionen mit Horkheimer, Pollock und Dir zu richten, sofern diese nur unparteilich und unbefangen geführt werden – aber das ist eigentlich eine Selbstverständlichkeit. Ferner bin ich natürlich dazu bereit, der legitimen Bedingung eines zweckdienlichen Exposés Rechnung zu tragen, sofern ich vorher mit Sicherheit weiß, daß Horkheimer nicht nur an einen Aufsatz, sondern an einen Forschungsauftrag denkt – anders ließe sich auch das Thema nicht bewältigen –, und daß er außerdem dazu gewillt ist, mir für die Dauer der Arbeit eine Existenzmöglichkeit zu gewähren. Ich würde ihm – das füge ich neu hinzu – ein solches materielles Arrangement dadurch zu erleichtern suchen, daß ich mich für das mir gebotene finanzielle Äquivalent auch noch zur Mitarbeit an der Zeitschrift in irgendeiner Form verpflichtete. An meinem guten Willen soll es überhaupt nicht fehlen.« (21.11.1936, Kracauer an Adorno)

ich [werde] ihm . . . schreiben: Ein Brief Adornos aus der Zeit ist nicht erhalten, der nächste Brief ist vom 4. Dezember und enthält bloß die Ankündigung seiner Fahrt nach Paris.

meine Bitte an Sie: Horkheimer schrieb am 10. Dezember an Kracauer: »Von Herrn Wiesengrund höre ich, dass Sie mit unserem Vorschlag, einen Entwurf für einen Zeitschriftenaufsatz anzufertigen, einverstanden sind. Es wird mich freuen, wenn dieser erste Schritt zu Ihrer regelmässigen Mitarbeit führen sollte. Sobald wir Ihren Entwurf in Händen haben, können wir über Honorar und weitere Einzelheiten verhandeln.«

der Detektivroman: Die Adorno gewidmete Arbeit, 1922 bis 1925 geschrieben, wurde erst posthum veröffentlicht; vgl. Kracauer, Schriften 1, S. 103 bis 204.

Giedion: Der Name des Schweizer Kunsthistorikers und Architekten Sigfried Giedion (1888-1968), der 1928 das Buch »Bauen in Frankreich. Eisen, Eisenbeton« publiziert hatte, war Adorno sicher von Benjamin genannt worden.

Sohn-Rethel . . . ein Brief: Den Brief vom 4. November vgl. Adorno / Sohn-Rethel, Briefwechsel, S. 13-28.

»Verflachung durch Tiefe«: »Darum führt jeder Versuch, die dialektische Methode ›kritisch‹ zu vertiefen, notwendig zu einer Verflachung.« (Georg Lukács, Geschichte und Klassenbewußtsein, in: ders., Werke: Frühschriften 2, Neuwied und Berlin 1968, S. 174)

die Thesen gegen Feuerbach: Von Karl Marx 1845 geschrieben.

der Ausdruck, den Marcuse für das Gelingen dieses Vorsatzes gebrauchte: Wahrscheinlich denkt Adorno an das »Desiderat« in Marcuses Aufsatz über den »Begriff des Wesens« (s. die Anm. zu Brief Nr. 64).

Sohn[-Rethel] . . . Frau und Kind: Tilla Sohn-Rethel (1893-1945), seine erste Frau, und die Tochter Brigit (geb. 1921).

Von Löwenthal Brief: »Zunächst danke ich Dir herzlich für die eindringliche Lektüre meines Ibsen-Aufsatzes und freue mich, daß Du ihn noch vor Drucklegung gelesen hast. [. . .] Von Horkheimer höre ich, daß Du zum Besprechungsteil eine Reihe von Einwänden hast. Ich gehe ganz mit Dir darin einig, daß er äußerst korrekturbedürftig ist, und bin Dir für jede Anregung aufrichtig dankbar. Bitte gib sie mir so detailliert wie möglich. Heute möchte ich Dich nun bitten, auch selbst für das nächste Heft einige Referate zu übernehmen. Vor allem liegt uns an einer Besprechung des Buches von Ernst Bloch [»Erbschaft dieser Zeit«], die Benjamin verschlampt hat. Ich hatte ihn darum bereits vor den Sommerferien gebeten, aber erst Mitte Oktober hat er mich wissen lassen, daß er infolge einer Krisis seiner freundschaftlichen Beziehungen zu Bloch die Rezension nicht gerne übernehmen möchte. Es wäre aber eine grobe Unfreundlichkeit, wenn Blochs Buch bei uns unerwähnt bliebe. Bitte tue mir den Gefallen und übernimm das Referat. Das Buch besitzt Du ja wohl. – Ferner möchten wir Dich darum bitten, die in Oxford erschienene Festschrift für Ernst Cassirer »Philosophy and History« anzuzeigen.« (10.11.1936, Löwenthal an Adorno) – Adornos Antwortbrief s. Anhang S. 522-525. – Löwenthal selbst schrieb am 5. November 1937, daß es wegen des fast drei Jahre zurückliegenden Erscheintermins des Buches wohl für eine Besprechung zu spät sei.

Frau Pollock: Andrée (Dée) Pollock.

68 Horkheimer an Adorno
New York, 25.11.1936

25. November 1936.

Lieber Herr Wiesengrund,

Soeben bemerke ich, dass in meinem letzten Brief Ihre Anfrage nicht beantwortet ist, ob Ihnen vom Institut aus ein einwöchentlicher Aufenthalt in Paris ermöglicht werden könnte. Ich glaubte, ich hätte Ihnen bereits positiv darüber geschrieben. Da dies offenbar nicht der Fall ist, hole ich es hierdurch nach.

Ferner habe ich Ihre Anfrage nicht beantwortet, ob Sie £ 5.– des Dispositionsfonds Seiber an Schoen geben dürfen. Ich nehme an, dass Sie dies bereits getan haben und heisse hierdurch nur hinterher Ihre diesbezügliche Massnahme gut.

Einliegend sende ich Ihnen einen Brief an Sohn-Rethel. Ich habe ihm bei der Erledigung eines Haufens anderer Korrespondenz wenigstens einige Zeilen schreiben wollen, bin aber nicht sicher, ob dieser Brief so nicht zu hart ist. Wenn Sie gegen die Absendung sind, so vernichten Sie ihn. Andernfalls bitte ich Sie, ihn – eventuell mit einem Begleitbrief von Ihnen – zu expedieren. Bei näherem Zusehen erweist sich die Arbeit Sohn-Rethels auch weiterhin als sehr intelligent. Mit unseren eigenen Intentionen hat sie jedoch mehr dem Gegenstand und Gebiet als der Denkrichtung nach etwas zu tun.

Mit herzlichem Gruss

ÜBERLIEFERUNG O: Ts(Dg); Max-Horkheimer-Archiv der Stadt- und Universitätsbibliothek, Frankfurt a. M.

ein Brief an Sohn-Rethel: Vgl. Horkheimer, Briefwechsel 1913-1936, S. 745 f.

69 Adorno an Horkheimer
Oxford, 27.11.1936

PLEASE SEND TYPED INTRODUCTION MANNHEIM ESSAY PLEASE WIRE WHETHER INSTITUTE EXPECTS ME PARIS SECOND WEEK DECEMBER CORDIALLY

WIESENGRUND

ÜBERLIEFERUNG Telegramm; Max-Horkheimer-Archiv der Stadt- und Universitätsbibliothek, Frankfurt a. M.

70 Horkheimer an Adorno
New York, 27.11.1936

INTRODUCTION ON THE WAY ALSO AGREEMENT PARIS VISIT PROVIDED BENJAMIN BACK FROM VIENNA CORDIALLY HORKHEIMER

ÜBERLIEFERUNG Telegramm; Max-Horkheimer-Archiv der Stadt- und Universitätsbibliothek, Frankfurt a. M.

BENJAMIN BACK FROM VIENNA: Benjamin hatte Horkheimer am 5. November geschrieben, daß er nach Wien reisen müsse, da er sich Sorgen um die Entwicklung seines Sohnes Stefan Benjamin (1918-1972) mache (vgl. Benjamin, Gesammelte Briefe V, S. 416 f.). Tatsächlich war Benjamin zu seiner ehemaligen Frau nach San Remo gefahren und von dort aus nach Venedig, wo er seinen Sohn traf. Benjamin kehrte erst am 6. Dezember nach Paris zurück.

71 Adorno an Horkheimer
Oxford, 28.11.1936

47 Banbury Road.
Oxford.
28. November 1936.

Lieber Herr Horkheimer,

kaum war mein ausführlicher Brief 12 Stunden aufgegeben, als ich Ihren, der ihn so genau trifft, erhielt. Haben Sie für ihn und ebenso für das heute eingelangte Antworttelegramm meinen allerherzlichsten Dank. Ich schlage vor, punktweise Ihren Brief zu beantworten und dann am Ende bei dem Komplex »Logischer Positivismus« ein wenig zu verweilen.

Essais de philosophie matérialiste: ich bin besonders froh, daß Sie meinen Vorschlag, die Egoismusarbeit aufzunehmen, akzeptiert haben. Sie wird gewiß das Kernstück bilden. Was die Übersetzung anlangt, so hatten wir die Proben allemal gerade aus diesem Aufsatz einverlangt, sodaß es das Gegebene ist, daß er zuerst übersetzt wird. Andererseits habe ich noch nicht definitiv so disponieren können, da ich ja noch nicht wußte, ob Sie ihn aufnehmen werden. Ich will in Paris alles Notwendige veranlassen. Von hier aus ist es deshalb etwas schwierig, weil ich seit ein paar Wochen ohne Nachricht von Benjamin bin und nicht einmal weiß, ob er sich jetzt in Paris oder Wien aufhält. Ich habe ihm heute nach beiden Städten geschrieben. Über seinen Kopf weg möchte ich in der Übersetzungsarbeit nichts unternehmen. Ich bin übrigens in Sorge um ihn. Sein Sohn scheint Symptome einer beginnenden Schizophrenie zu zeigen und ich nehme an, daß sein Schweigen mit diesen Dingen zusammenhängt. – Was den Autoritätsaufsatz anlangt, so hatte ich ihn gerade in letzter Woche noch einmal genau angeschaut und war, unabhängig von Ihnen, zum gleichen Resultat gelangt. Obwohl er sachlich sehr viel Wichtiges enthält, hat er einen gewissen Charakter des Offiziellen, der ihn für das Essaybuch wahrscheinlich in der Tat weniger geeignet macht (praktisch wäre zu sagen, daß seine Wiederpublikation ja darum nicht so dringlich ist, weil er in einer großen und zugänglichen Buchpublikation enthalten ist). Wir stimmen also auch hier wieder ganz überein. Dagegen wäre es vielleicht möglich, so zu disponieren, daß der Positivismusaufsatz, auf den ich höchst gespannt bin, aufgenommen werden kann. Aber das ist in erster Linie eine Frage Ihrer Zeit.

Fräulein Wadsack: Brief von Marcuse erhalten. Ich werde sie also bitten, zu warten. Ich denke sie in Frankfurt bestimmt zu sehen.

Besprechungsteil: an Löwenthal geschrieben und Einzelvorschläge gemacht; weitere werde ich mit Benjamin ausarbeiten, wenn ich nach Paris komme. Ich bin ganz Ihrer Ansicht, eine prinzipielle Umorganisation kann nicht vorgenommen werden, solange wir nicht räumlich zusammen sind. Wohl aber halte ich es für möglich, bereits jetzt einzelne qualifizierte Mitarbeiter zu gewinnen und die ärgsten anderen, wie Aster, auszubooten. Übrigens hatte ich nicht gedacht, Benjamin die *Reorganisation* zu übertragen. Dazu ist er fraglos ungeeignet. Das werden wir schon selber machen müssen.

Zeitschrift: wegen Oppenheim mache ich mir keine Sorgen. Gern dagegen würde ich Mandelbaums Keynes-Kritik sehen. Mein Freund Opie sagt mir ebenfalls, das Buch sei ein Schmarren. Vielen Dank für die Disposition wegen der Korrekturfahnen.

Sohn-Rethel: ich habe unterdessen, ehe ich Ihren Brief erhielt, genau getan, was Sie vorschlagen, nämlich ihn um eine für uns brauchbare Inhaltsangabe gebeten. An den Druck der jetzigen Fassung hat er übrigens selber nicht gedacht.

Kracauer: aus meinem vorigen Brief geht hervor, daß ich völlig, auch in den Details der Verfahrungsweise, Ihrer Ansicht bin. Ich habe ihm nach Erhalt Ihres Briefes geschrieben und zwar insofern anders, als ich es in meinem vorigen Brief an Sie angekündigt, als ich die Forderung eines *ausführlichen* Exposés stellte, die sachlich berechtigt ist und schließlich ja auch der definitiven Fassung seines eigenen Textes nur zugute kommen kann. Die Tratschgeschichte habe ich ihm zwecks Berichtigung gemeldet. Vielleicht ist er klug genug, die Gelegenheit zu ergreifen, Ihnen selber zu schreiben. Lassen Sie es uns in seinem Interesse hoffen.

Bowra: der Aufsatz stellt in der Tat vor große Probleme. Er ist viel zu allgemein und hat einen gewissen touch von gehobenem Zeitungs-Ton. Dazu enthält er (mit Ausnahme der Homeranalyse und einigem über griechische Lyrik) wenig Neues und gar keine Belege, auf die wir unbedingt Wert legen müßten. Endlich habe ich den Eindruck, daß er meine These in einer ganz äußerlichen, im Grunde beziehungslosen Weise (beinahe à la Dreyfuss) übernommen hat: vor allem auch ohne Kenntnis der konkreten griechischen Sozialgeschichte, mit Clichés wie Landschaftskönigtum, Aristokratie, Tyrannis, Aristokratie operierend, ohne diese Begriffe auf die ihnen unterliegende gesellschaftliche Realität zurückführen zu können. Die Naivetät, mit der er sich dabei verhält, ist für einen Gelehrten seiner Kenntnisse wirklich erstaunlich und kann zu traurigen Reflexionen über den Standort solcher Kenntnisse selber führen. All das macht die Publikation schwer möglich. Auch schriftstellerisch ist der Aufsatz keine große Leistung (die beiden letzten, resumierenden Absätze sind in der jetzigen Gestalt unter allen Umständen unmöglich). – Dem stehen nun aber eine ganze Reihe anderer Erwägungen gegenüber. Eine Entzauberung der Antike ist unbedingt notwendig: das ganze Handwerk hat bloß noch verhüllende Bedeutung. Diese Entzauberung kann aber verbindlich nur von einem vom Metier geleistet werden und gerade Bowra, der nicht bloß für einen der hervorragendsten englischen Gräzisten gilt, sondern der auch eine besondere ästhetische Reputation (insbesondere bei den Georgianern: er hat wunderbare Übersetzungen von George und Hofmannsthal gemacht) genießt, wäre von uns aus gesehen, politisch, der ideale Mann: denn hier würde einer, den jene sehr geneigt sind, zu den ihren zu zählen, aus Sachkenntnis unsere Arbeit tun. Das war es jedenfalls, was mir bei dem Projekt ursprünglich vorschwebte. Daß es in diesem Aufsatz nicht erreicht ist, liegt auf der Hand. Die Frage bleibt, ob es sich nicht erreichen läßt: Bowra ist ja äußerst lenkbar, nur allzu lenkbar. Ich würde Ihnen vorschlagen, ein Rendezvous mit ihm zu verabreden (er kann gewiß einmal über Weekend von Boston herüberkommen), mit ihm den Aufsatz durchzusprechen und ihm die Änderungen zu diktieren bezw. die Stellen zu bezeichnen, wo er einzusetzen hat. Hätte er nicht gesucht, uns gleichsam »soziologisch« gefällig zu sein, sondern wäre bei seinem strikten Fach geblieben, wäre die Arbeit wahrscheinlich viel besser ausgefallen. Sie werden in ihm einen der bezauberndsten und im Gespräch ergiebigsten Menschen kennen lernen, die man sich wünschen kann. Vielleicht kann man einen in wesentlichen Stükken gebesserten und konkretisierten Aufsatz dann mit einer Vorbemerkung publizieren. Diese würde ich, wenn Sie es nicht selber wollen, gern übernehmen. – Ich möchte den Punkt Bowra nicht verlassen, ohne Ihnen anzudeuten, daß ich Grund zur Annahme habe, daß es ihm sehr schlecht geht. Er hat die Murrayprofessur nicht bekommen. Das würde an sich nichts besagen und es ist nicht unsere Aufgabe, über nichtgemachte akademische Karrieren zu trösten. Aber es scheint, daß man die Professur ihm aus sinisteren Gründen vorenthalten hat: wegen wirklicher oder angeblicher Homosexualität. Möglicherweise hängt auch sein Aufenthalt in Amerika damit zusammen. Sie werden verstehen, daß ich Ihnen besonders dankbar wäre, wenn Sie ihn freundlich aufnähmen. Und Sie werden sich nicht langweilen.

Mannheimaufsatz: schönsten Dank für die Abschrift, die ich erhielt und verwerten kann. Um die noch ausstehenden etwa 12 Schreibmaschinenseiten der Einleitung habe ich telegraphiert. Diese Einleitung wird natürlich nicht übernommen: sie stellt nur Rohmaterial dar. Zur Sache ist nur zu sagen, daß der Termin gewisse technische Schwierigkeiten macht. Sie wissen, daß es weder an meiner Arbeitskraft noch im gegebenen Fall auch am Tempo fehlt. Aber in diesem Fall kommt erschwerend hinzu, daß ich höchstwahrscheinlich nun doch etwa am 15. Dezember nach Deutschland gehe. Aus folgendem Grund: mein Paß ist im Januar abgelaufen und ich will versuchen, einen neuen über 5 Jahre zu bekommen. Das kann ich aber viel leichter an Ort und Stelle als draußen erreichen, wo mir weiß Gott welche Schwierigkeiten entstehen könnten, während ich nicht glaube, daß in Frankfurt (und auf dem Oberräder Polizeibüro!) solche sich ergeben. Ohne Paß möchte ich sehr ungern sein. Es ist noch immer nicht ganz sicher ob ich fahre (ich telegraphiere Ihnen auf jeden Fall vorher), aber man muß doch damit rechnen. Nun kann ich aber von meinem Material nur einen Teil nach Deutschland mitnehmen und sehe auch noch nicht ganz, wie ich Ihnen mein fertiges Manuskript aus Deutschland senden soll. Ich will mein möglichstes tun, aber kann es noch nicht ganz fest versprechen. Mit 14 Tagen Zeit mehr ließe es sich gewiß machen. Könnten Sie mir die geben? Evt. depeschieren Sie bitte. – Im übrigen studiere ich jetzt Mannheims Text. Es ist unbeschreiblich widerwärtig, besonders das letzte Kapitel. Man wird an einigen Stellen sehr deutlich werden müssen. Ich hoffe, daß ich das auf eine Weise vermag, die für die Zeitschrift tragbar bleibt. Den Umfang denke ich etwa wie den Jazzaufsatz; vielleicht ein paar Seiten länger.

Musik und Fetischcharakter: ich habe das Thema nur gleichsam notiert und nicht daran gedacht, es so rasch in Angriff zu nehmen. Doch könnten recht merkwürdige Dinge dabei herauskommen. Ich dachte von einer Analyse der ambivalenten Stellung zu Wunderkindern, der Hochschätzung alter Geigen, der Schätzung »schöner Stimmen« als Waren auszugehen und dann diese Betrachtungen auf die eigentliche Wirkungssphäre der Musik auszudehnen. Es ist wohl ein ganz neuer Gesichtspunkt.

Politische Theorie: Ihre Notizen, sowohl was den mechanischen Weitergebrauch der Oberbau-Unterbau-Theorie in Rußland selber (womit übrigens eng der unselige Begriff der proletarischen Kultur und alle diese uns zutiefst entgegengesetzten Dinge zusammenhängen, deren wahres Gesicht sich im Sinowjewprozeß enthüllt hat) anlangt wie die Forderung der Umsetzung der materialistischen Theorie des Klassenkampfes in die Außenpolitik, stimmen völlig mit meiner Überzeugung überein. Zum zweiten Punkt gibt es übrigens eine Menge bei Lenin, der freilich mehr den Übergang der imperialistischen Kriege in Klassenkämpfe gesehen hat, während wir es mit dem umgekehrten Phänomen zu tun haben, nämlich mit dem Umschlag der Klassenkämpfe selber in imperialistische Kriege. Zur definitiven Formulierung dieser Dinge hätte ich nur freilich das eine Bedenken, daß mir trotz allem scheint, daß man in der gegenwärtigen, wahrhaft verzweifelten Situation wirklich, sei es auch um den schwersten Preis (und niemand kennt ihn besser als ich!) Disziplin halten soll und nichts publizieren, was Rußland zum Schaden ausschlagen kann. Wenn es gelänge, Ihre Theorie so zu formulieren, daß diese Reperkussionen vermieden werden könnten, fände ich sie freilich vom höchsten aktuellen Interesse. Sie könnte dann die Einleitung zu dem bilden, was mir mit der Theorie des dialektischen Materialismus die wichtigste Aufgabe des Instituts scheint, nämlich eine theoretische Analyse der gegenwärtigen Situation des Klassenkampfes. Daß die Strukturänderungen des Monopolkapitalismus hinsichtlich der Außenpolitik in die Theorie einbezogen werden müssen, halte ich für unabweislich. Lenins Standpunkt, der eine kapitalistische Einheitsfront für strukturell unmöglich hielt, ist, jedenfalls für die entscheidende Kriegs-Situation, fraglos überholt.

Lassen Sie mich endlich Ihnen einiges sagen, was mir zum Problem der »wissenschaftlichen Philosophie« durch den Kopf geht. – Zunächst methodisch: wir sind uns wohl prinzipiell darüber einig, daß es sich um ein verzweifeltes Rückzugsgefecht der bürgerlichen Philosophie handelt, das (wie Sie einmal ausführten) unter der Fahne der wissenschaftlichen Spezialisierung geführt wird. Das eigentliche Motiv scheint mir der Drang zur Sekurität zu sein: man will etwas absolut Sicheres in den Händen haben. Wobei sich nur eben ergibt, daß dies absolut Sichere gar nichts absolut Sicheres ist oder so formal, daß es nichts besagt bzw. für das Gegenteil von Sicherheit Raum läßt. Das Ideal der wissenschaftlichen Sekurität, das die Herren vertreten, scheint mir der genaue Ausdruck der gegenwärtigen Stellung zum Privateigentum, das gegen das »bolschewistische Chaos« aufrecht erhalten wird, obwohl die Folgen seiner Aufrechterhaltung selber zur Suspension des Privateigentums unter den Formen des Protektionismus und schließlich zu seiner Zerstörung durch den Krieg führen. Es ist nun nach meiner Ansicht alles daran gelegen, diese Erkenntnisse nicht analogistisch von außen heranzubringen sondern aus der »wissenschaftlichen Philosophie« selber zu entwickeln d. h. sie immanent auf ihre Brüchigkeit zu analysieren und dann diese Brüche als Ausdruck der gesellschaftlichen Unmöglichkeit der Erreichung ihres Vorsatzes zu erweisen, wobei die »Vermittlung« eben wahrscheinlich in der Tatsache der wissenschaftlichen Spezialisierung, nun auch der Philosophie, zu suchen ist (das, was ich im Husserlbuch die Verdinglichung der Logik nenne). Man hat dabei zunächst wohl von dem eingestandenen Dualismus der Logistik und des Empirismus auszugehen, der die gesamte wissenschaftliche Philosophie durchschneidet. Es ist dabei von Interesse, daß Russell in seiner Jugend fast gleichzeitig mit Husserl zur Konzeption der Sätze an sich, des logischen Absolutismus kam: dieser und der Empirismus der Tatbestände gehören konstitutiv zusammen. Die prinzipielle Unmöglichkeit, ihre beiden Grundoperationen, Experiment und Kalkül, in Übereinstimmung zu bringen, ist die Ausgangsantinomie der Logistik d. h. der Beweis daß es ihr nicht gelingt, eben jene einheitliche Interpretation der Wirklichkeit zu geben, die sie beansprucht: weil nämlich die Wirklichkeit ihr widerspricht, und weil sie selber brüchig ist. Ich glaube nun, daß man auch weiter im Sinne immanenter Analyse verfahren muß, also jene beiden Sphären selber kritisch so analysieren, daß man sie auf ihre eigene Antinomie bringt (denn alles andere bliebe ja gegenüber dem wissenschaftlichen Sekuritätsanspruch für die Herren unverbindlich, selbst wenn es dreißigmal wahr ist; sie sitzen, so gut wie die Immanenzphilosophen, zu denen ich sie trotz allem rechne, in einem Häuschen aus Spiegelscheiben). Was nun die Kritik der Logistik im engeren Sinne anlangt, so möchte ich Ihnen gewisse Erwägungen zum Russellschen Paradoxon mitteilen, die zwar in gewisser Weise von den Herren auch angestellt werden, aber mit Nuancenunterschieden, die unter Umständen sehr wichtig sind. Ich nehme das Paradoxon in der elementaren Form: »Dieser Satz ist falsch«. Die Behauptung der logischen Paradoxie oder Konsistenz eines Satzes setzt voraus, daß er einen einheitlichen und faßlichen Sinn gibt: von bloßen Wortkomplexionen auszusagen, sie seien paradox oder mit den Mitteln der formalen herkömmlichen Logik nicht zu lösen, ist ganz sinnlos. Die »logische« Analyse eines Satzes setzt darum die Analyse seiner Bedeutung voraus. Angesichts der Normalform des Russellschen Paradoxons »dieser Satz ist falsch« muß die Bedeutung des Ausdrucks *»dieser* Satz« klargestellt werden, die sowohl den Subjektsbegriff des Satzes wie die ganze Syntax ausmacht. Der Ausdruck »dieser Satz« nun ist mehr als eine bloße, beliebig auszufüllende Leerstelle. Die Komplexion des Terminus »Satz« mit dem okkasionellen Ausdruck »dieser« involviert jedenfalls in einer – und freilich nur in einer – Hinsicht eine nähere Bestimmtheit des Gemeinten. »Dieser Satz«: das ist der bestimmte Satz, der jetzt und hier ausgesprochen wird, nämlich der Satz »dieser Satz ist falsch«. Was ist nun die Bedeutung von »dieser Satz«? Offenbar doch keine andere als »dieser Satz ist falsch«, worin abermals »dieser Satz«

vorkommt. In beiden Fällen, das heißt im Falle des Subjektsbegriffs »dieser Satz« und der Syntaxe »dieser Satz ist falsch«, muß aber die Bedeutung von »dieser Satz« identisch sein, da ja die Aussage logischer Paradoxie nur für den Fall identischer Bedeutung der Termini, deren Komplexion paradox sein soll, gilt. Diese Identität zugestanden, führt also die Analyse der Bedeutung von »dieser Satz« auf »dieser Satz ist falsch«, worin abermals, »dieser Satz«, und zwar mit identischer Bedeutung, vorkommt, und in der Folge auf einen unendlichen Regreß. Das besagt aber nichts anderes als daß eine Bedeutung von »dieser Satz« sich überhaupt nicht angeben läßt: jede Bedeutung von »dieser Satz« würde auf »dieser Satz« zurückführen und nicht darüber hinaus. Der Satz »dieser Satz ist falsch« hat also keine Bedeutung und ist eine bloße Komplexion von Worten. Damit entfällt die Frage nach seiner Paradoxie. Russell sucht diese zu entscheiden durch die Konstruktion von »Typen« z. B. des Typus des autologischen Satzes und dessen Kritik. Daran hängt dann der ganze Logikkalkül. Meine Interpretation, so scheint mir, bedarf des Typusbegriffs nicht, sie zeigt, daß die angebliche Paradoxie sich in ein Nichts – im genauen Sinne – auflöst durch Rekurs auf die Bedeutung. Man kann das auch so formulieren, daß die Paradoxien sich ergeben, wo logische Sätze ohne eine »Bedeutung« d. h. ohne Beziehung auf ein wie immer geartetes Etwas aufgestellt werden. Mit anderen Worten daß sie der Konzeption des logischen Absolutismus selber inhärieren, der zwangsläufig auf Widersprüche führt. Er ist danach im strengen und mit der traditionellen Logik durchaus ausdrückbaren Sinne »falsch«: d. h. es gehört zum Sinn einer wie immer gearteten logischen Aussage, etwas zu meinen, andernfalls führt sie auf Antinomien. Genau damit ist aber die gesamte Auffassung der Logik als einer Komplexion von Spielmarken prinzipiell widerlegt. Es steckt dahinter im Grunde nichts, als daß alle Logik in Wahrheit von dem Sein abgezogen und nicht dem Sein gegenüber dinghaft selbständig ist. Anders ausgedrückt: es erweist sich hier die prinzipielle und von der Logistik bestrittene Differenz von Sprache und Mathematik und die Logik ist im strengsten Sinne nicht mathematisierbar, in dem Sinne, daß »Bewußtsein« d.h. die kategorialen Formen auch noch in dieser formalsten Sphäre von »Sein« d.h. ihrem Substrat abhängen. Ich habe diesen Gedanken im ersten Kapitel des Husserlbuches an den »Prolegomena zur reinen Logik« entfaltet, er scheint mir aber zugleich auch ins Zentrum der nächstverwandten Logistik zu treffen. Übrigens hat der späte Husserl einige sehr gute kritische Dinge gegen die Logistik (in der »Formalen und transzendentalen Logik«) gesagt, was ihn aber charakteristischerweise nicht hindert, ein logistisches Anhangskapitel von Herrn Becker aufzunehmen.

Von der anderen Seite wird man den Erfahrungsbegriff des neuen Positivismus analysieren müssen. Es wird gerade Ihnen besonders liegen, die Ambivalenz des Erfahrungsbegriffs vom Ursprung des bürgerlichen Denkens an zu verfolgen. Während er bei Bacon durchaus progressiv geplant ist, hat er schon bei Hobbes die entgegengesetzte Orientierung an der Macht der unabänderlichen kruden Fakten. Diese dient zwar einerseits der Desillusionierung von deren theoretischer Verklärung, auf der anderen Seite aber (wie dann noch viel mehr im 18. Jahrhundert) einer »Skepsis«, die sich bei der Feststellung des bloß Seienden bescheidet und jeden Versuch, es zu verändern, gewissermaßen ab ovo, nämlich von der Erkenntnisfunktion her, als »bloße Theorie« abwehrt. Während die positive, fortschrittliche Tendenz im neunzehnten Jahrhundert entsprechend der Klassenlage mehr und mehr zurücktritt und der »weltanschaulichen Neutralität« weicht (z.B. bei Mill), setzt sich die zweite immer mehr durch: wie übrigens auch früher schon die auf Praxis abzielenden Bemühungen der Philosophie viel eher den Rationalisten als den »Empiristen« im prägnanten Sinne verbunden waren: Hume ist die große Ausnahme, eine Ausnahme fast so groß wie Hegel auf der anderen Seite. Die resignierende Tendenz des Erfahrungsbegriffs setzt nun bei den Neopositivisten endgültig sich durch. Und zwar derart, daß sie, um der Erfahrung als eines Absolutums, eines dinghaften Besitzes der Wissenschaft habhaft zu werden, versuchen, den Begriff der Erfahrung vollends von dem ihm inhärierenden subjektiven Moment – d. h. aber nichts anderes als vom Bewußtsein der menschlichen Arbeit selber zu emanzipieren. Wie die Logistik vergebens versucht, die Beziehung aufs (in letzter Instanz gesellschaftliche) Sein aus der Logik fortzumanipulieren, so sucht die neue Erfahrungstheorie den Subjektbegriff und damit jede Möglichkeit des Eingriffs in die Welt der absolut gesetzten Tatsachen zu beseitigen. Dem dienen alle Begriffe wie die der Feststellung, des Tatbestandes, des Protokollsatzes usw.: Varianten des herkömmlichen und »naiv realistisch« behandelten positivistischen Gegebenheits-begriffs, mit dem Zweck, das Subjekt aus der Erfahrung auszuscheiden und sie damit, scheinbar, ihrer Relativität zu entäußern, zu »sichern«; in Wahrheit aber um ihren Inhalt vor den Menschen und jeder Art menschlicher Aktivität zu isolieren. Die kritische Aufgabe wäre nun präzis die, in immanenter Analyse zu zeigen, daß beides mißlingt: daß also alle die neuen Erfahrungsbegriffe ihrem Sinne nach notwendig auf Subjektivität rückverweisen und damit auch der »Relativität« unterworfen bleiben, was keine Schrecken hat, wenn man nicht von einem überspannten Wahrheitsbegriff ausgeht; andererseits aber, daß sie nur in Gestalt dieser Relativität, d. h. im Zusammenhang mit dem gesellschaftlichen Interesse, das der Feststellung des »Tatbestandes« und diesem selbst das Gesetz vorzeichnet, von irgendwelchem Wert sind. An dieser Stelle wird man dann gut den gesellschaftlichen Übergang vornehmen können, indem man zeigt, daß eben der Schein des Subjekt-Freien jener »Tatsachen« nichts anderes als das Produkt des spezialisierten Arbeitsprozesses ist, unter welchem jene Resultate zustande kommen; der zwar verdinglicht, aber doch selber eine bestimmte Art von »Praxis« ist, welche eben des Bewußtseins ihrer selbst qua Praxis bedarf um fruchtbar (auch theoretisch!) zu werden. Man könnte dann schließen mit einer kurzen Betrachtung der Dialektik des Begriffs des »Wissenschaftlichen« selber, der gleichzeitig entzaubernde und verdinglichende

Funktion ausübt und der, in seiner eigenen Konsequenz, auf Praxis als seine Bedingung führen muß, während das willkürliche Abbrechen der neuen Positivisten an allen entscheidenden Stellen nicht sowohl Ausdruck ihres Kampfes gegen die Metaphysik ist, (mit welcher sie sich im Ernstfall bekanntlich allemal sehr gut verständigen können, wäre es auch nur durch angebliche »Arbeitsteilung«: es wäre an Jaspers zu erinnern, bei dem die Haltung eines kritischen Positivisten à la Max Weber selber als Metaphysik des heroischen Geistes und ähnlicher Unfug hypostasiert wird) – als vielmehr Ausdruck ihres Wunsches, von allen wesentlichen gesellschaftlichen Fragen, und gar aller Praxis, unbehelligt zu bleiben. Der letzte Gedanke, also das Schlußglied der skizzierten Überlegung, würde genau zusammentreffen mit Ihrer Grundkritik an der wissenschaftlichen Philosophie, wie Sie sie in Ihrem vorletzten Brief andeuteten.

So etwa würde ich einen derartigen Aufsatz anlegen, natürlich mit eingehenden Belegen, wobei ich die besseren, wie Russell und Wittgenstein und auch Moore, der als Sprachtheoretiker gewisse Verdienste hat, den Trotteln à la Carnap und Schlick vorziehen würde. Größten Nachdruck würde ich auf die immanente Widerlegung an den beiden bezeichneten Stellen: Spielmarkenlogik und subjekt- d.h. menschenlose Erfahrung legen. Denn das sind, zusammen mit dem Bruch der Gesamtkonzeption, die eigentlich tötlichen Stellen. – Ihre Arbeit wird ja vermutlich ganz anders aussehen, aber vielleicht ist meine Andeutung, wäre es auch nur als Bestätigung, doch nicht ganz überflüssig.

Darf ich Sie zum Schluß mit einer Bitte bemühen. Bei Mannheim spielt, wie Sie wissen, der Begriff der Masse anstelle des der Klasse eine entscheidende Rolle. Die Funktion liegt auf der Hand. Es wäre nun schön, wenn man ihn damit ad absurdum führen könnte, daß die »Massen«, auf die er den Faszismus zurückführt, gar keine der monopolistischen Periode eigentümliche Erscheinung sind, d. h. daß das Bevölkerungsquantum, zieht man den Krieg in Rechnung, während

der letzten 40 Jahre nicht entscheidend variiert hat. Hat das Institut zu diesen Dingen irgendwelches Material? Würde M. erwidern, die »Massenstruktur« wirke sich eben heute erst aus, so wäre das eine faule und ganz hypothetische Annahme.
Alles Herzliche, auch für Maidon, Pollock und dessen Frau

Ihr Teddie.

ÜBERLIEFERUNG O: Ts; Max-Horkheimer-Archiv der Stadt- und Universitätsbibliothek, Frankfurt a. M. – Horkheimer, Briefwechsel 1913-1936, S. 752 ff.

Brief von Marcuse: Nicht erhalten.

an Löwenthal geschrieben: S. Anhang S. 522-525.

Besprechungsteil . . . mit Benjamin ausarbeiten: Vgl. Benjamins und Adornos »Vorschläge für den Besprechungsteil der ›Zeitschrift für Sozialforschung‹« in: Benjamin GS III, S. 601 f.

Bowra / Übersetzungen von George und Hofmannsthal: Bowra hatte in den dreißiger Jahren eine Reihe von Aufsätzen zur symbolistischen Dichtung geschrieben, die er 1943 unter dem Titel »The Heritage of Symbolism« veröffentlichte; die Übertragungen einiger Gedichte von Stefan George stammten von ihm. Übersetzungen von Hofmannsthal konnten nicht ermittelt werden.

eine Analyse der ambivalenten Stellung zu Wunderkindern, der Hochschätzung alter Geigen: Adorno schrieb dazu zwei Aphorismen – »Jung stirbt, wen die Götter lieben« und »Geigen und Götzen« –, die er mit weiteren unter dem Titel »Ensemble« im September 1937 in der Zeitschrift »23« publizierte; vgl. jetzt Adorno GS 18, S. 42-44.

Sinowjewprozeß: Grigori Jewsejewitsch Sinowjew war neben Lew Borissowitsch Kamenew der Hauptangeklagte des ersten Moskauer Schauprozesses gegen das »Trotzkistisch-Sinowjewistische Terroristische Zentrum«, der vom 19. bis 24. August 1936 stattgefunden hatte.

Lenins Standpunkt: In den beiden letzten Kapiteln von »Der Imperialismus als höchstes Stadium des Kapitalismus«.

ein logistisches Anhangskapitel von Herrn Becker: Vgl. Oskar Becker, Bemerkungen über Tautologie im Sinne der Logistik, in: Edmund Husserl, Formale und transzendentale Logik. Versuch einer Kritik der logischen Vernunft, Halle 1929, S. 296-298.

Schlick: Moritz Schlick (1882-1936), der nach dem Studium der Physik, Chemie, Mathematik und Philosophie sich mit der Arbeit »Das Wesen der Wahrheit nach der modernen Logik« in Rostock habilitiert hatte, lehrte von 1921 bis zu seinem Tod in Wien und war eine philosophische Autorität innerhalb des Wiener Kreises.

tötlichen: So im Brief.

72 Horkheimer an Adorno
New York, 8.12.1936

429 WEST 117TH STREET
NEW YORK, N. Y.

8. Dezember 1936.

Lieber Herr Wiesengrund,

Wenn diese Zeilen in England eintreffen, sind Sie wahrscheinlich schon längst abgereist. Vielleicht aber haben Sie Anweisung gegeben, dass man Ihre Post nach Paris nachsendet, sodass Sie dieser Brief noch erreicht, bevor Sie Ihre Besprechungen mit Kracauer und Sohn-Rethel haben. In der Annahme, daß Sie in Paris auf unser Büro kommen, sende ich eine Kopie auch dorthin.

Endgültig können wir die Angelegenheiten, um die es sich handelt, nur mündlich diskutieren. Ich schreibe Ihnen hier nur einige Sätze, um Sie über unseren gegenwärtigen Eindruck andeutungsweise zu unterrichten.

Über die Fortsetzung der Jazzarbeit habe ich Ihnen schon geschrieben. Abgesehen davon, dass wir mit einer weiteren Publikation über dieses Thema in der Zeitschrift am besten noch eine Weile warten, können wir im Augenblick auch eine grössere Kollektivuntersuchung, wie sie ursprünglich erörtert war, jetzt nicht beginnen, da wir die gegenwärtig in Auswertung befindlichen Enquêten zunächst zum Abschluss bringen müssen. Dies nimmt aber unsere ganze Energie in Anspruch, die wir für solche Dinge übrig haben. Selbstverständlich freue ich mich darauf, Ihre angekündigten Ergänzungen zu lesen. Wir werden sie wahrscheinlich später in irgendeinem Zusammenhang gut brauchen können. Übrigens habe ich einige erfreuliche Reaktionen auf die Jazzarbeit schon gehört.

Der Fall Schoen liegt, wie Sie schreiben, »verhältnismässig am einfachsten«. Wir werden die Änderungen durchgehen und jedenfalls weiter mit ihm in Korrespondenz bleiben. Eine endgültige Entscheidung wegen des Aufsatzes kann ich im Augenblick noch nicht treffen. Seine Vorschläge zur Sammelbesprechung werden wir wohl kaum akzeptieren können, da es sich hauptsächlich um Jahrbücher handelt, die wir ja im allgemeinen nicht anzeigen. Die £ 5.– vom Jazzfonds haben Sie ihm hoffentlich schon angewiesen.

Dass Kracauer verrückt ist, tut mir aufrichtig leid. Selbstverständlich überlasse ich es Ihnen auch weiterhin, Kracauer dazu anzuregen, uns den Entwurf zu einem Aufsatz einzureichen. Die Vorschrift, dass er »sachlich« nur mit Ihnen, Pollock und mir zu tun habe, verstehe ich nicht. Es ist wahrscheinlich, dass die Briefe theoretischen Inhalts, die er von hier erhält, soweit dies neben den Unterhaltungen mit Ihnen überhaupt sich als notwendig erweisen sollte, von mir selbst unterzeichnet werden. Eine Garantie dafür übernehme ich nicht. Ist er denn mit Löwenthal so böse? – der weiss gar nichts davon. Oder hegt er eine souveräne Verachtung gegen Marcuse? – den kennt er gar nicht. Oder ist ihm Fromm ein Greuel? – der fühlt sich doch auch schuldlos. Der kleine Maier, unser Institutslehrling, wird aber bestimmt nicht »sachlich« über seine Arbeit mit ihm korrespondieren.

Die zweite Bedingung handelt von der Existenzmöglichkeit »für die Dauer der Arbeit«. Wenn wir seinen Arbeitsvorschlag akzeptieren, werden wir ihm natürlich soviel bezahlen, dass er während der Ausführung leben kann. Ich halte Ihre Ansicht für ganz richtig, dass er uns zunächst ungefähr drei Maschinenseiten schickt, auf Grund deren Sie und wir dann uns verständigen. Er kann ja Ihnen gleichzeitig Kopie senden.

Sie selbst können, wenn Sie es übernehmen wollen, die Sache mit ihm dann zum Abschluss bringen. Einen unterzeichneten Brief an Kracauer deponiere ich im Pariser Büro, wo er, wenn Sie ihn gutgeheissen haben, auf Ihre Veranlassung abgesandt wird. Kopie füge ich der Londoner Sendung bei. Ich habe es unterlassen, auf die »Bedingungen« einzugehen.

Ihre Anregung wegen einer Arbeit über den Detektivroman und eines eventuell später zu publizierenden Sammelbandes erscheint mir fruchtbar, doch werden wir am besten darüber später diskutieren. Sollte Kracauer jedoch für die Zeitschrift jetzt eine solche Arbeit viel lieber machen wie die über Reklame und Propaganda, so bin ich persönlich auch damit einverstanden.

Über die Arbeit Sohn-Rethels gehen unsere Meinungen leider auseinander. Marcuse und ich haben den Entwurf, freilich nur zum Teil, gelesen, trauen uns jedoch immerhin schon ein Urteil darüber zu. Wenn der starke Eindruck, den Sie von seinem anstelle eines Gutachtens geschriebenen Brief und von der Aussprache mit ihm gewonnen haben, nicht auf ganz andere Sohn-Rethelsche Einsichten zurückgeht, als auf diejenigen, die im Entwurf zum Ausdruck kommen, dann haben Sie sich durch seine grosse Intelligenz einfach bestechen lassen.

Soweit wir etwas Richtiges in der Arbeit finden können, sind es theoretische Ansichten, die uns allen seit langem gemeinsam sind, vorgetragen in einer akademisch eitlen und bombastischen Sprache. Wenn etwa gesagt wird, dass »die Lösung des Erkenntnisproblems . . . zur Gewinnung der Praxis« unternommen werde, so ist das entweder eine schlechte Formulierung für den Gedanken, dass die Theorie in die Praxis verflochten ist und dass man die Praxis, das heisst die praktischen Kämpfe, gewinnen muss, oder es ist einfach Gerede. Ähnlich steht es mit dem gleich darauf folgenden Satz: »Man sieht aber, dass das formale Wahrheitsproblem der Erkenntnis hinsichtlich ihres Geltungscharakters, das materiale Wahrheitsproblem des Bewusstseins im Sinn der geschichtlichen Wesensentwicklung der Menschen und endlich das praktische Wahrheitsproblem im Sinn der praktischen Lösung der eigenen Seinsprobleme der Menschen in einem ganz untrennbaren Zusammenhang miteinander stehen.« Diese heilige Dreieinigkeit von formalem, materialem und praktischem Wahrheitsproblem ist kennzeichnend für ein Verfahren, in dem immer wieder behauptet wird, dass alle Probleme und Kategorien miteinander identisch seien und auseinander hervorgehen. »Der Nachweis der Genesis der geltenden Erkenntnis aus dem gesellschaftlichen Sein ist gleichbedeutend mit der praktischen Wahrheitskritik des gesellschaftlichen Seins der Menschen nach den Massen ihres Wesens.« Sie selbst haben bestimmt für solche übertrieben idealistische Formulierungen keine besondere Sympathie. Sie erinnern an jene Partien aus Schellings Identitätsphilosophie, auf die sich das Wort Hegels von der Nacht, in der alle Kühe grau sind, bezieht. Nur hat Schelling nicht unaufhörlich grossprecherische Postulate aufgestellt, was alles geleistet werden müsse, sondern seine Überzeugung von der Identität alles und jedes als seine metaphysische Anschauung ausgesprochen. Sohn-Rethels fortwährende Versicherung, dass irgendwelche Nachweise geleistet werden müssten, nach denen irgendwelche »Genesen« aus dem Sein oder aus der Geschichte oder aus der Seinsentwicklung des Menschen oder aus der tiefsten Wurzel des Seins des Menschen in seiner Geschichte gleichbedeutend seien mit dem Wahrheitsproblem des Bewußtseins oder der Geltungsfrage der Erkenntnis oder mit der Praxis der Gesellschaft – empfinde ich als unendlich ermüdend und uninteressant.

Fast scheint es mir so, als seien Sie, durch Sohn-Rethels Manie der dialektischen oder vielmehr undialektischen Identifikation angesteckt, gegen den ungeheuren Unterschied Ihrer eigenen Denkart und seiner blind geworden. Ihre Absicht, die notwendige und immanente Bezogenheit des idealistischen Subjektbegriffs auf Materielles nachzuweisen, mag mit Sohn-Rethels Postulat einer Materialisierung des idealistischen Erkenntnisbegriffs zusammentreffen, aber solche formalen Übereinstimmungen können Sie unter Umständen auch zwischen uns und unseren ärgsten Gegnern feststellen. Es scheint mir weniger auf diese grossen philosophischen Zielsetzungen als auf die bestimmten Formulierungen im einzelnen anzukommen. Sehen Sie aber einmal diesen Sohn-Rethelschen Entwurf daraufhin etwas näher an; beobachten Sie auch die Verbindung der einzelnen Sätze miteinander und suchen Sie vor allem nach irgendeinem Anhaltspunkt dafür, in welcher Beziehung diese ganze Arbeit zur geschichtlichen Realität steht und was der Autor von dieser kapiert hat. Sie werden sich des Gefühls nicht erwehren können, dass hinter diesem trostlosen Ablauf von Sätzen mit inhaltsschweren Worten zwar eine grosse Denkkraft steckt, dass diese aber zur Geschichte selbst, wie sie ist, auch nicht viel anders steht als irgendein Jaspers oder sonst ein Professor. In jedem Satz Ihres Jazzaufsatzes kommt unser gespanntes Verhältnis zur Realität klarer zum Ausdruck als in den mit Gewichtigkeit vorgetragenen Erklärungen Sohn-Rethels. Mag Ihre Kierkegaard-Arbeit auch noch die Spuren der idealistischen Denkweise an sich tragen, von der Sie sich mit jenem Buch lossagten, so macht sich doch an vielen Stellen Ihr vom Hass geschärfter Blick auf das Bestehende geltend, ja, ich habe die Unvereinbarkeit Ihrer Gedanken mit dem vorhandenen objektiven Geist auch dort erfahren, wo mir die Richtigkeit der Gedanken als zweifelhaft erschien. Ich wiederhole: sehen Sie unter diesem Gesichtspunkt den Entwurf noch einmal durch! Die formale Übereinstimmung in der Intention wird hinter der vielsagenden Probe ihrer Durchführung verschwinden.

Das Schlimmste ist die Art, wie die Marxsche Theorie darin auftritt. Ich behaupte, dass anstelle der Marxschen Kategorien Comtesche, sicher aber Spencersche Begriffe stehen könnten, ohne dass irgendetwas verändert wäre. Ja, noch mehr! Anstatt ökonomischer Kategorien können beliebige geschichtsphilosophische, biologische oder psychologische eingesetzt werden. Nirgends wird die eigentümliche Ironie der Marxschen Kategorien wirksam, nirgends erscheint ihre kritische Funktion, ja, es werden nicht einmal Konsequenzen aus ihrem spezifischen ökonomischen Gehalt gezogen. Die Marxsche Theorie dient ihm nur dazu, seinen Zug zum »Konkreten« möglichst radikal zu exemplifizieren, wobei dies konkret und radikal gar nicht so sehr viel anders gemeint sein muss als bei den gestalters oder der Phänomenologie.

»Es genüge aus der Analyse der Wertform die Aussage, dass erstens die Wertform selbst die Reflexionsform des Seins der Dinge hinsichtlich seiner Einheit ist und dass zweitens in ihr das Dasein der Dinge auf den Menschen als in der gleichen Ebene des Seins wie sie existierendes Subjekt bezogen ist.« Auch Hegels Encyclopädie enthält im naturwissenschaftlichen Teil Sätze, denen man es rein sprachlich anmerkt, dass er mit dem Gegenstand nicht vertraut ist. Aber dieser Aussage merkt man allzu deutlich an, dass der Autor mit jener Analyse auf dem Kriegsfuss steht. Wahrscheinlich enthält der Satz eine unverdaute Erinnerung an das Phänomen der Verdinglichung, die Sohn-Rethel aus der Lektüre von Lukács geblieben ist, und weiter an die Theorie, dass im Wert sich die gesellschaftlichen Bedürfnisse, wenn auch mehr oder minder schlecht, durchsetzen, wodurch so etwas wie die Einheit der Gesellschaft vermittelt wird. Wahrscheinlich, sage ich, denn die Allgemeinheit der Formulierung, mit der nicht etwa von bestimmten Menschen in bestimmten Perioden, sondern von der Form des Seins der Dinge, vom Dasein der Dinge, von »dem« Menschen und so fort gesprochen wird, verbietet es hier wie an anderen Stellen, Sohn-Rethels Behauptungen mit ökonomischen Theorien in klaren Zusammenhang zu bringen. Den Begriff der Ausbeutung alles aggressiven Inhalts völlig zu entkleiden, und zum blossen Platzhalter für irgendeinen beliebigen anderen Beziehungsbegriff zu machen, hat nicht einmal Mannheim fertiggebracht. Er hielt sich immerhin an die Ideologie, mit der es leichter war. Von Sohn-Rethel erfahren wir, dass zwischen den menschlichen Polen des Ausbeutungsverhältnisses eine Reflexion spielt, welche die »Realverhältnisse der Genesis . . . in die rein zwischenmenschliche Beziehung« hebt und sie dort »als unmittelbare Geltung festhält«. Mit welchen dämonischen Kräften diese Reflexion sonst auch immer begabt sein mag, sie vermag, lediglich auf Grund der Grossartigkeit und Tiefe der philosophischen Formulierungen, mit denen sie beschrieben wird, auf das Ausbeutungsverhältnis zurückzustrahlen und es zu verklären. Der Staat, der das »Reflexionsresultat« des primären gesellschaftlichen Ausbeutungsverhältnisses und »deshalb diese Ausbeutung in Gestalt eines Wesens« ist, »das gegen seine Genesis aus ihr mit der Negation einer Genesis seiner überhaupt verschlossen ist, eines Wesens ohne Rückenansicht, in dem seine Genesis nur noch als die Selbstverfangenheit in die eigene Existenz und die sachliche Vermittlung der Herrschaftsbeziehung zwischen blossen Menschen nur noch im Objektivitätsanspruch ihrer unmittelbaren Geltung vorkommt« – dieser Staat müsste den Autor dieses grossartigen Satzes schon deshalb zu seinem Würdenträger machen. Ich weiss, das alles lässt sich zur Not verstehen, aber sobald man es à peu près verstanden hat, merkt man, dass das, was der Autor hier mit vertrauten Erkenntnissen getan hat, ihre idealistische Verbrämung und nicht etwa ihre Schärfung ist. Ich kann, wie gesagt, über das ganze kein abschliessendes Urteil fällen, vermute aber, dass die Einzelheiten, von denen ich bis jetzt nicht eine einzige Ausnahme zu entdecken vermochte, keine irreführenden Zeichen für die Arbeit sind.

Da ich eine Meinung von Ihnen, die sich schliesslich in diesem Fall dazu noch auf grössere Erfahrung stützt, auch dann respektiere, wenn sie der meinigen entgegengesetzt ist, so bitte ich Sie zunächst nur darum, Sohn-Rethel jedenfalls keine Versprechungen zu machen, ehe wir uns nicht weiter verständigt haben. Sollten Sie dafür sein, ihm den Auftrag zu erteilen, einen kurzen und klaren, eventuell druckbaren Aufsatz über seinen Grundgedanken anzufertigen, für den wir ihm meinethalben tausend Franken bezahlen könnten, so bin ich damit einverstanden. Irgendwelche weiteren Hoffnungen sollten wir ihm jedoch nicht machen, denn wenn der Aufsatz nicht ganz andere Qualitäten zeigt als der Entwurf, werde ich ernstlich versuchen, Sie von dem Gedanken an eine Zusammenarbeit mit Sohn-Rethel abzubringen.

Soweit hatte ich geschrieben, als Ihr Brief vom 28. eintraf. Da ich damit rechnen muss, bald von Ihnen ein Kabel zu erhalten, dass Sie nach Deutschland fahren, begnüge ich mich jetzt mit einem kurzen Zusatz. Zunächst danke ich herzlich für die ausführlichen Bemerkungen zum Problem der wissenschaftlichen Philosophie. Wie fast immer in sachlichen Problemen, stimmen unsere Ansichten erstaunlich überein. Dass die sogenannte »logische« Analyse von Sätzen ohne ihre Bedeutungsanalyse sinngemäss nicht zu leisten ist, erscheint auch mir als einer der wichtigsten Ansatzpunkte der Kritik. Auch ich habe dabei an das Paradoxon und an die Typenlehre gedacht. Doch zeigt sich bereits bei der Konzeption einer syntaktischen Logik als Fachdisziplin das gleiche Problem. Auch in der syntaktischen Logik wird zum Beispiel der Unterschied zwischen Sätzen und sinnlosen Wortkombinationen gemacht. Die Entscheidung erfolgt auf Grund des Nachweises, dass die in den Sätzen verwandten Begriffe Gattungen angehören, die nach den bestimmten Regeln der Syntax der betreffenden historischen Sprache zu Sätzen verbunden werden dürfen oder nicht. Abgesehen davon, dass diese Regeln selbst nur auf Grund und im Zusammenhang der gesamten inhaltlichen Erkenntnis, die überhaupt in der gegebenen Periode vorliegt, zureichend entwickelt werden können, lässt sich auch die Zugehörigkeit eines bestimmten Begriffs zu einer bestimmten Gattung im syntaktischen Sinn nur in groben Fällen ohne eine Bedeutungsanalyse bestimmen, die notwendig zu sachlichen Problemen führt. – Übrigens sehen die Herren in ihrer Logik nicht allein von der Beziehung zwischen Wort und Bedeutung, sondern, was damit zusammenhängt, von der Verbindung der Worte und Sätze zu einer stilistischen Einheit ab. Das Problem des Stils, das nur der allgemeinere Ausdruck für das Problem der Dialektik als Darstellungsform ist, kommt in dieser Logik nicht vor, und man kann zeigen, dass es sie zu Fall bringt.

Ihre Polemik gegen die Russellsche Theorie des Paradoxons trifft so genau die Sachlage, dass ich, wenn es Ihnen recht ist, bei meiner Darlegung auf das Husserl-Buch hinweisen will.

Dem, was Sie über die Kritik des Erfahrungsbegriffs des logischen Empirismus sagen, stimme ich ebenfalls durchaus zu. Es ist ja zum Teil schon in den früheren Aufsätzen ausgeführt und bedarf jetzt nur einer Zuspitzung auf diesen Gegenstand. Abgesehen von den spezifisch logischen Problemen steht überhaupt das meiste, was ich zu sagen haben werde, in früheren Arbeiten, und es handelt sich jetzt hauptsächlich um Formulierungsfragen. – Ihre Anregung, Russell, Wittgenstein und Moore mehr als Carnaps, Reichenbachs und Neuraths heranzuziehen, hat gewiss das eine für sich, dass jene von anderem Kaliber sind. Andererseits ist jedoch der Einfluss dieser letzteren in Amerika so sehr im Steigen begriffen, sie sind so aktiv, dass es schon zweckmässig ist, ihre Formulierungen vorzunehmen. Dazu kommt, dass sie die »Erkenntnis« herausgeben, viele andere Zeitschriften inspirieren und der Sache vor allem den eigentlich »philosophischen« Aspekt geben. In mancher Hinsicht möchte ich sogar Russell Carnap gegenüber als naiver ansehen. Übrigens werde ich ja den Aufsatz wahrscheinlich gar nicht hauptsächlich auf diese moderne Gruppe beziehen, sondern auf den Positivismus als solchen. Ich will den Funktionswandel des Nominalismus seit Bacon und Hobbes andeuten und im Hauptteil den Sinn der Verklärung von Pseudo-Exaktheit und Fachwissenschaft darlegen. Die Beseitigung des Subjektbegriffs, auf die Sie in Ihrem letzten Brief hinweisen, bildet einen Hauptpunkt in meinem Plan. Die angebliche Strenge und Exaktheit des Denkens, für die jene Herren Propaganda machen, erweist sich im Grunde als dieselbe Objektivität, die bei Konflikten sowohl den Arbeitern wie den Unternehmern gerecht wird und die, im Bewusstsein, dass es schon heroisch ist, nicht auch offen zu den Angreifern zu halten, in dem gleichen Augenblick die Neutralität wieder mit heiligen Schwüren bekundet, wo die Betroffenen unter den Bomben neutralen Ursprungs vollends zugrundegehen. Eine Darlegung der aktuellen Bedeutung der Exaktheit und Objektivität, auf welche die liberalistische Tradition nun zusammengeschmolzen ist, scheint mir nicht unwichtig zu sein. Die Identifizierung dieses abstrakten Moments einer Exaktheit, die sich bei näherem Zusehen als ihr Gegenteil erweist, mit dem Begriff der Wahrheit überhaupt ist nur die Verklärung des Stillschweigens dieser letzten Liberalen, mit dem sie das Grauen, das durch ihre totalitären Nachfolger über die Welt gekommen ist, sanktionieren und weiter ausbreiten helfen. Diese gegenwärtige Philosophie treibt Mathematik, der Rest ist Schweigen. Diese Enthaltsamkeit ist beileibe keine Passivität, denn für sich selbst macht sie ja eine reichlich hörbare Propaganda. Sie stellt vielmehr einen Teil des kulturellen Apparats dar, dessen Funktion es ist, die Menschheit stumm zu machen. Sein Effekt lässt sich mit der im folgenden beschriebenen Massnahme vergleichen, die mich selbst freilich nicht so sehr um ihrer symbolischen Bedeutung für die Menschenwelt als um der Fortexistenz der Sphäre ihrer Anwendung willen in Schrecken hält. Das Zitat entstammt der Zeitung »Le Gutenberg«, Organe de la fédération suisse des typographes, vom 28.8.36. »Dans son beau volume consacré à son père, il (Wilhelm Vogt, der Sohn Carl Vogts, wahrscheinlich unseres lieben Freundes, des ›Herrn Vogt‹) rappelle avec complaisance que les membres d'une association antivivisectionniste ayant demandé de visiter les laboratoires de l'université, le professeur Schiff leur fit remarquer que les animaux n'étaient nullement endormis, mais que pas un cri se faisait entendre. Une habile section des cordes vocales leur avait simplement enlevé le moyen d'exhaler leurs plaintes.« ». . . Une habile section.«

Leider werde ich wohl zum Beginn der Arbeit erst in den nächsten Wochen kommen, weil sich in letzter Zeit andere Arbeiten allzusehr gehäuft haben. Es haben sich ausserdem noch eine ganze Reihe von Angelegenheiten zugetragen, deren Mitteilung einerseits auf schriftlichem Wege nicht ratsam, andererseits nicht dringlich ist. Sie dürfen mir schon glauben, dass ich in diesen Wochen und Monaten recht wenig an meine eigenen Sachen gekommen bin.

An Bowra werde ich nächster Tage schreiben. In den letzten Wochen hatte ich keine Zeit für eine Verabredung, und im Augenblick bin ich sehr erkältet. Er hat jedoch inzwischen eine freundliche und die Publikation im Prinzip zusagende Antwort erhalten.

Wegen der Einleitung zu Ihrem Mannheim-Aufsatz hat sich im Kabelwechsel ein Missverständnis eingestellt. Wir waren hier sicher, dass wir auch die Einleitung mitgesandt hatten. Auf Ihren Brief hin haben wir nun nochmals nachgesehen und die Blätter gefunden. Wir haben sie per Einschreiben an Herrn Brill gesandt und ihn gebeten, sie Ihnen zuzustellen, sobald er Ihre derzeitige Adresse in Erfahrung gebracht hat.

Ihre Anfrage wegen der Ablieferung des Mannheim-Aufsatzes glaube ich dahin zu verstehen, dass Sie jedenfalls sicher sind, den Aufsatz bis Ende Januar abliefern zu können. Wir werden mit der Absendung des Manuskripts des nächsten Zeitschriftenheftes nach Paris bis zum 1. Februar warten und rechnen bestimmt mit Ihrer Arbeit. Sollte ich Sie nicht recht verstanden haben, bitte ich um Ihr Kabel. – Ich will versuchen Ihnen Material über die Variierung des Bevölkerungsquantums zu verschaffen, bin jedoch nicht sicher, ob es mir in dieser kurzen Zeit gelingt. Sollte ich Erfolg haben, werden in den nächsten vierzehn Tagen die Angaben an Sie abgehen. Andernfalls unterlasse ich weiteres Suchen, da ich annehme, dass es zu spät sein würde.

Mit herzlichem Gruss

Ihr

Max Horkheimer

PS. Zu Ihrer Anfrage wegen des Bevölkerungsquantums kann ich Ihnen wider Erwarten sogleich einige Zahlen mitteilen, die Ihnen vielleicht einen flüchtigen Überblick gewähren. Wir vergleichen das Bevölkerungswachstum zwischen 1890 und 1930. Es ergibt sich für das deutsche Reich (verglichen mit dem jetzigen Gebietsstand)

eine Bevölkerung

	von 44 Millionen 1890	und 66 Millionen 1930.
für Italien	30 " "	" 41 " " .
Japan rund	40 " "	" 69 " " .

Demgegenüber wuchs in den demokratischen Staaten die Bevölkerung zwischen 1890 und 1930 in folgender Proportion:

Frankreich	36	Millionen	auf	42 Millionen
England	29	"	"	40 "
U.S.A.	63	"	"	123 "

In der Geburtenrate (Anzahl der Geburten auf 1000 Personen) bestehen allerdings erhebliche Unterschiede zwischen den beiden Gruppen von Staaten.

1888-1892 war die Geburtenrate

in Deutschland	36,3	dagegen in Frankreich	30,9
" Italien	37	" England	30,9
" Japan	28,8		

1934 war die Geburtenrate

in Deutschland	18	dagegen in Frankreich	16,1
" Italien	23,2	" England	14,8
" Japan	30,0	" U.S.A.	17,1

Die höheren Geburtenraten in den faschistischen Staaten sind natürlich zum Teil bereits auf bevölkerungspolitische Massnahmen zurückzuführen. Im ganzen glaube ich nicht, dass diese Zahlen für oder gegen Mannheim irgendetwas aussagen, was natürlich insofern gegen Mannheim spricht, als er seine These ebensowenig beweisen kann wie wir die Gegenthese. D. O.

Gestern habe ich einige Bilder von Ernst, Dali und anderen wiedergesehen. Zwischen dem logischen Empirismus und dem Surrealismus besteht eine Ähnlichkeit, die dem letzteren Ehre macht. Dieser kann der modernen empiristischen Tendenz, alle nicht »konstituierbaren« Begriffe als verdächtige Atavismen auszumerzen, durchaus beipflichten. Warum sollte der Begriff der Realität *nicht* auf dem index verborum prohibitorum stehen? Ausser dem Begriff der Realität finden sich auf diesem empiristischen Index auch die Begriffe Ich, Person, und, jedenfalls der Intention nach, die Seele. Der Mensch soll, wenn das auch noch nicht ganz entschieden ist, ausschliesslich aus physikalischen Gesetzen begriffen werden. Der uns nahestehende Teil der Surrealisten hat dies weitgehend durchgeführt. In der Gegenwart scheint es freilich, dass die Gruppe mehr die bedenklichen Seiten des Programms entwickelt, vor allem den romantisch-vitalistischen Zug. Max Ernst ist verrufen, parce que son art n'est que sexe et cerveau. – Möglicherweise täusche ich mich in dieser Beurteilung. Sollten Sie etwas Näheres wissen, wäre ich Ihnen für Mitteilung dankbar. Der Surrealismus hat die Gegebenheiten des träumenden Individuums den Wahrnehmungen des Wachenden nicht bloss gleich-, sondern übergeordnet. Surrealistische Bilder sind Protokollsätze über Traumerlebnisse. Protokollsätze bilden auch für den logischen Empirismus das einzige sachhaltige Material, auf das die gesamte Wissenschaft sich bezieht. Gingen die wissenschaftlichen Philosophen endlich dazu über, diese Protokollsätze nicht mehr bloss als das einzige Material formal zu behaupten, sondern wirklich auszuführen, es entstünden Bibliotheken, von denen jede Seite surrealistischen Charakter trüge. Die Ausmerzung des unsere Wahrnehmungen verbindenden Apparats metaphysischer Begriffe erwiese die Identität zwischen dem, was wir mit wachen Augen und in trostlosen Träumen sehen. Denken Sie an die Passagen aus Westermarcks »Ursprung der Moralbegriffe«, die ich Ihnen in Cronberg vorgelesen habe. Es stellte sich heraus, dass der Surrealismus von der positivistischen Wissenschaft bestätigt wird. Da diese Philosophie jedoch selbst nur die logische Seite entwickelt und das Material nicht wirklich ausbreitet, so kommt der Schrekken, den die Reduktion der Welt auf solche Daten auslöst, gar nicht zustande. Anstatt dass die Sinnlosigkeit uns trifft, wird sie verklärt. Die Entzauberung verhüllt ihren eigenen Effekt, indem sie sich selbst fetischisiert.*

M.H.

ÜBERLIEFERUNG O: Ts; Theodor W. Adorno Archiv, Frankfurt a.M. – E: Horkheimer, Briefwechsel 1913-1936, S. 763 ff.

einige erfreuliche Reaktionen auf die Jazzarbeit: Sie konnten nicht ermittelt werden.

Der kleine Maier: Über den Mitarbeiter des New Yorker Büros Josef Maier konnte nichts ermittelt werden.

das Wort Hegels: »Dies eine Wissen, daß im Absoluten alles gleich ist, der unterscheidenden und erfüllten oder Erfüllung suchenden und fordernden Erkenntnis entgegenzusetzen oder sein *Absolutes* für die Nacht auszugeben, worin, wie man zu sagen pflegt, alle Kühe schwarz sind, ist die Naivität der Leere an Erkenntnis.« (Georg Wilhelm Friedrich Hegel, Werke. Auf der Grundlage der Werke von 1832-1845 neu edierte Ausgabe, Redaktion Eva Moldenhauer und Karl Markus Michel, Bd. 3: Phänomenologie des Geistes, Frankfurt a.M. 1970, S. 22)

Reichenbach: Hans Reichenbach (1891-1953) lehrte von 1933 bis 1938 in Istanbul.

der ›Herr Vogt‹: Der aus Gießen stammende Naturforscher Carl Vogt (1817-1895), Professor in Gießen seit 1847, wurde wegen seines Eintretens für die Linke in Vorparlament und Nationalversammlung entlassen und ging nach Genf, wo er 1852 Professor der Geologie und später auch der Zoologie wurde. Vogt, der als Agent Napoleons III. galt, kommt in einigen Beiträgen Marx' für die »Neue Rheinische Zeitung« vor. Horkheimer aber spielt hier auf die Schrift »Herr Vogt« an, die Marx 1860 veröffentlichte (vgl. Karl Marx/Friedrich Engels, Werke [MEW], Bd. 14, S. 381-686).

---

* [Marginalie Adornos:] »Das Ich ist nicht zu retten.«

Westermarck: Vgl. Edvard Westermarck, Ursprung und Entwicklung der Moralbegriffe, Leipzig 1907-1909.

»Das Ich ist nicht zu retten«: Der Satz in Ernst Machs »Die Analyse der Empfindungen und das Verhältnis des Physischen zum Psychischen« (Jena 1919, S. 20) lautet: »Das Ich ist unrettbar.«

73 Adorno an Horkheimer
Paris, 15.12.1936

Paris, Hotel Littré
15. Dezember 1936.

Lieber Herr Horkheimer,

lassen Sie mich vorab Ihnen danken, daß Sie mir abermals die Woche in Paris möglich gemacht haben. Ich kann kaum übertreiben, welche Bedeutung diese Tage für mich und meine Arbeit haben. Solange wir räumlich distanziert sind, umschließen sie in der Tat die einzige Möglichkeit der Kommunikation meiner Gedanken, wie sie in Korrespondenz doch stets bloß sehr unvollkommen möglich ist, und bieten damit einen gewissen Schutz gegen jene Isolierung, über deren Gefahr wir sprachen – eine Gefahr übrigens, die mir selten so deutlich zum Bewußtsein kam wie im Falle Sohn-Rethel. Ich glaube, daß die gemeinsame Woche für Benjamin nicht minder ergiebig war als für mich. Ich glaube aber schließlich auch, daß sie im handgreiflichen Institutssinne sich rechtfertigt und möchte Ihnen heute vorab über das wichtigste an Institutsarbeit berichten. Lassen Sie mich dem noch den Dank für Ihre Zeilen vom 25. November vorausschicken, die mir hierher nachgesandt wurden. An Schoen hatte ich den Betrag nicht überwiesen, da ich in solchen Dingen strikt Ihr Einverständnis abwarte. Nachdem Sie so lieb waren, dieses Einverständnisses mich zu versichern, habe ich dann sofort Frau Favez veranlaßt, den Betrag zu überweisen, und sie hat mir bereits bestätigt, daß es geschah. Ich bin besonders froh darum. – Was den Brief an Sohn-Rethel anlangt, so habe ich ihn in keiner Weise zu scharf finden können, sondern halte ihn für sehr heilsam und übrigens auch völlig die Linie verfolgend, die ich selber in der Verhandlung mit ihm innehalte. Ich habe ihn sofort an S.-R. ausgehändigt, der im Augenblick noch hier ist.

Lassen Sie mich danach – in aller Kürze, da ich wirklich Ihre Zeit nicht häufig so mißbrauchen möchte wie in den beiden letzten Briefen – zu berichten versuchen.

Besprechungsteil: Es ist selbstverständlich, daß die wirkliche Reorganisation erst in Angriff genommen werden kann (jedenfalls was meinen Anteil daran anlangt), wenn unsere gemeinsame Arbeit ihre definitive Gestalt gefunden hat. Immerhin glaube ich einige der dringlichsten Reformen schon jetzt möglich; zumal es mir ratsam erscheint, diese Reorganisation nicht mit einem jähen und für viele der Beteiligten schmerzhaften Ruck zu vollziehen, sondern mit einer gewissen Sachtheit und Allmählichkeit. Ich habe angeregt, eine Reihe von Leitsätzen auszuarbeiten, die (am besten durch Druck vervielfältigt) an die Mitarbeiter des Besprechungsteils gelangen können und in denen einige der negativen Erfahrungen ihren Niederschlag finden, die wir an dem Besprechungsteil machen mußten. Diese Leitsätze arbeite ich mit Benjamin zusammen aus; sie werden wohl heute nachmittag fertiggestellt und Sie dürften sie nach wenigen Tagen erhalten. Sie stellen natürlich bloß Vorschläge, wenn auch sorgfältig bedachte, dar und wir geben sie Ihnen zur Verwendung und eventuellen Weiterverarbeitung. Einige der Anregungen gehen auf Aron zurück, mit dem ich wegen des französischen Besprechungsteiles sprach. Was die Mitarbeit am Besprechungsteil anlangt, so kann ich einstweilen, über die Löwenthal gemachten Vorschläge hinaus, nicht viel neues Positives beibringen (mit Ausnahme von Sohn-Rethel, der sofort bereit wäre). Immerhin ist es vielleicht nicht überflüssig, wenn ich Ihnen dafür eine Liste von Namen gebe, die Leute betreffen, deren kritische

Mitarbeit mir unmöglich erscheint (wohlverstanden sachlich: die Frage der taktischen oder privaten Notwendigkeit, sie heranzuziehen, lasse ich dabei ganz außer Betracht). Es handelt sich dabei um Landsberg, Neumarck, Trier, Honigsheim, Rumney, Hilde Weiß, Marek, Marshall, Tazerout, Dauphin-Meunier, Le Cœur, Treves, Aster, Krapf, Siemsen, Tillich und Salomon. Sie schlagen vermutlich die Hände überm Kopf zusammen: wenn man aber aus der Reihe die aussiebt, die taktisch unvermeidlich sind, und die anderen wegläßt, wird schon viel gewonnen sein. Die englischschreibenden Mitarbeiter sind dabei noch kaum berücksichtigt.

Kracauer: er wird Ihnen selbst schreiben. Zum Einfachsten, nämlich einer bündigen Annahme Ihres Vorschlages, habe ich ihn nicht bewegen können. Andererseits wird er wohl versuchen, die von uns aus *unbedingt* zu fordernde Geste auf seine Weise zu machen. Ich lasse dahingestellt, ob diese seine Weise für uns akzeptabel ist, möchte aber immerhin sagen, daß mir wenigstens darin, daß über Reklame und Propaganda sich schwer ein Exposé schreiben läßt ohne bereits *vorhergehende* materiale Studien, wenigstens ein sachlicher Kern zu stecken scheint (das meint auch Benjamin). Im übrigen hat sich Kracauer sehr über Ihre New Yorker Initiative gefreut und ich glaube, daß zumindest die Atmosphäre psychologisch etwas entspannt ist. Darüber hinaus aber möchte ich, nachdem ich in dieser für Sie keineswegs leicht akzeptabeln Sache so weit gegangen bin, nicht mehr weiter gehen und Ihrer Entscheidung in keiner Weise vorgreifen. An der Forderung, daß Kracauer nun energisch selber etwas investiere, ist aber nach meiner Überzeugung strikt festzuhalten.

Sohn-Rethel: wir, d. h. Benjamin und ich, hatten ein siebenstündiges theoretisches Gespräch mit ihm, aus dem die außerordentlichen Schwierigkeiten der Kommunikation seiner Gedanken uns mehr als je hervortraten. Er bittet, wegen der kurzen Zusammenfassung seiner Gedanken sich noch 14 Tage oder 3 Wochen zu gedulden und ich möchte diese Bitte im Interesse der Sache unterstützen, denn die bisherige

Formulierung seines Briefes an Sie wird diese kaum weiterbringen. Andererseits bin ich mehr als je von dem außerordentlich produktiven Kern der Sache überzeugt und hoffe nur, daß es uns gelingt, ihn freizulegen. Benjamin wird in Kontakt mit ihm bleiben.

Im übrigen habe ich einen Vorschlag zu machen, der vielleicht nach den verschiedensten Seiten Perspektiven eröffnet. Wie Sie sich erinnern werden, hatten wir seinerzeit einen Aufsatz über Klages verabredet, den ich – aus Gründen rein psychologischer Art – nicht zustande brachte. Die Dringlichkeit des Gegenstandes besteht fort. Wie wäre es, wenn man Sohn-Rethel diesen Aufsatz schreiben ließe? Wir hätten dann etwas in der Hand von ihm, er könnte lernen, sich mitzuteilen; der Klages ginge uns nicht verloren, und vor allem: an diesem kritischen Gegenstand könnte S. R. auch selber vieles von seiner positiven Theorie in sicheren Grenzen entfalten. Ich habe ihm den Gedanken gegeben, Klages so zu dialektisieren, daß er nicht bloß, was auf der Hand liegt, als der romantische Reaktionär erscheint, sondern auch als ein radikaler Kritiker der bürgerlichen Arbeitsideologie und schließlich wenn man will des Begriffs der Arbeit selber (sein »Geist« ist nichts als der mythologisierte Arbeitsbegriff). Da aber für Sohn-Rethel ja die »Logik« auf das Problem der Ausbeutung zurückverweist, so bestünde hier ein tiefgreifender Zusammenhang. Das Problem aber wäre genau das in Ihrem Brief an S.-R. gestellte: nämlich die Kritik der hypostasierten ratio von der irrationalistischen Preisgabe der ratio abzugrenzen. Und dazu muß Sohn fähig sein, wenn überhaupt seine Konzeption sich als fruchtbar erweisen soll. – Vielleicht lassen Sie ihm wegen der Klagessache Bescheid geben und auch wegen Besprechungen. Ich habe übrigens am letzten Tag in London lange mit Adams über ihn gesprochen, der Ihnen wohl schreiben wird. Vielleicht könnte man zu einem Arrangement mit dem Academic Assistance Council kommen und das Stipendium teilen. Ich glaube sicher, daß im Falle Ihrer Bereitschaft auch Adams bereit wäre und eher bereit als etwa Herrn Heinemann zu unterstützen. Die von beiden Seiten zu zahlenden Beträge wären durch die Teilung wohl durchaus tragbar.

Fuchs: Benjamin wird also endlich schreiben, ich habe da auch sehr insistiert. Darüber hinaus habe ich mit ihm bei Fuchs eine Art von Ehrenbesuch gemacht, wohl mit gutem Erfolg: er ist wieder freundlich gestimmt. Er wird auch Benjamin mit Material bei der Arbeit unterstützen. Diese Arbeit ist im übrigen kein Vergnügen. Fuchs zu retten geht wohl selbst über Benjamins Kräfte. Aber ich muß Ihnen davon ja nichts erzählen . . .

Mannheim: beim Lesen des deutschen Textes stellt sich das Buch, das ich nur in Form der englischen Aufsätze kannte, als so unbeschreiblich schlecht heraus, daß ich in meinem Aufsatz mich so weit als möglich vom Text entfernen werde, was wohl auch in Ihrem Sinne ist. Ich glaube einen brauchbaren Ansatz gefunden zu haben: nämlich den theoretischen Nachweis, daß die Übersetzung von Kategorien der dialektischen Gesellschaftswissenschaft in wertfrei soziologische usw., und damit die Idee einer neuen wertfreien Soziologie unmöglich ist. Von Mannheim selbst gilt etwas sehr Elementares: er ist einfach dumm. So erschien er mir auch in einem Londoner Gespräch, in dem er sich, angesichts des drohenden Aufsatzes, beeilte, alle unsere letzten Arbeiten, also Benjamins Reproduktion, Ihren Egoismusaufsatz und meinen Jazz, großartig zu finden. Wenn ich es nicht vermeiden kann, ihn und seinen Text zu zitieren, wird freilich der Ausgang letal sein.

Benjamin: ich habe die Anregung gegeben, daß er, nach dem Fuchs, etwa, gegen Jung schreibt. Auch das scheint mir ein sehr wichtiger Schnittpunkt: wir brauchen eine Kritik der falschen Psychoanalyse und er muß sich mit Jung und der Lehre vom kollektiven Unbewußten kritisch unbedingt auseinandersetzen, um sein Passagenbuch vor Anfechtungen von jener Seite zu sichern. Vielleicht geben Sie ihm deshalb Nachricht.

Klossowski: Wir waren viel mit ihm zusammen und haben einen detaillierten Übersetzungsplan und detaillierte Berechnungen aufgestellt. Über den ganzen Komplex möchte Ihnen Benjamin eingehend berichten und ich will ihm nicht vorgreifen. Ich war aber an allen getroffenen Entscheidungen aktiv beteiligt und übernehme mein Maß an Verantwortung. Eine neue Übersetzungsprobe (die Freudpolemik aus dem Freiheitsaufsatz) macht mir einen ganz ausgezeichneten Eindruck. Schwierigkeiten liegen nur in der psychologischen Komplexion Klossowskis. Aber ich hoffe, daß wir damit fertig werden. Am schwersten wird es natürlich sein, den sehr seltsamen Ton Ihrer Prosa ins Französische zu retten. Ich habe ihm einiges dazu angedeutet; forcieren läßt gerade das sich am wenigsten.

Brill hat Ihnen vorhin in meinem Auftrag depeschiert. Den letzten möglichen Termin für den Mannheimaufsatz lassen Sie mich bitte über Benjamin wissen; aus Deutschland werde ich ihn nicht schicken können. Ich fahre also morgen: die angedeuteten Gründe zur Reise und einige andere scheinen mir die Gegenargumente zu überwiegen. Natürlich muß ich es auf meine Kappe nehmen; doch ha[ben] auch Benjamin und Brill mir nicht widerraten. – Gretel hat ihre Fabrik verkauft und ist ab 1. April frei.

Ich wünsche Ihnen allen sehr gute Weihnachten. Hoffentlich werden wir die nächsten nicht weiter auseinandersein als Cronberg von Frankfurt! Und nochmals danke ich Ihnen. – Ich habe auch Monette wiedergesehen. Aber sie hat nicht mehr den alten Glanz. Und ich frage mich, ob es ihr Glanz war und nicht der jener Tage bloß, der auf sie fiel.

Alles Herzliche und Liebe von Ihrem getreuen

Teddie.

ÜBERLIEFERUNG O: Ts; Max-Horkheimer-Archiv der Stadt- und Universitätsbibliothek, Frankfurt a. M. – E: Horkheimer, Briefwechsel 1913-1936, S. 784 ff.

Kracauer . . . wird Ihnen selbst schreiben: Kracauer schrieb am 22. Dezember an Horkheimer: »Ihr Vorschlag, ich möchte einen Aufsatz über das Thema der Propaganda für die Zeitschrift des Instituts schreiben, ist sehr freundlich. Wie ich Teddie Wiesengrund sagte, interessiere ich mich schon seit langem aus einem bestimmten Gesichtspunkt heraus für das Problem der Propaganda. Und zwar ist mir dieses Problem im Zusammenhang mit Gedankengängen entgegengetreten, die sich auf die Art der Konstitution der modernen Massen beziehen. Gerade für eine Arbeit über ›Masse und Propaganda‹ versuche ich ein Stipendium zu erhalten. Sie hätte die Genesis, Funktion und Struktur der fascistischen bzw. nationalsozialistischen Propaganda aufzudecken[.] – Die Funktion dieser Propaganda würde ich dahin bestimmen, daß sie den Schein der Reintegrierung der infolge der Nachkriegskrise entstandenen Massen zu erzeugen hat, wobei sie die Masse notgedrungen erst als Masse hypostasiert –; ferner wäre die faszistische Propaganda gegen die kommunistische abzugrenzen und mit dem Betrieb in den großen Demokratien, vor allem in Amerika, zu konfrontieren. Usw. [Absatz] Ich bin gern bereit, den Aufsatz für die Zeitschrift zu schreiben. Nur stehen der Realisierung dieses Vorhabens Schwierigkeiten entgegen, die Sie zweifellos zu würdigen wissen werden. Von vornherein steht mir fest, daß das fragliche Thema nur im Rahmen einer größeren, vielfältig dokumentierten Untersuchung zu bewältigen ist – und so klar ich mir auch über die einzuschlagenden Methoden und die vermutlich zu gewinnenden Ergebnisse bin, so unmöglich ist es mir doch, die Methoden und die Ergebnisse in einem Aufsatz zu fixieren, ohne vorher Materialstudien getrieben zu haben. Es handelt sich bei der geplanten Arbeit – und hierin zum mindesten bestünde ihre Ähnlichkeit mit dem Angestelltenbuch – um eine Konstruktion im Material konkreter Daten. Das heißt, ich müßte mich wohl *des längeren im Hinblick auf die Gesamtuntersuchung* dokumentieren, um aus dem so gesammelten Material einen Aufsatz herauslösen zu können, der Ihren und meinen Anforderungen genügte.«

Adams: Der Historiker Walter Adams (1906-1975), der Lecturer an der University of London war, wurde von Lord Beveridge im Sommer 1933 zum Secretary des »Academic Assistance Council« (später: »Society for the Protection of Science and Learning«) berufen.

Heinemann: Der Philosoph Fritz Heinrich Heinemann (1889-1970), von 1930 bis 1933 Professor in Frankfurt a.M, lebte zu der Zeit im Exil in Frankreich. Er ging 1939 nach England und lehrte ab 1940 in Oxford.

Benjamin . . . die Anregung: Horkheimer und dann auch Benjamin favorisierten schließlich den Aufsatz über Baudelaire.

Über den ganzen Komplex möchte Ihnen Benjamin eingehend berichten: Benjamins Brief vom 17. Dezember, vgl. Benjamin, Gesammelte Briefe V, S. 440-443.

74 Adorno an Horkheimer
Brüssel, 11.1.1937

SAFELY BRUSSELS STOP SATURDAY OXFORD CORDIALLY

TEDDIE

ÜBERLIEFERUNG Telegramm; Max-Horkheimer-Archiv der Stadt- und Universitätsbibliothek, Frankfurt a. M.

75 Horkheimer an Adorno
New York, 11.1.1937

429 WEST 117TH STREET
NEW YORK, N. Y.

11. Januar 1937.

Lieber Herr Wiesengrund,

Wenn dieser Brief eintrifft, werden Sie hoffentlich bereits wieder von zuhause zurückgekehrt sein. Ich gestehe, dass ich bei diesen Ausflügen jedesmal grosse Angst habe. Meine Frau und ich wünschen Ihnen zu Ihrer Rückkehr alles Glück.

Ihren Pariser Brief vom 15. habe ich erhalten. Inzwischen sind bei Brill die Kopie meines Briefes vom 8. Dezember und die Einleitung zur Mannheim-Kritik deponiert. Brill ist angewiesen, Verfügungen darüber nur von Ihnen selbst entgegenzunehmen. Lassen Sie sich also einfach diese Dinge nach England nachsenden. Ferner liegt ein Brief an Kracauer vom 10. Dezember bei Brill. Dieser Brief sollte nur abgehen, wenn Sie Anweisung dazu erteilten. Da jedoch Kracauer inzwischen selbst geschrieben hat, so wird dieser Brief am besten vernichtet, was Sie ebenfalls bei Brill veranlassen können. Über die weitere Entwicklung der Angelegenheit Kracauer unterrichtet Sie der beiliegende Durchschlag meines heute an ihn abgegangenen Briefes. Ich nehme an, dass ich damit in Ihrem Sinne gehandelt habe.

In der Angelegenheit K. habe ich nicht bloss meine Affekte aus früheren Anlässen unterdrückt, sondern auch solche aus jüngerer Zeit. Wir haben K. niemals die geringste Unbill zugefügt und ihm trotz des geringen Entgegenkommens, das er uns in früheren Zeiten erwiesen hat, auch in den letzten Jahren wiederholt eine Zusammenarbeit angeboten. Trotzdem hat er sich nicht an uns, sondern an andere gewandt. Während er dort als Bittsteller auftrat, musste er erst von Ihnen überredet werden, auf unseren Vorschlag überhaupt einzugehen. Ich kann den Verdacht nicht ganz loswerden, dass er sich aus einem recht unsympathischen Grund mit uns nicht einlassen wollte. Seine Verrücktheit ist bloss in dem Punkt akzeptabel, dass sie eine Isoliertheit mit sich bringt, die in den im Brief erwähnten Schwätzereien zum Ausdruck kommt. Das halte ich ihm zugute. Hoffentlich haben die negativen Seiten seines Charakters in der Emigration nicht so zugenommen, dass sie im schädigenden, die Opposition abstumpfenden Sinn auf den Inhalt seiner Arbeit einwirken. Das werden wir ja nun bald feststellen können.

Über Sohn-Rethel finden Sie in meinen letzten Briefen einige kräftige Worte. Ich bezweifle, ob er einen Aufsatz über Klages in unserem Sinn schreiben kann. Die Zurückverweisung der Logik auf das Problem der Ausbeutung wäre an sich gewiss ein Ansatz, um auch den Klagesschen Begriff des Geistes aufzuhellen. Aber bei Sohn-Rethel wird ja der Begriff der Ausbeutung ganz formal angewandt. Es wäre ein Irrtum zu glauben, dass der Idealismus überwunden werden könnte, indem man einfach anstelle der idealistischen Termini nunmehr solche aus einer materialistischen Theorie setzt. Das gibt bloss den Anschein der Aktualität, ohne dass damit etwas geändert wäre. In der ganzen Angelegenheit wäre mir schon geholfen, wenn ich wenigstens einige Seiten von ihm in die Hand bekäme, in denen von einem wissenschaftlichen Thema nicht in dem beflissen akademischen und metaphysischen Stil die Rede wäre. Nach allem, was ich bisher von ihm gelesen habe, steht dieser Sohn-Rethel ganz und gar nicht in wirklichem Gegensatz zu dem, was wir hassen. Es scheint nur eine Spannung zu bestehen, weil es heute bereits neurotisch geworden ist, so zu schreiben, wie ein Habilitant des Simmelschen Seminars, der den Meister an Radikalität des Denkens überbieten möchte. Der Umstand, dass dies bei Sohn-Rethel zwangsmässig geworden ist, und ihn praktisch in Schwierigkeiten bringt, hebt doch die ausschliessliche Zugehörigkeit dieses Philosophierens zur akademischen Karriere nicht auf.

Auf den Mannheim-Aufsatz freue ich mich aufrichtig. Sollte er zu diesem Heft nicht mehr recht kommen, dann kommt er eben ins nächste. Jedenfalls ist es wichtig, dass wir in diesem Punkt einmal Klarheit schaffen. La sociologie générale est le conformisme même.

Wegen Ihrer Vorschläge zum Besprechungsteil habe ich bereits an Benjamin kurz geschrieben. Darüber müssen wir sprechen.

Morgen kommt Bowra, mit dem wir seinen Aufsatz besprechen wollen. Ich habe ihn im Sinne Ihres Vorschlags hierher eingeladen und bin sehr neugierig auf ihn.

Ich erwarte, recht bald von Ihnen zu hören, vor allem, dass Sie wieder da sind.

Herzlichsten Gruss
Ihr Max Horkheimer

Ihr Telegramm ist eingetroffen. Welcome back!

ÜBERLIEFERUNG O: Ts; Theodor W. Adorno Archiv, Frankfurt a.M. – E: Horkheimer, Briefwechsel 1937-1940, S. 21 ff.

meine heute an [Kracauer] abgegangener Brief: In Horkheimers Brief vom 9. Januar 1937 heißt es: »Es freut mich, dass Sie unserem Vorschlag, an der Zeitschrift mitzuarbeiten, grundsätzlich zustimmen. Das Thema wird sich in Ihrer Bearbeitung gewiss als fruchtbar erweisen. [Absatz] Verzeihen Sie, dass ich angesichts der grossen Korrespondenz, die vor

Abgang des nächsten Schiffes noch eiligst erledigt werden muss, mich für heute kurz fasse. Wir können Ihnen für den geplanten Aufsatz fr.fr. 6.000.–– zur Verfügung stellen. Wenn wir die Bezahlung so vornehmen, dass Ihnen in den nächsten vier Monaten je fr.fr. 1.500.–– überwiesen werden, dann, so rechnen wir, können Sie während dieser Zeit die Arbeit im Zusammenhang mit der Sammlung des Materials niederschreiben. Dieser Weg scheint mir deshalb als günstig, weil auf diese Weise nicht erst durch die Übersendung eines Entwurfs und die Entscheidung darüber Zeit verloren geht. [Absatz] Sollte es sich am Ende der vier Monate herausstellen, dass der Aufsatz, der auf jeden Fall für uns wertvoll sein wird, für die Zwecke der Zeitschrift nicht geeignet ist, so fügen wir ihn dann eben, wie manche andere wichtige Arbeit, unserem Archiv ein. Wir hoffen manches Stück aus diesem Archiv gelegentlich in einem Sammelband zu veröffentlichen. Ich nehme freilich an, dass Ihr Aufsatz sich sehr gut der Zeitschrift einfügen wird. Vielleicht schauen Sie sich, wenn Sie dies nicht ohnehin getan haben, einmal einige Hefte der Zeitschrift durch.«

K. / Während er dort als Bittsteller auftrat: Kracauer hatte 1936 zweimal eine finanzielle Unterstützung von der »New School for Social Research« in New York erhalten.

[ich habe] bereits an Benjamin kurz geschrieben: Horkheimers Brief datiert vom 30. Dezember 1936.

76 Adorno an Horkheimer
Oxford, 21.1.1937

Oxford.
47 Banbury Road.
21. Januar 1937.

Lieber Herr Horkheimer,

heute schreibe ich Ihnen nur ganz kurz, um Ihren ausführlichen Brief vom 6. Dezember (den ich erst hier bekam; in Paris kam er erst nach meiner Abreise an) und den soeben eingegangenen vom 11. Januar zu bestätigen. Den Grund für meine Kürze werden Sie gewiß billigen: ich möchte unter allen Umständen die Mannheimarbeit während der nächsten 3-4 Tage abschließen, sodaß sie ebenfalls mit der Berengaria geht (dem nächsten englischen Schiff) und am 3. Februar in Ihrer Hand ist. Nach Ihrem letzten Pariser Telegramm wird das ja hoffentlich zeitig genug sein, daß dieser Aufsatz noch in dieses Heft kommen kann.

Lassen Sie mich heute nur ein paar praktische Dinge berühren. Ich habe, um hier den Doktorgrad zu erwerben, die genügende Semesterzahl; wo ich die Arbeit vollende ist gleichgültig. Ich kann aber die englische Fassung, wie sich mir immer deutlicher herausstellt, unmöglich herstellen, ehe ich nicht die deutsche abgeschlossen habe (in der Rohform wird sie in den nächsten 8 Wochen bestimmt fertig). Es ist da also immerhin noch mit einer gewissen Zeitdauer zu rechnen. Ich möchte nun aber unsere Zusammenarbeit und die Regelung unserer Dinge unter keinen Umständen mehr von diesem Abschluß abhängig machen, es sei denn daß Sie darauf besonderen Wert legen, und möchte Ihnen sagen, daß ich vom Ende dieses terms (17. März) an »à votre disposition« bin. Sollten Sie schon im März nach Europa kommen, würde ich Sie irgendwo treffen können; sollten Sie erst im April erscheinen, so würde ich wohl nochmals nach Deutschland gehen (ich denke wohl: das letzte Mal. Übrigens ist diesmal wieder alles völlig glatt und reibungslos verlaufen und ich habe sogar in Berlin eine sehr hübsche Zeit gehabt) und mich erst April bei Ihnen einfinden; sollten Ihre europäischen Dispositionen verschoben sein, so würde ich mich anders zu Ihrer Verfügung halten. Die Redigierung der definitiven deutschen und der kleinen englischen Fassung des Husserlbuches stellt sich mir als eine verhältnismäßig leichte Arbeit dar, die sich dann in einem halben Jahr wird abwickeln lassen, ohne unsere Zusammenarbeit zu belasten. Zu all den Ihnen bekannten Gründen kommt ein weiterer hinzu. Gretel hat ihre Fabrik verkauft und wir möchten heiraten; ich möchte sie unter allen Umständen aus Deutschland heraushaben. Das wird aber natürlich nur möglich sein, wenn unsere Dinge gesettled sind. Für die nächsten 8 Wochen ist sie noch in Berlin mit der Abwicklung ihrer Dinge festgehalten.

In diesen Tagen nun fährt mein Vater nach Amerika: mit der »Hamburg«, die am 5. Februar in New York eintrifft; am 20. denkt er mit der »Bremen« zurückzufahren. Es ist eines der Hauptanliegen seiner Reise, mit Ihnen die Gretel und mich betreffenden Fragen, auch die ökonomischer Art, durchzusprechen und ich wäre Ihnen ganz besonders dankbar, wenn Sie ihm angesichts der Tragweite, die diese Dinge für mich und vielleicht darf ich sagen: für uns haben, etwas Zeit (vielleicht zwei Abende) zur Verfügung stellen und mit ihm auch gewisse praktische Dinge allgemeinerer Art besprechen. Ich möchte dabei auf eines hinweisen: wie Sie wissen, verfügen meine Eltern in Deutschland immer noch über ein erhebliches Vermögen und ebenso Gretels Mutter. Es wäre nun nicht unwichtig und mein Vater zieht das ebenso in Erwägung, wie man so disponieren könnte, daß, falls dieser Besitz durch Erbschaft an uns fiele, er nicht in irgendeiner Weise von den Nazis weggeschnappt wird; und daß man ihn, wenn er etwa auf Sperrkonto ginge, in irgendeiner Weise aktivieren könnte ohne zu großen Verlust. Da es, wie gesagt, nach meinem Eindruck in beiden Fällen um sehr erhebliche Beträge geht, so wäre ich sehr dankbar, wenn Sie diesen Punkt diskutieren würden. Zumal sich hier ja unter Umständen auch eine Entlastung des Instituts mir gegenüber ergeben könnte. Die Adresse meines Vaters wird sein: c/o Mr. Leo *Frenkel,* General Insurance Company, New York City, 80 Maiden Lane.

Die Dokumente von Brill sind in meiner Hand, schönsten Dank. Ihr Verhalten Kracauer gegenüber finde ich schlechtweg rührend: zumal ich den gleichen Verdacht, daß er sich lieber mit weniger »Kompromittierten« als mit uns gehalten hätte, ebenfalls hege (ich schöpfte ihn bei Gelegenheit eines Gesprächs, in welchem ich mich sehr drastisch über die Herren von der New School äußerte, worauf er merkwürdig zurückhaltend reagierte). Jedenfalls bin ich der Ansicht, daß eine

Zusammenarbeit mit ihm an den eindeutigen Beweis seiner sachlichen und persönlichen Solidarität gebunden ist. Er wird, da er ja zwar verrückt, aber nicht dumm ist, auch Ihren Brief in diesem Sinne verstanden haben. Dem Brief stimme ich vollkommen zu. K. hat mir übrigens noch keinen Durchschlag seines Plans geschickt. Die Regelung für die nächsten 4 Monate beraubt ihn jeglicher Ausrede.

Über Sohn-Rethel schreibe ich Ihnen noch ausführlich. Meinen Sie aber bitte nicht, daß ich die von Ihnen beanstandeten Dinge nicht gesehen hätte und »hereingefallen« wäre. Der Unterschied unserer Auffassungen ist bloß der, daß ich trotz allem und unter allem Schutt einen sehr fruchtbaren Gedanken sehe, während Sie – unsere Positionen sind diesmal gewissermaßen vertauscht – das Was durch das Wie so kompromittiert finden, daß Sie an das Was selber nicht mehr glauben. Im übrigen bin ich über Sohn-Rethel sehr verstimmt, da er trotz der bestimmtesten Abmachung und stundenlanger Besprechungen mit Benjamin und mir weder Ihnen noch Adams (der u. U. einen Teil des Stipendiums übernommen hätte) noch mir eine kurze aufsatzähnliche Darstellung geschickt hat, wozu er immerhin 6 Wochen Zeit gehabt hätte. Ich schreibe ihm nochmals und sehr entschieden. Bringt er dann die von uns angeforderte Sache nicht rasch und in einer befriedigenden Weise zustande, dann werde ich meine Bemühungen in dieser Richtung einstellen. – Es ist ungeheuer schwer, Menschen zu finden, mit denen wir wirklich zusammenarbeiten können und die Versuche, die ich im letzten halben Jahr nach dieser Richtung gemacht habe, bringen mich mehr und mehr dazu, Ihre Ansicht zu akzeptieren, daß wir unsere Arbeiten sozusagen nur auf uns selber gestellt durchzuführen haben.

Wie geht es Frau Lazarsfeld? Wie fanden Sie Maurice Bowra? Haben Sie Benjamins und meine Thesen zum Besprechungsteil bekommen und finden Sie sie brauchbar? Aron hat mir sein Buch geschickt; mit uns hat das ja nun auch nichts zu tun ... Ausführlich muß ich Ihnen zum

Haeckeraufsatz schreiben, der mich natürlich aufs nächste berührte, bei dem Sie wohl auch an mich dachten. Immerhin möchte ich Ihnen heute schon andeuten, daß es eines der bestimmtesten Resultate der Pariser Gespräche mit Benjamin war, daß sich uns beiden die Notwendigkeit ergab, auf jeden expliziten Gebrauch der theologischen Kategorien zu verzichten.

Vermutlich werden Sie gleichzeitig mit diesen Zeilen die Mannheimarbeit erhalten. Aus ihr werden Sie hoffentlich mehr entnehmen können als aus diesen hastigen Zeilen. Ein ausführlicher Brief folgt.

Alles Herzliche, auch für Maidon, Pollock und Frau Pollock

Ihr alter

Teddie Wiesengrund.

Ob ich die beiden Buchbesprechungen ebenfalls zum Termin fertigbringe, kann ich noch nicht übersehen. I shall do my best. In Deutschland habe ich an der Mannheimarbeit nichts tun können, weil ich das Material nicht mitnehmen konnte. – Die Bedingung Kracauers, nur mit Ihnen, Pollock und mir zu verhandeln, bezog sich übrigens, wie ich in Paris feststellte, nicht auf Löwenthal oder Marcuse sondern auf Benjamin, auf den er kindisch eifersüchtig ist.

ÜBERLIEFERUNG O: Ts; Max-Horkheimer-Archiv der Stadt- und Universitätsbibliothek, Frankfurt a. M.

Gretels Mutter: Emilie Karplus war eine geb. Cahn.

Leo Frenkel: Über den amerikanischen Vermögensverwalter Oscar Wiesengrunds ist Näheres nicht ermittelt.

Frau Lazarsfeld: Gemeint ist Lazarsfelds erste Frau, die Sozialpsychologin Marie Jahoda (1907-2001), die bei Charlotte und Karl Bühler studiert hatte. Marie Jahoda arbeitete 1936 an der Wirtschaftswissenschaftlichen Forschungsstelle in Wien, die an den Enquêten über Autorität und Familie beteiligt war. Sie wurde im Dezember 1936 wegen ihrer Tätigkeit für die »Revolutionären Sozialisten« verhaftet und im Juli 1937 auf Grund zahlreicher Interventionen ausländischer Forscher freigelassen. Marie Jahoda flüchtete nach England und ging 1945 in die USA, wo sie bis 1958 in New York lehrte.

Haeckeraufsatz: Vgl. Horkheimer, Zu Theodor Haecker: Der Christ und die Geschichte, in: ZfS 5 (1936), S. 372-382 (Heft 3); jetzt in: Horkheimer GS 4, S. 89-101.

die beiden Buchbesprechungen: Adornos Besprechung der Cassirer-Festschrift »Philosophy and History. Essays presented to Ernst Cassirer. Edited by Raymond Klibansky and H. J. Paton« (London 1936) erschien erst im dritten Heft des neuen Jahrgangs (vgl. jetzt Adorno GS 20·1, S. 221 bis 228). – Die von Löwenthal erbetene Kritik von Blochs »Erbschaft dieser Zeit« schrieb Adorno nicht.

77 Adorno an Horkheimer
Oxford, 25.1.1937

MANNHEIM ARTICLE ARRIVES FEBRUARY THIRD CORDIALLY

TEDDIE

ÜBERLIEFERUNG Telegramm; Max-Horkheimer-Archiv der Stadt- und Universitätsbibliothek, Frankfurt a. M.

78 Adorno an Horkheimer
Oxford, 25.1.1937

Oxford
47 Banbury Road.
25. Januar 1937

Lieber Herr Horkheimer,

hier erhalten Sie das Manuskript der Mannheimarbeit; wie ich hoffe, rechtzeitig für die Aufnahme in dieses Heft. Sie können mir glauben, daß es ein tour de force war, die Arbeit zum Termin fertig zu machen, da es sich herausstellte, daß ich von den Vorarbeiten nichts nach Deutschland hätte mitnehmen können. Ich kann nur hoffen, daß man der Arbeit keine Spuren des sehr gedrängten Tempos anmerkt. Andererseits könnte ich mir denken, daß sie so sehr in einem Guß geraten ist. Hoffentlich haben Sie beim Lesen wenigstens etwas von dem diabolischen Spaß, den mir die Niederschrift bereitete. Und hoffentlich ist sie dafür andererseits nicht zu teuflisch ausgefallen. Ich habe mir jedenfalls alle Mühe um sorgfältige und vorsichtige Dosierung gegeben. Ich möchte sonst nur zweierlei dazu sagen: einmal, daß der Verzicht auf eine Trennung von »inhaltlicher« und methodischer Kritik bewußt ist und daß ich versucht habe, gerade in dem Ineinander von beidem das dialektische Denken auch im Wie der Anlage durchzusetzen; dann, daß ich an der Stelle, an der ich den dialektischen Materialismus der generalisierenden Soziologie ausdrücklich entgegenstelle, mit voller Absicht mich nicht auf eine umfassendere Erörterung über dialektischen Materialismus eingelassen, sondern nur den einen bestimmten Kontrastpunkt gegen die Soziologie, nämlich die Funktion der allgemeinen Begriffe, versucht habe, herauszuarbeiten. Sollten Sie aber an dieser Stelle Ergänzungen für notwendig halten, so könnten wir diese sicherlich zusammen ohne zu große Schwierigkeiten (auch auf dem Korrespondenzwege) formulieren. Ich hoffe freilich, durch die Anlage der Arbeit genügend deutlich gemacht zu haben, was mir das Eigentliche der materialistischen Betrachtung zu sein scheint. Wie sehr ich auf Ihre Reaktion gespannt bin, bedarf keiner Worte.

Lassen Sie mich auf Ihre beiden Briefe (8. Dezember und 11. Januar) eingehen.

Jazzuntersuchung: ich werde Seiber informieren, daß die Kollektivarbeit zurückgestellt ist. Meinen Ergänzungen, die ich mit Benjamin besprach, werde ich einige weitere hinzufügen, das Ganze redigieren und Ihnen im Lauf des Semesters schicken.

Schoen: ich habe noch nichts von ihm gehört, nehme aber den Kontakt wieder auf. Den Betrag hat er erhalten, sobald ich Ihre Mitteilung deswegen vom 25. November in Paris empfing.

Kracauer: ich schrieb Ihnen schon, in dem anderen Brief, den Sie gleichzeitig mit diesem erhalten, wie dankbar ich Ihnen für die Erledigung der Angelegenheit bin. Ich habe mich bei ihm sogleich nach meiner Rückkehr gemeldet, aber noch nichts von ihm gehört, obwohl er ja mittlerweile Ihren Brief ebenfalls haben muß. Hoffentlich ist er nicht ernsthaft verrückt geworden. Über das Angebot Ihres Briefes hinauszugehen, würde ich *keinesfalls* verantworten können.

Kollektivuntersuchung über Kunst und Publikum in der monopolistischen Phase (bezw. Sammelpublikation mehrerer Arbeiten): ich schlage vor, den Plan bei unserer Begegnung durchzusprechen. Sollte Kracauer sich vernünftig verhalten, so könnte man, da er für den Detektivroman wenig Neigung mehr zu haben scheint, evt. wegen eines Aufsatzes über Architektur bei ihm antippen. Ein solcher Aufsatz schiene mir sachlich recht erwünscht.

Sohn-Rethel: Wie wenig fremd mir Ihre Einwände sind, geht schon daraus hervor, daß ich S.-R. von Anfang an sagte, daß in ihrer vorliegenden Form seine Arbeit bei Ihnen eben die Reaktion hervorrufen werde, die sie hervorrief, und daß ich ihm ebenso von Anfang an erklärte, daß das ganze Projekt davon abhinge, ob es ihm gelänge, diese Reaktionen, die nicht nur die Ihren, sondern auch die von Benjamin und mir sind, zu überwinden. Ich habe nichts weniger getan als ihm Versprechungen gemacht. Unsere ganze Differenz besteht darin, daß ich trotz allem in der Konzeption, die Kategorien der Logik aus der Ausbeutung abzuleiten, etwas Richtiges und auch *echt* Marxistisches sehe, was es nur gälte, aus dem überwuchernden akademisch-idealistischen Beiwerk herauszulösen. Ich habe aus den Gesprächen mit S.-R. auch durchaus den Eindruck gewonnen, daß seine Gedanken in der Tat in eine uns viel nähere Richtung zielen, als herauskommt. Meines Erachtens ist die Schwierigkeit in diesem Falle vielmehr eine psychologischer Art als eine des akademischen Konformismus. S.-R. ist ein durchaus monomanisch angelegter, sehr isolierter Mensch, der wahrscheinlich gerade durch jene Begriffsapparatur zu kompensieren sucht, was ihm an Kontakt mit dem Bestehenden abgeht. Eher – übertreibend gesagt – wie wenn sich ein Geisteskranker durch Gebrauch akademischer Terminologien und wissenschaftlicher Apparaturen aufrecht zu halten unternimmt. Dazu ein Mensch, der 6 Jahre in einem praktischen Beruf ohne jede Möglichkeit der Aussprache inter pares gesteckt hat. Sicher *kein* Karrierist. Es würde, so scheint mir, viel weniger darauf ankommen, ihn aus akademisch-idealistischen Verstrickungen als aus dem Monologue intérieur zu befreien. Der Spuk verschwände dann von selbst. Leider aber ist seine Verhaltensweise, wie die übrigens fast aller Intellektueller, mit denen wir in der gegenwärtigen Situation zu tun haben, nach wie vor offenbar schwer pathologisch. Wie ich Ihnen noch aus Paris schrieb, hatte ich mit ihm fest vereinbart, daß er eine leserliche Darstellung, nicht von Programmen, sondern von den sachlichen Argumenten seiner Arbeit schreibt und diese Ihnen, Adams (der auf meine Anregung hin evt. das Stipendium mit dem Institut teilen würde und sich mit mehreren Leuten in Verbindung deshalb setzte) und mir schickt. Von dieser Arbeit jetzt, nach reichlich 6 Wochen, noch keine Spur. Ich habe ihm, nach Erhalt Ihres Briefes, einen recht bestimmten und im Ton ziemlich scharfen geschrieben und ihn gefragt, ob er den von Ihnen zuletzt angeregten Aufsatz, in einem Umfang von 10 bis höchstens 12 Druckseiten, zu den von Ihnen genannten Bedingungen (fr.fr. 1000) raschestens anfertigen will; andernfalls sähe ich keine Chance. Und ich kann nur sagen: wenn er den Aufsatz *nicht* endlich abliefert und dieser Aufsatz uns nicht wirklich befriedigt oder wenigstens eine brauchbare Basis abgibt, dann werde ich meine Bemühungen in der Angelegenheit einstellen. Mein Bestreben, fortgeschrittene Intellektuelle heranzuziehen, soll ja schließlich das Institut nicht in ein Narrenhaus verwandeln.

Ihre Positivismusarbeit: Ihre Idee, das Nichtauftreten des »Stils« in der Logistik zum Angelpunkt der Kritik zu machen, liegt mir natürlich ganz besonders nahe; so nahe, daß ich sie, als zu sehr pro domo, nicht zu formulieren gewagt hätte. Um so froher bin ich, daß Sie es tun. Ebensosehr freut es mich, wenn Sie meine Interpretation des Russellschen Paradoxons zitieren wollen. Wenn Sie es tun, so darf ich Sie nur bitten, es nicht unter Bezug auf das *Husserl*buch zu tun, da ich nicht weiß, ob diese Dinge dort aufgenommen werden. Aber ich könnte mir keinen schöneren Beweis von Solidarität wünschen. – Was die Frage Russell oder Carnap anlangt, so haben Sie vielleicht recht. Bei R. ist übrigens nur an die früheren Arbeiten zu denken; das Spätere ist alles mehr oder minder Geschwätz. Das Zitat mit der Habile section ist unerhört, es müßte unbedingt verwandt werden. Überhaupt sollten Sie die ganze Erwägung über Logistik und Stummheit, als entscheidend, aufnehmen. Ich habe in den Vorarbeiten zum Husserl das Verhältnis einmal so charakterisiert: die Logistiker suchen die Sprache in die Logik zu übersetzen (= stumm zu machen). Ich möchte die Logik zum Sprechen bringen. Übrigens finden Elemente unserer Kritik sich in der großen Logik von Husserl, besonders S. 86f., und der Schluß des § 34, auf S. 88. Aber das hat Husserl nicht gehindert, am Schluß seines Buches ein konfuses logistisches Kapitel des Herrn Becker aufzunehmen . . . Schade, daß man Ihre Thesen über den Surrealismus als Konsequenz der Protokollsätze und ad absurdum-Führung der Doktrin nicht mitaufnehmen kann. Was die Surrealisten in toto anlangt, so habe auch ich das Gefühl, daß die irrationalistische Konfusion die großen Ergebnisse von Max Ernst zu überwuchern beginnt. Haben Sie die Zeitschrift Klossowskis gesehen? – Insgesamt orientiert am besten über den Stand der surrealistischen Dinge, wenn auch auf eine etwas elegante Weise, »Minotaure«.

Ihr Haeckeraufsatz hat mich, wie ich schon andeutete, aufs stärkste beeindruckt. Vor allem die tief ernsten und substantiellen Formulierungen auf S. 381. Sie wissen, daß die Motive, die Sie dort berühren, die einzigen sind die mich je zum Gebrauch der theologischen Kategorien vermocht haben, und gehe ich nicht fehl, so haben Sie hier ebenso an manche Cronberger Gespräche gedacht wie ich. Ich hätte ein paar kleine sprachliche Einwände, die vielleicht bei einer Stelle von so außerordentlichem, ob auch latentem Pathos nicht ganz irrelevant sind. Der Name der »Ungeheuerlichkeit« scheint mir etwas zu sehr quantitativ getönt, um das auszudrücken, was gemeint ist, nämlich einfach die Verzweiflung. Und den Ausdruck »metaphysische Trauer« würde ich heute nicht mehr gebrauchen, vielleicht, weil ich ihn einmal zu leidenschaftlich gebraucht habe. Aber ich habe insgesamt das Gefühl, daß man sich hier auf einem so glutheißen Boden – in der Tat dem der Hölle – befindet, daß jeder Schritt, den man tut, notwendig Schmerzen bereitet. Nur auf eines lassen Sie mich noch kommen. Sie sagen, es sei der Jenseits-Hoffnung der Katholiken und dem bürgerlichen schlechten Materialisten gemeinsam, »dass ihr Handeln wesentlich auf das Wohl der eigenen Person bezogen war«. Ich glaube, hier tun Sie dem theologischen Motiv unrecht. Denn die verzweifelte Hoffnung, in der allein das an Religion mir zu sein scheint, worin sie mehr ist als verhüllend, ist nicht sowohl die Sorge um das eigene Ich als vielmehr die, daß man Tod und unwiederbringliches Verlorensein des geliebten Menschen – oder Tod und Verlorensein derer, denen Unrecht geschah, nicht denken kann, und selbst heute kann ich oft nicht verstehen, wie man ohne Hoffnung für jene auch nur einen Atemzug zu tun vermöchte. Benjamin hat im dritten Kapitel der Wahlverwandtschaften-Arbeit, die ich nach wie vor für sein bestes halte, ausgesprochen, daß die Hoffnung allein für den anderen gilt und nie für den Hoffenden und so, glaube ich, hält es auch die jüdische Theologie. Vielleicht ist es nur dieser winzige Zug, der es mir nicht gestattet, hier alles dem Erdboden gleichzumachen. Aber ich weiß freilich, daß für lang und vielleicht für unsere Lebenszeit davon zu schweigen ist.

Alles Liebe von Ihrem alten

Teddie Wiesengrund.

Die Kritiken habe ich *nicht* mehr zur Zeit fertig gebracht. Aber da ja das nächste Heft kaum einen Aufsatz von mir enthalten wird, sind sie Ihnen vielleicht dafür erwünscht.
Vielleicht macht Benjamin mir Ihren Brief wegen des Besprechungsteils zugänglich. Was war Ihr Eindruck von Bowra?

Herzlichst

T.W.

ÜBERLIEFERUNG O: Ts; Max-Horkheimer-Archiv der Stadt- und Universitätsbibliothek, Frankfurt a.M. – E: Horkheimer, Briefwechsel 1937-1940, S. 30ff.

die Stelle, an der ich den dialektischen Materialismus der generalisierenden Soziologie ausdrücklich entgegenstelle: Vgl. Adorno GS 20·1, S. 16.

Sohn-Rethel / Ich habe ihm [einen Brief] geschrieben: Dieser Brief ist verschollen.

Das Zitat mit der Habile section: Horkheimer nahm es in den Aufsatz »Der neueste Angriff auf die Metaphysik« auf (vgl. Horkheimer GS 4, S. 127f.).

Sie [sollten] die ganze Erwägung über Logistik und Stummheit . . . aufnehmen: Vgl. Horkheimer GS 4, S. 151-160.

die Logik zum Sprechen bringen: So wörtlich in Adorno GS 5, S. 47.

die Zeitschrift Klossowskis: Die von Georges Bataille, Georges Ambrosino und Pierre Klossowski gegründete Zeitschrift »Acéphale«, die von 1936 bis 1939 erschien.

»Minotaure«: Die von Albert Skira 1933 begründete Zeitschrift, die bis 1939 erscheinen konnte, wurde erst im Winter 1937, als André Breton, Marcel Duchamp, Paul Eluard, Maurice Heine und Pierre Mabille die Leitung übernahmen, zu einer surrealistischen.

die tief ernsten und substantiellen Formulierungen auf S. 381: »Es trifft nicht zu, daß der theoretische Materialist, ähnlich wie der bürgerliche, vergängliche Güter als absolute setzen muß. Er weiß nur, daß der Wunsch nach Ewigkeit des Glücks, dieser religiöse Traum der Menschheit, unerfüllbar ist. Der Gedanke, daß die Gebete der Verfolgten in höchster Not, daß die der Unschuldigen, die ohne Aufklärung ihrer Sache sterben müssen, daß die letzten Hoffnungen auf eine übermenschliche Instanz kein Ziel erreichen und daß die Nacht, die kein menschliches Licht erhellt, auch von keinem göttlichen durchdrungen wird, ist ungeheuerlich. Die ewige Wahrheit hat ohne Gott ebensowenig einen Grund und Halt wie die unendliche Liebe, ja, sie wird zum undenkbaren Begriff. Aber ist Ungeheuerlichkeit je ein stichhaltiges Argument gegen die Behauptung oder Leugnung eines Sachverhalts gewesen, enthält die Logik das Gesetz, daß ein Urteil falsch ist, wenn seine Konsequenz Verzweiflung wäre? [. . .] Entgegen Haeckers Ansicht braucht er nicht in Wahnsinn zu verfallen, wenn auch eine metaphysische Trauer in den Schriften der großen Materialisten zu spüren ist.« (Horkheimer GS 4, S. 99 f.)

»daß ihr Handeln wesentlich auf das Wohl der eigenen Person bezogen war«: Ebd., S. 98.

79 Adorno an Horkheimer
Oxford, 12.2.1937

Oxford, 47 Banbury Road
12. Februar 1937.

Lieber Herr Horkheimer,

Kracauer sandte mir einen Durchschlag seines letzten Briefes an Sie, der durch eine Bemerkung in einem, den ich ihm schrieb, hervorgerufen ist. Ich bin über seinen Brief und mehr über die Haltung, die er bekundet, empört, und füge Ihnen den Durchschlag meiner Antwort an ihn bei, in der das ja in einer Weise zum Ausdruck kommt, die ein Mann seiner Intelligenz verstehen müßte. Ich habe handschriftlich hinzugefügt, daß bei meinem »Vorschlag« Ihre Zustimmung vorbehalten ist und daß ich Sie gleichzeitig verständige. Sollten Sie aber diesen Vorschlag nicht akzeptieren und die ganze Sache Kracauer stoppen, so hätte ich das vollste Verständnis dafür. Nur möchte ich Sie um das Umgekehrte bitten: nämlich nicht auf *seinen* Vorschlag, den ich absolut unmöglich finde, einzugehen, sondern das, was ich verlange, als *Minimal*forderung auf jeden Fall aufrecht zu erhalten. Ich habe an der Sache K. keine Freude mehr. Habe ich im Falle Groethuysen recht behalten, so haben Sie es im Falle Kracauer um so gründlicher. Wir müssen uns darüber klar sein, daß wir ganz allein sind. Alle Versuche, Leute von außen heranzuziehen, beurteile ich heute, nach einiger Erfahrung, unvergleichlich viel skeptischer als noch vor einem Jahr. Und auf den »Nachwuchs« können wir einstweilen auch noch nicht zählen. Übrigens möchte ich sagen, daß mir der Aufsatz von Mandelbaum, soweit ich ihn übersehen kann, einen vorzüglichen Eindruck gemacht hat. So scheint er auch hier gewirkt zu haben.

Meine Arbeit geht einigermaßen flott weiter; ich bin jetzt tief in der Rohfassung des letzten Kapitels (S. 350 – meiner großen Maschinenseiten; aber in der definitiven Fassung wird es rücksichtslos konzentriert). Ich möchte aber die definitive Fassung nicht in Angriff nehmen, ehe ich mit Ihnen das Ganze wirklich durchgesprochen habe. Die Gefahr des Monologischen ist nicht zu verkennen. Es ist, mit tausend anderen Gründen, auch dieser, der mich aufs dringendste Ihr baldiges Kommen erhoffen läßt. – Neben der Arbeit laufen die Korrekturen des Buches über Alban Berg, von dem ich, wie Sie ja wissen, einen sehr großen Teil übernehmen mußte.

Die Mannheimarbeit und meine beiden Briefe hoffe ich in Ihrer Hand. Ich sandte Mannheim einen Durchschlag; er hat überraschend anständig, zumindest klug reagiert. – Tillich hat mir sein neues Buch nicht schicken lassen; ich glaube sonst allen. Auch das ist in Ordnung.

Meinen Vater haben Sie gewiß unterdessen gesehen.

Haben Sie sich Kurt Weills New Yorker Opera: Jenny Johnson (eine Operette wohl) und das große Reinhardt-Judenmirakel The Eternal Road angesehen? Daß Karl Kraus das nicht mehr erlebt hat!

Von mir nur noch zwei empirische Data erfreulicher Art: ich habe die unbefristete englische Aufenthaltserlaubnis (Voraussetzung der Naturalisation) und einen neuen deutschen Paß, gültig für 5 Jahre – äußerst schwer zu erlangen. Die Geschichte dieses Passes wird Sie interessieren. Auf jeden Fall habe ich weiter Bewegungsfreiheit.

Ich hoffe Sie sind wohlauf und von der Flutwelle verschont im psychologischen Sinn. Sie hat übrigens hauptsächlich in den faszistischen Staaten gewütet, wahrscheinlich, weil man dort die Staudämme gespart hat. Man sollte dem sehr nachgehen. Ist der Positivismus-Aufsatz fertig? Den Benjamin plage ich des Fuchs wegen; er muß in diesen Wochen ja ebenfalls fertig werden.

Von Sohn-Rethel ein paar nette und bescheidene Zeilen, worin er um Geduld bittet, da die kurze Darstellung sehr schwer sei und er sich große Mühe dabei gebe. Ich denke, wir lassen ihm ruhig etwas Zeit.

Alles Herzliche, auch für Maidon, Pollock und Frau!

Immer Ihr

Teddie W.

An Löwenthal schreibe ich demnächst wegen eines Vorschlages für ihn.

ÜBERLIEFERUNG O: Ts; Max-Horkheimer-Archiv der Stadt- und Universitätsbibliothek, Frankfurt a. M.

Kracauer . . . sein letzter Brief an Sie: Vom 5. Februar 1937, in dem Kracauer sagt, daß für ihn der Auftrag des Instituts und das angestrebte Stipendium für einen zweijährigen Forschungsauftrag ebenfalls zum Propagandathema einander nicht ausschlössen.

meine Antwort an ihn: Adornos Brief vom 11. Februar schließt mit dem Vorschlag: »Suche bis zum Beginn der Arbeit über Propaganda und Masse – also doch wohl innerhalb der nächsten 3 Wochen – zur definitiven Klarheit in der Stipendiumsangelegenheit zu kommen. Sie schwebt ja jetzt schon so lange, daß es nicht schwer sein sollte, eine Entscheidung herbeizuführen. Erhältst Du das Stipendium, so erledigt sich der Vorschlag des Instituts – wodurch natürlich Vereinbarungen wegen anderer Arbeiten für uns nicht berührt würden. Erhältst Du es nicht, so bleibt es beim Institutsauftrag, unter Bedingung des ausschließlichen Rechtes des Instituts an die gesamte Arbeit. Ein Junctim der Arbeit fürs Institut und für die geheimnisvolle Stelle könnte ich nicht vertreten. Die Zustimmung Horkheimers zu meinem Vorschlag ist vorbehalten. Ich verständige Dich.«

der Aufsatz von Mandelbaum: S. den Nachweis zu Brief Nr. 66.

Mannheim . . . hat überraschend anständig, zumindest klug reagiert: In Mannheims Brief vom 8. Februar, an Hektor Rottweiler gerichtet, heißt es: »Zunächst gilt Rottweiler herzlicher Dank für die große Mühe und Hingabe, mit der er meine Schriften studiert hat. Er war in der Ausführung seiner Aufgabe sehr gewissenhaft und ich habe eine Menge daraus gelernt. [. . .] Auch glaube ich, daß es sehr wichtig war, von marxistischer Seite das Problem ›Dialektik und Generalisieren‹ zu stellen, weil es die große Schwäche der Marxisten ist, (nicht Marxens, der Hegelianer und angelsächsischer Ökonom war) diese Seite (die Generalisierung) im Forschen nicht ausgebildet zu haben. Da es mir leider diesmal nicht möglich ist, auf Einzelheiten einzugehen, will ich den Schlüssel zu unserer Verschiedenheit nennen. [Absatz] So oft Sie im Einzelnen im Recht sind, ist es nicht bewiesen, daß das Generalisieren und das nachträgliche Historisieren eine falsche Methode darstellen, sondern nur, daß ich von Fall zu Fall nicht in jener Richtung konkretisieren konnte oder wollte, in der Sie es mir vorschreiben möchten. [Absatz] Da es für Sie von vorn herein fest steht, daß konkret *nur jene Sozialanalyse* ist, die die Schuld vor allem auf die kapitalistischen Eigentumsverhältnisse zurück zu führen imstande ist, ist Ihnen jede sonstige Analyse ›formal und abstrakt‹, wenn sie auch in einer anderen Beziehung genügend genau und Strukturverhältnisse erspähend verfahren sollte. [Absatz] Ich bin der Letzte, der leugnen wollte, daß Ausbeutung weitgehend Übel anrichtet, bin aber in der Tat insofern polemisch gegen den Marxismus gerichtet, als ich meine, daß auch andre Dinge als die Eigentumsverhältnisse richtig gestaltet werden müssen, damit die Welt in Ordnung kommt. [. . .] Da Sie sehr streng zu mir sind, werden Sie es mir nicht übel nehmen, wenn ich Ihnen ganz offen sage, daß grade, weil ich den Scharfsinn und Geist Ihrer Ausführungen bewundere und in Ihrem Aufsatz eine Optimalleistung in Ihrer Richtung mir vorzuliegen scheint, es mir immer klarer wird, daß Dialektik ohne Kausalforschung, Generalisierung ohne bewußt gemachte Grundbegriffe in eine Art Rechtfertigungsdenken versinken wird, das, wenn es noch so kompliziert wird, immer auf das einfache Schema zurück zu führen sein wird: Hier ist diese oder jene kapitalistische Tatsache gegeben, es werde *deduktiv* gezeigt, daß sie infolge der Existenz von Ausbeutung, Verdinglichung, schlecht ist, und sobald diese verschwinden werden, sie wieder gut sein wird. Wenn man das auf diese Weise weiter macht, kommt keine Wissenschaft zustande, sondern eine kontinuierliche Selbstbefriedigung des *Erlöserkomplexes,* wonach der Kritiker brav und heroisch ist, nur weil er das Wort Dialektik (in Anführungsstrichen) ausspricht und der andre es nicht tut. [. . .] Was ich an Rottweiler auszusetzen habe, ist, daß er mit mir vereinbart hat, den Aufsatz nicht abzuschicken, ehe wir gemeinsam überflüssige Mißverständnisse ausgemerzt hätten. Da er nun dies nicht einhielt, wird sein Sieg nicht vollständig sein, denn er wird sich nicht sagen können, dem Gegner die Chance gegeben zu haben, alles Klärbare zu klären und Fehlinterpretationen (deren es viele gibt) aus dem Wege geräumt zu haben. Ich bedaure, daß Rottweiler dies nicht getan hat, da meine Beziehung zu Wiesengrund eines andern Geistes ist. Das zweite, was mich an Rottweiler unheimlich berührt, ist, daß ich weiß, daß Wiesengrund (trotz aller Einwände) eine Schätzung für die Arbeit übrig hat, Rottweiler dagegen (mit einer Ausnahme) es nicht über sich bringt, auch nur ein Wort der Anerkennung über die Lippen zu bringen. (Hundert gegen eins, daß auch diese Stelle durch die Redaktion gestrichen werden wird.) Es geht nicht darum, daß ich gelobt sein will, sondern es entspricht meinem Gefühle nach nicht der Intention Wiesengrunds, nur das Negative öffentlich zu sagen und das Positive nur gelegentlich unter vier Augen mir zu gestehen. Rottweiler scheint hier gebundene Hände zu haben.«

Tillich. . . sein neues Buch: Wohl das 1936 erschienene »The Interpretation of History«.

Jenny Johnson: Die Uraufführung von »Johnny Johnson« (Musical Play von Paul Green) hatte am 19. November 1936 im Group Theatre in New York stattgefunden.

The Eternal Road: Die amerikanische Bearbeitung von Weills 1935 entstandenem »Der Weg der Verheißung. Biblisches Drama in vier Teilen« (der Text stammte von Franz Werfel) war am 7. Januar im Manhattan Opera House uraufgeführt worden; Regisseur war Max Reinhardt.

die Flutwelle: In der »Frankfurter Zeitung« vom 6. Februar war unter dem Titel »Mississipi-Flut« ein Bericht über die Überschwemmungen und Dammbrüche in den amerikanischen Bundesstaaten an der Atlantikküste erschienen, die von äußerst starken Regenfällen in Verbindung mit extrem warmen Temperaturen im Januar verursacht worden waren. In dem Bericht heißt es: »Das Land ist von Sümpfen entblößt. Es fehlt Grasland und Waldboden, es fehlt der letzte Zoll jungfräulicher Erde, den die amerikanische Nation in dem Eroberungszug über den Kontinent lückenlos entrodet und zu großen Farmkulturen umgeschlossen hat.« Die Roosevelt-Regierung beschloß daraufhin einen Bauplan, der die Regulierung der Flüsse, die Errichtung von Talsperren und die Wiederaufforstung vorsah.

80 Horkheimer an Adorno
New York, 12.2.1937

RECEIVED YOUR LETTERS 21 AND 25 AND MANUSCRIPT STOP FOR TECHNICAL REASONS MY DETAILED REPLY WILL ONLY BE MAILED WEDNESDAY STOP VERY HAPPY HAVING YOUR FATHER HERE CORDIALLY

HORKHEIMER

ÜBERLIEFERUNG Telegramm; Max-Horkheimer-Archiv der Stadt- und Universitätsbibliothek, Frankfurt a. M.

81 Horkheimer an Adorno
New York, 19.2.1937

429 WEST 117TH STREET
NEW YORK, N. Y.

19. Februar 1937.

Lieber Herr Wiesengrund,

In diesem Augenblick ist es nahezu sechs Uhr. Wir haben in den letzten vierzehn Tagen alle nur sehr wenig geschlafen und blicken auf eine nicht ganz geringe Arbeit zurück. Neben einer Unmenge von technischen Aufgaben, die mit den hier laufenden Forschungen und der Vorlesung zusammenhängen, neben grösseren Berichten an die Universität und andere Behörden, die sich alle gerade jetzt zusammengedrängt haben, wurde in der letzten Woche auch das Manuskript für das nächste Heft der Zeitschrift fertiggestellt. Gerade während ich dies schreibe, wird es zur Ile de France-Post gegeben, die auch dieser Brief noch erreichen soll. Wenn ich sage »wir«, so meine ich vornehmlich Löwenthal, Marcuse und mich, denn wir haben natürlich bei diesen Dingen die Hauptlast zu tragen. Von den Sekretärinnen, zu denen die Schreiberin dieses gehört, rede ich erst gar nicht.

Ich habe Ihnen oben die Stunde angegeben, damit ich noch hinzufügen kann, dass ich Ihren Vater, der heute abend abreist, noch vor sieben Uhr in seinem Hotel aufsuchen will (Distanz: mehr als sechzig Blocks!). Dies ist umso notwendiger, als ich mich in den letzten Tagen aus den angegebenen Gründen nicht um ihn kümmern konnte. Die schwebenden Fragen waren freilich bereits vorher besprochen, ich hoffe, zu seiner und Ihrer Zufriedenheit. Wir haben uns mit Ihrem Vater aufrichtig gefreut. Sie dürfen sehr froh an ihm sein.

Mein telegrafisches Versprechen, Ihnen diese Woche noch ausführlich zu schreiben, kann ich leider nicht halten. Es wird Anfang der nächsten Woche werden. Glauben Sie mir, dass es einfach physisch unmöglich ist. Über den Mannheim-Aufsatz haben wir, soweit es in der Hetze möglich war, d. h. bei luncheons in drugstores usw. diskutiert. Er ist, wie alles, was Sie schreiben, ganz ausgezeichnet. Einzelne Argumente sind besonders meisterhaft formuliert. Wir haben jedoch einen grossen Einwand: er wirkt als Ganzes zu positiv. Der grosse Ernst, mit dem die einzelnen schauderhaften Sätze erwogen werden, müsste eigentlich hinter sehr bestimmten Erklärungen, wie wir uns zum Ganzen verhalten, zurücktreten. Ein solcher Rahmen sollte unbedingt noch hinzugefügt werden. Ich glaube, M. wäre trotz allem im Grunde recht froh über diese, wenn auch negative, so doch äusserst explizite Würdigung. Durch den Schluss wird die respektvolle Haltung noch unterstrichen. Wir hatten bereits ein Exemplar mit einer Anzahl von Änderungen hergestellt, ebenso wie eine Liste davon, die wir Ihnen zu gleicher Zeit mit der Absendung des Manuskripts an die Druckerei zugehen lassen wollten. Schliesslich hielten wir es jedoch für besser, dass Sie in der angedeuteten Richtung selbst noch Korrekturen anbringen und wir die Arbeit erst im Sommerheft drucken. Das wird auch Ihnen wahrscheinlich lieber sein. Unsere Erklärung für die verschiedene Einschätzung des Tons durch Sie und uns geht dahin, dass die Atmosphäre von Oxford, wo verbindliche Anspielungen bereits die schärfste Abfertigung enthalten können, von der Luft in New York eben recht verschieden ist. In dieser letzteren hoffe ich Sie übrigens wenigstens für einen Besuch in nicht allzu ferner Zukunft zu begrüssen. Darüber mehr im nächsten Brief.

Mit den herzlichsten Grüssen
Ihr Max Horkheimer.

ÜBERLIEFERUNG O: Ts; Theodor W. Adorno Archiv, Frankfurt a. M.

82 Horkheimer an Adorno
New York, 22.2.1937

429 WEST 117TH STREET
NEW YORK, N. Y.

22. Februar 1937.

Lieber Herr Wiesengrund,

Nachdem ich Ihnen mit der Ile de France wenigstens einige Grüsse schickte, die Sie wohl inzwischen erhalten haben, kann ich jetzt endlich etwas ausführlicher schreiben. Zu allererst möchte ich zu der Angelegenheit sprechen, auf die sich meine Unterhaltungen mit Ihrem Vater bezogen.

Ende Januar hatten Sie angedeutet, dass vielleicht in der Erbschaftsangelegenheit eine Vorsorge getroffen werden könnte, damit das Geld Ihnen wirklich nützen könnte. Nach reiflicher Überlegung scheint es, als ob dies unmöglich wäre. Jedenfalls haben wir keinen Ausweg entdecken können.

Über Ihr Verhältnis zum Institut habe ich Ihrem Vater das folgende gesagt. Das Institut betrachtet Sie von dem Augenblick an als festen Mitarbeiter, in dem Sie selbst Ihre Stellung zu beziehen wünschen. Als Ihr Standort kommen zunächst drei Länder in Frage: England, Frankreich und die Vereinigten Staaten. Auch hier soll die endgültige Entscheidung Ihnen selbst vorbehalten sein. Ich erwähne zu den einzelnen Ländern die wichtigsten Punkte, die Sie bei Ihrer Überlegung berücksichtigen sollten.

Gegen England spricht der Umstand, dass das Institut Sie dort nur als halben Mitarbeiter honorieren könnte. Wir haben in England nicht nur keine Zweigstelle mehr, sondern berufen auch gegenwärtig den einzigen aktiven Mitarbeiter, den wir dort hatten, hierher, weil es in England keine Verwendung für ihn gibt. Grossmann bleibt dort, ihn haben wir jedoch immer als Einzelgänger betrachtet. Jedenfalls könnten wir es institutstechnisch nicht verantworten, einen neuen wichtigen Mitarbeiter mit vollem Gehalt in England zu verpflichten. Andererseits gibt es auch Gründe dafür, warum Sie in den allernächsten Jahren in England bleiben sollten. Abgesehen von der grösseren Nähe zu Ihren Eltern ist die Naturalisationsfrage für Sie und damit auch für das Institut von nicht geringer Bedeutung. In Amerika brauchten Sie erst wieder neue fünf Jahre zur Einbürgerung. Ausserdem sollten Sie sich, bevor Sie England dauernd verlassen, wenigstens ein klares Bild machen, welche akademischen Chancen Sie dort haben. Dazu brauchen Sie immerhin noch ein bis zwei Jahre. Auch für das Institut wäre es natürlich nicht unangenehm, wenn eines seiner Mitglieder im dortigen akademischen Leben Einfluss gewönne. Bei einer Berechnung, die Ihre Stellung finanziell weit höher als die aller je von uns in England honorierten Mitarbeiter bewertet, betrüge die Hälfte des Gehalts £ 40.–,– monatlich, und diesen Betrag habe ich Ihrem Vater genannt. Reisen nach Frankreich, die Sie im Institutsinteresse wohl des öfteren im Jahr unternehmen müssten, gingen selbstverständlich auf unsere Kosten. Der England-Plan wäre meines Erachtens nur als ein Provisorium aufzufassen, das Sie nur durchführen können, wenn Sie die Differenz zwischen dem, was Sie und Gretel zum Leben brauchen, und den £ 40.–,– auf die bisher übliche Finanzierungsweise beschaffen.

Ihre Stellung in Frankreich müssten Sie im Grunde selbst einrichten. So wie das Pariser Büro augenblicklich ist, ist sein Aufgabenkreis recht beschränkt, und wenn Sie nicht hingehen, ist es wahrscheinlich, dass es immer ausschliesslicher mit der Erledigung technischer, mit dem Erscheinungsort der Zeitschrift zusammenhängender Angelegenheiten zu tun haben wird. Sollten Sie sich jedoch entschliessen, für uns nach Paris zu gehen, so müsste der französische Teil der Zeitschrift eine ganz andere Bedeutung erlangen als bisher. Unter Umständen wäre sogar an eine eigene französische Ausgabe zu denken, in der besondere wissenschaftliche Ziele verfolgt werden. Auch eine französische Schriftenreihe ist schon erwogen worden. Ausserdem könnten Sie unsere Beziehungen zum französischen Universitätsleben so entwickeln, dass mit der Zeit dort kurze Lehrgänge, Tagungen usf. in Frage kämen.

Wenn wir Ihnen nicht die Möglichkeit bieten wollten, auch als voller Mitarbeiter für uns in Europa zu bleiben, eine Möglichkeit, die Ihr Vater aus Familiengründen als besonders wichtig bezeichnete, so hätte ich angesichts der unsicheren französischen Verhältnisse jetzt nicht daran gedacht, aus dem französischen Büro ein wissenschaftliches Zentrum zu machen. Sollten Sie selbst jedoch Lust zu dieser an sich sehr lokkenden Aufgabe haben, so werden Sie schon dafür sorgen, dass etwas herauskommt, an dem wir alle Freude haben. Ich bitte Sie jedoch, diesen Plan nicht mit dem englischen zusammenzubringen, denn seine Durchführung bedürfte Ihrer ununterbrochenen, intensiven Arbeit an Ort und Stelle. Das geschichtliche Tempo ist rapid, und man soll eine solche Sache lieber nicht anfangen, wenn man ihr nicht sehr viel Energie widmen kann. Menschliche Beziehungen sind in Frankreich, wie Sie inzwischen erfahren haben, kompliziert. Wenn Sie in England bleiben, werden Sie ohnehin zum Zweck der Kontrolle, unter Umständen auch der *Einschränkung* der dortigen Arbeiten, des öfteren hinüberfahren müssen. Die Gehaltsfrage in Frankreich lässt sich jetzt und von hier aus nicht annähernd erörtern. Ich denke, dass sie keine Schwierigkeiten böte. Sie würden selbst ungefähr die Höhe eines vernünftigen Budgets für sich berechnen, und wir würden uns zweifellos einigen.

Für Amerika spricht nicht bloss der Umstand, dass es weit vom Schuss ist. Unserer Meinung nach hätten Sie mit einem Ph. D. von Oxford hier auch wirkliche akademische Aussichten. Da dies für New York jedoch nicht in gleichem Mass wie für andere Universitäten gilt, so würden wir für den Fall, dass Sie Amerika wählen, als ersten Standort Boston und die Harvard-Universität vorschlagen. Da die Entfernung von New York bloss vier Stunden ist, könnten Sie hier an allen wichtigen Dingen teilnehmen und zugleich die Verhältnisse in Harvard kennenlernen. Mit $ 350.– könnten Sie beide bequem auskommen. Amerika bedeutet natürlich die Möglichkeit intensivster Kooperation. Beim ersten Anblick erscheint es als das natürlichste, dass Sie nach einer vernünftig bemessenen

Übergangszeit von England hierher übersiedeln, wenn sich dort nicht ganz besonders günstige Aussichten eröffnen.

Dies alles sind jedoch bloss vorläufige Betrachtungen, wie sie sich in der Aussprache mit Ihrem Vater ergeben haben. Wir müssen auf jeden Fall eingehend miteinander sprechen. Ob ich wirklich gegen Ende des Frühjahrs nach Europa komme, wird sich erst nach Pollocks Reise bestimmen lassen. Er fährt am 13. März und kommt gegen Ende April wieder zurück. Seine Adresse werden Sie über Genf immer erfahren können, und ich nehme an, dass Sie sich wenigsten kurz sprechen. Sollte ich selbst nicht nach Europa kommen, so wird Sie das Institut einladen, einen Besuch in Amerika zu machen. Können Sie jetzt schon bestimmen, zu welcher Zeit er ausführbar wäre? Ihr Vater sagte, dass Sie im Sommer heiraten wollten. Die gegebene Zeit wäre somit wohl einen bis zwei Monate vorher, etwa Ende Mai oder Anfang Juni. Wenn Ihnen dieser Termin ungeeignet erscheint, so käme wohl erst wieder September in Betracht. Von Ende Juni bis Anfang September ist es hier furchtbar heiss, und ausserdem treffen Sie keinen Menschen.

Zu den Angelegenheiten, die in Ihrem Brief vom 25. berührt sind, ist im Augenblick nicht viel zu sagen. Schoens Besprechung ist leider wieder nicht zu gebrauchen. Er kann das offenbar nicht. Sollten Sie es für richtig halten, ihm unter dem Titel, dass seine Ausführungen für uns intern wertvoll sind, noch einen kleinen Beitrag zukommen zu lassen, so können Sie ihm ruhig weitere £ 5.– bewilligen. In diesem Fall erwarte ich Ihre Nachricht.

Auf Sohn-Rethels Aufsatz bin ich sehr neugierig.

Meine Positivismus-Kritik werden Sie ja in der Korrektur zu lesen bekommen. Ich habe die Arbeit nun sehr rasch fertiggemacht, weil es sich im Grunde nicht lohnt, allzuviel Zeit darauf zu verwenden. Wenngleich zu den Einzelheiten der Logistik, mit denen ich mich recht weitgehend vertraut gemacht habe, sehr viel zu sagen wäre, habe ich es doch vermieden, darauf einzugehen. Die Kritik hätte sonst eine falsche Richtung genommen. Es sähe dann so aus, als wollten wir uns selbst um die Rationalisierung einzelner Darstellungsweisen der Physik bemühen und ihnen darin den Rang ablaufen. Es kommt aber zunächst auf etwas anderes an. Als echte Kleinbürger schematisieren und fetischisieren diese Leute Äusserlichkeiten gesellschaftlicher Prozesse, in diesem Fall einzelner Elemente des Wissenschaftsbetriebs, und machen daraus eine Art Religion. Das Nachbeten einiger Züge der modernen Physik ist bereits in einen Hokuspokus von Einheitswissenschaft, Enzyklopädismus, Einheitssprache usf. mit sektiererischen Gebräuchen, Kongressen und dergleichen übergegangen, und die dürren Phrasen werden in echt zwangsneurotischer Manier zum Allheilmittel gemacht. Wie in vielen ähnlichen Fällen ist das Symptom auch hier nicht ganz realitätsungerecht. Der Zauber ist letzten Endes auf akademische Positionen und ordentliche Lehrstühle aus. Wie die Psychoanalytische Vereinigung ganz gut für ihre Mitglieder zu sorgen weiss, so wird auch aus diesem logischen Empirismus immer deutlicher eine weltkundige Organisation; mit zunehmenden Erfolg ist man selbst immer weniger auf die neurotischen Befriedigungen angewiesen und lebt aus den Symptomen der Anhänger. All dies habe ich nicht gesagt. Die Überlegung hat mich jedoch daran gehindert, vom Hauptthema, nämlich der Identifikation der Fachwissenschaft mit der Erkenntnis überhaupt, zuviel abzuschweifen und mich in Einzelfragen des Ritus zu verlieren. Aus diesem Grunde habe ich es auch unterlassen, auf Ihren Einwand gegen die Typenlehre hinzuweisen. Es kamen dafür noch zwei weitere Gesichtspunkte hinzu. Die Zeitschrift wird behördlicherseits ziemlich genau gelesen, wie die Inhaltsangabe über meinen Egoismus- und Ihren Jazzaufsatz in der deutschen »Bibliographie Sozialwissenschaften« beweist. Eine Angabe meinerseits hätte jedoch nur den Reiz gehabt, wenn ich nicht ein Pseudonym für Sie hätte wählen müssen. Ihren eigenen Namen wollte ich jedoch, solange Sie nach drüben fahren, vermeiden. Desweiteren habe ich jedoch eine Stelle bei Russell gefunden, in der er selbst die Urteile, die er durch die Typenlehre unmöglich zu machen sucht, als sinnlos bezeichnet. Man hätte also immerhin ziemlich tief in die Materie eindringen müssen, um das Argument durchschlagend zu machen. Auch bei diesem Aufsatz werden Sie die Spuren der Hast des hiesigen Lebens entdecken, die Sie erst beurteilen können, wenn Sie aus Ihrem Oxford herauskommen und sich einmal unser Leben hier ansehen. – Für besonders gelungen halte ich die Arbeit von Marcuse über den affirmativen Kulturbegriff. Sie werden mir vielleicht entgegenhalten, dass die Themastellung zu grossartig sei. Nach langen Erwägungen glaubten wir jedoch den Begriff der idealistischen Kultur, der schliesslich ebenso wie der des Idealismus überhaupt immer wieder als allgemeiner kritisch in unsere Theorie hereinspielt, einmal selbst aufrollen zu dürfen. Ich bin sehr neugierig, was Sie dazu sagen.

Zur Ungeheuerlichkeit in meinem Haecker-Aufsatz darf ich Ihnen versichern, dass wir über diesen Terminus vor der Absendung des Manuskripts eingehende Diskussionen hatten. Ich stimme Ihnen somit zu, dass viel dagegen zu sagen ist. Andererseits sprechen auch einige Erwägungen dafür, die ich jetzt, da doch nichts mehr zu ändern ist, nicht anführen will. Jedenfalls ist nach Abwägung der verschiedenen Argumente die Ungeheuerlichkeit stehen geblieben.

In Beziehung auf den Ausdruck »metaphysische Trauer« fühle ich mich in der Tat wohl ein wenig freier als Sie, da er in meinem Bewußtsein nicht besonders belastet ist. Ich habe vornehmlich an einige genau zu bezeichnende Stellen bei Voltaire gedacht und glaube unschwer Parallelstellen bei anderen nachweisen zu können. Ich glaube, man dürfte hier selbst Maupassant und andere Literaten heranziehen. Während ich dies schreibe, fallen mir einige Sätze aus den Aufzeichnungen von Delacroix ein, die auch hierher gehören – obwohl ich nicht weiss, wieweit er ein Materialist gewesen ist. Warum sollte man nun den Begriff der »metaphysischen Trauer«, der so genau auf diese Äusserungen passt, nicht anwenden? Was ich des genaueren damit meine, ist übrigens am Ende des Bergson-Aufsatzes ausgeführt.

Dass ich dem theologischen Motiv unrecht tue, soweit Sie persönlich in Frage stehen, gebe ich gerne zu. Dass Sie jedoch mit Ihrer Interpretation des Katholiken oder bestimmter des christlichen Märtyrers, auf den sich meine Bemerkung bezog, recht hätten, kann ich nicht anerkennen. Dagegen spricht nicht bloss die Theologie, sondern auch die Geschichte. Lesen Sie einmal bei Harnack nach, was er über die Märtyer sagt. Ihr eigener Gedanke, die »verzweifelte Hoffnung«, von der Sie sprechen, ist mir, wie Sie wissen, sehr nahe, und ich glaube, man braucht ihn gar nicht zu verschweigen. Weder Sie noch ich haben dies übrigens getan. Wenn ich bei mir unter anderem an den oben erwähnten Aufsatz erinnern kann, so verweise ich Sie auf das Ende Ihres Kierkegaard.

Mit Herrn Bowra haben wir einige gute Stunden verlebt. Ihn nach Hause einzuladen, hatte wenig Sinn, da er selbst hier nur sehr wenig Zeit hatte und wegen der Regelung seiner künftigen Angelegenheiten im Lande umherfuhr. So haben wir das auf die Zeit verschoben, wo er endgültig nach Amerika kommt, was hoffentlich bald der Fall ist. Augenblicklich wird er wohl auf der Überfahrt nach England sein. Der – zum Teil veränderte – Aufsatz kommt wahrscheinlich erst ins Sommerheft, wenn möglich zusammen mit einem ähnlichen über römische Literatur.

Soeben erhalte ich Ihren Brief vom 12. Februar. Für Ihr solidarisches Verhalten gegenüber Kracauer danke ich Ihnen aufrichtig. Genau wie Sie selbst erfahre ich immer aufs neue, dass die Erweiterung unseres Kreises wahrscheinlich überhaupt nicht möglich ist. Die Frage des Nachwuchses werden wir bei unserem Zusammensein genau erörtern, auch damit ist es höchst schwierig bestellt. Von unserer eigenen Generation sind wir jedoch infolge der Demoralisierung der »akademischen« Intellektuellen nahezu abgeschlossen. Kracauer habe ich laut einliegender Kopie geschrieben und bitte Sie entsprechend zu verfahren. Frau Favez habe ich mitgeteilt, dass sie nur auf Grund Ihrer Anweisung etwas an Kracauer bezahlen soll.

Die erfreulichen Data hatte mir Ihr Vater schon mitgeteilt.

Ich gratuliere, ebenso wie zum Fortschritt der Husserl-Arbeit. – The Eternal Road habe ich noch nicht gesehen. Seit einer einzigen Reinhardt-Aufführung, als er im Zirkus Oedipus spielte, habe ich meinen Ekel nie überwinden können und nie mehr irgendetwas von ihm gesehen. Diese Schau, in der die Juden die Neger imitieren, werde ich wohl aus Gründen der Sozialforschung ansehen. Ich weiss nicht, ob Sie das Original, die Green Pastures, kennen. Auch das war schon peinlich genug.

Mit Mannheim habe ich also recht behalten. Ihre Angabe, dass er »überraschend« anständig reagiert habe, ist dadurch widerlegt, dass sich mein Brief, in dem ich es voraussagte, mit dem Ihrigen gekreuzt hat. Er freut sich ganz aufrichtig, dass ihn Leute wie wir so ernst nehmen. Aber ich denke, wenn etwas ernst zu nehmen ist, so ist es sein Erfolg und nicht, was ihn hervorruft. Deshalb ist ein polemischer Artikel gerechtfertigt, aber der Ton sollte unmissverständlich sein. Sonst läuft das Ganze bloss auf eine pikante Art der Reklame hinaus. Einliegend sende ich Ihnen die gleich nach Eintreffen Ihres Aufsatzes getippten Änderungsvorschläge. Wir hatten ursprünglich die Absicht, diese Änderungen im Manuskript vorzunehmen und Ihnen gleichzeitig die Liste zu übersenden, damit Sie bereits vor Eintreffen der Korrektur sich über die einzelnen Stellen schlüssig werden konnten. Zuletzt sind wir jedoch von diesem Plan abgekommen, weil wir dachten, dass Sie lieber selbst dem Aufsatz den Charakter der Abfertigung geben wollten. Unter diesem Gesichtspunkt halten wir keinen der Änderungsvorschläge für irgendwie verpflichtend. Übrigens werden Sie finden, dass diese Vorschläge drei verschiedene Tendenzen haben: erstens die Polemik schärfer zu machen, zweitens alles auszumerzen, was es M. allzu leicht machen würde, unsere Ablehnung als »rein dogmatisch« zu bezeichnen, drittens die Übereinstimmung mit anderen Aufsätzen des Heftes zu betonen. Dass wir meist Streichungen vorschlugen anstatt positiver Änderungen, war rein durch die hurry bedingt. Ich glaube, es wird Ihnen sehr leicht fallen, diesen Tendenzen weit besser

Rechnung zu tragen, als es die Liste vorsieht. Dass Sie Mannheim gegenüber darauf bestehen, dass Sie selbst die Veröffentlichung verzögert haben, um einige Änderungen vorzunehmen, versteht sich von selbst. Ausser den Änderungsvorschlägen sende ich Ihnen auch einen Durchschlag der hier hergestellten Abschrift, da sich die Seitenzahlen auf diese beziehen.

Das Positive, was ich in meinem letzten Brief zu Ihrer Arbeit gesagt habe, brauche ich nicht erst näher auszuführen. Es herrscht hier über die Meisterschaft Ihrer Polemik völlige Einmütigkeit. Was Sie gegen Mannheims Abstraktionsmethode sagen, ist bester dialektischer Materialismus. Ein sachliches Bedenken hatten wir nur im Hinblick auf die positiven Formulierungen über die »vorgeordneten Bewegungsgesetze« (S. 25 und, soweit ich mich entsinne, auch andere entsprechende Stellen), weil diese zu objektivistisch gedeutet werden könnten. Aber auch dies ist nur eine Formulierungsfrage, und ich weiss, dass gerade bei diesem Problem Sie es in der Regel sind, der das gleiche Bedenken gegen mich anwendet. Ich wiederhole nochmals, dass die Änderungsvorschläge von uns in der Eile zusammengestoppelt sind, als Notbehelf. Ich habe jetzt, da Sie die Sache in die Hände bekommen, die Liste überhaupt nicht wieder durchgelesen.

Ich glaube keinen Punkt übergangen zu haben. Nur noch eine technische Bemerkung. Über die Fahnen, die Ihnen von Paris aus zugehen, bitte ich nichts nach Paris selbst zu berichten, da dies Verwirrung hervorruft. Wir müssen bis zu einer – hoffentlich bald stattfindenden – Neuregelung bei der Übung bleiben, dass Sie etwaige Bemerkungen hierher mitteilen, sodass notwendige Änderungen dann im Umbruch angebracht werden können. Da die Konzessionsartikel und der grösste Teil der Besprechungen hier ohnedies von allen möglichen Seiten erörtert werden, möchte ich nicht, dass Sie mit diesen Dingen auch noch Zeit verlieren und wir dann darüber in eine umständliche Korrespondenz eintreten. Ich lasse Ihnen daher nur die wichtigsten Artikel schicken, damit Sie davon nicht erst durch das fertige Heft Kenntnis bekommen. Wirklichen Einfluss auf die Gesamtgestaltung der Zeitschrift können Sie erst üben, wenn wir eine Organisation getroffen haben, in der Ihre Funktion im Geschäfts- und Herstellungsgang ein für allemal vorgesehen ist. Darüber werden wir uns eingehend unterhalten, und zwar im Zusammenhang mit der Entscheidung über Ihre künftige Position.

Bitte teilen Sie mir bald Ihr Programm für die nächsten Monate mit.

Herzlichst Ihr
Max Horkheimer.

ÜBERLIEFERUNG O: Ts; Theodor W. Adorno Archiv, Frankfurt a. M. – E: Horkheimer, Briefwechsel 1937-1940, S. 45 ff.

Schoens Besprechung: Sie ist verschollen.

die Arbeit von Marcuse: Vgl. Herbert Marcuse, Über den affirmativen Charakter der Kultur, in: ZfS 6 (1937), S. 54-92 (Heft 1); jetzt Marcuse, Schriften 3, S. 186-226.

»metaphysische Trauer« / Voltaire / Maupassant / einige Sätze aus den Aufzeichnungen von Delacroix: Eine der *genau zu bezeichnenden Stellen bei Voltaire* hat Horkheimer Jahrzehnte später in seinem Vortrag »Schopenhauers Denken im Verhältnis zu Wissenschaft und Religion« zitiert: »Le bonheur n'est qu'un rêve, et la douleur est réelle« – Voltaire sagt weiter: »il y a quatre-vingts ans que je l'éprouve. Je n'y sais autre chose que me résigner et me dire que les mouches sont nées pour être mangées par les araignées, et les hommes pour être dévorés par les chagrins.« (Voltaire, Œuvres complètes, Paris 1820, vol. 68: Correspondance générale, tome XIII, p. 377 [Brief an den Marquis de Florian vom 16. März 1774]) – Zu Maupassant schreibt Horkheimer am 11. Januar 1937 an Benjamin: »Für Ihren Hinweis auf Keller danke ich sehr. Wir werden uns rechtzeitig seiner entsinnen. Die spezifische Beziehung zwischen Vergänglichkeit und Lust, auf die Sie hier aufmerksam machen, findet sich übrigens in der gesamten großen bürgerlichen Romanliteratur. Denken Sie nur an Maupassant.« (Horkheimer, Briefwechsel 1937-1940, S. 24). – Im »Journal« von Eugène Delacroix, das hier gemeint sein dürfte, gibt es mehr als eine in Frage kommende Stelle, auf deren Nachweis verzichtet wurde.

Lesen Sie einmal bei Harnack nach, was er über die Märtyrer sagt: In einem Gespräch von 1972 zitiert Horkheimer Harnacks Satz mit den folgenden Worten: »Ein großer theologischer Historiker, Harnack, hat einmal dargestellt, wie den christlichen Märtyrern zumute war, wenn sie den furchtbaren Tod etwa in der römischen Arena erdulden mußten. ›Da dachten sie in ihren Qualen, es ist der Durchgang zur ewigen Seligkeit.‹« (Horkheimer, GS 7, S. 444 f.) – Die Quelle des Zitats ist nicht ermittelt; eine ähnlich lautende Stelle findet sich in: Adolf von Harnack, Lehrbuch der Dogmengeschichte, Bd. 2: Die Entwicklung des kirchlichen Dogmas I, Darmstadt 1980, S. 471: »Diesseits leben heisst für den Christen das Sterben üben, und gestorben sein heisst in der Unsterblichkeit leben. Was also mit dem seligen Tode zusammenhing, das war bereits von dem Hauche der Unsterblichkeit berührt. Die Märtyrer dufteten schon den Odem der Unsterblichkeit; so waren auch ihre Gebeine kostbarer als Gold und Edelstein.«

die Green Pastures: Die Darstellung des Alten Testaments durch Neger von Marc Connelly ist 1935 zuerst veröffentlicht worden.

Was Sie gegen Mannheims Abstraktionsmethode sagen: Vgl. etwa Adorno GS 20·1, S. 35.

die »vorgeordneten Bewegungsgesetze«: Vgl. ebd., S. 34.

83 Adorno an Horkheimer Oxford, 28.2.1937

Oxford, 47 Banbury Road
28. Februar 1937.

Lieber Herr Horkheimer,

lassen Sie mich heute nur Ihre Zeilen vom 19. Februar, die ich gestern erhielt, bestätigen und Ihnen danken: danken für die bezaubernde Aufnahme, die Sie meinem Vater bereitet haben und von der begeistert zu berichten er sich nicht genug tun kann; danken für die prinzipielle Besprechung unserer gemeinsamen Dinge, deren Umriß ich aus seinem Brief erkenne – ich glaube, daß damit ein entscheidender Schritt getan ist und ich bin glücklich, daß nun unser gemeinsames Anliegen endlich absehbar geworden ist. Im einzelnen möchte ich Ihnen dazu erst schreiben, wenn ich Ihren ausführlichen Brief in Händen habe. Heute nur einige Worte zur Mannheimsache.

Es ist mir eine große Freude, daß Sie den Aufsatz als ganzen mögen; ich bin aber ehrlich erstaunt, daß Sie ihn zu zahm fanden, während ich in der Tat das Umgekehrte gefürchtet hatte: daß er Ihnen um seiner Schärfe willen schwer tragbar erscheinen möchte. Lassen Sie mich vorab sagen, daß mir ein schärferes Pointieren prinzipiell nur willkommen ist – wo ich gebremst habe, geschah es allein aus institutstaktischen Erwägungen und nirgends aus Zartheit. Prinzipiell scheinen mir Mannheims Buch gegenüber nur zwei Verhaltensweisen möglich. Die eine wäre die des politischen Pamphlets, wie sie etwa von Lenin in ähnlichen Fällen gewählt ist. Sie schied natürlich aus. Verzichtet man aber einmal darauf, Mannheim sogleich mit dem rechten Wort als einen Verräter an der Arbeiterklasse und zugleich als ein Rindvieh zu bezeichnen, so scheint mir nur *eine* andere Möglichkeit gegeben. Man muß sich dann, angesichts der Gewalt seiner Dummheit, selber dumm stellen; unbeirrt von allem Lachen noch den größten Blödsinn ernst erwägen und sich zwingen, zu beweisen, daß es wirklich Blödsinn ist (bei einem so phantastischen Maß an Blödsinn gar keine leichte Aufgabe) – die eigentliche *polemische* Beweislast aber ihm selber aufbürden, d. h. dort, wo man in seiner Qual verstummt, ihn reden lassen und mit dem Zitat vernichten. Das ist an allen entscheidenden Stellen geschehen; ich möchte Sie nur an die Art erinnern, in der ich als Höhepunkt, ohne Kommentar, die Definition der Freiheit gebracht habe, und an den allerletzten Satz. Wenn Sie fürchten, daß der letzte Abschnitt zu mäßigend wirke, so kann ich Ihnen darin für einmal nicht zustimmen: im letzten Satz ist doch wirklich deutlich gesagt, daß er, um Karriere zu machen, lügt, und was von der Hoffnung auf seine »Bekehrung« zu halten sei, die das Positivum jenes Absatzes ausmacht, so wird sie ja kein der Sprache nur einigermaßen kundiger Leser anders als bloß mit Lächeln zur Kenntnis nehmen. Im übrigen schien mir Folgendes wichtig: die Mannheims und alle ihresgleichen pflegen ja auf uns so zu reagieren, daß sie unsere Kritik als »dogmatisch«, von anderen Voraussetzungen ausgehend, transzendent usw. überhaupt nicht an sich herankommen lassen, sondern alles mit dem Satz »er ist halt ein Marxist« erledigen. Ich hielt es nun für wichtig, dem den Wind aus den Segeln zu nehmen, indem ich das tat, was die Herren am letzten von uns erwarten: nämlich mich verhielt, als ob ich ihn ernst nähme, und seinen Text vornahm, als ob er irgendetwas mit der Wahrheit zu schaffen hätte. Das allein ist der Grund, warum ich keinen »Rahmen« schrieb, sondern alles an der Sache entfaltete. Ich möchte Sie bitten, diese Überlegung auch zu vollziehen und mit meinem Resultat zu vergleichen; vielleicht sehen Sie dann, daß die urbanitas darin nicht ganz so naiv ist, wie Sie offenbar annahmen. Über den Punkt, daß der Aufsatz Mannheim eine Freude sei, kann ich Sie beruhigen. Er hat, nach einer leidlich höflichen Karte, mir dann einen geradezu wutschnaubenden, dabei völlig hilflosen Brief geschrieben: Beweis, daß ich gerade durch die höfliche Ruhe der Vernichtung ihn bis ins Herz getroffen habe. Er war nicht fähig, auf ein einziges der Argumente zu antworten, und zog sich damit aus der Affäre, daß die Fehler, die ich ihm vorwerfe, nicht an der Methode, sondern bloß an deren Handhabung gelegen wären. Als ob es darauf ankäme; als ob man überhaupt anders als Heidelbergisch Methode und Sache von einander trennen könnte. Nein, ich glaube wirklich, daß der suavis modus die Konturen der res severa nur um so schärfer hat hervortreten lassen.

Vorschlagen möchte ich dies: einmal, daß Sie mir die Liste Ihrer Änderungsvorschläge zusammen mit meinem Manuskript schicken, damit ich sie ansehen und evt. Alternativvorschläge machen kann (ich bin überzeugt, daß wir über alle Verschärfungen im Detail uns leicht verständigen werden; die Urbanität des Tones halte ich insgesamt, wie gesagt, nicht für einen Fehler). Was den »Rahmen« anlangt, so habe ich zwei Alternativvorschläge zu machen. Einmal: *Sie* schreiben ein Nachwort, in dem Sie diesen Rahmen beistellen; ich würde Sie dann nur bitten, das in einer Form zu tun, in der unsere Solidarität zum Ausdruck kommt, d. h. einen Satz einzufügen, aus dem eindeutig hervorgeht, daß der darin festgelegte prinzipielle Standpunkt auch der meine ist. Der andere Vorschlag wäre, daß man M. auffordert, sich dagegen zu äußern, und daß wir dann zusammen (Sie und ich) ein Schlußwort schreiben, das sich gewaschen hat. Dieser Vorschlag hat den Nachteil, M. noch mehr Prominenz zu erteilen; dafür den Vorteil, daß wir ihn voller Seelenruhe abschlachten können, von dem Lustgewinn zu schweigen, den die Abfassung des Schlußwortes bedeuten muß. Bitte sagen Sie mir Ihre Meinung. Noch möchte ich hinzufügen, daß einige Sätze, wo die Antithese des dial. Materialismus zu Ms Methode ausgesprochen ist (wo Klasse gegen Masse gesetzt ist usw.) mich in ihrer jetzigen Form noch nicht recht befriedigen. Vielleicht haben Sie etwas Besseres vorzuschlagen; evt. ändere ich es selber noch.

Wenn Sie die verschiedene Einschätzung des Tones auf den Unterschied von New York und Oxford zurückführen, so glaube ich, daß es sich um etwas viel Einfacheres handelt (in der Tat weiß ich mich vom Einfluß der sogenannten Oxfordatmosphäre recht frei), nämlich einfach um die räumliche Distanz. Ein Aufsatz dieser Art ist natürlich hochpolitisch in jedem Sinn und ich habe keinen Satz ohne politische Erwägungen geschrieben. Es ist aber selbstverständlich, daß taktische Fragen wie die, was noch tragbar ist und was nicht, par distance unvergleichlich viel schwerer zu entscheiden sind als in unmittelbarer Fühlung. Gerade aus Besorgnis, dem Institut politisch mehr zuzumuten als möglich ist, habe ich zu einer gewissen Vorsicht geneigt. Auch was die interne Diskussion der Frage anlangt, so bedeutet meine Absenz ein gewisses Handicap: der Abwesende hat viel leichter unrecht (das soll kein statement einer formalen Soziologie sein!). Aus diesem Grund möchte ich Sie bitten, mein Manuskript nochmals anzuschauen, wenn Sie ein bißchen mehr Ruhe haben. Und es ist freilich auch dieser Grund, der mir, mit allen anderen, die baldige Aufhebung der räumlichen Distanz als wirklich relevant erscheinen läßt – nicht bloß menschlich sondern auch sachlich. Darüber aber mehr erst nach Ihrem großen Brief.

Meine Dispositionen sind einstweilen so, daß ich bis 14. März hierbleibe, dann ein paar Tage in London und um den 20. in Frankfurt (im Besitz eines neuen Passes und aller möglichen Papiere, darunter der Erlaubnis das hiesige sogenannte Stipendium anzunehmen). Wenn Sie wegen dieser Disposition Einwände haben oder selbst anders disponieren, bitte ich um telegraphischen Bescheid. Es könnte sich darum handeln (1) daß Sie gern hätten, daß ich wegen Klossowski, Kracauer usw. sogleich nach terms end nach Paris ginge, wofür ich selber im übrigen im Augenblick keinen dringenden Anlaß im Institutsinteresse sehe; aber vielleicht beurteilen Sie es anders. (2) daß die Dispositionen der europäischen Reise Pollocks es notwendig machen, daß ich ihn in der zweiten Märzhälfte treffe und nicht, wie ich eher dachte, um den 20. April. Da ich beides nicht übersehen kann, bitte ich Sie um Bescheid, falls Sie meine Dispositionen gern geändert wüßten. Evt. depeschiere ich Ihnen nochmals.

Die Nachträge zum Jazz sind soweit abgeschlossen, ich muß nur die Zeit finden, sie abzutippen, dann sende ich sie Ihnen. Ich betrachte sie als Eigentum des Instituts d. h. werde sie an keiner anderen Stelle publizieren. Sollte es zu jenem projektierten Buch kommen, so können sie wohl ohne große Schwierigkeiten in den Text eingearbeitet werden. Ich denke Ihnen weiter noch einen Antwortbrief auf Kracauers Exposé (rein sachlicher Art) zu senden, den ich ihm in diesen Tagen schreiben will. Auf meinen letzten, dessen Durchschlag ich Ihnen sandte, habe ich noch nichts von ihm gehört. Diese beiden Dinge würden den Rest meiner »Sozialforschung« für die nächsten Wochen umschreiben; dazu kommen noch die beiden Buchrezensionen.

Dagegen bin ich im Begriff, in dieser Woche noch die

Rohfassung meines Buches abzuschließen. Und ich möchte Ihnen hier einen Vorschlag machen. Das letzte Kapitel enthält einen, ich hoffe, entscheidenden Angriff gegen die Ausgangsposition des transzendentalen Idealismus von innen her. Ich hätte nun große Lust, dies Kapitel, oder seinen wesentlichen Gedankengang, vorweg in der Zeitschrift zu veröffentlichen: unter dem Titel »Kritik der transzendentalen Subjektivität«, in drei Teilen: Kritik der Konstitution des transzendentalen Subjekts, Subjektivität und Leib, das fremde Ich. Ich glaube mich keiner Großmäuligkeit schuldig zu machen, wenn ich Ihnen verspreche, daß es sich dabei um eine wirklich wichtige Sache handeln würde, die etwa das Höchstmaß dessen bezeichnet, was ich im Augenblick leisten kann. Daß es sich nicht um eine unmittelbar gesellschaftstheoretische Sache handelt, wäre wohl durch die prinzipielle Bedeutung für den Ansatz des historischen Materialismus kompensiert. Ich brauchte freilich etwas mehr Raum: ich schätze zwischen 40 und 50 Druckseiten. Käme es für die Zeitschrift in Betracht? Ich könnte es für das dritte Heft des Jahrganges bestimmt schaffen. Oder wären Ihnen zwei große Aufsätze von mir in zwei aufeinanderfolgenden Heften zu viel? – Ich möchte bitten noch zwei Aufsatzideen vorzumerken. Das eine ist eine Analyse von Guy de Maupassant, meinem Liebling, die ich vor Jahren begann und gerne abschließen möchte, wenn sie Lust zur Publikation hätten. Das andere wäre Wedekind, über den ich ebenfalls längst schreiben wollte. Die anderen Vorschläge sind über diesen natürlich nicht vergessen.

Bitte lassen Sie mich doch auch wissen wie es mit Ihrer Positivismusarbeit steht. Besonders schön wäre es, wenn sie in einem Heft mit dem Mannheim käme (und Benjamins Fuchs, der ja wohl in diesen Tagen fertig wird). – Die »Kritik der transzendentalen Subjektivität« wäre übrigens genau der Versuch der Erfüllung des seinerzeit von Marcuse aufgestellten »Desiderats« und die eigentliche, immer noch ausstehende Antwort auf seinen Brief.

Alles Herzliche, auch an Maidon, Pollock und Frau, deren

schönen und Proustischen Vornamen ich zum ersten Mal aus ihrer Unterschrift unter den kollektiven Gruß erfuhr.

Immer Ihr

Teddie Wiesengrund.

Von meinem Vater gute Nachricht aus Paris; er dürfte Dienstag in Frankfurt sein.

ÜBERLIEFERUNG O: Ts; Max-Horkheimer-Archiv der Stadt- und Universitätsbibliothek, Frankfurt a. M. – E: Horkheimer, Briefwechsel 1937-1940, S. 60 ff.

mein Vater . . . sein Brief: Nicht erhalten.

wo man in seiner Qual verstummt: Vermutlich als Anspielung auf Goethes »Tasso« (V,5, v. 3432 f.) gedacht.

die Definition der Freiheit: Vgl. Adorno GS 20·1, S. 31 f.

der allerletzte Satz: »Daher die Wirkung Mannheims unter der theoretisch obdachlosen Intelligenz; daher die Notwendigkeit eingreifender Kritik.« (Ebd., S. 44 f.)

Mannheim / Brief: Mannheims Brief vom 8. Februar, s. die Anm. zu Brief Nr. 79.

suavis modus . . . res severa: Anspielung auf »fortiter in re, suaviter in modo«, das auf den fünften Jesuitengeneral Claudio Aquaviva (1543-1615) zurückgeht.

einige Sätze: Vgl. Adorno GS 20·1, S. 30.

ein Antwortbrief auf Kracauers Exposé: Adornos Brief vom 6. März verschiebt die Diskussion des Exposés auf die mündliche Unterredung in Paris. – Kracauers Exposé »Masse und Propaganda (Eine Untersuchung über die fascistische Propaganda)« vgl. Siegfried Kracauer. 1889-1966, bearbeitet von Ingrid Belke und Irina Renz, Marbach 1988, S. 85-90 (Marbacher Magazin 47).

der Titel »Kritik der transzendentalen Subjektivität«: Adorno schrieb diesen Aufsatz im Juli des Jahres; er blieb zu Lebzeiten ungedruckt (vgl. jetzt Adorno GS 20·1, S. 46-118).

eine Analyse von Guy de Maupassant: Über diesen Plan hatte Adorno bereits am 5. Juni 1935 geschrieben (vgl. Adorno/Benjamin, Briefwechsel, S. 124 und die Anm. S. 126).

Wedekind: Der Plan wurde nicht realisiert. – Adorno hatte 1932 im Südwestfunk »Über den Nachlaß Frank Wedekinds« gesprochen (vgl. Adorno GS 11, S. 627-633); im Nachlaß hat sich außerdem ein undatiertes Manuskript »Frank Wedekind und sein Sittengemälde ›Musik‹« erhalten (vgl. ebd., S. 619-626).

der schöne und Proustische Vorname: Pollocks erste Frau hieß mit Vornamen Andrée.

84 Adorno an Horkheimer
Oxford, 2.3.1937

Oxford, 47 Banbury Road
2. März 1937.

Lieber Herr Horkheimer,

es fällt mir schwer, Ihnen auszudrücken, wie sehr ich mich über Ihren großen Brief vom 22. Februar gefreut habe und wie sehr ich Ihnen danke. Ich kann es nicht anders versuchen als indem ich Ihnen sogleich antworte – zugleich die Chance wahrnehmend, daß der Brief mit der Queen Mary morgen segelt und Sie so in weniger als einer Woche erreicht.

Lassen Sie mich zunächst auf Ihre Vorschläge eingehen. Von den drei Möglichkeiten glaube ich nach sorgfältigster Überlegung – mein Vater hatte mir schon von ihnen berichtet –, daß die Pariser Idee, vorsichtig gesprochen, zurückzutreten hat. Ich fühle mich das zu sagen verpflichtet, obwohl als Wohnort »an sich« – wäre das nicht bereits eine Fiktion – keiner mehr mich reizen könnte als eben Paris. Die Gründe will ich Ihnen kurz angeben. Die ständig drohende Kriegsgefahr und die latent nicht minder drohende des Fascismus, oder eines fascistischen Coups mit langem Bürgerkrieg, sind Ihnen so gegenwärtig wie mir. Es kommt aber entscheidend dazu, daß ich, nach den immerhin nicht ganz begrenzten Eindrücken, die ich sammeln konnte, die Möglichkeit, dem Institut dort eine wirklich wichtige Position zu erobern, recht skeptisch beurteile. Nur darum aber könnte es sich nach Ihrem Brief ja handeln. Nicht nur sind die Menschen schwierig und durchwegs unzuverlässig im höchsten Grade; die Xenophobie, die den Franzosen ohnehin eignet, scheint mir immer mehr zu steigen; alles kapselt sich immer mehr ab, und ob es gelingen könnte, gar mit unserer Haltung eine keineswegs splendid isolation dauernd zu sprengen d. h. mehr zu erreichen als daß man manchmal von irgendeinem Professor zum Tee eingeladen wird, ist mir höchst zweifelhaft. Selbst wenn ich unterstelle, daß meine Fähigkeiten, mit Menschen umzugehen, denen Benjamins erheblich überlegen sind, muß ich dessen bisherige Erfahrungen als recht entmutigend betrachten. Endlich aber würde der Pariser Plan ja bedeuten, daß es wieder nicht zu unserer *unmittelbaren* Zusammenarbeit käme – und deren Realisierung freilich scheint mir nun jeder anderen Erwägung vorzugehen. Ich würde also vorschlagen, die Pariser Idee, zunächst jedenfalls und solange keine zwingenden Gegenmotive vorliegen, fallen zu lassen. Solange ich in England bin, kann ich ja ohnehin stets fürs Institut nach Paris herüberfahren, sobald es angezeigt ist.

So handelt es sich denn um die Alternative: England oder Amerika. Wenn ich Sie recht verstehe, so sehen Sie, was diese Alternative anlangt, zunächst eine Zwischenlösung vor: daß ich hier meinen degree nehme und die Chancen ausmache, und daß wir dann entscheiden – prinzipiell freilich mit stärkerer Neigung nach Amerika. Ich kann Ihnen dazu nur sagen, daß das *vollkommen* meinen eigenen Intentionen entspricht. Wie gesagt, mein Wunsch, mit Ihnen unmittelbar zusammenzuarbeiten, geht jedem anderen vor: seien Sie überzeugt, daß dieser Wunsch durch keinen wie immer sublimierten akademischen Ehrgeiz verstellt ist. Sollte sich aber in England eine Möglichkeit bieten, die auch im Institutssinne verlockend wäre, so würde ich nicht bockig sein und sie, für eine gewisse Zeit jedenfalls, aufgreifen. Es wäre dabei übrigens nicht nur an

Oxford zu denken, wo ich mich für die Dauer sehr wenig wohl fühle, sondern auch an London. Es käme sogar unter Umständen in Betracht, das von Ihnen für Paris vorgesehene Projekt (d. h. volle Stellung fürs Institut) in London zu realisieren. Das bedürfte der genauesten Besprechung. Ich habe gewisse Beziehungen zur zentralen Leitung der Londoner Universität, die fürs Institut und mich unter Umständen von größter Wichtigkeit werden könnten. Ich will heute nur die Tatsache festlegen, ohne auf Details einzugehen: es handelt sich darum, daß wahrscheinlich ein naher Bekannter von mir (der gleiche, der seinerzeit eine Aktion für mich bei Sir William Beveridge, ohne Erfolg, unternahm) oberster Direktor der gesamten Organisation der Londoner Universität wird. Dies aber unter äußerster Diskretion. Eine Affiliierung mit der London School würde ich allerdings unbedingt zu vermeiden suchen. Wir werden mit diesen Herren schwerer auskommen als mit weit akademischeren Stellen.

Wir wären also soweit einig, daß ich erst hier meinen degree nähme und sondierte – was nach Ihrer Auffassung immerhin noch eine »Übergangszeit« von 1-2 Jahren involvierte. Diese Zeit ist nun aber so lang, daß ich froh wäre, wenn wir sie auch in dem Sinne zu einer Übergangszeit machen könnten, daß ich während ihres Verlaufes fortschreitend dem Institut eingegliedert würde. Soweit es dabei um finanzielle Dinge geht, bestimmt mich dabei wesentlich der Gedanke an Gretel. Ich kann hier noch etwa 2 terms leben, ohne meine Reserven anzugreifen, die ich mir für alle Fälle halten möchte (mein Vater sprach mit Pollock darüber). Mit Gretel wäre das kaum möglich. Mein Vorschlag wäre nun der: daß ich bis zum Herbst – sagen wir: 1. Oktober – noch »frei« bliebe und in dieser Zeit mein Buch fertig machte und daneben natürlich die laufenden Aufsätze, Besprechungen usw. fürs Institut; vom 1. Oktober ab aber in Gestalt jener »halben« Stellung, die Sie nennen, und zu den von Ihnen vorgesehenen Bedingungen, in den Verband des Instituts einträte: also mit monatlich 40 £. Bis dahin wird mein Buch soweit gefördert sein, daß ich *be-*

stimmt die volle Hälfte meiner Zeit dem Institut widmen kann. Den Kreis der von mir zu übernehmenden Arbeiten können wir dann genau umschreiben. Um dem Institut nichts Unbilliges zuzumuten, würde ich vorschlagen, daß die finanzielle Abmachung sich nur auf die Zeit bezieht, die ich effektiv im Ausland bin, d. h. wenn ich die Weihnachtsferien usw. in Deutschland sein sollte, würde das Institut für die entsprechende Zeit mich nicht honorieren. Unter den zu übernehmenden Arbeiten stünde ja wohl die an der Zeitschrift mit an erster Stelle. Meine nächsten Aufsatzpläne: Kritik der transzendentalen Subjektivität, Begriff der Dekadenz, Maupassant, kennen Sie; es käme Mitarbeit am Besprechungsteil hinzu und redaktionelle Arbeit in einem genau festzulegenden Sinne. Ich glaube Ihren Satz, daß mich das Institut von dem Augenblick an als festen Mitarbeiter betrachtet, in dem ich selbst meine Stellung zu beziehen wünsche, mit diesem Vorschlag nicht falsch zu interpretieren. Daß es an meiner Arbeitskraft nicht fehlen wird, das, so hoffe ich, werden Sie mir glauben.

Was die spätere definitive Regelung der finanziellen Seite meiner Position anlangt, sobald diese dann eine »volle« geworden ist, so bin ich überzeugt, daß wir uns leicht verständigen werden. Mein Wunsch, Gretel, wenn wir nun endlich heiraten, möglichst positive Bedingungen zu bieten, wird Ihnen begreiflich sein. Was die Erbschaftsprobleme anlangt, so werde ich sie mit meinem Vater nochmals genau durchsprechen. Sollte es wirklich zu einer internationalen ökonomischen Verständigung kommen (was nicht ganz unmöglich scheint), so könnten auch diese Aspekte sich ein wenig aufhellen.

Zum Vorschlag einer Verbindung mit Harvard – wohin ich ebenfalls einige ganz respektable Querverbindungen habe – möchte ich nur sagen, daß Sie wirklich *nicht* mit irgendwelchen Universitätsambitionen von mir zu rechnen haben und daß mir das liebste wäre, wenn wir dauernd an einem Platz existierten. Wenn es zur Ausführung des Planes unseres gemeinsamen Buches über dialektischen Materialismus kommt, so würde ich mir ohnehin vorstellen, daß wir uns am besten für eine geraume Zeit irgendwohin, vielleicht nach Südfrankreich, zurückzögen. Die personelle Isolierung, die wir beide beobachten müssen, könnte dann wenigstens einmal doch ihre positiven Seiten zeigen. Sollten Sie aber aus dringenden, das Institut (nicht meine »Karrière«) betreffenden Gründen die Boston-Idee urgieren, so würde ich natürlich keine Steine in den Weg legen.

Haben Sie tausend Dank für Ihre Einladung. Ich nehme sie gern an. Gern: mit der Einschränkung, daß ich immer noch hoffe, daß Sie sehr bald nach Europa kommen und wir uns zusammen, sagen wir: in die Dolomiten für ein paar Wochen setzen können (dorthin könnte ich aus Deutschland ohne weiteres Geld bekommen, nebenbei gesagt. Für gewisse Dispositionen wäre das wohl nicht unwichtig zu wissen). Was den Zeitpunkt meines Besuchs in New York anlangt, falls Sie nicht kommen sollten, so wäre September doch eine arg lange Zeit. Ich würde dann lieber Anfang Juni vorschlagen. Das würde allerdings voraussetzen, daß ich mich fürs nächste term von hier beurlauben lasse. Da ich aber die nötige Semesterzahl habe, [so] wird sich das ja wohl leicht machen lassen. Ich werde mich sofort darum kümmern. Was Pollocks Besuch betrifft, so fällt sein Aufenthalt auf dem Kontinent fast genau mit der Zeit zusammen, die ich in Deutschland verbringen wollte. Ich werde wohl um den 20. heimfahren und um den 20. April wieder in London sein. Da ich ihn aber auf keinen Fall versäumen möchte, so würde ich Sie bitten, mir möglichst bald nach Empfang dieses Briefes zu depeschieren. Ich könnte ihn entweder sogleich nach seiner Ankunft, also um den 20., seis in England oder Frankreich, treffen; oder vor seiner Rückreise, ebenfalls in Paris oder London. Paris hätte gewisse Vorteile, da ich ohnehin über Klossowski die Hetzpeitsche schwingen, die Sachen Kracauer und Sohn-Rethel klären und mit Benjamin sachlich arbeiten möchte. All das könnte in Paris in der Zeit geschehen, die Fritz Pollock nicht frei für mich ist. Mir wäre aber auch ein Meeting in Amsterdam oder Brüssel recht. Nur Genf wäre ein bißchen umständlich für mich. Ich bin hier bis zum 14. einschließlich, dann ein paar Tage im Orchard Hotel, Portman Street, London (nicht mehr im Albemarle).

Ich bin sehr gespannt, wie Kracauer reagieren wird; auf meinen großen Brief, dessen Durchschlag Sie kennen, hat er noch nicht geantwortet. Sohn-Rethel: ich habe ihn nochmals gemahnt, nehme es aber, entre nous soit dit, eher als ein Zeichen seines ernsten Willens, daß er so lange Zeit braucht. Auch Benjamin scheint von der Mühe, die er sich gibt, positiv beeindruckt. Schoen: es ist mir leid, daß sein Beitrag nicht zu brauchen ist, bin Ihnen aber äußerst dankbar, wenn sie ihm nochmals 5 Pfund bewilligen. Ich teile es ihm mit; es wäre besonders lieb, wenn Sie die Zahlung *rasch* veranlassen wollten.

Über den Positivismusaufsatz schreibe ich Ihnen, sobald ich die Fahne habe, evt. in Form von Randbemerkungen. Der von Ihnen erwähnte Passus bei Russell war mir unterdes selber bekannt geworden; ich hätte Sie darauf aufmerksam gemacht. Sehr gespannt auf Marcuses Aufsatz. In meiner Mannheim-Polemik finden sich übrigens einige Sätze, die genau in die gleiche Richtung zielen. (S. 10-11 des neuen Manuskripts.)

Mannheimaufsatz: da ich, in der sehr großen Erregung, in die mich Ihr Brief versetzte – der schließlich über meine ganze Zukunft entscheidet, und positiv entscheidet – unfähig bin, irgendetwas zu tun, was nicht unmittelbar in die uns gemeinsame Sphäre fiele, so habe ich das Manuskript sogleich auf Grund Ihrer Vorschläge durchgearbeitet und füge es in der hoffentlich nun druckfähigen Gestalt bei. Es hat sich gezeigt, daß die Differenzen weit geringer waren, als ich zunächst befürchtete. Ich habe den überwiegend größten Teil der von Ihnen angeregten Änderungen durchführen können mit dem Bewußtsein, daß sie der Sache zugute kommen: und bin Ihnen um so dankbarer dafür, als solche Korrekturen wirklich das einzige Korrektiv meiner praktischen Isolierung in allen ernsten Dingen sind, das ich habe. Die paar Stellen, an denen ich Ihnen nicht folgte, habe ich bezeichnet (im Änderungsverzeichnis) und Ihnen kurz meine Gründe geschrieben; ich glaube nicht, daß sich da irgendwelche Schwierigkeiten ergeben werden. Ich möchte nur zu 2 Stellen noch etwas sagen. Einmal würde ich die anerkennenden Epitheta auf S. 32 unten, die einzigen des ganzen Aufsatzes, gleichsam als Geste gern stehen lassen. M. hat mir vor 3 Jahren zuerst seine Kritik des Behaviorismus vorgetragen, die mir damals einleuchtete; ich erkannte sie an; lassen wir ihm diese Freude. Ganz anders mit dem letzten Abschnitt. Der große Strich, von fast einer vollen Seite, ist mir nicht recht behaglich, weil er die Proportionen der ganzen Anlage etwas stört. Trotzdem habe ich ihn akzeptiert, da ich mich der Einsicht nicht verschließen kann, daß sonst der Aufsatz in der Tat zu positiv wirken könnte; um so mehr, als ja M.s dialektische Ansätze allemal bloß pseudodialektische sind. Ich habe aber eine Bitte: lassen Sie den allerletzten Satz, in der im neuen Manuskript eingetragenen Form, stehen. Ich finde, daß die ganze Polemik in ihm kulminiert. Es wäre wirklich schade um ihn.

Zwei merkwürdige Koinzidenzen möchte ich festhalten. Sie erwähnen im Zusammenhang mit der metaphysischen Trauer Maupassant. In meinem Brief vom 28. – den Sie wohl zugleich mit diesem erhalten – schlug ich Ihnen einen Aufsatz über ihn vor. – Sie reden von den Green Pastures. Ich habe sie gestern abend gesehen und fand sie widerwärtig. Um so widerwärtiger, als sie nicht nur vorzüglich gemacht sind, sondern auch sehr nahe an einer großen Intention von Aufklärung liegen. Man müßte nur diesen Gawd, der eine Sintflut kreiert, weil er dem Mädchen nicht gönnt, daß es seine Beine zeigt, aus einem Onkel Tom der Transzendenz völlig in den Sklavenantreiber übersetzen, der er doch ist, und zeigen, wie diese Transzendenz der schändliche Traum von Unterdrückten ist, und alles bekäme ein verteufeltes Gesicht. Es ist mehr als einmal nahe am Umschlagen. Auch die schäbigen Erzengel würden in Kafkas Amerika keine schlechte Figur machen. Aber es geht alles sogleich im Wohllaut des Chors unter. Ist es nicht eine extreme Bestätigung der Jazz-Arbeit? In den Ergänzungen zu dieser gibt es übrigens einiges über Neger und Juden.

Bowra war begeistert über die Aufnahme und über Sie. Ich sehe ihn am Sonntag ausgiebig. Wie fanden sie ihn übrigens? – Besondere Freude hat mir der Durchschlag Ihres Briefs an Kracauer gemacht. Ich habe mir, mein ganzes Leben lang, und immer vergeblich, eben jene Weise der Solidarität gewünscht, die in Ihrem Brief zum Ausdruck kommt. Keiner hat sie mir ärmlicher verweigert als Kracauer. Ist es zu verstehen, daß ich es symbolisch nehme, wenn ich sie nun zum ersten Mal in einer Situation erfahre, die ihn als Objekt – oder soll ich mit Benjamin sagen: als das Jazz-Subjekt – betrifft?

Zum »Technischen«: ich werde Ihnen also die Fahnen unmittelbar nach Paris senden, evt. mit Glossen, was den Gang der Dinge vereinfachte. Ebenfalls technisch möchte ich bitten, die Buchangaben in meinem Aufsatz, wie in meinem Manuskript, in Klammern im Text zu belassen und nicht in Fußnoten zu verweisen. Ich habe eine idiosynkratische Abneigung gegen solche. Sie sind mir das Symbol einer bestimmten Verhaltensweise der offiziellen Wissenschaft, wie sie etwa auch in der Beschimpfung des »Literaten«, dem Verdacht gegen jede Möglichkeit sprachlichen Ausdrucks zum Ausdruck kommt. Gewiß eine Marotte; aber ich sollte meinen, eine harmlose.

Nochmals lassen Sie mich Ihnen danken.

In Treue Ihr

Teddie Wiesengrund.

Soeben ausführlicher Brief von Benjamin, der den Abschluß des Fuchs mitteilt und sich zum Mannheim, überaus positiv, äußert. Er hebt besonders einen von uns gestrichenen Satz hervor: S. 25 des neuen Manuskripts: »der gesellschaftliche Primat des Seins vorm Bewußtsein ist nicht sowohl eine metaphysische These als eine Forderung an die Methode«. Sollten wir nicht diesen Satz, der mir wirklich gelungen scheint, wiederherstellen? Ich weiß, Sie fürchten, daß mit dem Wort »Methode« der Materialismus in die rein theoretische Sphäre transplantiert wird. Aber ich möchte glauben, daß der Zusammenhang diese Gefahr mindert und daß der Satz wichtig genug ist, daß man sie auf sich nimmt. Lassen Sie mich noch einen Satz aus Benjamins Brief über den Mannheimaufsatz zitieren (er weiß nichts von unserer Kontroverse): »Im übrigen erweckt Ihre Anzeige weit mehr Verachtung für dieses Buch als sie sie zum Ausdruck bringt und das beweist, daß Sie das stilistische Problem gelöst haben«. Das klingt doch recht tröstlich.

Meinen Vorschlag aus dem letzten Brief, zur absoluten Klarstellung dem Aufsatz ein kurzes Nachwort von Ihnen folgen zu lassen, halte ich aufrecht, wofern es Ihnen noch nach den gemeinsamen Änderungen notwendig erscheint.

Benjamin schreibt, daß er meinen alten Vorschlag, eine prinzipielle Sache über Jung zu schreiben, in seinem Brief an Sie aufgenommen habe. Ich möchte das unterstützen. Vor allem auch, weil ich mir von einem solchen kritischen Aufsatz eine sehr wichtige prinzipielle Klärung zu Benjamins Passagenbuch versprechen könnte.

Herzlichst Ihr T. W.

ÜBERLIEFERUNG O: Ts; Max-Horkheimer-Archiv der Stadt- und Universitätsbibliothek, Frankfurt a. M. – E: Horkheimer, Briefwechsel 1937-1940, S. 65 ff.

ein naher Bekannter von mir . . . Sir William Beveridge: Am 3. Juli 1934 hatte Adorno an Harold Claughton (1882-1969) von der University of London geschrieben und ihm auf seinen Wunsch ein ausführliches curriculum vitae geschickt, das Claughton an Sir William Beveridge (1879-1963), der von 1919 bis 1937 Leiter der »London School of Economics and Political Science« sowie Initiator des »Academic Assistance Council« war, weitergeleitet hatte. Beveridge antwortete Claughton am 5. Juli: »The letter is, as you say, charming, but I do not honestly think it would help the writer to make personal contact with me. What is far more important is that he should keep in contact with Adams and Skepper at the Academic Assistance Council, so that when his needs become active his case can become active also.« (Zit. nach einer Abschrift in dem Dossier Adorno des A. A. C.)

Harvard . . . respektable Querverbindungen: Adorno denkt vermutlich an Redvers Opie, der durch seinen Schwiegervater Taussig mit Harvard verbunden war.

Kracauer . . . mein großer Brief: Kracauer antwortete am 5. März auf Adornos Brief vom 11. Februar.

Der Positivismusaufsatz: Das ist »Der neueste Angriff auf die Metaphysik«.

In meiner Mannheim-Polemik . . . einige Sätze: Gemeint sind offenbar die Sätze über Kulturkritik, vgl. Adorno GS 20·1, S. 21 f.

die anerkennenden Epitheta: »Die eindringliche Kritik von Pragmatismus und Behaviorismus, vor allem die treffende Bemerkung über dessen Verwandtschaft mit dem Faschismus (181) verliert dadurch nichts an Dignität.« (Adorno GS 20·1, S. 40)

Ihr Brief an Kracauer: Horkheimer hatte am 25. Februar geschrieben: »Ihren Brief vom 5. Februar habe ich erhalten und danke Ihnen für Ihre Mitteilungen. Da Herr Wiesengrund es gewesen ist, der sich besonders für unsere Zusammenarbeit eingesetzt hat, so möchte ich auch ihm die Regelung der in Ihrem Brief berührten Fragen überlassen. Im Augenblick kann ich nur mitteilen, daß das Propaganda-Thema unter den von Ihnen vorgeschlagenen Themen als einzig mögliches erscheint. Ich erwarte nunmehr eine Nachricht, wie Sie sich mit Herrn Wiesengrund geeinigt haben.«

Brief von Benjamin: Er datiert vom 1. März; vgl. Adorno/Benjamin, Briefwechsel, S. 220-223.

ein von uns gestrichener Satz: Er lautet in der neuen Fassung: »Die These vom Primat des Seins übers Bewußtsein schließt die methodische Forderung ein, Begriffe nicht nach dem Maßstab denkpraktisch-zweckmäßiger Merkmaleinheiten zu bilden und zu verifizieren, sondern in ihrer Anlage und Bewegung die Bewegungstendenzen der Wirklichkeit selbst auszudrücken.« (Adorno GS 20·1, S. 34)

Benjamin . . . sein Brief an Sie: Vom 28. Februar, vgl. Benjamin, Gesammelte Briefe V, S. 463-465.

85 Adorno an Horkheimer
Oxford, 3.3.1937

TAUSEND DANK IN HERZLICHER VERBUNDENHEIT STOP AUSFUEHRLICHER BRIEF UNTERWEGS WIESENGRUND

ÜBERLIEFERUNG Telegramm; Max-Horkheimer-Archiv der Stadt- und Universitätsbibliothek, Frankfurt a. M.

86 Adorno an Horkheimer
Oxford, 10.3.1937

KRACAUER ACCEPTS CONDITIONS STOP PLEASE WIRE WHETHER INSTITUTE EXPECTS ME PARIS MIDDLE NEXT WEEK CORDIALLY

TEDDIE

ÜBERLIEFERUNG Telegramm; Max-Horkheimer-Archiv der Stadt- und Universitätsbibliothek, Frankfurt a. M.

87 Horkheimer an Adorno
New York, 10.3.1937

BRIEFE VOM ACHTUNDZWANZIGSTEN UND ZWEITEN EINGETROFFEN STOP POLLOCKS REISETERMIN INFOLGE GRIPPE PROBLEMATISCH STOP DURCHFUEHRET JEDENFALLS EURE DISPOSITIONEN UNBEEINFLUSST VON POLLOCKREISE STOP FESTSTELLET BEI RUECKKUNFT TELEGRAFISCH POLLOCKAUFENTHALT GRUESSE

HORKHEIMER

ÜBERLIEFERUNG Telegramm; Max-Horkheimer-Archiv der Stadt- und Universitätsbibliothek, Frankfurt a. M.

88 Horkheimer an Adorno New York, 12.3.1937

429 WEST 117TH STREET
NEW YORK, N. Y.

12. März 1937.

Lieber Herr Wiesengrund,

Da ich stark daran zweifle, ob Sie dieser Brief noch vor Ihrer Abreise erreicht, begnüge ich mich mit wenigen Zeilen.

Auf Ihr Telegramm hin habe ich Ihnen vorgestern wie folgt gekabelt: »Briefe vom 28. und 2. eingetroffen stop Pollocks Reisetermin infolge Grippe problematisch stop Durchführet jedenfalls Eure Dispositionen unbeeinflusst von Pollockreise stop Feststellet bei Rückkunft telegrafisch Pollockaufenthalt Grüsse«. Pollock kann nicht wie beabsichtigt mit der Ile de France, die diesen Brief befördern soll, fahren, sondern muss seine Reise bis zur Abfahrt der Normandie nächste Woche verschieben. Angesichts des Umstands, dass er selbst von der Halsentzündung noch nicht völlig geheilt ist und Frau Pollock erst jetzt davon erfasst wurde, ist auch dieser Termin noch nicht hundertprozentig sicher. Es erschien mir deshalb als das einzig Richtige, dass Sie unbekümmert um Pollocks Reise Ihre Pläne durchführen. Selbst wenn P. nicht zurückgehalten worden wäre, hätte sich eine Änderung für Sie nicht gelohnt, denn er wird in einer solchen Hetze sein, dass Sie ihn ohnedies kaum ein paar Stunden hätten sprechen können.

Ich brauche Ihnen nicht erst zu sagen, dass Sie mich mit Ihren beiden Briefen aufrichtig erfreut haben. Unsere Zusammenarbeit gehört zu den sehr wenigen positiven Dingen, die ich von der nahen Zukunft erwarte. Ich freue mich nicht weniger darauf als Sie.

Ihre vorläufige Entscheidung, nach einer angemessenen Übergangszeit hierher zu übersiedeln, halte auch ich für die vernünftigste. Mit Ihrem Vorschlag, dass Sie ab 1. Oktober die £ 40.-.-- beziehen, bin ich ganz einverstanden. Über alles Nähere werden wir uns, falls ich nicht nach Europa komme, bei Ihrem Besuch im Juni unterhalten. September ist auch mir von vornherein als ein recht später Termin erschienen, den man nur wählen sollte, wenn eine Reise im Juni für Sie hätte völlig ausscheiden müssen. Ich bin froh, dass es im Juni geht, und erwarte Ihre näheren Angaben über Termin usf.

Dafür, dass Sie im grossen und ganzen den Änderungen am Mannheim-Aufsatz zugestimmt haben, danke ich Ihnen. Wie wir endgültig verfahren werden, kann ich im Augenblick noch nicht sagen. Vielleicht schreiben Sie, wenn Ihnen meine Positivismus-Arbeit bekannt geworden ist, doch noch einige Zusätze, vielleicht schreibe ich selbst eine Vorbemerkung, welche die beiden Aufsätze zueinander in Beziehung setzt. Auf diese Weise wird der auch von mir bedauerte Umstand, dass sie in verschiedenen Heften erscheinen, wenigstens zum Teil kompensiert. Darüber können wir uns nach Ihrer Rückkehr verständigen, denn das Manuskript zum Sommerheft wird ja nicht vor Ende Mai hier abgehen. Nicht unwichtig wäre es, wenigstens mit einigen Sätzen noch auf die frühere Arbeit, »Ideologie und Utopie« einzugehen, damit unsere Stellung zum ganzen »œuvre« gekennzeichnet ist. Vielleicht kann man dies in der Vorbemerkung tun und dabei auf meine Besprechung im Grünberg-Archiv verweisen. Über die Einzelheiten werde ich noch nachdenken, unter anderem auch über den Satz, der das gesellschaftliche Primat des Seins vor dem Bewußtsein als Forderung an die Methode erklärt.

Über Bowra meinte ich Ihnen schon geschrieben zu haben, dass er auf uns alle einen ausgezeichneten Eindruck gemacht hat und dass wir uns freuen, bis er wieder nach Amerika zurückkehrt. Bitte sagen Sie ihm, dass er dann nicht versäumt, sich hier sehen zu lassen. Eine klare Vorstellung davon, welche Beziehung er zu unseren Problemen gewinnen kann, konnten wir in der kurzen Zeit unseres Zusammenseins natürlich nicht erhalten. Sicher ist er ein überaus gescheiter, kultivierter, aufgeschlossener Mensch. Wäre man dauernd mit ihm in Kontakt, so könnte man wahrscheinlich einen produktiven Einfluss auf ihn ausüben. – Die Zahlung an Schoen ist veranlasst worden.

Von Ihren Aufsatzvorschlägen ist wohl zunächst die »Kritik der transzendentalen Subjektivität« am spruchreifsten. Über die anderen können wir uns mündlich unterhalten. Soweit ich, ohne das Kapitel gelesen zu haben, mir ein Bild machen kann, bin ich unbedingt dafür, die Absicht auszuführen. Nach der Lektüre des ersten Artikels der von Husserl in der »Philosophia« geplanten Reihe habe ich noch eine in den Fahnen einzufügende Anmerkung gemacht, in der folgender Satz vorkommt: »Bei aller Gegensätzlichkeit der Denkart Husserls zu der hier vertretenen Theorie hat seine Altersstudie mit ihrer höchst abstrakten Problematik mehr mit den gegenwärtigen geschichtlichen Aufgaben zu tun als der sich zeitgemäss dünkende Pragmatismus oder das vermeintlich dem ›Mann am Schraubstock‹ angepasste Reden und Denken mancher jüngeren Intellektuellen, die sich schämen, es zu sein.« Dass wir das Kapitel bringen, ist daher sogar unmittelbar vorbereitet. Wichtig wäre es nur, dass Sie die Bedeutung Ihrer Gedankengänge für die Geschichtstheorie den Lesern der Zeitschrift plausibel machten. Da Sie ohnehin erwägen, das Kapitel nicht wörtlich, sondern den wesentlichen Gedankengang zu bringen, wird dies keine besonderen Schwierigkeiten bieten. Es genügt schon, wenn Sie die Beziehung zum Ansatz des Materialismus klar aussprechen. Wenn Sie das Kapitel auf 40 Druckseiten anstatt auf 50 zusammendrängen könnten, so wäre es schön. Dagegen, dass zwei Aufsätze von Ihnen in zwei aufeinanderfolgenden Heften stehen, habe ich grundsätzlich nicht das leiseste Bedenken. Der einzige Hinderungsgrund könnte darin liegen, dass sich andere dringende Sachen dazwischenschieben. Auch diese Sache wird zur Zeit Ihres Besuches spruchreif sein. Ich kann darüber heute noch nichts Endgültiges ausmachen.

Darüber, inwiefern es überhaupt möglich ist, das von Marcuse erwähnte »Desiderat« zu schaffen, sind wir immer noch skeptisch. Ich vermute, dass wir darüber anlässlich Ihres Besuches einige Diskussionen haben.

Sollte der Brief Sie noch vor Ihrer Abreise erreichen, so bitte ich Sie, Ihre Eltern herzlich von uns zu grüssen und vor allem Gretel alle guten Wünsche von Maidon und mir auszurichten.

Mit den herzlichsten Grüssen
Ihr
Max Horkheimer.

ÜBERLIEFERUNG O: Ts; Theodor W. Adorno Archiv, Frankfurt a. M.

»Ideologie und Utopie« / meine Besprechung: Vgl. Max Horkheimer, Ein neuer Ideologiebegriff?, in: Archiv für die Geschichte des Sozialismus und der Arbeiterbewegung 15 (1930), S. 33-56; jetzt in: Horkheimer GS 2, S. 271-294.

eine in den Fahnen einzufügende Anmerkung: S. den Wortlaut in Brief Nr. 92.

89 Adorno an Horkheimer
London, 16.3.1937

NOCH NACHRICHTLOS BITTE DRAHTET APPORTER LONDON OB ICH ZU KRACAUERBESPRECHUNG PARIS SOLL ERACHTE WICHTIG IHM DIRECTIVEN ZU GEBEN HERZLICHST

TEDDIE

ÜBERLIEFERUNG Telegramm; Max-Horkheimer-Archiv der Stadt- und Universitätsbibliothek, Frankfurt a. M.

90 Horkheimer an Adorno
New York, 16.3.1937

RUECKKABELT FALLS OXFORDKABEL ZEHNTEN NICHT EINGETROFFEN STOP PARISREISE EINVERSTANDEN

HERZLICHST

HORKHEIMER

ÜBERLIEFERUNG Telegramm; Max-Horkheimer-Archiv der Stadt- und Universitätsbibliothek, Frankfurt a. M.

91 Adorno an Horkheimer
Paris, 23.3.1937

Paris VI.
Hotel Littré, rue Littré
23. März 1937.

Lieber Herr Horkheimer,

mit der größten Freude und der vollsten Zustimmung habe ich Ihren großen Positivismusaufsatz gelesen; ja meine Zustimmung geht so weit, daß es mir einigermaßen schwer fällt, Ihnen überhaupt etwas »Kritisches« d. h. dialektisch Brauchbares dazu zu sagen. Ich kenne außer der Egoismusarbeit kaum eine andere von Ihnen, die ich so bedingungslos unterschreiben könnte wie diese. Die sehr weitgehenden Übereinstimmungen mit der Mannheimarbeit werden Ihnen so wenig entgangen sein wie mir; sie sind besonders flagrant beim Begriff der hingenommenen Tatsache, dem hypostasierten Gesetz und einer Reihe spezieller Dinge, die ich auf der Fahne vermerkt habe. Ich muß Ihnen nicht sagen, wie froh ich über die Bestätigung bin, die solche Übereinstimmungen bedeuten; um so mehr, als ja die beiden Arbeiten in vollster Unabhängigkeit von einander entstanden sind. Und ich hoffe nur, daß, nachdem Ihre Arbeit zunächst erscheint, die meine Ihnen – und den Lesern – nicht in vielen Stücken wie eine bloße Wiederholung erscheinen wird. Darüber möchte ich die Entscheidung ganz Ihnen überlassen; vielleicht ist es aber doch nicht ohne Wert, wenn man selbständig und an verschiedenen Ausgangsmaterialien zu übereinstimmenden Ergebnissen kommt. Noch mehr aber als die Übereinstimmung hat mich die Annäherung gefreut, die dieser Aufsatz zwischen Ihren Arbeiten und denen von Heinrich Regius indiziert. Der Abstand, der zwischen Ihren großen Aufsätzen und dessen Aufzeichnungen früher bestand, verkleinert sich zusehends; die Vivisektionsstelle, die Sie mir schon vorher mitgeteilt hatten, die Stelle über das Gefängnis, auch die über das Scheinfunktionieren des Positivismus in einer nach gewissen Schemata eingerichteten Welt sind nicht nur ganz außerordentlich gelungen, sondern in ihnen indiziert sich zugleich auch eine Liquidation des akademischen Elements, die mich wahrhaft enthusiasmiert. – Einen wirklichen Einwand habe ich nur zu einer Stelle. Es ist die, wo von der Unmöglichkeit einer immanenten Überwindung des logischen Positivismus die Rede ist. Nicht bloß, daß taktisch diese Stelle sehr abschwächend wirkt und es den Herrn viel leichter macht, sich zu entziehen, als man es ihnen machen sollte: sie scheint mir auch sachlich anfechtbar; vor allem, da ja Ihr Aufsatz, trotz der grundsätzlich transzendenten und ortsanweisenden Haltung, Elemente einer immanenten Kritik enthält, etwa bei Gelegenheit des Verhältnisses der positivistischen Gegebenheit zur angeblich abgeschafften Subjektivität, die nur als solche ins Zentrum gestellt zu werden brauchten, um den ganzen Zauber nicht bloß durchschaubar zu machen sondern zu sprengen. Nun weiß ich wohl, daß es mit den Begriffen der immanenten und transzendenten Kritik schwierig bestellt ist; daß sie selbst wahrscheinlich aus der Fetischisierung der »Gebiete« hervorgehen und daß die dialektische Methode jeweils beide in eins setzt. Aber eben diese Schwierigkeit scheint es mir dringend notwendig zu machen, hier keine gefährlichen Zugeständnisse zu machen. Ich würde dringend anraten, den darauf bezüglichen Passus ganz zu unterdrücken und an dieser Stelle lieber etwas offen zu lassen, was in der Andeutung ja doch nicht entschieden werden kann, was aber durch jede solche Vorwegnahme sachlich und taktisch in der gleichen Weise präjudiziert würde. Sonst wäre nur noch zu sagen, daß die von Ihnen konstatierte Paradoxie im Begriff eines logischen Empirismus selber aufs tiefste mit den bürgerlichen Antagonismen zusammenhängt und daß man von hier aus noch eine ganze Dimension aufrollen könnte. Das würde allerdings eine explizite Auseinandersetzung mit der Logistik bedeuten, auf die Sie ja diesmal bewußt verzichtet haben. Vielleicht kann man dazu gelegentlich einen zweiten Aufsatz bringen. Die Wirkung, die die Herren ausüben, macht es wichtig genug. Endlich würde ich den freundlichen Satz über Heidegger und einige Komplimente an die Respektabilität der Wissenschaftlichen fortlassen. Nach meiner Erfahrung sieht man sich beim Schreiben immer wieder zu solchen Dingen gedrängt, um sich beim Lesen darüber zu ärgern. Ich glaube, wir sind darin sehr ähnlich angelegt.

Marcuses Arbeit habe ich erst zu flüchtig ansehen können, um etwas Verbindliches darüber zu sagen. Ich schreibe darüber eingehend, sobald ich wieder in England bin. Dagegen habe ich Fromm und Löwenthal genau gelesen. Die Arbeit von Fromm ist von einer großen Feinheit in der psychologischen Deskription. Dagegen scheint mir die Interpretation etwas abzufallen: zu allgemein, und zwar sowohl nach der Richtung der sexuellen Ursprünge des »Nicht-Ernstnehmens« – das ja noch ein Oberflächenphänomen ist – wie nach der der gesellschaftlich-geschichtlichen Analyse, die etwas farblos ist. Ich möchte fast annehmen, daß die rücksichtslosere analytische Reduktion hier zugleich auch tiefer in den gesellschaftlichen Kern dränge. Die von Fromm besetzte Stelle ist von größter Wichtigkeit; eben darum aber, scheint mir, muß er auch besonders vorsichtig sein, daß er die Beziehung von

Psychologie und Gesellschaft nicht aufs Adlerianische nivelliert. Spuren davon finde ich in dem Aufsatz. Es wird entscheidend wichtig sein, den bürgerlichen Charakter nicht als statisch, sondern als in sich die historische Dialektik »vorstellend« zu begreifen. – Was die Arbeit von Löwenthal anlangt, so ist mir wenig wohl zumute. Er handhabt die übernommenen Kategorien des dialektischen Materialismus in einer Weise, die der roten Tinte des Lehrers nicht ganz unähnlich sieht, und mißt, ohne allen historischen Takt, ohne Kenntnis dessen, daß eine Figur wie Strindberg doch nur aus dem konkreten Zusammenhang ihrer eigenen Epoche zu konstruieren ist und nicht als Absolutum, in einer recht vorschnellen Weise alles an seinen Begriffen von Materialismus. Dabei kommt dann eine Art von Gemetzel heraus, bei dem man das Gefühl hat, daß die hingemachten Opfer nur allzuleicht wieder aufstehen können. Nach Ibsen und Strindberg soll nun Hamsun der Prozeß gemacht werden – ich habe aber zu Monstreprozessen kein großes Zutrauen. Es ist schwer für mich mit Löwenthal über diese Dinge zu korrespondieren; ich glaube aber, es wäre, vor allem in seinem Interesse, gut, wenn Sie ein wenig Ihre Autorität geltend machen wollten. Ich erinnere diesmal nur an die ganz unmögliche Stelle über Rubens (sie könnte von Eduard Fuchs sein), aber auch an die Art, in der über Strindbergs asketisches Ideal geurteilt wird, als wäre das, in seiner großartigen und tief aggressiven Absurdität, einfach auf die Formel der bürgerlichen Sexualmoral zu bringen. Ich fürchte oftmals, daß die Bündigkeit der Löwenthalschen Befunde bloß eine Funktion der mangelnden Beziehung zum Gegenstande ist.

Lassen Sie mich nur über die Tage in Paris kurz referieren, die ich ausschließlich mit Institutsarbeit zugebracht habe. Die Übersetzung der Essais de Philosophie matérialiste schreitet gut voran. Klossowski ist fleißig gewesen. Etiemble hat noch einen Aufsatz nachgeliefert, so dürften wir wohl zu dem von uns angesetzten Termin (15. April) fertig sein. Es steht noch aus ein Teil des Anthropologieaufsatzes, der Bergson, die kleine aber sehr wichtige Sache über Vorhersage in den Sozialwissenschaften und Materialismus und Metaphysik. Alles andere ist fertig. Den letztgenannten Aufsatz möchte ich am Schluß übersetzen lassen, damit wir erst einen Überblick über den Umfang des Ganzen haben, ehe Sie entscheiden, ob er noch ins Buch soll oder nicht. Klossowski ist nett und gutwillig; ich pflege ihn wie eine Primadonna; hoffentlich mit Erfolg. Die philosophische Tragweite der Dinge kann er natürlich nicht überblicken und das wird sich gelegentlich auch in der Übersetzung ausdrücken. Aber dafür haben wir ja Benjamin.

Dieser ist froh des Fuchs ledig zu sein, schreibt jetzt ein Sammelreferat und hat, wie ich Ihnen schon aus Oxford schrieb, meinen Vorschlag einer Auseinandersetzung mit Jung aufgegriffen. Ich habe diese Anregung dahin ergänzt, daß er in diese Arbeit Klages mit einbezieht und könnte mir denken, daß ein solcher Aufsatz (als Titel dächte ich: Das archaische Bild) sowohl für die Zeitschrift wie auch für Benjamins großes Buch, als methodologische Klärung, sehr wichtig werden könnte. Ich wäre Ihnen sehr dankbar, wenn Sie ihm bald deshalb Bescheid gäben. – Außerdem hat er eine außerordentliche Entdeckung gemacht: einen frühen deutschen Materialisten (1790-1830), mit Namen Karl Gustav Jochmann. Er las mir gestern einen Aufsatz von diesem »Über die Rückschritte der Dichtkunst« vor, den ich nicht anstehe, als eine der größten Leistungen der materialistischen Kunsttheorie zu betrachten, die ich je gesehen habe. Der Autor ist völlig vergessen. Ich würde dringend den Abdruck jener (kurzen) Arbeit in der Zeitschrift befürworten. Benjamin wird sie Ihnen schikken und sich wegen der ganzen Sache mit Ihnen ins Benehmen setzen.

Kracauer bleibt, auch nach der erfolgten Einigung, immer noch ein äußerst schwieriger Fall. Nicht nur, daß er mir tief zu zürnen scheint, weil ich bei der Aufgabe der (übrigens vollkommen vagen und unfundierten) Stipendiumsangelegenheit insistierte; er produziert auch sonst gegen mich Widerstand auf Widerstand. Es mag die Situation charakterisieren, wenn ich Ihnen sage, daß er, als ich mich mit ihm zur gemeinsamen Besprechung seiner Arbeit hinsetzte, erklärte, er habe von Ihnen gewissermaßen plein pouvoir erhalten. Ein Wort von Ihnen, des Sinnes etwa, Sie freuten sich der Vereinbarung und hofften, daß er in der Zusammenarbeit mit mir zu guten Resultaten käme, würde da gewiß, im Interesse der Sache, sehr nachhelfen. Ich habe sehr lange und ernst mit ihm gesprochen und zwar sowohl über seine Haltung wie über die Arbeit; ihm sehr offen gesagt, was ich von seinem Chaplinischen Individualismus halte, und den sehr insuffizienten Entwurf, den Sie ja kennen, genau mit ihm durchdiskutiert. Ob mit Erfolg, muß sich weisen. Es ist immerhin möglich, daß das Gespräch ihn tiefer beeindruckte, als er merken ließ. Er hat übrigens meinen Vorschlag, mich dauernd und abschnittweise über seine Arbeit auf dem Laufenden zu halten, abgelehnt. Trotz alldem glaube ich, daß der Arbeitsplan einen fruchtbaren Kern enthält und daß man, bei genügender Initiative von uns aus, eine anständige Sache wird herausbekommen können.

Sohn-Rethel: er strengt sich wirklich ganz außerordentlich an, der Dinge Herr zu werden, die ihm aus Ihren, Benjamins und meinen Einwänden deutlich geworden sind. Es gibt jetzt ein neues, 50 Seiten langes Exposé, das er eben nochmals durchredigiert, das gegenüber dem alten unleugbar einen großen Fortschritt bedeutet und nicht bloß seine Begabung, sondern auch seine Gutwilligkeit unter Beweis stellt. Daß es immer noch voller Schlacken und nichts weniger als ein durchsichtiger Begründungszusammenhang ist, weiß ich nur zu genau. Ich glaube aber, daß der wirklich großartige Versuch, den Primat des transzendentalen Idealismus zugleich zu begründen und aufzuheben, es rechtfertigt, daß er diesem Teufel mehr als nur den kleinen Finger reicht und einen sehr erheblichen Einsatz macht. Es wird – und das lenkt auf das Problem der »immanenten Kritik« zurück – an dieser Stelle kaum ohne einen solchen sehr erheblichen Einsatz abgehen. Ich weiß nicht, ob es Ihnen mit dem kleinen Exposé nun anders ergehen wird als mit dem großen, obwohl ich es mir schon vorstellen könnte. Ich muß aber nochmals wiederholen, daß mein Instinkt, der in solchen Dingen nicht ganz schlecht ist, mir sagt, daß diese Sache wirklich ein Risiko lohnt, und bitte Sie, zu verzeihen, wenn ich nochmals – gleichsam auf den Kredit meines Instinkts hin – für diese exponierte und angreifbare Sache mich einsetze. Übrigens ist von der Fruchtbarkeit der Konzeption, die unter einem Schutthaufen liegt, auch Benjamin überzeugt. So lesen Sie es denn bitte mit freundlichen Augen. Ich werde Ihnen aus Oxford, wenn mir der endgültige Text vorliegt, nochmals berichten. Sehr lieb wäre es, wenn Sie den ihm seinerzeit ausgesetzten Betrag bald überweisen ließen (falls es nicht Pollock schon anordnen wird); er hat drei Monate nur an dem Exposé für uns, und sehr angestrengt, gearbeitet und seine Lage ist sehr schlimm. Ich habe gestern nochmals mit ihm große Teile seines Textes kritisch durchgenommen.

In London hatte ich eine lange Auseinandersetzung mit Mannheim; er führte sie erst äußerst heftig und knackte dann aufs armseligste zusammen, ein einziges schlechtes Gewissen. Es war mir bei dem Sieg nicht wohl. Er hat mir kaum verhüllt zugestanden, daß sein Zeug wesentlich von der Rücksicht auf die akademische Karrière bestimmt sei. Was kann man darauf schließlich erwidern. Es wohnte übrigens dem Gespräch teilweise der viel gescheitere und gefährlichere Löwe bei, der an unsere »Solidarität« appellierte. Que messieurs les assassins commencent. Erst denunzieren sie den Marxismus und dann verlangen sie von uns Solidarität! – Ich sah auch Schoen, der mir die von Ihnen refusierten Kritiken zeigte. Sie haben natürlich recht; das geht nicht, und ich fürchte, wir werden ihn überhaupt nicht einsetzen können, so leid es mir für ihn tut. Es ist sehr lieb von Ihnen, daß Sie ihm jene Beiträge honorieren wollen und ich danke Ihnen sehr herzlich dafür. Neue von ihm einzufordern habe ich nicht mehr den Mut.

Ihr erstes Telegramm erreichte mich noch in Oxford, es ging aber daraus nicht hervor, ob ich nach Paris soll, deshalb drahtete ich noch einmal. Haben Sie vielen Dank für Ihre

Disposition. Ich glaube, es war recht gut, daß ich fuhr. Von der Stadt habe ich, außer der außerordentlichen Ausstellung von Constantin Guys, diesmal gar nichts gesehen sondern alle Zeit mit unseren Dingen zugebracht. Ich fahre heute nach Deutschland; schreibe Ihnen so spät, um möglichst vollständig berichten zu können. Brill hat mir auf jede Weise geholfen. Ich habe ihm Auftrag gegeben, Kracauer bei seiner Arbeit mit Literatur usw. behilflich zu sein; hoffentlich in Ihrem Sinne.

Meine Arbeit ist in der »Rohfassung« von 440 Maschinenseiten in Oxford fertig geworden. Jetzt beginne ich, ein Buch daraus zu machen. Die vier ersten Kapitel sind ganz skizzenhaft und müssen nun erst richtig ausgeführt werden; dafür sind die vier letzten überlang und rücksichtslos zusammenzustreichen. Aber die ganze Arbeit hat nun mehr oder minder technischen Charakter.

Ich denke um den 20. April zurück in London zu sein. Meine Termine hängen wesentlich von Pollock ab. Ich hoffe, diesen heute früh noch telephonisch zu erreichen (leider nicht mehr möglich). Sie alle hoffe ich wohlauf. Mir geht es gut, nur wirklich total überarbeitet; ich will ein paar Wochen ganz ausspannen. Sobald ich wieder aus Deutschland heraus bin, werde ich Ihnen, unserer Vereinbarung treu, depeschieren.

Alles Herzliche – verzeihen Sie die hastige Formulierung dieses Briefes, die wirklich nur von der Menge des hier an gemeinsamen Dingen zu Erledigenden bedingt ist.

Immer Ihr alter

Teddie Wiesengrund.

ÜBERLIEFERUNG O: Ts; Max-Horkheimer-Archiv der Stadt- und Universitätsbibliothek, Frankfurt a. M. – E: Horkheimer, Briefwechsel 1937-1940, S. 96 ff.

die hingenommene Tatsache, das hypostasierte Gesetz: Vgl. etwa Horkheimer GS 4, S. 119 f. und S. 123 und Adorno GS 20·1, S. 33 und S. 36.

die Stelle über das Gefängnis: Vgl. Horkheimer GS 4, S. 155 f.

das Scheinfunktionieren des Positivismus: Vgl. ebd., S. 135f.

die Unmöglichkeit einer immanenten Überwindung des logischen Positivismus: Den Satz hat Horkheimer gestrichen (s. Brief Nr. 92).

das Verhältnis der positivistischen Gegebenheit zur angeblich abgeschafften Subjektivität: Vgl. Horkheimer GS 4, S. 124f. und S. 129.

Paradoxie im Begriff eines logischen Empirismus: Vgl. ebd., S. 142-144.

der freundliche Satz über Heidegger: Er wurde geändert (s. Brief Nr. 92).

Fromm: Vgl. Erich Fromm, Zum Gefühl der Ohnmacht, in: ZfS 6 (1937), S. 95-117 (Heft 1); jetzt in: Fromm GA I, S. 189-206.

Löwenthal: Vgl. Leo Löwenthal, Rezension: Frida Strindberg, Lieb', Leid und Zeit, in: ZfS 6 (1937), S. 189-195 (Heft 1); jetzt in: Löwenthal, Schriften 2, S. 237-244.

Nach Ibsen und Strindberg soll nun Hamsun der Prozeß gemacht werden: Im zweiten Heft des Jahrgangs gelangte Löwenthals Aufsatz »Knut Hamsun. Zur Vorgeschichte der autoritären Ideologie« zur Veröffentlichung; vgl. jetzt Löwenthal, Schriften 2, S. 245-297.

die ganz unmögliche Stelle über Rubens: In der Rezension des Buches von Strindbergs zweiter Frau heißt es: »Mit jener der gesamten bürgerlichen Epoche gemeinsamen Gegenstellung gegen unbedingten Genuß verbinden sich aber zugleich Züge, die erst im völkischen Heroismus unserer Tage vollends ausgeprägt worden sind. Daß er Rubens nicht mag, ›zu viel Fleisch und Fleischlichkeit‹ (S. 68), hebt nur ein Ressentiment ins Bewußtsein, das er mit jedem Spießer teilt, auch wenn dieser aus anerzogenem Respekt vor großen Meistern es sich nicht eingesteht.« (A. a. O., S. 194 bzw. S. 243.)

Benjamin / ein Sammelreferat: Vgl. Benjamin GS III, S. 511-517.

Karl Gustav Jochmann / »Über die Rückschritte der Dichtkunst«: Auszüge aus Carl Gustav Jochmanns »Die Rückschritte der Poesie« erschienen erst im achten Jahrgang der Zeitschrift für Sozialforschung, zusammen mit einer Einleitung von Benjamin; vgl. jetzt Benjamin GS II·2, S. 572-598.

Kracauer / Ein Wort von Ihnen: Kracauer hatte am 8. März an Horkheimer geschrieben: »Ich möchte Ihnen hierdurch mitteilen, daß ich mich mit Wiesengrund geeinigt habe, der mir gestern schrieb, daß er Sie davon auch selber unverzüglich in Kenntnis setzen wolle. [Absatz] Wir haben uns dahingehend verständigt, daß ich auf Grund der in Ihrem Brief vom 9. Januar getroffenen Festsetzungen mit der Untersuchung über das Propaganda-Thema, die allein dem Institut zugute kommt, am 1. April beginne.« – Horkheimer antwortete am 8. April: »Das Zustandekommen der Vereinbarung hat mich aufrichtig gefreut. Ich denke, dass Ihre Besprechungen mit Wiesengrund, mit dem ich selbst in dauernder wissenschaftlicher Korrespondenz stehe, dazu beitragen werden, dass Ihre Arbeit sich sinnvoll in den Rahmen unserer eigenen theoretischen Bestrebungen einfügt. Hoffentlich macht Ihnen die Arbeit selbst einiges Vergnügen.«

Sohn-Rethel / ein neues, 50 Seiten langes Exposé: Das sogenannte »Pariser Exposé«, dem später der Titel »Zur kritischen Liquidierung des Apriorismus. Eine materialistische Untersuchung« gegeben wurde; vgl. jetzt Alfred Sohn-Rethel, Geistige und körperliche Arbeit, Weinheim 1989, S. 153-220.

»Que messieurs les assassins commencent«: Polemische Formulierung des französischen Schriftstellers Alphonse Karr (1808-1890) zur Abschaffung der Todesstrafe, die von Clemenceau aufgegriffen wurde: »Si l'on veut abolir la peine de mort, en ce cas que Messieurs les assassins commencent.«

die außerordentliche Ausstellung von Constantin Guys: Sie fand im Pariser »Musée des Arts Décoratifs« statt.

»Rohfassung«: Diese ist in Adornos Nachlaß erhalten; vgl. Theodor W. Adorno Archiv, Ts 2959-3399.

92 Horkheimer an Adorno
New York, 6.4.1937

429 WEST 117TH STREET
NEW YORK, N. Y.

6. April 1937.

Lieber Herr Wiesengrund,

Am 12. März habe ich einen Brief für Sie an das Orchard Hotel in London gesandt. Meiner Berechnung nach bestand die Möglichkeit, dass er Sie noch vor Ihrer Abreise von dort erreichte. Sollten Sie jedoch den Brief auch nachträglich nicht erhalten haben, erbitte ich Nachricht, damit der Durchschlag Ihnen von hier aus übersandt wird.

Sehr erfreut bin ich durch Ihre Zustimmung zum Positivismus-Aufsatz laut Ihrem Brief vom 23. März. Auch ich hätte es natürlich vorgezogen, ihn zusammen mit der Mannheim-Kritik zu veröffentlichen. Jetzt werde ich die Einheit durch eine Vorbemerkung zu Ihrer Kritik herstellen. Ich werde ungefähr sagen, dass Ihre Kritik sinngemäss zur Polemik gegen den Positivismus gehört und dass die beiden Aufsätze nur aus technischen Gründen nicht im gleichen Heft erschienen sind. Ihr Aufsatz sei die Durchführung einer besonderen Seite unserer Polemik. Die Intentionen seien dieselben. Natürlich bekommen Sie die Vorbemerkung rechtzeitig zu sehen.

Ihre im Brief gegebenen Anregungen sind mit einer Ausnahme alle berücksichtigt. Den Satz von der Unmöglichkeit einer immanenten Überwindung habe ich gestrichen. Er war übrigens schon dadurch gemildert, dass als Grund für die Unmöglichkeit die Verschiedenheit der in die Theorienbildung eingehenden praktischen Interessen angegeben war. Weil jedoch das ganze Problem zwischen uns erst noch zur Diskussion steht, habe ich mich zur Preisgabe dieser ganzen Formulierung entschlossen. – Den, wie Sie sagen, freundlichen Satz über Heidegger hatte ich bereits vor Eintreffen Ihres Briefes so umgeändert, dass er jetzt den Gegensatz zwischen dem Wissenschaftsoptimismus der Logistiker und dem sozialen Pessimismus Heideggers als einen bloss scheinbaren bezeichnet. Die Anmeldung dieses Problems halte ich für wichtig, man sollte ihm gelegentlich nachgehen. – Auch den Hinweis auf gewisse persönlich anständige Züge und einzelne Leistungen der Gruppe habe ich verändert. Ihn ganz wegfallen zu lassen, wäre mir nicht sehr klug erschienen, weil wir einzelne politisch anständige Akte und manche fachlichen Bestrebungen dieser Leute ja wirklich anerkennen. Eben dies hat mich auch bestimmt, Neuraths erzlangweilige Bemerkungen über Lebenslagenkataster, deren Publikation ich ihm seit mehr als einem Jahr versprochen habe, endlich abzudrucken. Durch die Bemerkungen über das Deutsche als Grundsprache der Zeitschrift konnte ich mich gerade in diesem Heft nochmals von diesem und dem Lazarsfeldschen Artikel distanzieren. – Die einzige Anregung Ihres Briefes, die unberücksichtigt blieb, ist der Hinweis auf den Zusammenhang zwischen der Paradoxie im Begriff des logischen Empirismus und den bürgerlichen Antagonismen im allgemeinen. Von den Antagonismen war in früheren Aufsätzen, besonders im Wahrheitsaufsatz, ziemlich eingehend die Rede, und ich wollte das Thema jetzt nicht wieder anschlagen.

Ihr Brief ist so rechtzeitig eingetroffen, dass die erwähnten Korrekturen bei der Anfertigung des Umbruchs hier vorgenommen werden konnten. Die von Ihnen durchgesehenen Fahnen, die Sie Benjamin übergeben hatten, habe ich jedoch erst heute erhalten. Glücklicherweise erweisen sich die im Brief bezeichneten Punkte als die wichtigsten. Mancher von Ihnen angemerkten Kleinigkeit werde ich noch in der zweiten Korrektur Rechnung tragen können. Vor allem will ich die positive Formulierung, dass die Metaphysik ein Ausweg sei, die Sie mit Recht beanstanden, dahingehend verändern, dass sie ihrer Bestimmung nach einer sein soll. – Ihren verschiedenen Anmerkungen, die darauf hinweisen, dass die Beseitigung des Subjektivismus blosser Schein ist, stimme ich durchaus zu. Ich glaube jedoch, dass dieser Punkt im Aufsatz wenigstens unmissverständlich angemeldet ist. Es wird ja an verschiedenen Stellen hervorgehoben, dass die Fachwissenschaft ebenso wie ihre positivistische Apologie nicht etwa freier von subjektiven Elementen ist als die materialistische Theorie, die sich dieser Beziehung bewusst ist. Die ganze schlechte Praxis des Bestehenden geht in die Wissenschaft ein und wird in der Fetischisierung dieser Wissenschaft durch den logischen Empirismus besiegelt. Ich glaube, dass diese Seite der Scheinhaftigkeit des Objektivismus wenigstens klar geworden ist. Soweit Sie glauben, man sollte näher darauf eingehen, holen Sie dies vielleicht bei irgendeiner Gelegenheit selbst einmal nach. Ich meine jedoch, dass auch in der Mannheim-Kritik dazu einiges beigetragen wird.

Anlässlich Ihrer Notiz über Husserls Positivismus möchte ich Ihnen jedenfalls die Anmerkung über Husserl, von der ich bereits in meinem letzten Brief einen Teil zitiert habe, ganz mitteilen:

> »Die philosophischen Folgen des Umstands, dass die puren körperlichen Dinge der Physik in Abstraktion von allem Subjektiven, von der gesamten menschlichen Praxis, wie konkrete Realitäten genommen werden, erörtert E. Husserl in einer soeben erschienenen Arbeit (*E. Husserl,* Die Krisis der europäischen Wissenschaften und die transzendentale Phänomenologie. In: Philosophia, Bd. I. Belgrad 1936, S. 77ff.) Sie ist mir erst nach der Abfassung des obigen Artikels bekannt geworden. Wenn sich diese späte Publikation des letzten wirklichen Erkenntnistheoretikers auch nicht speziell auf die ›"physikalische Bewegung" ("Wiener Kreis", "logisierender Empirismus")‹ bezieht, sondern auf den Physikalismus überhaupt, dessen Idee in historischem Rückblick entwickelt wird, so haben die Hypostasierungen, die Husserl aufdeckt, auch zu dieser neuesten Abart geführt. Der unkritische Objektivismus, die Verabsolutierung der Fachwissenschaft, die – von der heutigen Problematik aus gesehen – mannigfache Affinität von Empirismus und Rationalismus, die Entgiftung der Humeschen Skepsis bei den Nachfolgern, alle diese auch im Texte berührten Verhältnisse werden in der Analyse Husserls vermerkt und zu erklären versucht. Bei aller Gegensätzlichkeit der Denkart Husserls zu der hier vertretenen Theorie hat seine Altersstudie mit ihrer höchst abstrakten Problematik mehr mit den gegenwärtigen geschichtlichen Aufgaben zu tun als der sich zeitgemäss dünkende Pragmatismus oder das vermeintlich dem ›Mann am Schraubstock‹ angepasste Reden und Denken mancher jüngeren Intellektuellen, die sich schämen, es zu sein.«

Ich habe sie geschrieben, nachdem ich den Aufsatz in der Philosophia gelesen hatte. Vielleicht wäre es nicht unzweckmässig, dass Sie die geplante Veröffentlichung des Husserl-Kapitels mit einer Anknüpfung an diese Bemerkung einleiten und auch hierdurch die Kontinuität unseres Denkens betonten. Wenn Sie es für richtig halten, füge ich auch noch den folgenden oder einen ähnlichen Satz hinzu: »Eine kritische Analyse der Husserlschen Philosophie wird in einem unserer nächsten Hefte erscheinen«. Sollte Ihnen der Zusatz wichtig erscheinen und wenn Sie überhaupt zu dieser Husserl-Anmerkung eine Mitteilung haben, so ist es angezeigt, dass Sie ein Kabel schicken, damit Ihre Äusserung zur Umbruchkorrektur noch recht kommt.

Dass bei aller Feinheit der Frommschen psychologischen Deskriptionen die Gefahr besteht, in einen Revisionismus hineinzugleiten, wird auch hier diskutiert. Gegenwärtig setzt Fromm in unserer Columbia-Vorlesung seinen Standpunkt auseinander. Ihre Reaktion stimmt mit meinen Einwänden genau überein. – Was Sie zu Löwenthals Bemerkungen über Strindberg sagen, ist hart. Die kleine Arbeit ist ja nicht als Aufsatz, sondern als längere Besprechung gedacht. Ausserdem sollte Ibsen nicht in einer Reihe mit Strindberg und Hamsun hingemacht, sondern im Gegenteil vor der Verwechslung mit ihnen gerettet werden. Aber Sie werden ja bei Ihrem Besuch Ihre Ansicht ausführlicher begründen.

Mit den Vorbereitungen zu diesem Besuch bitte ich Sie nun zu beginnen. Da wir in den allerersten Junitagen noch besonders viel zu tun haben, wäre es wohl das Beste, wenn Sie zwischen dem 10. und 15. einträfen. Sollten Sie zur Erlangung des Visums eine offizielle Erklärung von seiten des Instituts brauchen, so bitte ich Sie mir die Wünsche des dortigen Konsuls anzugeben. Ich erwarte Ihre genauen Nachrichten und kann Ihnen sagen, dass ich mich sehr freue.

Zu meinem Brief vom 12. März füge ich noch hinzu, dass wir jetzt entschlossen sind, die Mannheim-Kritik im Heft 2 des Jahrgangs mit den von uns vorgeschlagenen und von Ihnen akzeptierten Änderungen zu bringen. Soweit wir zu den wenigen Stellen, bei denen Sie uns nicht gefolgt sind, noch Vorschläge haben, werden Ihnen diese rechtzeitig zugehen. Wegen des Satzes über das gesellschaftliche Primat des Seins als Methode werden wir hier noch einmal diskutieren und ihn, wenn sich keine allzu schweren theoretischen Probleme ergeben, wieder einfügen.

Den Fuchs-Aufsatz von Benjamin halte ich für sehr gelungen. Er hat daraus, auch im Einvernehmen mit den Unterhaltungen, die ich in Paris mit ihm führte, keine Lobeshymne, sondern eine Kritik des Begriffs der Kulturgeschichte gemacht, der nachgerade genug Unheil angerichtet hat. Über einige kleine Änderungen, die meiner Ansicht nach vorgenommen werden sollten, habe ich ihm ausführlich geschrieben, und heute erhielt ich sein Einverständnis zu den meisten meiner Vorschläge.

Anlässlich meiner Bedenken gegen die Arbeit über Jung gibt Benjamin einige andere Themen an, die er jetzt bearbeiten könnte: erstens die Konfrontation der bürgerlichen und der materialistischen Geschichtsdarstellung, zweitens die Bedeutung der Psychoanalyse für das Subjekt der materialistischen Geschichtsschreibung. Er meint, beide Themen beträfen auch die methodische Grundlegung seines Buchs. Drittens hält er es für möglich, das Kapitel über Baudelaire zuerst zu schreiben und bei uns zu veröffentlichen. Dieser letzte Vorschlag gefällt mir nicht bloss deshalb am besten, weil er auch zwischen uns schon positiv in Erwägung gezogen wurde, sondern weil das erste Thema dem Fuchs-Aufsatz zu ähnlich ist und das zweite eigentlich nur auf Grund gemeinsamer Besprechungen in der Zeitschrift behandelt werden kann. – Da der Brief von Benjamin erst heute hier eingetroffen ist, habe ich auch seine Anlage, den Text von Jochmann und die Angaben aus Zschokkes Lebensbeschreibung dieses Autors, noch nicht gelesen. Sie können sich schwer vorstellen, wie mein Tag während der Abwesenheit von Pollock verläuft.

An Kracauer habe ich laut Einlage geschrieben. – Dass

Sohn-Rethel den Betrag von fr.frs. 1.000. – erhält, ist veranlasst. – Sie haben recht, ein sehr grosser Geist ist Klossowski bestimmt nicht. Das letzte, was ich von ihm gesehen habe, sind einige Bemerkungen über Nietzsche in der Zeitschrift »Acéphale«, die er mit herausgibt. Die Zeitschrift erscheint in radikaler surrealistischer Aufmachung und enthält abgestandene liberalistische Wissenschaft. Ganz subaltern und armselig. Auch mit diesen Franzosen scheint es immer mehr bergab zu gehen. Schliesslich verschwinden auch die letzten Sympathisierenden.

Zum Abschluss der »Rohfassung« gratuliere ich. Ich erwarte Ihre Nachrichten über Ihren Aufenthalt in Deutschland, vor allem auch über Ihre Pläne mit Gretel.

Mit den herzlichsten Grüssen, auch von Maidon, die erkältet im Bett liegt,

bin ich

Ihr

Max Horkheimer.

ÜBERLIEFERUNG O: Ts; Theodor W. Adorno Archiv, Frankfurt a. M. – E: Horkheimer, Briefwechsel 1937-1940, S. 107 ff.

Satz über Heidegger: »In diesen Jahren will uns eine Sprache, die in der Angst das Nichts sich offenbaren sieht und nach der das ›Nichts selbst nichtet‹, trotz ihrer Verwandtschaft mit den entfesselten Urmächten jedenfalls nicht sinnloser erscheinen als die zuversichtliche Exaktheit, die noch in dem Urteil, daß ein Mensch qualvoll gestorben ist, eine Prognose entdeckt, eine Exaktheit, die es mit jener Metaphysik gemein hat, vom qualitativen Sprung in der Geschichte abzusehen, und in ihrem geradlinigen Fortschrittsglauben das Bestehende ebensowenig in Frage stellt wie der ausweglose Pessimismus einer vor-autoritären Metaphysik.« (Horkheimer GS 4, S. 158)

der Hinweis auf gewisse persönlich anständige Züge: »Wie Ernst Mach ein fortschrittlicher Mensch gewesen ist, so haben sich viele Mitglieder des Kreises für freiheitliche Ziele eingesetzt. Nach ihrer Doktrin ist das zufällig, sie bietet so wenig ein Gegenmittel gegen politischen wie gegen spiritistischen Aberglauben. Die aufrechte Gesinnung einzelner Vertreter und der Scharfsinn mancher ihrer fachlichen Leistungen machen ihre Philosophie nicht besser.« (Ebd., S. 159)

Neuraths erzlangweilige Bemerkungen: Vgl. Otto Neurath, Inventory of the Standard of Living, in: ZfS 6 (1937), S. 140-150 (Heft 1).

die Bemerkungen über das Deutsche: Im »Vorwort zum VI. Jahrgang« schreibt Horkheimer: »Der sachliche Zusammenhang der theoretischen Aufsätze in ihrer zeitlichen Folge sowie innerhalb der einzelnen Hefte ist unseren Lesern bekannt. Auch in diesem Heft ergänzen sich die deutschen Aufsätze wechselseitig. [. . .] Der Aufsatzteil selbst ist durch solche Studien von Spezialisten erweitert, die mit Fragen der Sozialwissenschaft zusammenhängen. Unterschiede der theoretischen Einstellung treten hier ganz hinter die Klärung einzelner Sachverhalte zurück. Die Kritik an der positivistischen Schule hindert uns nicht, ihre fachlichen Leistungen anzuerkennen und zu fördern. Wir sind ausserdem einer Reihe führender Gelehrter verschiedener Gebiete zu Dank verpflichtet, dass sie durch Beiträge in ihrer Sprache die Anteilnahme an dieser Zeitschrift dokumentieren.« (Zit. Horkheimer GS 4, S. 105-107)

die positive Formulierung: Vgl. ebd., S. 160.

Fuchs-Aufsatz / über einige kleine Änderungen habe ich ihm geschrieben: Horkheimers Brief vom 12. März, vgl. Horkheimer, Briefe 1937-1940, S. 81-88.

Benjamin / das Kapitel über Baudelaire: Benjamins Brief vom 28. März vgl. Benjamin, Gesammelte Briefe V, S. 486-494. – Benjamin arbeitete danach an dem Teil seines Buches »Paris, die Hauptstadt des XIX. Jahrhunderts«, der Charles Baudelaire gewidmet sein sollte. Lange hoffend, aus diesem Teil zugleich ein selbständiges Buch über Baudelaire – »Charles Baudelaire. Ein Lyriker im Zeitalter des Hochkapitalismus« – und daraus wieder ein Kapitel für die Publikation der Zeitschrift auszuwählen, war Benjamin auch aus Termingründen genötigt, sich auf einen Ausschnitt zu beschränken, der den Titel »Das Paris des Second Empire bei Baudelaire« erhielt.

die Angaben aus Zschokkes Lebensbeschreibung: Vgl. Benjamin GS II·2, S. 585-590. – Heinrich Daniel Zschokke (1771-1848), der sich 1802 im schweizerischen Aarau niedergelassen hatte, lernte Jochmann dort 1820 kennen. 1836-1838 erschienen in Hechingen drei Bände »Carl Gustav Jochmann's, von Pernau, Reliquien. Aus seinen nachgelassenen Papieren. Gesammelt von Heinrich Zschokke«.

Klossowski / einige Bemerkungen über Nietzsche: Klossowskis »Création du monde« stand im zweiten Heft der Zeitschrift »Acéphale« (S. 25-27), das unter dem Titel »Nietzsche et les fascistes: une réparation« stand und am 21. Januar 1937 herausgekommen war.

93 Adorno an Horkheimer
Oxford, 21.4.1937

GUT EINGETROFFEN BEIDE BRIEFE ERHALTEN STOP HUSSERLNOTIZ UND ZUSATZ EINVERSTANDEN EBENSO VORNOTIZ MANNHEIMAUFSATZ STOP AUCH REISETERMIN MITTE JUNI AKZEPTIERT HERZLICHST WIESENGRUND

ÜBERLIEFERUNG Telegramm; Max-Horkheimer-Archiv der Stadt- und Universitätsbibliothek, Frankfurt a. M.

94 Adorno an Horkheimer
London, 23.4.1937

London, 23. April 1937

Lieber Herr Horkheimer,

Ihre beiden Briefe, den vom 12. März und den vom 6. April, habe ich bei meiner Rückkehr nach Oxford vorgefunden und danke Ihnen sehr herzlich. Der erste, ins Orchard Hotel adressierte, hat mich dort nicht mehr erreicht, weil ich ja nach Paris ging und nicht so lange in London blieb wie ich ursprünglich beabsichtigt hatte. Darum beantworte ich ihn erst jetzt.

Ich bin für ein paar Tage in London, um dort einiges zu erledigen; ab morgen wieder Oxford, 47 Banbury Road. Der erste Zweck meines Londoner Aufenthaltes war, das amerikanische Visitors visa zu erhalten, das mir denn auch, nach Erklärung des Grundes meiner Reise, ohne weiteres erteilt wurde. Ich habe weiter, worauf ich recht stolz bin, ein französisches Dauervisum für 2 Jahre erhalten. Da ich ja während der »Übergangszeit« recht oft nach Paris werde müssen, so ist das sehr angenehm; um so mehr, als zu häufige Eintragungen meinen neuen Paß gar zu rasch erschöpft hätten.

Die amerikanische Reise tritt nun also deutlich ins Blickfeld und ich freue mich nicht bloß darauf, sondern habe jetzt bereits Angst vor dem Augenblick, wo ich wieder weg muß; nur hoffend, daß Sie dafür bestimmt bald nach Europa kommen und daß unsere Zusammenarbeit nicht mehr die sogenannte »Übergangszeit« hindurch aufgeschoben werden muß. Mit der Verschiebung des Reisetermins bin ich völlig einverstanden. Je später im Juni ich fahren kann, um so günstiger ist es hier insofern, als mir dann das term angerechnet wird; andererseits aber möchte ich Sie natürlich nicht länger in New York halten, als es dort der Hitze wegen erträglich ist. Bitte geben Sie mir also deshalb Bescheid und lassen Sie mich auch sonst das Notwendige (Reisebillett, Schiffsfrage usw.) recht bald wissen, damit ich rechtzeitig disponieren kann. Wie gesagt, in der Frage der Zeiteinteilung kann ich mich völlig nach Ihnen richten. Ich denke von Deutschland aus zu fahren, da man dann die Tickets in deutscher Währung bezahlen kann. Vorher ist es wohl angezeigt, noch ein paar Tage (auf der Rückreise nach Deutschland) nach Paris zu gehen und dort nach dem Rechten zu sehen; ich werde ja sonst vor Oktober kaum mehr hinkommen und halte es für dringend angezeigt, vor allem die laufenden Arbeiten mit Benjamin und Kracauer zu besprechen. Vielleicht wird es sich empfehlen, wenn Sie sich überlegen, was sonst noch etwa in Paris zu erledigen ist, und es mich rechtzeitig wissen lassen, damit nichts versäumt wird. Klossowskis Arbeit muß ja in diesen Tagen fertig werden. Evt. wäre ein Besuch bei Bouglé jetzt doch wohl angezeigt.

Die Zeit in Deutschland war sehr friedlich und glatt – kein

Mensch hat sich bei der Ein- und Ausreise um mich gekümmert. Ich war nur so völlig überarbeitet, daß ich endlich einmal 14 Tage ausspannen mußte, und reiste mit Gretel durch die fränkischen Städte. Wir haben uns gut erholt; der Druck des Fascismus ist übrigens dort, sonderbar genug, weit weniger zu fühlen als in Frankfurt; sogar in Nürnberg. Wir haben uns dort das Reichsparteitaggelände angesehen. Ganz allein; kein Mensch dort, keine Ehrenwachen, nichts; das Ganze wirkt eher etwas verfallen und armselig, keineswegs aere perennius. In den Bauten setzt sich die imago des Gefängnisses merkwürdig durch: riesige Mauern überall, winzige Fenster. Im Stil unentschlosssen und halb-modern.

Mein Vater hat sehr beglückt von Ihrer Freundschaft in Amerika erzählt und ich möchte Ihnen nochmals aufs herzlichste danken, daß Sie ihn so lieb aufgenommen haben. Ich glaube, daß es für ihn einen großen moralischen Aktivposten bedeutet, nachdem er außer kurzen Ferienreisen nun 4 Jahre ununterbrochen in jenem Deutschland leben mußte.

Gretel geht es recht gut; der Verkauf ihrer Fabrik ist jetzt so gut wie abgewickelt, sie lernt im Augenblick ein wenig Haushaltung. Wir denken im August zu heiraten. Alle mit diesem Komplex zusammenhängenden Fragen müssen wir in New York eingehend besprechen. Eine davon ist unser beider dringender Wunsch, Sie als Trauzeugen zu haben. Wird das möglich sein, und wo? Im Oktober denke ich Gretel dann mit mir nach Oxford zu nehmen.

Meine große Arbeit habe ich, um unnötigen Zeitverlust zu vermeiden, nun so disponiert, daß ich nicht erst die definitive deutsche Fassung, sondern die englische schreiben werde, um möglichst im Herbst den degree zu nehmen. Gleichzeitig werde ich die dem letzten Kapitel äquivalente, aber doch nicht ganz mit ihm zusammenfallende Arbeit zur Kritik der transzendentalen Subjektivität schreiben. Sie muß natürlich so gehalten sein, daß sie für sich, also unabhängig vom Buch, verständlich bleibt. Die Beziehung auf Ihre Husserlnotiz wird ausdrücklich hergestellt werden; ich bin froh, daß dadurch, ebenso wie durch Ihre Vorbemerkung zum Mannheim, die Kontinuität unserer Arbeiten auch äußerlich herausgestellt wird. Die Beziehung der erkenntnistheoretischen Problematik auf den historischen Materialismus wird selbstverständlich mit aller Deutlichkeit pointiert: nicht bloß durch Hinweise, sondern, ich hoffe, durch die in der Arbeit enthaltenen Erkenntnisse selber.

Ehe ich weiter auf die sachlichen Dinge eingehe, möchte ich nur noch einen praktischen Punkt aufgreifen. Es handelt sich um die 1200 Pfund British Conversion Loan, die eine Reserve meines Vaters bilden. Ich habe sie auf Pollocks und Mandelbaums Rat verkauft, ich glaube, angesichts des Rückganges der Gilt edged stocks nicht ungünstig (zu 102). Pollock war so lieb, meinem Vater vorzuschlagen, daß das Institut die Verwaltung des kleinen Kapitals übernimmt und ich möchte Ihnen zu diesem Zweck den Betrag gern überweisen. Bitte lassen Sie mich doch wissen, auf welche Weise, an welche Adresse usw. das am praktischesten und sichersten geschieht.

Zu den sachlichen Dingen im Brief vom 12. März: ich finde es völlig richtig, wenn in der Vorbemerkung zum Mannheimaufsatz auch auf Ihre Kritik in Grünbergs Archiv verwiesen wird, die mir leider nicht zur Hand war. Das ist sicher auch der beste Weg, auf das sogenannte »œuvre« von Herrn Mannheim sich zu beziehen. In meinen Text möchte ich über Ideologie und Utopie lieber nichts aufnehmen, weil das Ganze so strikt am Text des neuen Buches aufgebaut ist, daß solche Bemerkungen die formale Anlage sprengen würden. Wenn Sie dagegen in Ihrer Vorbemerkung etwas auch noch über den Aufsatz Wissenssoziologie aus dem Handwörterbuch sagen wollten, so wäre das vielleicht sehr geeignet; es ist ein besonders tolles Stück. Daß es eine englische Ausgabe von Ideologie und Utopie gibt, wissen Sie wohl; es hat aber kaum Sinn, darauf einzugehen. Froh bin ich, wenn ich Ihre Vorbemerkung noch lesen kann. Die Schwierigkeit solcher Vorbemerkungen ist die, daß sie so leicht wie Entschuldigungen der nachfolgenden Publikation und damit abschwächend wirken. Ich habe übrigens gehört, daß Hans Speier ebenfalls etwas gegen Mannheim vorbereitet; hoffentlich kommt es nicht früher als wir. Über meinen Streit mit Mannheim hat Ihnen Löwe wohl erzählt. Er hat dabei keine heroische Rolle gespielt.

Zum Brief vom 6.IV.: Über Ihren Positivismusaufsatz besteht also volle Übereinstimmung; die etwa noch kontroversen Stellen der Mannheimarbeit werden kaum Schwierigkeit machen. Sehr zu entschuldigen habe ich mich, daß die Fahnen erst so spät ankamen. Es ist nicht meine Schuld; ich konnte sie nicht selbst senden, weil ich buchstäblich bis zur letzten Minute vor der Abfahrt las; Benjamin, den ich um rascheste Retournierung bat, muß mich mißverstanden haben. Vielleicht kann man über den bloßen Schein der Eliminierung der Subjektivität doch in der 2. Korrektur noch einen Satz aufnehmen, in dem sie thematisch ist. Ich neige ja der Ansicht zu, daß der ganze logische Positivismus Idealismus ist und würde mich anheischig machen, das in einem sehr genauen Sinn auszuführen. – Über die Frage der immanenten Liquidierung des Idealismus werden wir eingehend zu sprechen haben. Sie ist ja übrigens das eigentliche Anliegen der »Kritik der transzendentalen Subjektivität«. Wenn man daran festhält, daß es eine Wahrheit gibt – oder wenn wir, wie Sie es einmal aussprachen, so gut »Absolutisten« sind wie nur Husserl, dann sehe ich nicht, wie man dem »Desiderat« soll entgehen können, ohne in Weltanschauung abzugleiten. Es wird sich bei seiner Ausführung gewiß ein bestimmter Begriff von Praxis als die Grenzscheide vom Idealismus ergeben. Aber es ist nach meiner Überzeugung der entscheidende Unterschied, ob man diesen Begriff von Praxis abstrakt vorwegnimmt und als Maß aufrichtet, oder ob man auf ihn in den innersten Zellen der erkenntnistheoretischen Frage als auf deren eigenen Gehalt stößt (meine Sympathie für Sohn-Rethel rührt daher, daß er, wie immer unzulänglich, eben dies versucht). Man kann auch den Begriff der Praxis gewissermaßen zu früh haben und eben deshalb dann die Erkenntnistheorie gleichsam kampflos eben jener »Geistesgeschichte« überlassen, die wir doch beide als eine der gefährlichsten Positionen der bürgerlichen Ideologie betrachten. Ich bin übrigens sehr neugierig, wie gerade Marcuse, der ja bislang gewisse geistesgeschichtliche Tendenzen verfolgte, in der Kulturarbeit sich damit auseinandersetzt. Ich habe Brill sofort um eine Fahne gebeten.

Was den Fuchsaufsatz anlangt, so bin ich ganz Ihrer Ansicht. Er ist eine der besten Arbeiten, die Benjamin seit langem schrieb, und gerade in den prinzipiellen Positionen von uns voll akzeptierbar. Ein paar kleine Änderungen (nur die Sprache betreffend, die mir manchmal zu wissenschaftsoffiziell klingt) werde ich in der Fahne notieren. Es wäre schön, wenn, nachdem schon unsere Aufsätze nicht zusammen erscheinen, wenigstens Benjamins und meiner zusammen kommen könnten. Ich halte Benjamin für eine der wichtigsten Kräfte, die wir haben – nach den sehr deprimierenden Erfahrungen beim Versuch, neue zu gewinnen, für eine der ganz wenigen; und bei richtigem Einsatz wird man ungeheuer viel von ihm zu erwarten haben. Ich halte es daher auch im sachlichen Interesse für sehr vertretbar, wenn sich das auch in der äußeren Position ausdrücken wird. Zumal ich glaube, daß seine materielle Bewegungsfreiheit und die Qualität dessen, was er leistet, in einer direkten Relation stehen. Vielleicht können wir auch diesen Komplex in New York eingehender durchsprechen.

Ihre Einwände zu dem Vorschlag, Benjamin über Jung und Klages gemeinsam unter dem Namen »das archaische Bild« schreiben zu lassen, kenne ich noch nicht und kann mich so schwer dazu äußern. Trotzdem möchte ich diese Idee nicht leicht fallen lassen. Das, was die Passagenarbeit am dringendsten braucht, ist die wirkliche Klarstellung des Begriffs des dialektischen Bildes und die kann meines Erachtens in einer überaus fruchtbaren Weise in der Auseinandersetzung mit dem reaktionären Bild-Begriff bezw. dem falschen Begriff des kollektiven Unbewußten hergestellt werden. Das würde auch nach meiner Überzeugung dem Baudelairekapitel sehr zugute kommen, mit dem die Passagen zu beginnen sonst auch mir sehr ratsam schiene; auch ich meine, man sollte es dann vorweg publizieren. Da aber der Komplex Klages-Jung zugleich ein sehr wesentliches Interesse von uns einschließt, so würde ich die Gelegenheit, zwei Fliegen mit einer Klappe zu schlagen und den Passagen diese Rückendeckung zu verschaffen, nur sehr ungern vorbei gehen lassen. Bitte seien Sie doch so lieb und denken Sie nochmals darüber nach und lassen sie mich evt. auch Ihre Einwände wissen. Benjamin wird sich gewiß nach uns richten; ich halte aber im Interesse der Sache den von mir angeregten modus procedendi, gewissermaßen pädagogisch, für den gerateneren. Das Thema bürgerliche und materialistische Geschichtsbetrachtung und der Psychoanalyseaufsatz scheint mir, wie Ihnen, ungeeignet, beides auch zu »totalitär«. Ich möchte Ihnen übrigens in diesem Zusammenhang andeuten, daß ich mir viele Gedanken über das Problem einer materialistischen Kunsttheorie mache, von denen ich gern einmal einiges zusammenstellen möchte, was wohl leicht einen Aufsatz abgeben könnte.

Von Sohn-Rethel nach meiner Rückkehr noch nichts gehört. Vielen Dank für den wunderschönen Brief an Kracauer. Ich bin aufrichtig gespannt, ob mein langes Gespräch mit ihm doch etwas genutzt hat. Ich bin sehr deutlich geworden, vor allem auch seinem sogenannten »Individualismus« gegenüber. – Über Acéphale im allgemeinen und die Nietzschesache im besonderen bin ich völlig mit Ihnen d'accord. Klossowski ist ein reizender und nach meiner Überzeugung auch gutwilliger Junge, aber mit einer geradezu genialen Begabung, alle Pferde an allen Schwänzen aufzuzäumen (so hat ihm selbst der erzfascistische San Francisco-Film surrealistische Choks eingejagt). – Sie haben sich übrigens niemals zu meiner Anregung geäußert, Sie selber möchten eine größere Arbeit (wohl: ein Buch) über Nietzsche schreiben. Und doch glaube ich, daß es wenig Gegenstände gibt, die Ihnen so angemessen und objektiv so wichtig wären wie dieser.

Froh bin ich, daß wir bei dem Frommschen Aufsatz denselben Instinkt haben. Über die Löwenthalsche Sache müßte man lange reden. Ich will heute nur an die eine Tatsache erinnern, daß er Strindberg als »Reaktionär« abschlachtet, ohne auch nur die Dialektik zu sehen, die darin liegt, daß Strindberg als erster den Oberflächenzusammenhang der dramatischen Form aufgehoben und mit Gespenstersonate und Traumspiel das gesamte expressionistische Drama inauguriert hat – weiß Gott eine avantgardistische Leistung, über die man sich nicht mit der bequemen Feststellung erheben kann, er sei eben in der Form fortschrittlich und im Inhalt reaktionär gewesen (eben dieser Sorte von Dingen begegnet man leider immer wieder bei Russen und offiziellen Parteileuten und meine Überlegungen über materialistische Ästhetik knüpfen wesentlich hier an). Ich will gar nicht bestreiten, daß eine Menge der Einwände gegen Strindberg richtig sind, der für mich kein Nationalheiliger ist, am letzten er. Aber wenn Sie seinerzeit, bei Gelegenheit von Sohn-Rethel, die Jazzarbeit gegen diesen ausspielten, so muß ich mich der Retourkutsche anvertrauen und die vorsichtigen und sehr dialektischen Sätze über Strindberg aus der Dämmerung Leos blanken Formulierungen entgegenhalten. Der Grundfehler liegt nach meiner Überzeugung an einem Mangel an Erfahrung der Dinge, die in Rede stehen; er wendet auf sie fertige Kategorien an, anstatt in einen wirklichen Prozeß mit der Sache einzutreten. Auf jeden Fall möchte ich für den ungeheuer schwierigen Fall Hamsun die größte Vorsicht anraten. Es ist kinderleicht, nachzuweisen, daß H. ein Fascist ist; aber ebenso diffizil, diese Einsicht fruchtbar zu machen und am schwierigsten, Hamsun vor sich selber zu retten. Und das wäre doch wohl eine Hauptaufgabe dabei. – Haben Sie übrigens den Film The good earth gesehen? Er ist es wohl wert; in der Tendenz natürlich brüchig und umgebogen, aber doch hart an der Grenze, wo es unbehaglich wird, dazu großartig gemacht und mit den hervorragenden schauspielerischen Leistungen von Muni und der Rainer.

Ich hoffe Sie alle wohlauf: Maidon und Frau Pollock wieder ganz erholt. Ich wollte Pollock in Paris treffen, er bat mich aber lieber nicht zu kommen und da wir uns ja in 6 bis 8 Wochen ohnehin sehen und nichts Akutes zu besprechen war; ich zudem auch ihn übermäßig belastet vermutete, so habe ich nicht insistiert.

Alles Herzliche von Ihrem alten

Teddie Wiesengrund.

ÜBERLIEFERUNG O: Ts; Max-Horkheimer-Archiv der Stadt- und Universitätsbibliothek, Frankfurt a. M. – E: Horkheimer, Briefwechsel 1937-1940, S. 122 ff.

der Aufsatz Wissenssoziologie: Er steht in dem 1931 von Alfred Vierkandt herausgegebenen »Handwörterbuch der Soziologie«.

Hans Speier: Der Soziologe Hans Speier (1905-1990) war 1933 in die USA emigriert und lehrte zu der Zeit an der »New School for Social Research«. – Speiers Aufsatz »Karl Mannheim's ›Ideology and utopia‹« erschien im Juliheft 1937 des »American Journal of Sociology«.

der erzfascistische San Francisco-Film: Der Film von W. S. van Dyke war 1936 in die Kinos gekommen.

die vorsichtigen und sehr dialektischen Sätze über Strindberg aus der Dämmerung: In dem Aphorismus »Die Frau bei Strindberg« (vgl. jetzt Horkheimer GS 2, S. 385 f.).

der Film The good earth: Sidney Franklins Verfilmung des Romans von Pearl S. Buck; für ihre Rolle bekam Luise Rainer, die ebenso wie Paul Muni österreichischer Herkunft war, 1937 einen Oscar.

95 Horkheimer an Adorno
New York, 4.5.1937

4. Mai 1937.

Lieber Herr Wiesengrund,

Ihr Telegramm sowie Ihr Brief vom 23. April sind eingetroffen.

Dass Sie die Amerikareise von Deutschland aus antreten

wollen, ist wegen der Bezahlung der Tickets zweckmässig. Angenehm ist mir der Gedanke freilich nie.

Einliegend sende ich Ihnen zwei Listen. Die eine verzeichnet die Dampfer von Europa zwischen dem 1. und 15. Juni, die andere von New York zwischen dem 20. Juni und 5. Juli. Das soll nicht etwa heissen, dass Sie nun unbedingt [an] dem 5. Juli hier wieder abreisen sollen, es bedeutet nur, dass wir selbst im Hinblick auf das geschäftliche und wissenschaftliche Programm gegen Ende Juni hier abreisen müssen. Sie können dann, wenn Sie wollen, natürlich auch noch ein wenig bleiben und notfalls Ihr Billett für einen späteren Dampfer umtauschen. Ich schlage vor, dass Sie für beide Fahrten Plätze in der Normandie belegen, die am 8. Juni Le Havre und am 30. New York verlässt. Wir haben dann ungefähr zwei Wochen für uns. Ich weiss nicht, ob es sich empfiehlt, die French Line zu nehmen, wenn Sie von Deutschland aus fahren. Dies müssen Sie entscheiden, und ich erwarte Ihre endgültige Nachricht darüber. Die French Line hat den Vorzug, dass wir mit der hiesigen Vertretung sehr gut stehen. Wir könnten durch ein Telegramm von hier nach Le Havre dafür sorgen, dass Ihnen eine besonders gute Kabine zugewiesen wird. In der Einladung des Instituts ist die Touring Class einbegriffen. Sollten Sie auf einem oder beiden Wegen Cabin Class fahren wollen, werden Sie die Differenz in der anderen Währung begleichen können. Sollten Sie wegen der Reise noch irgendeine Anfrage zu stellen haben, so erwarte ich gegebenenfalls Ihr Kabel. Andernfalls erbitte ich Ihre Angaben, welches Schiff Sie endgültig gewählt haben. Es ist möglich, dass sich die Schiffstermine, die hier noch gar nicht offiziell bekannt gegeben sind, ein wenig verschieben. Darüber müssen Sie sich auf dem laufenden halten.

In Paris wird es sich jetzt vor allem darum handeln, die Übersetzung Klossowskis zu überarbeiten. Ich nehme an, dass Benjamin und wahrscheinlich auch Klossowski bereits eine Liste der Stellen angefertigt haben, an denen Wiederholungen oder besondere Schwierigkeiten für französische Leser vorkommen. Ausserdem wird es notwendig sein, einige Anmerkungen über Autoren und Bücher zu machen, die in Frankreich wenig bekannt sind. Es ist selbstverständlich, dass eine Einleitung geschrieben werden muss, die den Zusammenhang der einzelnen Aufsätze mit materialistischen Problemen und Diskussionen nachweist und überhaupt die Funktion der Artikel in der gegenwärtigen Diskussion einigermassen klarmacht. Weitaus am besten wäre es, wenn ein philosophisch geschulter Franzose diese Arbeit übernähme. Vielleicht besprechen Sie das mit Benjamin, und wir können uns dann hier überlegen, was geschehen soll. Einstweilen ist es gut, auch eine Liste der Punkte anzulegen, die in dieser Einleitung behandelt werden sollen. Den Besuch bei Bouglé verschieben Sie auch wohl am besten auf den Herbst. Im Augenblick ist Bouglé mit unzähligen Angelegenheiten überlastet, und es besteht die Gefahr, dass Sie bloss einige freundliche Worte zu hören bekommen. Ein dringender Anlass liegt ja nicht vor, und ich möchte, dass Ihre erste Begegnung mit Bouglé in besonders günstiger Konstellation stattfindet.

Einliegend finden Sie einen Brief an Kracauer. Wenn kein Einwand gegen die Absendung vorliegt, so bitte ich Sie, ihn an Brill zu senden mit der Bitte, dass er ihn dort in den Schalter wirft. Dass er den Umweg über London verschweigen soll, können Sie ihm einfach mitteilen. Der Forschungsauftrag, um den es sich handelt, kann meiner Ansicht nach wirklich von niemandem auch nur einigermassen so gut bearbeitet werden wie von Kracauer. Wenn Sie anderer Meinung sind, erwarte ich Ihre Äusserung. Es ist übrigens wirklich sehr frag[lich], ob aus der Sache etwas wird.

Herzlichen Dank für Ihren lieben Wunsch, mich als Trauzeugen zu haben. Sie können sich denken, wie gern ich ihn erfüllen möchte. Ob es möglich ist, übersehe ich heute freilich noch nicht. Wenn Sie hier sind, werde ich alles schon besser übersehen.

Wegen der Reserve, die jetzt in englischen Pfunds daliegt, habe ich mit Pollock gesprochen. Er entsinnt sich, den Verkauf angeraten zu haben. Eine Verwaltung, die über ein blosses Bankdepot hinausgeht, hatte er jedoch nicht im Sinn. Und dies bedeutet natürlich insbesondere unter den hiesigen Verhältnissen ein grosses Risiko. Doch lässt sich auch darüber reden. Pollock schlägt nun vor, dass Sie den Betrag in Dollars konvertieren und ihn auf das Konto der Société Internationale de Recherches Sociales bei der National City Bank, Broadway at 111th Street Branch, New York City überweisen. Alles nähere kann dann hier besprochen werden.

Von Benjamin erhalte ich soeben einen Brief, dass er mit dem Baudelaire-Thema sehr einverstanden ist. Sollten Sie entgegen meinem Vorschlag auf das Bilderthema zurückkommen, so habe ich auch dagegen nichts einzuwenden. Ich wäre dann nur dankbar, wenn ich möglichst bald einen kurzen Entwurf mit den Grundgedanken erhalten könnte. Ich überlasse Ihnen beiden die letzte Entscheidung darüber, was nun in Angriff genommen werden soll, stehe jedoch selbst bis auf weiteres zu meinem Votum für Baudelaire.

Wegen des Nietzsche-Buchs sprechen wir hier. Der Gedanke ist mir sehr sympathisch. Es liegen natürlich auch noch andere Pläne vor.

Verzeihen Sie, dass mein Brief heute sehr in der Eile geschrieben ist. Es gehen wegen der Coronation heute eine ganze Anzahl Schiffe und dann ziemlich lange gar keines, das Post mitnimmt. Es muss also die ganze Korrespondenz erledigt werden. Mit den herzlichsten Grüssen und den besten Wünschen für ein baldiges Wiedersehen

bin ich

ÜBERLIEFERUNG O: Ts(Dg); Max-Horkheimer-Archiv der Stadt- und Universitätsbibliothek, Frankfurt a. M.

ein Brief an Kracauer / Der Forschungsauftrag: Vgl. Horkheimer, Briefwechsel 1937-1940, S. 137. – Es handelte sich um die Möglichkeit, in der Film Library des New Yorker Museum of Modern Arts über »den Zusammenhang zwischen der gesellschaftlichen Entwicklung in Deutschland und der Filmkunst anhand des Materials« zu arbeiten. Die Forschungsarbeiten sollten von der Rockefeller Foundation finanziert werden. Kracauers Arbeiten zur Geschichte des deutschen Films konnten erst 1941 beginnen, als Kracauer und seine Frau die USA erreichten.

Von Benjamin erhalte ich soeben einen Brief: Benjamins Brief vom 26. April, vgl. Benjamin, Gesammelte Briefe V, S. 517-519.

Coronation: Die Krönung George VI. (1895-1952).

96 Adorno an Horkheimer
Oxford, 11.5.1937

MIT NORMANDIE UND TERMINEN EINVERSTANDEN FAHRE VORHER NICHT DEUTSCHLAND WAERE DANKBAR INSTITUT BESORGTE KARTEN DA BOOT SICHER UEBERFUELLT BITTE DRAHTET WIESENGRUND

ÜBERLIEFERUNG Telegramm; Max-Horkheimer-Archiv der Stadt- und Universitätsbibliothek, Frankfurt a. M.

97 Adorno an Horkheimer
Oxford, 12.5.1937

Oxford, 12. Mai 1937.

Lieber Herr Horkheimer,

schönsten Dank für Ihren Brief vom 4. Mai.

Wegen der Reise habe ich Ihnen sogleich depeschiert. Ich bin völlig damit einverstanden, am 9. bezw. 30. Juni mit der Normandie nach bezw. von New York zu reisen und möchte Ihnen noch besonders für die Einladung des Instituts, tourist class zu fahren, danken. Ich bin dafür um so dankbarer, als ich vorher nicht wußte, ob sich die Einladung auch auf die Überfahrt bezog. Sehr lieb wäre es, wenn Sie die Tickets bestellen und die Plätze belegen ließen, da ich mich in nautischen Dingen – wären es auch bloß solche die den Passagier betreffen – schlechterdings nicht auskenne. Noch möchte ich Sie bitten, mich wissen zu lassen, welchen Geldbetrag ich nach Ihrer Ansicht auf die Reise mitnehmen soll, um nicht dem Institut ungebührlich zur Last zu fallen.

In 14 Tagen werden wir vieles besprechen und sogar vielleicht einiges arbeiten können; ich möchte Ihnen aber nicht verschweigen, daß die amerikanische Reise, auf die ich mich unbändig freue, mich nicht dazu vermag, die Hoffnung auf Ihre bald anschließende Europareise und einen längeren gemeinsamen Aufenthalt – vielleicht an einem ruhigen südlichen Platz, wo wir zusammen die ersten Entwürfe der gemeinsamen Arbeit über dialektischen Materialismus konzipieren könnten – aufzugeben. Daß dabei die Hoffnung, Sie bei der Hochzeit als best man dabei zu haben, eine erhebliche Rolle spielt, will ich gern zugestehen. Wir haben einstweilen als Heiratstermin August ins Auge gefaßt; wir würden uns aber gern nach Ihnen und Ihrer Zeitdisposition richten.

Nach Deutschland fahre ich vor der Amerikareise nicht; da ich ja Anfang Juli zurück sein werde, so ist die Dreimonatsgrenze nicht überschritten. Einstweilen warte ich noch darauf, daß die Devisenstelle das fiktive Stipendium des Academic Assistance Council anzunehmen mir erlaubt. Geschieht das wieder, wie sonst, so sehe ich keine Bedenken. Geschähe es nicht, so würde sich allerdings eine neue Situation ergeben.

Vorher denke ich etwa eine Woche in Paris zu sein. Mit Bouglé warte ich denn bis Sie da sind; dagegen wird es sich vielleicht empfehlen, mit Jean Wahl zusammenzusein. Ich kenne ihn nicht selber; er hat aber das Kierkegaardbuch gelesen, soll davon sehr beeindruckt sein und hat mich durch Klossowski zur Mitarbeit an den Recherches de Philosophie eingeladen (übrigens ebenso auch Benjamin). Er ist ein recht wichtiger Mann. Vielleicht ist es gut, Sie lassen mich noch rechtzeitig Ihre Stellung zu ihm wissen, und: was Sie ihm gegenüber institutspolitisch für das Richtige halten. Auch ob Sie es für geraten halten, daß ich ihm gegenüber als Repräsentant des Instituts auftrete. Da ich par distance den augenblicklichen Stand der Beziehungen zur Sorbonne gar nicht übersehen kann, so wäre ich Ihnen für Hinweise sehr dankbar.

Klossowskis Übersetzung: ich werde Benjamin auf jeden Fall davon verständigen, daß Sie es für richtig halten, eine solche Liste herzustellen, und werde sie mir auch selber ansehen. Daß, nach Eliminierung der Moral-Arbeit, viel an Wiederholungen sich finden wird, halte ich für unwahrscheinlich. Sollte wirklich das Buch für französische Verhältnisse zu stark geraten, so würde ich einige Striche vorschlagen. Müßte ein ganzer Aufsatz fallen, so wäre ich am ehesten für den Aufsatz über Metaphysik. Sehr schade dagegen, daß der Aufsatz gegen die Szientivischen nicht hereinkann. Der gedanklichen Anlage des Ganzen nach wäre ja wohl der Bergsonaufsatz am entbehrlichsten. Gerade auf ihn zu verzichten würde ich aber deshalb abraten, weil er am ehesten die Kontinuität mit französischen Gedanken herstellt. Außerdem würde er, falls wirklich der Metaphysikaufsatz fortfiele, einen Teil von dessen Funktionen übernehmen können. Die Anmerkungen über Voraussage in der Sozialforschung fallen zwar ihrem Umfang und ihrer Anlage nach aus dem Ganzen etwas heraus; ich halte aber gerade diese kurze Arbeit für so besonders geglückt, daß Sie auf keinen Fall auf sie verzichten sollten.

Recht skeptisch stehe ich dem Plan gegenüber, die Einleitung von einem Franzosen schreiben zu lassen. Zunächst wüßte ich keinen, der dafür qualifiziert wäre. Aber selbst wenn wir einen einigermaßen Legitimierten auftrieben, sehe ich nur wieder eine endlose Kette von Schwierigkeiten, Unterbrechungen und Verzögerungen voraus. Ich fürchte, Sie werden nicht darum herumkommen, diese Einleitung selber zu schreiben und bei Ihrer Spezialkenntnis der Aufklärung wird das weder so gar schwierig noch im mindesten riskant sein. Sollten Sie schlechterdings nicht die Zeit dazu aufbringen, so würde ich es übernehmen – wohlverstanden aber durchaus nur als Notbehelf, da ich bestimmt weiß, daß Sie das besser können als ich –, und wir würden dann in New York gemeinsam die Richtlinien aufstellen. Es müßte dann auch dies noch von Klossowski übersetzt werden.

Ihren Brief an Kracauer habe ich sofort an Brill weitergeleitet mit der Bitte, ihn K. zukommen zu lassen, ohne den Umweg zu erwähnen. Ich finde die Idee ganz ausgezeichnet. Es wäre in der Tat allen geholfen. Sicher gibt es keinen, der für die Aufgabe geeigneter wäre; für ihn wäre, wenigstens für eine gewisse Zeit, gesorgt, und wir wären entlastet. Ich denke dabei mehr noch an die Frage der Haltung als an ökonomische Dinge. Er hat mir das Offenbachbuch geschickt und es hat mir einen solchen Chok versetzt, daß ich, was die Frage einer dauernden Kollaboration anlangt, recht schwarz sehe. Es ist wirklich ein starkes Stück an Konformismus und Rückständigkeit; von den Emil Ludwig und Stefan Zweig unterscheidet es sich nur noch durch die Prätention. Zugleich freilich sage ich mir, daß es eben die Not ist, die ihn intellektuell so ruiniert hat. Ich werde ihm – gleichsam als Rettungsversuch – meine Meinung diesmal ganz unumwunden sagen. Darüber hinaus halte ich es mehr denn je für wichtig, bei seiner Arbeit beide Augen aufzuhalten. Ihre beiden Briefe werden mir bei dieser nicht leichten Aufgabe in Paris sehr behilflich sein.

Was den Aufsatz von Marcuse anlangt, so haben Sie – wie stets – meine Reaktion richtig erraten. Denn so sehr ich der Tendenz einer Entzauberung des bürgerlichen Kulturbegriffs zustimme und so sehr ich mich freue, daß gerade Marcuse, der schwerer als wir am Erbe der akademischen »Geistesgeschichte« zu tragen hat, mit dieser Arbeit einen so energischen Ruck macht, so groß sind meine Bedenken. Wir werden in New York eingehend darüber reden müssen. Es ist charakteristisch, daß Sie vom affirmativen Kultur*begriff* reden, Marcuse aber vom affirmativen *Charakter* der Kultur, d. h. den *Inhalt* der Kultur, und vor allem die Kunst in toto, in die Betrachtung hereinzieht. Ich glaube, er wäre viel weiter gekommen und es wäre ihm auch angemessener gewesen, wenn er sich eben an den Kultur*begriff*, dessen Entstehung und Funktion und dann [an] eine Analyse des Funktionswandels in der sogenannten »Kulturkritik« gehalten, mit anderen Worten also einen genau umgrenzten geistesgeschichtlichen Begriff materialistisch untersucht hätte. So aber gerät er in Bereiche, die nur mit der äußersten Vorsicht und dann freilich auch der äußersten Schärfe in Angriff genommen werden dürfen. Das Bild der Kunst scheint dabei wesentlich das des Weimarer Klassizismus; ich wüßte wohl gern, wie er sich mit den Liaisons dangereuses, oder mit Baudelaire, oder gar mit Schönberg oder Kafka abzufinden gedächte. Mir scheint, daß die Kunst eine ganze Schicht – die entscheidende – hat, die er völlig übersieht: nämlich die der *Erkenntnis* im Sinne eben dessen, was von der bürgerlichen Wissenschaft nicht geleistet werden kann. Die ins Leben gestreuten Rosen – das reicht wirklich bloß für die Oberprima; und das dialektische Gegen-Motiv daß die Kunst der schlechten Realität das Ideal kontrastiere, ist viel zu dünn, um an die entscheidenden Resultate der Kunst nur heranzukommen. Dem entspricht denn auch die große Naivetät, mit der gewisse sensualistische Momente der gegenwärtigen Massenkunst positiv akzeptiert werden. Gewiß liegt hier ein großer Hund begraben – ich selber schrieb im Frühjahr eine Aphorismenfolge zum gleichen Gegenstand, die Sie hoffentlich bald kennen lernen werden – aber hier, und in dem ganzen Komplex der Liquidation der Kunst, gilt die Warnung: Vorsicht Selbstschuß. Ich sehe auf eine allzu eifrig hergestellte tabula rasa nur gar zu schnell den Schatten eines Schillerdenkmals fallen. – Sobald es um so konkrete Dinge geht wie die Stellung der Nazis zur Kulturideologie, [im] dritten Absatz, wird es sogleich ausgezeichnet; auch daß Abbau und Fetischisierung der Kultur genau zusammengehören, ist äußerst richtig und gut gesehen. Sonst aber ist es wirklich, wie Sie schon schrieben, »zu groß« – und eben darin idealistisch. Was z. B. auch daraus hervorgeht, daß die klassizistische *Ästhetik* ohne weiteres vorausgesetzt wird – ohne daß auch nur die Frage erhoben würde, ob die Praxis ihrer größten Repräsentanten –

ich denke an Goethe, oder an Beethoven und nicht nur an den späten: der frühe ist von größter Wichtigkeit – den Herderschen Ideen, der Kritik der Urteilskraft und Schillers ästhetischer Erziehung angemessen ist und ob nicht gerade in der Kunst der bürgerliche Bruch von Theorie und Praxis von größter Bedeutung ist d. h. ob nicht die klassizistische Ästhetik verleugnet, was in den Wahlverwandtschaften und im zweiten Teil des Faust geschieht. Indem Marcuse hier Identität annimmt, ist er völlig dem idealistischen Trugbild erlegen und hat es dann freilich leicht, es zu entzaubern.

Ein hiesiger guter Bekannter von mir, Ronald Syme, der Dean von Trinity College, schreibt ein Buch über Augustus, worin er nachweist, daß die ganze augusteische Renaissance und vor allem seine politischen Methoden ein Schwindel waren, und stellt ihm als Gegenfigur Antonius gegenüber, den er »rettet«. Die These des Buches ist etwa die, daß nicht Mussolini Augustus ist, sondern Augustus schon eine Art Mussolini war. Irre ich mich nicht sehr, so wird die Arbeit ein geradezu schlagender Beleg für »Egoismus und Freiheitsbewegung« und zieht die Linie Rienzis in die Antike zurück. Daß Syme von diesen Zusammenhängen keine Ahnung hat, sondern einfach als ein hervorragender Historiker und Philologe diese Dinge entdeckt, tut dem keinen Abbruch, ist sogar vielleicht als Bestätigung wertvoll. Auch daß er politisch mit uns keineswegs harmoniert, ist kein Fehler und taktisch vielleicht sogar recht angenehm. Zudem: er nimmt hier eine große akademische Position ein. Was meinen Sie: sollten wir nicht versuchen, uns die Arbeit, oder wenigstens einen Aufsatz, der die These darstellt, zu sichern? Ich werde auf jeden Fall einmal unverbindlich antippen. Unter Umständen könnte man eine Vorbemerkung schreiben, die den Zusammenhang deutlich macht.

Wegen der Frage, ob Benjamin erst den Baudelaire oder das archaische Bild in Angriff nehmen soll, werde ich mich mit ihm in Verbindung setzen. Bitte halten Sie mich nicht für dickköpfig; es ist nicht so, daß ich in meine Idee vernarrt wäre und sie deshalb um jeden Preis »pushen« möchte; ich glaube nur aus »pädagogischen« Erwägungen, daß es für die Passagenarbeit, von der ich ja, wie Sie wissen, das äußerste erwarte und von der das Baudelairekapitel einen integralen Teil ausmacht, sehr gut sein wird, wenn gewisse methodische Grundfragen, nämlich die um den Begriff des dialektischen Bildes gruppierten, wirklich geklärt sind, ehe man das Risiko läuft, die Arbeit selber in Angriff zu nehmen. Ich werde Benjamin bitten, mich genauer Ihre Einwände wissen zu lassen, und nachdem ich seine Meinung weiß, Ihnen nochmals schreiben oder, wenn so lange Zeit ist, in New York mit Ihnen reden.

Unterdessen gibt es nun das neue Exposé von Sohn-Rethel, bei dem er sich ersichtlich die größte Mühe gegeben hat. Diese Mühe – und der wirklich außerordentliche Wille, von uns zu lernen und durch die Beziehung zu uns seine Gedanken aus dem monologischen Starrkrampf zu lösen, ist es, was mich an dem neuen Exposé so sympathisch berührt: daß die Arbeit, aus einer freilich nach meiner Ansicht genialen Intuition einen wirklich hieb- und stichfesten Begründungszusammenhang herzustellen, ganz erst geleistet werden muß, weiß keiner besser als ich. Aber ich meine, wir sollten ihm die Chance geben. Ich glaube nicht, daß mein Instinkt schlecht ist. Ich habe Sie mit der Sache so lange schon belästigt, daß ich Sie nicht weiter bedrängen kann; aber ich fände es doch falsch, Ihnen nicht zu sagen, daß ich mit einem Evidenzgefühl, das es laut Husserl nicht gibt, das mich aber selten betrogen hat, wittere, daß hier eine entscheidende trouvaille liegt – unter allem Dreck der Zuhältersprache der deutschen Universitäten. Vielleicht wird Ihnen, worauf ich hinaus will, deutlicher, wenn ich Ihnen mehr von der Husserlarbeit erzähle und den Koinzidenzpunkt genau bestimme. Heut möchte ich ihn nur mit der in Sohn-Rethels neuem Manuskript erscheinenden Formel umreißen, der Systemcharakter des Idealismus sei Ausdruck des Schuldzusammenhangs (d. h.: Ausbeutungszusammenhanges) der bürgerlichen Gesellschaft. – Nach einem Brief von Sohn, den ich heute erhielt, geht es ihm materiell geradezu verzweifelt schlecht. Er leidet buchstäblich Hunger. Ich habe Ihnen darum depeschiert. Da er, aus dem Wunsch heraus, das Exposé in eine von uns zu verantwortende Form zu bringen, viel länger daran gearbeitet hat, als er voraussehen konnte, hat er nichts verdienen können und ist so in die gegenwärtige Situation geraten. Gewiß trifft uns dafür keine Verantwortung, aber ich meine doch, wir *können* es verantworten, das Mehr an abstrakter Arbeitszeit, das in dem Manuskript steckt, ökonomisch auszudrücken. Mit diesem statement – und meinem nochmaligen Votum für eine verzweifelt exponierte Sache lege ich diese in Ihre Hände.

Die Dollarkonversion, die Pollock mit meinem Vater besprach, habe ich gestern durchgeführt und von der Oxford Branch der Westminster Bank 6000 Dollars an das von Ihnen angegebene Konto überwiesen und zugleich Sie von der Bank aus verständigen lassen. Details können wir dann besprechen. Heute lassen Sie mich nur Ihnen für Ihre Bereitschaft auch in dieser Sache danken.

Hier denke ich bis zum 28. zu sein. Später erreicht mich Post wohl am besten über die Pariser Zweigstelle. – Gretel, die hierher von Opie eingeladen ist, wird in etwa 14 Tagen kommen; ich nehme sie für ein paar Tage noch mit nach Paris. Es geht ihr gut; physisch erholt sie sich sehr, seit sie nicht mehr in die Fabrik eingespannt ist; dagegen hat sie, was die Abwicklung der Fabrik anlangt, schwere Sorgen. Auch dazu brauche ich wohl Ihren Rat. – Bei meinen Eltern scheint alles normal zu laufen.

Verzeihen Sie, endlich, die Länge dieses Briefes. Aber lange Briefe sind in der Tat das einzige Mittel, sich gegen die räumliche Entfernung einigermaßen zur Wehr zu setzen.

Mit den herzlichsten Grüßen – und dem Wunsch, wir wären schon auf dem Eiland Manhattan zusammen

immer Ihr Teddie Wiesengrund.

Ihr Vorwort zum neuen Jahrgang der ZfS hat mir besonders gefallen. Sowohl die Betonung des zentralen Charakters der in deutscher Sprache erscheinenden Beiträge wie die Abgrenzung von den übrigen deckt sich völlig mit meinen Intentionen; die Formulierung ist höchst geschickt, weil sie distanziert, ohne zu verletzen. – Daß gerade dies Heft die Aufsätze von Lazarsfeld und Neurath enthält, ist von einer lautlosen Ironie. Schönere Belege zum »neuesten Angriff« hätten Sie sich nicht wünschen können! Übrigens charakteristisch, daß die Herren, die sicher schlechter englisch können als wir, englisch schreiben – vor lauter Eifer, sich nur ja recht schnell dem neuen juste milieu anzupassen. Als ob es nicht eben so juste wäre wie das andere!

ÜBERLIEFERUNG O: Ts; Max-Horkheimer-Archiv der Stadt- und Universitätsbibliothek, Frankfurt a. M. – E: Horkheimer, Briefwechsel 1937-1940, S. 143 ff.

Jean Wahl / Recherches de Philosophie: Der Philosoph Jean Wahl (1888 bis 1974), der seit 1936 an der Sorbonne lehrte, veröffentlichte 1938 »Études Kierkegardiennes«, die Adorno für die Zeitschrift rezensierte. – Herausgeber der »Recherches philosophiques« waren Alexandre Koyré, Henri-Charles Puech und Albert Spaier.

Moral-Arbeit / Aufsatz über Metaphysik: Horkheimers Aufsätze »Materialismus und Moral« und »Materialismus und Metaphysik« von 1933.

das Offenbachbuch: Vgl. Siegfried Kracauer, Jacques Offenbach und das Paris seiner Zeit, Amsterdam 1937.

Die ins Leben gestreuten Rosen: Adorno bezieht sich auf ein La Mettrie-Zitat in Marcuses Aufsatz: »Die falsche Philosophie kann, wie die Theologie, uns ein ewiges Glück versprechen und, uns in schönen Chimären wiegend, dorthin uns führen auf Kosten unserer Tage oder unserer Lust. Die wahre Philosophie, wohl verschieden von jener und weiser als sie, gibt nur ein zeitliches Glück zu; sie sät die Rosen und Blumen auf unserm Pfad und lehrt uns sie pflücken.« (Marcuse, Schriften 3, S. 197). Ebenso könnte Adorno auf die beiden Anfangsverse von Schillers »Würde der Frauen«: »Ehret die Frauen! Sie flechten und weben / Himmlische Rosen ins irdische Leben« hier anspielen wollen.

eine Aphorismenfolge: Wohl das im September 1937 in der »23« veröffentlichte »Ensemble« (vgl. jetzt Adorno GS 16, S. 275-280 und GS 18, S. 39 f.) und »Divertimento mit Schlagzeug« (vgl. Adorno GS 16, S. 274-280 und GS 18, S. 40-44).

Ronald Syme: Der Historiker Ronald Syme (1903-1989) veröffentlichte 1939 das Buch »The Roman Revolution«. Ein Aufsatz Symes erschien in der Zeitschrift nicht.

eine Brief von Sohn: Sohn-Rethels Brief vom 29. April, vgl. Adorno/Sohn-Rethel, Briefwechsel, S. 47-52.

98 Horkheimer an Adorno
New York, 13.5.1937

HIERSEITS BEI AGENCY FRENCHLINE LONDON ROUNDTRIP NORMANDIE RESERVIERT STOP VERANLASSET FAVEZ UEBERWEISUNG RETHEL TAUSEND FRANZOESISCHE FRANKEN WENNGLEICH ENDENTSCHEID WAHRSCHEINLICH NEGATIV GRUSS

HORKHEIMER

ÜBERLIEFERUNG Telegramm; Max-Horkheimer-Archiv der Stadt- und Universitätsbibliothek, Frankfurt a. M.

99 Horkheimer an Adorno
New York, 13.5.1937

13. Mai 1937.

Lieber Herr Wiesengrund,

In aller Eile bestätige ich mein heutiges Telegramm: »Hierseits bei Agency Frenchline London Roundtrip Normandie reserviert stop Veranlasset Favez Überweisung Rethel tausend französische Franken wenngleich Endentscheid wahrscheinlich negativ Gruss Horkheimer«. Man hat uns hier versprochen, dass Sie auf der Normandie bei der Herfahrt eine gute Kabine, wenn irgend möglich für sich allein, erhalten werden. Über die Rückfahrt lässt sich noch nichts bestimmtes aussagen, als dass man Ihnen einen Platz in der tourist class garantiert. Das Schiff ist schon seit mehreren Monaten doppelt belegt, das heisst es ist nicht nur ausverkauft, sondern dieselbe Zahl von Reservierungen für etwa freiwerdende Kabinen sind vorgemerkt. Trotzdem können Sie sicher sein, einen Platz zu bekommen. Eine Kabine für Sie allein wird sich freilich nicht finden, auch in der ersten Klasse könnte man dies gegenwärtig nicht zusichern.

Hier ist uns mitgeteilt worden, dass die Londoner Agency sich selbst an Sie wenden werde, um Ihnen Ihre Billette zuzustellen. Sollte dies zur Zeit des Eintreffens dieses Briefes nicht geschehen sein, so werden Sie selbst an sie schreiben oder in dem londoner office vorsprechen. Sollten Sie wünschen, dass wir Ihnen vor der Abreise einen Betrag von Genf aus zugehen lassen, so erwarte ich Ihr Kabel.

Während Ihres Hierseins werden wir nicht nur über die Zukunft sprechen, sondern Sie auch ein wenig ausbeuten. Es wird nämlich im Juni hier der letzte run zur Fertigstellung der englischen Manuskripte im Institut stattfinden. Die Manuskripte sollen noch vor den Ferien abgeliefert sein. Sie können sich vorstellen, dass uns Ihre Sachkenntnis dabei sehr hilfreich sein kann.

Mit der Zahlung an Sohn-Rethel sind wir einverstanden. Zu einem grösseren Auftrag wird es aller Wahrscheinlichkeit nach nicht kommen. Soweit ich bis jetzt beurteilen kann, ist Sohn-Rethel trotz seiner grossen Begabung nicht imstande, einen aufhellenden Gedanken so darzulegen, dass er wirklich aufhellt.

Dass Sie nicht nach Deutschland gehen, ist sehr beruhigend. Die Freude, Sie bald hier zu haben, ist bei allen im Institut, nicht zuletzt auch bei Maidon und mir, sehr gross.

Herzlichst
in Abwesenheit von Herrn Professor Horkheimer
unterzeichnet von:

Sekretärin.

ÜBERLIEFERUNG O: Ts(Dg); Max-Horkheimer-Archiv der Stadt- und Universitätsbibliothek, Frankfurt a. M.

100 Adorno an Horkheimer
Oxford, 13.5.1937

SOHN RETHEL IN BITTERSTER NOT FRAGT OB NOCHMALIGE ZAHLUNG VOR ENDENTSCHEID MOEGLICH BITTE DRAHTET WAS ICH TUN SOLL DANK HERZLICHST WIESENGRUND

ÜBERLIEFERUNG Telegramm; Max-Horkheimer-Archiv der Stadt- und Universitätsbibliothek, Frankfurt a. M.

101 Adorno an Horkheimer
Oxford, 15.5.1937

Oxford, 47 Banbury Road.
15. Mai 1937

Lieber Herr Horkheimer,

heute erfülle ich ein längst gegebenes Versprechen und sende Ihnen die Nachträge zur Jazzarbeit.

An eine Veröffentlichung in der gegenwärtigen Form habe ich nicht gedacht. Sie sind fürs »Archiv« bestimmt; und sie bedürfen auf jeden Fall der Redaktion; am letzten Stück, das ich freilich prinzipiell für wichtig halte, wäre auch sachlich manches auszusetzen. Aber sollte es zu der Buchpublikation kommen, die ich Ihnen unter dem vorläufigen Titel »Die Kunst des Massenkonsums« vorschlug, so würden sich die Nachträge wohl sehr leicht in den endgültigen Text hereinarbeiten lassen.

Da Sie der Idee dieses Buches positiv gegenüber stehen und

ich denke, daß wir es in New York des näheren durchsprechen werden, so möchte ich heute einiges dazu notieren. Es gibt zu diesem Buch bis jetzt Benjamins Reproduktions- und die Jazzarbeit und zu beiden die Ergänzungen. Beide müßten genau revidiert werden; die Benjaminsche müßte man wohl in der deutschen Fassung publizieren und diese müßte unseren kritischen Ausstellungen weitgehend Rechnung tragen.

Weiter halte ich für unumgänglich notwendig eine Arbeit über moderne Architektur und das Problem der »neuen Sachlichkeit« oder, wie man hier sagt, des Functionalism. Es ist durch und durch dialektisch d. h. hat ebensogut eine fortschrittliche Tendenz wie eine der reaktionärsten Unmenschlichkeit (die Stellung der faszistischen Länder zur neuen Sachlichkeit müßte berücksichtigt werden). Es gibt übrigens viele Verbindungslinien zum logischen Positivismus. Bloch hat diese in der »Erbschaft dieser Zeit« markiert und ich überlege mir, ob es wohl möglich wäre, ihn für diesen Zweck in die gemeinsame Arbeit einzugliedern. Das hätte noch den Vorteil, daß er technisch von seiner Frau, einer ernsthaften Architektin, die uns politisch nahe steht, beraten werden könnte. Andererseits weiß ich natürlich alle Schwierigkeiten, die einer Eingliederung Blochs entgegenstehen. Sonst würde ich für diese Arbeit an Sigfried Giedion (den Autor des Buches über Eisenkonstruktion in Frankreich) denken. Schließlich wäre auch Kracauer in Erwägung zu ziehen, der ja gelernter Architekt ist: auf präzise technische Schulung müßte man schon großen Wert legen. Aber was ihn anlangt, so steht da zunächst der Offenbach allem im Wege und wir wollen abwarten, wie er auf meinen sehr deutlichen und ausführlichen Brief (den ich vorgestern schrieb) reagieren wird. An sich glaube ich, daß er die Arbeit gern übernehmen würde. Man muß wohl auch abwarten, wie die Propagandaarbeit ausfällt.

Als vierte Arbeit, glaube ich, wird eine über den Film notwendig sein. Er steht zwar im Zentrum der Benjaminschen, aber doch nur unter einem sehr bestimmten Aspekt und gewiß nicht unter dem ernsthaft gesellschaftlich-kritischen. Zudem hat seine ganze Arbeit ja mehr introduktorischen Charakter. Ich habe mir die Frage nach allen Seiten überlegt und glaube, daß es am besten wäre, wenn Sie diesen Teil selber übernähmen; einfach deshalb, weil ich glaube, daß Sie am meisten davon verstehen. Eventuell müßte man einen technischen Assistenten dafür haben, so wie ich einen für den Jazz hatte; den zu beschaffen fiele aber nicht schwer.

Was den literarischen Massenkonsum anlangt, hatte ich, wie Sie wissen, an eine Untersuchung über den Detektivroman gedacht. Ich habe aber gewisse Bedenken, weil ich nicht weiß, ob er tatsächlich noch im Sinne von Kino, Jazz oder neuer Bauweise wichtig ist; ja ob nicht mit der gegenwärtigen Form des Massenkonsums die weitgehende Liquidierung des Lesens verbunden ist und ob nicht der Detektivroman nur gleichsam den Jazz in der Literatur karg vertritt. Andererseits bietet er so viel des Interessanten, daß er doch vielleicht behandelt zu werden verdiente. Glauben Sie, daß Löwenthal dafür in Betracht käme und daß er Lust dazu hätte? Ich könnte mir denken, daß für ihn an einer solchen Arbeit manches zu lernen wäre, auch über den Einsatz seiner eigenen Produktivkraft.

Schließlich wäre wohl eine ökonomische Fundamentierung der ganzen Theorie des Massenkonsums notwendig, wahrscheinlich auch sehr anregend. Ich habe das Thema einmal Mandelbaum gegenüber erwähnt und dieser schien sich sehr dafür zu interessieren. Da ja Pollock vermutlich kaum die Zeit finden wird, das selbst zu übernehmen, so käme wohl er am ehesten in Betracht; aber hier übersehen Sie die personellen Kräfte natürlich viel besser als ich.

Eine theoretische Einleitung – oder, je nach dem, eine größere Vorrede – müßten wohl ebenfalls Sie selber übernehmen. Am besten wohl erst, wenn die anderen Beiträge vorliegen. – Die ganze Publikation müßte, bei einiger schriftstellerischer Disziplin, den Umfang von 200 Druckseiten nicht überschreiten.

Noch möchte ich Sie bitten, mich hierher oder nach Paris

wissen zu lassen, ob ich etwas – und was ich etwa in der Frage des *Verlages* der Essais matérialistes unternehmen soll, die ja nun wohl spruchreif ist.

Sehr herzlich danke ich für die nochmalige Bewilligung der 1000 fr. für Sohn-Rethel. Wenn ich Ihnen sage, daß er die letzte Zeit von trockenem Brot gelebt hat, so werden Sie verstehen, daß diesmal meine Bitte nicht einem wie immer gearteten Sohn-Rethel-Komplex zuzuschreiben ist. Was diesen anlangt, so können wir vielleicht über die ganze Frage in New York reden. Ich möchte heute nur sagen, daß neben meiner Überzeugung von dem fruchtbaren Kern der Sache auch personalpolitische Erwägungen mitspielen. Ich könnte mir denken, daß ein gleichzeitig so selbständig begabter und so gutwilliger Mann wie er unserem Kreis sehr zugute käme. Wie schwierig es ist, ihn zu ergänzen und fortzuentwickeln, weiß ich sehr wohl. Trotzdem halte ich es für sehr wichtig. Und vielleicht sehen Sie auch den Fall S. R. einmal im Lichte solcher Erwägungen. Trotzdem: ich kenne Sie genug, um zu wissen, daß, wenn Sie depeschieren, der Endentscheid sei wahrscheinlich negativ, dieser Endentscheid wahrscheinlich schon gefallen ist und daß Sie sehr gute Gründe haben. Ich habe denn auch Sohn, um ihn nicht zu sehr zu enttäuschen, geschrieben, daß ich bei uns nicht viel Hoffnung für ihn sähe – ohne natürlich Ihre definitive Stellungnahme zu präjudizieren.

Mit den herzlichsten Grüßen
stets Ihr

Teddie Wiesengrund.

ÜBERLIEFERUNG O: Ts; Max-Horkheimer-Archiv der Stadt- und Universitätsbibliothek, Frankfurt a. M. – E: Horkheimer, Briefwechsel 1937-1940, S. 150ff.

neue Sachlichkeit / Verbindungslinien zum logischen Positivismus / Bloch hat diese in der »Erbschaft dieser Zeit« markiert: Vgl. den Abschnitt »Übergang: Berlin, Funktionen im Hohlraum« aus dem dritten Teil des genannten Buches.

Bloch / seine Frau: Karola Bloch (1905-1994) hatte seit 1928 an der Berliner Technischen Hochschule Architektur studiert; sie war seit 1934 mit Ernst Bloch verheiratet.

102 HORKHEIMER AN ADORNO
NEW YORK, 21.5.1937

ARTICLE SYME PERFECTLY WELCOME STOP PLEASE POSTPONE VISIT WAHL

ÜBERLIEFERUNG Telegramm; Max-Horkheimer-Archiv der Stadt- und Universitätsbibliothek, Frankfurt a. M.

103 ADORNO AN HORKHEIMER
OXFORD, 21.5.1937

Oxford, 47 Banbury Road
21. Mai 1937.

Lieber Herr Horkheimer,

mit dem allerherzlichsten Dank bestätige ich Ihre Zeilen vom 13. Mai. Die French Line hat mir, nachdem ich die denkwürdige Erklärung ausgefertigt, in der ich anzugeben hatte, daß ich nicht den Präsidenten der Vereinigten Staaten ermorden will und auch sonst kein Polygamist bin, die Tickets geschickt. Es haben sich aber gewisse Probleme ergeben. Einmal sind die Tickets von Southampton ausgestellt anstatt von Le Havre; da ich ja aber erst nach Paris muß, so wäre es unsinnig, wenn ich zuvor noch einmal mit einem anderen Schiff nach England zurückführe und hier erst die Normandie erreichte. Ich glaube das wird sich ohne weiteres arrangieren lassen. Schwieriger ist das andere. Es scheint, daß die French Line mich auf der Hin- und Rückfahrt mit einem anderen Reisenden zusammen in einer Kabine unterbringen will und das wäre mir sehr unangenehm. Bitte verstehen Sie das nicht falsch und nicht als Ausdruck irgendwelcher Prätention: ich würde ohne das leiseste Zögern 3. Klasse fahren. Aber da ich erfahrungsgemäß auf Schiffen sehr schlecht schlafe und recht nervös bin, so befürchte ich, daß ich, wenn noch ein anderer da ist, es überhaupt nicht kann und in einem so schlechten Zustand in New York ankomme, daß ich wenigstens für die ersten Tagen wenig brauchbar sein werde; dazu beängstigt mich der Gedanke an die Seekrankheit mit einem Zeugen in der Kabine ... Ich habe, schon ehe ich Ihren Brief bekam, deshalb an die French Line geschrieben; meine amerikanischen Freunde hier meinen, um diese Zeit lasse sich eine single-Fahrt tourist class ganz einfach arrangieren. Sollte es aber nicht gehen – wäre es dann nicht ratsam unter Umständen ein anderes Schiff zu benutzen? Sollten sich die Termine dadurch etwas verschieben, so wäre ich natürlich bereit, mich völlig nach Ihren Dispositionen zu richten. Unter Umständen käme immer noch ein deutsches Schiff in Betracht, was noch die devisentechnischen Vorteile hätte. Unter Umständen depeschiere ich Ihnen nochmals deshalb. Wenn Sie aber keine Möglichkeit sehen, so bleibt es trotz allem bei den verabredeten Terminen. Nochmals bitte ich Sie zu entschuldigen, daß ich so zimperlich scheine. Aber es ist wirklich nicht die Besorgnis um meinen »Komfort« sondern einzig die, daß sonst der stolzen Normandie ein Wrack entsteigt. Eine Möglichkeit übrigens wäre noch, daß ich, wenn die French line für die Hinfahrt ein single room reserviert, ich die Normandie nur zur Hinfahrt benutze und zurück mit einem anderen Dampfer der French line fahre.

Besonders freue ich mich, daß ich sogleich in New York Gelegenheit haben werde, an der Institutsarbeit teilzunehmen. Es ist damit ein alter Wunsch von mir erfüllt, der der »Eingliederung« – der des Kafkaschen Landvermessers. Und wie froh bin ich, daß das Institut nicht das Schloß ist.

Ich bin darüber um so glücklicher, als ich mit meiner eigenen Arbeit in diesen Wochen recht unzufrieden bin. Ich glaube nach wie vor, daß mir in der Konzeption etwas wirklich Wichtiges gelungen ist, aber die Schwierigkeiten der Ausführung sind maßlos und oft verzweifle ich an der Möglichkeit, die selbstgestellte Aufgabe zu lösen. Die eigentliche Schwierigkeit ist die, daß es gilt, mit Hilfe des vom Idealismus beigestellten kategorialen Apparates diesen selber abzubauen; gewissermaßen mit den gleichen Mitteln, mit denen man die Welt sieht, hinter diese Mittel und hinter die »Welt« zu sehen – ein wahres Münchhausenkunststück. Etwa die Aufgabe: die formale Logik als Ausdruck eines Geschichtlichen zu erweisen, ohne dabei den Umfang ihrer eigenen striktesten Bedeutungsanalyse zu überschreiten, ohne sie aber auch zugleich in der Übersetzung in »Ausdruck« selber wieder vorauszusetzen. Es ist diese Fragestellung in der ich mich mit Rethel berühre und die Erfahrung der ungeheuren Schwierigkeiten, die mich zur Milde ihm gegenüber stimmt. Sein Fehler ist der, daß er in Wahrheit nirgends die immanente Analyse innehält, sondern sie durchwegs durch Deutungen »von außen« überschreitet, zugleich aber den verwirrenden Anspruch der immanenten »Identifikation« aufrecht erhält. Ich suche mit der äußersten Anstrengung das zu vermeiden. Dadurch kommt es, daß meine Arbeit zwar keinerlei explizite Ökonomie enthält (was die Arbeit und meine Fähigkeit überschritte), dafür aber, im Sinne der Absenz von freischwebender Theoriebildung, hoffentlich doch viel materialistischer gerät als seine. Aber halten Sie mir die Daumen, daß meine Kraft ausreicht. Ich habe noch nie so deutlich die Gewißheit gehabt, an eine zentrale Stelle gedrungen zu sein; noch nie aber auch so deutlich das von Fromm so richtig beschriebene »Gefühl der Ohnmacht«.

Was Sohn-Rethel anlangt, so wird es vielleicht möglich sein, die Entscheidung noch bis zu meiner Anwesenheit in New York zu vertagen.

Nach Paris werde ich denn wohl Anfang Juni gehen. Die Liste wegen der Änderungen der Essais de philosophie matérialiste wird angefertigt. Was die finanziellen Dispositionen anlangt, so werde ich in Genf wieder etwa um den üblichen Betrag bitten (etwa 1500 fr.; ich bleibe diesmal wohl eine volle Woche). Ein für Gretels Anwesenheit sich ergebendes Surplus trage ich natürlich selber. Dagegen wäre es sehr lieb, wenn das Institut für die Reise einen gewissen Betrag disponieren würde. Ich muß Ihnen nicht sagen, daß solche Probleme sich nicht ergäben, wenn man ungehindert transferieren könnte. So aber bin ich, sobald es sich um Extraausgaben handelt, die mein normales englisches Budget übersteigen, wirklich etwas knapp. Sie werden es nicht falsch auslegen, wenn ich daher von Ihrem Vorschlag Gebrauch mache. Sobald unsere Dinge definitiv geregelt sind, werden ja auch diese Dinge ein anderes Gesicht haben. Und ich bin herzlich froh, wenn ökonomische Dinge zwischen uns nicht mehr diskutiert zu werden brauchen – aus dem einfachen Grund, weil es mir immer noch sehr schwer fällt, sie zu diskutieren.

Auf sehr bald denn – Ihnen und Maidon alles Liebe
Ihr getreuer Teddie Wiesengrund

Heute früh erhalte ich Nachricht von der French Line. Die Sache mit Le Havre klappt. Wegen einer Einzelkabine schreiben sie nach Paris und geben mir dann Nachricht. Ich denke, das wird sich mühelos arrangieren.

Soeben auch Ihr Telegramm. Mit Syme sprach ich gestern bereits (ich war von ihm zusammen mit Bowra, der schönstens grüßt, in Trinity zum dinner [eingeladen]). Die Schwierigkeit ist die, daß die Augustusarbeit sich zu einem großen Buch ausgewachsen hat. Es ist offenbar wirklich eine hochinteressante Arbeit; es werden unter anderem die finanziellen Hintergründe der Augustus-Diktatur analysiert, seine kapitalistischen Auftraggeber, und die Reziprozität zwischen deren Macht über ihn und seiner Macht über sie durch eine von Mäcenas organisierte Erpressung. Es scheint auch gut herauszukommen, daß die absolute Macht des Alleinherrschers bloßer Schein war und er völlig gebunden blieb. Ich will sehen, ob wir nicht vielleicht ein Kapitel zum Vorabdruck haben können. Ich habe ihm von Egoismus und Freiheitsbewegung erzählt und veranlasse Brill, daß er ihm eine Nummer schickt.

Wahl will ich gerne vertagen. Herzlichst Ihr

T. W.

Post erreicht mich nun wohl am besten in der rue d'Ulm. Ich denke nicht später als 2. Juni dort zu sein.

ÜBERLIEFERUNG O: Ts; Max-Horkheimer-Archiv der Stadt- und Universitätsbibliothek, Frankfurt a. M. – E: Horkheimer, Briefwechsel 1937-1940, S. 154ff.

rue d'Ulm: Die Straße, in der die Pariser Zweigstelle des Instituts innerhalb der École Normale Supérieure untergebracht war.

104 Horkheimer an Adorno
New York, 24.5.1937

24. Mai 1937.

Lieber Herr Wiesengrund,

Einige Anfragen aus Ihrem Brief vom 12. habe ich Ihnen telegraphisch beantwortet.

Über die sachlichen Punkte werden wir hier diskutieren, unter anderem auch über das Exposé von Sohn-Rethel. Eine endgültige Stellung habe ich noch nicht eingenommen. Eine der Hauptschwierigkeiten scheint mir darin zu liegen, dass S.-R. seine Thesen stets als Problemstellungen für künftige Untersuchungen vorträgt und dadurch den Anschein erweckt, als werde alles, was er sagt, einmal auch wissenschaftlich gestützt, und es handle sich vorläufig nur um Hypothesen. Der szientivische Kredit, den er auf solche Weise in Anspruch nimmt, muss aber abgeschrieben werden, wenn man sich klarmacht, dass eben die Arbeitsweise Sohn-Rethels in den verschiedenen Résumés gegen die Erwartungen auf solche künftigen Beweise zeugt. Die Ausführung der Arbeit, die in den Résumés umrissen ist, würden gegenüber den Résumés selbst aller Wahrscheinlichkeit nach keine logischen Änderungen aufweisen und verhielte sich zu ihnen keineswegs wie die Probe aufs Exempel. Dagegen erforderte sie gewiss eine unabsehbare Reihe von Jahren. Ich brauche Ihnen nicht zu sagen, dass ich den Mangel an Beweisen im positivistischen Sinn nicht gegen S.-R. ins Feld führte, bezöge sich die Arbeit nicht selbst fortwährend auf solche Verfahrungsweisen. Es scheint mir auch, dass man diese Schwierigkeiten bei S.-R. nicht etwa einfach ausmerzen kann, sondern dass sie aus einer tiefen inneren Unklarheit stammen, die sich auch mit der Zeit nicht geben wird. Endgültiges wird jedenfalls erst bei Ihrem Besuch beschlossen werden.

Über unsere Europareise liegt noch nichts Endgültiges fest. Im Moment erscheint es leider nicht sehr wahrscheinlich, dass wir im August fahren können. Dies kann sich jedoch ändern.

Wieviel Geld Sie hierher mitnehmen wollen, können Sie ruhig selbst entscheiden. Falls Sie hier einige besondere Ausgaben machen wollen, für die das Institut nicht belastet werden soll, so können Sie für diesen Betrag ja hier einstweilen belastet werden. Andererseits ist es jedoch vielleicht zweckmässig, dass Sie bei der Ankunft etwa $ 150. – in der Tasche haben – schon im Hinblick auf eine etwaige Frage des immigration officers.

Der Grund, warum ich von einem Besuch bei Wahl abriet, besteht hauptsächlich darin, dass wir am besten die Richtlinien für Ihr Auftreten als Repräsentant des Instituts besprechen, bevor Sie jemand in dieser Eigenschaft aufsuchen. Gerade in Frankreich schafft man sonst allzu leicht gewisse Schwierigkeiten.

Nach diesem wird Sie wohl kein Brief mehr von mir in Europa erreichen. Wenn inzwischen keine gegenteilige Nachricht eintrifft, erwarte ich Sie am pier.

Herzlichst

Soeben erhalte ich noch Ihren Brief vom 15. Mai mit den Nachträgen zum Jazz. Über die Vorschläge zum Arbeitsprogramm wird hier ausführlich gesprochen werden.

Den Fall Sohn-Rethel werden wir hier nicht bloss nach seiner wissenschaftlichen, sondern auch nach seiner menschlichen Seite hin diskutieren. Ich hege persönlich die grösste Achtung vor ihm, umso mehr als ich genau weiss, wie anständig er sich drüben verhalten hat. Bitte sagen Sie ihm, dass ich auf seinen ausführlichen Brief vom 27.4. zunächst nicht selbst antworte, sondern Sie gebeten habe, mit ihm zu sprechen. Zu dem Problem der Aufenthaltsbewilligung in Luzern vermag ich von hier aus schwer Stellung zu nehmen. Befindet sich denn seine Familie noch dort, während er bereits in Paris ist? Auf keinen Fall möchte ich eine Verantwortung für die Übersiedlung nach England übernehmen, solange es möglich ist, dass die Familie nach Frankreich kommt. Wäre nicht ein französischer Provinzort der gegebene Aufenthalt?

Wegen des Verlags für die essais wird es zunächst richtig sein, sich einen Überblick über die in Frage kommenden Verlage und unsere möglichen Beziehungen dahin zu verschaffen. Ernsthafte Verhandlungen rate ich bis nach Ihrer Rückkehr von Amerika zu verschieben.

Herzlichst
M. H.

ÜBERLIEFERUNG O: Ts(Dg); Max-Horkheimer-Archiv der Stadt- und Universitätsbibliothek, Frankfurt a. M. – E: Horkheimer, Briefwechsel 1937-1940, S. 159ff.

Sohn-Rethel /sein ausführlicher Brief vom 27.4.: Vgl. Horkheimer, Briefwechsel 1937-1940, S. 129-136.

Sohn-Rethel / seine Familie: Tilla und Brigit Sohn-Rethel kamen im Herbst 1937 nach England, kehrten aber 1939 in die Schweiz zurück.

105 HORKHEIMER AN ADORNO
NEW YORK, 3.6.1937

FUER WIESENGRUND STOP NEWYORKER FRENCH-LINE VERSPRICHT DIESER TAGE NACHRICHT AN IHRE ADRESSE PARISER INSTITUT OB EINZELKABINE AB LEHAVRE STOP FALLS SCHWIERIGKEITEN UEBERLASSE IHNEN ANDERE SCHIFFSWAHL STOP REISEBETRAG DISPONIERT DIREKT BEI FAVEZ GRUSS

HORKHEIMER

ÜBERLIEFERUNG Telegramm; Max-Horkheimer-Archiv der Stadt- und Universitätsbibliothek, Frankfurt a. M.

106 ADORNO AN HORKHEIMER
LONDON, 5.7.1937

SAFELY ARRIVED APPORTER THOUSAND THANKS FOR RADIOGRAM SORRY TO BE WITHOUT YOU HAPPY TO BE WITH YOU=WIESENGRUND.

ÜBERLIEFERUNG Telegramm; Max-Horkheimer-Archiv der Stadt- und Universitätsbibliothek, Frankfurt a. M.

107 Adorno an Horkheimer
London, 6.7.1937

London, W.2
18 Leinster Gardens
Albemarle Court Hotel.
6. Juli 1937.

Lieber Herr Horkheimer,

ich kann Ihnen nicht sagen, wie sehr ich mich mit dem Radiogramm gefreut habe, das mich auf hoher See erreichte – wahrhaft der märchenhafte Abschluß von 14 Tagen, die man unwirklich nennen könnte, wäre nicht was sie bedeuten viel zu wirklich. Sie haben mich verwöhnt wie einen Filmstar; und es bleibt mir nichts übrig als das Bedauern, daß ich nicht wirklich einer, lassen Sie uns sagen: Dolores del Rio, bin; und die Versicherung, daß ich trotz allen Verwöhnens nicht größenwahnsinnig geworden bin, falls etwa pädagogische Bedenken der Art aufstoßen sollten. Kaum je und sicher nicht seit Ausbruch des Totalen bin ich so glücklich gewesen wie in diesen Wochen. Und wenn ich nur eines noch Ihnen nennen darf, wofür ich aufs tiefste dankbar bin, dann ist es dies: daß ein Schriftsteller meiner Art, der die tiefste Einsamkeit und die prinzipielle Unmöglichkeit, das was er denkt und sagt, je einzufügen sich zum a priori gemacht hat, nun plötzlich sich voll und real in eine bestehende und gute Kollektivität eingefügt sieht, ohne daß er sich darum »einfügen« müßte; daß einer, der im Widerstand gegen den Markt einen seiner gründenden Impulse hat, zu guter letzt gerade das findet, was er am strengsten sich hat versagen müssen und wonach deshalb seine Sehnsucht aufs tiefste geht (weil nämlich hier die einzige verbindliche Bestätigung der Aufhebung des Einsamseins liegt): daß er seine Produkte tauschen kann; das ist eine Erfahrung, die ich überhaupt nicht übertreiben kann. Nur der Tatsache, daß ich kein Richard Wagner bin, ist es zuzuschreiben, daß Sie nun nicht Briefe erhalten wie weiland König Ludwig, während Sie doch als Friedrich der Große viel mehr Anspruch darauf hätten, solche von Voltaire zu bekommen . . . Gerade weil, wie es die Situation und auch mein Mangel an Erfahrung mit vollzogenen Tauschakten es mit sich brachte, wir manchmal »verhandelten«, ohne daß ich übrigens darum die Komik des mit Ihnen, und Pollock, »Verhandelns« je aus dem Blickfeld verloren hätte – gerade darum möchte ich Ihnen meinen Dank nochmals so ernst und ausdrücklich sagen, wie ich es von Angesicht zu Angesicht kaum vermöchte, schon weil Sie mich gar nicht dazu würden kommen lassen.

Die Reise war völlig glatt und ereignislos, der fürstlich getippte Stewart wünschte mir immerzu zu dienen, ohne daß ich doch irgendwelche Aufträge an ihn gehabt hätte, da ich mich völlig wohlfühlte; die beiden Mitreisenden waren ganz ruhig und sehr angenehm; ein älterer kanadischer Arzt der eine, der andere ein Junge von 15 Jahren, der überhaupt keine Nacht in der Kabine zubrachte. Den Whisky habe ich ohne Fahr hierher geschmuggelt. Während der Reise war ich hauptsächlich mit Essen und Schlafen befaßt. Doch habe ich die Änderungen am Mannheim gründlich vorgenommen; sie kommen mit gleicher Post in Löwenthals Hände. Sie werden sie sehen. Ich glaube nun wirklich, daß wir in der jetzigen Fassung die Publikation durchaus verantworten können. – Das Schiff war überfüllt mit Ostjuden, die mit ihren Kappen auf dem Kopf aßen, religiöses Geheul ausstießen und sich überhaupt benahmen, daß es eine Rassenschande ist; am Samstag hielt einer ihrer Medizinmänner oder Ritualmörder in dem allgemeinen Lesesaal eine lange Ansprache auf jiddisch. Er sah übrigens ein bißchen wie Trotzki aus . . . Die gentile amerikanische Jugend stand jedoch hinter dem Ostischen um nichts zurück, gewiß nicht am amerikanischen Freiheitstag, der genau so verlief wie diese Freiheit ist.

Ich las auch das ganze Manuskript Sternheim. Ich dachte, es handle sich um einen zwar schreibunfähigen und beschränkten Mann, aber doch um jemand mit gelehrten Qualitäten oder wenigstens einer gewissen Materialkenntnis. Aber von alldem kann gar keine Rede sein. Vom Schriftstellerischen rede ich schon gar nicht und auch nicht von Ideen. Aber selbst die Minimalforderung, die Pollock einmal aufstellte: daß einer imstande sein müsse, den Inhalt einiger gelesener Bücher einigermaßen zusammenhängend und verständlich wiederzugeben, erfüllt er nicht. Es handelt sich nicht bloß um ein Produkt der tiefsten neurotischen Dummheit, sondern es ist über weite Strecken (wo er nämlich »Theorie« macht) völlig *unverständlich*. Daß durch »Redaktion« geholfen werden kann, halte ich für ausgeschlossen; man müßte den ganzen Mann umredigieren. Wäre einfach die Qualität Sternheims in Rede, so würde ich wirklich nur für sofortige Liquidation optieren, ohne mich damit des russischen Antiintellektualismus verdächtig zu machen. Nun weiß ich wohl, daß das nicht geht. Ich weiß aber nicht, wie weit die Verpflichtungen St. gegenüber solche der Dankbarkeit oder solche der Taktik sind. Bestünden jene, so wäre nichts zu sagen oder [zu] tun; bestehen diese, so ist zu fragen, ob noch ein dringendes taktisches Interesse vorliegt, und ob eine so rissige Fassade zu irgendetwas nutzt. Und ich wäre dann doch dafür, zu versuchen, ihn loszuwerden. Ich habe an folgende Wege gedacht: (1) stufenweisen, allmählichen Abbau mit der Begründung, daß das Institut die Erforschung der Freizeit für hinreichend gefördert halte; (2) wegloben an Farquharson, der ihn ja kennt; (3) wegloben ans Arbeitsamt, obwohl ich dringend fürchte, daß dieses ihn an uns weggelobt hat; (4) (???) vielleicht ihn durch de Man in Brüssel unterbringen. Das wäre an sich der Ort für ihn; aber ich habe große Zweifel, ob der Herr Minister ausgerechnet für uns etwas tun wird. Das Institut in irgendeiner Weise an einem Buch Sts zu beteiligen, halte ich aus den allereinfachsten Prestigegründen für sehr *bedenklich*. Das ist nicht bloß langweilig wie gewisse Dinge, die wir machen müssen; es setzt uns der Lächerlichkeit aus, wofern nicht einer von uns der Sache sich ganz energisch annimmt. Ich denke, ich werde noch von Ihnen hören, wann und ob ich nach Genf soll (vielleicht kann man es mit ein paar Erholungstagen in der Schweiz kombinieren). Die Funktion, die ich hier aber am liebsten übernähme, wäre die des Abschlagteufels oder Henkers (NB auch die pure *Kenntnis* der Lage in den totalitären Staaten bei St. ist äußerst mangelhaft und wie alle diese Leute überschätzt er weit die Ideologie, nimmt sie auch für viel eindeutiger als sie ist).

Mit Adams telephonierte ich; die Sache Sohn-Rethel hat also durch unsere Intervention funktioniert. Ich sehe morgen Adams und werde Ihnen gelegentlich über den Gang der Sache berichten. Einstweilen nur meinen herzlichsten Dank.

Mit Mandelbaum esse ich morgen zu Mittag; er schien mir am Telephon sichtlich nervös und schlechten Gewissens; ich werde ihn vorsichtig behandeln und vielleicht doch einmal selbst mit R. L. sprechen, da ich das Gefühl habe, daß ich mit einem Mann von dessen Art besser fertig werden kann als M. es vermag, auch wenn er die offizielle Verantwortung trägt. Wegen Paris habe ich mich mit Brill und auch Benjamin in Verbindung gesetzt.

Heute aß ich mit Dreyfuss und seiner Ingrid; recht nett und nicht mehr so prätentiös. Er erzählte sehr hübsch, wie Kracauer ihn in Paris zu snoben suchte.

Morgen fange ich an die Arbeit über Phänomenologie zu schematisieren; für die Zwecke der Zeitschrift kann ich ja natürlich die Disposition des Buches nicht beibehalten. Ich freue mich sehr auf die Sache und will sehen, sie bald unter Dach und Fach zu bringen. Die nächsten 14 Tage bis 3 Wochen sind ganz frei dafür.

Bitte antworten Sie *nicht* und lassen Sie sich weder durch diesen Brief noch durch andere Ihre Ferien verkümmern; und wenn er ein paar Tage uneröffnet bleibt, so wird keiner mehr Verständnis dafür haben als der Brief selber. Wenn es etwas Dringendes gibt, etwa für Paris, oder ob ich nach Genf soll, so ist es vielleicht am einfachsten, Sie schicken ein NLT. Die Adresse am besten in der Form:

Adorno Apporter London.

Ich wünsche Ihnen und denen die die rege Einsamkeit des Lake placid mit Ihnen teilen recht gute Erholung und so viel

Lust wie wir verdüsterten Hedonisten es uns wünschen können. Und nochmals: Dank!

Alles Liebe und Herzliche
von Ihrem treuen

Teddie Wiesengrund.

Der Gedanke, den ich auf dem Schiff sagte: mich bei den Musikverlagsplänen zuzuziehen, ist durchaus ernst gemeint und nichts weniger als »weltfremd«. Einmal kenne ich zahllose Musiker und kann in Verhandlungen mit manchen (z. B. Schnabel) wahrscheinlich von Nutzen sein (dann würde mein Name als der eines musikalischen Beirates unter Umständen fürs Institut von Vorteil sein); vor allem aber kenne ich den musikalischen Markt wirklich sehr gut und so schwer es ist, den Erfolg eines Unternehmens vorauszusagen, so sicher glaube ich allerdings, Mißerfolge vorhersehen und vielleicht verhüten zu können (ich habe mehrfach Verlage, die ich beriet, vor sehr großen Verlusten bewahrt). Sie brauchen nicht zu fürchten, daß ich Steckenpferde reiten möchte, ich weiß, daß es hier um business geht. Aber es kommt auch dabei sehr darauf an, daß man die speziellen Verhältnisse übersieht. Ich würde z. B. *nicht* irgendeine Neugründung machen, sondern versuchen, bestehende auszunutzen, was sicher leicht möglich ist, da der Musikverlag zu ¾ bankerott ist. Man könnte vielleicht z. B. mit jenem Beethoven-Klub kooperieren, für den Schnabel das gesamte Klavierwerk einspielte. Sollten die Geschäftsbeziehungen sich irgend auf die Universaledition beziehen, so würde ich größte Vorsicht anraten und bitten, mich unbedingt zuzuziehen. Es ist eine Räuberbande unter Bankenkontrolle! Herzlichst!

T. W.

ÜBERLIEFERUNG O: Ts; Max-Horkheimer-Archiv der Stadt- und Universitätsbibliothek, Frankfurt a. M. – E: Horkheimer, Briefwechsel 1937-1940, S. 192 ff.

Radiogramm: Nicht erhalten.

Dolores del Rio: Die amerikanische Schauspielerin, die eigentlich Lola de Martinez hieß (1904[?]-1983) und aus Mexiko stammte, hatte 1934 die Hauptrolle in dem Film »Madame Dubarry« und 1937 in dem Film »Ali Baba Goes to Town« gespielt.

die Änderungen am Mannheim: Das vier Seiten umfassende Manuskript der Korrekturen ist Teil der Korrespondenz Adornos mit Löwenthal.

Manuskript Sternheim: Wie aus dem folgenden Brief hervorgeht, hatte Horkheimer Adorno einen Entwurf zu einer Enquête über Freizeit mitgegeben, den der Soziologe Andries Sternheim (1890-1944), der von 1931 bis 1938 als stellvertretender Direktor des Genfer Büros fungierte, verfaßt hatte.

Farquharson: Der Soziologe Alexander Farquharson (geb. 1882) war Direktor des »Institute of Sociology«, in dem zwischen 1920 und 1950 die meisten britischen »Surveys« entstanden. In den Räumen des Instituts im Le Play House war auch das Londoner Büro des Instituts für Sozialforschung untergebracht.

Arbeitsamt: Gemeint ist die »Internationale Arbeitsorganisation«, die 1919 mit dem Völkerbund entstand und ihren Sitz in Genf hatte.

de Man: Der Sozialpsychologe Hendrik de Man (1885-1953) war 1935/36 belgischer Arbeitsminister und 1936 bis 1938 Finanzminister. De Man hatte vor 1933 eine Professur in Frankfurt a. M.

die Sache Sohn-Rethel: Das Arbeitsstipendium, das Sohn-Rethel für die Dauer eines Jahres erhalten sollte und welches das A. A. C. und das Institut gemeinsam aufbringen wollten. Zum Zeitpunkt von Adornos Brief wartete Walter Adams allerdings noch auf ein Gutachten des Philosophen John MacMurray, das dann positiv ausfiel.

R.L.: Der Soziologe und Nationalökonom Richard Löwenthal (1908 bis 1991) war zu der Zeit Stipendiat des Instituts und arbeitete an einer Kritik der zeitgenössischen Nationalökonomie. Im dritten Heft des Jahrgangs 1937 veröffentlichte Löwenthal unter dem Pseudonym Paul Sering »Zu Marshalls neuklassischer Ökonomie« (S. 522-541).

die Arbeit über Phänomenologie: Adornos Husserl-Aufsatz, der nicht publiziert wurde.

die Musikverlagspläne: Offenbar ein Gedanke, den Horkheimer oder Pollock mit einer nicht ermittelten Stelle ventilierte (s. den folgenden Brief).

Schnabel: Artur Schnabel (1882-1951) spielte zwischen 1932 und 1937 als erster sämtliche 32 Klaviersonaten von Beethoven auf Schallplatten ein, die nur an Subskribenten verkauft wurden.

108 Horkheimer an Adorno
Lake Placid, 18.7.1937

Lake Placid, 18.7.37.

Lieber Herr Wiesengrund,

Dass ich auf Ihr Telegramm sowie auf Ihren lieben Brief vom 6. Juli trotz Ihres guten Rates mit einigen Zeilen antworte, hat neben meinem Wunsch, Ihnen zu danken, auch noch eine besondere Gelegenheit zum Anlass: ich habe Frau Bloch hier. Es sind in den letzten vierzehn Tagen soviele Angelegenheiten zusammengekommen, die erledigt werden müssen, dass ich ohne ihre Hilfe nicht mehr auskam. Also ist sie für einige Tage hier.

Vor allem will ich Ihnen noch einmal sagen, dass Ihre Freude über Ihren offiziellen Eintritt ins Institut ganz und gar nicht einseitig ist. Zur Erfüllung der Aufgabe, die Theorie weiterzutreiben, haben wir Sie unbedingt notwendig. Das weiss hier jeder, und Ihre Anwesenheit hat es noch einmal bestätigt. Persönlich erhoffe ich mir von der Zeit, in der wir auch räumlich zusammenarbeiten werden, eine entscheidende Steigerung meiner eigenen Arbeitskraft – übrigens auch sonst einiges.

Ob wir nach Europa kommen, ist immer noch nicht entschieden. Ich muss jetzt auch daran denken, die Reise so einzurichten, dass ich auf jeden Fall meinen Vater sehen kann. Das Befinden meiner Mutter weist eine kleine Besserung auf, aber ich brauche Ihnen am allerwenigsten zu sagen dass man daraus keine Schlüsse ziehen kann. Sollten wir nicht zur Hochzeit, sondern erst später kommen können, so hoffen

Maidon und ich sehr ernsthaft auf eine gründliche Nachfeier. Jedenfalls bitte ich Sie darum, mir Datum und Ort mitzuteilen, sobald Sie können. Sagen Sie Gretl, dass ich mich ganz besonders darauf freue, sie bald zu sehen. Es ist jetzt ungefähr fünf Jahre her, dass wir uns nicht gesprochen haben.

Von institutswegen brauchen Sie im Augenblick nicht nach Genf zu fahren. Mit Sternheim, dessen wissenschaftliche Qualifikation wir durchaus übereinstimmend beurteilen, können Sie allein ohnehin nicht viel anfangen. Wir haben Ihnen seinen Entwurf lediglich zur Orientierung mitgegeben. Sollten sie jedoch ohnehin über Genf kommen, so können Sie vielleicht vorsichtig in der Richtung auf ihn einwirken, dass er die Freizeitarbeit möglichst unter Überwachung einzelner Leute des Arbeitsamtes durchführt. Vielleicht könnte sogar das Arbeitsamt von sich aus die Arbeit durchführen lassen, so dass wir Sternheim dem Arbeitsamt zu diesem Zweck zur Verfügung stellten. Die Vorteile dabei springen in die Augen. Übrigens ist es nicht das Arbeitsamt gewesen, das ihn an uns weggelobt hat. Thomas empfahl ihn mir, als er noch bei der Amsterdamer Gewerkschaftsinternationale war, als einen Mann mit guten Verbindungen. An der Stelle, die er damals bei uns bekleiden sollte, hat er sich übrigens durchaus bewährt. Neugierig bin ich, wie er jetzt seinen Auftrag bei der Conférence des Sciences Sociales in Paris ausgeführt hat.

Ihren Nachtrag wegen des Musikverlags habe ich weitergeleitet. Unter Umständen wird sich nun Godowski selbst an Sie wenden. Vorerst bitte ich noch Stillschweigen zu bewahren. Bei der Korrespondenz in dieser Sache wurde ich übrigens um Ihre Adresse in den nächsten Monaten gebeten. Sollen Briefe in absehbarer Zeit, etwa auch während Ihres französischen Aufenthalts, an Apporter gerichtet werden, oder wollen Sie sich sonst irgendeine Daueradresse zulegen – etwa unser französisches Büro? Darüber erwarte ich Ihre Nachricht.

Mandelbaum hat einen übellaunigen Brief geschrieben und versichert, dass er ein gutes Gewissen habe. Durchschlag meiner Antwort füge ich bei.

Einliegend finden Sie ferner einen Bericht über eine Angelegenheit, die mich in den letzten Wochen eingehend beschäftigt hat. Ich weiss nicht, ob ich Ihnen bei Ihrem Besuch davon erzählt habe, jedenfalls möchte ich, dass Sie davon unterrichtet sind. Sie sollen zunächst in der Sache überhaupt nichts unternehmen und auch niemand irgendeine Mitteilung darüber machen. Es könnte jedoch sein, dass ich Sie im weiteren Verlauf darum zu bitten habe, irgendeinen Schritt in der Sache zu unternehmen. Deshalb ist es wichtig, dass Sie Kenntnis von ihr haben. Es kommt darauf an, dass der Junge, der offenbar sehr intelligent und tapfer ist, auf Grund seines amerikanischen Visums ausgewiesen und freigelassen wird. Es gibt dafür eine Anzahl von Präzendenzfällen. Die Versicherung, dass die Delinquenten sogleich das Land verlassen werden, hat zu ihrer Entlassung aus dem Konzentrationslager geführt. Hoffentlich wird in der Sache ein Ergebnis erzielt, ohne dass ich erst noch neue Schritte unternehmen müsste, bei denen ich Ihrer bedürfte. Übrigens war es wohlüberlegt, dass ich nicht anstatt direkt an Farquharson zunächst an Sie depeschierte, um ihn zur Intervention bei den Quakern und eventuell zu weiteren Schritten zu veranlassen. Es erschien mir nicht richtig, Sie zuerst mit dieser Bitte um eine aktive Unterstützung bei ihm einzuführen.

Zum psychologischen Verständnis der Angelegenheit gehört, dass der Vater als Jude russischer Herkunft trotz seiner guten akademischen Bildung offenbar gegenwärtig einfach ohnmächtig ist und noch nicht einmal einen richtigen Anwalt auftreiben konnte. Die Sache von aussen zu dirigieren, erfordert jedoch die allergrösste Vorsicht, um nichts zu verschlimmern. Die Überführung von Berlin nach Dachau scheint mir jedenfalls zu beweisen, dass die Sache nicht leicht zu nehmen ist. Sollten Sie mir einen Rat geben wollen, so erwarte ich eventuell Ihr Kabel. Andernfalls bitte ich die Aktennotiz sicher zu verwahren und weder etwas zu tun noch zu sagen, bis Sie durch Kabel oder sonstwie von mir darum gebeten werden.

Hier ist es ganz nett und allen geht es ordentlich, sowohl Maidon als auch Pollocks. Sämtliche lassen grüssen. Ich selbst bin noch nicht recht zur Ruhe gekommen, zum Teil aus körperlichen Gründen. Die nervösen Herzbeschwerden, unter denen ich leide, gehen hoffentlich bald vorbei.

Ihre Änderungen zum Mannheimaufsatz bespreche ich in den nächsten Tagen mit Löwenthal.

Mit den herzlichsten Grüssen bin ich

ÜBERLIEFERUNG O: Ts(Dg); Max-Horkheimer-Archiv der Stadt- und Universitätsbibliothek, Frankfurt a. M. – E: Horkheimer, Briefwechsel 1937-1940, S. 198 ff.

Frau Bloch: Trude Bloch, Horkheimers Sekretärin.

Thomas: Albert Aristide Thomas (1878-1932) war seit 1920 Direktor der »Internationalen Arbeitsorganisation«. Thomas hatte Sternheim offenbar 1931 an Horkheimer empfohlen, als Sternheim noch in Amsterdam arbeitete und nicht für Thomas' Organisation.

Sternheim / sein Auftrag bei der Conférence des Sciences Sociales: Sternheim nahm als Vertreter des Instituts an dieser Konferenz teil; er schickte Horkheimer am 12. Juli einen Brief mit seinen »Eindrücken«, der im Horkheimer-Archiv erhalten ist.

Godowski: Der Pianist Leopold Godowsky (1870-1938) konnte seit 1930 wegen einer partiellen Lähmung nicht mehr auftreten und komponierte seitdem. Näheres über die Musikverlagspläne und Godowskys Rolle konnte nicht ermittelt werden.

Mandelbaum . . . ein übellauniger Brief / Durchschlag meiner Antwort: Beide Briefe scheinen nicht erhalten zu sein.

der Junge: Horkheimer versuchte, Fritz Moritz Rabinowitsch (geb. 1913), der, nach zweijähriger Zuchthausstrafe wegen Beihilfe zur Flucht und Leitung einer antifaschistischen Jugendorganisation, im April 1937 in Schutzhaft gebracht und – zunächst in ein Schulungslager gesteckt – bald darauf nach Dachau verschleppt wurde, freizubekommen. Fritz Moritz Rabinowitsch war in Berlin geboren worden und hatte sich früh in der Jugendfürsorge betätigt; 1934 hatte er sich, nach dem Abitur, an der Technischen Hochschule immatrikuliert. Er hatte sich noch aus der Haft an den ihm unbekannten Horkheimer gewandt und ihn gebeten, ihm bei der Aufnahme eines sozialwissenschaftlichen Studiums im Ausland, das er nach seiner Entlassung aufnehmen wollte, behilflich zu sein. Horkheimers Bemühungen, von denen ein umfangreiches Dossier in seinem Nachlaß zeugt, schlossen eine finanzielle Unterstützung des Studiums ein und führten 1939 zur Entlassung und Ausreise von Fritz Rabinowitsch, der sich in Amerika Fred Roberts nannte; mit einem Stipendium, das Horkheimer vermittelt hatte, studierte er an der University of North-Carolina Ingenieurswissenschaften. Fred Roberts, der noch Jahre lang Kontakt mit Horkheimer und dem Institut hielt, nahm nach seinem Studium eine Stellung in der amerikanischen Luftfahrtindustrie an. Seine Eltern, Gregor und Natalie Rabinowitsch, hatten Nationalökonomie studiert.

109 Paul Oppenheim und Adorno an Horkheimer Paris, 28.7.1937

28.7.37.

Lieber Freund,

wenn wir keine Ansichtskarte senden, so ist das kein Zeichen unserer Pleite. Wenn ich keine Karte mit Ansicht über Ihren pro-metaphysischen Aufsatz schreibe, so ist das kein Zeichen von Feigheit, sondern der Hoffnung, Sie anlässlich Ihrer bevorstehenden Europareise in Brüssel zu sehen, und der rührenden Bereitwilligkeit Teddys, Ihnen *notfalls* (in jedem Sinn) meine Ansicht zu berichten. Auch Lazarsfelds Aufsatz hat mein höchstes Interesse erregt; ich hätte mehr dazu zu sagen, als einstweilen meine Schreibzeit erlaubt. – Herzlichste Grüsse allzeits Ihr

Oppenheim.

Lieber Herr Horkheimer, Ihrem Ribbentrop ist ganz wenig Platz geblieben, und er ist überhaupt ganz klein, aber, wie Sie raten werden, mitten im, wenn auch Gegen den Strom, in

Paris, chez Rouziers, und leider nur ohne Sie! Wie lange? Hoffentlich à bientôt. Immer, ganz Ihr Teddie.

Oui à bientôt j'espère, cher ami votre Gabrielle O.

ÜBERLIEFERUNG Postkarte; Stempel: Paris, 28.VII.1937. – O: Ms m. einer Beischrift von Gabrielle Oppenheim; Max-Horkheimer-Archiv der Stadt- und Universitätsbibliothek, Frankfurt a. M.

Ihr prometaphysischer Aufsatz: Das ist »Der neueste Angriff auf die Metaphysik«.

Lazarsfeld Aufsatz: S. den Nachweis zu Brief Nr. 61.

Gegen den Strom: Dies war der Titel der 1928 bis 1931 von der KPD (Opposition) in Berlin herausgegebenen Zeitschrift.

110 Horkheimer an Adorno
New York, 30.7.1937

BRIEF APPORTER UNTERWEGS STOP GENFREISE VORLAEUFIG UEBERFLUESSIG STOP GRUESSE

HORKHEIMER

ÜBERLIEFERUNG Telegramm; Max-Horkheimer-Archiv der Stadt- und Universitätsbibliothek, Frankfurt a. M.

111 Klaus Brill und Adorno an Horkheimer Paris, 3.8.1937

3/8/1937

Monsieur
Horkheimer
Grand View Hotel
Lake Placid (N. Y.)

(Etats-Unis)

Sehr geehrter Herr Horkheimer,

Herr Dr. Wiesengrund sendet Ihnen mit gleicher Post 1.) ein durchkorrigiertes und druckfertiges Manuskript seines Aufsatzes, das er im Gegensatz zu dem bald folgenden Sie als das verbindliche zu betrachten bittet; 2.) ein Exemplar seines Bergbuches. Zu diesem Buch möchte Herr Dr. Wiesengrund einige Bemerkungen und Vorbehalte machen, die er Ihnen in einem bald folgenden, ausführlichen Brief mitteilen wird. Überhaupt bittet er Sie, den vorliegenden Brief als eine Art Vorboten des nächsten ansehen zu wollen, den er zugleich mit dem Congressbericht und einem Duplikat des Husserl-Aufsatzes an Sie richten wird.

Lieber Herr Horkheimer,
bitte verzeihen Sie die Hast (heute u. a. meine große Diskussion mit Neurath!) und die stumme Sendung, die Ihnen doch vielleicht ein wenig Freude macht. Ein ausführlicher Brief, Kongreßbericht usw. folgen in den nächsten Tagen. Das beiliegende Husserlmanuskript enthält die in eingehenden Besprechungen mit Benjamin durchgeführten Änderungen; in das Duplikat, das ich Ihnen in den nächsten Tagen schicke, konnte ich diese nicht mehr einzeichnen; also ist das heutige als das von mir aus »definitive« anzusehen, das andere nur zur rascheren Orientierung der anderen; als Druckvorlage nur das heutige. Doch können die Pariser Änderungen auch in das

demnächst folgende leicht eingezeichnet werden, sodaß nochmalige Abschrift nicht erforderlich ist. Alles Herzliche, Liebe Ihr

T. W.

ÜBERLIEFERUNG O: Ts/Ms; Max-Horkheimer-Archiv der Stadt- und Universitätsbibliothek, Frankfurt a. M.

Bergbuch: S. den Nachweis zu Brief Nr. 38.

der Congressbericht: Der Bericht über die »Konferenz der Internationalen Kongresse für Einheit der Wissenschaft« (so der offizielle Titel) ist ebenso wie der Bericht über den IX. Internationalen Philosophie-Kongreß, der im Zeichen von Descartes' »Discours de la méthode« (1637 erschienen) stand, gemeinsam mit Benjamin verfaßt. Beide Berichte s. Anhang S. 560 bis 579.

Das beiliegende Husserlmanuskript: Das Typoskript des Aufsatzes »Zur Philosophie Husserls« trägt die handschriftliche Widmung auf dem Titelblatt: »Für Max Horkheimer / meine erste philosophische Arbeit / als Prolegomenon zur gemeinsamen. / Paris, August 1937«.

112 Gabrielle Oppenheim und Adorno an Horkheimer
Paris, 5.8.1937

nous pensons à vous et jouissons de la beauté de ce Paris adorable
Gabrielle O. il vive l'institut

im Ramponneau denken wir an die, denen wir es danken, und sind dankbar denen an die wir denken (nach dem Bericht über die Positivisten!)
À toujours Teddie

ÜBERLIEFERUNG Ansichtskarte: Paris en flanant: 8 Les Bouquinistes du Quai de la Tournelle; Poststempel: Paris, 5.VIII.1937. – O: Ms; Max-

Horkheimer-Archiv der Stadt- und Universitätsbibliothekt, Frankfurt a.M.

Ramponneau: Restaurant im XVI. Arrondissement (21, avenue Marceau), das seinen Namen dem »cabaret«-Besitzer Jean Ramponeau (oder: Ramponneau) aus dem 18. Jahrhundert verdankt.

113 Adorno an Horkheimer
Paris, 7.8.1937

Paris, 7. August 1937.

Lieber Herr Horkheimer,

es fällt mir schwer, Ihnen klar zu machen, mit welcher Spannung ich Ihrer Reaktion auf die Husserl-Arbeit entgegensehe. Halten Sie mich dieser Spannung wegen nicht für gar zu kindisch. Nachdem ich Sie verlassen mußte und mich wieder in die wenig splendide isolation in England versetzt sah, gab es für mich nur eine Möglichkeit, den Elan der Newyorker Tage zu transportieren und zugleich das Gefühl der Vereinsamung zu paralysieren, das mich in London befiel: ich habe mich Hals über Kopf in die Arbeit gestürzt und sie tatsächlich in drei Wochen zuwege gebracht. Ich übertreibe nicht, wenn ich Ihnen sage, daß ich niemals an irgendeiner Sache mit größerem Anteil gearbeitet habe: ich betrachte sie in allem Ernst als meine erste philosophische, will sagen als die erste, die ich einigermaßen verantworten kann; sie soll eine Vorstellung davon vermitteln, was ich mir vorstelle unter dem Versuch »die Logik zum Sprechen zu bringen«; und sie ist zugleich gedacht als Erfüllung des Marcuseschen »Desiderats« einer immanenten Durchbrechung des Idealismus; zugleich als meine implizite Antwort zum Problem der immanenten Kritik und dem von deren Verschränkung mit der transzendenten. Danach können Sie vielleicht verstehen, was Ihre Antwort für mich bedeutet, ohne mich darum der unmäßigen

Intensität mehr zu zeihen als ich dieser nun einmal generell mich schuldig weiß. Sonst habe ich zur Arbeit wenig hinzuzufügen; in ihrer Anlage wird sie ganz überschaubar erst vom vierten Kapitel aus. Die Länge dürfte genau der in New York vorgesehenen entsprechen; die Schwierigkeit, die ich selber natürlich nicht verbindlich einschätzen kann, ist nach der Ansicht von Benjamin und auch von Kracauer nicht erheblicher als es der Gegenstand mit sich bringt; gewisse »fachliche« Erörterungen im zweiten Kapitel scheinen mir freilich unentbehrlich, um von der Problematik der Wesensschau eine konkrete Vorstellung zu geben. In einer Richtung freilich erwarte ich einen Einwand. Er bezieht sich auf die extravagante Spannung zwischen den Extremen der Arbeit: hier der immanenten erkenntniskritischen Analyse, dort gewisser gesellschaftlicher Aussagen; und ich höre schon, etwa bei der Stelle über die Anführungszeichen im ersten, oder die winkende Dame im dritten Kapitel, die Zurufe im Plenum: das geht so nicht. Ich bin nun absolut sicher, daß diese Zurufe nicht von Ihnen kommen, und ich müßte einen schlechten Instinkt haben, wenn Ihnen nicht gerade jene Stellen besonders einleuchteten; lassen Sie mich darum Sie nur herzlich bitten, meine, des Abwesenden, Sache in diesem Betracht zu vertreten, und lassen Sie mich weiter Sie daran erinnern, daß Husserl, mag Heidegger so faschistisch sein wie er nur will, selber schon zu den Gründern der deutschen Vaterlandspartei gehörte.

Unterdessen werden Sie nun auch den Bericht über die Positivisten erhalten haben; der über den Congrès Descartes, nebst Material, folgt in den nächsten Tagen. Ich habe mit den Positivisten die persönliche Fühlung dauernd aufrechterhalten; am Dienstag hatten wir eine interne Diskussion über Ihren Aufsatz, die bestritten wurde von Neurath, Carnap, Frank, Hempel, Lazarsfeld, Benjamin und mir; sie dauerte über 6 Stunden. Als Resultat läßt sich ohne Übertreibung soviel jedenfalls sagen: daß wir auch nicht die leiseste Nuance haben preiszugeben brauchen, während die anderen, und zwar besonders Neurath, immerhin eine Menge zugaben; auch Carnap verhielt sich keineswegs starr, was freilich damit zusammenhängen mag, daß er, wie mir Neurath dann sagte, offenbar damit rechnet, daß das Institut ihm einen Beitrag zahlt für die Tage, die er zu den gemeinsamen Besprechungen in New York zubringen wird (ich habe Neurath gesagt, daß die Entscheidung darüber bei Ihnen stünde). Ich bin natürlich weit davon entfernt, die sachlichen Zugeständnisse der Leute sachlich ernst zu nehmen. Sie beweisen nur einmal, daß sie sich freuen, von *uns* überhaupt ernst genommen worden zu sein, und dann, daß sie es mit uns aus Gründen des akademischen Geschäfts um keinen Preis verderben wollen. Und ich glaube jedenfalls, daß Ihr Ribbentrop es erreicht hat, persönliche Gereiztheiten auszugleichen und die Fäden weiterzuspinnen, ohne daß wir sachlich auch nur im mindesten hätten zurückweichen müssen. Ich lud Neurath am Mittwoch zu Rouzier ein mit dem Effekt, daß er mir erklärte, ich sei beinahe so nett wie Sie. In einem Gespräch über die Jazz-Arbeit meinte er, Untersuchungen wie diese seien mit den Grundsätzen des Logischen Positivismus durchaus vereinbar. Mehr können wir ja im Augenblick schwerlich verlangen. Der einzig Intransigente ist Paul Oppenheim, was offenbar damit zusammenhängt, daß er von Logistik schon gar nichts versteht. Er hat mir seine Einwände endlos auseinandergesetzt und mich gebeten, sie Ihnen zu referieren; sie sind aber so dämlich, daß ich Ihnen das ersparen möchte. Lazarsfeld hat während der ganzen Diskussion kein Wort gesagt. Seine Seele war offenbar vom Konflikt von Pflicht und Neigung zerrissen.

Hier habe ich Ronald Syme getroffen, den Autor des sehr interessanten Augustus-Buches, von dem ich Ihnen sprach. Das Buch wird keinesfalls vor Sommer nächsten Jahres erscheinen, so daß wir ohne weiteres entweder einen Vorabdruck bringen können oder einen Aufsatz, der die leitenden Gesichtspunkte des Ganzen gibt. Ich erwarte mir von der Sache sehr viel, und man wird, eventuell durch eine Vorbemerkung, den Zusammenhang mit Egoismus und Freiheitsbewegung gut herausbringen können. Ich habe Syme, der sich in einer sehr großen

Position befindet (Dean of Trinity College) ein Honorar von 120.- Dollar geboten, und er hat den Vorschlag mit größter Freude akzeptiert. Sein Manuskript könnte uns im Laufe des Oktober zur Verfügung stehen. Vielleicht lassen Sie ihm noch eine Zeile der Bestätigung zukommen (Ronald Syme, Esq. M. A., Dean of Trinity College, Oxford, England).

Weiter habe ich das Projekt Massenkunst im Monopolkapitalismus verfolgt. Die Schwierigkeiten sind, wie wir ja alle wissen, sehr beträchtlich, ich glaube aber doch, daß die Sache ihre Chancen hat. Wegen eines Aufsatzes über Radio habe ich mich an Ernst Křenek gewandt; den Durchschlag meines Briefes kennen Sie; heute sende ich Ihnen seine Antwort. Ich glaube, daß ich die Kontrolle dieser Arbeit ganz in der Hand behalten kann. Eventuell werde ich vorschlagen, sein Honorar auf 120.- Dollar zu erhöhen. Ich glaube, daß der Name eines ungemein repräsentativen Künstlers im Zusammenhang dieses Buches auch von erheblichem propagandistischen Wert ist. Für den Aufsatz über Film käme u. U. Dudow, der Autor der Filme Kuhle Wampe und Seifenblasen, in Betracht, ein Mann, der mir in jeder Beziehung einen ausgezeichneten Eindruck macht. Fraglich sind mir nur seine literarischen Qualitäten (er ist Bulgare); ich übereile da nichts. Was die Frage der Illustrierten Zeitungen anlangt, so denken Benjamin und ich an Grete de Francesco, die von solchen Dingen viel versteht und außerdem spezifische Gelehrtenqualitäten mitbringt. Kracauer könnte u. U. Kunstgewerbe übernehmen; über Film möchte ich ihn keinesfalls schreiben lassen, sowohl um Kollisionen wie um Kontaminationen zu vermeiden (er ist übrigens fleißig an seiner Arbeit, die sich zu einem Büchlein von ungefähr 100 Seiten auszuwachsen scheint und an der er sich offensichtlich große Mühe gibt; für die Nachzahlung war er sehr dankbar, und es ist außer Frage, daß er den Auftrag loyal durchführen wird). Was den Detektivroman anlangt, so möchte ich zur Erwägung geben, ob nicht Löwenthal diese Arbeit übernehmen könnte; ich glaube, daß dafür die verschiedensten Gründe sprächen und die Zeit würde er wohl erübrigen können. Wegen des Aufsatzes über Architektur bin ich mir immer noch unschlüssig.

Wegen der Angelegenheit R. erwarte ich Ihre Nachricht. Ich bin etwa ab Donnerstag den 12. wieder in London, Albemarle Court Hotel. Das Datum der Hochzeit ist noch unbestimmt, es kann Anfang September darüber werden.* Selbstverständlich depeschiere ich, sobald ich klar sehe. Lassen Sie mich bitte auch wissen, ob ich in Sachen M. etwas unternehmen soll. Die hiesigen Dinge werde ich während des Rests meiner Pariser Tage in Angriff nehmen; bis jetzt haben mir die Kongresse einfach keine Zeit dazu gelassen. Venedey wird nicht vergessen. Wegen des Standes der Propagandafragen wird Ihnen Herr Brill berichten.

Ich sehe, daß der Mannheim nicht ins zweite Heft kommt. Das bedeutet, daß (falls der Mannheim erscheint, wofür ich ja nach reiflichster Überlegung optiert habe) der Husserl erst im ersten Heft 1938, der Wagner also frühestens im zweiten erscheinen könnte. Zu dessen Vorbereitung bleibt demnach reichlich Zeit, und ich möchte Ihnen als modus procedendi vorschlagen, daß ich Ihnen ein Exposé schicke, ehe ich an die Textierung gehe, so daß bei dieser Arbeit der kollektive Charakter wirklich gewahrt werden kann. Die Arbeit wird sich ja wohl auch mit dem gegenwärtigen Stand der offiziellen Wagnerforschung (Lorenz, Kurth, Newman) auseinanderzusetzen haben, und ich werde eine Reihe Bücher anschaffen müssen, wozu ich das Placet des Instituts erbitte. Das musikalische Material besitze ich vollständig; dagegen nicht alle ästhetischen Schriften Wagners. – In London bat mich Adams, bei ihm mit Ginsberg zusammenzukommen, wegen Alfred Meusel und der Frage von dessen Unterstützung durch das Institut; es ist dann aber zu der Zusammenkunft nicht gekommen, weil Ginsberg

---

* [Marginalie:] Gretel ist *nicht* hier, da man ihr in Berlin den Pariser Sichtvermerk verweigert hat; sie dankt Ihnen aber besonders herzlich!

nichts von sich hören ließ. Dieser wird ja wohl in New York mit Ihnen über die Sache sprechen. Es wird sich dann wohl auch Gelegenheit ergeben, mich bei ihm zu akkreditieren. Der Erfolg Ihrer Briefe an Neurath jedenfalls war durchschlagend.

Weiter hat mich Adams gefragt, wie das Institut zur Frage der Publikation des Buches von Hans Baron sich stellen würde, dessen Exposé uns s.Zt. vorlag. Ich habe geantwortet, daß wir eventuell an der Publikation des Buches interessiert seien, wofern damit keinerlei Belastung des Instituts durch ein Stipendium an Herrn Baron verbunden ist. Adams wird Ihnen wohl deswegen schreiben. – Sohn-Rethel, den ich heute zum ersten Male sehe, wird ab September nach England kommen, und es wird mir die Funktion einer gewissen Kontrolle seiner Arbeit eingeräumt werden.

Mit Tillich war ich öfters zusammen, durchaus angenehm. Benjamin ist mir wahrhaft unentbehrlich; ich wäre ohne ihn mit den hiesigen Dingen kaum fertig geworden. Wegen der wichtigen Beziehung zu Adrienne Monnier wird er Ihnen selbst berichten. Gestern sah ich Klossowski und mahnte ihn wegen des Sade; er hat mir auch zugesagt, aber dabei so sehr betont, daß es sich ja nur um einen kurzen Aufsatz handle, daß ich an das Zustandekommen der ganzen Sache nicht recht glauben kann. Ich habe übrigens den Eindruck, daß Klossowski aus Gründen der einfachsten materiellen Not ganz im literarischen Betrieb aufgeht. Die Frage der französischen Mitarbeiter bleibt nach wie vor sehr schwierig.

Ich habe Jean Wahl durch Koyré auf eine unoffizielle Weise kennen gelernt und war durchaus sympathisch berührt. Klossowski glaubt, daß Wahl die Bevorwortung der Essais de Philosophie matérialiste gern übernehmen würde, und ich hielte die Lösung für recht glücklich. Ich möchte nicht mit ihm sprechen, ohne Ihres Einverständnisses gewiß zu sein; positiven Falles geben Sie aber vielleicht Benjamin, der Wahl ebenfalls kennt, Vollmacht, mit diesem zu reden. – Klossowski hat wegen der Essais auch mit Gide gesprochen, und dieser soll angeblich im Begriff sein, Egoismus und Freiheitsbewegung zu lesen. – Aron hoffe ich in den nächsten Tagen zu sehen. Groethuysen sah ich gestern, ohne daß ich es gerade gehofft hätte. Salomon gab mir ein Separatum eines Aufsatzes über Wissenssoziologie; der Mann ist für uns, wäre es selbst als kleinster Mitarbeiter des Besprechungsteiles, völlig untragbar.

Verzeihen Sie die lange Epistel, und erholen Sie sich recht bald von ihr und überhaupt sehr gut. Alles Liebe an Maidon, Pollocks, Löwenthals, vor allem aber an Sie selber

von Ihrem alten

. Teddie Wiesengrund

Nach Abschluß des Briefes wird mein Gewissen sehr schlecht: Sie könnten ihn auffassen als die Zumutung, aus Ihren Ferien über den Husserl ausführlich zu schreiben. Das ist natürlich nicht die Intention. Aber vielleicht fällt ein Telegramm ab für Ihren im voraus dankbaren

T. W.

In London schreibe ich zunächst einige Besprechungen.

ÜBERLIEFERUNG O: Ts; Max-Horkheimer-Archiv der Stadt- und Universitätsbibliothek, Frankfurt a. M. – E: Horkheimer, Briefwechsel 1937-1940, S. 209 ff.

die Anführungszeichen im ersten, oder die winkende Dame im dritten Kapitel: Vgl. Adorno GS 20·1, S. 63 und S. 94.

Husserl [gehörte] zu den Gründern der deutschen Vaterlandspartei: Die 1917 von Wolfgang Kapp und Alfred von Tirpitz gegründete Partei war ein »Sammelbecken für eine nationalistisch aufgeputschte, imperialistische Massenbewegung mit frühfaschistischen Zügen«. (Hans-Ulrich Wehler, Das Deutsche Kaiserreich 1871-1918, Göttingen 1973, S. 214) Für eine Beteiligung Husserls an der Gründung der Partei, die sich 1918 wieder auflöste, scheint es keinen Beleg zu geben (vgl. Horkheimer, Briefwechsel 1937-1940, S. 214, Anm. 2).

Rouzier: Nicht ermittelt.

Ein Aufsatz über Radio . . . Ernst Křenek . . . mein Brief . . . seine Antwort:

Ernst Krenek schrieb den Beitrag »Bemerkungen zur Rundfunkmusik«, der im ersten Heft des Jahrgangs 1938 erschien (vgl. S. 148-164); zu der Zeit war Adornos Vorschlag aber vor allem auf die Kollektivarbeit über »Massenkunst im Monopolkapitalismus« gemünzt (vgl. den Brief Adornos an Krenek im Anhang, S. 525-528). Kreneks Antwortbrief scheint nicht erhalten zu sein, der nächste Brief von ihm datiert vom 2. September 1937.

Dudow: Slatan Dudow (1903-1963) hatte nach einem Architekturstudium sich in Berlin zunächst dem Theater und dann dem Film gewidmet; der Film »Seifenblasen« wurde 1934 in Paris von ihm gedreht.

Grete de Francesco: Näheres über die aus Österreich stammende Publizistin konnte nicht ermittelt werden.

die Angelegenheit R.: Das heißt die Befreiung Fritz Rabinowitschs aus dem Konzentrationslager.

M.: Wahrscheinlich ist Kurt Mandelbaum gemeint (s. Brief Nr. 108).

Venedey: Hans Venedey hatte, wie er in seinem Brief vom 2. Februar 1968 Horkheimer in Erinnerung rief, 1933 Wittfogel im Konstanzer Gefängnis betreut und die Verbindung zwischen diesem und dem Institut hergestellt, als er 1933 selbst in die Schweiz emigrieren mußte. Venedey wurde in den folgenden Jahren mehrfach von Horkheimer und Pollock unterstützt.

der Wagner: Adornos »Versuch über Wagner«, der sich zum Buch auswuchs, von dem fünf Kapitel 1939 in der Zeitschrift erschienen. Vgl. jetzt Adorno GS 13, S. 11-148.

Lorenz: Alfred Lorenz' »Das Geheimnis der Form bei Richard Wagner«, das in einzelnen Bänden Wagners Musikdramen behandelte, war zwischen 1924 und 1933 erschienen.

Kurth: Vgl. Ernst Kurth, Romantische Harmonik und ihre Krise in Wagners »Tristan«, 3. Aufl., Berlin 1923.

Newman: Von Ernest Newmans vierbändiger Biographie »The Life of Richard Wagner« war 1937 der zweite Band erschienen.

Ginsberg . . . Alfred Meusel: Der Volkswirtschaftler und Soziologe Alfred Meusel (1896-1960), seit 1930 Professor in Aachen und Gründer der »Sozialwissenschaftlichen Vereinigung«, im September 1933 entlassen, war 1934 nach England emigriert und hatte für die Studien über »Autorität und Familie« einen Beitrag »Die Familie in der deutschen Gesellschaftsauffassung seit 1933« geschrieben. Meusel arbeitete an der »London School of Economics« mit Mitteln des A. A. C. und dem »Institute of Sociology«. – Der Soziologe Morris Ginsberg (1889-1970) gehörte von 1921 bis 1954 zum »staff« der »London School of Economics«.

Ihre Briefe an Neurath: Aus diesem Zeitraum ist nur ein Brief Horkheimers an Neurath als Typoskript-Durchschlag im Horkheimer-Archiv erhalten. In diesem Brief vom 29. Juni schreibt Horkheimer: »Bei Ihrem sowie beim Philosophenkongress wird von unserem Institut nicht Herr Lazarsfeld, sondern Herr Wiesengrund anwesend sein. Er ist selbst ein ganz ausgezeichneter Philosoph und gehört zu unserem Mitarbeiterstab. [. . .] Gegenwärtig ist er hier zu Besuch, und ich habe alle Sie interessierenden Angelegenheiten mit ihm durchgesprochen. Er wird alles Nötige wegen der von Ihnen für den Herbst angeregten Aussprache zwischen Ihrer und unserer Gruppe vereinbaren.«

Beziehung zu Adrienne Monnier: Die Schriftstellerin und Buchhändlerin Adrienne Monnier (1892-1956), die über einigen Einfluß im französischen Literaturbetrieb verfügte, sollte dazu bewogen werden, die Zeitschrift in Paris zu ›lancieren‹. Horkheimer hat sie während seines Europaaufenthalts kennengelernt.

Klossowski . . . der Sade: Klossowski, der bis zu diesem Zeitpunkt drei Studien über Sade publiziert hatte (vgl. die Nachweise in Benjamin, Gesammelte Briefe V, S. 224), wollte offenbar für die Zeitschrift einen weiteren Aufsatz dieses Themas schreiben. Benjamin schrieb am 9. Januar 1936 an Gretel Karplus: »Mit viel Interesse erfuhr ich, daß mein Übersetzer gerade jetzt eine eigene Arbeit ›Von Sade bis Fourier‹ vorbereitet.« (Ebd., S. 222) Möglicherweise ist hier dieser Aufsatz gemeint, den Klossowski aber erst Jahrzehnte später schrieb.

Ich habe Jean Wahl . . . kennen gelernt: S. Anhang S. 573 f.

Salomon . . . ein Aufsatz: Gottfried Salomon-Delatour (1892-1964) lehrte zu der Zeit am »Institut Germanique« der Sorbonne. Der Aufsatz konnte nicht sicher identifiziert werden; möglicherweise ist der zweiteilige Aufsatz »Comte ou Hegel« gemeint, der 1935 und 1936 in der »Revue positiviste internationale« erschienen war.

114 Adorno an Horkheimer
Paris, 9.8.1937

ARON ERST AB FREITAG PARIS DRAHTET OB SOLANGE HIERBLEIBEN HERZLICHST=WIESENGRUND.

ÜBERLIEFERUNG Telegramm; Max-Horkheimer-Archiv der Stadt- und Universitätsbibliothek, Frankfurt a. M.

115 Adorno an Horkheimer
Paris, 12.8.1937

UEBERGLUECKLICH HOCHZEIT ACHTEN SEPTEMBER ANGESETZT AB HEUTE WIEDER APPORTER BITTE DRAHTET ANKUNFTSORT UND DISPOSITIONEN HERZLICHST.

ÜBERLIEFERUNG Telegramm; Max-Horkheimer-Archiv der Stadt- und Universitätsbibliothek, Frankfurt a. M.

116 Horkheimer an Adorno
New York, 18.8.1937

EINTREFFEN EUROPA DREIUNDZWANZIGSTEN NOR MANDIE STOP BLEIBEN BIS FUENFTEN SCHWEIZ UND PARIS ADRESSE GENFER INSTITUT STOP REISEN UEBER BRUESSEL HOLLAND EINTREFFEND SIEBTEN LONDON STOP [X] WIEDERSEHEN HERZLICHST

ÜBERLIEFERUNG Telegramm; Max-Horkheimer-Archiv der Stadt- und Universitätsbibliothek, Frankfurt a. M.

117 Adorno und Gretel Karplus an Horkheimer London, 21.8.1937

London W 2.
21 Palace Court
21. August 1937

Lieber Herr Horkheimer,

hoffentlich erreicht Sie dieser Willkommensgruß richtig in Southampton, so wie mich dort ein Brief meiner Mutter erreichte. Ich kann Ihnen nicht sagen, wie froh und dankbar ich bin, daß Sie es wirklich möglich gemacht haben, zu kommen, und bange jetzt schon darum, daß die Zeit nicht wieder zu kurz sei; möchte Ihnen auch sogleich sagen, daß wir uns in den Zeitdispositionen ganz nach Ihnen richten können.

Gestern ist Gretel angekommen und hat mit der ihr eigenen Energie uns aus dem schrecklichen Albemarlehotel herausgeholt. Wir haben zwei nette und freundliche Räume gefunden, die uns beherbergen, bis die Wohnungsfrage gelöst ist, bei der wir auf Ihre und Maidons Beratung hoffen. Die neue Adresse ist W 2, 21 Palace Court; es klingt schrecklich pompös, stellt sich aber praktischer als der Stall, in dem ich bislang logierte.

Im übrigen möchte ich heute nur zwei Dinge sagen – sogleich sagen, weil es möglicherweise praktisch ist, sie zu wissen, ehe Sie in Paris sind. Das eine: Vorsicht mit Venedey! Ich habe keine speziellen Gründe, kann mich aber eines unbehaglichen Gefühls nicht erwehren; jedenfalls sollte man keine Entscheidung treffen, ehe wir nicht den Fall genauestens durchgesprochen haben. Das andere: Vorsicht mit Propagandaaktionen bei Schwarzschild. Sie würden uns einerseits politisch nur kompromittieren, andererseits aber ist seine eigene Haltung so, daß für sie sich zu kompromittieren weiß Gott nicht lohnt; eine der letzten Nummern z.B. brachte unter dem Titel »Die Diktatur des Herzens« einen Hymnus auf das Mistbuch des Herrn Löwe. Und wenn uns vieles Orthodoxe nicht behagt, so folgt daraus ja eben doch keine Sympathie gegen die Herrschaften, die Sie im Gespräch mit Löwe so drastisch charakterisierten und deren Interessen nach meiner Überzeugung diese Zeitschrift und ihr Kreis ganz verfallen ist. Ich habe, aus eben diesen Erwägungen, S. in Paris auch nicht aufgesucht.

Hoffentlich hatten Sie eine gute Überfahrt beide. Ich erwarte sehr bald Nachricht von Ihnen, auch ob Sie mich etwa irgendwo brauchen. Ich selber schreibe so allerlei Besprechungen für die Zeitschrift.

Benjamin ist in San Remo, Villa Verde; unter Umständen wäre es praktisch für Sie, ihn nach Genf zu bestellen.

A bientôt denn, spätestens am 5. oder 6. Alles Liebe Ihnen beiden

Ihr getreuer Teddie Wiesengrund.

Lieber Herr Horkheimer,

heute möchte ich Ihnen nur kurz sagen, wie sehr ich mich freue, daß Sie und Ihre Frau zu unserer Hochzeit herkommen. Ich bin Ihnen so dankbar für diese Lösung, die es uns endlich ermöglicht ganz zusammenzukommen; besonders reizend finde ich es, daß Sie auch noch an mich speziell gedacht haben und ich erbitte schon jetzt Ihren Rat, wie ich es mir am besten einrichten kann, um für eine spätere Tätigkeit für das Institut recht brauchbar sein zu können. Eine recht gute Reise, sehr viele herzliche Grüße auch an Frau Maidon

stets

Ihre

Gretel Karplus.

Wenn ich Ihnen hier irgendetwas helfen und arbeiten könnte, wäre ich sehr froh

ÜBERLIEFERUNG O: Ts/Ms; Max-Horkheimer-Archiv der Stadt- und Universitätsbibliothek, Frankfurt a. M.

ein Brief meiner Mutter: Nicht erhalten.

Schwarzschild: Leopold Schwarzschild (1891-1950) war Herausgeber des »Neuen Tage-Buchs«.

»Die Diktatur des Herzens«: Vgl. J. P. Mayer, Die Diktatur des Herzens, in: Das Neue Tage-Buch, 14.8.1937, Jg. 5, Nr. 33, S. 733 f. – Es handelt sich um eine Rezension von Adolf Löwes Buch »The Price of Liberty«.

118 Adorno an Horkheimer London, 26.8.1937

21, PALACE COURT,
HYDE PARK. W. 2.
BAYSWATER 3738.

26. August 1937

Lieber Herr Horkheimer,

wenn man etwas besonders gut machen will, macht man es bestimmt falsch: den einliegenden Brief hatte ich an die Normandie adressiert, zur delivery in Southamptom, wo ich bei meiner Ankunft Post von zuhause erhielt. Erfolg: der Brief kam heute zurück. Ich lege ihn, wie er ist, bei, und bitte Sie, den delay zu entschuldigen, der nur auf die besondere Eile zurückzuführen ist.

Im übrigen will ich Sie nicht lange heute aufhalten und nur wenige Punkte berühren.

Marga Wadsack sandte mir heute den Durchschlag ihres Briefes an Sie, nachdem ich sie ausführlich gesprochen. Ich bin *gegen* die Verlängerung des Stipendiums. Gründe: einmal halte ich sie für recht unfähig und kann, es sei denn ihrer politischen Anständigkeit wegen, keine sachliche Veranlassung sehen, daß das Institut sich ihretwegen ad indefinitum engagiert. Weiter: ich halte sie auch nicht für ganz korrekt. Sie hat mir von einer zwischen ihr und Frau Favez schwebenden Auseinandersetzung eine offenbar unrichtige Darstellung gegeben; sie beruft sich weiter in ihrem Brief an Sie auf mich, während ich ihr eindeutig negativ geantwortet hatte und sie ausdrücklich ersucht, auch in ihrem Brief an Sie über meine Stellungnahme keinen Zweifel zu lassen. Ich würde im übrigen vorschlagen, daß Sie den ganzen Komplex Wadsack mit Frau Favez besprechen, die sie viel besser kennt als ich. Die einzige Möglichkeit bei uns, von der ich glaube, daß sie sich sachlich unter Umständen verantworten ließe, wäre, wenn Karl August sie als Assistentin brauchen könnte – was voraussetzte, daß die chinesischen Untersuchungen fortgesetzt werden.

Weiter: ich habe in der Cassirerfestschrift, die ich für die Zeitschrift anzeige, einen Aufsatz von Gilson gelesen. Der Aufsatz ist neoscholastisch und im Endeffekt apologetisch-thomistisch. Er enthält aber eine Analyse des cartesianischen Ansatzes, die zu dem hervorragendsten gehört, was ich zu dem Gegenstand kenne; mit der ebenso paradoxen wie für mich überzeugenden These, daß der eigentliche Begriffsrealismus in der modernen Philosophie gerade im idealistischen Ansatz liegt, trotz des Kampfes der Cartesischen Schule gegen die Aristotelische Lehre von der Substantialität der Formen. Die Arbeit hat mich besonders gefesselt, weil sie von einem total anderen Ausgangspunkt aus gewisse Positionen erreicht, die ich in dem Husserlaufsatz zu fixieren suchte. Ich sollte denken, bei richtiger Themenwahl und Kontrolle müßte Gilson für die Zeitschrift heranziehbar sein: etwa mit einer »Kritik des Cartesianischen Ansatzes«. Da er heute wohl als die größte lebende Descartesautorität gilt, wäre das auch prestigemäßig ein großer Gewinn. Ich würde an Ihrer Stelle in Paris mit Aron darüber reden, wenn irgend möglich aber mit G. *direkt* in Kontakt zu kommen suchen (wenn er jetzt dort ist – was ich freilich für recht unwahrscheinlich halte). Ich selbst habe ihn in Paris nicht kennengelernt und möchte bei einem so wichtigen Mann auch nichts ohne die genaueste Verständigung mit Ihnen versuchen. Der Qualität nach ist er mit Leuten wie Maritain und Koyré überhaupt nicht zu vergleichen: eine Denkkraft allerersten Ranges, die nur an bestimmten Stellen sich selber das Denken verbietet.

In meinem ausführlichen Brief aus Paris hatte ich Ihnen im Zusammenhang mit dem Plan »Massenkunst im Monopolkapitalismus« von dem Filmsachverständigen Dudow gesprochen. Ich wäre Ihnen besonders dankbar, wenn Sie sich ihn einmal in Paris ansehen würden und mir sagen, was Sie von ihm denken. Er ist Bulgare und drückt sich auf deutsch etwas unbeholfen aus; ich glaube aber, daß wirklich etwas hinter ihm steckt. Adresse Paris VI., 7 rue du Dragon, Telefon Littré 6574.

Benjamin wäre gern mit uns beiden in Paris zusammen und auch mir schiene ein solches Meeting aus manchem Grunde erwünscht; wenn Sie sich dafür entscheiden, so wäre es aber wohl am praktischesten, wenn man es erst nach der Hochzeit arrangierte. Wir dürfen auch nicht versäumen, über die Beziehung des Instituts zu der Buchhändlerin Adrienne Monnier zu reden, der B. so große Bedeutung zumißt.

Hoffentlich sind Sie beide gut und glatt gereist und zürnen mir nicht zu sehr wegen der verspäteten Eilnachricht. Wir sind sehr glücklich, Sie bald hier zu wissen.

Alles Liebe und Herzliche von Gretel und
Ihrem alten

Teddie Wiesengrund.

Über Rix Löwenthal habe ich eine Art Schreckensregime verhängt, indem ich ihn dauernd anrufe und kontrolliere: er hat tatsächlich, solange ich in Paris war, nichts zustande gebracht.

ÜBERLIEFERUNG O: Ts; Max-Horkheimer-Archiv der Stadt- und Universitätsbibliothek, Frankfurt a. M.

Marga Wadsack . . . ihr Brief an Sie: In ihrem Brief vom 24. August schreibt Marga Wadsack: »Nach einer eingehenden Besprechung mit Herrn Dr. Wiesengrund wende ich mich auf Rat von Dr. Wiesengrund an Sie und möchte Ihnen einige Fragen vortragen, die für mich von großer Bedeutung sind. [. . .] Ich habe im Wintersemester 1936/37 den ersten chinesischen Sprachunterricht am China-Institut in Frankfurt genommen und weitere fünf Monate Einzelsprachstunden bekommen, so daß ich jetzt gerade die Anfangsgründe der Sprache aufgenommen habe. Im April dieses Jahres erhielt ich von Herrn Dr. Pollock ein Stipendium bis zum Ende des Jahres, mit dem ich nach London gegangen bin, um hier eine Möglichkeit zu suchen, entweder meine weitere Ausbildung in Europa zu sichern oder sofort nach China zu gehen. Durch Fürsprache von Frau Dr. Bing vom Warburg-Institut, London, bietet sich mir augenblicklich die Möglichkeit, eventuell eine Freistelle in der School of Oriental Studies, London, zu erhalten, falls ich dazu die notwendige finanzielle Grundlage für meinen Lebensunterhalt hätte. Die Ausbildung würde wohl zwei Jahre dauern und es besteht die Wahrscheinlichkeit, daß ich dann mit Hilfe der Oriental School eine Stellung finden könnte in irgendeiner sinologischen Arbeit. Ich möchte aber diese Möglichkeit, die mir die Oriental School bietet, gar nicht benutzen, denn ich fürchte, daß die berühmteste Schule eines imperialistischen Staates mich nicht der Arbeit näher bringen würde, die mir vorschwebte, als ich mich entschloß, mich mit dem modernen China als Lebensaufgabe zu beschäftigen Mich treibt es zu einer Untersuchung über das chinesische Kollektivbewußtsein und dessen Einfluß auf die Organisierung des modernen Chinas. [. . .] Da ich aber ohne Kenntnis der chinesischen Sprache nichts unternehmen kann, möchte ich die günstigste und kürzeste Möglichkeit, die Sprache zu lernen, benutzen. Ich denke daran, für ungefähr ein Jahr nach Frankfurt zurückzugehen, da ich dort unentgeltlich chinesischen Privatunterricht (gegen Austausch) von dem dortigen chinesischen Lektor bekommen kann. Gegen Ende des nächsten Jahres möchte ich nach China gehen. [. . .] Ich wende mich nun an Sie mit der Frage, ob es Ihnen als möglich erscheint, daß das Institut für Sozialforschung, dem ich schon so viel Förderung und Ausbildung zu verdanken habe, die Kosten für dieses Jahr 1938 tragen könnte?« – Horkheimers Anwort vom 29. August enthielt einen negativen Bescheid.

Karl August . . . die chinesischen Untersuchungen: Karl-August Wittfogel hielt sich von 1935 bis 1937 in China zu Forschungszwecken auf. Horkheimer beschreibt diese Forschungen in seinem »Rapport sur l'activité de la Société Internationale de Recherches Sociales, Genève, soumis à la sixième Assemblée Générale, tenue à Genève le 9 avril 1938«: »Le Dr. et Madame K. A. Wittfogel sont revenus en Europe après un séjour de deux ans et demi en Chine, où ils avaient été envoyés par l'Institut, conjointement avec l' ›Institute of Pacific Relations‹. Ils ont été chargés d'étudier les rapports existant, en Chine, entre l'économie et la culture. Le Dr. Wittfogel et sa femme ont travaillé avec l'aide de collaborateurs chinois, et ils ont non seulement poursuivi les recherches qu'ils avaient envisagés au commencement, mais ont également été en mesure de réunir une collection très vaste de documents historiques originaux qui ont été classés méthodiquement et qui présentent d'après l'opinion des experts un intérêt exceptionel. Un plan est discuté actuellement de publier cette documentation (9 à 10 volumes de cinq cent pages chacun), supposé que le problème financier soit résolu d'une façon satisfaisante. Le Dr. Wittfogel prépare actuellement un ouvrage en anglais sur les résultats de ses recherches. Avec la coopération d'un grand hôpital americain à Peiping et de quelques universités chinois M. et Mme. Wittfogel ont réussi à étendre nos recherches sur l'autorité et la famille à la famille chinoise et des étudiants chinois. Ils ont pu recueillir 1725 questionnaires qui contiennent une richesse d'information sur ces questions qui existe nulle part et ne pourrait guère être obtenu que dans les circonstances actuelles. Ce matériel est toutefois si volumineux que nous ne savons pas encore quand les ressources techniques et financières de l'institut nous permettront de dépouiller ces questionnaires. L'Institut a organisé le 20 novembre 1937 un lunch pour les collègues de Columbia et d'autres universités, où le Dr. Wittfogel a donné un aperçu résumé du travail effectué par lui et sa femme en Chine. On trouvera dans le prochain numéro de notre revue [Heft 1 des Jg. 1938, S. 123-132] un résumé détaillé de ce rapport dont la revue ›Pacific Affairs‹ vient de publier une version anglaise.«

ein Aufsatz von Gilson: Vgl. Etienne Gilson, Concerning Christian Philosophy. The distinctiveness of the philosophic order, in: Philosophy and History. Essays presented to Ernst Cassirer. Edited by Raymond Klibansky and H.J. Paton, London 1936, S. 61-76.

Maritain: Der Philosoph Jacques Maritain (1882-1973), der Bergsonschüler gewesen und zum Katholizismus übergetreten war, hatte seinerseits 1926 Jean Cocteau bekehrt.

119 Horkheimer an Adorno
Paris, 30.8.1937

arrive London seventh September stop please reserve room two beds with bath Cumberland or Langham *Report Lutetia* stop / Until arrival my time too crowded for our rendezvous stop look forward to some happy days in England cordially
Horkheimer

ÜBERLIEFERUNG Telegramm; Max-Horkheimer-Archiv der Stadt- und Universitätsbibliothek, Frankfurt a. M.

120 Adorno an Horkheimer
London, 30.8.1937

21, PALACE COURT,
HYDE PARK. W. 2.
BAYSWATER 3738.

30. August 1937.

Lieber Herr Horkheimer,

tausend Dank für das Telegramm – ich hoffe daß Sie beide glatt gereist und wohlauf sind.

Zimmer: das Cumberland hat mir erklärt, es sei weit über den 7. September hinaus völlig belegt. Ich bin nicht traurig darüber, da es ein recht unbehaglicher Aufenthalt ist, pseudoamerikanisch, mit Talmipracht und wenig human. Das Langham ist viel sympathischer – freilich teurer.

Sie haben Doppelzimmer von 35.6 bis 42 shilling (mit Bad; Frühstück wohl, wie überall hier, inbegriffen). Man hat für den 7. September ein, wie man sagt, sehr ruhiges, schönes Zimmer mit Bad für 37.6 shilling reserviert. Ich habe zugesagt, aber erklärt, daß, wenn Sie ein anderes wünschen, Sie es direkt mitteilen werden (die Adresse einfach Langham Hotel, Reception Department, London W 2). Ich glaube aber, daß man sich auf dieses in einem anständigen Sinn englische Hotel verlassen kann.

Ich darf Sie bitten, uns Ihre genaue Ankunftszeit noch wissen zu lassen. Rumney hat unterdessen auf meine Veranlassung eine Liste von soziologisch interessierten Engländern angefertigt, auf die sich unsere Propagandaaktion erstrecken kann. Wenn Sie sie noch in Paris haben wollen, lassen Sie es mich bitte wissen.

Löwenthal ist eifrig und bringt mir nachher 30 neue Seiten.

I hope you'll have a good time in Paris. Monette hat eine bezaubernde Nachfolgerin gefunden: Josiane*. – Wenn das Restaurant Ramponneau, nahe Place d'Alma, wieder auf hat, so versäumen Sie es nicht.

Alles Liebe und Herzliche
Ihr Teddie Wiesengrund.

ÜBERLIEFERUNG O: Ts; Max-Horkheimer-Archiv der Stadt- und Universitätsbibliothek, Frankfurt a. M.

121 Adorno an Horkheimer
London, 16.9.1937

London W. 2.
21 Palace Court.
16. September 1937.

Lieber Max,

heute sende ich Ihnen einen (nicht für uns geschriebenen, sondern mir zur Ansicht gegebenen) Aufsatz von Dudow und meine Antwort darauf. Ich habe daran gedacht, D. für »Mas-

---

* am besten *nachmittags!*

senkunst« über Film schreiben zu lassen. Ob es möglich ist, scheint mir nach dem Aufsatz immerhin fraglich; nicht bloß wegen der literarischen Unzulänglichkeit (D. ist Bulgare), sondern auch weil mir die Begabung doch mehr optisch-sinnlich als theoretisch scheint. Andererseits macht der Mann einen so vorzüglichen Eindruck, daß ich ihn ungern aus dem Umkreis unserer theoretischen Arbeit verlieren möchte. Ich wäre Ihnen darum besonders dankbar, wenn Sie einen kurzen Blick aufs Manuskript und einen näheren auf den Mann werfen wollten.

Uns beiden geht es gut und wir sind nur traurig, daß unser Zusammensein diesmal so fragmentarisch war. Ich denke nun doch erst die Umarbeit des Mannheim in Angriff zu nehmen – schon um den Kopf für die anderen Dinge freizuhaben.

Sonst ist von uns wenig zu melden. Ich habe die Fahnen eines Buches von Grete de Francesco über den Charlatan erhalten, das politisch ganz interessant zu sein scheint.

Hoffentlich entschädigt Sie beide Paris in einigem für all das, was London selbst in fünf Tagen schon zu verweigern vermag.

Ob wir uns noch in Europa diesmal sehen werden?

Alles Herzliche von uns beiden und nochmals: es war so schön daß Sie kamen!

stets Ihr Teddie.

ÜBERLIEFERUNG O: Ts; Max-Horkheimer-Archiv der Stadt- und Universitätsbibliothek, Frankfurt a. M.

Aufsatz von Dudow und meine Antwort: Das 23seitige Typoskript von »Theater, Film und Television« ist im Horkheimer-Archiv erhalten. Adornos Brief an Dudow, s. Anhang S. 529-536.

ein Buch von Grete de Francesco: Vgl. Grete de Francesco, Die Macht des Charlatans, Basel 1937.

122 Horkheimer an Adorno
Paris, 20.9.1937

:: 20. September 37.

Monsieur le dr. Th. WIESENGRUND-ADORNO
21 Palace Court
Hyde Park
London W.2
ANGLETERRE

Lieber Teddie,

In der ersten Minute, in der ich seit der Abreise von London zum Schreiben komme, will ich Ihnen vor Erledigung jeder anderen Korrespondenz einige Zeilen senden. – Der 8. September war der schönste Tag unserer Reise. Dass unsere geschäftlichen und wissenschaftlichen Gespräche in London, die wir an den übrigen Tagen führten, gehetzt waren und fragmentarisch geblieben sind, ist ganz natürlich. Die Kürze dieser Reise gewährte von vorneherein keine andere Aussicht. Nach London sind wir zu Ihrer Hochzeit gekommen. Solange, bis wir einmal gemeinsam arbeiten werden, müssen die wissenschaftlichen Gespräche ohnehin eine blosse Aushilfe bleiben, gleichviel ob sie mündlich oder schriftlich geführt werden.

Zum *Husserl* bin ich natürlich noch nicht gekommen. Wenn ich wieder in New York bin, werde ich ihn gelesen haben. Kracauer, den ich soeben gesprochen habe, hat begeistert davon erzählt. Aus New York habe ich eine Nachricht, die einige Bedenken anzeigt, ohne sie jedoch zu spezifizieren; das hatten Sie ja erwartet. Ich verspreche Ihnen, dass ich selbst mit grösster Aufmerksamkeit lesen werde. Dazu brauche ich aber Ruhe, und die habe ich bis jetzt nicht gefunden.

Kracauer macht persönlich einen unveränderten Eindruck. Dies ist ihm nach all dem, was er durchgemacht hat, hoch anzurechnen. Was er freilich über seinen Aufsatz angedeutet hat, gibt mir keine sehr grossen Hoffnungen. Der Faschismus soll – so habe ich K. wenigstens verstanden – aus dem Krieg und dem nihilistischen Machtwillen erklärt werden. Ausserdem ist das Format nicht eingehalten (die Arbeit wird offenbar 120 Schreibmaschinenseiten lang), ebensowenig der Termin (er verspricht die Arbeit erst auf Ende Oktober). Trotzdem habe ich mich recht freundlich verhalten. Ich will ihm den Spass daran nicht verderben und zusehen, was er liefert. Verhalten Sie sich selbst entsprechend.

Die *Dudow*-Dokumente sende ich mit gleicher Post nach New York. Ebenso die schlagende Besprechung über *Wilzin*. Wenn ich Dudow hier noch sprechen kann, werde ich es tun. Es scheint mir jedoch zweifelhaft.

Dass Sie jetzt den *Mannheim*-Aufsatz umarbeiten, ist durchaus zweckmässig. Gleichviel ob wir dann zum Resultat kommen, ihn zu bringen, werden Sie ihn jedenfalls aus dem Kopf haben. Wenn Sie dann an dem *Wagner* fortfahren, bin ich schon wieder drüben. Ich denke, dass wir über diese neue Arbeit auch während ihrer Entstehung viel korrespondieren. Heute halte ich es für wichtig, dass wir wegen des Formats ins Klare kommen; es darf nicht ein Mittelding werden, das zu gross für die Zeitschrift und zu klein für ein Buch ist. Haben Sie über eine Beschränkung des Themas nachgedacht? Die paar Stellen, die Sie bei *Opie* gespielt haben, geben zu bedenken, ob wir nicht die Themastellung auf die Frage der Fortschrittlichkeit Wagners innerhalb der bürgerlichen Ideologie zuspitzen sollten. Das Problem wäre freilich dialektisch zu behandeln, sodass auch die reaktionären Elemente wenigstens angedeutet würden. Was meinen Sie dazu?

Ob es Sinn hat, dass Sie während meiner Anwesenheit noch hierher kommen, vermag ich noch nicht zu übersehen; das hängt von der Masse der noch zu erledigenden Angelegenheiten ab, die sich erst in den nächsten Tagen einschätzen lässt. Gerade bei der Bedeutung, die unsere Gemeinschaft für mich hat, sind die kurzen und meist überhetzten theoretischen Gespräche, die bei solchen Gelegenheiten einzig möglich sind, von zweifelhaftem Wert. Aber auch das Zusammensein an sich, abgesehen von allem Theoretischen, ist an solchen Tagen leider so zerrissen, dass es zu keinem rechten Genuss kommt. Wenn ich nicht sehen kann, dass wir wenigstens noch zwei Tage ungestört für uns haben, werde ich Sie nicht hierher bitten. Sicher telephoniere ich jedoch noch einmal.

Benjamin habe ich noch nicht gesehen. Sobald ich ihn spreche, werde ich Ihre Bitte, die sein Verhältnis zu Ihnen betrifft, nach besten Kräften erfüllen.

Bei *Pauls* waren wir zum Nachtessen: je préfère vous en raconter personnellement un jour au lieu d'écrire. Ich glaube, dass sie wegen *Dreyfuss,* an den ich übrigens heute schreibe, jetzt etwas unternehmen werden. Jedenfalls waren meine Erklärungen eindeutig; selbst Maidon war erschrocken. On verra.

Einliegend meine Bestätigung an den Automobilklub. Ich bitte Sie wie vereinbart ein entsprechendes Couvert zu schreiben und den Brief von dort aus für mich zu expedieren.

Mit den herzlichsten Grüssen von Maidon und für Gretl

bin ich

ÜBERLIEFERUNG O: Ts(Dg); Max-Horkheimer-Archiv der Stadt- und Universitätsbibliothek, Frankfurt a. M.

Kracauer . . . sein Aufsatz: Das ist »Masse und Propaganda«; Kracauer schloß die Arbeit an dem Manuskript, das verschollen ist, Ende November ab.

Besprechung über Wilzin: Adornos Rezension von Leo Wilzins »Musikstatistik. Logik und Methodik gesellschaftlicher Musikforschung« (Wien 1937) erschien nicht in der Zeitschrift (vgl. Adorno GS 19, S. 371 f.).

Pauls: Gabrielle und Paul Oppenheim.

Bestätigung an den Automobilklub: Warum diese *Bestätigung* aus England geschickt werden mußte, ist unklar.

123 Adorno an Horkheimer London, 22.9.1937

London W.2.
21 Palace Court.
22. September 1937.

Lieber Max,

schönsten Dank für Ihren Brief vom 20. September. Hoffentlich haben Sie nun in Paris ein paar geruhigere Tage. Was die Frage meines Kommens nach Paris anlangt, so möchte ich das völlig Ihrer Disposition überlassen. So glücklich ich wäre, Sie vor der Rückfahrt noch einmal zu sehen, so sehr stimme ich darin mit Ihnen überein, daß es fast schade wäre, unser Zusammensein in den Betrieb zu pressen, der von Ihrem und nun auch schon meinem Pariser Aufenthalt so schwer zu detachieren ist.

Kracauer: ich stimme mit Ihnen ganz überein, man soll die Fertigstellung des Manuskripts abwarten. Gegen die von Ihnen angedeuteten Dinge hatte auch ich die größten Bedenken angemeldet und ihn auf die ökonomischen Zusammenhänge – auch die mit der Reklame – verwiesen. Es ist aber offenbar sehr schwer, ihn zu lenken, wenn man sich nicht wirklich Zeit dazu nimmt. Ich denke ihn ja zu sehen, ehe die Arbeit ganz fertig wird, und hoffe dann immer noch einiges erreichen zu können. Im übrigen möchte ich ihn genau so wenig verängstigen wie Sie es wollen. Gewiß nicht nach dem Offenbach-Brief.

Wagner: Ihre Idee der Themenbeschränkung leuchtet mir *ungemein* ein. In der Tat beziehen sich *alle* meine bisherigen Aufzeichnungen auf das Verhältnis von Fortschritt und Reaktion. Es ist in der Tat das Zentrum, von dem aus ich die Analyse versuche. Als Titel möchte ich vorschlagen einfach: Richard Wagner, mit dem Untertitel: Fortschritt und Reaktion. Ein gewisses Bedenken ist höchstens, daß, wie Sie sehen werden, auf eben diese Dialektik die Husserlarbeit abgestellt ist. Aber ich denke, daß das nicht gar zu viel schadet. Der Umfang der Arbeit wird dem des Husserl etwa entsprechen, eher etwas kleiner, auf keinen Fall größer. Ein Mittelding zwischen Buch und Aufsatz möchte auch ich unbedingt vermeiden. Lieber benutzt man die weiterreichenden Vorarbeiten später zu einem Buch.

Heute füge ich Ihnen das Manuskript eines Aufsatzes bei, den ich über Weekend schrieb und von dem ich annehme, daß er, sowohl im Hinblick auf den Wagner wie auf die Diskussion über Marcuses Kulturaufsatz, Sie interessieren wird, trotzdem er rein musikphilosophischen Inhalts ist. Ich denke ihn in »23« (haben Sie eigentlich, wie ich es bei dem Herausgeber angeordnet, alle meine dortigen Aufsätze erhalten?) zu publizieren, da er in unsere Zeitschrift wohl schlecht hereinpaßt wegen der vielen technischen Dinge; sollten Sie ihn aber doch für bei uns publizierbar halten, so wäre ich natürlich sehr froh. Ich wäre für Ihr Urteil auf jeden Fall besonders dankbar; ich gebe der Sache trotz ihrer Kürze viel Gewicht, zumal sie zum ersten Mal meine Theorie des Symphonischen und vielleicht überhaupt die erste Theorie der Symphonie enthält. Nach der Lektüre bitte ich Sie, falls wir ihn *nicht* doch drucken sollten, [ihn] an Benjamin zu geben, für den ich keinen besonderen Durchschlag habe. Im übrigen hat Benjamin uns sehr nett geschrieben und der Friede scheint wiederhergestellt; es bedarf wohl keiner Intervention. Unterdessen habe ich auch die Fahnen des Charlatanbuches von Frau de Francesco gelesen; sie dürfte aber danach als Mitarbeiterin für uns kaum in Betracht kommen.

Wir bekamen einen großen Brief von Ernst Bloch, in dem er über seine Arbeiten berichtet. Er hat ein großes Buch »Theorie-Praxis der Materie« fertig, das nach seiner Behauptung u. a. eine Geschichte des Materialismus enthält. Er verhandelt deshalb mit dem Malik. Soll ich mir einmal ein Manuskript von ihm kommen lassen und sehen, ob etwas für uns, etwa zum Vorabdruck oder zum Aufsatz umgestaltet, in Betracht kommt, oder meinen Sie, man soll von Anbeginn die Finger davon lassen? Ich schwanke; einerseits habe ich für

Ernst die größte Sympathie, glaube auch, daß alles, was er schreibt, sehr wert ist, durchgedacht zu werden; andererseits wird es für uns immer schwer sein, uns damit zu identifizieren, wobei ich im Augenblick weder so sehr an die Utopik noch an die Linientreue denke, sondern ganz einfach an *eine gewisse Unverantwortlichkeit der philosophischen Improvisation*. Aber quand même.

Was den Husserl anlangt, so hatte ich ein paar Zeilen von Leo, in denen er sagt, daß er noch nichts sagen könne. Das schien mir schon nichts Gutes zu bedeuten und was Sie schreiben, steigert meine in diesem Fall vielleicht verständliche Nervosität. Was soll gar werden, wenn auch noch Kracauer begeistert ist!! Mir bleibt nichts übrig, als rassebewußt wie Alberich dem Hagen Ihnen zuzurufen: »Sei treu! Sei treu! Sei treu!«

Der Mannheim soll mich nicht mehr als eine Woche aufhalten. Zum Wagner habe ich mir die wichtigste Literatur zusammengestellt und lasse sie mir kommen. Das schwerstereichbare, die Bayreuther Blätter, hoffe ich im British Museum zu finden. Ich nehme an, daß wir sie nicht besitzen.

Krenek wird sich in New York mit Ihnen in Verbindung setzen; ich habe ihn gebeten, den Rundfunkaufsatz nicht zu schreiben, ehe er ihn mit Ihnen durchgesprochen hat. Er hat mir übrigens sein neues Quartett geschickt, ein wirklich ganz außerordentliches und höchst radikales Stück. Er wird, ehe er nach Amerika fährt, ein paar Tage in Paris sein, wohl am 6. und 7. Oktober. Meinen Sie nicht, daß es ganz zweckmäßig wäre, wenn ich meinen nächsten Pariser Aufenthalt – wenn ich Sie *nicht* vorher treffe –, so legte, daß ich ihn dort sehe? – Wenn Ihre Rückreise sich noch hinauszögert, so könnten Sie am Ende mit ihm zusammenfahren.

Eines noch. In der Sunday Times stand am Sonntag ein ungemein langer und sehr positiver Aufsatz über das Bergbuch. Von Ernest Newman, dem angesehensten englischen Musikkritiker. Er bezog sich fast ausschließlich auf meine Beiträge. Ich bin ihm aus Wien avisiert und kann ohne weiteres den

Kontakt mit ihm aufnehmen. Das ist aber deshalb wichtig, weil er außer Lorenz heute der größte Kenner Wagners sein dürfte. Seine Biographie, von der jetzt zwei Bände vorliegen, gilt als das gegenwärtige Standardbuch. Es wird immerhin sinnvoll sein, sich mit ihm, auch persönlich, auseinanderzusetzen.

Wir bleiben, damit Sie uns erreichen können, morgen (Donnerstag) und Freitag abend auf jeden Fall zuhause. Über weekend sind wir bei Opies in Oxford. Ich möchte dort meine Dinge ordnen, vor allem, daß ich offiziell weiter Studentenstatus behalte und meine Arbeit während der nächsten 2 Jahre einreichen kann. Außerdem ist ein großer Teil meiner wissenschaftlichen Bücher drüben, auch der Schopenhauer, dessen ich jetzt dringend bedarf.

Der Automobilklub ist erledigt.

Was Paul anlangt, so warne ich vor Optimismus. Ich hatte mittlerweile einen Brief, der keineswegs so aussieht, als ob er ernsthaft etwas täte; Gabi schreibt, »le problème Carl nous occupe beaucoup«, und ist im übrigen empört, daß er Ingrid wieder sieht. Lassen Sie uns hoffen, daß ich mich täusche.

Soviel für heute; es ist, trotz der besten Vorsätze, schon wieder zu viel geworden.

Ihnen beiden alles Liebe, denken Sie bei Foyot an uns, die wir so gern dabei wären. Gretel fügt die herzlichsten Grüße bei.

Ihr alter

Teddie.

ÜBERLIEFERUNG O: Ts; Max-Horkheimer-Archiv der Stadt- und Universitätsbibliothek, Frankfurt a. M.

ein Aufsatz: Die zu Lebzeiten Adornos ungedruckt gebliebene »Zweite Nachtmusik«, die »Ernst Krenek, dem Freunde, als Dank fürs Sechste Quartett« gewidmet ist; vgl. Adorno GS 18, S. 45-53.

Brief von Ernst Bloch: Ernst Blochs Brief vom 18. September aus Prag; vgl. Bloch, Briefe 2, S. 438 f.

»Theorie-Praxis der Materie«: Das Buch erhielt später den Titel »Das Materialismusproblem, seine Geschichte und Substanz«.

ein paar Zeilen von Leo: Löwenthal hatte am 14. September geschrieben: »Den Artikel habe ich einmal gelesen, muß es aber noch ein zweites Mal genauer tun, um mein Urteil präzisieren zu können. Eine ausführlichere Korrespondenz dürfte wohl erst dann zweckmäßig sein, wenn auch Horkheimer die Arbeit studiert hat und wir zu dritt gemeinsam in New York darüber sprechen konnten.«

»Sei treu!«: Richard Wagner, Götterdämmerung, II, 2.

Aufsatz über das Bergbuch: Vgl. Ernest Newman, Alban Berg. An Authoritative Guide to his Work, in: The Sunday Times, September 19, 1937.

Foyot: Das Restaurant gegenüber dem Senat im Palais du Luxembourg.

124 Horkheimer an Adorno
Paris, 26.9.1937

:: 26. September 1937.

Monsieur le dr. Th. Wiesengrund-Adorno
21 Palace Court
Hyde Park
L o n d o n W. 2
ANGLETERRE

Lieber Teddie,

In aller Eile danke ich für Ihren Brief v. 22. und die Nachtmusik. Ich war in den letzten Tagen nicht hier, und er hat mich daher soeben erst erreicht.

Bloch verdient gewiss alle Aufmerksamkeit. Wenn es eine Möglichkeit gibt, dass Sie sein Manuskript *unverbindlich für uns* durchsehen können, so tun Sie es bitte. Für äusserst wichtig halte ich es, dass ein Buch mit dem erwähnten Thema nicht ohne Auseinandersetzung mit unseren eigenen Arbeiten erscheint. Wenn Sie B. dahingehend beeinflussen könnten, dass er unsere Arbeiten einmal gründlich studiert, wäre es ein grosses Verdienst. Selbstverständlich sind wir bereit, ihm die Zeitschrift kostenlos zuzuschicken; wenn ich mich recht entsinne, haben wir ihm das schon früher angeboten.

Newmans Aufsatz in der Sunday Times ist recht angenehm. Es kann gar nichts schaden, wenn Sie mit ihm in Verbindung treten. Halten Sie mich bitte über die Korrespondenz auf dem Laufenden. Gelegentlich könnte ich dann mit N. einmal zusammenkommen.

Da wir *Krenek* bald in New York sehen werden, ist es wohl nicht unbedingt nötig, dass Sie hier mit ihm zusammentreffen. Vielleicht empfehlen Sie ihm in einem Brief, dass er sich einen Nachmittag und Abend für Diskussionen mit uns reserviert.

Keine Angst wegen der Einflüsse auf mein Urteil in Sachen *Husserl.* Ich bin zwar Verkäuferinnen von Krawatten gegenüber ohnmächtig und selbst der Suggestion von Pariser Kellnern leicht zugänglich. In wissenschaftlichen Dingen pflege ich mich nicht ganz so zu verhalten. Seien Sie überhaupt zuversichtlich, und beten Sie im übrigen zu allen Heiligen, dass die Newyorker Börse wieder hinaufgeht!

Um sich für den Fall einer langandauernden Baisse vorzubereiten, sollte Gretel sich übrigens mit dem Newyorker Slang vertraut machen, alldieweilen wir natürlich dort sämtlich in die Slums ziehen müssen.

Herzlichst

ÜBERLIEFERUNG O: Ts(Dg); Max-Horkheimer-Archiv der Stadt- und Universitätsbibliothek, Frankfurt a. M.

125 Adorno an Horkheimer London, 1.10.1937

London W.2.
21 Palace Court.
1. Oktober 1937.

Lieber Max,

gegen unser Abschiedstelephonat scheinen sich das Pariser und Londoner Postamt gemeinsam verschworen zu haben. Paris läutete bei mir an und fragte nach Dr. Adorno; ich meldete mich sofort, ja, der sei ich. Darauf langes Schweigen; dann eine Stimme, die erklärte, sie sei die Redaktion des Dictionnaire Larousse; ob ich sie zu sprechen wünsche. Ich sagte nein: ich sei aus Paris angerufen worden. Worauf man mich zu warten bat; und es sprachen nacheinander drei Stimmen, die erklärten, sie seien das Dictionnaire, und was ich wolle. Ich hängte ein, verlangte das Fernamt, sagte, ich sei aus Paris angerufen, wahrscheinlich von Ihnen, und dann falsch verbunden; und gab sowohl die Nummer der rue d'Ulm wie des Lutétia an. Vergebens. Erst am Nachmittag rief das Fernamt an und erklärte, die Verbindung sei in Paris gecancelled worden, kurz bevor man mich erreicht hätte. Da mich ja aber nur der kleine Larousse erreicht hatte, so war das ein völlig pythischer Bescheid.

Mittlerweile hatte ich bereits das Telegramm erhalten, für das ich sehr herzlich danke. Hoffentlich ist die Überfahrt angenehm. Das herrliche, warme Wetter hier gibt einige Hoffnung.

Wegen des Shakespeare tue ich mich um und sende die Angebote an Brill, sobald ich die Ausgaben gesehen habe.

Heute sende ich Ihnen den umgearbeiteten und auf die Hälfte zusammengestrichenen Mannheim. Hoffentlich erschrecken Sie nicht zu sehr über das neue Manuskript, während Sie gerade beginnen, von der See und dem Husserl sich zu erholen. Mir hat die Umarbeit große Freude gemacht und ich glaube, daß es nicht nur Narzißmus ist, wenn ich nun doch für die Publikation votiere. Ich habe versucht, den kritischen Ton überall durchzusetzen; das falsche Wichtignehmen ebenso zu eliminieren wie gewisse Breiten und Binsenweisheiten; dabei aber doch zu vermeiden, daß die Publikation zu einem persönlichen Bruch führt (der Aufsatz ist wohl nicht ärger als der Neueste Angriff). Ich hoffe, daß er die Tradition Ihres Jaspers anständig fortsetzt. Froh wäre ich, wenn Sie – wie schon der unpublizierten Fassung – eine Vorbemerkung voranstellten, die die Einheit der Auffassungen betont und den Grund der Zurückstellung. Ich glaube, man wird Ihre erste Vorbemerkung fast unverändert übernehmen können. Schließlich wäre ich froh, wenn Sie bald wegen der Erscheintermine von Mannheim und Husserl disponieren wollten, damit ich den Wagner, der gut vorwärts kommt, darauf abstimmen kann. Was die Frage Rottweiler oder Wiesengrund anlangt, so überlasse ich sie ganz Ihnen. Sollten beide Aufsätze (Husserl u. Mannheim) zusammen ins nächste Heft kommen, so wäre es vielleicht gut, den Mannheim pseudonym zu bringen (und eventuell petit: ich hätte aber gern den Druck so wie den Ihres Jaspers, von dem ich nicht auswendig weiß, wie er gedruckt ist). Der Husserl muß unbedingt den richtigen Namen tragen.

Mit gleicher Post schreibe ich Leo wegen meiner Besprechungen und es wäre besonders lieb von Ihnen, wenn Sie sich der Sache annähmen.

An Bloch schreibe ich ebenfalls heute in dem von Ihnen angeregten Sinn und schicke Ihnen den Durchschlag. Man muß vorsichtig vorgehen, um einerseits keine falschen Hoffnungen zu machen, andererseits den sehr empfindlichen Bloch nicht zu verletzen.

Hier ist unterdessen Hans Gerth aufgetaucht, der aus Deutschland unter recht aufregenden Umständen geflohen ist. Die Gestapo war hinter ihm her wegen alter politischer Dinge. Da ich unterdessen zur Überzeugung kam, daß die Francesco für die Sache über Illustrierte Zeitungen usw. (Aufsatz, der evt. in »Massenkunst« aufgenommen werden kann) *nicht* in Betracht kommt, dagegen Gerth, der auf diesem Gebiet Spezialkenntnisse besitzt, es recht gut machen wird, so möchte ich ihn dafür vorschlagen und wäre um baldigen Bescheid dankbar, da es ihm sehr schlecht geht und ich ihn nicht auf die Folter spannen will. Er will auch alles an Besprechungen für uns schreiben, was es für ihn gibt und ich möchte ihn auch da unterstützen. Daß eine dauernde Beschäftigung bei uns nicht in Betracht kommt, habe ich ihm eindeutig gesagt. Sicherlich aber verdient er der Qualität nach mehr, daß wir ihn dort einsetzen, wo er einsetzbar ist, als viele andere. – Unterdessen scheint es auch mit Sternberger aus zu sein. Nach seinem Verhalten zu uns bin ich aber der Ansicht, daß wir trotz seiner sehr großen Begabung *nichts* tun sollten.

Gerths Adresse ist die bisherige von Rix Löwenthal, dessen Zimmer er erbte. Hat Rix sich bei Ihnen in Paris gemeldet? – Von Dudow ein paar Zeilen, daß er meine Kritik akzeptiert und den Aufsatz umschreibt. Für uns käme der Aufsatz ja ohnehin nicht in Betracht. Ich wäre aber froh zu hören, zu welcher Ansicht Sie in N. Y. in Bezug auf die Verwendbarkeit Ds für eine andere Filmarbeit kommen.

Gretel grüßt Sie sehr herzlich. Sie hat den Neuesten Angriff auf die Metaphysik mit größter Begeisterung gelesen und findet ihn um der straffen Komposition willen noch besser als den Egoismusaufsatz. Sie hält übrigens für einen der Grundfehler der logischen Positivisten die Übertragung naturwissenschaftlicher Methoden auf falsche Gebiete, in denen sie bloß noch als Brimborium fungieren. – Im übrigen bittet sie mich Ihnen zu sagen, daß sie sich auf die Slums bereits vorbereite: wir waren zusammen in einem Neger-Night Club in Soho. Teils infolge davon, teils infolge unserer vereinten Gebete und der Einschränkung unseres Konsums an Tomato Juice scheint die Börse wieder in die Höhe zu gehen.

Ihnen und Maidon alles Liebe von Ihrem nun wieder recht insularen

Teddie.

Lieber Max,
wie gefällt Ihnen »Die Tragödie eines reichsdeutschen Paares«? – Wir waren im »Topper«, großartig, wir waren wie berauscht davon und haben Sie und Maidon gepriesen für die gute Empfehlung.

Ihnen Beiden alles Liebe Ihre Gretel

ÜBERLIEFERUNG O: Ts m. einer Beischrift von Gretel Adorno; Max-Horkheimer-Archiv der Stadt- und Universitätsbibliothek, Frankfurt a. M.

das Telegramm: Nicht erhalten.

Ihr Jaspers: Vgl. Max Horkheimer, Bemerkungen zu Jaspers' »Nietzsche«, in: ZfS 6 (1937), S. 407-414 (Heft 2); jetzt in: Horkheimer GS 4, S. 226 bis 235.

meine Besprechungen: Die der Cassirer-Festschrift und die des Offenbach-Buches von Kracauer, die im dritten Heft des laufenden Jahrgangs erschien (vgl. jetzt Adorno GS 19, S. 363-365) sowie die von Ernst Kreneks »Über neue Musik« (Wien 1937), die im selben Heft veröffentlicht wurde (vgl. jetzt ebd., S. 365-368).

[ich] schreibe an Bloch: Adornos unveröffentlichten Brief vom 2. Oktober s. Anhang, S. 536-539.

Hans Gerth: Der Soziologe und Journalist Hans Gerth (1908-1978) flüchtete 1937 aus Deutschland nach England und ging 1938 in die USA, wo er an mehreren Universitäten unterrichtete. – Über die Gründe seiner Flucht berichtete Gerth am 28. Oktober 1937 Horkheimer: »Aus Deutschland bin ich heraus, weil ein Bekannter in meiner Heimatstadt, der offenbar Fühlung hatte mit einer illegalen Gruppe, vor Gericht Aussagen gemacht hatte, die mich etwas zu schwer belasteten, als daß ich einen Prozeß hätte durchstehen können. Ich hatte ihm im Jahre 1934 bei einem Besuch, den er mir auf der Redaktion des »B[erliner] T[ageblatt]« machte, Presseanweisungen des Propagandaministeriums zur Lektüre gegeben, und da Hitlers Besuch in Venedig kurz nach der Röhmgeschichte gerade beendet war, waren die Informationen nicht uninteressant. Außerdem hatte ich ihm eine Reihe vertraulicher Informationen gegeben, die durch den Rom-Korrespondenten des Berliner Tageblatt, – damals noch Herr Friedenthal – an die Redaktion gelangt waren. Herr Finkenstein aus Kassel, den ich im Herbst 1932 dort kennen gelernt hatte, erinnerte in den Händen der Gestapo peinlich genaue Dinge, und da ich im Sommer 1936 als Assistent des Berliner Korrespondenten der Chicago Daily News gearbeitet hatte und seit Dezember 1936 im United Press Büro Berlin angestellt war, wären Gegenüberstellungen etc. ziemlich peinlich ausgelaufen. Kurzum nach der Vernehmung auf dem Alexanderplatz entschloß ich mich, lieber draußen als drinnen Schwierigkeiten zu haben. Die kamen auch. Abgesehen davon, daß der Militärerlaubnisschein nicht ganz stimmte, daß ich als ich jenseits der dänischen Grenze war, nur 17 Kronen hatte, gab mir der Immigration Officer, da ich ja deutscher Journalist und spionageverdächtig war, 14 Tage Aufenthaltsgenehmigung. Die ist inzwischen auf drei Monate verlängert worden, aber ich darf nicht in England bleiben, und der Academic Assistance Council, der mir während meines Hierseins unter die Arme greift, will mich schleunigst nach den USA schicken. Der Council hat mir drei Monate Unterstützung, aber kein Reisegeld bewilligt, und ich weiß nicht woher nehmen und nicht stehlen. [. . .] Die USA sind das einzige Land, in dem mein training noch eine Verwertungschance haben mag. Die Reise ist jedoch teuer und übersteigt die freundschaftliche Hilfsbereitschaft auch meiner besten Freunde so sehr, daß ich mir nicht anders zu helfen weiß, als das Institut um eine Unterstützung anzugehen. [. . .] Daß aus der Arbeit über die illustrierte Massenpresse etc – die Dr. Wiesengrund mir gern anvertraut hätte – nichts werden konnte, tut mir aus mehr als nur aus ›äußeren‹ Gründen leid. Ich hätte gern meine vier Jahre Deutschland oder sagen wir besser Nazipresse in diesem Thema ›sublimiert‹.« – Horkheimer antwortete am 16. November: »In aller Eile teile ich Ihnen mit, dass wir mit dem besten Willen Ihnen jetzt nicht helfen können. Die finanzielle Situation des Instituts zwingt uns dazu, einer Reihe von Menschen, die wir bisher immer über Wasser gehalten haben, die Stipendien zu kündigen. Es ist ganz unmöglich, dass wir irgendwelche neuen Beträge aufbringen.«

Sternberger: Auf welche Nachricht Adorno sich hier stützt, konnte nicht ermittelt werden; Sternberger schrieb auch im folgenden Jahr noch für die »Frankfurter Zeitung«.

»Die Tragödie eines reichsdeutschen Paares«: Anspielung nicht ermittelt.

»Topper«: Nicht ermittelt.

Von Dudow ein paar Zeilen: Nicht erhalten.

126 Horkheimer an Adorno
New York, 13.10.1937

429 WEST 117TH STREET
NEW YORK, N. Y.

13. Oktober 1937.

Lieber Teddie,

Über das letzte weekend unseres Europa-Aufenthalts waren Sie nicht in London. Dies hatten Sie mir brieflich mitgeteilt. Noch am Dienstag früh hatte ich versucht, Sie telefonisch zu erreichen, ohne dass es gelungen wäre, eine Verbindung herzustellen. Die Depesche aus Le Havre hat Sie dann hoffentlich erreicht. In Europa haben wir noch einige recht interessante Tage gehabt. Zum Schönsten gehören einige Stunden mit Benjamin. Von allen steht er uns weitaus am nächsten. Ich werde alles tun, was nur in meinen Kräften steht, damit er aus seiner finanziellen Misere herauskommt.

Finanzielle Misere ist auch das Stichwort für die hiesige Situation. In die Baisse, die sich seit Ende August immer verschlimmert hat, sind ungefähr alle ökonomischen Fachleute mit vollen Portefeuilles hineingeraten – auch wir. Unsere Verluste sind sehr gross, und allem Anschein nach werden sie sich noch vermehren. Da unser Vermögen, seit es besteht, viel zu klein ist, als dass wir von den Zinsen leben könnten, sind die Kosten des gesamten Betriebs von den Gewinnen bestritten worden. Da in den nächsten Jahren nicht mit Gewinnen, sondern mit Verlusten zu rechnen ist, so wird es ohne schwere Einschränkungen nicht gehen. Wenn auch eine freilich sehr schwache Chance besteht, dass sich das Börsenglück noch wenden kann, so müssen wir uns immerhin alle in absehbarer Zeit auf Reduktionen gefasst machen. Jedenfalls wird hier jetzt alles getan, damit, auch wenn sich diese Baisse als Einleitung zu einer langen ökonomischen Depressionsperiode erweisen sollte, der Fortgang der entscheidenden Arbeiten des Instituts gesichert bleibt. Dass sämtliche Fassadenarbeiten völlig liquidiert werden, versteht sich von selbst. Da wir infolge der ausserordentlichen Vorsicht Pollocks gar keine Bankschulden haben, bedeuten die gegenwärtigen Vorgänge im Gegensatz zu sehr grossen Teilen der amerikanischen investments keineswegs eine Katastrophe. Sie sind jedoch auch nicht leicht zu nehmen, und Sie dürfen mir glauben, dass uns die Ile de France hier nicht gerade mitten in ein Freudenfest geführt hat.

Den Husserl hatte ich während der ungeheuren Stürme, die wir unterwegs zu bestehen hatten, nur zum Teil gelesen. Maidon ist an der Seekrankheit und den ärztlichen Injektionen dagegen buchstäblich fast gestorben. Die letzten zwanzig Seiten habe ich hier zwischen den verschiedenen Besprechungen studiert. Sie warten jetzt auf meine Ansicht, und zwar auf ein einheitliches, entschiedenes, unverklausuliertes Bekenntnis. Die absolute Zustimmung kann ich aber, ganz im Sinn der Hagenschen Treue – nur der zugrundeliegenden zerstörerischen, sprengenden Intention gewähren und nicht der Taktik ihrer Verwirklichung. Dieser Aufsatz dokumentiert eine ungeheure gedankliche Leistung. Ihre Bedeutung für uns ist schon dadurch gegeben, dass an jeder Stelle Ihrer Diskussion mit Husserl überall unsere gesamte theoretische Position hereinspielt. Sie argumentieren immer aus dem Ganzen unserer eigenen Erkenntnis, auch wenn Sie scheinbar ganz in den subtilsten Erörterungen des Husserlschen Begriffsapparats aufgehen. So sehr Sie selbst sich im Husserlschen »Material« bewegen, machen Sie sich doch nie dümmer als Sie sind. Ich glaube, dies ist eine der wichtigsten Forderungen, die wir an eine philosophische Kritik zu stellen haben.

Wenn Sie jedoch bei einem Artikel der Zeitschrift mit Recht unsere eigene Theorie voraussetzen dürfen, so ist es doch unmöglich, die Husserlsche Theorie in allen Einzelheiten als bekannt anzunehmen. Der Einwand gegen eine Publikation, in dem ich mich allen andern hier anschliessen muss, ist der, dass Sie bei der äusserst raschen Niederschrift dieses Aufsatzes offenbar zu wenig Distanz von der Arbeit am Buch gewonnen hatten. Es gibt ausser Marcuse und mir in unserem ganzen Kreis und erst recht nicht unter den durchschnittlichen Lesern der Zeitschrift irgendeinen, der soviel von den speziellen Lehren Husserls aus seinen verschiedenen Perioden gegenwärtig hätte oder sich auch nur die notwendigen Kenntnisse in Kürze verschaffen könnte, um die Tragweite Ihrer Argumente zu würdigen. Auch Marcuse und ich selbst müssen an nicht wenigen Stellen unsere völlige Inkompetenz zugestehen. Wir haben uns zum Beispiel bis jetzt aus diesen und anderen Gründen nicht darüber klar werden können, ob Ihre Kritik der kategorialen Anschauung als paradoxer Einheit von Rationalismus und Empirismus wirklich trifft. Dies scheint uns aber eines der Kernstücke Ihrer Argumentation zu bilden.

Wenn Sie sich Ihr von mir gelesenes Manuskript ansehen könnten, so würden Sie nur an sehr wenigen Stellen einen Einwand an dem Rand finden, der sich ja durch seine Schmalheit dagegen wehrt. Zu recht vielen Formulierungen habe ich begeisterte Anmerkungen gemacht, zum Beispiel bei den letzten Sätzen des Abschnittes auf Seite 3 bis 4, auf Seite 12 unten, in der Mitte der Seite 28, zu Beginn der Seite 30, erste Zeilen der Seite 45 und an vielen anderen Stellen. Andererseits gibt es Beweisführungen, die in ihrer Formulierung für einen nicht restlos Eingeweihten völlig unkontrollierbar sind, wie zum Beispiel die Ausführungen unten auf Seite 14 über die Modifikation des »thetischen« Charakters der Husserlschen Fiktionen. Während es gerade in der Zeitschrift besonders wichtig wäre, Ihre Behauptung, dass Husserl dem Sachgehalt seiner Philosophie nach streng dem Jugendstil zuzurechnen sei, historisch durchzuführen, sind Sie hier verhältnismässig sparsam gewesen. Der wichtige Satz auf Seite 15, Zeile 13 von unten ist äusserst verklausuliert. Dass eine Frau in seidener Unterhose und ebensolchen Strümpfen sexuell interessanter sein kann als in völlig unbekleidetem Zustand, brauchen auch wir nicht in dem Satz auszudrücken, dass »die materialistischen Proteste gegen die Dingwelt, welche Sexualität anmeldete, den nackten Leib verschmäht und gerade ihn mit Stoffen der

Dingwelt verkleidet haben, an die Begierde sich heftet, froh ihrer Macht übers Ding, während sie den Schein des Nackten nicht ertragen kann.«

Ich selbst habe bei der Lektüre überall die positive und negative Beziehung gespürt, die Sie zwischen der Husserlschen Philosophie und der gegenwärtigen historischen Situation stiften. Für jeden nicht zum allerengsten Kreis Gehörigen ist dies ganz unmöglich. Ihre verschiedenen ausdrücklichen Hinweise sind allzu vornehm. So sagen Sie zu Beginn des dritten Abschnitts – dieser ist übrigens weitaus am durchschlagendsten und den hier vorgebrachten Bedenken am wenigsten ausgesetzt – unter Berufung auf einen weder Marcuse noch mir geläufigen Hegelschen Begriff, dass die Husserlsche Logik als Ausdruck des widerspruchsvollen Charakters der Wirklichkeit einstehe, dass in der Phänomenologie »der blosse Gedanke von den Antagonismen des gegenwärtigen Daseins eingeholt werde«. Solche Hinweise, welche durch die Verwendung metaphorischer Verben noch schwieriger werden, üben nicht die aufhellende Funktion aus, die Sie sich vielleicht von ihnen versprechen. Es gibt keine Erkenntnis zur materialistischen Kritik der Phänomenologie, die im Aufsatz nicht angeschlagen wäre. Das Scheitern des Versuchs, mit dem Idealismus durch einen nicht mehr naiven und dogmatischen Positivismus fertig zu werden, bezeichnet in der Tat die Rolle der Husserlschen Phänomenologie innerhalb der bürgerlichen Ideologie. Aber dieser Punkt, der für einen Aufsatz in der Zeitschrift besonders entscheidend ist, tritt hinter subtilen Diskussionen über das phänomenologische Material zurück. Die ideologische Funktion wird nicht etwa in rationaler Weise auf unsere eigenen theoretischen Begriffe gebracht. Die Analogie zwischen der idealistischen Erkenntnistheorie und dem Tauschvorgange (auf Seite 27 unten) und die Erinnerung an einen Blochschen Sprachgebrauch erscheinen als blosse Assoziationen. Unter diesen Umständen kann der Hinweis auf den dazu noch ungenannten Soziologen, der aus den von James übernommenen fringes die Unmöglichkeit der klassenlosen

Gesellschaft deduziert habe, leicht als ein Hieb aus dem Hinterhalt verstanden werden.

Ich weiss, was Sie mir entgegnen werden. Ihrer Überzeugung nach muss man zunächst einmal die Brüchigkeit der Husserlschen Theorie in ihrem eigenen Medium selbst nachweisen, dann erst darf legitimerweise die transzendente Kritik einsetzen. Nun haben freilich auch Sie selbst an manchen entscheidenden Stellen transzendente Kritik geübt, wenn Sie zum Beispiel auf Seite 14, Zeile 8-9 erklären, dass der Inhalt des absoluten Bewusstseins ausschliessend von Reflexen auf die Dingwelt gebildet sei. Oder wenn Sie auf Seite 19 oben bemerken, das Einschnappen der Erfüllung impliziere kein statisches Moment, sondern einen Prozess zwischen Gegenstand und Subjekt. Alle Feinheit Ihrer Diskussion, alles Verwenden Husserlscher Termini und das Nachdenken seiner Analysen kann auch nicht verhindern, dass Sie ihm eben am Ende jedesmal ein kategorisches Nein entgegensetzen müssen, wenn Sie nicht mit ihm übereinstimmen. Dieses Nein wird Husserl bestimmt als transzendent empfinden, das heisst er wird Ihnen sagen, dass Sie sich nicht in phänomenologischer Einstellung gehalten hätten. Sie sagen, Husserl habe die kategoriale Anschauung bloss deduziert, und es gäbe keinen deskriptiven Tatbestand, der dafür einstehe. Dies wird innerhalb der Phänomenologie sicher ganz entschieden bestritten werden, und ich sehe in Ihrem Aufsatz jedenfalls keine Möglichkeit, den Streit immanent zu schlichten. Ihrer Behauptung, dass es weder kategoriale Anschauung noch Satz an sich noch transzendentale Synthesis gebe, wird sich die andere entgegenstellen, dass trotz allem sinnvolle Urteile darüber möglich seien. Ich vermag im Augenblick nicht nachzuprüfen, inwiefern Husserl in der Tat keine aktuell vollzogenen kategorialen Anschauungen als Phänomene beigebracht hat. Das, was Sie gegen das einsichtige arithmetische Urteil in diesem Zusammenhang sagen, reicht jedenfalls nicht aus. Man müsste dann schon Ernst machen und den ganzen Streitigkeiten zwischen den intuitionistischen, axiomatischen und sonstigen mathematischen Schulen nachgehen. Dies haben Sie mit Recht nicht getan. Andererseits wäre es die Konsequenz Ihrer eigenen Methode. Keiner Ihrer Versuche, die Unmöglichkeit der kategorialen Anschauung zu erweisen, ist wirklich durchschlagend. Wenn Sie etwa erklären, sie sei weder die Synthesis eines Urteils noch der Akt, in dem wir uns seiner kritisch versichern – beide Bedeutungen gebraucht Husserl äquivok –, so bliebe vom phänomenologischen Standpunkt aus immer noch zu entgegnen, dass entsprechende Phänomene trotz allem überall dort vorliegen, wo ein Urteil einsichtig vollzogen wird. Die Synthesis und die nachträgliche Reflexion darauf decken keineswegs alle Momente des Urteils. Wie weit Sie in Ihrer Kritik sämtlichen Schichten der statischen und dynamischen Phänomenologie und allen Bedeutungsschichten der Husserlschen Analysen wirklich gerecht geworden sind, vermag man im Aufsatz schon deshalb nicht zu unterscheiden, weil er nicht mit einer expliziten Darstellung der Theorien beginnt, die Sie angreifen.

Auch der letzte Abschnitt über das fremde Ich läuft, wie ich ihn verstehe, auf eine, übrigens durchaus legitime, transzendente Feststellung hinaus. Nachdem der Husserlsche Weg, die Existenz des fremden Ichs zu erweisen, als eine Erschleichung gekennzeichnet ist, so wie es andere Kritiker mit anderen idealistischen Theorien desselben Themas getan haben, weisen Sie auf den Primat von Sein vorm Bewußtsein hin und erklären, dass durch die Einsicht darin das Problem wenn nicht gelöst, so doch erledigt werde. Ihnen ist dabei natürlich ebenso klar wie mir, dass sich der These vom Primat des Seins gegenüber die idealistische Frage nach ihrem Rechtsgrund auch nach Erledigung der Husserlschen Philosophie wieder stellen liesse. Die Husserlsche Philosophie ist eben nicht das, wofür sie von Ihnen scheinbar ausgegeben wird – der Idealismus in seiner konsequentesten Gestalt.

Schwerer als das Problem der immanenten Kritik wiegt die Frage, inwiefern durch Ihre Kritik Husserls der ganze Idealismus erledigt sei. Diesen Anspruch scheint der Aufsatz zu erheben. Sie erklären, Husserl habe der Idealität der transzendentalen Synthesis sowie ihrer Momente den Pass abverlangt. Nachdem er gefunden habe, dass sie nicht da sei, habe er versucht, ihr eine eigene Art von Dasein, nämlich die des Idealen, zu erweisen, und dieser Versuch sei misslungen. Dies bedeute – so wenigstens glaube ich Sie zu verstehen – das Fiasko des Idealismus. Sie selbst aber wissen so gut wie ich, dass kein Idealist, der wirklich in Frage kommt, Husserls Art und Weise, den Pass abzuverlangen, im mindesten anerkannt hätte. Alle hätten sie diesen Kontrolleur, ebenso wie Sie selbst es getan haben, als einen falschen, nämlich einen verkappten Positivisten, entlarvt. Die deskriptive Arbeit, die Erschauung, der Ausweis an den Sachen selbst, die Husserl als Beweise für die Gültigkeit jener Begriffe fordert, sind wirklich überspannte und in ihr Gegenteil verkehrte, ganz unmögliche empiristische Desiderate. Der Idealismus, der sie sich gefallen läßt, war schon arg heruntergekommen und versuchte, sich auf den Boden der Tatsachen zu stellen, wenn es auch recht dünne Tatsachen waren, luftige Gebilde wie kategoriale Anschauungen und Wesenseinsichten anstatt der ehrlichen sinnlichen Erlebnisse von ehedem. Husserls Philosophie ist der Versuch, dem bürgerlichen Idealismus eine Fortexistenz zu verschaffen, indem er ihn vollends um jede konstruktive Gewalt, um seine ganze utopische Funktion bringt. Es ergeht seinem Autor dabei ähnlich wie verschiedenen Staatsmännern der Nachkriegszeit. Sie haben damit begonnen, den Rechten alle Konzessionen zu machen, und sind schliesslich infolge von deren Härte und Unnachgiebigkeit zu demokratischen Illusionen zurückgekehrt – Husserl ist eine Art philosophischer Stresemann. Am Ende kehrt er, wie Sie ganz richtig sehen, wirklich zum anständigen transzendentalen Idealismus, zur illusionären Allgemeinheit, dem unmöglichen, überempirischen Ego zurück. Auch das System ist wieder da. Die Rückkehr zum Ausgangspunkt nach einem langen Umweg sagt aber nicht notwendig etwas gegen ihn aus. Die Motive zur Reise könnten eitel gewesen sein.

Der Idealismus ist weder falsch, weil er Husserls Kriterien

nicht standhält, noch weil er ihn trotz alledem am Ende akzeptiert. Ihre eigene Hoffnung auf eine richtige Widerlegung des Idealismus wird auf der ersten Hälfte der Seite 34 ausgesprochen. Der Nachweis, »dass zu den sinnausweisenden Elementen der Genesis Fakten rechnen, dass die Genesis selber und damit die Bedingung der Möglichkeit allen Sinns und selbst des formallogischen, in der realen Geschichte liegt«, dieser Nachweis bezeichnet das Programm einer anti-idealistischen Philosophie, wie sie auch Sohn-Rethel anstrebt. Inwiefern die Analyse der Husserlschen Philosophie notwendig zur Aufstellung eines solchen führte, ist mir jedoch nicht einsichtig geworden. Ihre Bemerkung, Husserl müsste »nur das geöffnete Tor der Dingwelt durchschreiten«, um die Prinzipien dieses Programms als wahr zu erkennen, wird durch die übrigen Ausführungen des Aufsatzes nicht näher begründet. Es finden sich auch manche andern wichtigen Ansätze zur Kritik des Idealismus bei Ihnen. Dazu rechne ich vor allem die Bemerkung, dass sich als das Urpseudos der prima philosophia leicht die Frage nach dem absolut Ersten, also nach der prima philosophia selbst sich ergeben könnte. Mein Einwand geht dahin, dass Sie diese grosse Frage nach der Widerlegung des Idealismus mit der Husserlschen Philosophie und der Kritik an ihr zu nahe zusammenbringen. Dadurch statten Sie Husserl sowie Ihre eigenen Argumente mit Ansprüchen aus, denen sie nicht genügen können. Auch wenn der Nachweis, dass es für die entscheidenden Husserlschen Begriffe die von ihm selbst geforderte Anschauung nicht gibt, völlig gelungen wäre, so hätten Sie damit den Idealismus noch keineswegs erledigt. Wie sehr ich mich auch in Ihre Ausführungen vertiefe, so kann ich doch Ihren leidenschaftlichen Glauben, dass der Angriff auf die Husserlsche Phänomenologie als auf die fortschrittlichste bürgerliche Philosophie mit der Überwindung der wichtigsten zum Idealismus treibenden Denkmotive zusammenfalle, nicht bestätigt finden. Auch der gut orientierte Leser wird den Sprung von den subtilen Auslegungen Husserlscher Theorien (ich erinnere etwa an Ihre Bezugnahme auf gelegentliche Äusserungen Husserls, nach denen die Ideation auch auf Grund der Fundierung durch ein einziges Exemplar sich vollziehen könne) zur Erklärung, dass nun dem Idealismus nichts mehr übrig bleibe, schwer mitmachen können.

Nachdem ich den Brief bis hierher geschrieben hatte und gerade dabei war, ihn abzuschliessen, kommt Ihr Brief vom 21. mit Zeitungsausschnitt Dubislav und dem neuen Mannheim. Ich selbst sowie die andern haben den Mannheim sogleich gelesen und sind aufrichtig begeistert. Das ist genau, was ursprünglich beabsichtigt war. Der Artikel ist jetzt glänzend nicht allein wegen der ausgezeichneten Formulierungen, sondern auch deshalb, weil Ton und Umfang richtig widerspiegeln, welche Bedeutung wir dem Buch zumessen. Die Arbeit geht mit gleicher Post in Druck. Das einzige Bedenken, was noch besteht, ist wirklich das von Ihnen selbst angemeldete, inwiefern wir im allgemeinen und Sie speziell sich M.s Todfeindschaft zuziehen, vor der man übrigens keine allzu grosse Angst zu haben braucht. Das Bedenken wird freilich noch dadurch gesteigert, dass er die frühere Fassung gesehen hat und jetzt durch die Verschärfung besonders wild werden wird. Ich schlage vor, dass Sie ihn einmal mit Frau einladen (nicht high life, aber gut bürgerlich; die Spesen rechnen Sie auf) und ihm erklären, Sie hätten – aus Raumgründen; wenn man lügt, soll man bekanntlich das Maul vollnehmen; also aus puren Raumgründen – den Aufsatz konzentriert. Dann geben Sie ihm das Manuskript oder besser, Sie schicken es ihm schon vorher zu und unterhalten sich bei Tisch darüber.

Gerth hat auch mir geschrieben. Sind Sie sicher, dass er ganz sauber ist? – Seien Sie mit Erteilungen von Aufträgen um Gotteswillen vorsichtig. Ehe Ihre und Gretls Gebete wirklich erhört sind, können wir keinerlei neue Zahlungsverpflichtungen eingehen oder Zusagen für Publikationen machen, die nicht im Budget schon vorgesehen sind.

Die Zustimmung Gretls zum Positivismus-Aufsatz freut mich aufrichtig. Die hiesigen Positivisten sind wütend. Nächste Woche ist eine Aussprache vier gegen vier. Auf der Gegenseite sind Neurath plus drei Amerikaner.

Ich hoffe, in etwa acht Tagen wieder zu einer vernünftigen Arbeit zu kommen. Im Augenblick gleicht meine Zeit hier jenen Wochen gegen Ende des letzten Semesters, als Sie dabei waren. Wann wird die Zeit kommen, in der wir uns – zurückziehen!

Maidon lässt aufs herzlichste grüssen. Alles Liebe für Gretl.

Herzlichst
Ihr
Max.

ÜBERLIEFERUNG O: Ts; Theodor W. Adorno Archiv, Frankfurt a. M. – E: Horkheimer, Briefwechsel 1937-1940, S. 240 ff.

paradoxe Einheit von Rationalismus und Empirismus: Vgl. Adorno GS 20·1, S. 69.

die letzten Sätze des Abschnittes auf Seite 3 bis 4: »In Husserls Lieblingserwägungen über die universale Pest, bei der die Menschheit aussterbe, ohne daß dem phänomenologischen Residuum, dem reinen Ich, die mindeste Gefahr drohe, darf man vielleicht selbst Vorformen jenes zugleich menschenfeindlichen und konsequenzlosen Nihilismus Heideggers vermuten, der sich über das Sein zum Tode und das nichtende Nichts ergeht.« (Ebd., S. 51)

Seite 12 unten: »Aber gerade der Totalitätsanspruch der sinngebenden Subjektivität schlägt in naiven Realismus um. Wenn das Subjekt ›alles‹ in sich einschließt, allem seine Bedeutung verleiht, so vermag es als inhaltliches Moment der Erkenntnis ebensogut fortzubleiben; es ist ein bloßer Rahmen, zu dem keinerlei Differenzbestimmungen gegeben sind, durch welche doch echte Subjektivität allein zu definieren wäre. Das Husserlsche Zuviel an Subjektivität involviert zugleich ein Zuwenig an Subjektivität: indem es sich, als konstituierende oder sinnvergleichende Bedingung, in allem Objektiven als vorgegeben bereits annimmt und hinnimmt, verzichtet es auf jeglichen Eingriff, in Erkenntnis und vollends in Praxis, und registriert unkritisch, in kontemplativer Passivität, die Dingwelt, so wie sie ihm in der bestehenden Ordnung präsentiert wird.« (Ebd., S. 62 f.)

S. 28: »[. . .] wobei leicht genug als das Ur-ψεῦδος der prima philosophia die prima philosophia selber sich ergeben könnte, die Frage nach dem absolut Ersten, die in unausweichlichem Zirkel allemal als Antwort das gleiche reine Denken vorweist, das die Frage stellt.« (Ebd., S. 84)

Zu Beginn der Seite 30: »Husserls Ideenlehre ist das System im Zerfall, so wie die ersten Systeme roh aus den Trümmern des gesprengten ordo zusammengeschichtet waren. Versucht Phänomenologie aber endlich, die Synthesis wiederherzustellen und aus den Trümmern, den disparaten ›Substanzen‹, zu ›erwecken‹, dann zeigt sich bald ihr Raum zum Punkt des εἶδος ego zusammengeschrumpft, und anstelle der von autonomer Vernunft gesetzten Einheit in der Mannigfaltigkeit tritt die passive Genesis durch Assoziation.« (Ebd., S. 86f.)

erste Zeilen der Seite 45: »Die Phantasievariation durch reine Möglichkeit vermag die Immanenz der Monade nicht zu durchbrechen, weil der dieser Immanenz zugrunde liegende Einheitsbegriff, der bei Husserl das überindividuelle Wesen ego begründen soll, selber monadologisch ist.« (Ebd., S. 107)

die Ausführungen unten auf Seite 14: Vgl. ebd., S. 65.

Husserl . . . Jugendstil: Vgl. ebd., S. 66f.

Der wichtige Satz auf Seite 15: »Für den Jugendstil ist der symbolisch ornamentale nackte Leib, mit seiner Aura von Invarianz und außergesellschaftlicher Natur, die er doch in der Gesellschaft selber festhält, zur Bestätigung und Verkleidung der Dingwelt geworden [. . .].« (Ebd., S. 66f.)

ein weder Marcuse noch mir geläufiger Hegelscher Begriff: Adorno hatte den dritten Abschnitt begonnen: »Unterm Hegelschen Begriff des richtigen falschen Bewußtseins ist Husserls Phänomenologie adäquat zu denken.« Unter dem Eindruck der Horkheimerschen Kritik strich Adorno den Satz.

Seite 27 unten: »Die prozessurale Entfaltung der idealistischen Erkenntnistheorie kommt einem Tauschvorgang gleich: sie spielt sich nach Äquivalenzen ab, und keine Korrektur eines Fehlers ist möglich, die nicht einen neuen Fehler notwendig setzte.« (Ebd., S. 84)

der Hinweis auf den dazu noch ungenannten Soziologen: »Ein phänomenologisch orientierter Soziologe hat sich beeilt, daraus die Unmöglichkeit der klassenlosen Gesellschaft zu deduzieren; Klassenbildungen seien Ausdruck jener psychologischen Verfestigungen, die den Bewußtseinsinaktualitäten entsprächen, die klassenlose Gesellschaft setze die allseitige Aktualität des Bewußtseinslebens all ihrer Mitglieder voraus und eben die werde von Husserls Wesenseinsicht ausgeschlossen.« (Ebd., S. 97) – Adorno nennt in seiner Antwort Kracauer als *den ungenannten Soziologen.*

Seite 14: Vgl. ebd., S. 64 unten.

Seite 19: Vgl. ebd., S. 71.

was Sie gegen das einsichtige arithmetische Urteil ... sagen: Vgl. ebd., S. 79.

der letzte Abschnitt über das fremde Ich: Vgl. ebd., S. 112-118.

der Primat von Sein vorm Bewußtsein: Vgl. ebd., S. 118.

Husserl habe der Idealität der transzendentalen Synthesis ... den Pass abverlangt: Vgl. ebd., S. 83.

Seite 34: Vgl. ebd., S. 92 f.

Ihre Bemerkung: Vgl. ebd., S. 92.

Ihre Bezugnahme: Vgl. ebd., S. 81.

Zeitungsausschnitt Dubislav: Nicht erhalten.

der neue Mannheim: Nicht sicher zu ermitteln, da die Fahne des Aufsatzes, die zum Textvergleich dienen könnte, nicht erhalten ist; vermutlich handelt es sich um das Typoskript mit dem Titel »Über Mannheims Wissenssoziologie« (Theodor W. Adorno Archiv, Ts 22462-22482).

127 Adorno an Horkheimer
London, 15.10.1937

NUFFIELDS OXFORD SOCIAL RESEARCH MILLION GIFT HIGHLY INTERESTING FOR US PLEASE WIRE OPINION AND PERHAPS DIRECTIONS AND LEGITIMATION 21 PALACE COURT

ÜBERLIEFERUNG Telegramm; Max-Horkheimer-Archiv der Stadt- und Universitätsbibliothek, Frankfurt a. M.

Nuffield: William Morris (1877-1963), Lord Nuffield, stiftete 1937 Oxford ein College, das nach ihm benannt wurde; die »Nuffield Foundation« wurde erst 1943 gegründet.

128 Horkheimer an Adorno
New York, 15.10.1937

15. Oktober 1937.

Lieber Teddy!

Als Nachtrag zu meinem soeben abgesandten Brief rate ich Ihnen noch, den Mannheimaufsatz diesem nicht zu zeigen, bevor Ihnen unser Manuskript mit einigen kleinen Änderungen und Streichungen zugegangen ist. Da in den nächsten Tagen kein Schiff geht, werden Sie wohl diese Fassung erst Ende Oktober erhalten.

Herzlichst

P.S. Soeben erhalten wir Ihr Telegramm wegen Nuffield. Ich weiss noch nicht, was wir kabeln werden. Die Erfahrung zeigt jedenfalls, dass in solchen Fällen äusserst schwer etwas für uns herauszuholen ist. Selbst wenn die Verhandlungen relativ weit gedeihen, erkundigen sich die Herrn und es pflegen dann einige gute Freunde aufzutreten, die dafür sorgen, dass die Auskunft dem Klassenbewusstsein entspricht. Wahrscheinlich werden wir Sie auffordern, einmal die Unterlagen einzusenden.

Sollte sich ein sehr wohlmeinender Engländer finden, der ausgezeichnete Beziehungen hat und gewillt ist, unter Hinweis darauf, dass in unserem Institut zukunftsreiche Gelehrte, die sonst verhungern müssten, produktiv arbeiten können und dass wir wichtige soziologische Arbeiten vorzuweisen haben, den Kampf auch wirklich bis zu Ende durchzuführen, so liesse sich über die Sache reden. Tun Sie jedoch keinen entscheidenden Schritt, bevor Sie sich mit uns nicht wenigstens telegraphisch verständigt haben.

Bei dem Engländer hatten wir zunächst an Laski oder Ginsberg gedacht. Wir sind jedoch zur Überzeugung gekommen, dass Ginsberg zu weich und Laski zu belastet ist. Unter solchen Auspizien ist es am besten, gar nicht erst zu beginnen, denn zum Schluss bleibt dann auf allen Seiten bloss Katzenjammer übrig, und der einzige Erfolg ist, dass auch unsere Beziehungen zu unserem Mittelsmann getrübt sind.

ÜBERLIEFERUNG O: Ts(Dg); Max-Horkheimer-Archiv der Stadt- und Universitätsbibliothek, Frankfurt a. M.

Laski: Der Politikwissenschaftler Harold Laski (1893-1950) gehörte seit 1920 zum »staff« der »London School of Economics and Politics«.

129 Adorno an Horkheimer London, 19.10.1937

19. Okt. 1937.

Lieber Max,

heute habe ich Ihnen von einer Angelegenheit zu berichten, die vielleicht ein wenig schwierig abzuwägen, ihrem Gesamtaspekt nach jedoch auf jeden Fall erfreulich ist.

Wie ich Ihnen bereits bei Ihrem Hiersein andeutete, hat das Bergbuch einen mir völlig unerwarteten Erfolg gehabt; einen Erfolg, den ich mir nur so erklären kann, daß heute selbst Dinge, die an der Oberfläche nichts Politisches enthalten, einen politischen Akzent bekommen allein durch die Tatsache ihrer Distanz vom kommandierten Denken. In Konsequenz dieses Erfolges hat mich Stefan Zweig zu sich gebeten, der auf den Reichner-Verlag (wo das Buch erschienen ist) einen maßgebenden Einfluß ausübt; offenbar gehört ihm der Verlag, der im übrigen durch die Zweigschen Produkte zu florieren scheint. Da ich eines dieser Produkte gelesen habe, konnte nichts mich mehr überraschen, als was geschah: Zweig, ein Mann mit den Allüren und dem Aussehen eines freundlichen Geschäftsmannes mit dem berühmten Sinn für was Höheres, schlug mir vor, ich möchte für den Reichner-Verlag ein Buch, oder wie er sagte das Buch, über Schönberg schreiben; der Vorschlag war in eine so schmeichelhafte Form gekleidet, daß ich annehmen muß, daß man sich von einem solchen Buch Lohn verspricht, der reichlich lohnet. Ich war sehr überrascht, wehrte zunächst ab mit der Erklärung, daß ich mich kaum einem solchen Buch schon gewachsen fühlte, und sagte ihm dann, es sei mir auch darum nicht möglich zuzusagen, weil meine vertraglichen Abmachungen mit dem Institut mir eine derartige Nebenarbeit nicht erlaubten. Vergeblich; er insistierte und erklärte, die Arbeit sei so wichtig, daß er der Überzeugung sei, daß auch das Institut seinen Konsens nicht versagen würde. Das gelte um so mehr, als nach seiner Überzeugung kein anderer als ich das Buch schreiben könne. Ich bat mir denn Bedenkzeit aus.

Ich lege Ihnen nun die Frage zur Erwägung vor, und es ist keine façon de parler, wenn ich Ihnen sage, daß ich die Entscheidung wirklich und ohne Vorbehalte Ihnen und Fritz Pollock überlassen möchte. Was *gegen* den Plan spricht, ist klar: einmal, daß ein gewisser Teil Arbeit auf jeden Fall dazu nötig wäre, dann, daß eine Publikation in Zweigs Verlag für uns problematisch ist; dies um so mehr, als ja Leo, wie er mir in einem seiner letzten Briefe schrieb, eine scharfe Auseinandersetzung mit den Biographieschreibern vorhat, deren Intention ich selbstverständlich allein schon als der Vater von Dr. Walter Rosenthal vollkommen mitvertrete. Ob sich hier durch die bloße Tatsache des Erscheinens eines Buches von mir im Reichner-Verlag objektiv eine Zweideutigkeit ergeben würde, bitte ich Sie zu beurteilen, obwohl ich immerhin eitel genug bin, anzunehmen, daß ein Schönbergbuch von mir vor jeder Verwechslung mit Herrn Zweig sichergestellt sein wird. Damit komme ich zur anderen, positiven Seite. Der Plan eines Buches über

Schönberg, der mir seit Jahren vorschwebt, ist für mich natürlich außerordentlich verlockend, und ich habe bereits sehr bestimmte und ich glaube auch neue Ideen, wie ein solches Buch (aus dem übrigens alles Biographische ausgeschlossen sein müßte) anzulegen wäre. Es ist weiter meine aufrichtige Überzeugung, daß es keinen ungebührlichen Teil meiner Arbeitskraft uns entziehen würde. Zur Illustration will ich nur anführen, daß mein Beitrag zum Bergbuch von Februar bis April 1936 in meiner Freizeit entstanden ist, während ich als Hauptarbeiten gleichzeitig den Jazzaufsatz und große Teile des Husserlbuches schrieb. Wenn man, wie Zweig es vorsieht, für die Abfassung des Buches einen Zeitraum von zwei Jahren ansetzte, so glaube ich in der Tat, es als Freizeitarbeit bewältigen zu können, dies um so mehr, als ich ja zu einem Buch über Schönberg nicht nur die genauesten Vorstudien gemacht habe, sondern auch sehr vieles bereits, wie jüngst in der zweiten Nachtmusik, formuliert ist. Es ist mir ferner außer Frage, daß dies Buch eine große Publizität finden wird, und diese Publizität wäre ja auch vom Institutsstandpunkt aus wohl ein Aktivum. Es ist mir endlich gewiß, daß ein Buch über Schönberg, wenn ich es schriebe, auch sachlich von erheblicher Wichtigkeit wäre: Sie wissen, daß ich geneigt bin, die Leistung Schönbergs in der gleichen Sphäre zu lokalisieren wie die von Freud und von Karl Kraus, und seine Sache im gleichen Sinn und mit der gleichen Einschränkung für die unsere zu halten. Das zu explizieren, wäre die Hauptaufgabe des Buches. Aber wie gesagt, ich möchte die Entscheidung vollkommen Ihnen überlassen, zumal ich mir durchaus bewußt bin, daß in meinem Enthusiasmus für Schönberg private Züge des Fachmannes im Spiel sein können, die hinter wichtigerem zurückzutreten hätten. Ich will nur noch hinzufügen, daß Zweig die projektierte Ausgabe meiner bisherigen musiktheoretischen Arbeiten vom Zustandekommen jenes Buches abhängig macht, und daß er, als ich ihm auf seine Anregung sagte, wir hätten eine Arbeit über Schönberg bereits für die Zeitschrift in Aussicht genommen, meinte, sie könne ja dann als Kernstück in das Buch übernommen werden.

Ich erwarte mit Wagnerischer Begier, wie Tristan Isoldes Segel, Ihre Nachricht wegen des großen Husserl und des kleinen Mannheim und bin im übrigen tief im Wagner, sowohl was das Studium der Werke wie der Literatur anlangt. Über die Grundzüge meiner Arbeit, die sich sehr zu konkretisieren beginnt, berichte ich Ihnen eingehend binnen kurzem. Heute nur so viel, daß ich glaube, daß die Geste des Zurückweichens, jenes Verrates an der Revolution wie er am Verhalten Wotans zu Siegmund am deutlichsten wird, zugleich auch das Modell der musikalischen Formstruktur Wagners bis in ihre motivischen Zellen hinein abgibt. Ich glaube das mit aller technischen Strenge zeigen zu können und hoffe überhaupt zum ersten Mal scheinbar »abstrakte« musikalisch-formale Vorgänge gesellschaftlich zum Sprechen zu bringen. Die Verschränkung von Revolution und Regression reicht bei Wagner hinab bis in den melodischen Einfall oder vielmehr dessen Verstümmelung durch die gesellschaftliche Macht. Diese selber wird in Wagners Musik – und das halte ich für einen entscheidenden Gesichtspunkt – dargestellt durch die Gestik des Kapellmeisters, aus der heraus diese Musik konzipiert ist. Eine dialektische Theorie Wagners muß in nuce die Urgeschichte der Kapellmeistermusik enthalten. Von hier aus wird auch Nietzsches Begriff des »Schauspielers« exakt und praktikabel.

Aber das klingt alles noch ein wenig geheimnisvoll, und ich bitte Sie nur, sich noch ein wenig gedulden zu wollen, bis ich es Ihnen wirklich explizieren kann. Die Textierung der Arbeit wird dann nur eine verhältnismäßig geringe Mühe sein. Meine Aufzeichnungen überschreiten deren möglichen Umfang schon jetzt um ein Vielfaches.

Sobald ich Ihnen über den Wagner berichte, werde ich Ihnen auch nochmals eingehend über den Theorieaufsatz schreiben, den ich ja in New York in viel zu großer Hast lesen mußte.

Dieser Brief ist jedenfalls in einem Punkt ein historisches Dokument: Gretel hat ihn ins Stenogramm aufgenommen und auf der Schreibmaschine abgeschrieben. Hoffentlich sind Sie und Maidon wohlauf und weder von den Nachwirkungen der See- noch der Börsenbewegungen zu sehr behelligt.

Alles Liebe, auch von Gretel

Ihr alter

Teddie.

P.S. Es dürfte Sie interessieren, daß Wagner als Student in Leipzig an Überfällen auf Bordelle (Vorformen späterer Reinigungsaktionen) teilgenommen hat. Ich fand das in Newmans Biographie.

ÜBERLIEFERUNG O: Ts; Max-Horkheimer-Archiv der Stadt- und Universitätsbibliothek, Frankfurt a. M. – E: Horkheimer, Briefwechsel 1937-1940, S. 248 ff.

Buch . . . über Schönberg: Der Plan wurde nicht realisiert; erhalten hat sich das Exposé Adornos (vgl. Adorno GS 19, S. 609-613).

Lohn . . ., der reichlich lohnet: Vgl. Johann Wolfgang von Goethe, Der Sänger.

Leo . . . eine scharfe Auseinandersetzung mit den Biographieschreibern: Leo Löwenthals »Die biographische Mode« ist 1955 in dem Band »Sociologica I« zuerst veröffentlich worden; vgl. jetzt Löwenthal, Schriften 1, S. 231 bis 257.

Dr. Walter Rosenthal: Da dieser Name nicht als ein Pseudonym Adornos überliefert ist, könnte es sich um eine im Gespräch ausgeführte ›Farce‹ gehandelt haben.

Nietzsches Begriff des »Schauspielers«: Gemeint ist vor allem die Stelle aus dem elften Abschnitt von Nietzsches »Der Fall Wagner«, wo Nietzsche schreibt: »Ich habe erklärt, wohin Wagner gehört – *nicht* in die Geschichte der Musik. Was bedeutet er trotzdem in deren Geschichte? *Die Heraufkunft des Schauspielers in der Musik:* ein capitales Ereignis, das zu denken, vielleicht auch zu fürchten giebt. In Formel: ›Wagner und Liszt‹. [. . .] Wagner marschirt mit Trommeln und Pfeifen an der Spitze aller Künstler des Vortrags, der Darstellung, des Virtuosenthums; er hat zuerst die Kapellmeister, die Maschinisten und Theatersänger überzeugt.«

der Theorieaufsatz: Vgl. Max Horkheimer, Traditionelle und kritische Theorie, in: ZfS 6 (1937), S. 245-292 (Heft 2); jetzt in: Horkheimer GS 4, S. 162-216.

130 Horkheimer an Adorno
New York, 20.10.1937

MOEGLICHKEIT IHRER BALDIGEN UEBERSIEDLUNG AMERIKA NAEHERGERUECKT STOP FALLS IHRERSEITS EINVERSTAENDNIS TEILWEISE ARBEITSZEIT NEUEM RADIOPROJECT PRINCETON UNIVERSITY BEREITZUSTELLEN WAERE ZWEIJAEHRIGES EINKOMMEN INSGESAMT VIERHUNDERT DOLLARS MONATLICH GESICHERT STOP KABELT PRINZIPIELLE STELLUNGNAHME ZUSAETZLICH MOEGLICHKEIT FRUEHESTEN REISETERMINS STOP BESCHEID NUFFIELD UNTERWEGS HERZLICHST = HORKHEIMER.

ÜBERLIEFERUNG Telegramm; Theodor W. Adorno Archiv, Frankfurt a. M.

131 Horkheimer an Adorno
New York, 20.10.1937

429 WEST 117TH STREET
NEW YORK, N. Y.

20. Oktober 1937

Lieber Teddie,

Auf Ihr Telegramm wegen Nuffield hin haben wir uns die Möglichkeiten, dort einen Schritt zu unternehmen, nochmals überlegt. Wir sind nach wie vor skeptisch. Da gerade Otto Neurath zur Tür hereinkam, haben wir ihm gesagt, wir wollten die Gelegenheit benützen, um sein hobby dort vorzustellen. So etwas ist noch das einzige, wofür Leute wie die bei der Nuffield Commission Interesse haben könnten. Wenn Sie es selbst auf Grund Ihrer Erkundigungen für durchaus wahrscheinlich halten, dass wir etwas bekommen, dann reichen Sie das einliegende Memorandum ein. Wir würden Neurath den grössten Teil geben, aber es würde wohl auch für unsere Arbeiten etwas dabei herausspringen, und ausserdem wäre es ein Präzedenzfall. Ich erwarte Ihren ausführlichen Bericht. Sollten Sie irgendwelche Zweifel haben, so bitte ich Sie auch dieses Memorandum *nicht* einzureichen.

Die Aussicht auf Ihre baldige Übersiedlung nach Amerika, die mein heutiges Telegramm eröffnet, wird Ihnen, wie ich denke, Freude machen. Die Kombination liegt so, dass Lazarsfeld von der Princeton University einen ziemlich grossen Fond für eine Radio-Untersuchung erhalten hat. Nach gemeinsamer Rücksprache haben wir seinen Plan, Sie bei dieser Untersuchung wenigstens mit einem Teil Ihrer Arbeit heranzuziehen, gutgeheissen. Abgesehen von einer gewissen finanziellen Garantie, die angesichts der gegenwärtigen Börsenlage nicht zu verachten ist, hätte Ihre Teilnahme an dieser Untersuchung den Vorzug, Sie mit wichtigen Universitätsstellen in ungezwungenen Kontakt zu bringen. Da wir selbst die Verbindung mit Universitäten viel zu wenig pflegen, könnte auch dem Institut daraus ein Vorteil erwachsen. Für Sie selbst wird meines Erachtens die Mitarbeit am Radioprojekt bedeuten, dass Sie rasch bekannt werden. Die Hauptfrage ist natürlich, ob die Examensvorbereitung es zulässt, dass Sie schon so bald England verlassen. Darüber erwarte ich Ihre Nachricht. Unter Umständen könnten Sie ja zum Examen für kurze Zeit zurückfahren.

Krenek und Frau habe ich schon kurz gesehen. Sie machen einen ausgezeichneten Eindruck. Morgen nachmittag kommt er ins Institut, und abends sind beide Familien zusammen.

Im Augenblick ist hier grauenvolles Wetter. Ganz heiss, feucht und regnerisch. Es ist furchtbar ermüdend. Die Aussicht, dass wenigstens für die erste Zeit Ihres amerikanischen Aufenthalts die Eventualität der slums abgewandt zu sein scheint, gewährt mir im Hinblick auf Gretel eine wahre Beruhigung.

Herzlichst
Ihr
Max.

ÜBERLIEFERUNG O: Ts; Theodor W. Adorno Archiv, Frankfurt a. M.

132 Adorno an Horkheimer
London, 21.10.1937

FROH UND PRINZIPIELL EINVERSTANDEN AUCH MITARBEIT PRINCETON KAEMEN GERN SOFORT STOP SCHWIERIGKEITEN ANDERTHALB JAEHRIGER MIETSVERTRAG UNTERVERMIETUNG UNGEWISS UND SCHWEBENDER MOEBELTRANSPORT AUS DEUTSCHLAND WAEREN FUER RASCHESTEN DETAILLIERTEN DRAHTBESCHEID DANKBAR HERZLICHST TEDDIE

ÜBERLIEFERUNG Telegramm; Max-Horkheimer-Archiv der Stadt- und Universitätsbibliothek, Frankfurt a. M.

133 Adorno an Horkheimer London, 23.10.1937

23. Oktober 1937.

Lieber Max,

wenn ich heute vorab wegen des Husserl schreibe, in einem Augenblick, in dem so viel brennendere Gegenstände, wie die Frage unserer raschen Übersiedlung nach Amerika, zur Diskussion stehen, so hat das seinen Grund nicht oder jedenfalls nicht nur in meiner Monomanie, sondern in der einfachen Erwägung, daß dieser Brief, was die amerikanische Frage anlangt, durch unseren Telegrammwechsel längst überholt sein wird, bis er in Ihre Hände kommt, während die telegrafische Erledigung der Husserlangelegenheit immerhin auf gewisse sachliche und monetäre Schwierigkeiten stoßen dürfte.

Es scheint mir praktisch, die Husserldiskussion nach folgenden Gesichtspunkten zu führen: der Frage nach der Verständlichkeit und Fruchtbarkeit der Arbeit im Rahmen der Zeitschrift, dem Problem der immanenten Kritik, dem Verhältnis zum Idealismus und ferner dem Modus procedendi, soweit die Husserlarbeit weiterhin in Rede steht. Was zunächst den ersten Punkt anlangt, so möchte ich vorweg und mit aller Eindeutigkeit sagen, daß ich es für durchaus möglich halte, daß die Arbeit in ihrer gegenwärtigen Gestalt der Forderung nach voller Verständlichkeit nicht entspricht. Es handelt sich dabei zumal um das zweite Kapitel und die kategoriale Anschauung. Was Sie hier beanstandet haben, haben Benjamin und Gretel unabhängig von einander und unabhängig von Ihnen ebenfalls beanstandet, und ich zweifle nicht, daß Sie recht haben.

Schuld an dieser Unklarheit trägt freilich nach meiner Ansicht weniger die rasche Niederschrift der Arbeit als einfach der Umstand, daß es mir bei der ungeheuren Schwierigkeit der Materie nicht in einem Anhieb gelungen ist, sie so darzustellen, wie es gefordert werden muß. Andererseits glaube ich, daß sich bei einer Neufassung diese Klarheit wird herstellen lassen. Der entscheidende Gesichtspunkt bei der Kritik der kategorialen Anschauung, der vielleicht noch nicht richtig hervorgetreten ist, läßt sich aus einiger Distanz wohl am [ehesten] an eine Bemerkung Ihres Briefes Seite 3, Absatz 2 unten anschließen. Sie sagen dort: »Die Synthesis und die nachträgliche Reflexion darauf decken keineswegs alle Momente des Urteils«. Dieser Satz deckt sich vollkommen mit meiner eigenen Auffassung, und es ist mir nur leid, daß ich Ihnen nicht die Hauptstelle über Urteilstheorie aus der Buchfassung vorlegen kann. Das jedoch, was am Urteil mehr ist, als der Vollzug der Synthesis und die Reflexion darauf, ist gerade nicht die von Husserl behauptete kategoriale Anschauung, sondern das dem gesamten intentionalen Bereich gegenüber wirklich transzendente Zusammengehören von *Fakten*. Was ich der Husserlschen kategorialen Anschauung im Grunde vorzuwerfen habe, ist nicht etwa ihre Richtung auf den transzendenten Sachverhalt – in der sehe ich ja gerade das fruchtbare Moment der Husserlschen Theorie, und das, denke ich, ist immerhin auch schon im gegenwärtigen Text zum Ausdruck gekommen – sondern: daß Husserl anstelle dieses Sachverhaltes dessen begriffliche abstrahierte Derivate, die bloßen Denkprodukte, setzt und diese dann verdinglicht. Die kategoriale Anschauung versucht den Ausbruch aus der Bewußtseinsimmanenz, den wir billigen, mit deren eigenen Postulaten zu vereinigen, und darum ist der Begriff eine fundamentale Fehlkonzeption. Auf der einen Seite verfehlt er das dem Bewußtsein vorausgehende Faktische und setzt an dessen Stelle den bloßen »idealen Tatbestand«, so daß also das, was die Subjektivität als von ihren Erzeugungsweisen Unabhängiges zu gewahren meint, in Wahrheit ihr bloßes Produkt, bloßer »Gedanke« ist. Auf der anderen Seite führt gerade dieser Versuch zur Konstitution einer immanenten Transzendenz zu unverträglichen Widersprüchen mit der Lehre von der transzendentalen Synthesis, die Husserl auch schon in der sechsten Untersuchung mit dem Idealismus implizit gemeinsam hat. Ich glaube, daß, wenn man diese Gesichtspunkte eindeutig so herausarbeitet, wie ich es hier andeute, die Argumentation gegen die kategoriale Anschauung die nötige Durchschlagskraft gewinnen wird. Dabei wird dann auch die These von der paradoxen Vereinigung von Rationalismus und Empirismus sich aufklären, an der ich im übrigen festhalten möchte. Das Verfahren, das einzuschlagen ist, wird freilich kaum darin bestehen können, daß man Husserlsche Theorien in ihrer Ganzheit referiert. Das würde den schon hier bis zum äußersten angespannten Rahmen eines Aufsatzes definitiv sprengen. Es scheint mir aber andererseits auch darum nicht so notwendig, weil das Eigentümliche der Husserlschen Methode ja darin besteht, nicht weitausgreifende Argumentationszusammenhänge zu entwickeln, sondern wennmöglich in sich abgeschlossene Einzeleinsichten neben einander zu setzen. (Nebenbei bemerkt, scheint mir sachlich gerade dies Husserlsche Bestreben ein positivistisch-resignierter Rückfall hinter die Hegelsche Methode.) Es wird sich also wesentlich darum handeln, die von Husserl jeweils vertretene Einzelthese klarer zu machen, vor allem weitergehend ihrer terminologischen Hülle zu entkleiden, als ich es im zweiten Kapitel unternommen habe. Wenn das geschieht, und zugleich der verhältnismäßig einfache Grundgedanke meiner Kritik an der kategorialen Anschauung mehr in den Mittelpunkt gerückt wird, daß nämlich der Versuch, jenes »Mehr« am Urteil damit zu begründen, daß nun gerade jenes Moment der Abstraktion als »sichtbar« in die Sache verlegt und verdinglicht wird, das ein bloßes Denkprodukt ist, – dann, so glaube ich, ist man in der Tat dem nähergerückt, was Sie die Rolle der Husserlschen Phänomenologie innerhalb der bürgerlichen Ideologie nennen, nämlich dem »Scheitern des Versuchs, mit dem Idealismus durch einen nicht mehr naiven und dogmatischen Positivismus fertig zu werden«. Ich glaube aber, das ließe sich bewerkstelligen, auch ohne daß man auf die Brouwersche Intuitionstheorie eingeht, auf die, soweit meine Kenntnis reicht, Husserl nicht ein einziges Mal Bezug nimmt. – Im einzelnen: Von den Änderungen würde natürlich nicht nur das zweite Kapitel betroffen, sondern etwa auch die von Ihnen auf Seite 14 des Aufsatzes angeführte Stelle über thetischen Charakter. Was den Jugendstil anlangt, so will ich sehen, was sich zur Aufklärung beitragen läßt. Ich glaube, daß unter meinen Materialien Stellen besonders des jungen Hofmannsthal und George sich befinden, an denen die Beziehung genau zu belegen ist; ich hatte darauf nur mit Rücksicht auf den Umfang des Aufsatzes verzichtet. Dagegen würde ich den »verklausulierten« Satz über Sexualität, den Sie beanstanden, verteidigen. Er ist nicht nur aus bloßer Vorsicht so formuliert, sondern deshalb, weil gerade er eine wichtige Relation zwischen dem philosophischen Stil und der Triebrealität anmeldet. Das Entscheidende scheint mir hier, daß ein Bogen zwischen dem philosophischen Material, und dem physischen Modell geschlagen wird. Die Kategorie der Dingwelt ist hier für die Konstruktion so wichtig wie die seidenen Strümpfe, die wir verteidigen. An dieser Stelle dürfte sich der Husserl mit Benjamins Baudelaire am engsten berühren. – Die Stelle über den Tauschvorgang war mir selber nicht mehr recht behaglich; hier wird Remedur geschaffen. Der ungenannte Soziologe ist Kracauer; Leo wird sich gewiß an jenen Aufsatz von ihm erinnern. Ich habe gerade ihn als Beispiel gewählt, weil seine Theorie die einzige mir bekannte ist, wo eine Husserlsche erkenntnistheoretische Doktrin *unmittelbar* zu ideologischen Zwecken hergerichtet ist. Ein Beispiel wie etwa Schelers »Sinn des Leidens« liegt schon so weit von Husserl ab, daß die Husserlianer es bequem abschütteln könnten. Darum möchte ich an der Kracauerstelle festhalten.

Was die Frage der immanenten Kritik anlangt, so möchte ich aus dieser am letzten einen Fetisch machen. Es ist ja wahrscheinlich vielmehr so, daß die Begriffe des logisch Immanenten und Transzendenten beide selber vom idealistischen Begriff des in sich geschlossenen »systematischen« Begründungszusammenhangs abhängen und darum von uns nicht blanko übernommen werden können. Das bedeutet nun aber keineswegs ein Übergehen zur »transzendenten« und gegenüber jenem Begründungszusammenhang ohnmächtigen Kritik. Vielmehr ist unser Anliegen doch wohl ein drittes: nämlich mit der Kraft unserer eigenen »transzendenten« Einsicht die »immanenten« Gedankengänge des Feindes so zu operieren, daß sie darüber zerspringen. Das, so scheint mir, ist jedenfalls in meiner Arbeit *der Intention nach* geleistet; vielleicht wäre es gut, auf diesen methodischen Standort ausdrücklich hinzuweisen. Dafür, daß Husserl keinen einzigen wirklichen Beleg einer kategorialen Anschauung beibringt, stehe ich gerade. Es wird sogar von den Phänomenologen selber heute kaum ernstlich mehr bestritten. Wenn mir die Phänomenologen wirklich vorhalten, wie denn sinnvolle Urteile über kategoriale Anschauung, Satz an sich und transzenden-t[al]e Synthesis möglich seien, wenn ich gleichzeitig behaupte, daß es all das nicht gibt, so wäre das in der Tat nur ein neopositivistisches Fürchtenmachen. Ich habe nicht sowohl diesen Inventionen neue Eigenschaften zugesprochen als vielmehr den »Ort« jener begrifflichen Leerstellen bestimmt (der Absicht nach und natürlich ohne das im Rahmen des Aufsatzes für Satz an sich und transzendentale Synthesis durchzuführen; es steht hier exemplarisch nur die kategoriale Anschauung und das reine Ich ein), indem ich die Husserlsche Statik (die jüngste »dynamische« Phänomenologie ist ja ein bloßer Appendix und, worüber wir einig sind, nichts als rechtschaffener Neukantianismus) in die Dynamik der aporetischen Begriffe auflöste; und habe weiter die über jenen Leerstellen errichteten begrifflichen Konstruktionen destruiert, indem ich sie mit den jeweils wirklichen oder erfundenen Sachverhalten kontrastierte. Im Buch und wahrscheinlich auch im Aufsatz habe ich die kategoriale Anschauung mit der Zahl i verglichen:

Aussagen über kategoriale Anschauung sind genau so sinnvoll und sinnlos wie über $\sqrt{-1}$.

Was das letzte Kapitel anlangt, das ich übrigens für das eigentlich entscheidende halte, so bin ich freilich nicht der Ansicht, daß, vorausgesetzt daß seine Resultate zutreffen, die idealistische Frage nach dem »Rechtsgrund« wieder gestellt werden kann und man in einen unendlichen Regreß gerät. Denn es ist ja eben das Anliegen der gesamten Untersuchung, das durchzuführen, was schon in der ersten Fassung des Mannheim wie immer unzulänglich formuliert war: daß es sich nämlich nicht darum handelt, die These vom Primat des Bewußtseins durch den Primat des Seins erkenntnistheoretisch zu ersetzen, sondern zu zeigen, daß einerseits die Frage nach einem absolut ersten Begriff, wäre es auch der des Seins, notwendig selber idealistische Konsequenzen impliziert, d.h. in letzter Instanz auf Bewußtsein zurückführt, und daß andererseits eine Philosophie, die diese idealistische Konsequenz tatsächlich zieht, sich notwendig in solche Widersprüche verwickelt, daß darüber die Fragestellung selber als im prägnanten Sinn falsch sich herausstellt. Das ist der Inhalt der Behauptung, daß das »Problem« von Sein und Bewußtsein zwar nicht gelöst, aber erledigt sei, und darauf mit einer nochmaligen Rückfrage auf den »Rechtsgrund« zu antworten, würde nicht sowohl uns wie den Anwalt der prima philosophia in einen unendlichen Regreß verstricken. Denn die Frage nach dem »Rechtsgrund« des Verwiesenseins von Bewußtsein auf faktisches Sein würde ja selber die Begründung des faktischen Seins durch Bewußtsein involvieren, die durch meine Kritik, wenn sie gelang, erledigt ist. – Es dürfte aber möglich sein, dies Verhältnis im Zusammenhang des letzten Kapitels nochmals ausdrücklich darzustellen, falls das noch nicht geschehen ist.

Ich komme zum letzten Punkt, dem Verhältnis der Husserlschen Analyse zum Idealismus. Lassen Sie mich vorweg sagen, daß ich selbstverständlich bereit bin, jedes pompöse pronunciamento über die Vernichtung des Idealismus, falls in der ersten Siegesbegeisterung eine solche stehen geblieben sein sollte, preiszugeben, aus der taktischen Erwägung, daß solche Sätze natürlich bequeme Angriffsflächen bieten. Der Sache nach aber bin ich freilich der Überzeugung, daß der Schlag gegen Husserl den Idealismus selber trifft. Wenn ich Sie recht verstehe, so bezweifeln Sie nicht, daß ich Husserl im Zentrum gefaßt habe, sondern nur, daß die Analyse in der Tat eine so entscheidende Bedeutung für die Kritik des Idealismus hat, wie ich annehme. Es hat sich eine gewisse Paradoxie ergeben. Gerade Sie haben bislang Husserl für den fortgeschrittensten bürgerlichen Erkenntnistheoretiker gehalten und ihn noch in jener Fußnote zum »Neuesten Angriff auf die Metaphysik« den letzten wirklichen Erkenntnistheoretiker genannt. Nun ist Ihnen, wie mir, diese Philosophie bloß noch ein »heruntergekommener« Idealismus und »der Versuch, dem bürgerlichen Idealismus eine Fortexistenz zu verschaffen, indem er ihn vollends um jede konstruktive Gewalt, um seine ganze utopische Funktion bringt.« Nichts ist mir lieber als diese Einsicht; aber verliert Husserl dadurch tatsächlich jene *geschichts*philosophische Dignität, die wir beide bislang ihm zugesprochen haben? Wir sind uns einig darin, daß der Husserlsche Ausbruchs- oder Rettungsversuch hoffnungslos gescheitert ist. Der Unterschied ist der, daß Ihnen dies Scheitern keine entscheidenden sachlichen Konsequenzen für die idealistische Ausgangs- und Endposition zu implizieren scheint, während ich diese ihm ebenso gut zutrauen würde, wie ich etwa Ihren politischen Vergleich so fortsetze, daß die Resignation des Stresemann zur Demokratie zugleich die Resignation der Demokratie selber mitbedeutet, die ihn ja kaum überlebt hat. Mit anderen Worten: daß Husserl ursprünglich den Idealismus, wenigstens in seiner psychologischen Fassung, verließ, ist ja nicht als seine Caprice zu betrachten, sondern alle die Argumente, die er gegen den Idealismus ins Feld führt, und zu denen ich im oben angedeuteten Sinn selbst den Impuls der kategorialen Anschauung rechne, sind nach wie vor in Kraft. Husserl hat auch richtig gesehen, daß dem konsequenten Idealismus die Welt zum Punkt zusammenschrumpft, oder daß er sich an die Kontingenz des bloß Seienden verliert. Darum Räuber und Mörder. Wenn diese aber endlich wieder unter das strenge Regime des transzendentalen ego gebracht werden, so ist darum noch lange keine Gesellschaft aus ihnen geworden. Gewiß sagt die Rückkehr zum Ausgangspunkt nach einem langen Umweg nicht notwendig etwas gegen ihn aus, aber die Motive zur Husserlschen »Reise« sind doch insofern nicht eitel gewesen, als sie vollzählig die einer Kritik des Idealismus sind, *wie sie diesem selber erscheinen*. Und ich bin freilich der Ansicht, daß, wenn nach der langen Reise der letzte Husserl den Idealismus auf die Formel der absoluten Subjektivität bringt, er damit in tödliche Widersprüche gerät, darin nicht nur das Schicksal einer Philosophie sich vollendet, sondern das des Idealismus selber. Gerade die letzte Publikation Husserls hat mich darin bestärkt. Wenn die Phänomenologie am Ende sich selber zurücknimmt, so geht sie dabei dem Idealismus in Person an den Kragen: die aprioristische Kritik des Faktums, die in der Wesenslehre angelegt ist, setzt sich in der genetischen Phänomenologie fort und führt in der Tat zu einer beispiellosen Überspannung des idealistischen Anspruchs. Diese Überspannung ist notwendig: ganz mit Recht kann Husserl sagen, daß zwischen einem »Idealismus«, der mit Begriffen wie Erlebnis und Datum operiert, und einem naiven Realismus im Grunde gar kein wahrhafter Unterschied mehr ist; idealistisch gesprochen ist die Descarteskritik des letzten Husserl, die natürlich auch für den Kantianismus gilt, im Recht. Gerade der in diesem Recht gelegene radikale Anspruch des Idealismus aber ist es, den dieser nicht einlösen kann. Und ich glaube, daß der Schritt über Husserl hinaus, den meine Analyse in Konsequenz seiner eigenen Gedanken an dieser Stelle macht, einer Liquidation des Idealismus gleichkommt. Daß dabei eine Formulierung wie die, Husserl müsse bloß das geöffnete Tor der Dingwelt durchschreiten, um zur materialistischen Dialektik zu gelangen, in jedem Betracht unglücklich ist; daß man überhaupt nicht unsere Theorie als geradlinige Fortsetzung des liquidierten Idealismus bezeichnen kann, ist natürlich zu konzedieren, aber an der exemplarischen Bedeutung der Husserlanalyse für das gesamte Problem des Idealismus scheint mir dadurch nichts geändert. Das Verdienst dafür gebührt weit weniger mir als jener Selbstzerstörung des Idealismus, die Sie in dessen Herunterkommen sehen und die in Husserl (wie in Bergson und Lask) ihre Vollendung findet. Dies Hinunterkommen hat aber doch nicht bloß die Bedeutung, daß die bürgerliche Klasse aus ihren Gedanken das utopische Moment verbannen muß, das im klassischen Idealismus enthalten war, sondern auch die, daß dies Denken mit der Welt und deren fortschreitender Erfahrung immer weniger zu vereinen war, und sich als objektiv »falsch« herausstellte in einem ähnlichen Sinn wie die klassische Ökonomie. Diese Seite des idealistischen Verfalls: daß nicht nur das Bürgertum keinen Hegel mehr zu produzieren, seine Gedanken nicht mehr zu denken wagt, sondern auch, daß jene Gedanken, die inhaltliche Konstruktion der Welt aus der Idee zunächst im einfachsten wissenschaftlichen Sinn nicht mehr vertreten werden können, daß also selbst der armselige Positivismus, wie der verfallene Idealismus, im Sinn des dialektischen Fortschritts selbst gegen Hegel in gewisser Weise *»recht hat«,* scheinen Sie zu unterschätzen. Sie präsentieren mir gleichsam Kant und Hegel und sagen mit großem Recht, daß diese durch meine Husserlkritik nicht erledigt seien. (Was ich mir selbstverständlich auch niemals anmaßte.) Aber daß man es heute im Idealismus nicht mehr mit Hegel, sondern eben mit Husserl zu tun hat, das liegt nicht nur in der Konsequenz des Verfalls des bürgerlichen Denkens, sondern auch in der des Schicksals der Hegelschen Philosophie selber. So fraglos der Vorrang Hegels über alle spätere bürgerliche Philosophie ist, so wenig kann doch deren Kritiker auf einen rekonstruierten Hegel sich beziehen. Die Hegelsche Bewegung des Gedankens ist nun einmal, als philosophiehistorische Wirklichkeit gesehen, die, welche zur phänomenologischen Katastrophe führte. Allein der Gedanke, heute etwa zur Kritik des Idealismus eine Hegelkritik zu schreiben, hätte ein Moment der – im Hegelschen Sinne –

»Abstraktheit«, das Sie am letzten befürworten werden. Nur im Sinne dieser Auffassung, aber freilich auch in ihrem vollen, mache ich den Anspruch, den Idealismus zentral getroffen zu haben. Er ist nicht größer als der Anteil des Scharfrichters Sanson an der französischen Revolution.

Zum Positiven brauche ich danach nicht mehr viel zu sagen. Sie haben den Aufsatz eine »ungeheure gedankliche Leistung« genannt; ich weiß, daß uns beiden die Sache zu ernst ist, als daß Sie mir die Ablehnung des Aufsatzes mit einem anerkennenden Wort verzuckern würden. Meinen Sie nun nicht, daß ich versuchen sollte, den Aufsatz, um der Qualitäten willen, die Sie selber ihm zuschreiben, für die Zeitschrift zu retten? Auf welcher Linie ich mir einen solchen Rettungsversuch vorstelle, habe ich Ihnen gesagt; daß es mir nicht an der Zähigkeit und Energie fehlen wird, es auch wirklich zu erreichen, werden Sie mir vielleicht nach der Erfahrung mit dem Mannheim zutrauen; dies um so mehr als ich ja immer noch in der größten Isolierung arbeite und eine Kritik, wie sie Ihr Brief enthält ein integrales Moment der Arbeit selber darstellt. Ich möchte Ihnen darum vorschlagen, daß Sie mir das Manuskript, und zwar das Ihre mit den Pariser Änderungen, zuschicken und mi[r] zugleich Ihre Einwände, soweit sie über Ihren Brief hinausgehen, und soweit ihnen nicht durch den Vorschlag dieses Briefes Rechnung getragen wird, mitzuteilen. Natürlich kann ich nicht erwarten, daß Sie selbst nochmals etwas von Ihrer Arbeitszeit der Angelegenheit opfern. Wenn Marcuse, den ich herzlich zu grüßen bitte, die weitere Korrespondenz führen würde, so wäre ich vollkommen und ohne alle Empfindlichkeit einverstanden. Er ist fraglos mit Ihrer Auffassung in allen Einzelheiten vertraut. Einigen der wichtigsten sachlichen Einwände glaube ich durch diesen Brief begegnet zu sein. Was die Frage der Darstellung anlangt, so brauchen Sie keine Verstocktheit zu fürchten. Sollte es sich so fügen, daß wir rasch nach New York kommen, so würde ich freilich vorschlagen, die Umarbeit bis dahin zu verschieben. An Ort und Stelle würde sie sich sicherlich rascher erledigen lassen.

Lassen Sie mich heute Ihnen nur noch sagen, daß ich von Ginsberg aufs freundlichste aufgenommen wurde, der mich unter anderem fragte, ob ich der Ansicht sei, daß man Mannheim an der London School halten solle. Ich entgegnete ihm, ich befände mich zwar im schärfsten sachlichen Gegensatz zu Mannheim, sei aber der Ansicht, daß man ihm seine Professur getrost lassen solle, wobei ich übrigens im Ernst der Ansicht bin, daß er so gut wie die meisten Engländer immer noch sein wird. Ich bin sehr glücklich, daß die neue Fassung des Aufsatzes Ihnen gefällt und möchte Sie nur nochmals an Ihre Vorbemerkung erinnern. Mit ihm selber werde ich mich also erst in Verbindung setzen, wenn ich die revidierte New Yorker Abschrift habe.

Gerth halte ich für durchaus sauber. Vielleicht nicht sehr stark; aber schließlich hat ja hier die Tatsache der Emigration etwas zu bedeuten. Einen festen Auftrag wegen des Aufsatzes über Illustrierte Zeitungen habe ich ihm noch nicht gegeben und werde es so lange nicht tun, bis ich von Ihnen dazu ausdrücklich autorisiert bin. Ich werde auch so lange alle weiteren Bemühungen in Sachen »Massenkunst im Monopolkapitalismus« einstellen. Gerth, den nach meinem Eindruck das Council hier völlig im Stich läßt und raschestens nach Amerika abschieben möchte, nachdem ein Versuch Mannheims, ihm eine Assistentenstelle zu verschaffen, gescheitert ist, macht sich Hoffnung, daß ihm das Institut behilflich ist, eventuell auch mit einem Reisezuschuß, nach Amerika zu gelangen. Ich habe ihm nach dieser Richtung keinerlei Zusagen gemacht, meine aber, daß, wenn es finanziell in der gegenwärtigen Situation tragbar ist, eine solche Hilfe durchaus zu befürworten wäre.

Wegen der Nuffieldstiftung habe ich Opie um unverbindliche Auskunft gebeten, habe aber noch keine Antwort. Bloch kündigte die Sendung umfangreicher Manuskripte an ... Lassen Sie mich die Aufwärtsbewegung der Börse in jedem Sinne als gutes Omen nehmen. Das Nachgeben der Italiener scheint ernst zu sein; in der City behauptet man, sie seien einfach zu schwach und die bloße Fassade einer festen französischen Haltung hätte genügt sie einzuschüchtern. Gretel grüßt sehr herzlich Sie beide und dankt ganz besonders für die zweifarbige Handzeichnung. Bei unserem hoffentlich baldigem Wiedersehen werden wir Ihnen den Dank abstatten durch Berichte über unsere neueste Schöpfung, den Nilpferdkönig Archibald.

Ihnen und Maidon alles Liebe

Ihr alter

Teddie.

ÜBERLIEFERUNG O: Ts; Max-Horkheimer-Archiv der Stadt- und Universitätsbibliothek, Frankfurt a. M. – E: Horkheimer, Briefwechsel 1937-1940, S. 252 ff.

die Brouwersche Intuitionstheorie: Jan Brouwer (1881-1966) war Mathematiker und Logiker; er gilt als Begründer der Topologie und einer intuitionistischen Logik.

Kracauer . . . jener Aufsatz von ihm: Gemeint ist wahrscheinlich Kracauers Buch »Soziologie als Wissenschaft. Eine erkenntnistheoretische Begründung« von 1922 (vgl. jetzt Kracauer, Schriften 1, S. 7-101), in dem Kracauer schreibt: »Sollen die Ergebnisse der allgemeinen bzw. formalen Soziologie auf die soziologische Entfaltung der empirisch gegebenen Wirklichkeit Anwendung finden, so erhebt sich die große Frage, ob die soziale Realität tatsächlich von einem Geiste höchster Intensität allseitig gestaltet werden kann oder nicht. Das Vorhandensein einer derart ganz vergeisteten sozialen Welt wäre gleichbedeutend mit der restlosen Herbeiführung der *utopischen Gemeinschaft.*« (Ebd., S. 73)

jene Fußnote: S. Brief Nr. 92.

die Descarteskritik des letzten Husserl: Gemeint sind die »Méditations Cartésiennes« von 1931.

Lask: Emil Lask (1875-1915) war Schüler Heinrich Rickerts gewesen; er war ab 1913 Extraordinarius in Heidelberg.

Sanson: Charles-Henri Sanson (1740-1795), der Ludwig XVI. guillotinierte, gehörte zu einer Familiendynastie, die von 1688 bis 1846 ihres Amtes waltete; sein Sohn Henri Sanson (1767-1840) brachte Marie-Antoinette, Danton und Robespierre vom Leben zum Tode. Henri Clément Sanson verlor sein Amt 1846, nachdem er wegen Spielschulden seine Guillotine versetzt hatte (vgl. Victor Hugo, Choses vues. Souvenirs, journaux, cahiers 1830-1848, édition présentée, établie et annotée par Hubert Juin, Paris 1997, S. 285).

Das Nachgeben der Italiener: Der auf französische Initiative und mit englischer Zustimmung im Sommer 1937 zustandegekommene »Nichteinmischungsausschuß«, der über die Bedingungen einr strikten Neutralitätspolitik gegenüber den spanischen Bürgerkriegsparteien verhandelte, war am 9. September 1937 zum ersten Mal in London zusammengetreten. In der Sitzung vom 21. Oktober hatte der Vertreter Italiens, Graf Gandi, erklärt, daß Italien bereit sei, beiden Parteien in Spanien die Rechte von Kriegsführenden zuzubilligen, wie es der britische Plan vorsah, und in die Entsendung von Kommissionen zu jeder der beiden Kriegsparteien einzuwilligen, die die Zurückziehung der Freiwilligen vorzubereiten und zu überwachen hätten. Die Bereitschaft Italiens hatte ihre Ursache in den sowjetischen Materiallieferungen, die im Oktober erfolgt waren und die die Erfolge der frankistischen Insurgenten, von Deutschland und Italien unterstützt, in Frage zu stellen schienen. Auf dem Altar der Neutralitätspolitik wurde die spanische Republik geopfert.

134 Horkheimer an Adorno
New York, 26.10.1937

26. Oktober 1937.

Lieber Teddie,

Dank für Ihr Telegramm vom 21. Ich werde Ihnen alles ausführlich mitteilen, sobald ich selbst völlig im klaren bin. Vorläufig nur soviel, dass es nichts schadet, wenn Sie erst in vier Monaten anfangen. Die zwei Jahre, während der das Radioprojekt der Princeton University dauern soll, beginnen freilich jetzt schon zu laufen. Ihre qualifizierte Arbeit ist jedoch im Anfang nicht notwendig. Sie hören bald wieder von mir. Verzeihen Sie die Kürze dieses Briefs.

Bitte teilen Sie mir etwas über den armen Dreyfuss mit. Wovon lebt er überhaupt?

Herzlichste Grüsse, auch an Gretel.

ÜBERLIEFERUNG O: Ts(Dg); Max-Horkheimer-Archiv der Stadt- und Universitätsbibliothek, Frankfurt a. M.

135 Adorno an Horkheimer London, 28.10.1937

28. Oktober 1937.

Lieber Max:

lassen Sie mich bitte heute zur Frage der Publikation des Husserl noch dies nachtragen: ich habe mir den Wesensaufsatz von Marcuse wieder vorgenommen, der ja zu meiner Arbeit in einigem thematischen Rapport steht, und es will mir scheinen, daß ihm gegenüber mein Versuch doch einen so wesentlichen Fortschritt darstellt (das rein sachlich und ohne jede Rücksicht auf die subjektive Leistung verstanden), daß ich nicht recht einsehen kann, warum er unter den Tisch fallen soll, während jener erschien. In vielen Thesen stehen sich die Arbeiten in der Tat sehr nahe; wozu übrigens zu bemerken ist, daß, als ich Marcuses Text kennen lernte, die wesentlichen Motive des meinen schon vollzählig versammelt waren. Der Unterschied scheint mir aber der zu sein, daß Marcuses Betrachtung prinzipiell geistesgeschichtlich bleibt und geistesgeschichtliche Tendenzen von außen auf gesellschaftliche bezieht, während ich jedenfalls doch die Fragen selber als solche von Wahr und Falsch in Bewegung gebracht und damit die Kritik des Idealismus ernstlich in Angriff genommen habe. Marcuse bezeichnet etwa den Husserlschen Idealismus des »Wesens Subjektivität« als resigniert, gegenüber dem »mundanen« von Descartes und selbst Kant. Ich stimme darin völlig mit ihm überein. Aber nach seiner Auffassung scheint es so, als bewege sich der Stundenzeiger der Philosophie nun einmal nach dem verborgenen Räderwerk der Gesellschaft, und als habe die kritische Interpretation sich mit dem Aufweis der Konkordanz von Zeiger und Mechanismus zufriedenzugeben, ohne daß überhaupt die Frage gestellt würde, ob nicht am Ende die Uhr falsch geht. Es ist im Sinn von Marcuses Ausführungen gar nicht einzusehen, warum nicht ein besserer Idealist aufstehen, den »mundanen« Ansatz von Descartes wieder aufnehmen und so den Karren der prima philosophia aus dem Schlamm ihrer Resignation wieder herausziehen kann. Das heißt aber nicht nur am sachlichen Inhalt der gesamten kritischen Bewegung des idealistischen Begriffs seit Descartes – der des aporetischen Begriffs – vorbeisehen, sondern auch die Faktizitäten der dreihundert Jahre nachcartesischer Philosophie als quantité négligeable behandeln. Das scheint mir aber erkenntniskritisch und historisch-materialistisch gleich unbefriedigend. Zwischen der Marcuseschen Auffassung und der von uns bekämpften von »Denkstilen«, oder einfacher gesagt zwischen Marcuse und Dilthey ergibt sich in dessen Text wirklich kein Unterschied als der, daß das »Leben«, zu dem Marcuse das Denken in Relation setzt, von ihm in gesellschaftlichen Begriffen und nicht als metaphysische Entität gedacht wird; aber diese schlagen nicht in die inhaltliche Diskussion hinein, weil es zu einer solchen, nämlich zur Wahrheitsfrage, überhaupt nicht kommt, sondern die sachliche Wahrheitsfrage wird abgeschnitten durch den nach meiner Auffassung zu hastigen und deus-ex-machina-haften Rückgriff auf die praktischen Nöte der Menschheit und die Forderung, daß Philosophie diesen Nöten Rechnung zu tragen habe. Marcuse redet einmal davon, daß der praktische Begriff der Freiheit bei Husserl zur bloßen Freiheit der Phantasiesetzung depraviert worden sei. Das ist ein sehr geistreiches Aperçu, aber in Marcuses Context doch nicht mehr als ein solches; jeder Phänomenologe würde ihm erwidern, daß er sich eine Äquivokation zunutze mache, und daß über die Freiheit im Kantischen Sinne durch die Theorie der Phantasievariation nicht das mindeste präjudiziert sei. Nun bin ich mit Marcuse der Ansicht, daß das eine faule Ausflucht, und daß in der Tat die gesamte phänomenologische Verhaltensweise ein schlechtes Surrogat für Praxis ist, nämlich das der Gelehrtenpraxis, die hypostasiert wird. Das zu zeigen wäre aber nicht weniger als eine kritische Analyse des phänomenologischen Anspruchs selber notwendig: eben der von mir versuchte Nachweis, daß die Phänomenologie, ihren eigenen Postulaten entgegen, bloß die Dingwelt reproduziert, und daß die Reduktionen einerseits Scheinoperationen sind, andererseits aber durch die Art ihrer Handhabung tatsächlich Einverständnis mit dem Bestehenden bekunden. Die Analyse der phänomenologischen »Verhaltensweise« ist in meinem Aufsatz nicht zentral; immerhin aber werden Sie die Motive einer solchen Analyse in ihm recht explizit finden. Ausgeführt aber in diesem Sinne ist jedenfalls die Kritik der kategorialen Anschauung (von der es durchaus möglich ist, daß sie sich noch plastischer profilieren läßt) und die der transzendentalen Subjektivität. Die Neutralität gegenüber sachlichen philosophischen Feststellungen, wie sie die Geistesgeschichte involviert, halte ich wirklich für durchbrochen: sie weicht hier in meinem Essay verbindlichen erkenntniskritischen Entscheidungen, dort der Interpretation des *Falschen* aus ideologischem Bedürfnis. Marcuse aber bleibt noch dabei stehen, daß es »so gut paßt«. Vielleicht vermag Ihnen der Fortschritt in der angedeuteten Richtung doch das Erscheinen der Arbeit bei uns zu rechtfertigen.

Heute möchte ich Sie nur noch bitten, uns wegen der Frage der baldigen Übersiedlung nach Amerika möglichst rasch Bescheid zukommen zu lassen. Auch aus grob vulgärmaterialistischen Gründen; wir haben den Möbeltransport aus Deutschland, der unmittelbar bevorstand, aufgehalten, da es ja keinen Sinn hat, sich hier einzurichten, wenn man doch in wenigen Wochen wegmuß. Das bedeutet aber darum zugleich eine Belastung, weil wir bereits Miete für unsere Wohnung bezahlen müssen, während wir noch möbliert wohnen. Es ergibt sich auf diese Weise mindestens ein Surplus von 20£ im Monat, das uns zu tragen nicht leicht wird. Dazu kommt, daß ich im jetzigen Stadium der Wagnerarbeit meinen Flügel doch sehr vermisse, den wir hier erwarteten. Daß der Schwebezustand keine ideale Arbeitsbedingung bietet, bedarf keiner Erwähnung. Aus all diesen Gründen wären wir für rasche Entscheidung herzlich dankbar. Wie glücklich wir über eine amerikanische Lösung wären und wie gern wir dafür auch den jetzigen Zustand in Kauf nähmen, muß ich Ihnen nicht sagen. Unsere Miete in der neuen Wohnung beträgt, zu Ihrer und Pollocks Information, 160 £ pro Jahr, für hiesige Verhältnisse ist das incl. Zentralheizung und Warmwasser *nicht teuer*. Bei 60 £ im Monat ist es durchaus möglich; im Fall einer Reduktion aber würden wir sans phrase erhebliche Sorgen haben, und mit einer solchen war ja auch bei Abschluß des Mietsvertrages nicht zu rechnen. Fassen Sie es darum nicht als Ausdruck psychologischer Restbestände von Großbürgerlichkeit auf, wenn Gretel und ich beten, daß jener Kelch an uns vorüber gehe. Mit regelmäßigen Zuschüssen von zuhause ist *nicht* mehr zu rechnen.

Heute erhielt ich einen Brief von einem Herrn Kluthe. Er fragt mich wegen eines Herrn Dr. Helling, von dem ein Manuskript über altjüdische Klassenkämpfe durch Vermittlung unseres Genfer Büros an Pollock gelangt sein soll, ohne daß er mehr etwas darüber erfuhr. Er bittet mich um Auskunft wegen jener Arbeit und schreibt außerdem, daß Helling in Deutschland verhaftet worden, dann aber freigelassen worden sei und nun aus Deutschland flüchten wolle, wenn die Gewißheit bestünde, daß wir »seine Forschungsarbeiten finanzierten«. Kluthe gibt seriöse Referenzen auf. Mir ist von der ganzen Sache nichts bekannt und ich bitte Sie um Direktiven. Immerhin halte ich es für ausgeschlossen, daß wir uns im Augenblick mit den altjüdischen Klassenkämpfen einlassen, während wir mit den neuen gerade genug zu tun haben, und die von Helling ebenfalls behandelte »Heilsbotschaft des Messias« ferner denn je zu sein scheint. Ohne Ihnen vorzugreifen habe ich Kluthe in diesem Sinne beschieden.

Ihnen und Maidon, die hoffentlich wieder ganz erholt ist, alles Liebe von uns beiden

Ihr alter

Teddie.

Ich weiß nicht, ob ich seiner Zeit Fritz Pollock für das Amerikabuch gedankt habe, das er mir durch Teddie schickte, auf jeden Fall will ich es jetzt tun. Der Eindruck, den es vermittelt, ist außerordentlich. Herzlichst

Ihre Gretel.

2 Anlagen.

ÜBERLIEFERUNG O: Ts m. einer Beischrift v. Gretel Adorno; Max-Horkheimer-Archiv der Stadt- und Universitätsbibliothek, Frankfurt a. M.– E: Horkheimer, Briefwechsel 1937-1940, S. 264 ff.

Marcuse bezeichnet etwa den Husserlschen Idealismus des »Wesens Subjektivität« als resigniert: Vgl. Herbert Marcuse, Zum Begriff des Wesens, in: ZfS 5 (1936), S. 12 f. (Heft 1); jetzt in: Marcuse, Schriften 3, S. 57 f.

der praktische Begriff der Freiheit bei Husserl zur bloßen Freiheit der Phantasiesetzung depraviert: Vgl. ebd., S. 14 f. und S. 59 f.

ein Brief von einem Herrn Kluthe: Der Brief des Journalisten und späteren Zeitungsverlegers Hans Albert Kluthe (1904-1970) vom 27. Oktober ist nicht erhalten; Kluthe, der wie Helling aus Schwelm stammte, war 1936 nach England emigriert, wo er bis 1947 Redakteur der »Neuen Auslese« war und sich politisch in der »Deutschen Freiheitspartei« betätigte. – Adorno schrieb am 28. Oktober an Kluthe: »Herr Dr. H. ist mir unbekannt, und ich habe auch über seine Arbeit nichts gehört. Ich habe deswegen sofort bei meinen Freunden rückgefragt. Da ich aber keinesfalls die Verantwortung dafür auf mich nehmen möchte, daß Herr H. seine Pläne in irgend einer Weise von Erwägungen abhängig macht, die mit unserem Institut zusammenhängen, so fühle ich mich immerhin verpflichtet, Ihnen zu sagen, daß mir jedenfalls die Chance einer Finanzierung seiner Forschungsarbeiten über das bezeichnete Gebiet durch uns im Augenblick sehr gering erscheint.«

Dr. Helling . . . ein Manuskript: Der Pädagoge Fritz Helling (1888-1973), der 1933 aus seiner Stellung an einem Schwelmer Gymnasium entlassen worden war, konnte 1947 sein Buch »Die Frühgeschichte des jüdischen Volkes« bei Klostermann veröffentlichen.

das Amerikabuch: Nicht ermittelt.

136 HORKHEIMER AN ADORNO
NEW YORK, 28.10.1937

LETTER CONCERNING RADIOPROJECT ON THE WAY STOP NO OBJECTION AGAINST SCHOENBERG PROV[IDED] REALLY LEISURETIME JOB STOP HOPE RIGHT OF ADVANCE PUBLICATION OUR REVIEW SUITABLE PARTS POSSIBLE WITHOUT MENTIONING REICHNER CORDIALLY

HORKHEIMER

ÜBERLIEFERUNG Telegramm; Max-Horkheimer-Archiv der Stadt- und Universitätsbibliothek, Frankfurt a.M.

137 ADORNO AN HORKHEIMER
LONDON, 30.10.1937

HAPPILY AGREEING EXAMINATION NO PROBLEM TRYING SUBLET FLAT PLEASE WIRE IMMEDIATELY WHETHER SHALL APPLY VISA PROCEDURE WANTING TIME CORDIALLY

TEDDIE

ÜBERLIEFERUNG Telegramm, Max-Horkheimer-Archiv der Stadt- und Universitätsbibliothek, Frankfurt a.M.

138 Horkheimer an Adorno
New York, 1.11.1937

SHALL SEND DOCUMENTS CONCERNING VISA THIS WEEK CORDIALLY

HORKHEIMER

ÜBERLIEFERUNG Telegramm; Max-Horkheimer-Archiv der Stadt- und Universitätsbibliothek, Frankfurt a. M.

139 Adorno an Horkheimer
London, 2.11.1937

2. November 1937.

Lieber Max:

so scheint denn die Hoffnung, daß wir endlich zusammenkommen, sich zu erfüllen. Ich war sehr glücklich mit Ihrem Brief, der die Radiosache erläuterte. Fast gleichzeitig erhielt ich Ihr Telegramm wegen des Schönbergbuches. Ich halte Sie deshalb auf dem Laufenden, und es ist selbstverständlich, daß dabei das Institutsinteresse von mir aufs strikteste gewahrt wird, auch aus dem Grunde, daß mir selbst eine Arbeit, die mich unserer gemeinsamen entfremdete, heute schlechterdings nicht mehr akzeptabel wäre.

Was das Radioprojekt anlangt, so kann ich natürlich noch gar nicht sehen, worum es sich handelt, bin aber überzeugt, daß Sie mich nicht mit der Sache in Verbindung brächten, wenn Sie es nicht für sinnvoll und fruchtbar in jedem Sinne hielten. Gern wüßte ich natürlich, ob Sie als Domizil Princeton oder New York ins Auge gefaßt haben; natürlich wäre mir New York um unserer unmittelbaren Kollaboration willen lieber, aber die Karte zeigt ja Princeton in so freundlicher Nähe von New York, daß selbst, wenn man dort wohnte, man sich wahrscheinlich jede Woche sehen könnte. Etwas erstaunt bin ich, daß die Idee ursprünglich von Lazarsfeld ausgeht. Dieser ist, nach meinem deutlichen Eindruck in Paris, eher auf mich und meine Beziehung zum Institut eifersüchtig, obwohl er das nicht unmittelbar zeigt. Ich halte es nicht für ausgeschlossen, daß er auf die Idee, mich vorzuschlagen, verfiel, um *sich* fester ans Institut zu binden, indem er dieses sich zu verpflichten meinte. Ich möchte damit weder ihn verdächtigen, noch Defaitismus treiben; nur glaube ich, daß es in unserem Interesse ist, wenn man die personelle Seite der Angelegenheit so nüchtern wie möglich sieht. Was diese Frage und die Art meiner Stellung anlangt, so wäre ich besonders froh, Näheres zu hören. Daß er sich nicht mich als seinen »Assistenten« vorstellt, ist ja wohl selbstverständlich. – Diplomatische Beziehungen zu Princeton aufzunehmen scheint auch mir wichtig. Wie man das am besten organisiert, werden wir an Ort und Stelle sehen.

Mein Oxford degree ist, wie ich bereits depeschierte, kein Problem. Gleichzeitig mit Ihrem Brief kam die Bestätigung des Oxforder board of faculties, in dem dieser mich von weiteren Gebühren dispensierte. Mein Verhältnis zu meinem College habe ich bereits vor einigen Wochen geregelt. Die erforderliche Semesterzahl zur Erlangung des degrees habe ich. Wo ich mich aufhalte, und was ich arbeite, hat auf meinen degree keinerlei Einfluß mehr. Das Einzige ist, daß, wenn ich meinen degree später als Juni 1938 nehme, was ich freilich für sehr wahrscheinlich halte, eine Verlängerung meiner »Studienzeit« mir auf meinen Antrag hin vom board of faculties gewährt werden muß. Diese Verlängerung ist aber eine reine Formsache.

Wir geben uns alle Mühe, unsere Wohnung loszuwerden, und da sie für Londoner Verhältnisse wirklich besonders hübsch und nicht teuer ist, glaube ich nicht, daß das schwer sein wird. Nötigenfalls schreibe ich Ihnen oder Pollock nochmals über diesen Punkt.

Das Hauptproblem ist die Erlangung des amerikanischen immigration-visa. Ich halte es für sehr wichtig, daß wir diese Sache von Anfang an so durchschlagend inszenieren, daß es zu keinem Refus kommt, da nach allgemeiner Erfahrung Fälle, die einmal abgelehnt sind, beim zweiten Mal sehr schlechte Chancen haben. Dazu kommt, daß der hiesige amerikanische Konsul wegen seiner Xenophobie und Unfreundlichkeit allgemein berüchtigt und gefürchtet ist. Folgendes halte ich für wesentlich:

(1) daß man dem Konsulat nicht eine bloße Abmachung oder Bestätigung sondern einen Vertrag vorlegt. Sie wissen, daß mir an der Vertragsform nichts gelegen ist; es steht aber in den amerikanischen Bestimmungen über die für »professors« notwendigen Dokumente ausdrücklich »a letter of appointment, in duplicate, to a post in the United States in pursuance of his profession«. Das bezieht sich offensichtlich auf ein offizielles Dokument, und gerade bei solchen Dingen pflegt der hiesige Konsul mit Vorliebe einzuhaken.

(2) Daß bei der Dokumentation die Beziehung unseres Instituts zur Columbia, etwa schon durch die Wahl des Briefpapiers, hinlänglich in Erscheinung tritt. Wenn der Vertrag vom Institut ausgeführt wird, würde sich meines Erachtens ein Empfehlungsschreiben der Columbia empfehlen, und ebenso wäre es natürlich von größtem Vorteil, wenn ein offizielles Dokument von Princeton vorläge. Nach den Erfahrungen von Dreyfuss scheint beinahe eine Animosität des Konsuls gegen uns vorzuliegen, und diese kann man meines Erachtens nur durch amerikanische Gegengewichte paralysieren.

(3) Das eigentliche Motiv der Schwierigkeiten, die die Amerikaner machen, ist die Angst, daß man der Wohlfahrt zur Last fallen könnte. In den mir vorliegenden Bestimmungen des hiesigen Konsulats ist direkt gesagt, daß der Nachweis ausreichender materieller Hilfsquellen die entscheidende Bedingung der Einwanderung ist. Ich hielte es darum für gut, den vollen Betrag von 400 Dollars monatlich als für zwei Jahre garantiert anzugeben; da natürlich die Widerstände um so geringer sind, je besser die in Rede stehende Position bezahlt wird. Ich glaube ferner, daß es gut wäre, wenn ich eigenes Vermögen in Amerika nachweisen könnte, wofür die 6.000

Dollars in Betracht kämen, die ich im Frühling Pollock zur Verwaltung übergab. Da ich jetzt rechtsgültig ausgewandert bin, darf ich ja über Geldmittel im Ausland offiziell verfügen, so daß gegen eine solche Deklaration kein Bedenken besteht. Man müßte nur dann eben wahrscheinlich das Konto anstatt Konto Oxford Konto Wiesengrund nennen. Aber den technischen Teil überlasse ich ganz Pollock.

(4) Es spielt in den Bestimmungen eine Rolle, daß man über hinlängliche Mittel »for an indefinite period« verfügt. Ich hielte es aus diesem Grunde für besonders wichtig, daß aus den Dokumenten eindeutig hervorgeht, daß meine Beziehung zum Institut sich nicht etwa in der (in Ihrem Telegramm auf zwei Jahre befristeten) Radioarbeit erschöpft, sondern daß ich dem Institut als dessen dauernder fellow angehöre. Je mehr das hervortritt, um so besser dürfte es sein. Mich mahnt zur besonderen Vorsicht hierin die Erfahrung von Dreyfuss, dem das Visum abgeschlagen wurde, trotzdem sein Antrag Ihre Garantieerklärung enthielt – offenbar wegen der Befristung.

Endlich muß ich Sie bitten, die Dokumente notariell beglaubigen zu lassen und den Bestallungsbrief in doppelter Ausführung herstellen zu lassen. Notarielle Beglaubigungen scheinen bei den Amerikanern besonders lustbesetzt zu sein. Ihrem Rat möchten wir es überlassen, ob wir verwandtschaftliche Beziehungen (Lotte, Boston Mass. Franklin Square House, 11 East Newton Street) ebenfalls einsetzen sollen. Und unter Umständen wäre es sogar praktisch, wenn Sie sich mit ihr einmal in Verbindung setzen würden.

Wegen der Nuffield-Sache habe ich immer noch keine vernünftige Auskunft bekommen. Ginsberg und Laski möchte ich aus den von Ihnen berührten Gründen in die Sache nicht hereinziehen, sondern mich lieber an Opie halten, dem ich unterdessen nochmals deshalb schrieb. Sie erhalten ausführlichen Bericht, sobald ich klar sehe.

Heute ist ein großer Teil der Wagnerliteratur eingetroffen. Ich habe jetzt anhand alles mir zugänglichen Materials seine Rolle in der Revolution 1848/49 studiert. Diese ist höchst merkwürdig: trotzdem er am Dresdner Aufstand leitend beteiligt und mit Bakunin aufs engste assoziiert war, hat er schon vier Wochen später in einem Brief an Liszt alles von sich abzuschütteln versucht und ist voll von Reue und Strafbedürfnis. Studiert man seine eigenen revolutionären Aufsätze, so sind bereits diese von unbezweifelbar fascistischem Charakter im Sinn von »Egoismus und Freiheitsbewegung«. Und selbst die radikale Wendung besteht weniger in positiven politisch-ökonomischen Vorstellungen als in Zerstörungs- und Rachephantasien. In seinem Bericht über Bakunin schwärmt er gleichzeitig von dessen Bauerntum und Nihilismus. Ja, man wird das Gefühl nicht los, daß er die ganze Revolution nur als Farce mitgemacht hat, ohne eine Sekunde ernstlich daran zu glauben, nur aus dem Gefühl, daß eine Revolution zum Dekor des im Marxischen Sinn deutschen Sozialismus notwendig gehöre. Wagners Anteil an der Revolution ist eigentlich das Modell jener »nationalen«, die an- und abgesagt wurde, gleichsam unabhängig vom Regierungswechsel, und die weniger in eingreifenden als terroristischen Maßnahmen bestand. Selbst diesen Anteil hat dann die offizielle Literatur verleugnet. Es ist übrigens ein Verdienst Newmans, daß er ihn mit dem Instinkt eines anständigen Bürgers einerseits gegenüber Wagners eigenem Leugnen feststellt, andererseits aber keine romantischen Illusionen darüber aufkommen läßt. Die eigentliche exemplarische Bedeutung des politischen Falles Wagner vermag er natürlich nicht zu sehen. Ich werde diese Dinge in meinem Aufsatz explizit behandeln und von ihnen aus die Analyse des Ringes führen, was übrigens auch historisch gerechtfertigt ist, da die ersten Fassungen der Ringdichtung ja ins Jahr 1848 fallen.

Ihnen und Maidon alles Liebe von uns beiden

Ihr alter

Teddie.

P.S. Soeben ist Ihr Telegramm eingetroffen, schönsten Dank. Sollten die abgesandten Dokumente von dem abweichen, was ich Ihnen oben auseinander gesetzt habe, so wäre ich Ihnen besonders dankbar, wenn Sie etwa Fehlendes (Duplikate, Beglaubigungen usw.) möglichst rasch ergänzen und mir senden würden. Sollte ich bei Erhalt der Dokumente irgend noch Schwierigkeiten bemerken, so würde ich Ihnen sofort depeschieren. Bitte fassen Sie das nicht als falsche Intensität auf. Aber die Schwierigkeiten hier sind tatsächlich viel größer als man sich drüben vorstellen kann. Wir waren heute auf dem Konsulat, lediglich um die Besprechung mit dem Konsul zu arrangieren, die zur Erteilung des Einwanderungsvisums führen soll und erhielten den Bescheid, daß diese frühestens in 6 Wochen, möglicher Weise erst in 8 erfolgen kann. Die ganze Art, in der man uns begegnete, ist von einer unleidlichen Pedanterie, und es hilft dagegen einzig der Versuch, diese womöglich noch zu übertreffen.

Da ich an Leo das New Yorker Mannheimmanuskript nebst meinen Gegenvorschlägen mit gleicher Post sende, so kann ich dieses Exemplar Mannheim nicht schicken. Diskussion und Einladung möchte ich also so lange verschieben, bis ich das endgültige Druckmanuskript bzw. die Fahnen habe. Wahrscheinlich werde ich ihn allerdings am Donnerstag in Farquharsons Institut treffen, wo Frau Jahoda spricht. Ich werde ihm dann nur sagen, der Aufsatz sei aus Raumgründen zurückgestellt und werde in einer gekürzten Fassung erscheinen, die ich ihm so bald wie möglich zugänglich machen wollte.

Herzlichst!

ÜBERLIEFERUNG O: Ts; Max-Horkheimer-Archiv der Stadt- und Universitätsbibliothek, Frankfurt a. M.

Lotte: Liselotte Karplus.

Dresdner Aufstand . . . ein Brief an Liszt: Vgl. Adorno GS 13, S. 25 f., wo aus Liszts Brief vom 5. Juni 1849 zitiert ist.

sein Bericht über Bakunin: Vgl. Adorno GS 13, S. 129 f., wo auf den zweiten Band der Biographie Newmans verwiesen ist.

Farquharsons Institut: Das Institute of Sociology.

140 Horkheimer an Adorno
New York, 3.11.1937

3. November 1937.

Lieber Teddie,

Montag habe ich Ihnen depeschiert, dass die Unterlagen für Ihren Visum-Antrag noch diese Woche abgehen sollen. Vorher dürfen Sie den Antrag nicht stellen, denn man muss dafür sorgen, dass er sogleich zusammen mit den richtigen Papieren eingereicht wird.

Da Lazarsfeld gegenüber den Universitätsbehörden nachträglich möglichst viel Unterlagen über Ihre Eignung einreichen möchte, bitte ich Sie um folgendes: Geben Sie mir eine möglichst detaillierte Liste aller Ihrer Publikationen über Musiktheorie und Musiksoziologie, ferner Angaben über Ihre Redaktionstätigkeit in musikalischen Zeitschriften sowie einige Angaben über Ihre Ausbildung und Tätigkeit als Komponist. Dankbar wären wir Ihnen, wenn Sie zudem noch die Separata oder Zeitschriftennummern möglichst vieler Aufsätze auftreiben könnten.

Es handelt sich um eine reine Formalität. Einiges habe ich bereits mitgeteilt, aber es wäre schön, wenn es ergänzt werden könnte.

In grösster Eile

ÜBERLIEFERUNG O: Ts(Dg); Max-Horkheimer-Archiv der Stadt- und Universitätsbibliothek, Frankfurt a. M.

141 Adorno an Horkheimer London, 9.11.1937

9. November 1937.

Lieber Max:

der amerikanische Konsul hat uns das fällige appointment auf den 13. Dezember angesetzt. Eine Auskunft, die er mir unterdessen erteilt hat, füge ich Ihnen bei. Diese scheint mir vor allem deshalb wichtig, weil sie den Nachweis von Subsistenzmitteln »for an indefinite period« erfordert. Das scheint mir praktisch zu bedeuten, daß der Hinweis auf das Zwei-Jahres-appointment in Princeton allein nicht unbedingt ausreicht, und daß deutlich sein muß, daß mich das Institut als Mitglied seines staffs dauernd übernimmt. Wenn möglich mit Bestätigung von Columbia!

Wenn alles glatt geht, könnten wir dann also wohl um die Jahreswende absegeln. Vielleicht wäre es, um weitere Zeitverluste zu vermeiden, gut, wenn Sie sich der Schiffsfrage schon jetzt ein wenig annehmen wollten. Tausend Dank im voraus.

Wegen der Nuffieldsache habe ich unterdessen von Opie Antwort bekommen. Er sieht die Lage so, daß die ganze Stiftung dem neu zu gründenden Nuffield-*College* zugute kommt, und daß man erst verhandeln kann, wenn dieses gegründet ist und einen eigenen verantwortlichen Warden hat, der auch über die finanziellen Dispositionen entscheidet. So weit ist es aber noch lange nicht. Andererseits könne die Entscheidung des noch nicht existierenden Wardens nicht präjudiziert werden.

Ich kann Ihnen nicht verschweigen, daß mir diese Auskunft ein wenig akademisch erscheint. So weit ich unterrichtet bin, gehen die Stiftungen von Lord Nuffield (dem Besitzer der Morris-Automobilwerke, der mit einem Fahrradladen in Oxford anfing und unermeßlich reich wurde) vornehmlich auf den persönlichen Einfluß von dessen vornehmem Toryfreund Sir Farquhar Buzzard zurück, dem eine magische

Macht über das Nuffieldsche Geld zugeschrieben wird, die vielleicht auch mit den Ersparnissen an Einkommenssteuer zusammenhängt, welche dessen Stiftungen bedeuten. Ich kenne den Buzzard, der den schicksten Colleges (All Souls und Christ Church) attachiert ist, nicht selber oder habe ihn nur in größerem Kreise getroffen. Es sollte mir aber nicht schwer fallen, mit ihm in Kontakt zu treten und auf eine unverbindliche und völlig inoffizielle Weise zu reden. Ich möchte das aber nicht tun, ehe ich von Ihnen dazu autorisiert bin. Ob es sich dabei empfiehlt, die Sache Neurath anzuschneiden, möchte ich Sie bitten, von dem Eindruck abhängen zu lassen, den ich in einem etwaigen Gespräch mit dem magischen Buzzard gewinne. Meinem Instinkt nach jedenfalls ist Neurath nicht ganz das, was man sich in Oxford vorstellt, und hier ist sogar vielleicht einer der wenigen Punkte, wo wir mit Oxford solidarisch sein könnten.

Zu Ihrer Frage über Dreyfuss: es geht ihm natürlich schlecht, manchmal so schlecht, daß er nicht das Geld für ein Mittagessen oder ein Telegramm hat. Aber er möchte sich, was ich recht anständig finde, so lange er noch in Europa ist, durchschlagen, *ohne* die materielle Hilfe des Instituts in Anspruch zu nehmen, und hofft statt dessen darauf, daß ihm das Institut bei seinem Start in Amerika behilflich ist. Im übrigen scheint er von den Unterstützungen eines jungen und freundlichen Bankiers hier und von Zuwendungen von Marianne Hoppe zu leben, die sich wirklich ihm gegenüber sehr loyal verhält. Wegen einer eventuellen Möglichkeit, das amerikanische Immigrationvisum in Antwerpen zu erhalten, hat er Ihnen bereits berichtet. Ich möchte dem noch hinzufügen, daß ich ihn mit Anita Warburg (der Leiterin der Emigrationsabteilung der hiesigen jüdischen Hilfsorganisation Woburn House) zusammen gebracht habe. Sie nimmt sich, teils aus Freundschaft zu mir, teils auch auf Veranlassung von Paul Oppenheim des Falles sehr energisch an und hat mit dem Konsul, der den Antrag von Dreyfuss abgewiesen hatte, selber gesprochen. Es hat sich dabei ergeben, daß Dreyfuss' Affidavit vom Onkel seiner ersten Frau wertlos ist. Es käme alles darauf an, den Nachweis zureichender Subsistenzmittel in Amerika zu führen. Sie meint, ob nicht das Institut, im Vertrauen auf die Loyalität von Carl, von einer solchen Zusage keinen Gebrauch zu machen, ihm eine solche fünfjährige Garantie offiziell bestätigen könne, und sich dabei auf irgend eine Weise so rückversichere, daß die Möglichkeit einer Inanspruchnahme ausgeschlossen sei. Relata refero.

Ich selbst bin nun in einer etwas schwierigen Lage. Auf der einen Seite möchte ich natürlich Carl gern helfen und fühle mich von Anita unter einen gewissen moralischen Druck gesetzt dadurch, daß sie mir ausdrücklich erklärte, die Möglichkeit von Carls amerikanischer Einwanderung hinge ausschließlich von uns ab. Ich will auch gern an die bona fides von Carl glauben. Auf der anderen Seite aber scheint mir das mit Anitas Vorschlag verbundene Risiko doch so groß, daß ich nicht glaube, ihn Pollock gegenüber verantworten zu können, es zu befürworten. Sie werden mich nicht des kleinlichen Mißtrauens Carl gegenüber für verdächtig halten: aber es scheint mir selbstverständlich, daß ein Mensch, der in Not gerät, und über eine formelle Einkommensgarantie verfügt, in seiner Not sehr leicht vergessen wird, daß die Garantie nur formell ist. Und es besteht weiter die Gefahr, daß, auch wenn Dreyfuss *keinerlei* Ansprüche stellt, aber in irgend einer Weise dem amerikanischen Staat zur Last fällt, dieser *von sich aus* sich an uns halten wird. Ich halte mich für verpflichtet, Ihnen diese Gefahren ganz unumwunden darzustellen, obwohl ich die Situation von Carl, wenn es Ihnen oder Pollock nicht gelingt, eine für uns vertretbare und gleichzeitig wirksame Lösung zu finden, für verzweifelt halte. Und ich glaube mich zur vollen Aufrichtigkeit um so mehr verpflichtet, als es ja Menschen genug gibt, deren Leistung objektiv mehr bedeutet als die von Carl, und für die wir nichts tun können. Was für Carl spricht, ist unsere persönliche Sympathie; ich bin mir aber bewußt, daß in einer Situation wie der gegenwärtigen, in der sich zwangsläufig die *objektive* Solidarität mehr und mehr durchsetzen muß, weittragende Entscheidungen von dieser Sympathie als der letzten Instanz nicht abhängig gemacht werden können. Daß ich meine Bedenken unter absoluter Diskretion *allen* außer Fritz Pollock gegenüber zu behandeln bitte, ist wohl selbstverständlich. Im übrigen habe ich den Eindruck, daß Dreyfuss selbst vernünftig genug ist, selbst eine bloß formelle Garantie, wenn sie mit einer solchen Risikoquote fürs Institut verbunden ist, nicht ernstlich zu erwarten.

Ich würde vorschlagen, daß Sie sich mit Anita Warburg, die ja in der ganzen Sache eine offizielle Funktion hat, einmal direkt in Verbindung setzen, Adresse: Miss Anita Warburg, 17 A Great Cumberland Place, Cumberland House, London W 1. Ich habe ihr bereits gesagt, daß ich es für sehr unwahrscheinlich hielte, daß man eine so langfristige Garantie geben könnte. Wenn Sie ihr das direkt und begründet auseinandersetzen, zugleich aber das auch in New York vorliegende Interesse an Carl bestätigen, so daß sie den Eindruck gewinnt, daß wir nicht einfach Carl dem jüdischen Hilfskomité überlassen wollen, so wird sie vielleicht von sich aus eine Möglichkeit entdecken. Was die Frage des Fahrgeldes für Carl anlangt, so will sie sowieso versuchen, es aufzutreiben. Sie ist wirklich ein besonders reizendes, humanes und sympathisches Mädchen.

In diesen Tagen war übrigens Käthe von Hirsch hier. Obwohl sie genau weiß, daß und in welcher Funktion ich mich hier befinde, und obwohl ich ihr durch Lothars hatte sagen lassen, daß ich mich sehr freute mit ihr zusammen zu sein, hat sie es nicht einmal für nötig gehalten mich anzurufen. Als Symptom verdient das immerhin vermerkt zu werden.

Zum Schluß heute noch eine wissenschaftliche Bitte: im Verlaufe der Wagnerarbeit bin ich auch auf den Begriff der Jungfrau gestoßen, der wie alle Wagnerschen Kategorien nicht ganz in dem bürgerlichen Muff aufgeht, zu dessen Ausstaffierung man ihn verwandt hat. Ich meine mich nun zu erinnern, daß über den Begriff des Jungfräulichen sich bei Groddeck entweder im Buch vom Es oder im Menschen als Symbol einige außerordentlich merkwürdige Stellen finden;

habe aber in der jetzigen Provisoriumssituation die Bücher nicht zur Hand. Fromm sind die Stellen sicherlich bekannt. Würde es zu viel Mühe machen, wenn man sie mir mit Angabe der Fundorte abschreiben ließe?

Die Vorarbeiten zum Wagner nähern sich dem Abschluß. Ich hoffe sehr, den Text noch vor der amerikanischen Reise niederschreiben zu können. So viel für heute. Ein Gutachten über die Arbeit Engelberg folgt in den nächsten Tagen.

Ihnen und Maidon alle Liebe von uns beiden

Ihr alter

Teddie.

P.S. Ich höre von Mandelbaum, daß Gustav Mayer, der sich eben hier aufhält, sich in gereiztem Sinn über uns äußere. Ich glaube, daß es im Institutsinteresse richtig ist, diplomatische Beziehungen zu ihm zu unterhalten: man wird ihn ganz leicht zähmen können. Und obwohl er uns sachlich recht wenig nutzen kann, kann er durch seine weit reichenden Beziehungen manches schaden. Das Engelsbuch ist im Begriffe auf Englisch zu erscheinen, und ich würde vorschlagen, eine freundliche Anzeige zu bringen, die ich selber schreiben will. Außerdem habe ich Mandelbaum gesagt, daß ich jeder Zeit bereit sei, mit Mayer den Kontakt aufzunehmen, den ich mir so vorstelle, daß man einmal mit ihm ausgeht und recht oft Herr Professor und vielleicht gelegentlich auch einmal Herr Engels zu ihm sagt. Ich nehme an, daß Sie damit einverstanden sind. Ich kenne Mayer nicht selber, kann ihn mir aber lebhaft vorstellen und fürchte mich nicht.

Herzlichst!

ÜBERLIEFERUNG O: Ts; Max-Horkheimer-Archiv der Stadt- und Universitätsbibliothek, Frankfurt a. M.

Sir Farquhar Buzzard: Der Mediziner Sir Edward Farquhar-Buzzard (1871-1945).

ein junger und freundlicher Bankier: Nicht ermittelt

Anita Warburg: Anita Warburg (geb. 1908), Tochter des Hamburger Bankiers Max Warburg, war 1937 nach England emigriert, wo sie die Emigrationsabteilung der jüdischen Hilfsorganisation Woburn House leitete. Anita Warburg ging später in die USA.

Dreyfuss' erste Frau: Ellen Dolbin.

Käthe von Hirsch: Katharina (Käte) von Hirsch (geb. 1902) war von 1921 bis 1929 mit Felix Weil verheiratet, bevor sie Donald von Hirsch heiratete. Katharina von Hirsch hatte in den zwanziger Jahren in Frankfurt studiert und war mit Horkheimer befreundet; sie emigrierte 1933 in die Schweiz, ging dann über Italien nach London, später nach Chile und schließlich in die USA.

Lothars: Anita Lothar, geb. Seligmann, war eine Frankfurter Freundin Katharina von Hirschs (vgl. Horkheimer, Briefwechsel 1941-1948, S. 12).

der Begriff der Jungfrau / bei Groddeck . . . Stellen: S. Brief Nr. 147.

ein Gutachten über die Arbeit Engelberg: Adornos Gutachten, s. Anhang, S. 557-560. – Der Historiker Ernst Engelberg (geb. 1909), Mitglied der KPD, lebte zu der Zeit als Emigrant in der Schweiz; er hatte sich beim Institut um ein Stipendium beworben. Wie aus Engelbergs Brief vom 29. Mai 1939 an Horkheimer hervorgeht, handelte es sich um eine Arbeit über »Liberale und antiliberale Geschichtsschreibung in Deutschland«. Engelberg, der später eine Bismarck-Biographie schrieb, lehrte 1948 bis 1960 in Leipzig und wurde Präsident des Historikerverbandes der DDR.

Gustav Mayer / Engelsbuch: Der Historiker Gustav Mayer (1871-1948) war 1933 aus seinem Lehrauftrag an der Berliner Universität entlassen worden, 1937 emigrierte er endgültig nach England, wo er an der »London School of Economics« Special Lecturer wurde. Dank einer finanziellen Unterstützung der »Society for the Protection of Science and Learning« konnte er auch am Londoner »International Institute for Social History« arbeiten. – Mayers »Friedrich Engels. Eine Biographie« war 1920 in zwei Bänden zuerst erschienen, eine englische Übersetzung war 1936 veröffentlicht worden.

142 Adorno an Horkheimer London, 10.11.1937

10. November 1937.

Lieber Max:

hier das angekündigte Gutachten über Engelberg, zusammen mit zwei Briefen, die dieser an Mandelbaum schrieb. Mandelbaum ist übrigens mit mir der Ansicht, daß ein Gesamthonorar von 300 sfrs. *ausreicht.* Da die Sache offenbar über Pollock ging, so wäre ich Ihnen dankbar, wenn Sie diesem mein Gutachten geben würden, wenn Sie es gelesen haben. Im übrigen wäre ich froh zu wissen, wer Herr Flechtheim ist, der mir nun schon zwei Leute, Helling und Engelberg, empfohlen hat. Ich habe unterdessen Hellings Mittelsmann Kluthe, der persönlich einen günstigen Eindruck macht, gesprochen und ihm gesagt, daß nach meiner Ansicht für die wissenschaftliche Arbeit Hellings bei uns kein großes Interesse bestünde. Auf alle Fälle gebe ich Ihnen die Adresse: H. A. Kluthe, Guildford, Ardmore House, Manor Road.

Ich will heute nur noch ein paar Worte über Frau Jahoda hinzufügen, mit der wir neulich, einfach, wie es sich geziemt, um uns keinen kapitalistischen Ruf einzutragen, geluncht haben. Sie ist eine ordentliche und gewiß ungemein fleißige Frau. Geistig scheint sie mir in der Situation jener anständigeren Sozialdemokraten, die sich dem Bewußtsein der Stagnation der marxistischen Theorie nicht entziehen können, mangels einer wirklich eindringenden theoretischen Anschauung die Mängel der gegenwärtigen marxistischen Wissenschaft jedoch nicht eben jener theoretischen Insuffizienz zuschreiben, die sie gerade mit ihr teilen, sondern ihrer unzulänglichen »Tatsachenforschung«, die, sobald sie sie selber in Angriff nehmen, zu nicht mehr führt als Tautologien von der Art, daß Arbeitslose, wenn sie sich in einer hoffnungslosen Situation befinden, hoffnungslos werden u. s. w. Im Grunde lassen diese Art ethische Sozialisten sich maßlos von dem fetischistischen bürgerlichen Wissenschaftsbetrieb imponieren. Und es ist wahrhaft eine List der Unvernunft, wenn sie, in der Meinung, das wissenschaftlich vom Marxismus Versäumte nachzuholen, eben damit der bürgerlichen Ideologie zu Hilfe eilen. Die soziologisch verarbeitete These, daß die Arbeitslosigkeit eine Struktur hat, daß die Arbeitslosen in einer bestimmten typischen Weise sich mit ihrem Los abfinden, daß dabei die spezifisch weiblichen Eigenschaften in der Familie sich besonders entfalten und Ähnliches vermag eine ungemein beruhigende Wirkung auszuüben. Die Diskussion nach Frau Jahodas Vortrag war geradezu grotesk. Sobald etwas von jenen allgemeinmenschlichen Zügen berührt wurde, die in der Arbeitslosigkeit durchschlagen sollen, quittierte [es] das Publikum mit behäbigem Lachen. Ich denke, wir sollten Frau Jahoda Besprechungen über Arbeitslosen-Fragen schreiben lassen, von denen sie ja wohl materialiter immerhin mehr versteht als der unselige Sternheim; allenfalls auch einmal einen Bericht, wenn ihre Enquête in South Wales zustande kommt, ansonsten aber sie nicht zu eng an uns binden, schon damit die positivistische Belastung unserer Gruppe nicht noch mehr anwächst. Zur Orientierung habe ich sie besonders auf den neuesten Angriff und den Theorieaufsatz hingewiesen.

Ihnen und Maidon alles Herzliche

Ihr alter

Teddie.

Mannheim-Mahl Freitag abend, in einem kleinen anständigen doch nicht prätentiösen Lokal.

ÜBERLIEFERUNG O: Ts; Max-Horkheimer-Archiv der Stadt- und Universitätsbibliothek, Frankfurt a. M. – E: Horkheimer, Briefwechsel 1937-1940, S. 273 ff.

Engelberg . . . zwei Briefe: Sie scheinen nicht erhalten zu sein.

Flechtheim: Der Politikwissenschaftler Ossip K. Flechtheim (1909-1998) war 1939 und 1940 Assistent am Institut für Sozialforschung in New York.

Enquête in South Wales: Näheres wurde nicht ermittelt.

143 Horkheimer an Adorno
New York, 15.11.1937

INFOLGE PEINLICHER SORGFALT BEI SAMMLUNG VISAUNTERLAGEN UEBERSENDUNG HINAUSGEZOEGERT STOP SONST ALLES IN ORDNUNG HERZLICHST

MAX

ÜBERLIEFERUNG Telegramm; Max-Horkheimer-Archiv der Stadt- und Universitätsbibliothek, Frankfurt a. M.

144 Adorno an Horkheimer
London, 15.11.1937

15. November 1937.

Lieber Max:

hier eine kleine Übersicht meiner musikalischen Betätigungen. Es klingt ein wenig pompös und gschaftlhuberisch, wenn man es so konzentriert vorgesetzt bekommt, und wahrscheinlich ist es das beste, wenn Sie davon das aussuchen, was Ihnen das praktischste scheint. Andererseits habe ich eine gewisse Vollständigkeit angestrebt, da ich von hier aus nicht übersehen kann, worauf Sie Wert legen. Aufsatzmaterial suche ich Ihnen baldmöglichst zu beschaffen. Hier habe ich leider nur ganz weniges. Soll ich auch das Bergbuch beifügen? Sollte Ihnen meine Publikationsliste nicht ausführlich genug sein, so würde ich sie natürlich jeder Zeit ergänzen können. Es handelt sich um einen beängstigenden Haufen von Material.

Das Essen mit Mannheims verlief durchaus im gewünschten Sinn, und sogar billig, nicht ganz zwei £. Mannheim beteuerte unablässig, er sei doch eigentlich mit uns einer Ansicht und stünde z. B. Löwe gegenüber auf unserer Seite. Ich glaube nicht, daß er unser Todfeind werden wird, selbst wenn er die scharfe Fassung meines Aufsatzes liest; einfach weil sein Unbewußtes ihm nicht einmal erlaubt, uns zu hassen, weil das seiner Karriere schaden könnte. Übrigens behauptete er, er hätte von der New School ein Angebot mit 5 bis 6.000. – $ gehabt, aber als materiell nicht ausreichend abgelehnt. Mir kommt das recht unwahrscheinlich vor und ich wüßte gern, warum er das erzählt. Mannheims hatten uns auf gestern abend mit ein paar Bekannten wieder eingeladen, wir hielten es aber nicht für diplomatisch, so rasch wiederzukommen und sagten unter einem Vorwand ab.

Über die neueste traurige Entwicklung in unserer Dreyfuss-Affäre sind Sie unterdessen unterrichtet; mein letzter Brief ist dadurch überholt. Sonst ist heute nichts Erhebliches zu berichten. Der Wagner schreitet stetig fort.

Ihnen und Maidon alles Liebe von uns beiden

Ihr alter

Teddie.

P.S. Wie dächten Sie über einen Aufsatz zur gesellschaftstheoretischen Analyse der englischen Außenpolitik, und wer könnte ihn schreiben? Ich bin mir freilich bewußt, daß die zweite Frage die erste zu torpedieren droht. Politisch sehe ich schwärzer als schwarz: Stabilisierung des Schlimmsten, deutsche Hegemonie in Europa, Verständigung mit England, Südamerika in den Fascismuskomplex mit hereingezogen, Rußland schlimmer als je. Es sieht wirklich aus wie ein Verblendungszusammenhang, aus dem kein Ausweg mehr ist, und man möchte wie der Wotan in der Götterdämmerung sich hinsetzen und schweigend zuschauen. Einer der erntesten Gründe, aus denen ich zutiefst froh bin, mit Ihnen zusammen sein zu können, ist der, daß ich glaube, daß man zusammen eher die Kraft haben wird, dem Entsetzlichen ins Auge zu schauen, ohne darüber den Rest von Weltvernunft zu verlieren, der sich zu uns geflüchtet hat.

Heute im Tagebuch ein Aufsatz, wo Schwarzschild nicht

nur aufs heutige Rußland sondern auf Lenin und die Revolution schimpft. Die Gemeinheit dieser Sorte wächst proportional mit dem Furchtbaren was in Rußland geschieht.

Ich lege den Durchschlag eines Briefes an Fromm bei, der Sie interessieren dürfte, obwohl er natürlich unverantwortlich-improvisatorisch ist.

Herzlichst!

Soeben Ihr Telegramm: tausend Dank. Es hat uns besonders gerührt, weil wir die Kette bedachter Erwägung dahinter fühlten: keine Post mit der Normandie, ich hätte mich aufregen können deshalb, also rechtzeitiger Trost. Über solche Dinge freue ich mich mehr als ich Ihnen sagen kann, und so geht es Gretel die mich besonders bittet dies Ihnen zu sagen.

ÜBERLIEFERUNG O: Ts/Ms; Max-Horkheimer-Archiv der Stadt- und Universitätsbibliothek, Frankfurt a. M. – E: Horkheimer, Briefwechsel 1937-1940, S. 275 ff.

Mannheim / von der New School ein Angebot: Nicht ermittelt.

die neueste traurige Entwicklung in unserer Dreyfuss-Affäre: Dreyfuss war das Visum für die USA verweigert worden und seine englische Aufenthaltsgenehmigung lief ab.

im Tagebuch ein Aufsatz: Vgl. Leopold Schwarzschild, Die Büchse der Pandora, in: Das Neue Tage-Buch, 13.11.1937, Jg. 5, Heft 46, S. 1089-1094.

Brief an Fromm: S. Anhang, S. 539-545.

145 Horkheimer an Adorno
New York, 16.11.1937

429 WEST 117TH STREET
NEW YORK, N. Y.

16. November 1937.

Lieber Teddie,

Soeben depeschierte ich Ihnen, dass die Sammlung der Dokumente zur Visa-Erteilung wohl noch einige Zeit in Anspruch nimmt. Wir werden versuchen, die Unterlagen so zu gestalten, dass eine Ablehnung jedenfalls äusserst schwer wird. Es ist uns bis zur Stunde noch kein derartiges Gesuch, welches das Institut hauptamtlich voll vertreten hat, abgelehnt worden. Sogar in der Angelegenheit meines Schützlings, von der Sie wissen, hat uns das betreffende amerikanische Konsulat sein grundsätzliches Einverständnis telegraphisch mitgeteilt. Endgültig geregelt ist die Sache damit freilich noch nicht, da ja nicht bloss die amerikanischen Behörden in Frage kommen.

Die Gestaltung Ihrer Beziehungen zu Lazarsfeld müssen Sie hier selbst in die Hand nehmen. Sie sollen nicht etwa sein Assistent werden, sondern an der Ausführung des research projects teilnehmen, für welches die Princeton University an Lazarsfeld einen grösseren Betrag zur Verfügung gestellt hat. Ausgegeben wird das Geld nicht in Princeton, sondern vom Research Center der Universität Newark, das freilich von Lazarsfeld geleitet wird. Ihre Vermutung über sein Motiv ist ganz phantastisch. Selbstverständlich will er uns allen gerne gefällig sein, andererseits verspricht er sich von Ihrer Mitarbeit Entscheidendes.

Über Wagner habe ich in letzter Zeit nicht wenig nachgedacht. Eine Bemerkung möchte ich Ihnen sogleich mitteilen. An seiner Musik ist mir selbst bei den hinreissendsten Stellen aufgefallen, dass der Schluss nie ganz hält, was der Anfang verspricht. Dies gilt nicht so sehr für die Stücke als Ganzes als für die melodischen Strukturen im einzelnen. Es ist so, als ob man nie zum vollen Genuss kommen sollte. Denken Sie etwa an das schöne Motiv, das unter anderem in der Walküre bei der Stelle »Nun weißt du fragende Frau . . .« erklingt. Es setzt grossartig und verheissungsvoll ein und hört stockend und ziemlich unklar auf. Ähnliches gilt auch für ausgedehntere melodische Einheiten, sogar für das Liebeslied in der Walküre. Zum Schluss wird es etwas zerfahren. Ich glaube, ich könnte dies bei den meisten Strukturen nachweisen, und ich frage mich, ob nicht die Motivtechnik selbst etwas damit zu tun hat. Es wird nichts zu Ende geführt. Zum Begriff der sogenannten ewigen Melodie gehört andererseits dieses Abrupte, Unfertige, nie Vollendete im einzelnen. Nun könnte es wohl sein, dass diese Eigenart in gewisser Weise nur die andere Seite von Wagners revolutionärer musikalischer Leistung darstellt. So könnte sich dieser Umstand notwendig daraus ergeben, dass bei Wagner nicht immer wieder auf den Grundton zurückgekehrt wird, dass er sich weniger von sogenannten Naturgesetzen abhängig macht. Trotzdem erlebe ich immer wieder diesen Eindruck, dass man zuerst aufgereizt wird und dann doch nicht zum Genuss kommt, also eine genussfeindliche, sadistische Seite dieser Musik. Denken Sie daran, dass das Abrupte auch in der Sprache und Gestik stets eine sadistische Bedeutung hat! Es wird bei Wagner der Genuss immer gleichsam eingeleitet und vorgestellt, aber es kommt nicht dazu. – Ich bin neugierig, Ihre Ansicht zu dieser Beobachtung zu erfahren.

Wir freuen uns, bis Sie herkommen. Auch wenn alles jetzt etwas umständlich ist und manches länger dauert, als es unseren Wünschen entspricht, so geht es immerhin vorwärts. Über die Frage des Wohnorts und dergleichen wollen wir uns unterhalten, wenn alles weitere gefördert ist.

Wegen des Husserl kann ich im Augenblick nicht schreiben, da allzuviel zu tun ist. Jedenfalls arbeiten Sie zunächst am Wagner, und ich hoffe, dass wir über den Husserl persönlich diskutieren können. Sagen Sie alles Liebe an Gretel. Es wird sich hier schon eine Möglichkeit finden, sie einzuspannen.

Ihre Anfrage wegen Dr. Helling habe ich an Dr. Pollock weitergegeben.

Herzlichst
Ihr
Max.

Soeben trifft Ihr Brief vom 9. ein. An Ihrer Stelle hätte ich beim Konsulat überhaupt nicht vorgesprochen, ehe ich im Besitz sämtlicher Unterlagen gewesen wäre. Je häufiger man auf solchen Büros in Erscheinung tritt, umso ungünstiger ist es. Was machen Sie nun, wenn die Papiere erst am 14. Dezember eintreffen oder am 13. noch unvollständig sind? – Wenn man die Papiere schon hat und der Termin wird besonders spät angesetzt, so lässt sich gewöhnlich in diesem Punkt durch Beziehungen etwas erreichen – in Ihrem Fall wäre etwa Anita Warburg in Frage gekommen. Die Bitte, einen nahen Termin anzusetzen, pflegt einem Bekannten selten ausgeschlagen zu werden. – Im übrigen danke ich für Ihre verschiedenen Anregungen. Sie dürfen jedoch überzeugt sein, dass wir in diesen Dingen ohnehin einige Erfahrung besitzen und jedenfalls die Unterlagen so ausreichend gestalten werden, wie es nach unseren Kräften möglich ist. Wenn trotzdem das Visum nicht erteilt wird, werden wir weitersehen.

Wegen Dreyfuss werde ich gerne an Fräulein Warburg schreiben, wenn ich in der Angelegenheit klarer sehe. Im Augenblick bin ich mir im Zweifel darüber, ob dieser Vorschlag nicht überholt ist. Dreyfuss scheint ja England verlassen zu haben und es mit Pauls Hilfe beim Antwerpener Konsul zu versuchen. Er hat telegraphisch und brieflich bei diesem Unternehmen um unsere Unterstützung gebeten, die wir ihm natürlich gewähren werden. Ich bezweifle jedoch sehr, ob er seine Sache durchführen wird. Beim Konsul in Antwerpen muss er angeben, dass ein Gesuch in London bereits abschlägig beschieden worden ist, und es erscheint mir recht zweifelhaft, ob der Antwerpener Konsul daraufhin von sich aus die Sache positiv entscheiden wird. Ich hatte Dreyfuss dringend geraten, er solle beim Londoner Konsul eine zweite Audienz erst dann ansetzen lassen, wenn alle überhaupt denkbaren Wege, weitere Unterlagen und Hilfen für sein Gesuch zu gewinnen, beschritten worden seien. Es war klar, dass das Affidavit seines amerikanischen Freundes, auf das er ursprünglich die ganze Aktion gegründet hatte, völlig wertlos ist. Dem Konsul selbst mussten die Dokumente, die er von uns beibrachte, notwendig als rein zusätzlich erscheinen. Es war offenkundig, dass Dreyfuss sie nur erbeten hatte, weil ihm sein eigenes Affidavit als zu schwach erschien. Trotz alledem wäre vielleicht noch etwas auszurichten gewesen, wenn nicht Dreyfuss – was freilich nicht ihm, sondern den traurigen Verhältnissen zuzuschreiben ist – eine zweite Entscheidung übereilt herbeigeführt hätte. Dass ich gezögert habe, meine Absicht auszuführen, dem Konsul einen ausführlichen, mit unseren Anwälten entworfenen Privatbrief zu schreiben, ist übrigens zum Teil darauf zurückzuführen, dass ich bis zur Erledigung Ihrer Sache mich jedenfalls nicht verausgaben will. Fräulein Warburg können Sie auf jeden Fall mitteilen, dass ihre Anregung einer fünfjährigen (formellen oder nicht formellen) Garantie in besagter Angelegenheit weder den Interessen von Dreyfuss noch gar denen des Instituts gerecht wird. Damit, dass wir uns lächerlich machen, ist schliesslich niemand geholfen. Fräulein Warburg sollte wissen, dass der Direktor eines wissenschaftlichen Instituts in Amerika, der mit einem Mann vom wissenschaftlichen Ruf unseres Freundes einen fünfjährigen Vertrag abschliesst, entweder von seiner Verwaltungsbehörde bei der nächsten sich bietenden Gelegenheit notwendig entlassen werden müsste, widrigenfalls er die ganze Anstalt in den Ruf der Misswirtschaft und des sträflichen Leichtsinns brächte. Solange man sich nicht entschliesst, auf die Wirksamkeit in der Welt überhaupt zu verzichten, sollte man jedenfalls so nicht verfahren, und ich bin mit Ihnen darüber einig, dass wir einen solchen Entschluss, wenn wir ihn einmal fassen, mindestens bei einer aussichtsreicheren Aktion in die Tat umsetzen sollten als bei dieser. Ich werde jedoch, wie gesagt, gegebenenfalls selbst an Fräulein Warburg schreiben, um sie auch meinerseits zu veranlassen, sich für Dreyfuss einzusetzen.

Ihr Gedanke, mit Gustav Mayer einmal zusammenzukommen, ist sehr gut. Sein Groll gegen das Institut ist alt. Nach dem Tod Gerlachs waren nämlich mit ihm Verhandlungen mit dem Ziel gepflogen worden, ihn zum Direktor zu machen. Seine Fürsprecherin war Anita Gonzala. Dass man sich dann doch für Grünberg entschied, hat er offenbar nie ganz verwinden können, und seine Verbitterung ist wohl neu belebt worden, als er sah, dass auch nach der Emeritierung Grünbergs ein anderer Kandidat ihm vorgezogen wurde. Ich selbst kenne ihn gar nicht und habe den grössten Wunsch, in gute Beziehungen zu ihm zu treten. Gerne zöge ich ihn auch zur Mitarbeit heran. Da wir an Mitteln gegenwärtig äusserst knapp sind, können wir ihm für einen Aufsatz nur ein sehr geringes Honorar anbieten £ 10.-. Sollten Sie ihn trotzdem veranlassen können, etwa über ein wirtschaftsgeschichtliches Thema einen kleinen Artikel zu schreiben (nicht über Engels!), so wäre mir das sehr angenehm. Grosszügigkeiten wie die $ 120. – für Křenek dürfen im Augenblick leider keine Präzedenzfälle bilden, umso weniger, wenn die Arbeit, wie die von Křenek selbst, den wir alle übrigens besonders gern haben, nicht gerade eine Glanzleistung darstellt. (Sie geht Ihnen dieser Tage zu, und ich bitte Sie um Ihr eigenes Urteil.) Wenn Sie das Verhältnis zwischen Gustav Mayer und dem Institut einrenken könnten, wäre es mir durchaus angenehm, und die Kosten eines gemeinsamen Dinners sind dafür nicht zu hoch. Mein Rat geht freilich dahin, dass es nicht allzu üppig sein möge, damit sein Ressentiment nicht noch wächst. Machen Sie uns also in diesem Fall so klein wie möglich!

Wegen des Groddeck erhalten Sie Bescheid.

Nochmals herzlichst
M.

Meine Antwort auf Gerths jüngsten Brief, die Sie einliegend finden, bitte ich Sie ihm zu übergeben, falls Sie es für richtig halten. Andernfalls beschränken Sie sich darauf, in meinem Auftrag mit ihm zu sprechen und ihm in geeigneter Form auseinanderzusetzen, was im Brief steht. Wir können im Augenblick unmöglich helfen, am wenigsten durch neue Gesuche ans Londoner amerikanische Konsulat. Kann nicht Mannheim etwas für ihn tun?

Nun habe ich noch eine Bitte. Meine Kusine, Jella Lepmann, ist vor einigen Jahren mit Tochter und Sohn nach Italien ausgewandert. Die Tochter wird jetzt gegen zwanzig sein, der Junge etwa sechzehn oder siebzehn. Soeben erhalte ich einen Brief von ihr, dass sie es in Italien nicht mehr ausgehalten hat und im Begriff ist, nach England überzusiedeln. Die Tochter ist bereits seit zwei Monaten an der Hamilton House School in Tunbridge-Wells. Dort ist sie au pair untergebracht und erteilt Unterricht in deutscher Konversation am ganzen college. Sie erhält sogar ein kleines Taschengeld. Meine Kusine reist nun in diesen Tagen mit dem Sohn selbst nach England, um dort ihr Glück zu versuchen. Sie hat ein freilich kleines Vermögen und möchte, bevor dieses vollends zusammenschmilzt, ihren Kindern eine ordentliche Ausbildung geben und womöglich selbst einen Beruf finden. Der Junge soll in eine Progressive School in Bournemouth. Da sie ziemlich ratlos ist, hat sie sich an mich gewandt und darum gebeten, ihr die Adresse von Freunden zu nennen, die ihr einige Beziehungen verschaffen könnten. Ich habe mit gleicher Post postlagernd nach Bournemouth geschrieben und Ihren Namen angegeben. Falls Sie ihr ein paar Zeilen schreiben wollen, dass Sie bereit sind, ihr gegebenenfalls in London ein wenig behilflich zu sein, machen Sie sie glücklich. Übrigens steht sie uns im Grunde ganz fern, und wenn es ihr nicht so schlecht ginge, hätte ich auf ihren Brief gar nicht reagiert. Aber vorerst lassen wir ja Gretel noch einige freie Zeit, und wenn sie mag, soll sie sich ihrer ein wenig annehmen.

Wenigstens eine Photographie des Nilpferdkönigs Archibald könnten Sie schon vorausschicken!

M.

ÜBERLIEFERUNG O: Ts; Theodor W. Adorno Archiv, Frankfurt a. M. – E: Horkheimer, Briefwechsel 1937-1940, S. 278 ff.

mein Schützling: Das ist Fritz Rabinowitsch.

»Nun weißt du fragende Frau . . .«: Richard Wagner, Die Walküre, I, 2.

Liebeslied in der Walküre: Vgl. I, 3: »Winterstürme wichen dem Wonnemond«.

Gerlach: Der Nationalökonom Kurt Albert Gerlach (1886-1922) hatte 1922 in Frankfurt eine Professur erhalten und war von Felix Weil zum Direktor des im folgenden Jahr gegründeten Instituts für Sozialforschung ausersehen worden.

Anita Gonzala: Anita Hofmann-Gonzala, Felix Weils Schwester.

Meine Kusine: Jella Lepmann, geb. Lehmann (1891-1970) war Schriftstellerin, Journalistin und Übersetzerin. Sie hatte in den zwanziger Jahren am Stuttgarter »Neuen Tageblatt« gearbeitet. Sie emigrierte 1936 nach England, wurde englische Staatsangehörige und arbeitete zunächst für die BBC und ab 1941 für die amerikanische Hörfunkredaktion in London; sie kehrte 1945 im Range eines Majors der amerikanischen Armee nach Deutschland zurück und gründete 1948 in München die Internationale Jugendbibliothek.

146 Adorno an Horkheimer London, 19.11.1937

19. November 1937.

Lieber Max:

lassen Sie mich Ihnen heute nur in aller Eile mitteilen, daß wir unsere Wohnung weiter vermietet haben. Ich bin sehr glücklich darüber, denn damit ist das einzige wirklich ernste

Hindernis unserer Übersiedlung nach Amerika beseitigt. Bitte seien Sie so lieb, auch Pollock davon zu informieren.

Alles Herzliche von uns beiden an Sie und Maidon

immer Ihr

Teddie.

ÜBERLIEFERUNG O: Ts; Max-Horkheimer-Archiv der Stadt- und Universitätsbibliothek, Frankfurt a. M.

147 TRUDE BLOCH AN ADORNO
NEW YORK, 22.11.1937

22. November 1937.

Sehr geehrter Herr Dr. Wiesengrund,

Herr Dr. Schachtel hat mir folgende Stelle aus Groddecks »Der Mensch als Symbol«, Wien 1933, mitgeteilt (S. 106 f.).

> »Über das Wort ›keusch‹ gibt die Sprachwissenschaft höchst unvollkommene Auskunft. Im wesentlichen beschränkt man sich auf die Übersetzung ›rein‹ und auf ein paar ähnliche Ausdrücke andrer Sprachen, die auch rein, zart bedeuten. Was aber ist rein? Keusch ist eben eine besondere Art rein. Am ehesten – und darin scheinen einige Sachverständige übereinzustimmen – könnte man der Meinung beistimmen, die ›keusch‹ mit geheimen Kulten zusammenbringt. Damit wäre das Mysterium der Gemeinschaftlichkeit und der Liebeshandlung unter Ausschluss Uneingeweihter nahegelegt. Grimm (auch der Schwede Hellqvist, schwed. kysk – keusch) bringt das Wort in eine Art Zusammenhang mit keusan, kiesen, küren (schwed. tjusk, kora). Keuschheit würde damit die Reinheit im Auswählen und Ausgewählten sein. – Ein nicht ganz bewiesener Zusammenhang muss erwähnt werden keusch und castus. Castus kann und wird als ver-

wandt mit kastriert betrachtet, und man geht dabei auf das zurück, was ich vorhin erwähnte, dass keusch mit Opferkulten zusammenhängt. Das würde eine geschichtliche Art der Betrachtung sein. Es gibt aber noch eine andere Möglichkeit. Der Kastrierte hat die Fähigkeit des Samenergusses verloren. Seine Erotik schliesst die Fortpflanzungsidee vollständig aus, sie ist nur Erotik, nicht vermischt mit der Idee des Kindes. So ist in gewissem Sinne die Erotik des Kastrierten die einzige unvermischte reine Liebeshandlung, die im Dienste der Gottheit Berechtigung hat. Wenn das richtig ist, so ist in dem Wort keusche Frau ein tiefer Sinn verborgen. Ich habe bei früherer Gelegenheit erwähnt, dass bei dem Geschlechtsgenuss der Mann immer das Kind in seinem unbewussten Denken mitbeteiligt, die Frau nie. Der Gedanke an die Möglichkeit des Zeugens gehört aber nicht in das Lieben hinein, es ist dann nicht mehr reines Lieben; man kommt auf diesem Wege zu dem Schluss, dass die Frau ohne weiteres keusch sein kann, rein lieben kann, während der Mann dazu kastriert sein muss.

Ich habe vorhin die beiden Wörter ›schamlos‹ und ›keusch‹ mit Absicht nebeneinandergestellt: nicht weil ich annehme, dass der Schamlose keusch sei, aber weil es meine Überzeugung ist, dass der Mensch in den kurzen und hochherrlichen Zeiträumen des Keuschseins keine Scham empfindet. Nur der schämt sich, der seinem Ich Bedeutung gibt, der dies Ich mit der Welt in Gegensatz bringt, der sich nicht für einen Teil, sondern für ein Ganzes hält. Keuschheit setzt voraus, dass man sich seiner selbst entäussert, dass man in Harmonie mit dem Schicksal Menschsein ist. Keuschheit ist ebensowenig wie Scham eine Eigenschaft des Menschlichen, sondern ein gelegentlicher Zustand, der nur dann eintritt, wenn man sein Ich verliert. Deshalb kann es wohl eine Keuschheit zu zweit geben, wenn die völlige gegenseitige Hingabe des einen an den andern und des andern an den einen zustande kommt, und diese Keuschheit ist durchtränkt vom köstlichen Geniessen ohne Scham und Sündenbewusstsein. – Nur wer begreift, dass Keuschheit Gemeinsamkeit zur Voraussetzung hat, kann verstehen, dass das Verhältnis Mutter-Kind, Kind-Mutter keusch ist, obwohl es wie kein andres Verhältnis in jeder Beziehung erotisch ist.«

Auf S. 9 des gleichen Buches findet sich anlässlich der Venus von Lucas Cranach noch folgende Stelle:

»Das Unbewusste der Kunst, das den Doppelsinn des Symbols dadurch besonders hervorhebt, dass es den Kopf des stehenden Knaben bis an die eine Spalte der Stammborke reichen lässt und seinen Blick auf den Schoss des Weibes gerichtet hat, fügt dem Gleichnis noch ein Motiv hinzu, das dem Bilde eine schier unergründliche Tiefe gibt: um die Hüften der Venus ist, den Schoss verhüllend und zeigend, der Schleier geschlungen, das uralte Symbol der Jungfräulichkeit und des Jungfrauentodes in der Empfängnis. Das Weibliche, das göttlich Liebende im Weibe, die Venus Urania ist immer jungfräulich. Wer anerkennt, dass es, unabhängig von der Verkörperung in der einzelnen Frau, ein Ewig-Weibliches gibt, weiss, dass dieses Ewig-Weibliche, unabhängig von allen körperlichen Vorgängen, trotz Liebeshandlung und Gebärens unveränderlich jungfräulich bleibt. Der Christusmythus sagt dasselbe: in dem bekannten Liede von dem Reis, das einer Wurzel zart entsprang, heisst es:

›Es fiel ein Himmelstaue
In eine Jungfrau fein,
Es war keine bessere Fraue,
Das macht ihr Kindelein.
Ob sie schon hat geboren,
Blieb sie doch Jungfrau rein.‹

Das tägliche Leben lehrt dasselbe; jede Frau wird, wenn

ihre Liebeserregung irgendwie bis zum höchsten gesteigert wird, von neuem Jungfrau: ihre Öffnung zieht sich dann wieder, trotz häufiger Geburten, so zusammen, dass das Eindringen des Gliedes wie bei der Entjungferung als zunächst schmerzhaft empfunden wird, ja eine Blutung entsprechend dem Zerreissen des Jungfernhäutchens tritt nicht selten ein. Cranach hat, wie Botticelli in seinem Frühlingsbilde, dieses tiefe Wissen in sein Bild aufgenommen, seine Venus ist schwanger.«

Ferner lässt Sie Herr Dr. Schachtel darauf aufmerksam machen, dass bei C. W. Daniel Co. in London ein weiteres Buch von Groddeck »Exploring the Unconscious« erschienen ist, in dem sich auf S. 132-153 Ausführungen über den Ring des Nibelungen finden. Herr Dr. Schachtel besitzt das Buch nicht.

Wir freuen uns alle, Sie bald hier zu sehen. Bitte grüssen Sie Ihre Frau unbekannterweise von mir. Mit besten Grüssen an Sie selbst

ÜBERLIEFERUNG O: Ts(Dg); Max-Horkheimer-Archiv der Stadt- und Universitätsbibliothek, Frankfurt a. M.

148 Horkheimer an Adorno New York, 23.11.1937

23. November 1937.

Lieber Teddie,

In aller Eile sende ich Ihnen hier die Unterlagen zur Erlangung des Visums. Sie sind von Pollock nach Rücksprache mit Sachverständigen und in Übereinstimmung mit dem Vorgehen, das bisher in allen Fällen zum Erfolg geführt hat, besorgt. Ich habe sie nachträglich selbst mit verschiedenen Herrn durchgesprochen und immer die Antwort erhalten, dass diese

Papiere nach den Gepflogenheiten zur Erteilung des Visums unbedingt ausreichen. Sollte der Konsul daraufhin das Visum abschlagen, so verspräche ein durch entsprechende Beziehungen in Washington eingeleiteter Schritt Erfolg.

Trotzdem rate ich Ihnen, die Sache auch noch einmal mit einem dortigen Sachverständigen vor der endgültigen Abgabe durchzusprechen, der möglicherweise auch Beziehungen zum Konsulat hat. Ich denke etwa an Fräulein Warburg. Sollten irgendwelche neuen Bedenken auftauchen, so erwarte ich Ihr Kabel. Der Vorsicht halber schicke ich Ihnen einen Prospekt des Instituts. An Ihrer Stelle würde ich ihn nicht abgeben, weil immerhin daraus hervorgeht, dass es sich um eine ehemals deutsche Organisation handelt, und man nie weiss, was der Konsul über Fremde und Juden denkt. Sollte er jedoch erklären, etwas Näheres über das Institut erfahren zu wollen, so können Sie vielleicht das Pamphlet doch verwerten.

Mit Lotte Karplus korrespondiere ich seit einiger Zeit wegen ihres zusätzlichen Affidavits. Da es bis jetzt noch nicht eingegangen ist, sende ich die Papiere ohne dieses Affidavit ab. Meiner Ansicht nach wird es ohnehin kaum einen Wert haben, weil Lotte K. ja kein Vermögen nachweisen kann.

Für besonders schön hielte ich es, wenn Sie sich durch irgendeine Beziehung beim Konsulat anmelden lassen könnten, damit – falls die Sache nicht sogleich klappt – der Konsul dem Betreffenden Auskunft gibt, woran es liegt. Heute schon bitte ich Sie, im Fall eines anfänglichen Misserfolgs, der uns hier freilich für unwahrscheinlich gilt, nicht erschüttert zu sein. Um diese Sache durchzusetzen, reichen vermutlich unsere Beziehungen hier noch aus. Ich wünsche Ihnen und mir aber, dass die Sache aufs erste Mal klappt und dass wir Sie und Gretel bald hier willkommen heissen dürfen. Für Ihren Brief vom 10. mit der äusserst zutreffenden Schilderung einer gewissen »Tatsachenforschung« danke ich. Alles Liebe an Gretel, auch von Maidon.

Mit herzlichsten Grüssen

Anlagen:
Brief des Research Center, zweifach.
" " Instituts, "
" der National City Bank, "
" " Scores Corporation, "
Prospekt des Instituts.

ÜBERLIEFERUNG O: Ts(Dg); Max-Horkheimer-Archiv der Stadt- und Universitätsbibliothek, Frankfurt a. M.

149 Adorno an Horkheimer London, 29.11.1937

29. November 1937.

Lieber Max:

schönsten Dank für Ihren Brief vom 16.XI.

Lassen Sie mich vor allem auf Ihre Bemerkung über Wagner eingehen. Diese hat mich aus mehr als einem Grund ganz besonders interessiert. Zunächst aus einem die Konstruktion der Arbeit betreffenden: sie enthält implizit einen Gedanken, der mir schon seit einiger Zeit mehr und mehr in den Vordergrund tritt, nämlich, daß bei Wagner die revolutionären und reaktionären Momente derart in einander verschränkt sind, daß in gewisser Weise jeder Schritt vorwärts gleichzeitig ein Schritt rückwärts ist. Man kann sagen, daß in diesem Sinn jeder *einzelne* Zug Wagners dialektisch sei. Was die Beobachtung des nicht Einlösens von Versprechungen durch die Wagnersche Musik anlangt, so halte ich diese für vollkommen richtig, und sie wird in meiner Arbeit von den verschiedensten Punkten aus berührt. Von diesen will ich heute nur einen philosophischen nennen: die Inhaltslosigkeit des Wagnerschen Erlösungsbegriffes, der in Wahrheit nichts anderes ist als die Vernichtung. Das wichtigste Beispiel für den von Ihnen berührten Sachverhalt erscheint mir darum der Schluß der Götterdämmerung, bei dem ich schon als Junge immer das Gefühl hatte, als ob man um das eigentliche événement des Weltuntergangs betrogen würde. Vor allem das sogenannte Motiv der Liebeserlösung löst hier den Anspruch der Handlung nicht entfernt ein; im Grunde ist es nur die jetzt kunstvoller ornamentierte pseudokirchliche Plagalschlußwendung, wie sie z.B. am Schluß des Holländervorspiels die Erlösung in offener Öldruckmanier symbolisiert. Die Tatsache, daß für Wagner die Erfüllung das Nichts ist, wirkt bis in alle musikalischen Einzelheiten, bis in die kleinsten Details hinein (z.B., daß die Auflösungen an Relevanz immer hinter den Spannungen zurückbleiben). Sie haben weiter auch vollkommen recht, diese Erscheinung mit der an sich progressiven Wagnerschen Motivtechnik zusammenzubringen. Ich kann mich noch gut erinnern, daß ich früher, als ich noch weniger verdorben durch technologische Erwägungen war, bei Debussy, der ja die Aufspaltung und Aufreihung kleinster Motive von Wagner ins impressionistische Extrem getrieben hat, mich immer fragte, wann nun eigentlich die Hauptsache käme, und das Ganze noch für Präludieren hielt, wenn das Stück schon abgelaufen war. Das dürfte sich genau mit Ihrer Erfahrung decken. Es interessiert Sie vielleicht weiter in diesem Zusammenhang, daß ich 1928 in einer Aphorismenreihe im Anbruch ein Stück publizierte, in dem ich sagte, das eigentliche Anliegen der spezifisch nachwagnerischen Musik, und zwar besonders von Skrjabin und Schreker, sei die vollständige musikalische Abschilderung des Koitus; gerade diese könne ihnen aber nie gelingen. Das ist kaum etwas anderes, als die analytische Auslegung des »es kommt nichts«. Sie sehen, wie sehr meine eigene Erfahrung mit der Ihren zusammenstimmt. Nur glaube ich, daß die Dinge etwas komplizierter liegen. Irre ich mich nicht, so finden sich die nicht erfüllten Stellen bei Wagner vor allem in den Werken, in denen er den chromatischen Stil noch nicht zum Extrem treibt, sondern mit einer Diatonik kombiniert, welche die Funktion der »Auflösung« der chromatischen Akkorde hat, ohne in der funktionalen Formanlage diese Aufgabe noch wirklich erfüllen zu können; d. h. vor allem eben im Ring und zwar vorwiegend in dessen früheren Teilen. (Gar nicht z. B. im dritten Akt Siegfried, dem eigentlichen Kernstück des Ringes.) Noch interessanter aber scheint mir, daß in dem *radikal* chromatischen Stil des Tristan, der diatonische Auflösungen und jedenfalls diatonische Motive fast überhaupt nicht mehr kennt, in dem also überhaupt nichts mehr »kommt«, oder, nach einem Brief Wagners an Mathilde Wesendonck, alles Übergang ist, eben durch diese Totalität des Dynamischen jene Enttäuschung ausbleibt, die nur dort besteht, wo noch auf die Diatonik und ihre alte lösende Funktion regrediert wird. Ich glaube, daß man als Dialektiker diese Rückseite des Gedankens mithinzudenken muß, wenn man nicht zum laudator temporis acti werden will und das ist es wohl, in mehr technischen Begriffen, was Sie »die andere Seite von Wagners revolutionärer musikalischer Leistung« nennen. Ihr Begriff des falschen, statischen Naturgesetzes hat sein genaues Äquivalent in der diatonischen Tonalität, die ja auch von der reaktionären Musiktheorie immer als solches ausgegeben wird. Und die eigentlich dialektische Verzahnung scheint mir die zu sein, daß die von Ihnen konstatierte Enttäuschung nur dort eintritt, wo die Erwartung ihrer regressiven Lösung erweckt wird. Man könnte fast sagen, im chromatischen Stil Wagners gebe es um so mehr Unaufgelöstes, je mehr versprengte Diatonik noch vorkomme. Auch dieses Problem ist also, wie ausnahmslos *alles* Wagner Betreffende, durch und durch dialektisch. Die von Ihnen zitierte Stelle »Nun weißt du fragende Frau« scheint mir übrigens von etwas anderer Art zu sein. Das plastische, erst angegebene, dann gewissermaßen in Siegmunds Rezitativ steckenbleibende Motiv ist das des »Wälsungenleides«. Es hat hier nur die Bedeutung einer ahnenden Antecipation; später im zweiten Akt Siegfried und zwar gerade aus der Perspektive der Erinnerung, wenn nämlich Siegfried das Bild seiner Eltern zu beschwören trachtet, wird dies Motiv heraufgeholt und in Waldweben besonders schön entwickelt. (Siegfried, Auszug S. 184ff.) Der einzige Punkt, wo ich mit Ihnen differiere, ist die Frage des Sadismus. Ich bin zwar mit Ihnen der Überzeugung, daß die Dialektik von Trieberfüllung und Triebversagung ästhetisch entscheidend ist. Aber doch wirklich dialektisch, d. h. nicht so daß man einem Kunstwerk ungebrochen einzelne Momente der Erfüllung und andere der Versagung als Konstanten zuordnen könnte. Man käme sonst bei Wagner wirklich dazu, die regressiven Züge als Erfüllung und die progressiven als sadistisch anzusehen. Diese Bedeutungen können aber im hochorganisierten Kunstwerk ganz umspringen. Ich sehe auch in Wagners Musik deutlich sadistische Züge, aber in etwas ganz anderem, nämlich darin, daß diese gesamte Musik mir primär von der (die gesellschaftliche Instanz repräsentierenden) Vorstellung des *Taktschlages* beherrscht erscheint. Dieser Punkt wird im Aufsatz eingehend behandelt. Ich möchte heute zu der Frage nur noch sagen, was mir auch zu Marcuses Aufsatz über die affirmative Kultur relevant erscheint: daß nämlich, seit die große Kunst sich in dezidiertem Gegensatz zur gesellschaftlichen Ordnung versteht, an ihr entscheidend die »lustversagenden«, d. h. grob gesagt, dissonanten Züge progressiv sind, die lustgewährenden reaktionär. Ich glaube, daß man die Kategorie des Sadismus kunstkritisch nur dann richtig, d. h. nicht statisch-naturalistisch verwendet, wenn man diese Dialektik miteinbegreift. Dazu scheint mir aber das beste Mittel die konkrete Bestimmung des einzelnen ästhetischen Phänomens. Mit Trieberfüllung und Triebversagung in der Kunst würde ich *in abstracto* d. h. unabhängig von diesen Verhältnissen nicht operieren. Allein schon deshalb, weil ja die Frage der Genußfunktion des Kunstwerks selber eine höchst schwierige der gesellschaftlichen Geschichte ist.

In den Vorarbeiten des Wagner bin ich zu einem gewissen Abschluß gelangt, d. h. ich habe die gesamte mir zugängliche Wagnerliteratur und seine eigenen Werke durchgearbeitet und ein außerordentlich umfangreiches Notizenmaterial angehortet. Natürlich könnte man bei der völligen Unbegrenztheit des Stoffes ad indefinitum weitergehen; ich möchte aber bald Schluß machen und mit der Textierung beginnen, schon um der Versuchung zu widerstehen, doch ein Buch zu schreiben. Ich möchte mir dazu nur noch Lorenz und einiges von Chamberlain ansehen. Das letzte worum ich mich näher bekümmert habe, ist der Fall Wagner-Nietzsche, über den natürlich einiges gesagt werden muß. Ich habe die stofflich interessante, theoretisch armselige Darstellung des Georgianers Hildebrandt durchgearbeitet. Dabei ist mir nun eine Idee gekommen, die mich als Fortsetzung des Wagner – der innerlich bereits »steht« – sehr fesselt. Es schwebt mir nämlich vor, den Funktionswechsel der sogenannten deutschen Kulturkritik, die bei Nietzsche oder Burckhardt noch wesentlich progressiven Charakter hat, zu ihrem jetzigen reaktionären Charakter an einem exemplarischen Modell zu entwickeln. Über diesen Funktionswechsel findet sich bereits eine Bemerkung in der Mannheimpolemik. Das Modell aber, an das ich denke, ist kein anderer als George, bei dem dieser Umschlag beinahe auf den Tag zu bestimmen ist. (Er erfolgte im »Teppich«.) Es würde mich außerordentlich locken, eine solche Georgeanalyse auszuführen, und wenn ich mich nicht sehr täusche, würde sie mir auch sehr gut liegen. Zugleich hätte es seinen Reiz, unsere Kategorien an einem als besonders edel tabuiertem Gegenstand auszuprobieren und zu zeigen, daß sie diesem gewachsen sind, und daß es keine ästhetischen Reservate der materialistischen Dialektik gegenüber gibt, sondern daß diese es vermag, auch die sublimsten und scheinbar autonomsten Formprobleme aufzuschließen. Was meinen Sie dazu?

Ich habe mir auch Ihre Raffaelidee durch den Kopf gehen lassen. Von der Technik der bildenden Kunst verstehe ich zu wenig, um mir eine Einsicht in die Tragweite des Projektes zuzutrauen. Aber ich müßte mich sehr täuschen, wenn nicht *Mozart* – auf die Gefahr hin, daß man mich für einen Augenblick des banalen Vergleichs Raffael-Mozart verdächtige – Züge aufwiese, die den von Ihnen an Raffael konstatierten aufs tiefste verwandt sind. Die Richtung, in die diese Überlegungen zielen, wird Ihnen vielleicht deutlich, wenn ich Ihnen sage, daß mir von jeher zwischen Mozart und Leibniz eine besondere Nähe zu bestehen schien, während Sie ja an Raffael gewissermaßen die Urgeschichte der bürgerlichen Monadologie in der Kunst schreiben wollten. Es handelt sich dabei vor allem um die niemals wirklich verstandene, zur Haydn-Beethoven-Symphonik querstehende Eigentümlichkeit Mozarts, seine Sonatenthemen nicht aus *einem* fortgesponnenen Motiv, sondern aus einer ganzen Reihe kleinster Einheiten zu bilden, die zusammen zwar eine wirklich rätselhafte »prästabilierte« Einheit bilden, ja in gewisser Weise eine vollkommenere als die sogleich »sinnvolle« Beethovens, die sich aber zugleich untereinander völlig fremd bleiben, ganz abgesetzt, »fensterlos« einander gegenüberstehen. Ich hatte schon vor Jahren die Absicht, unter diesem Gesichtspunkt einmal etwas über Mozart zu schreiben, und zwar, merkwürdig genug, auch gerade mit Hinblick auf das Problem des Sadismus: mir schien die Mozartsche Form immer so, als sei ihre Schönheit in rätselhafter Grausamkeit aus lebendigen Körpern herausgeschnitten. Diese ganze lange schlummernde Gedankenmasse ist durch Ihren Raffaelplan in Fluß gekommen. Heute möchte ich nicht mehr als Ihnen das Problem bezeichnen. Übrigens sind Mozarts Briefe voll der seltsamsten analen Phantasien und alles eher als klassizistisch oder sinnlich-heiter.

Ich bin froh, daß Sie die Sache Lazarsfeld so positiv beurteilen. Dem Radioprojekt nähere ich mich bereits durch Befassung mit Křeneks Aufsatz, über den ich Leo bereits geschrieben habe. Sie hören bald mehr von mir darüber.

An das amerikanische Konsulat hatten wir uns gewandt auf die Nachricht hin, daß die Papiere im Begriff seien abzusegeln: dies nur, damit Sie mich nicht der unziemlichen Hast für verdächtig halten. Wenn die Papiere zum vereinbarten Termin noch nicht da sind, so ist das keineswegs tragisch. Man kann das appointment mit dem Konsul ohne weiteres verschieben.

In der Sache Dreyfuss bin ich vollkommen mit Ihnen einig.

Ich meine, wir können im Augenblick nichts mehr tun. Sollten sich neue Fakten ergeben, so würde ich Sie informieren.

Gustav Mayer hat die ihm von Mandelbaum, schon ehe ich Ihren Brief bekam, zugetragene Anregung, mit mir zusammenzukommen, mit Begeisterung aufgegriffen und mich mit Mandelbaum zusammen auf Dienstag nach Tisch zu sich gebeten. Ich werde ihn dann allein zum dinner mit uns einladen. Allerdings hat sich etwas Schreckliches herausgestellt: er ist der Schwager von Jaspers, und tobt wegen Ihres Aufsatzes. Das hat uns gerade noch gefehlt. Wenn es aber zur Diskussion kommt, muß man geradestehen, und selbst auf die Gefahr hin, seinen Groll zu verewigen. *Sie* wären in der günstigeren Lage – für mich muß die Solidarität der Diplomatie vorgehen, und dies nicht nur, weil ich mich nicht anders verhalten *kann,* sondern auch aus institutstaktischen Erwägungen. Beten Sie für mich.

Frau Lepmann war neulich bei uns. Sie sucht eine au pair Stelle, hat aber m. E. von diesen Stellen eine viel zu günstige Vorstellung. Es handelt sich da meistens um nackte Ausbeutung. Wir geben uns alle Mühe ihr zu helfen. Sie steht so fest auf dem Boden der bestehenden Tatsachen, daß es ihr leichter fallen sollte als uns. Aber in dieser Situation kommt man nicht einmal mit dem zuverlässigsten Klassenbewußtsein mehr sicher durch.

Der Nilpferdkönig Archibald hat eine goldene Krone mit einer dicken Perle, goldene Wülste über den Augen, hält sich aber von aktiven Regierungsgeschäften fern. Er ist liiert mit der Giraffe »Gazelle«, trägt gelegentlich eine grauseidene Pyjamahose und hat eine Schrift veröffentlicht, das panhumanistische Manifest. Es ist im Verlag der vereinigten Schakale und Hyänen erschienen. Seit Jahren arbeitet er an seinem Hauptwerk. Es heißt »die Nilpferdpeitsche« und ist die theoretische Grundlegung einer menschlichen Gesellschaft, die die Tiere einschließt. In seiner Jugend wurde ihm das Ringelschwänzchen von seiner damaligen Freundin, dem Krokodil Babykroko abgebissen. So viel für heute.

Ihnen und Maidon alles Liebe, auch von Gretel, der es gar

nicht gut geht, da sie infolge der allgemeinen englischen Lebensbedingungen fast überhaupt nichts mehr essen kann. Wir zählen die Tage bis zur Ankunft in New York. Vielleicht gehen wir vorher aber noch zu unser beider Auffrischung für kurze Zeit an die Riviera. Gegebenenfalls depeschiere ich Ihnen.

Stets Ihr alter

Teddie.

PS. Soeben sind sämtliche Dokumente mit Ihrem lieben Begleitbrief und den Zeilen von Frau Bloch wegen des Groddecks eingetroffen. Haben Sie unseren allerherzlichsten Dank. Die Dokumente machen einen höchst überzeugenden Eindruck, und ich glaube bestimmt, daß es klappen wird. Anderen Personen zeigen möchte ich die Dokumente nicht gern mit Rücksicht auf die darin enthaltenen Zahlen. Ich werde aber Anita Warburg von ihrem Inhalt rechtzeitig in Kenntnis setzen, daß sie auch noch ihre Meinung abgeben kann, obwohl ich der kein gar zu großes Gewicht beimesse. Dagegen werde ich sie veranlassen, sich vorher nochmals mit dem ihr bekannten Vizekonsul ins Benehmen zu setzen, damit, if the worst comes to the worst, auch eine persönliche Beziehung eingesetzt werden kann. Aber ich bin optimistisch. – Mit gleicher Post ist auch Lottes Affidavit eingetroffen. Ob wir es vorlegen, überlegen wir uns noch; bei der Bescheidenheit der von Lotte vorgewiesenen Mittel wird es kaum viel nützen, aber unter Umständen der überzeugenden Gravität der anderen Dokumente Abtrag tun. – Dagegen werde ich noch eine Bestätigung der Westminster Bank vorlegen, aus der hervorgeht, daß ich jene 6.000 $ tatsächlich überwiesen habe, da gerade solchen Angaben natürlich leicht mißtraut wird.

Gestern habe ich Pollocks liebe Zeilen erhalten und danke ihm sehr herzlich auch für die angekündigte Erledigung der Pariser Abrechnung. Ich kann mir gut vorstellen, in welchem Druck er sich befindet. – Ist eigentlich mein Gutachten Engelberg eingetroffen?

Wegen Swindall habe ich Erkundigungen aufgenommen. Im Telefonbuch habe ich einen Mann des gleichen Namens und mit der gleichen Adresse, aber anderen initials aufgefunden. On verra. – Die Leute vom Le Play House haben mich gebeten, einen Vortrag zu halten. Rumney hatte gedacht, ich sollte zur Kritik der Wissenssoziologie sprechen. Ich halte das aber nicht für opportun, weil das nun wirklich eine Reklame für Mannheim bedeutete, der sich natürlich gierig auf diese Gelegenheit stürzen würde. Mein Gegenvorschlag ist, einiges Methodische zur Kunsttheorie zu sagen, was ich unschwer zusammenbringen kann, in dem ich einfach einiges von den Prinzipien ausspreche, nach denen Jazz und Wagner gearbeitet sind. Ich hoffe, Sie sind damit einverstanden.

Herzlichst

Ihr Teddie.

ÜBERLIEFERUNG O: Ts; Max-Horkheimer-Archiv der Stadt- und Universitätsbibliothek, Frankfurt a. M. – E: Horkheimer, Briefwechsel 1937-1940, S. 289ff.

der Wagnersche Erlösungsbegriff: Vgl. Adorno GS 13, S. 138-140.

im Anbruch ein Stück: Vgl. jetzt Adorno GS 16, S. 264f.

ein Brief Wagners an Mathilde Wesendonck: Adorno zitiert den Brief Wagners vom 29. Oktober 1859 an Mathilde Wesendonck nach Ernst Kurth, Romantische Harmonik und ihre Krise in Wagners »Tristan« (S. 454, Fußnote 1): »Ich erkenne nun, daß das besondere Gewebe meiner Musik (natürlich immer im genauesten Zusammenhang mit der dichterischen Anlage), was meine Freunde jetzt als so neu und bedeutend betrachten, seine Fügung namentlich dem äußerst empfindlichen Gefühle verdankt, welches mich auf Vermittelung und innige Verbindung aller Momente des Überganges der äußersten Stimmungen ineinander hinweist. Meine feinste und tiefste Kunst möchte ich jetzt die Kunst des Überganges nennen, denn mein ganzes Kunstgewebe besteht aus solchen Übergängen: das Schroffe und Jähe ist mir zuwider geworden ... Das ist denn nun auch das Geheimnis meiner musikalischen Form, von der ich kühn behaupte, daß sie in solcher Übereinstimmung und jedes Detail umfassenden klaren

Ausdehnung noch nie auch nur geahnt worden ist. Wenn Sie wüßten, wie hier jenes leitende Gefühl mir musikalische Erfindungen – für Rhythmus, harmonische und melodische Entwicklung eingegeben hat, auf die ich früher nie verfallen konnte, so würden Sie recht inne werden, wie auch in den speziellsten Zweigen der Kunst sich nichts Wahres erfinden läßt, wenn es nicht aus solchen großen Hauptmotiven kommt.«

in Wagners Musik . . . sadistische Züge: Vgl. Adorno GS 13, S. 27-30.

Chamberlain: Vgl. Houston Stewart Chamberlain, Richard Wagner, München 1896.

die . . . Darstellung des Georgianers Hildebrandt: Vgl. Kurt Hildebrandt, Wagner und Nietzsche, Breslau 1924.

eine Bemerkung in der Mannheimpolemik: Vgl. Adorno GS 20·1, S. 21 f.

Georgeanalyse: Adorno hat diese Analyse nicht geschrieben; vgl. aber seinen Aufsatz von 1939 »George und Hofmannsthal, Zum Briefwechsel« (jetzt Adorno GS 10·1, S. 195-237) und seinen Rundfunkvortrag von 1967 über George (Adorno GS 11, S. 523-535), in dem die Sätze stehen: »George verblendete sich dagegen, daß, was ihm morbid und dekadent dünkte, auch in ihm das Stichhaltigste war. Einer dialektischen Spannung, die Nietzsche noch austrug, zeigte dessen lyrischer Erbe schon nicht mehr sich gewachsen. Überlebt etwas an George, dann eben die Schicht, die er seit dem Tod Maximins verleugnete, durchs Brimborium von Chorlyrik und einer Verbundenheit, hinter der die Volksgemeinschaft lauert.« (Ebd., S. 528)

Ihre Raffaelidee: Horkheimer hatte offenbar in einem Gespräch den Gedanken an eine Arbeit über Raffael geäußert, für den es keinen Textzeugen gibt. – Horkheimer zitiert in seinem Aufsatz »Neue Kunst und Massenkultur« von 1941 (vgl. Horkheimer GS 4, S. 419-438) Raffael mehrmals. An der ersten Stelle schreibt er: »Indem diese ungastlichen Werke [Prosa von Joyce und Picassos ›Guernica‹] dem Individuum die Treue halten gegen die Infamie des Bestehenden, bewahren sie den authentischen Gehalt früherer großer Kunst, sind sie Raffaels Madonnen und Mozarts Opern tiefer verwandt als alles, was heute deren Harmonie nachleiert, zu einer Zeit, da die glückliche Gebärde zur Maske des Wahnsinns wurde und die traurigen Gesichte des Wahnsinns zum einzigen Zeichen der Hoffnung.« (Ebd., S. 424)

Kreneks Aufsatz, über den ich Leo bereits geschrieben habe: Wahrscheinlich auf der zweiten Seite seines Briefes vom 24. November, die verlorengegangen zu sein scheint.

Pollocks liebe Zeilen: Sie sind in Adornos Nachlaß nicht erhalten.

Swindall: Löwenthal hatte am 18. November geschrieben: »In der Anlage sende ich Dir ein sonderbares Aktenstück. Ein Mann, der wahrscheinlich mit Recht Schwindel oder so ähnlich heißt, hat am gleichen Tag drei gleichlautende Briefe an die Columbia University geschrieben, wie Du aus der Anlage entnimmst. Wir haben ihm einen Prospekt geschickt. Doch wären wir Dir dankbar, falls Du in unauffälliger Weise feststellen könntest, wer der Mann ist.« Adorno antwortete am 5. Dezember: »Wegen jenes Swindall habe ich so viel in Erfahrung gebracht, daß er auch das Institute of Sociology (Le Play House) anfragte, was sie tun, ohne dort im übrigen bekannt zu sein. Es handelt sich also wahrscheinlich nicht um einen Spitzel, sondern um einen jener in England besonders häufigen Typen, die ihren Narzißmus ausleben, indem sie mit allen möglichen Institutionen in wichtigtuerischen brieflichen Kontakt zu kommen suchen, und die in einem Gedicht der Weltbühne einmal durch die Formel ›Reden mit sich selbst und mit Tagore‹ charakterisiert waren.«

ein Vortrag: Die als »Discussion Meeting« bezeichnete Veranstaltung des »Institute of Sociology« fand am 10. Februar 1938 statt, das Thema war »The Sociology of Art«, als Eröffnungsredner war auf der Einladung Adorno genannt.

150 Horkheimer an Adorno
New York, 30.11.1937

429 WEST 117TH STREET
NEW YORK, N. Y.

30. November 1937.

Lieber Teddie,

Vielen Dank für den Brief vom 15. und die Nachricht vom 19. Hoffentlich klappt nun alles beim Konsulat. Ist übrigens das Affidavit von Lotte K. eingetroffen?

Über alle Fragen, die die Organisation Ihrer hiesigen Arbeit betreffen, sprechen wir am besten an Ort und Stelle. Wo Ihr Arbeitsplatz sein wird, steht noch nicht ganz fest, jedenfalls an einer Stelle, von der aus es möglich ist, dass Sie bei den einigermassen wichtigen Besprechungen im Institut anwesend sein können. Wahrscheinlich werden Sie sich eine Wohnung nehmen, die gross genug ist, dass Sie zu Hause arbeiten können. Über den Termin der Reise und über das Schiff wollen wir uns verständigen, sobald Sie des Visums sicher sind. Die Schiffe sind ja gegenwärtig nicht sehr besetzt.

Aus Ihren Mitteilungen über Mannheim schliesse ich, dass er unbedingt hierher will und es daher mit uns nicht verderben möchte. Ich bitte Sie jedoch, sich mit ihm wieder zu treffen, nachdem er die neue Fassung des Aufsatzes gelesen hat und bevor das Heft in Druck geht. Wenn ihn etwa ein einzelnes Wort besonders aufregt, so kann man ihm ruhig den Gefallen tun, es noch in letzter Minute zu ändern. Sie können übrigens diplomatisch ins Gespräch einfliessen lassen, dass wir gerne bereit sind, für ihn irgendwelche Dinge in Amerika zu erledigen. Dies ist ganz aufrichtig gemeint.

Das Bergbuch brauchen Sie nicht zu senden. – Mit Křenek haben wir uns persönlich recht gut verstanden. Er hat zuletzt im engsten Kreis einen Vortrag über moderne Musik gehalten, der pädagogisch ausgezeichnet war.

Mit herzlichsten Grüssen von Haus zu Haus

bin ich

Ihr

Max.

Der »Flechtheim« ist sicher unser Sternheim. Sonst wüsste ich nicht, wer das sein sollte. – Haben Sie Rumney etwas vom »Abbruch jeder Tätigkeit des Instituts in England« gesagt? Der Ärmste hat ganz aufgeregt nach Genf geschrieben und meint offenbar, wir seien böse mit ihm, and wanted to do away with him?

M.

ÜBERLIEFERUNG O: Ts/Ms; Theodor W. Adorno Archiv, Frankfurt a. M.

Křenek / ein Vortrag über moderne Musik: Krenek war am 22. November abends bei Horkheimers eingeladen und hatte anschließend »für die Männer von dem Institut einen kleinen Vortrag über Neue Musik, gut gelungen« gehalten. (Ernst Krenek, Die amerikanischen Tagebücher 1937 bis 1942. Dokumente aus dem Exil, hrsg. von Claudia Maurer Zenck, Wien/Köln/Weimar 1992, S. 28 f.)

151 Adorno an Horkheimer London, 10.12.1937

10. Dezember 1937.

Lieber Max:

heute will ich Ihnen nur Ihre lieben Zeilen bestätigen. Gustav Mayer fing sofort wegen des Jaspers an, ziemlich heftig; als ich mich aber ebenso heftig zur Wehr setzte, wurde er klein. Er war jetzt verreist, Gretel und ich werden ihn aber nochmals bescheiden einladen.

An Mannheim habe ich, wie Sie es vorschlugen, die Umbruchfahne geschickt und ihn zu einer nochmaligen Diskussion aufgefordert. Änderungswünsche von ihm können wir natürlich nur berücksichtigen, so weit sie sprachliche Kleinigkeiten betreffen. Ich werde aber dafür sorgen, daß die Atmosphäre friedlich bleibt, und das dürfte nicht schwer fallen.

Die Wagnerarbeit ist augenblicklich im Stadium der Schematisierung. Als modus procedendi denke ich mir das Folgende: ich stelle, auf Grund meines Schemas, in den nächsten Tagen ein ausführliches Exposé her, das ich Ihnen schicke. Dies Verfahren hat sich seiner Zeit im Fall des Jazz sehr gut bewährt, und vielleicht wäre es auch beim Husserl gescheiter gewesen, wenn man es eingeschlagen hätte. Ich nehme an, daß es auch Ihrer eigenen Intention entgegenkommt, da Sie ja im

Herbst gesagt hatten, wir sollten wegen des Wagner weiter korrespondieren. Ich bitte Sie darum, es nicht als eine unbillige Belastung aufzufassen, wenn ich Ihnen das Exposé schicke und mit der Herstellung des Textes warte, bis ich Ihre Antwort habe. Es geschieht allein um der Qualität und des Kollektivcharakters der Arbeit willen. Noch möchte ich zum Wagner sagen, daß ich diesmal schriftstellerisch insofern etwas anders verfahre als in meinen vorausgehenden Arbeiten, als ich den Aufsatz in zehn bis zwölf *kurzen* mit lateinischen Ziffern überschriebenen Kapiteln abfasse. Das hat einen sachlichen Grund: bei der völligen Unbegrenztheit des Stoffgebiets Wagner muß ein Aufsatz vom Umfang des vorgesehenen, der ja den des Husserlmanuskripts keinesfalls überschreiten soll, notwendig einen gewissen Charakter des Fragmentarischen tragen, und es scheint mir sinnvoll, das durch die Form zum Ausdruck zu bringen, und nicht durch sie eine »Totalität« zu usurpieren, die weder pragmatisch zu erreichen ist, noch gar mit der Intention der Arbeit übereinstimmt. Sehr lieb wäre es, wenn Sie mich wissen ließen, ob und in welchem Umfang Notenbeispiele möglich sind, und ob, *falls* sie möglich sind, diese im *Text* oder als *Beilage* zu bringen wären. Sollten sie den Druck zu sehr verteuern, so komme ich auch ohne sie aus.

Mit Frau Lepmann sind wir in dauerndem Kontakt, ohne daß es mir bis jetzt gelungen wäre, etwas Positives für sie zu erreichen. Es herrscht von ihrer Seite aus eine gewisse Gereiztheit: sie fragte mich nämlich, ob nicht eine Möglichkeit bestünde, sie im Rahmen des Instituts zu beschäftigen, und ich habe ihr gesagt, daß die Entscheidung darüber allein von Ihnen abhinge, daß ich aber inbezug auf diese Chance recht skeptisch sei. Infolgedessen haben unsere Verabredungen nicht mehr recht geklappt, und während sie dauernd andere engagements hat, sagt sie pikiert, *wir* hätten keine Zeit. Es ist kein großer Segen an ihr.

Rumneys Angst muß auf ein völliges Mißverständnis zurückgehen: ich habe keinerlei Äußerung in dem von Ihnen berichteten Sinne getan, dagegen ist es möglich, daß ich im

Zusammenhang mit Gerth oder einem anderen Hilfe Flehenden erklärte, das Institut könne keine neuen europäischen Verpflichtungen eingehen, und das hat er dann wahrscheinlich mit meiner eigenen Übersiedlung nach Amerika durcheinandergebracht.

Am Montag ist denn also unser appointment mit dem amerikanischen Konsul, wir depeschieren auf jeden Fall über den Ausgang. Im übrigen aber haben wir uns entschieden, jetzt auf ein paar Wochen in den Süden zu gehen. Es geht Gretel dauernd recht schlecht, und ich, der ich seit zweieinhalb Jahren keine wirklichen Ferien gehabt habe, fange auch an, Spuren großer Erschöpfung zu zeigen: ich kann nicht mehr ordentlich schlafen. Ich möchte aber auf jeden Fall in Amerika in frischem Zustand eintreffen. Ich nehme an, daß es auch Ihnen recht ist, wenn ich ein paar Wochen wirklich ausspanne. Wir werden in der Pension von Benjamins geschiedener Frau in *San Remo* wohnen, unsere Adresse vom 17. Dezember 1937 bis ca. 8. Januar 1938 ist *Villa Verde, San Remo* (Italien). Benjamin wird wahrscheinlich hinkommen. Wir kehren auf jeden Fall noch einmal nach England zurück und werden hier spätestens am 13.I. eintreffen, zwischen dem 8.I. und 13.I. denken wir von unseren Eltern in Brüssel Abschied zu nehmen. Am 14.I. soll [ich] auf Einladung von Farquharson in dessen Institut über Methodenfragen der Kunstsoziologie sprechen, und ich denke, es ist auch in Ihrem Sinn, daß ich diese Einladung, hinter der Ginsberg steckt, angenommen habe. Dann bin ich frei und lege die Regelung der Schiffsfrage, vorausgesetzt, daß das Visum klappt, vertrauensvoll in Ihre und Pollocks Hand.

Gestern hat mir Brill auf mein Verlangen die Umbruchfahnen geschickt. Von mir Unbekanntem habe ich erst Ihre zusammenfassende Ergänzung vom Theorieaufsatz gelesen, von der ich in jeder Hinsicht begeistert bin. Zu Marcuse noch nicht gekommen.

Alles Herzliche Ihnen und Maidon, auch von Gretel

Ihr alter Teddie.

ÜBERLIEFERUNG O: Ts; Max-Horkheimer-Archiv der Stadt- und Universitätsbibliothek, Frankfurt a. M.

die Umbruchfahne: Sie ist nicht erhalten.

Ergänzung vom Theorieaufsatz: Vgl. Max Horkheimer, Philosophie und kritische Theorie, in: ZfS 6 (1937), S. 625-631 (Heft 3); jetzt in: Horkheimer GS 4, S. 217-225.

Marcuse: Vgl. Herbert Marcuse, Philosophie und kritische Theorie, in: ZfS 6 (1937), S. 631-647 (Heft 3); jetzt in: Marcuse, Schriften 3, S. 237 bis 249.

152 Adorno an Horkheimer London, 13.12.1937

VISUM ERHALTEN GRUSS UND DANK GRETEL

TEDDIE

ÜBERLIEFERUNG Telegramm; Max-Horkheimer-Archiv der Stadt- und Universitätsbibliothek, Frankfurt a. M.

153 Adorno an Horkheimer London, 14.12.1937

14. Dezember 1937.

Lieber Max:

wie wir Ihnen depeschierten, hat die Visumsache geklappt. Es ging zwar ein ganzer Vormittag drauf, aber Schwierigkeiten gab es eigentlich nicht. Man wünschte nähere Auskunft über das Institut, und ich gab den Herren den Prospekt, der offenbar einen ausgezeichneten Eindruck machte. Den größten Teil des Interviews brachte der Vizekonsul mit Fragen über

Carl Dreyfuss zu, während er unsere Sache offenbar vom ersten Augenblick an als erledigt betrachtete. Er fragte mich unter anderem die mir nicht ganz verständliche Frage, ob, wenn das Geld dafür von einer dritten Seite aufgebracht würde, das Institut bereit wäre, für diesen Betrag Carl zu beschäftigen. Ich habe geantwortet, daß mir von einer solchen dritten Seite und einem solchen Plan nicht das mindeste bekannt sei, daß ich aber glaubte, daß das Institut keinen Grund hätte, Carl *nicht* zu einer Arbeit heranzuziehen, wenn jemand anderes dafür bezahle. Es scheint mir freilich das Ganze eine aus irgendwelchen Gründen ausgedachte fiktive Möglichkeit, es sei denn, daß Paul Oppenheim dahinter steckt. Es verdient im übrigen festgehalten zu werden, daß die beiden Beamten mich fragten, ob das Institut ausdrücklich nur für deutsche Emigranten bestimmt sei, und ob sämtliche regulären Mitglieder des staffs Juden seien. Beide Fragen habe ich entschieden verneint. Für solche Zwecke werden Gumperz und ich als Institutsnazis herhalten müssen. Aufgefallen ist mir weiter, daß der Konsul in einem etwas vorwurfsvollen Ton sagte, es lägen so häufig Anträge von unserem Institut vor. Jedenfalls glaube ich, daß wir damit sparsam umgehen müssen, um uns in wirklich entscheidenden Fällen den Effekt nicht zu verderben.

Wegen der Überfahrt überlassen wir alles Weitere Ihnen und Fritz Pollock. Schiffe der French Line gehen wohl am 19., 25. und am 29.I. die Normandie.

Gustav Mayer hatten wir eingeladen, er tat aber schrecklich besetzt für diese Woche. Ich habe darum die Sache bis nach unserer Rückkehr von San Remo vertagt. Nachlaufen soll man ihm nicht.

Heute mittag zum Lunch waren wir bei Mannheim. Diesem hatte ich die Umbruchfahne geschickt; er hat aber eine Diskussion darüber *abgelehnt* mit der Begründung, daß der Aufsatz in seiner jetzigen Fassung, dadurch, daß er ihn nicht mehr auf eine Linie mit Max Weber stellt usw., einen so kränkenden Charakter angenommen habe, daß die Diskussion über Einzelheiten keinen Sinn hätte. Wir möchten ihn so publizieren, wie er stünde, und er werde ihn von seiner persönlichen Beziehung zu Ihnen und mir abzuschreiben suchen. Dagegen fragte er mich, ob eine Entgegnung von ihm in der Zeitschrift erscheinen könne. Diese Frage erfolgte als Antwort auf die meine, ob er irgendwo auf den Aufsatz zu antworten gedächte. Ich antwortete ihm, die generelle Haltung der Zeitschrift sei von der Art, daß sie keine »Plattform« abgebe und keine Polemiken brächte. Ich wisse nicht, ob Sie in diesem Fall von dieser Voraussetzung abzugehen gedächten; ich von mir aus aber sei damit einverstanden, und würde dafür plaidieren unter der Bedingung, daß danach ein gemeinsames Schlußwort von Ihnen und mir erschiene. Gerade nachdem Mannheim auf den Vorschlag einer Diskussion und eventuellen Milderung von Details nicht einging, glaubte ich ihm wenigstens diese Geste schuldig zu sein. Sie können ja immer noch sagen, daß wir keine Polemik bringen könnten, aber ich fände die Aussicht auf unser gemeinsames Schlußwort sehr verlockend. (Gretel ist dagegen, weil sie es für zuviel Reklame für Mannheim hält.) Was den Aufsatz selbst anlangt, so bin ich aber unbedingt der Ansicht, daß wir ihn nun publizieren sollen und nicht etwa der verwundeten Rehgeste von Mannheim nachgeben. Verwundete Rehe sind wir selber.

Noch möchte ich sagen, daß nach einer Meldung der Times im Ausschuß des Nuffield College sich Beveridge befindet. Es bleibt zu überlegen, ob Sie oder Neurath diesem schreiben wollen, oder ob ich mich nach den Weihnachtsferien mit ihm ins Benehmen setzen soll, für welchen Zweck ich Sie nur um ein paar Einführungszeilen an ihn bäte. Im letzteren Fall würde ich Sie bitten, mir nach San Remo Bescheid zu geben.

Wir beginnen schon langsam, unsere Zelte hier abzubrechen. Die Wagnerarbeit ist schematisiert.

Lassen Sie uns nochmals Ihnen und Fritz Pollock für die großartige Regie bei der Beschaffung des amerikanischen Visums aufs allerherzlichste danken. Wenn dieser Dank expressis verbis nicht früher erfolgte, so war nichts daran schuld als Aberglaube.

Ihnen und Maidon alles Liebe von uns beiden und die schönsten Wünsche für die Feiertage

Ihr alter

Teddie.

PS. Durch Zufall finde ich ein Zitat aus den Engelsschen Skizzen zur »Naturdialektik« das Sie mit Hinblick auf den neuesten [Angriff] und unseren gemeinsamen Kampf gegen den Positivismus besonders interessieren dürfte:

> »Die erste Bresche in diese versteinerte Naturanschauung wurde geschossen nicht durch einen Naturforscher, sondern durch einen Philosophen. 1755 erschien Kants Allgemeine Naturgeschichte und Theorie des Himmels. Die Frage nach dem ersten Anstoß war beseitigt, die Erde und das ganze Sonnensystem erschienen als etwas im Verlauf der Zeit Gewordenes. Hätte die große Mehrzahl der Naturforscher weniger von dem *Abscheu vor dem Denken* gehabt, den Newton mit der Warnung ausspricht: Physik hüte Dich vor der Metaphysik! – sie hätten aus dieser einen genialen Entdeckung Kants Folgerungen ziehen müssen, die ihnen endlose Abwege, unermeßliche Mengen in falscher Richtung vergeudeter Zeit und Arbeit ersparte.«

(leider kann ich nicht die genaue Fundstelle geben, sie wird aber leicht zu eruieren sein. Evt. könnte man das Zitat für Ihre *Vornotiz* verwenden!)

Herzlichst!

ÜBERLIEFERUNG O: Ts; Max-Horkheimer-Archiv der Stadt- und Universitätsbibliothek, Frankfurt a. M.

Gumperz: S. die Anm. zu Brief Nr. 7.

Zitat aus den Engelsschen Skizzen: Vgl. MEW Band 20, S. 316.

154 Horkheimer an Adorno
New York, 17.12.1937

17. Dezember 1937.

Lieber Teddie,

Die Diskussion der sachlichen Probleme Ihres Briefes vom 29. werden wir hier fortsetzen. Über die sozialen Aufgaben (Mannheims Reaktion auf die Lektüre des Artikels und das Zusammensein mit Gustav Mayer) werden Sie wahrscheinlich bei Eintreffen dieser Zeilen schon berichtet haben.

Es bleibt mir nun nur noch übrig, Ihnen mitzuteilen, dass Ihr Telegramm über die Erteilung des Visums hier allgemeine Freude ausgelöst hat. Nachdem ich noch mit Lazarsfeld wegen des Termins der Ankunft gesprochen habe, werde ich Ihnen wegen des Schiffs depeschieren. An sich möchte ich Ihnen nämlich gerne noch einige schöne Tage an der Riviera gönnen, andererseits soll Lazarsfeld auch keine Schwierigkeiten bekommen, wenn Sie zu spät eintreffen.

Wenn auch Ihre Übersiedlung nach Amerika nicht unmittelbar zur gemeinsamen Arbeit an unseren eigensten philosophischen Problemen führt, so betrachte ich sie doch als einen weiteren Schritt in der Richtung auf dieses Ziel. Hoffentlich wird das neue Jahr für uns alle fruchtbar. Mit herzlichsten Grüssen und Wünschen, auch für Gretel, die wir hier schon füttern werden,

bin ich

Einige starke Ausdrücke im Mannheimaufsatz habe ich noch gestrichen, rien d' important. Wir wollten Sie nicht noch einmal damit behelligen.

ÜBERLIEFERUNG O: Ts(Dg); Max-Horkheimer-Archiv der Stadt- und Universitätsbibliothek, Frankfurt a. M.

155 Horkheimer an Adorno
New York, 18.12.1937

HEFT WIRD NAECHSTER TAGE AUSGEDRUCKT STOP ERWARTE EURE KABELNACHRICHT MANNHEIMAUSSPRACHE STOP AENDERUNGEN DABEI UNERHEBLICH STOP GRATULATION ZUR VISUMERTEILUNG

HORKHEIMER

ÜBERLIEFERUNG Telegramm; Max-Horkheimer-Archiv der Stadt- und Universitätsbibliothek, Frankfurt a. M.

156 Adorno an Horkheimer
San Remo, 21.12.1937

MANNHEIM VERWUNDETES REH ABLEHNTE AENDERUNGEN DOCH MIT PUBLIKATION GEGENWAERTIGER FORM VOELLIG ABGEFUNDEN STOP ZURATE DRINGEND DRUCK GUTE FEIERTAGE = WIESENGRUND

ÜBERLIEFERUNG Telegramm; Max-Horkheimer-Archiv der Stadt- und Universitätsbibliothek, Frankfurt a. M.

157 Horkheimer an Adorno New York, 24.12.1937

429 WEST 117TH STREET
NEW YORK, N. Y.

24. Dezember 1937.

Lieber Teddie:

Vielen Dank für Ihre Briefe vom 10. und 14. Dezember sowie für das Mannheim-Telegramm. Eine allerletzte Entscheidung ist in diesem Augenblick noch nicht getroffen. Glücklicherweise werden unsere Beratungen über solche Dinge in Zukunft einfacher sein. Der Übersendung des Wagner-Exposés sehe ich mit Interesse entgegen.

Zu Rumney zitiere ich eine Stelle aus seinem Brief nach Genf: »I might have misunderstood Dr. Wiesengrund's remarks but that is what he told me. He prefaced his remarks by saying that he and Dr. Mandelbaum are shortly leaving for New York and that the Paris office is following suit and I thought this would account for you being so busy. But, I must confess, I was not listening very carefully and might have missed something of what he said.«

Anlässlich des Vortrags im Institute of Sociology bitte ich Sie, äusserst szientivisch zu reden und ja kein Wort zu sagen, das politisch ausgelegt werden könnte. Auch Ausdrücke wie materialistisch sind unbedingt zu vermeiden. Farquharson und Ginsberg gehören zu den wenigen Respektspersonen in Europa, auf die wir uns bei Hilfsaktionen für Gefangene und in anderen Angelegenheiten einigermassen verlassen können. Es darf jedenfalls nicht passieren, dass Ihr Vortrag in ihnen die Vorstellung erweckt, die Anwürfe gegen das Institut wegen seines Materialismus seien etwa berechtigt. Bemühen Sie sich auch, möglichst simpel zu reden. Kompliziertheit ist bereits ein Verdachtsmoment. Breiten Sie dagegen viel Material aus. Das ist immer das beste. Farquharson ist ein Quaker und Ginsberg ein idealistischer Philosoph!

Zu Beveridge sollen Sie nicht gehen, das hätte gar keinen

Zweck. Dagegen sollen Sie sich vor Ihrer Überfahrt gründlich erholen, und dazu sende ich Ihnen und Gretel meine und überhaupt unsere allerherzlichsten Wünsche. Hoffentlich bietet uns das neue Jahr Gelegenheit zu produktiver Arbeit und verwirklicht wenigstens nicht alles Schlimme, womit es die Welt zu bedrohen scheint.

Ich brauche Ihnen nicht zu sagen, wie sehr ich mich auf Ihre Ankunft freue. Wegen des Schiffs werden wir noch kabeln. Denken Sie bitte daran, dass Sie alle Ihre Kräfte brauchen, und nützen Sie den Aufenthalt an der Riviera, um den wir Sie alle ein wenig beneiden, recht gut aus. Auch Gretel wird ihn nötig haben. Machen Sie sich andererseits auch keine allzu optimistischen Vorstellungen über die erste Zeit in New York. Wie ich schon angedeutet habe, werden Sie im Institut selbst nicht arbeiten können, weil es zu voll ist. Ausserdem hätte es noch eine ganze Reihe anderer Nachteile. Wir werden ein möglichst exaktes Programm ausarbeiten, das die Zusammenarbeit regelt. Die Freiheit ist nicht nur in der künftigen Gesellschaft, sondern auch in einer kleinen Gruppe wie der unsrigen nur als bestimmte Freiheit möglich.

Dass wir Ihre Übersiedlung so sehr beschleunigt haben, obgleich ein Teil Ihrer Arbeitskraft uns jetzt gar nicht unmittelbar zugutekommt, liegt, wie Sie wissen, zum Teil daran, dass wir Sie im Hinblick auf die finanziellen Gefahren, denen das Institut ausgesetzt ist, in eine Position bringen wollen, die für Ihre künftige akademische Laufbahn möglichst günstig ist. Da wir irgendwelche Chancen in England völlig abschreiben mussten, so wäre es uns unverantwortlich erschienen, Sie länger als unbedingt notwendig drüben zu lassen. Die Kombination mit dem Lazarsfeldschen research project bietet nicht nur gewisse finanzielle Garantien, sondern ist ein Mittel, Sie mit akademischen und anderen für Sie wichtigen Kreisen in Verbindung zu bringen. Ich brauche nicht zu sagen, dass wir Sie am liebsten für uns allein haben wollen, andererseits wird jedoch die materielle Grundlage Ihrer Existenz, die Sie sich mit Recht wünschen, schliesslich nur zu erreichen sein, wenn Sie nicht auf das Institut allein angewiesen sind. Wie ich bestimmt glaube, gibt es in Amerika Möglichkeiten, dass Sie und Gretel wirklich grossbürgerlich leben können. Ob sich diese verwirklichen werden, hängt zum Teil von Ihrer Aktivität in den nächsten Jahren ab, und wenn Sie es zu etwas bringen, wird das natürlich auch dem Institut zugutekommen. Stellen Sie sich also nicht auf eine kommende Ruheperiode ein. Der Umstand, dass wir in ständigem Kontakt bleiben, wird nicht ausschliessen, dass Ihr Leben auch weiterhin die Existenz eines selbständigen Theoretikers sein soll, der versuchen muss, sich so gut wie möglich durchzusetzen. Der Unterschied gegen andere Existenzen besteht darin, dass Sie dabei mit einer vorläufig noch nicht ganz machtlosen Institution in fester Solidarität verbunden sind. Dass diese nach besten Kräften und bestem Wissen gehalten wird, das kann ich Ihnen zum neuen Jahr erneut versprechen.

Mit herzlichstem Gruss von Haus zu Haus

Ihr

Max.

ÜBERLIEFERUNG O: Ts; Theodor W. Adorno Archiv, Frankfurt a. M. – E: Horkheimer, Briefwechsel 1937-1940, S. 341 ff.

Anhang

1 Adorno an Gabrielle Oppenheim
Berlin, 20.9.1935

Berlin N 20
Prinzenallee 60, bei Karplus.
20. September 1935.

Liebe Madame G

Sie waren so lieb meiner Mutter zu schreiben: da Sie nach mir fragten so danke ich Ihnen in ihrem Namen und antworte Ihnen selbst. Ich bin seit Agathens Tod bei meiner Mutter gewesen: erst in Frankfurt, dann etwa 4 Wochen mit ihr und Gretel im Schwarzwald, dann wieder zuhause. Jetzt bin ich für 14 Tage in Berlin, Gretels wegen und weil es so manches zu erledigen gibt; Anfang Oktober bin ich zuhause zum 70. Geburtstag meiner Mutter; am 6. oder 7. in London. Soviel zu den bisherigen äußeren Dispositionen.

Sonst: äußerlich ist es mir nicht schlecht gegangen; aber der Tod Agathes lastet furchtbar auf mir; mehr als noch der andere Druck, und ich vermag nicht davon frei zu werden und existiere empirisch überhaupt nur noch als ein halber Mensch. Das sagt freilich auch daß von dem was um mich geschieht sehr wenig mich erreicht. Ich hoffe nichts und eigentlich fürchte ich sehr wenig. Mich hält bloß meine Arbeit, die einzige Freude die mir bleibt. Ihre äußeren Bedingungen sind noch nicht gefährdet. Das Buch schreitet gut fort, wächst sich freilich ins Maßlose aus und es wird eines gründlichen Formgefühls bedürfen um es auf einen erträglichen Umfang zu bringen ohne daß die Konzentration es selbst denen noch unverständlich machte, die es etwa noch verstehen möchten (Verständnis ist ja eine moralische Funktion und keine bloße Bestimmung von »Denkkraft«). Immerhin fehlt es nicht an Interesse dafür. Daß man mich in Oxford, ohne irgendwelche Bemühungen von mir aus, zum Mitglied der höchst exklusiven philosophical society gewählt hat [am 2. Juni 1935], schrieb ich Ihnen vielleicht. So belanglos das für die Qualität meiner Arbeit ist, es mag immerhin gewisse Perspektiven für die Zukunft eröffnen. Für den akademischen Zweck zweige ich ein Kapitel meines Buches, die Analyse der »kategorialen Anschauung«, ab und redigiere sie ad usum delphini auf englisch; das Buch als solches schreibe ich um jeden Preis auf deutsch.

Meinen Eltern, auch Gretel geht es, relativ zu den Umständen, erträglich.

Dagegen möchte ich heute, nicht leichten Herzens, da es mir gewiß nicht zusteht, in Ihre menschliche Beziehungsform einzugreifen, von Carl zu Ihnen sprechen, obwohl ich weiß, daß Sie derzeit ohne allen Kontakt sind. Ich habe ihn gestern seit einem Jahr zum ersten Mal wieder gesehen (ich war zwar seitdem häufig in Berlin, zuletzt im Januar, er war dann aber nie hier; er hat längere Zeit in Paris an einem Film gearbeitet). Es geht ihm *verzweifelt* schlecht und bei seiner uns nur allzuvertrauten sanguinischen Art, die den Sessel des Generaldirektors noch im Slum behauptet, habe ich keinerlei Grund an seiner Darstellung auch nur im leisesten zu zweifeln. Vis à vis de rien ist schon kein Ausdruck mehr dafür; er steht mitten darin und hat nach meiner Impression bereits nicht mehr satt zu essen. Natürlich gibt es keinerlei Arbeitsmöglichkeit für ihn; kaufmännisch da die Beziehungen zu seiner alten Firma von Grund auf zerstört sind; künstlerisch aus den legislatorischen Gründen. Mit Marianne [Hoppe] ist es natürlich völlig aus. Ich habe den Eindruck, daß er *jede* sich bietende Stelle, auch etwa die eines Sekretärs usw., annehmen würde (ohne übrigens eine solche Idee ihm gegenüber positiv zu äußern). Wenn nicht irgendetwas für ihn geschieht, sehe ich, ohne alle Hysterie, für die unmittelbare Zukunft äußerst schwarz für Carl, das heißt ich halte die Selbstmordgefahr für unmittelbar gegeben. Und nur das veranlaßt mich, Ihnen von der Sache zu schreiben. Sie ist zu ernst als daß ich denken könnte, daß irgendwelche zwischen Ihnen und Carl bestehenden Empfindlichkeiten es verhindern dürften, daß Sie informiert werden und, wenn auch nur die bescheidenste Möglichkeit besteht, etwas tun. Daß für Gretel sowohl wie mich rebus sic stantibus diese Möglichkeit nicht besteht, bedarf wohl keiner Erläuterung. Ich sehe sie hier überhaupt nicht.

Verzeihen Sie die Brutalität meiner Intervention. Aber wenn es zu spät wäre und ich geschwiegen hätte, so hätte ich nicht nur mir selber Vorwürfe zu machen, sondern sie mit Recht auch von Ihnen zu gewärtigen. Meine Idee ist: ob Paul Carl als Hilfsarbeiter Materialsammler usw. beschäftigen könnte. Wenn bei seinen eigenen Arbeiten das ästhetische Material im Vordergrund steht, so wäre das über den privaten Anlaß hinaus wohl eine sachliche Rechtfertigung oder gewährte doch zumindest sachliche Aussichten, die die private Aktion rechtfertigten.

Die Initiative zu dem Brief geht allein von mir aus; ich habe aber Carl davon gesagt und er hat mich nicht daran verhindert. Noch will ich Ihnen Carls Adresse geben: Dr. Ludwig Carls bei Fabian, Berlin-Halensee, Auguste Viktoriastraße 5. Tel: I 7 Hochmeister 10 82.

Ich hoffe Sie alle wohlauf und Sie selber völlig erholt. Kennen Sie die salzlose Diät? Nach dem, was Sie mir andeuten, glaube ich, daß sie sehr anzuraten wäre und es gibt Diätsalze, die ihr den unangenehmen Charakter ganz nehmen.

Sehr glücklich wäre ich Sie bald zu sehen. Etwa in London zwischen 7. und 13. Oktober.

In alter Herzlichkeit Ihr treu ergebener TWA.

Gretel grüßt sehr herzlich.

—

2 Adorno an Leo Löwenthal
Oxford, 19.11.1936

47 Banbury Road
Oxford (Engl.)
19. November 1936.

Mein lieber Leo,

schönsten Dank für Deinen Brief. Er fällt genau mit einer Cäsur in meiner Arbeit, dem Abschluß der Rohfassung des 6. Kapitels, zusammen, so daß ich ihn sogleich beantworten kann.

Die Ibsenarbeit würde ich getrost in der jetzigen Form veröffentlichen, zugleich aber den Gegenstand weiterverfolgen und im Auge behalten: vielleicht kann ein Buch daraus werden, daß dann jene konkretere historische Interpretation – und ebenso die konkretere technologische der Ibsenschen Dramaturgie, die mir in vielem aufschlußreicher scheint als die »Psychologie«, die Dein Kapitel interpretiert, enthalten könnte. Ich wäre sehr froh, Deine Ansicht über die Jazzarbeit zu wissen, die ja über den sehr begrenzten Anlaß hinaus gewisse methodologische Elemente enthält, die mir fruchtbar scheinen.

Besprechungsteil: Deine Einladung zur Blochbesprechung hat einen touch des unbewußt Komischen. Denn es ist mit diesem Buch offenbar wirklich bestellt wie mit dem schwarzen Peter: wer es zuletzt behält, der hat verloren, und jeder sucht es an den anderen abzuschieben. Du scheinst nicht zu wissen, daß ich wegen des Buches mit Bloch einen Briefwechsel hatte, der nahezu zum Bruch führte. Wenn ich trotzdem bereit bin, die Rolle des schwarzen Peter zu übernehmen, so vor allem deshalb, weil ich bei neuerlicher Lektüre fand, daß es, so absurd das klingt, mit der Zeit eher besser geworden ist. Und die diplomatische Aufgabe hat ebenfalls ihren Reiz. Wegen des Cassirer tue ich mich um. Ich muß Dich aber um etwas Geduld bitten. Du weißt, daß ich eine an Mannheim anknüpfende (bezw. ihn aufknüpfende) Arbeit vorhabe, die einstweilen den Titel »Neue wertfreie Soziologie« führt und ich möchte sie für das übernächste Heft fertig bringen (fürs nächste ist es wohl zu spät. Bitte gib mir die Termine!). Und da ich ja diese Arbeit neben dem großen Buch schreiben muß, so wird es nicht ganz einfach für mich sein. Ich will aber trotzdem auch die Besprechungen versuchen.

Darf ich Dich bei dieser Gelegenheit noch mit einer Bitte behelligen. Es ist im Jazzaufsatz (und zwar allein durch meine Schuld: ich habe es einfach übersehen) ein völlig unsinniger Satz stehen geblieben: nämlich der Schluß des großen Absatzes auf S. 244, ganz unten, direkt vor Beginn des neuen Absatzes. Es muß, wie Du bei aufmerksamer Lektüre sofort sehen wirst, natürlich heißen: »durchweg sind die Couplets oder verses, als Gegensatz zum Refrain oder Chorus, absichtlich unplastisch gehalten«. Horkheimer schrieb mir in seinem letzten Brief von einigen Berichtigungen zu der Egoismus-Arbeit. Wäre ich sehr unbescheiden zu bitten, daß zusammen mit seinen Berichtigungen auch die meine erschiene? [Die Korrektur erschien am Ende des folgenden Heftes.] – Ich habe übrigens eine Reihe von Ergänzungen zur Jazzarbeit geschrieben, teilweise auf Grund der Gespräche mit Benjamin, die ich demnächst schicken werde – zunächst ohne Gedanken an Publikation.

Was weitere Mitarbeiter anlangt, so bedürfte das der genauesten Korrespondenz. In erster Linie möchte ich (NB ich spreche vom Besprechungsteil!) an Sohn-Rethel denken, der mich dieser Tage hier besuchen wird. Ich habe sein Exposé und er hat mir dazu einen Begleitbrief geschrieben, der mich wirklich ganz außerordentlich beeindruckt hat: ich werde Horkheimer detailliert berichten, möchte aber jetzt schon sagen, daß das Exposé, so abstrus es sich zunächst präsentiert, der genauesten Aufmerksamkeit wert ist. Der Brief hat in einem Umfang übereinstimmende Intentionen bewiesen, den ich nicht für möglich gehalten hätte (manches ist geradezu phantastisch: das Marxzitat, mit dem sein Exposé schließt, ist schon lange als Motto meines Buches geplant, ohne daß wir voneinander wußten). Ich weiß, daß Du, wie ich (und fast allein mit mir) die Begabung Sohn-Rethels immer sehr hoch eingeschätzt hast: ich glaube nun, daß diese Begabung wirklich, wie Ernst Bloch sagen würde, »heimkommt« und in vollem Umfang fruchtbar wird. Ihr alle: Horkheimer, Du und Marcuse, solltet das Manuskript lesen; vielleicht wartet Ihr erst noch meinen Bericht ab, da ich hoffe, die Lektüre damit wesentlich zu erleichtern. Für Marcuse wird es darum besonders interessant sein, weil es eigentlich die genaue Antwort auf die zwischen uns kontroverse Frage der immanenten Aufhebung des Idealismus zum Gegenstand hat – ebenso wie mein Buch, aber von einem ganz anderen Ausgangspunkt aus. Er kommt zum gleichen Ergebnis wie ich: daß der Idealismus immanent zu liquidieren ist: daß in der Tiefe der Geltung die Genesis, nämlich »Praxis« selber aufzudecken ist, oder, wie ich es im Husserl formuliere: daß nicht Wahrheit in der Geschichte, sondern Geschichte in der Wahrheit ist. Aber all das ist, bei ihm und mir, natürlich nicht so »ontologisch« und selber-idealistisch gedacht, wie es sich in so abstrakter Formulierung anhört. Der bei ihm hier zuständige Zentralbegriff ist der der »dialektischen Identifikation«.

Weitere kritische Mitarbeiter: wie wäre es mit Rudolf Olden? Er hätte große Lust: ist zwar ein liberaler Demokrat, aber einer der wenigen anständigen d. h. wirklich radikal antifaschistischen, im Stil der anständigsten deutschen Pazifisten. Er versteht etwas von Geschichte – und er kann schreiben. Was meinst Du? Er käme für Geschichte in Betracht. Benjamin sollte man für den kritischen Teil mehr heranziehen. Zu brauchen wäre auch Haselberg, der ja, wie Du wohl weißt, unterdessen von der Gestapo aus der Frankfurter Zeitung vertrieben wurde; da ist nur die Schwierigkeit, daß er noch in Deutschland steckt. Und was mit Gisela Freund? Benjamin hat die Adresse. Aber das sind nur erste und beliebige Einfälle: ich hoffe Dir bald mehr und Konkreteres (auch Engländer) vorschlagen zu können.

An Horkheimer schreibe ich ausführlich, sobald ich Sohn gesehen habe: danke ihm heute nur, bitte, in meinem Namen, für den zweiten Brief, den ich richtig erhielt. Bitte gib mir rasch Bescheid, da ich normaler Weise kaum länger als bis zum 6. oder 7. Dezember hiersein werde. Besonders froh wäre ich, wenn ich bis dahin noch meine Vorarbeiten ad Mannheim bekäme. – Bitte *nicht* ins College sondern an die Privatadresse zu schicken! –

Ich schließe in Hast: bald mehr. Heut nur alles Herzliche von Deinem alten

Teddie.

Ich sah den Friedel [Kracauer]: ein langes Kapitel, von dem ich heut nur »Fortsetzung folgt« notieren möchte.

—

3 ADORNO AN ERNST KRENEK
PARIS, 28.7.1937

HERRN ERNST *Křenek*
Hôtel Kuratem
Vent (Autriche)

Paris, den 28. Juli 1937.

Lieber Freund,

Wenn ich nach so langem Schweigen, und mit dem schlechten Gewissen, das aus solchem Schweigen kommt, den Kontakt wieder aufnehme, so scheint es mir am besten, wenn ich diesen Kontakt zunächst an den soliden Pol eines konkreten Vorschlags knüpfe.

Es hat sich vor längerer Zeit schon der Plan ergeben, im Anschluß an den Benjaminschen Aufsatz über das Kunstwerk im Zeitalter seiner technischen Reproduktion und meiner unterdessen beträchtlich ergänzten Jazz-Arbeit eine Sammelpublikation unseres Instituts unter dem Namen »Massenkunst im Monopolkapitalismus« zu Stande zu bringen, die außer jenen Arbeiten Beiträge über Film, Radio, neue Sachlichkeit in der Architektur, die Sphäre des Kunstgewerbes, die illustrierten Zeitungen, den Detektivroman und evtl. die ökonomischen Grundlagen der gegenwärtigen Massenkunst enthalten soll. Wenn der Plan gelänge, würde er in der Tat bedeuten, daß man die ganze Zerstreuungskunst, die ja heute die einzige ist, die im Dasein der Majorität eine reale Rolle spielt, kritisch aufrollte. *Ob* der Plan gelingt, ist durchaus noch fraglich; für die meisten der bezeichneten Gebiete fehlt es an wirklich qualifizierten Experten. Der erste Schritt, den ich in Richtung auf die Durchführung des Planes unternehme, ist es nun, Sie zu fragen, ob Sie Lust hätten, den Aufsatz über Radio zu übernehmen.

Über den Plan müßten wir uns verständigen; die Haltung wäre wohl etwa durch die Jazz-Arbeit umschrieben und die Frage, die ich Sie zu überlegen bitte, wäre die, ob es Ihnen Ihre Grundposition, vor allem eben die gesellschaftstheoretische, erlaubt, mit dieser Haltung durch Ihre eigene Arbeit sich zu identifizieren. Lassen Sie mich gleich sagen, daß ich für mein Teil glaube, daß es möglich sein wird. Einmal wird ja die Kollektivarbeit eine gewisse Weiträumigkeit schon um deswillen beanspruchen müssen, weil die beiden Ausgangsarbeiten in sehr erheblichen Punkten differieren. Eine strikte »Generallinie«, wie wir sie in den deutschen Beiträgen der Zeitschrift einnehmen, wird sich bei einer Kollektivarbeit überhaupt schwer durchsetzen lassen, obwohl ich nicht verleugnen will, daß sie mir auch hier das Ideal dünkte, da ich nun einmal an »Plattformen« nicht glaube. Daß wir aber keine solche errichten müssen, das anzunehmen legitimiert mich vor allem der *außerordentlich* starke Eindruck, den ich von Ihrem Buch hatte. Die ganze darin enthaltene Kritik des Kollektivismus – ich sage das heute ohne alle Einschränkung – kann ich voll akzeptieren, trotz der Differenz im positiven Gegenbild. Und es will mir scheinen, als brauchte diese gar nicht erst in Erscheinung zu treten, denn »der kritische Weg ist allein noch offen«. – Übrigens werde ich Ihr Buch in unserer Zeitschrift anzeigen; ebenso den Offenbach Kracauers, dem ich freilich, hélas!, nicht ebenso zustimmen kann wie Ihnen ...

Den modus procedendi dächte ich mir so, daß Sie mich, nach Ihrer prinzipiellen Zustimmung, einiges von dem wissen lassen, was Sie zur Sache sagen möchten, daß ich Ihnen darauf antworte, vielleicht manches ergänze, und daß Sie dann einen Aufsatz ungefähr vom Umfang des »Jazz«, nicht aber mehr als 30 Druckseiten schreiben. Natürlich wird es gut sein, den Aufsatz, der als »wissenschaftlicher« gedacht ist, möglichst konkret zu dokumentieren; dazu steht Ihnen natürlich die Hilfe des Instituts, sowohl was bibliographische Angaben wie Beschaffung von Material anlangt, voll zur Verfügung. Das Institut würde sich das Recht vorbehalten, Ihre Arbeit sowohl in der Zeitschrift wie im Buch zu publizieren; entweder an beiden Orten oder nur an einem. Wegen der Honorarfrage werden wir uns gewiß leicht verständigen können; wir hatten an einen Betrag von ungefähr $ 100.- gedacht; das entspricht dem, was ich s.Zt. für die Jazz-Arbeit erhielt.

Zur Orientierung lasse ich Ihnen einige Hefte der Zeitschrift zugehen und empfehle Ihrer Aufmerksamkeit besonders die beiden großen Aufsätze von Horkheimer, die weitgehend den Standpunkt definieren.

Ich hoffe, daß Sie aus diesem offiziellen, diktierten, auf Zeitschriftspapier geschriebenen Brief nun nicht etwa die verhängnisvolle Folgerung ziehen, ich habe mich prinzipiell zur Scherchen-Nachfolge entschieden. Sie würden mir damit bitteres Unrecht tun. Abgesehen von der schrecklichen Hast, in der ich, nun wirklich scherchenhaft, die Zeit zum Schreiben zwei leibhaftigen Philosophenkongressen entreiße; abgesehen von der Anfrage, die ja keine private ist, sollen Ihnen diese Bogen vor allem sagen, daß ich, als Resultat der in jeder Hinsicht äußerst fruchtbaren Newyorker Wochen, nunmehr hauptamtlich dem Institut als dessen member angehöre, für die nächsten zwei Jahre aber noch in Europa. Es ist eine Pointe, die keiner wird besser würdigen können als Sie, daß meine nächste größere Arbeit fürs Institut musiktheoretischer Art sein wird. Die einzigartige Chance meiner neuen Funktion besteht darin, daß sie in engster Kollektivität mit Horkheimer mir zugleich die Freiheit gibt, meine eigentlichsten Interessen weiter zu verfolgen. Sie können sich schwer vorstellen, wie froh ich mich fühle. Meine baldige Heirat mit Gretel Karplus hat daran auch ihren Anteil. In dem Elan, den ich von New York mitbrachte, habe ich während der letzten drei Wochen in London eine größere philosophische Arbeit (60 Druckseiten) geschrieben, von der ich mir einbilde, daß sie sehr erhebliche Tragweite hat. Sehr froh und dankbar wäre ich, recht bald und ausführlich von Ihnen zu hören.

Ich bleibe ungefähr 14 Tage hier in Paris: Adresse Hôtel Littré, Rue Littré, Paris 6e.

Am begierigsten aber wäre ich auf Ihr neues Quartett, von dem Kolisch mir begeistert erzählte. Ich war mit ihm in Paris und New York zusammen. Unser Berg-Buch sei unterdessen erschienen; es ist mir aber noch nicht zu Gesicht gekommen. Ebensowenig der kurze Beethovenaufsatz im »Auftakt«. Ich muß Ihnen nicht sagen, wie viel mir an Ihrer kritischen Meinung gelegen wäre.

Lassen Sie mich doch bitte auch Ihre Dispositionen für den Rest des Sommers und den früheren Herbst wissen. Vielleicht besteht doch eine Aussicht, sich zu treffen. Nach Deutschland denke ich zunächst nicht zurückzukehren. Das letzte, was ich davon sah, war der fränkische Barock.

In alter Freundschaft

herzlichst stets

Ihr

T. W.

(Typoskript-Durchschlag im Horkheimer-Archiv)

Ihr Buch / Kritik des Kollektivismus: Vgl. Ernst Křenek, Über neue Musik, Wien 1937. – In seiner Besprechung für die »Zeitschrift für Sozialforschung« schreibt Adorno: »Die Kritik der falschen und regressiven Unmittelbarkeit inmitten der arbeitsteiligen Gesellschaft wird drastisch an der kollektivistischen Jugendmusikbewegung und ihrer ›Blockflötenkultur‹ durchgeführt. [. . .] Das letzte Wort behält das ›einsame Individuum‹, und die Treue, die ihm Erkenntnis hält, fruchtet gewiß mehr als aller eilige Kollektivismus; aber das Individuum ist selber vordergründig, durchlässig auf die Gesellschaft, und was es bezeugt, wäre erkennbar als mehr denn die Tautologie seiner Einsamkeit im gleichen Augenblick, in dem es als monadologische Figur der Gesellschaft dechiffriert würde.« (Adorno GS 19, S. 367f.)

Ihr neues Quartett: Kreneks 6. Streichquartett, op. 78, das 1936 entstanden ist.

Kolisch: Der Violinist und Primarius mehrerer Streichquartett-Vereinigungen Rudolf Kolisch (1896-1978), mit dem Adorno seit seiner Wiener Lehrzeit bei Alban Berg befreundet war.

—

4 Adorno an Slatan Dudow
London, 16.9.1937

London W 2.
21 Palace Court
16. September 1937.

Lieber Herr Dudow,

endlich bin ich dazu gekommen, Ihre Arbeit in einiger Ruhe zu lesen – in der Zwischenzeit habe ich geheiratet und mit diesem Zeremonial ist ja in der bürgerlichen Welt stets einiger Umstand verbunden. Nun lassen Sie mich nicht länger aufschieben, Ihnen einiges zu dem Manuskript zu sagen.

Zuvor das Positive: es spricht aus der ganzen Arbeit etwas außerordentlich Seltenes, nämlich wirkliche Erfahrung. Es werden keine Bildungsreflexionen angestellt, keine Bildungserlebnisse vermittelt, sondern der Tendenz nach Dinge mitgeteilt, die Sie wirklich und ursprünglich gesehen haben. Das gilt besonders für die höchst einleuchtenden Dinge über die Beweglichkeit der Kamera, über das Prinzip der Großaufnahme, über die Möglichkeit von Hervorhebungen und Weglassungen im Film, auch etwa für die Kritik der Versuche des Theaters, den Film nachzuahmen. Wirkliche Erfahrung steht auch hinter der Stelle über den »autoritären« Charakter des Films, die Herabsetzung der Phasenzahl, kurz die »behavioristische« Seite des Films. Gerade an dieser Stelle, die mir das eigentliche Zentrum der Konzeption zu bilden scheint, würde mir größere Ausführlichkeit, auf Kosten peripherer Dinge, sehr geraten scheinen. Lassen Sie mich sogleich sagen, daß meine Einwände sich allein auf die Stellen beziehen, an denen Sie jene Schicht der ursprünglichen Erfahrung verlassen und »Ästhetik« treiben. Dieser Einwand dürfte Sie bei einem sogenannten Philosophen erstaunen, Sie werden aber leicht sehen, was ich damit meine.

Ehe ich zu diesen Dingen komme, möchte ich aber noch ein Positives hervorheben: die Haltung. Sie ist von jenem besonnenen, fast möchte ich sagen bedächtigen Radikalismus, der mir zu den wichtigsten Forderungen der gegenwärtigen theoretischen Situation zu zählen scheint. Ich denke dabei vor allem daran, daß Sie nicht das Kind mit dem Bad ausschütten, nicht das Theater zugunsten des Films liquidieren wollen; und ich stimme ganz mit Ihnen darin überein, daß ich glaube, daß dem Theater (wie übrigens auch der Malerei) stets noch Aufgaben vorbehalten sind, die mit den Mitteln von Film und Photographie nicht zu lösen sind. Die Frage ist nur, wo die Demarkationslinie von Film und Theater liegt – eben die Frage, an welcher Ihre Betrachtung mir in »Ästhetik« umzuschlagen scheint; und weiter, ob diese Demarkationslinie strikt innezuhalten sei; ob der Unterschied wirklich ein radikaler ist; und ob nicht am Ende die starre Sonderung der Künste von einander – wie sie mit Winckelmann und Lessing, also zu Beginn der modernen bürgerlichen Ästhetik einsetzte – nicht selber bereits eine bürgerliche Verdinglichung ist, die mit gewissen bedenklichen Momenten der Arbeitsteilung zusammenhängt und die wir unbesehen nicht passieren lassen können.

Lassen Sie mich mit einem spezifisch »ästhetischen« Problem beginnen. Es betrifft den Begriff der Katharsis, den Sie ins Behavioristische zu übersetzen unternehmen (»wenn der Groschen fällt«; das, was man in der modernen Psychologie etwa das »Einschnappen der Gestalt« nennt). Sie haben dabei den Brechtischen Begriff der nichtaristotelischen Dramatik übernommen. Gegen diesen Begriff sowohl wie gegen den Gebrauch des Begriffs der Katharsis habe ich die größten Bedenken. Er scheint mir aus einer etwas naiven Analogie mit dem Begriff der euklidischen und der nichteuklidischen Geometrie hervorgegangen – einer Analogie, die marxistisch nicht zu halten ist. Die euklidische Geometrie gilt, als Spezialfall der nichteuklidischen, auch heute noch (so sagen die Mathematiker). Für die aristotelische, kathartische Dramatik gilt das nicht und es gibt keine umfassendere, der sie sich als Spezialfall einfügte. Der Begriff der Katharsis hat einen *spezifischen* historischen Ort und ist nichts weniger als transzendental. Er bezeichnet eine bestimmte Stufe in der Auseinandersetzung der Menschheit mit dem Mythos (gesellschaftlich gesprochen mit den teils patriarchalen teil matriarchalen Formen, die der griechischen Stadtgesellschaft vorausgehen): und zwar derart, daß in jeder Tragödie ein Mythos aufgehoben, liquidiert, »versöhnt« wird (der wichtigste dramatische Vollzug einer solchen Liquidation des Mythos ist die Abschaffung des Menschenopfers). Mit diesem Vollzug nimmt, in einer gewissen Weise, jeweils die Gesellschaft sich aus einer Praxis *heraus:* nämlich aus einer ritualen. Katharsis heißt Reinigung; man kann sich wahrscheinlich von der eigentlichen Funktion der kathartischen Tragödie am ehesten eine Vorstellung machen, wenn man sie mit den Waschungen vergleicht, mit denen primitive Völker sich von der Macht von tabus zu befreien pflegen (und die selber wieder tabus sind: die griechische Tragödie gehört selber halb in den Mythos herein, sie steht, wie Benjamin es einmal ausdrückte, auf der Paßhöhe der Mythologie). Es erhellt nun ohne weiteres, daß dieser historisch-gesellschaftlich gebundene Begriff der Katharsis nicht übertragbar ist und daß damit auch der Begriff einer nichtaristotelischen Ästhetik, als schlecht invariant, seinen Sinn verliert. Die Geste, um die es vorab Ihnen und Brecht zu tun ist, bildet das genaue Gegenteil der Katharsis. In ihrem Sinn muß mit dieser gerade der Grundschwindel der im weitesten Sinne bürgerlichen Welt: die Selbstentfremdung des Menschen von seiner (wenn auch, vom heutigen Stande aus, falschen) Praxis beginnen. Sie wollen die Praxis als dramatisches Apriori wiederherstellen. Sie müssen also die Katharsis und den seis auch negativen Bezug auf die aristotelische Ästhetik aufgeben. Es wäre übrigens leicht zu zeigen (in Benjamins Trauerspielbuch finden sich Hinweise darauf), daß die gesamte Dramatik des christlichen Zeitalters in Wahrheit mit der Aristotelischen Katharsis nichts gemein hat und dieser sich bloß in »Pseudomorphose« bediente.

Ihr eigentliches Anliegen ist nun die Abtrennung des Dramas vom Film. Wo ich den fruchtbaren Ansatz dieser Trennung sehe, habe ich Ihnen gesagt: nämlich dabei, daß die Auffassungsweise des Films und damit seine Funktion von der theatralischen verschieden ist (lassen Sie sich doch dazu einmal gelegentlich von Benjamin meine Nachträge zum Jazz zeigen, wo ich schon vor geraumer Zeit auf die Unterschiede in der Auffassung der Musik des Massenkonsums von der Auffassung der Kunstmusik hingewiesen habe). Es schiene mir höchst fruchtbar, das weiter zu verfolgen und vor allem die wirklichen Ursachen dieser veränderten Auffassungsweise in der *Produktion* aufzusuchen; denn darin stimme ich methodisch ganz mit Ihnen überein, daß eine marxistische Analyse von der Produktion und nicht dem Konsum auszugehen hat (hier liegt ja genau die Grenzscheide der marxistischen von der bürgerlichen Ökonomie).

Sie versuchen nun die Analyse des Unterschieds der Produktionsweisen in einer Art, die mich nicht überzeugt. Der Gedanke, der am breitesten ausgeführt ist, ist der, daß die Kamera einen »schon gesehenen« Vorgang reproduziert, das Theater aber nicht; daß sie »schon gedachte« Gedanken präsentiere, das Theater aber nicht. Stimmt das denn aber? Ist nicht die ganze Technik der theatralischen Reproduktion (genau wie die der musikalischen, bei der ich dafür einstehen kann) derart, daß immer mehr ein festgestelltes, genau vorbereitetes, vom Zufall und der Improvisation Emanzipiertes – ein »schon gedachtes« dem Publikum vor Augen gestellt wird? Mit anderen Worten: hat nicht gerade an dieser Stelle, aus ihren eigenen Bedingungen heraus, seit dem Kammerspiel (wie die Musik seit Schönberg) die nicht-mechanische Kunst eine Entwicklung durchgemacht, die der des Films aufs tiefste verwandt ist – um so tiefer, je weniger sie ihn äußerlich à la Piscator einbezieht? Ich will dabei nicht einmal an die ganz fixierten Serienaufführungen erinnern, die in den angelsächsischen Ländern die Regel sind, sondern einfach an die Tendenz der Objektivierung der Aufführung selber, die sich mit der Pointierung des Regisseurs (also, paradox genug, seit Reinhardt und Meyerbeer) vollzogen hat. Ist der moderne Regisseur wirklich von der Kamera fundamental verschieden? Nein; hier ist der eigentliche Unterschied noch nicht getroffen; ich glaube, man muß viel weiter gehen, ohne daß ich es heute riskieren wollte, zu sagen, wie.

Es ist aber klar, daß davon auch die Konsequenzen betroffen werden. Im Sinne Ihres Aufsatzes scheint zu liegen – obwohl das nicht ganz eindeutig gesagt wird und z. B. das, was über Potemkin darin steht, dem widerspricht –, daß das eigentlich politische Stück oder zumindest die dialektische Dramatik im Sinne Brechts dem Theater als dessen eigentliche Domäne vorbehalten bleiben soll. Das würde nun in der Tat als Konsequenz Ihres Aufsatzes gelten nur dann, wenn gegenüber dem prinzipiell reproduzierenden und autoritären Film das Theater unmittelbar produzierend und »diskutierend« wäre. Gerade das aber halte ich – und nach einem Pariser Gespräch möchte ich annehmen, daß wir darin einig sind – für eine Fiktion, die von Brecht gleichsam zur Rechtfertigung seiner spezifischen Dramatik erfunden ist. In der Tat möchte ich annehmen, daß gerade im Sinne der politischen Erkenntnis die Leistung der besten Russenfilme der der Brechtischen Didaktik überlegen ist – womit im übrigen keineswegs etwas über die künstlerische Qualität Brechts präjudiziert ist, die ich, wie Sie wissen, sehr hochstelle. Ja ich möchte bezweifeln, ob beim gegenwärtigen Bewußtseinsstand der Massen und der vom Kapitalismus reproduzierten Dummheit – die Sie auch andeuten – das dialektische Theater wirklich den ihm zugesprochenen *praktischen* Zweck erfüllt; ob es nicht vielmehr als Ausdruck der gerade von bürgerlichen Philosophen heute so viel berufenen »intellektuellen Obdachlosigkeit« registriert wird (wie es bei der Aufnahme von Mahagonny eindeutig der Fall war); und ob das politische Theater heute in der Tat mehr und anderes sein kann als politische Propaganda. Mit anderen Worten, der Versuch, der Brecht und auch Eisler vorschwebt, das Kunstwerk und die Politik auf den Generalnenner zu bringen, scheint mir in gewissem Sinne illusionär und jedenfalls nicht von der Kunst aus zu leisten, sondern allein von der realen Veränderung der Gesellschaft aus. Alle Versuche nach dieser Richtung scheinen heute mir sich in den gesellschaftlichen Widersprüchen zu verfangen; entweder wird die politische Propaganda durch »Ästhetisierung« – und auf die läuft, in einem gewissen Sinne, das epische Theater den Parolen gegenüber hinaus – zumindest um ihre unmittelbare Schlagkraft gebracht und sogar die Gefahr einer gewissen Konfusion heraufbeschworen, oder die ästhetische Qualität wird, durch den politisch realen Rekurs auf den tatsächlichen von der Bourgeoisie produzierten gegenwärtigen Bewußtseinsstand der Massen, herabgedrückt, ohne daß dabei im Ernst politisch viel gewonnen wäre. Ich glaube, daß die Entfremdung der einzelnen Lebenssphären *im* Kapitalismus nicht aufhebbar [ist], auch nicht durch ihre teilweise Politisierung.

Andererseits aber glaube ich, und das freilich scheint mir in Übereinstimmung mit der Intention von Marx, daß in der autonomen Entwicklung dieser Sphären, auch der ideologischen, sich Elemente und Tendenzen finden, die auf die Aufhebung der Entfremdung hinweisen. Wir haben bei Gelegenheit von Strindberg diesen Sachverhalt berührt. Für ihn spricht auch jene Tendenz zur Selbst-Objektivierung und »Rationalisierung«, der Improvisation gegenüber, die am Theater so gut wie an der Musik zu konstatieren ist. Und von hier aus scheint mir, wie ich schon sagte, selbst der strikte Unterschied von Film und Drama problematisch. Gerade bei Brecht finden sich, aus der Organisation des Dramatischen heraus, in tieferem Sinne dem Film verwandte Elemente (die Adaption durch Piscator ist natürlich reichlich äußerlich und grob). Die von Ihnen dem Film zugeschriebene Technik des Weglassens ist Brecht gewiß eigen; sie ist bereits im ganzen Expressionismus vorgebildet, der übrigens auch in anderer Hinsicht (wie bei Georg Kaisers besten Stücken) zum Film tendiert. Aber auch die fürs epische Theater so wichtige Technik des Intermittierens, des Unterbrechens durchs reflexive Element, ist ohne den Film und die filmischen plötzlichen Bildwechsel, die die Kontinuität durchschneiden, nicht vorstellbar. In diesem Zusammenhang wären auch die Brechtschen Beschriftungen wichtig. Ihr Ursprung ist doppelt: der Transparent bei der politischen Demonstration und die Schriften im stummen Film. Und man könnte am Ende gar Ihre Thesen von der Veränderung der theatralischen Mittel durch den Film so variieren, daß man sagte: dem Theater fallen jeweils die überlebten, im Stich gelassenen und dadurch mit eigener Bedeutung geladenen Mittel des Films (wie etwa die Transparentschrift) zu. Ich glaube fast, daß die Künste in gewissem Umfang blind und fensterlos etwas von dem gesellschaftlichen Veränderungsprozeß vorwegnehmen, den sie, dem politischen Bewußtsein unterworfen, kaum recht sich unterwerfen.

Aber das sind unverantwortliche Improvisationen eines, der

Ihre materiale Erfahrung *nicht* besitzt, und wollen nicht für mehr genommen sein. Jedenfalls glaube ich, daß die hier angetippten Motive erst theoretisch ganz durchgeführt sein müßten, ehe wir Formulierungen über die tatsächliche gegenwärtige Situation des Films in Angriff nehmen können. Ich schicke Ihr Manuskript an Horkheimer, der, wenn Sie dieser Brief erreicht, wieder in Paris sein dürfte. Möglich, leider nicht sicher, daß ich dieser Tage auch komme. Auf jeden Fall wäre ich froh, wenn wir die Diskussion weiterführen könnten. Ein praktisches Ergebnis läßt sich natürlich schwer vorwegnehmen. Aber es bedarf keiner Versicherung, daß ich den größten Anteil an Ihrer Arbeit nehme und hoffe, daß die Dinge so sich entwickeln werden, daß dieser Anteil auch seinen unmittelbaren Ausdruck finde.

Mit den herzlichsten Grüßen
stets Ihr

(Typoskript-Durchschlag im Horkheimer-Archiv)

—

5 Adorno an Ernst Bloch
London, 2.10.1937

21 Palace Court
London W 2.
2. Oktober 1937.

Mein lieber Ernst,

Ihr Brief war eine große Freude aus mehr als einem Grunde. Die Wiederaufnahme des ungebührlich lange unterbrochenen Kontakts in einem dreifach bemerkenswerten Augenblick: dem der Geburt von Johann Robert; dem der legalen Entführung von Tu hippu aus Deutschland nebst anschließender Gründung eines Hausstandes; dem der Herstellung einer Situation, in der meine Arbeit sich einfügt, ohne daß man sich dem Bestehenden einzufügen brauchte, und die zugleich uns beide von der allmählich doch recht unangenehmen Notwendigkeit dispensiert, die deutsche Grenze zu überschreiten. Es haben einige Nerven dazu gehört, die letzten vier Jahre zu ertragen, aber wir haben so manches gelernt und hoffen, daß es sich verwerten lasse.

Schön und tapfer, jetzt ein Kind zu haben, fast ein wenig beschämend für uns, die wir es nicht wagen, da man immerhin nicht wissen kann, mit wem es einmal marschieren muß. Meinem Glückwunsch füge ich den Ausdruck der vollsten Sympathie für Ihre Sehnsucht bei, daß Johann Robert, anstatt Mitglied eines Freundeskreises zur Vorbereitung, ein roter Admiral werden möge, aber zugleich auch den der Hoffnung, daß dieser Beruf, bis es spruchreif wird, weniger gefährlich sei als heute oder wenigstens besser gefährlich. –

Sie wissen, daß ich nun wohlbestalltes member, oder fellow, des International Institute for Social Research geworden bin, dem ich durch die Freundschaft mit Horkheimer von je aufs engste verbunden war, auch während der Zeit der räumlichen Trennung, die jetzt wenigstens, durch Horkheimers europäische und meine amerikanische Reise, intermittierend abgeschafft war. Es bedarf keines Wortes, daß die persönliche Wiederaufnahme unseres Kontaktes die sachliche zugleich bedeutet. Und es ist nicht weniger selbstverständlich, daß ich diesen Kontakt auf das Institut ausdehnen möchte.

Lassen Sie mich darum heute Sie fragen, ob ich die Manuskripte Ihrer beiden Bücher zur unverbindlichen Ansicht hierher bekommen könnte. Was dabei herausschaut, läßt sich vorher natürlich nicht übersehen und ich möchte um keinen Preis den Mund vollnehmen. Sondern nur Ihnen sagen, daß ich an der Produktion aufs brennendste interessiert bin und daß Horkheimer, mit dem ich kurz deshalb korrespondierte, ebenfalls großen Anteil daran nimmt und auch von sich aus froh wäre, wenn ich einen Eindruck gewinnen könnte. Ich würde Ihnen vorschlagen, unter Umständen auch mir Abschnitte zu bezeichnen, die als Aufsätze erscheinen, oder aus denen Aufsätze gemacht werden könnten, oder die zum Vorabdruck nach Ihrer Ansicht geeignet wären.

Da ich annehme, daß Ihnen daran gelegen ist, zu wissen, was wir so treiben, habe ich gleichzeitig in Paris die Sendung einer Reihe Hefte der Zeitschrift für Sozialforschung an Sie veranlaßt, von denen ich besonders die großen Horkheimerschen Ihrer Teilnahme empfehle. Benjamins französisch erschienene Reproduktionstheorie und meinen (Hektor Rottweilers) Jazz kennen Sie wohl. Einen anderen Rottweiler sende ich Ihnen von hier, als Dessert. Ich möchte dem noch hinzufügen, daß uns selbstverständlich sehr daran gelegen wäre, wenn in so grundsätzlichen Äußerungen zum dialektischen Materialismus, wie Ihre Bücher sie darstellen, auf unsere Beiträge zum gleichen Gegenstand eingegangen würde. Und Sie werden mir glauben, daß eine Anregung, die in diese Richtung geht, nicht etwa literarischer Betriebsamkeit zuzuschreiben ist, von der ich mich gründlich frei weiß, sondern meiner Überzeugung von der Existenz eines Freundeskreises, der keiner Vorbereitung bedarf. In hoc signo.

Haben Sie eigentlich das Bergbuch gesehen? – Ich habe jetzt meine große Polemik gegen Mannheim umgeschrieben, ungefähr auf die Hälfte gebracht und so, daß kein harmloses Mißverständnis möglich ist. Zugleich gehen die Vorarbeiten zum Wagner weiter, den ich noch in diesem Jahr zu textieren hoffe. Er steht unter dem Gesichtspunkt der Dialektik von Fortschritt und Reaktion bei Wagner. – Sobald wir einen Stall haben, geht dann die Redaktion des englischen und deutschen Husserl weiter, der voraussichtlich den Titel »Die phänomenologischen Antinomien« führen dürfte. Eine der Hauptintentionen: die der immanenten Sprengung des Idealismus, dürfte schon in dem großen Aufsatz recht explizit und im Begründungszusammenhang herauskommen.

Hoffentlich hören wir sehr bald von Ihnen. Wir führen

noch eine halb improvisatorische Existenz, [hoffen] aber doch bis Anfang November die Schwelle unserer Hundingshütte zu überschreiten, mitten in den Winterstürmen oder, wenn das besser klingt: im Nebel.

Soviel für heute mein roter Bruder; ich habe gesprochen.

Alles Liebe Ihr treuer

(Typoskript-Durchschlag im Horkheimer-Archiv)

Winterstürme: Anspielung auf Siegmunds Liebesgesang »Winterstürme wichen dem Wonnemond« (Richard Wagner, Die Walküre I, 3).

—

6 Adorno an Erich Fromm
London, 16.11.1937

16. November 1937.

Lieber Herr Fromm:

ich darf annehmen, daß Sie durch Horkheimer oder Leo etwas von meiner Anregung vernommen haben, Sie möchten eine Arbeit – zunächst einen Zeitschriftenaufsatz – über den weiblichen Charakter schreiben. Ich habe bis jetzt aus New York noch nichts wegen dieser Idee gehört und weiß nicht, ob eine Verwirklichung derzeit möglich ist, auch nicht, ob sie sich in die Arbeitsökonomie, die Horkheimers sowohl wie Ihre eigene, einfügt. Der Gedanke beschäftigt mich aber so sehr, daß ich mir nicht versagen kann, Ihnen wenigstens kurz anzudeuten, was ich eigentlich dabei im Auge habe.

Das ursprüngliche Interesse hängt zusammen mit den Erwägungen, die seinerzeit zu den Studien über Autorität und Familie führten; nämlich der Frage nach dem »Kitt« der gegenwärtigen Gesellschaft, der sie zusammenhält, trotzdem sie für ihre Angehörigen stetig anwachsendes Leiden und katastrophische Bedrohung bedeutet. Als Prinzipien des Kitts hatte man damals Staat, Religion und Familienautorität angenommen. Es scheint mir nun schon seit geraumer Zeit, daß diese Erklärungsprinzipien der gegenwärtigen Situation nicht mehr angemessen sind. In der fascistischen Ideologie spielt der Staat zwar im zurückgebliebenen Italien, keineswegs aber im hochindustriellen Deutschland eine Hauptrolle, im Gegenteil, in der Naziideologie ist jeglicher Etatismus dem »Volk« zuliebe verpönt. Daß die große Mehrheit der heute Lebenden, sogar in England, religiös indifferent [ist], scheint mir außer Frage. Was endlich die Autorität anlangt, so kann jedenfalls so viel gesagt werden, daß in der gegenwärtigen Phase die entscheidende Autorität nicht die der Familie, sondern viel eher die der fetischisierten Kollektivverbände ist. Angesichts dieser Einsichten scheint es mir aber notwendig, die Frage nach dem Kitt neu zu stellen. Und ich bin geneigt, um das Wichtigste gleich vorwegzunehmen, diesen Kitt, auch so weit das Bewußtsein und das Unbewußtsein der Menschen in Rede steht, selber in dem ökonomischen Prinzip zu sehen, dessen Entfaltung das Bewegungsgesetz der Gesellschaft vorschreibt und sie der Katastrophe entgegentreibt, nämlich der Warenform. Ich bin mehr und mehr der Überzeugung, daß die eigentliche Koinzidenz der marxistischen Theorie und der Psychoanalyse nicht in Analogien wie denen von Überbau und Unterbau mit Ich und Es u. s. w. liegt, sondern im *Fetischcharakter* der Waren und im fetischistischen Charakter der Menschen. Ich glaube, daß auch der methodische Gegensatz von Marxismus und Psychoanalyse dialektisch manövrierfähig wird erst in dem Augenblick, in dem es gelingt, den ökonomischen Fetischcharakter als das Gesetz der psychischen Fetischisierungen konkret zu erweisen; was, nebenbei gesagt, auch impliziert, den ökonomischen Fetischcharakter hinter die kapitalistische Gesellschaft zurückzuverfolgen und möglicher Weise bis in die Vorgeschichte, in der die Urtatsachen der ökonomischen Fetischisierung ihre ersten innermenschlichen Deposita gefunden haben. Aber diesen Punkt, der sich wahrscheinlich mit gewissen Tendenzen Ihres Bachofeninteresses und des Zurückgehens hinter den Ödipuskomplex berührt, lasse ich für den Augenblick beiseite.

Die unmittelbare Anregung zu der Idee einer Analyse des weiblichen Charakters gab mir eine Stelle in Leos Ibsenaufsatz, in dem dieser der Frau, weil sie nicht selber im Produktionsprozeß der Wirtschaft steht, einen geringeren Grad an Verdinglichung und verstümmelter Sexualität, ein geringeres Maß an Verdrängungen zuschreibt als dem Mann. Mir kam diese Bemerkung Leos sogleich etwas romantisch vor, und je länger ich darüber nachdachte, je bewußter ich beobachtete, um so mehr schien es mir, daß heute die Frau in gewissem Maße *mehr* vom Warencharakter beherrscht wird als der Mann, und daß sie, um eine alte und schöne Formel von Ihnen zu variieren, als Agentur der Ware in der Gesellschaft fungiert. Im engsten Zusammenhang damit scheint mir zu stehen, daß die Frauen und ihr spezifisches Konsumentenbewußtsein sehr viel mehr als Kitt zu betrachten sind als z. B. die Familienautorität mit ihrer asketischen Sexualmoral, die heute längst brüchig ist, *ohne* daß dadurch etwas Entscheidendes am bürgerlichen Charakter geändert wäre. (Sie sehen, ich befinde mich hier, wie übrigens auch in anderen Stücken, im schärfsten Gegensatz zu Reich, der mit einer bei einem so begabten Psychologen kaum glaublichen Naivetät auf den vormarxischen, feuerbachischen Standpunkt der »gesunden Sinnlichkeit« zurückgefallen ist, und auf dem Umweg über den Anarchismus ohne alle Frage beim Reformismus enden wird, während jede Beobachtung ihn darüber belehren könnte, daß auch sexuell ganz ungehemmte oder wenigstens in seinem primitiven Sinn ganz ungehemmte Frauen die schlimmsten Züge des bürgerlichen Charakters aufweisen können.) Man könnte gewiß einwenden, es handle sich dabei, ebenso wie bei der politisch-reaktionären Verhaltensweise der Majorität der Frauen, um eine neue, etwa unmittelbar aus der Angst in einer Katastrophensituation erzeugte Haltung. Ich bin aber geneigt, das zu bezweifeln. Die Geschichte des Unbewußten hat mit unvergleichlich viel längeren Zeiträumen zu rechnen; viel eher möchte ich annehmen, daß die Ibsenschen Heddas und Noras Wunschphantasien eines Verzweifelten sind, und daß er die von der kapitalistischen Gesellschaft produzierte Infantilität der Frau für unmittelbar und ursprünglich nahm. Wäre das der Fall, dann würde in einem Sinn, der mir in New York noch keineswegs gegenwärtig war, Strindberg gegen Ibsen am Ende marxistisch recht behalten, nämlich so, daß er dessen anthropologische Illusion zerstört und zeigt, daß es in der gegenwärtigen Gesellschaft wirklich kein Refugium von »Natur« mehr gibt. In dieser Ansicht haben mich besonders auch meine Studien zu der ihrem Abschluß entgegengehenden Wagnerarbeit bestärkt. Bei ihm hat die Frau in Figuren wie Isolde und Brünnhilde all die Akzente der romantischen Unmittelbarkeit; sie scheinen vom bösen Weltwillen unversehrt, opferwillig, ja todesbereit. Auf der anderen Seite aber zeigt sich an Figuren nicht nur wie Fricka, sondern auch wie Gutrune und sogar Elsa, daß Wagner *unbewußt* an den Frauen genau die spezifisch bürgerlichen Züge wahrnahm, und es ist mir in diesem Zusammenhang besonders aufschlußreich gewesen, daß Siegfried in der Götterdämmerung die letzte Chance, die ihm die Rheintöchter bieten, sich des verfluchten Ringes zu entledigen, versäumt, mit den Worten »verzehrt ich an Euch mein Gut, dess' zürnt mir wohl mein Weib«.

Was ich mir nun vorstelle, ist ein Versuch zu zeigen, daß die Frau gerade durch ihren Ausschluß aus der Produktion besondere Züge des Bürgers, wenn auch andere als der Mann, entwickelt hat, und nicht etwa, wie Leo in der Ibsenarbeit anzunehmen schien, wobei er aber kaum mehr insistieren dürfte, zur bürgerlichen Gesellschaft transzendent steht. Ja, ich gehe so weit, und möchte blindlings annehmen, daß Horkheimer meiner Ansicht ist, zu behaupten, daß gerade die Züge, in denen die Frau ihre »Unmittelbarkeit« zu behaupten scheint, in Wahrheit die Schandmale sind, welche die bürgerliche Gesellschaft an ihr hinterlassen hat; Züge, die in einem wahren Verblendungszusammenhang das verdecken, was an *eigentlicher*

Natur einmal möglich sein wird. Analytisch gesprochen ist es wohl so, daß bei den meisten Frauen eben durch ihre besondere ökonomische Stellung die Ichbildung nur ganz unvollkommen gelungen ist. Das Mehr an Infantilität, das sie den Männern gegenüber haben, macht sie diesen gegenüber aber nicht progressiv.

Es wäre nun die Aufgabe, an deren Lösung ich mich natürlich als Nichtökonom und Nichtanalytiker nicht herantraue, zunächst aus einer Analyse der Stellung der Frau in der Ökonomie eine Reihe ihrer spezifischen Charakterzüge zu entwickeln; zu zeigen, wie gerade diese Züge für die Erhaltung der Gesellschaft arbeiten, und wie endlich gerade ihnen die Ideale nachgebildet sind, die schließlich in die fascistische Reproduktion der Dummheit einmünden.

Diese Züge scheinen mir aber, auf eine Weise, über die ich jetzt nichts präjudizieren möchte, entscheidend mit dem Verhältnis des Konsumenten zur Ware zusammenzuhängen. Man müßte dabei das völlig irrationale Verhalten der Frauen zu Waren, das shopping-Gehen, die Kleider, die Frisur u.s.w. eingehend analysieren, und es würde sich dabei mit größter Wahrscheinlichkeit zeigen, daß alle die Momente, die scheinbar dem sex appeal dienen, in Wahrheit desexualisiert sind. Die Geste des Mädchens, das, während es sich dem Geliebten hingibt, beherrscht wird von der Angst, daß dem Kleid und der Frisur nichts geschieht, scheint mir entscheidend. Und ich habe eine Vermutung, als wäre sogar die Sexualität der Frau selber weithin desexualisiert; als sei sie sich selbst so zum Fetisch geworden, daß sich ihr eigener Warencharakter, etwa in der Gestalt der immer wieder begegnenden Regung des Sich-zu-gut-dafür-Seins, zwischen die Frauen und ihre eigene sexuelle Betätigung schiebt, und zwar auch bei vollkommenster Promiskuität. Es wäre hier eine gesellschaftliche Theorie der weiblichen Frigidität zu geben, die meines Erachtens nicht etwa wesentlich daher rührt, daß die Frauen unter zu vielen Sexualverboten stehen, oder nicht den richtigen Partner finden, sondern davon, daß sie noch im Koitus sich selbst

Tauschobjekte zu einem natürlich nicht existierenden Zweck sind, und daß sie wegen dieser Verschiebung zur Lust überhaupt nicht kommen. Auch in der Sexualität ist der Gebrauchswert im Tauschwert untergegangen. Es wäre freilich eine dialektische Spitze, wenn man zeigen könnte, daß er nur durch die vollständige Durchsetzung des Tauschwertes wieder herzustellen ist; anders ausgedrückt, daß das einzige Heilmittel gegen die Fetischisierung der Sexualität der sexuelle Fetischismus ist. Vielleicht sprechen Sie darüber einmal mit Horkheimer, mit dem ich diesen Punkt, allerdings unter dem Gesichtspunkt der männlichen und nicht der weiblichen Psychologie, oft diskutiert habe.

Ich stelle mir vor, daß die Arbeit kulminiert in einer Kritik des »Weiblichen«, so wie der Begriff in der heutigen Gesellschaft positiv gebraucht wird. Nachdem er auf den Mechanismus seiner Produktion reduziert wäre, könnte man dann zeigen, welche ideologische Funktion dieser Begriff heute ausübt, und daran demonstrieren, daß auch in der Psychologie das System aus seinen wahren Opfern seine Schutzgarde macht; und daran den fast unentrinnbaren Verblendungszusammenhang demonstrieren, in welchem heute der Gesellschaftsprozeß verläuft. Mir schwebt dabei als blasphemisches Ende die Kritik des Goethischen Ewig-Weiblichen vor. Es ist überflüssig zu sagen, daß die Arbeit nicht etwa als »Angriff« auf die Frauen, sondern als ihre Verteidigung gegen die patriarchalische Gesellschaft zu verstehen ist, die sie zu dem gemacht hat, was sie sind, und die sie zu ihren Zwecken benutzen kann, nur weil sie so sind.

Möglicher Weise wäre es für Sie der sinnvollste Zugang zu dem Projekt, sich mit Freuds Bemerkungen über weibliche Psychologie bzw. der inneranalytischen Auseinandersetzung abzugeben, ob die weibliche Psychologie biologisch eigentümlich oder durch einen Mechanismus der Identifikation mit dem Mann bedingt sei. Ich möchte glauben, daß die eigentlich biologischen Momente zumindest verdeckt, und in der bürgerlichen weiblichen Psychologie nur verzerrt enthalten sind; andererseits aber, daß man ohne die Substruktion eines wahrscheinlich schwer erweislichen Identifikationsmechanismus auskommt, wenn es gelingt, die weibliche Psychologie direkt auf den gesellschaftlichen Produktions- und Konsumtionsprozeß und die Stellung der Frau in diesem zu reduzieren. Wahrscheinlich erfolgt die Identifikation mit dem Mann überhaupt nur höchst vermittelt, nämlich eben auf dem Umweg über die Waren, deren Anbetung mir die eigentliche Schlüsselstellung scheint. Ob die Waren in einer sehr tiefen Schicht mit dem männlichen Genitale identifiziert werden, vermag ich nicht zu sagen; es scheint mir aber vieles dafür zu sprechen.

Noch möchte ich sagen, daß gewisse Phänomene der angelsächsischen Welt wie der flirt und das having a good time, das Herumlaufen von party zu party u. s. w. mir die Momente, die ich im Auge habe, noch bündiger auszuprägen scheinen, als wir sie im zurückgebliebeneren Deutschland oder Frankreich kennen.

Ich wäre froh, wenn Sie mit meinen natürlich ganz vorläufigen und unausgegorenen Anmerkungen etwas anfangen könnten und einen Komplex weiter verfolgen wollten, von dem ich freilich sehr bestimmt überzeugt bin, daß er Schlüsselpositionen zur gegenwärtigen Situation enthält. – Da es sich bei meiner Anregung nicht um eine »Privatsache« handelt, so setze ich Ihr Einverständnis damit voraus, daß ich einen Durchschlag Horkheimer schicke.

Ich hoffe, Sie sehr bald zu sehen und bin mit den herzlichsten Grüßen

stets Ihr

Teddie Wiesengrund.

(Typoskript; Erich Fromm Papers, The New York Public Library)

eine Stelle in Leos Ibsenaufsatz: Vgl. jetzt Löwenthal, Schriften 2, S. 223 f.

—

Gutachten über die Dissertation von Sternberger.

Absicht der Arbeit ist, zu untersuchen, ob die Ideen des Todes und des Daseins derart notwendig einander zugeordnet sind, wie Martin *Heidegger* in seinem »Entwurf des Daseins« es vertritt, und ob überhaupt ein Entwurf des Daseins als Ganzheit zurecht besteht, der von diesem Zuordnungsverhältnis ausgeht. Die Untersuchung wird vollzogen am Leitfaden einer Unterscheidung, der bei Heidegger selbst die höchste Dignität zugesprochen ist: der von »Ontologie« – einem Bereiche reiner »Möglichkeiten«, die als Wesensstrukturen alle faktische Erfahrung vorzeichnen und fundieren – und von »Ontischem«, nämlich dem Bereich der schlichten Fakten, soweit sie den Wahrheitsanspruch der Ontologie bezeugen sollen. Dabei verfährt St. in der Weise, daß er in verzweigten und ungemein genauen Analysen aufweist, daß die Bestimmungen, die von Heidegger als ontologische behauptet werden, in Wahrheit aus der Sphäre des Ontischen, des Seienden und zwar gerade des in Heideggers Sinne »uneigentlichen« Seienden herstammen; daß die Heideggersche Ontologie aus dem Seienden herausgezogen ist, darum aber nicht von sich aus Macht über das Seiende haben kann. Schlicht gesagt: da für das geschichtliche Bewußtsein Heideggers ein das Dasein überwölbender und es zur Ganzheit zusammenschließender »Sinn« nicht mehr gegenwärtig ist, so wird das für sich selbst sinnleere Daseiende durch die »Daseinsanalyse« zum Sinn seiner selbst erhoben. Das wird am Problem des Todes und der »Nichtigkeit« besonders faßlich. Die sonst nur potentiell vorliegende, erst interpretativ zu erschließende »Ontologisierung« von Ontischem ist hier akut und bis zur offenen Absurdität gesteigert, indem die (»ontische«) Vernichtung des Daseienden zum (»ontologischen«) Sinn des Daseins verklärt wird.

Die Analysen, die dies Resultat zeitigen, gliedern sich in zwei Hauptteile. Der *erste* gibt eine kritische Interpretation von Heideggers Darlegungen über »das Sterben anderer«, die bei Heidegger erweisen sollen, daß aus faktischen »Begebenheiten« nichts zum Verstehen des Todes gewonnen werden könne. Demgegenüber vertritt und belegt St. die Ansicht, daß das im Heideggerschen Sinne positive Verstehen des Todes als »Phänomen« durch ständigen, wenn auch verdeckten Rekurs auf faktische Begebenheit zustande kommt. Im einzelnen wird das an folgenden Momenten gezeigt: die faktische Begebenheit wird bei Heidegger ausgeschaltet dadurch, daß bei dem Phänomen »Sterben anderer« dessen faktischer Träger, nämlich der bestimmte Mensch, der stirbt, fortbleibt und danach selbst das verbleibende reine Phänomen »Sterben anderer«, das von seiner Realisierung unabhängig ist, noch als schlecht dinghaft und nicht existential ergiebig abgewiesen wird. Das Substrat des Todes für das existentiale Verstehen soll bei Heidegger das »Dasein«, also ontologisch, nicht ontisch sein. Sternberger zeigt nun auf, daß der Begriff des Daseins bei Heidegger zweideutig verwandt ist. Einmal ist darunter eine reine Möglichkeit, die Seinsweise für Daseiendes überhaupt verstanden; dann aber steht bei Heidegger Dasein für das Daseiende selber. Heideggers Begriff des Daseins als bloßer Möglichkeit bekommt nun zufolge der St.schen Analyse nur dadurch positiven Inhalt, daß immer wieder die andere, ontische Bedeutung dafür eintritt. (Beispiel: »das Sterben muß jedes Dasein jeweilig auf sich nehmen«, wobei das Wesensgesetz »muß« ontologisch, die Hinweise »jedes« und »jeweilig« aber, durch die es erst seinen Inhalt gewinnt, ontisch zu verstehen sind.) Die gleiche Zweideutigkeit wird von St. an Heideggers Begriff der »Seinsmöglichkeit« (§ 9), vorher schon an der scheinbar konkreten »Jemeinigkeit« (§ 5 und § 8) herausgearbeitet. Im Anschluß daran zeigt St., daß Heidegger-immanent die Hereinnahme ontischer Bestandstücke in die Ontologie sich »rächt«, indem nämlich in Heideggers ontologischen Entwurf des Seins*verstehens* Elemente mit eingehen, die um ihrer

Zugehörigkeit zum »bloß« ontischen Bereich willen sich gerade dem Seinsverstehen entziehen und in Heideggers Entwurf als bloße sinn-leere Worte stehen bleiben (Beispiel etwa: der Terminus »Umschlag« in Heideggers Satz: »Am Sterben der Anderen kann das merkwürdige Seinsphänomen erfahren werden, das sich als Umschlag eines Seienden aus der Seinsart des Daseins zum Nichtmehrdasein bestimmen läßt« [Martin Heidegger, Sein und Zeit, § 47], wobei der »Umschlag« selber, als Bruch zwischen Dasein und Vorhandenheit, kein ausweisbares Sein mehr hat und darum nicht ontologisch verstanden werden kann: § 11 der St.schen Arbeit).

Die speziellen exegetischen Befunde des ersten Abschnittes geben die Grundlage ab für die sehr prinzipiellen philosophischen Erörterungen des *zweiten*. Dessen Thema ist das Verhältnis des Todes zur *»Ganzheit«* des Daseins bei Heidegger, d.h. die Frage, in welcher Weise das »Phänomen« Tod das Fundament abgibt für eine ontologische Sinngebung von Dasein überhaupt. Es werden zunächst beim Problem der »Ganzheit« mehrere *»Phasen«* unterschieden. Die erste Phase setzt bei Heidegger ein mit einer Phänomenologie der verschiedenen Möglichkeiten, nach welchen der Begriff des »Endens« ontologisch ausgelegt werden kann. Hier weist St. nach, daß bei Heidegger eine Umkehrung des gesamten Untersuchungsganges vorliegt, indem nämlich für die Todesanalyse die Struktur»ganzheit« des Wesens Dasein, die aus der Todesanalyse erst hervorgehen sollte, methodisch schon vorausgesetzt wird. Während bei Heidegger ursprünglich dem Sein des Todes als einer besonderen Seinsmöglichkeit nachgefragt war, durch welche Dasein in Nicht-mehr-Dasein umschlägt, wird jetzt Dasein gerade als Sein zum Tode definiert (cf. St. S. 75 ff.). Damit ist bei Heidegger der Weg bereitet zu einer problematischen »Sinngebung« des Daseins durch den Tod. Diese »Sinngebung« wird in der zweiten »Phase« der Ganzheitsfrage manifest und Gegenstand der Kritik: nämlich als »eigentliches Sein zum Tode«, das zugleich bei Heidegger das eigentliche Ganzseinkönnen darstellt. Als Motiv der zweiten

Phase wird herausgestellt das »Übernehmen« des Todes. An diesem Begriff wird die Zweideutigkeit Heideggers im Gebrauch ontologischer und ontischer Bedeutungen radikal: einerseits ist die Übernahme des Todes jedem Daseienden durch die Struktur von Dasein überhaupt ontologisch vorgezeichnet, andererseits bleibt die »Übernahme« des Todes jeweils Begebenheit im Verhalten von Daseiendem zum Tode, der vom Standpunkt des Daseienden aus (ontisch) als kontingent sich darstellt. Der Bruch wird von Heidegger nur dadurch gemeistert, daß er die (ontisch) eigentliche, »existentielle« Verhaltensweise zum Tode von den daseienden Menschen (ontologisch) *fordert*. Diese Rettung des ontologischen Charakters des Todes im Postulat bezeichnet St. als ontologischen Imperativ. St. weist einleuchtend die Beziehung dieses ontologischen Imperativs zum Nietzscheschen amor fati nach. Das eröffnet zugleich den Aspekt auf die philosophische Totalhaltung Heideggers, unter deren ontologischen Formen ein irrationalistischer Lebensbegriff bereit liegt, der allein durch heroische Resignation gebändigt wird. Analog zu dem im ersten Abschnitt erörterten »Sichrächen« des Ontischen an der Ontologie zeigt St. endlich, daß in entscheidenden Formulierungen Heideggers, dem »ontologischen Imperativ« zum Trotz, der Tod als kontingent, d. h. als nicht ontologisch »verstehbar« sich behauptet. (§ 22)

Die Endergebnisse der Arbeit sind metaphysisch-geschichtsphilosophischer Art. Die bei Heidegger in der dargestellten Weise zustandegekommene »Metaphysik der Endlichkeit« zeigt sich als »Ersatz« für die zerfallene und verlorene idealistische »Rechtfertigungsmetaphysik«, indem sie das bloße diesseitige Dasein zur Ontologie seiner selbst erhebt und seine Sinnlosigkeit (»Nichtigkeit«) als Sinn in Anspruch nimmt. Schließlich steht Heideggers Metaphysik der Endlichkeit nicht bloß im Gegensatz zu jeder spekulativ-idealistischen, sondern auch zu jeder echten Theologie. Indem er die Idee der Unsterblichkeit mit dem bloß Daseienden auf die gleiche Stufe des »Ontischen« stellt und verwirft, verfehlt er die theologische Hoffnung. (§ 23)

Damit ist der Gang der St.schen Arbeit im gröbsten Umriß nachgezeichnet; wichtige Teilresultate sind unberücksichtigt geblieben, soweit sie sich nicht ohne weiteres dem großen Gedankenzug einordnen: so etwa, am Ende des ersten Abschnittes, die Analyse des »Schwebens« der Heideggerschen Existentialbestimmungen zwischen »Eigentlichkeit« und »Uneigentlichkeit«, die sich derart wechselfältig fundieren, daß die Möglichkeit einer »Wahl« des Eigentlichen ganz fortfällt, so daß der ausweglose (in metaphysischer Sprache: dämonische) Charakter des Existentialentwurfes selber kenntlich wird. Auf all dies kann hier um der Übersichtlichkeit des Ganzen willen nicht eingegangen werden.

Die Arbeit von St. liegt nicht nur weit über dem üblichen Niveau philosophischer Doktorarbeiten, sondern ist als selbständige philosophische Leistung ganz ungewöhnlicher Art anzusprechen. Es bewährt sich in ihr eine ursprüngliche, anschauungskräftige und disziplinierte Begabung: eine rücksichtslose – auch gegenüber ihren eigenen Resultaten rücksichtslose –, unermüdlich bohrende Denkkraft; große wissenschaftliche Zuverlässigkeit und terminologische Akribie, die auf alle freischwebende Spekulation verzichtet und noch die neuesten und ungewohntesten Ergebnisse (wie etwa die Beziehung Heideggers zu Nietzsche) rein aus dem Material herausholt; dabei eine breite und gediegene philosophische Bildung, die nirgends tot und stofflich bleibt, sondern gänzlich in den philosophischen Produktionsprozeß aufgelöst ist. Die teilweise außerordentliche Schwierigkeit und gelegentliche sprachliche Umständlichkeit der Arbeit entspringt, soweit sie nicht durch den selber sehr schwierigen und terminologisch verkapselten Gegenstand bedingt ist, durchaus einem leidenschaftlichen Bemühen um Genauigkeit und vollkommene Eindeutigkeit der Formulierung; einem Bemühen, das sich nur stufenweise und in steter Selbstkorrektur realisiert, schließlich aber in jeder Analyse zur vollen Klarheit durchdringt. Dem echten Tiefsinn, mit dem die sachlichen Probleme weitergetrieben sind, ist ebenbürtig ein geschichtsphilosophischer Tiefblick für die Totalzusammenhänge, der es vermag, die Heideggersche Philosophie aus der selbstgewählten und selbstgeforderten Isoliertheit zu lösen und als äußerste und bereits aporetische Konsequenz aus der Krise des idealistischen Geistes zu erkennen. Es ist dabei als besonderes Verdienst der Arbeit anzuerkennen, daß sie erstmals gegenüber dem ontologischen Anspruch der neuen Metaphysik der Endlichkeit den Standpunkt der *Dialektik* nicht abstrakt von außen vertritt, sondern am Gang der immanenten Analyse selber expliziert oder wenigstens überall vorbereitet. Die geschichtsphilosophische Fähigkeit St.s kommt in den Exkursen über Nietzsche, Kierkegaard, Hegel, Bergson und Husserl einsichtig zutage.

Die bereits vorhandene Heidegger-*Literatur* ist ausgiebig herangezogen und diskutiert. Dabei geht die Intention St.s durchwegs dahin, voreilige, äußerliche Angriffe, die die Probleme nicht in ihrer wahren Tiefe fassen, von Heidegger – dessen Philosophie von St. nicht bloß kritisiert, sondern radikal »erfahren« ist – fernzuhalten, um damit den Boden zu gewinnen für eine eigentliche, am Sinn der Heideggerschen Frage selbst ansetzende und darum produktive Kritik, die die Probleme fördert, indem sie ihre Fixierung bei Heidegger auflöst. Da in der Dissertation im Husserl-Heideggerschen Sinn »an den Sachen« gearbeitet wird und dabei die Ergebnisse sich modifizieren, nirgends aber von einem anderen »Standpunkt« aus Heidegger abgewertet ist, so geht die Arbeit über den Begriff einer bloß »negativen« Kritik weit hinaus.

Nach alldem hat die Dissertation von Sternberger Anspruch auf das Prädikat »vorzüglich«.

1932 (Typoskript-Durchschlag im Theodor W. Adorno Archiv)

—

Gutachten zur Arbeit Franz Borkenau. *Der Übergang vom feudalen zum bürgerlichen Weltbild*

Die B.sche Arbeit stellt den Versuch dar, Grundbegriffe des bürgerlichen Denkens, soweit in ihnen die Kategorie »Natur« bestimmend erscheint, in ihrer genetischen Abhängigkeit von den Gesellschaftsformen des frühen Kapitalismus herzuleiten und zugleich funktionell als Ausdruck von Klasseninteressen, genauer nach den divergenten Gruppeninteressen innerhalb der sich bildenden Bourgeoisie, der Feudalität, des monarchischen Absolutismus und der vermittelnden Schichten zu begreifen. Der gegenständliche Umfang der Arbeit wird definiert etwa von den Begriffen Manufaktur, Naturgesetz, Naturrecht, rationalistische Ethik und englischer Empirismus – all dies im wesentlichen bezogen auf das 17. Jahrhundert. Dem stofflichen Umkreis nach deckt sich die Arbeit in weitem Umfang mit dem Groethuysenschen Werk [vgl. Bernhard Groethuysen, Die Entstehung der bürgerlichen Welt- und Lebensanschauung in Frankreich, 2 Bde., Halle 1927-1930; von Adorno in der Zeitschrift für Sozialforschung besprochen, vgl. jetzt Adorno GS 20·1, S. 204-211]; gerade im Gegensatz zu der von Groethuysen angewandten Betrachtungsweise aber liegt seine besondere Bedeutung und seine Aktualität. Die *Methode* des Buches entspricht in weitem Umfang (worauf übrigens im Text nachdrücklich hingewiesen werden müßte) der von Georg Lukács in »Geschichte und Klassenbewußtsein« angewandten. Das will sagen: es werden die geistigen Gebilde begriffen als durchgehends abhängig von einer gesellschaftlichen Wirklichkeit, die als *Totalität* vorgestellt wird (vgl. besonders die Einleitung zum Abschnitt »Die neue Moral und die neue Theologie«). Die Totalitätskategorie hat für das Buch entscheidende Konsequenzen: positiv die, daß die gesellschaftliche Methode über eine isolierte Behandlung der Einzelphänomene fruchtbar hinausgelangt und (etwa bei Hobbes, aber auch z. B. beim jesuitischen Molinismus) Zusammenhänge aufdeckt, die sowohl der landläufigen politischen Geschichte wie der landläufigen »Geistesgeschichte« entgangen sind. Negativ drückt sich die Totalitätskategorie darin aus, daß alle Phänomene der Theorie aus einem *vorgedachten* Entwurf der gesellschaftlichen Wirklichkeit abgeleitet werden, ohne daß prinzipiell die Frage nach dem ideologischen Gehalt einer Theorie an deren Wahrheitsgehalt gemessen würde. Statt dessen tritt als Kriterium einzig ein in sich problematischer Begriff von »Fortgeschrittenheit« der Theorien ein, der sich wesentlich daran orientiert, wie weit es den Theorien des 17. Jahrhunderts gelungen ist, das sinnlich Mannigfaltige unter rationalen Allgemeingesetzlichkeiten zu befassen, wodurch den *empiristischen* Elementen des 17. Jahrhunderts – die in vielen Fällen auf Strukturen der Feudalgesellschaft zurückgeführt werden – keine volle Gerechtigkeit widerfährt. Zum Träger der philosophischen Entwicklung wird einseitig der »klassische Rationalismus«, und die Sympathien des Buches gelten vor allem Descartes und Pascal, ohne daß der Dualismus des philosophischen Bewußtseins des 17. Jahrhunderts zwischen Empirismus und Rationalismus anders als bloß »soziologisch«, d. h. nach der Zugehörigkeit der Theorien zu bestimmten Gruppen, entfaltet wäre. Gerade eine sachliche Interpretation des gründenden Bruches in jener Periode der Philosophiegeschichte wäre aber dringend gefordert. Spricht sich schon in solchen Tendenzen der historischen Deutung ein gewisser »Idealismus« des Autors aus, so kommt dieser Idealismus in der Struktur seiner Analysen noch weit stärker zum Ausdruck. Unter der Form einer gesellschaftlich a priori vorgezeichneten Notwendigkeit des Erscheinens jeder Theorie werden die verschiedenen Standpunkte mit einer Bündigkeit systematisch aus den Klassenverhältnissen deduziert, die die Mannigfaltigkeit der philosophischen Systeme gleich einer planvollen Mannigfaltigkeit der Schöpfung erscheinen läßt. Trotz der materialistischen *Inhalte* bleibt die *Form* des B.schen Denkens im Hegelschen Sinne idealistisch: das heißt, es explizieren sich für ihn die Klassenverhältnisse in den Theorien ihrem Begriff nach und wenn es eine philosophische Theorie nicht gäbe, dann müßte man sie aus der Kenntnis der Gesellschaftsstruktur ableiten können. Es herrscht also eine Art von Identitätsprinzip zwischen Theorie und Gesellschaft, das zwar in den Fundierungsverhältnissen gegenüber dem Hegelschen umgekehrt ist, den Hegelschen Standpunkt systematischer Stringenz aber beibehält. Daß es dabei ohne Härten gegen die »faule Existenz« [Hegel, Werke, ed. Moldenhauer/Michel, Bd. 12: Vorlesungen über die Philosophie der Geschichte, Frankfurt a.M. 1970, S. 53] nicht abgeht, versteht sich. So wird z.B. – und zwar m.E. letztlich doch der behandelten *Theorie* zuliebe – Jansenismus und Cartesianismus gleichermaßen auf eine Klasse reduziert, an deren empirischer Existenz Zweifel erlaubt sind und für die denn auch B. erst den Namen geprägt hat: die »Gentry«. Aus dem Bestand einer Amts-Adelsschicht zwischen manufaktureller Bourgeoisie und Absolutismus wird der Rationalismus deduziert; es erweist sich dann, daß die Träger der betreffenden Theorien zum großen Teil dem hohen Adel angehören, es wird darauf mit Recht entgegnet, es käme auf die Funktion einer Theorie und nicht auf die Herkunft von deren Trägern an; wenn aber die tragenden Schichten selber so abstrakt und unbestimmt bleiben wie die »Gentry«, dann ist auch ihre Funktion nicht recht einsichtig zu machen. Der funktionelle Standpunkt wird denn auch nicht konsequent eingehalten, sondern an vielen Stellen unter der Hand durch den biographischen ersetzt, und auch dies nicht mit voller Überzeugungskraft. So z.B. im Falle des Althusius, der um eines vorgegebenen Kontrastentwurfes zu Hugo Grotius willen und in Ablehnung des Gierkeschen Standpunktes als antidemokratisch entlarvt werden soll, wozu in wenig evidenter Weise die Beschreibung seiner politischen Abhängigkeit vom Hause Oranien verhilft. Ähnliche Konstruktionen dürften auch im Kapitel über Gassendi stecken. B. liest aus Gassendi, damit er dem soziologischen Schema genüge, das Libertinismus und Jesuitismus dem Hofadel zuweist, nicht sowohl den fortgeschrittenen Kritiker Descartes' heraus, als vielmehr einen

Nachzügler des Mittelalters, in dessen Denken privat-gebundene Frömmigkeit und atheoretische, also vorrationalistische Skepsis sich verschränken. Gerade hier wirkt die Bewertung der historischen Quellen sehr wenig überzeugend.

Wenn ich trotz dieser sehr eingreifenden Bedenken glaube, die Publikation der Arbeit befürworten zu sollen, so sind für mich maßgebend: zunächst die Stellung von Problemen des gesellschaftlichen Zusammenhangs in einer Sphäre, die bislang ausschließlich der autonomen Philosophie- und Wissenschaftsgeschichte vorbehalten war und hier großenteiles erstmals als marxistisches Fragegebiet erschlossen ist; weiter die ganz ungemeine Gelehrsamkeit und Materialkenntnis der Arbeit, die auch dort die Erkenntnis positiv fördern hilft, wo die Interpretationen von den B.schen erheblich abweichen müssen; so scheint mir insbesondere die Entdeckung der philosophischen Leistung von Gibieuf wirklich ungemein wichtig und ebenso etwa die Darstellung von Lipsius. Daß die charakterisierten Mängel idealistischer Deduktionsweise nur die Kehrseite eines Vorzuges: wirklicher konstruktiver Denkkraft, sind, bedarf kaum eigens der Erwähnung. Die glücklichste Leistung dieser Denkkraft sehe ich freilich an einer anderen Stelle, als B. selbst sie ansetzen mag. Mir scheint nämlich ein besonderer Vorzug der Arbeit darin zu liegen, daß sie (auch hier im Gefolge der Lukácsschen Methode) die immanente Analyse der vorliegenden Theorien unter dem Gesichtspunkt ihrer *Antinomik* vollzieht und mit der gesellschaftlichen Analyse überall dort einsetzt, wo für ein Denken unauflösliche Widersprüche sich ergeben. In dieser Methode stecken Ansätze, die unabhängig von der idealistischen Totalität zu verbindlichen Resultaten führen können. B. ist sich im übrigen der Tragweite dieser Methode für die marxistische Betrachtungsweise durchaus bewußt und führt in einem ausgezeichneten Exkurs (Naturrecht und Gesellschaftsvertrag, S. 23 f., cf. auch ibid. S. 54) in Polemik gegen jede harmonistische »Spiegelungstheorie« im Rahmen des Marxismus aus, daß Ideologien nicht sowohl den tragenden gesellschaftlichen Verhältnissen stets »zugeordnet« sind, sondern ebenso häufig trachten, Widersprüche der gesellschaftlichen Realität im Schein zu versöhnen; daß dann aber ihre Struktur selber notwendig brüchig ist und daß schließlich auch die Erkenntnis von Ideologien nur *dynamisch,* d.h. nach Maßgabe dessen, was sie für die betreffende Klasse funktionell bedeuten, erfolgen kann, niemals aber im Sinne bloßer struktureller Übereinstimmung. Gerade hier gelangt B. selbständig zu Resultaten, die mit unserer eigenen Arbeitsmethode sich sehr berühren. Nach all dem möchte ich also schließlich den Druck der Arbeit befürworten: es schiene mir allerdings gut, wenn sie möglichst in einer Form erschiene, bei der die angedeuteten pragmatischen Unzuverlässigkeiten (Gentry, Gassendi, Althusius usw.) nicht das Institut belasten, sondern allein vom Autor verantwortet zu werden brauchten, d. h. wenn die Arbeit etwa als »unterstützt vom Institut für Sozialforschung«, nicht aber als eine Publikation des Instituts für Sozialforschung erschiene. Sollte sich das jedoch nicht ermöglichen lassen, so glaube ich, daß die Publikation sich gleichwohl verantworten ließe. Denn die bezeichneten Probleme rühren ja an keiner Stelle von einer Unkenntnis des sachlichen Materials, sondern allein von dessen Überinterpretation her und sind darum allesamt diskussionsmöglich. Eine Frage bleibt nur, ob wir uns mit einer Arbeit einlassen sollen, deren methodische Grundstruktur immerhin so erheblich von unseren Überzeugungen abweicht. Aber ich glaube, daß wir doch die fraglos vorhandenen Differenzen durch die Grundhaltung der marxistischen Untersuchung und durch die Fülle der Resultate als kompensiert betrachten dürfen. Ich möchte zur Erwägung geben, ob nicht in einem marxistisch so völlig unerhellten Gebiet wie der Geistesgeschichte des 16. Jahrhunderts das Terrain vielleicht überhaupt schwer anders abzustecken ist als durch die idealistische Großzügigkeit B. s. Die Ausgangsfrage ist als Fundierung zentraler bürgerlicher Ideologien fraglos höchst aktuell.

Für die Publikation möchte ich empfehlen: *Kürzungen,* besonders an Stellen, die Details der politischen Geschichte in unübersichtliche Beziehungen zur Theorie setzen (die einzelnen Momente im Verhältnis des Hobbes zu Absolutismus und Demokratie; vor allem auch Ausführungen über den Gallikanismus in Frankreich). Die Kürzungen könnte ich mir sehr erheblich vorstellen und wäre gerne bereit, sie im einzelnen mit Herrn B. mündlich durchzusprechen. – Weiter möchte ich dringend zu einer Revision der *Sprachform* raten. In seiner gegenwärtigen Gestalt trägt das Buch stilistisch über weite Strekken den Charakter eines Konzepts. Und es scheint mir unbedingt notwendig, daß Auseinandersetzungen, die mit dem philosophischen Anspruch B.s auftreten, sich sprachlich in der gleichen Strenge präsentieren, die er sachlich den Philosophiehistorikern widerfahren läßt.

1932 (Typoskript-Durchschlag im Theodor W. Adorno Archiv)

—

Gutachten über die *Arbeit* von Ernst *Engelberg*.

Die Arbeit gibt eine Übersicht über die bekanntesten deutschen Historiker von [Heinrich von]Treitschke und [Heinrich von] Sybel bis zum Dritten Reich, unter dem Gesichtspunkt ihrer politisch-gesellschaftlichen Stellung, und mit Hinblick auf die Frage, in wie weit die historischen Elaborate der Nationalsozialisten wirklich, wie sie prätendieren, etwas Neues darstellen, oder ob sie aus der Tradition der »antiliberalen« kleindeutschen Geschichtsschreibung hervorgehen, wie sie von Treitschke über die Alldeutschen verfolgt wird. Wie abzusehen, fällt die Antwort im Sinn dieser Kontinuität aus. Die Verfahrungsweise ist sehr einfach: es werden den historischen Schriftstellern Stellen entnommen, aus denen ihre Haltung zu Staat, Gesellschaft, Volk, Individuum hervorgehen sollen. Der materialistischen Betrachtungsweise wird nur gelegentlich und im unfreundlichen Sinne Erwähnung getan. Der »ethisch-idealistische« Impuls der »dezisionistischen« Treitschkeschule wird ruhig hingenommen, und obwohl die Sympathien des Autors offensichtlich einer gesellschaftlichen Betrachtungsweise gehören, wird nicht der leiseste Versuch gemacht, den ideologischen Charakter jener Schriftsteller ernsthaft herauszubringen.

Im einzelnen ergibt sich einiges Interessante. Z.B. der Hinweis, daß die »ideographische« Methode der südwestdeutschen Schule von Anbeginn im Dienst einer reaktionär-individualisierenden, jegliche historische Gesetzmäßigkeit verleugnende Geschichtsbetrachtung steht und dieser »beispringt«; im gleichen Zusammenhang Andeutungen über den Windelband-Rickertschen Begriff der »Wertbeziehung«, die als das resigniert-reaktionäre Surrogat der wertenden bürgerlich-aufgeklärten Geschichtsbetrachtung charakterisiert ist. Es finden sich auch manche Ansätze zu Erkenntnissen über den Zusammenhang von Relativismus, subjektivem Voluntarismus und Imperialismus. Brauchbar ist auch die Charakteristik der »aufgeschlossenen« Großbürgerlichkeit [Hans] Delbrücks. Insgesamt aber scheint mir die wissenschaftliche Leistung höchst bescheiden. Die verwandten Begriffe sind durchwegs zu abstrakt und zu primitiv. Einer wirklich interessanten Erscheinung wie [Karl] Lamprecht gegenüber versagt E. vollkommen. Auf der einen Seite wird die Leistung Lamprechts gegenüber der offiziellen Geschichtsschreibung weit unterschätzt; auf der anderen Seite wird das tief dialektische Problem übersehen, daß Lamprechts konservative Kritiker, wie [Georg von] Below, ihm gegenüber in unserem Sinne insofern recht haben, als sie die Abhebung der Kulturgeschichte von der politischen Geschichte kritisieren. (Vgl. dazu Benjamins Fuchsarbeit in der ursprünglichen Form.) Der Haupteinwand gegen die Arbeit scheint mir jedoch der zu sein, daß sie in einer gewissen Umständlichkeit und Prätention »wissenschaftliche« Resultata ableitet, die der Leser, auch wenn er kein Fachhistoriker ist, ohnehin schon weiß. In diesem Sinne ist sie, gleichwie viele Produkte der gegenwärtigen Geisteswissenschaften unrationell. Wenn E. etwa die nationalsozialistische Geschichtsschreibung als direkte Fortsetzung der alldeutschen vom Typus Dietrich Schäfer bezeichnet, und wenn er weiter zeigt, daß unter der Hülle des Nationalsozialismus, der übliche »neu Rankesche« Betrieb der Geschichtswissenschaften, unverändert weitergeht, so ist beides zwar sicherlich unbestreitbar, liegt aber für jeden Unterrichteten auf der Hand. Andererseits ist bei der Behandlung der sogenannten nationalsozialistischen Historiker die »Mystik« der [Alfred] Rosenberg usw. viel zu ernst genommen und gegen sie eine akademisch-rationalistische Reaktion konstruiert, die es nach meiner positiven Kenntnis nicht gibt, einfach weil die deutschnationalen Geschichtsprofessoren Rosenberg überhaupt keine Sekunde ernst genommen haben. Als Kuriosum möchte ich noch anführen, daß in einer Fußnote E. behauptet, Engels habe Bernstein ursprünglich »von rechts« kritisiert; und dies in einem Zusammenhang, in dem man logisch das genaue Gegenteil erwarten würde.

Schriftstellerisch zeigt die Arbeit Spuren einer gewissen Begabung, ist aber offensichtlich viel zu hastig niedergeschrieben. Sie besteht im Grunde nur aus Darstellungen einzelner Schriftsteller, ohne eine durchgehaltene Konstruktion.

Unter diesen Umständen muß ich einer Publikation der Arbeit in unserer Zeitschrift widerraten; ihre Resultate stehen in keinem Verhältnis zu dem Aufwand an Raum und Zeit, und sie involviert, glaube ich, überhaupt nicht, daß E. zu uns gehört. Sollte es aber möglich sein, ihn auf Grund genauer Anweisungen, die ich gern bereit wäre, ihm zu geben, dazu zu bringen, eine wirklich ausgeführte und konkrete Analyse des Zusammenhanges zwischen der südwestdeutschen erkenntniskritischen Methode und den spezifischen Inhalten der reaktionären kleindeutschen Geschichtsschreibung auszuführen (im Umfang von nicht mehr als einem Bogen), so glaube ich, daß eine solche Arbeit zu rechtfertigen wäre, und daß wir die Verantwortung für eine Publikation übernehmen könnten.

E. hat mir die Arbeit durch Vermittlung von Flechtheim und Mandelbaum schicken lassen und in seinem Begleitbrief gebeten, ich möchte mich dazu äußern, ob ich das Gesamthonorar von Sfrs. 300.- für angemessen halte. Der wissenschaftlichen Leistung nach bin ich unbedingt dieser Überzeugung. Die Arbeit hat E. keinerlei zeitraubende Materialstudien verursacht, da sie sich ausschließlich auf jedem Historiker geläufige Schriften der bekanntesten Autoren bezieht. Die theoretischen Gesichtspunkte sind herrenloses Allgemeingut; und die Darstellung scheint mir deutlich zu verraten, daß E. es sehr eilig hatte. Damit möchte ich aber natürlich nicht präjudizieren, ob der mir gänzlich unbekannte E. der wohl schwere Erfahrungen hinter sich hat, nicht aus humanen oder politischen Gründen nochmals etwas bekommen soll.

1937 (Typoskript-Durchschlag im Theodor W. Adorno Archiv)

—

3. Berichte

Kongreß für Einheit der Wissenschaft (Logische Positivisten)

Es ist vorweg zu sagen, daß die Veranstaltung auf den Namen eines Congresses, selbst im bedenklichsten herkömmlichen Sinne keinen Anspruch hat. Es sind kaum divergente wissenschaftliche Lehrmeinungen wirklich ernsthaft diskutiert worden, sondern das Ganze hatte den Charakter von Komité-Sitzungen, die man ungerechtfertigter Weise dem übrigens recht bescheidenen Lichte der Öffentlichkeit exponierte (niemals über 45 Teilnehmer, bei den letzten Sitzungen kaum die Hälfte). Die Komité-Sitzungen trugen durchaus internen Charakter, man möchte sie fast Kommissionssitzungen nennen. Es handelte sich im wesentlichen bloß um

(1) Die Vorbereitung der von den Herren in Aussicht genommenen Enzyklopädie [scil. International Encyclopedia of Unified Science, deren erstes Heft 1938 erschien], und zwar wesentlich unter dem Gesichtspunkt des technischen modus procedendi,

(2) Die Frage der Vereinheitlichung der Symbole der Logistik, mit anderen Worten also um Maßnahmen, die vorab der akademischen Propaganda, und wenn möglich – beide Male – der terroristischen Verbreitung des logischen Positivismus dienen sollen. Sachlich wissenschaftliche Fragen, selbst solche im Sinne des sog. Wiener Kreises, traten demgegenüber völlig zurück. Es ist besonders charakteristisch, daß selbst bei der pièce de résistance, der Wahrscheinlichkeits-Diskussion von [Hans] Reichenbach und Carnap, auf die eigentlich aktuellen Probleme der Anwendung des Wahrscheinlichkeitsbegriffs, nämlich die der an die Quantentheorie anschließenden Physik, überhaupt nicht eingegangen wurde. Ich habe unter diesen Umständen davon abgesehen, in die Diskussion einzugreifen; werde aber in der nächsten Woche eine eingehende Diskussion mit Reichenbach, eine zweite mit Neurath, [Carl Gustav] Hempel und Oppenheim (beide in Anwesenheit von Benjamin) haben, und zwar ist beide Male ausdrücklich die Diskussion des Horkheimerschen Aufsatzes vorgesehen. Dieser ist in der Diskussion nicht erwähnt worden. Soweit ich aus Privatgesprächen, besonders auch mit Reichenbach (sicherlich dem schlauesten der Herren) entnehmen kann, wird man sich auf den Begriff des Mißverständnisses herauszureden suchen, um nur ja nicht reale Gegensätze austragen zu müssen. Mit der Chance auf die Besetzung akademischer Lehrstellen, wie sie sich besonders in Chicago [Carnap lehrte dort seit 1936] jetzt gezeigt hat, wächst natürlich der Konformismus der Leute und geht bereits so weit, daß sie sicherlich wenn möglich auch uns einen Platz an ihrer Sonnenfinsternis zuteilen würden, wenn sie damit rechnen könnten von uns dann

etwa an Universitäten des mittleren Westens empfohlen zu werden. Es ist sehr charakteristisch, daß von einem »Angriff auf die Metaphysik« überhaupt nichts mehr zu hören war; darüber hinaus hat man, mit sektiererhafter Gestik, immer wieder die eigene Aufgeschlossenheit, Vorurteilsfreiheit, Undogmatik beteuert (besonders Neurath als das Schulhaupt der Propaganda und zugleich der Katechet der Sekte). Es ist im übrigen unverkennbar, daß, wie in jeder Sekte, so auch in dieser die Gegensätze der realen Welt sich reproduzieren. Der logisch-absolutistische Flügel (wie er etwa von [Heinrich] Scholz repräsentiert wird, der von der Theologie herkommt und nach Tillichs Mitteilung die Logistik auf die Theologie anwendet) und der positivistisch-empiristische sind nur noch durch Münchhausenkunststücke zusammenzuhalten, wie die Lieblingsthese von Neurath, daß Sätze sich nur auf Sätze beziehen dürfen; Popper hat in seinem Buch [scil. »Logik der Forschung« (1934)] bereits das völlige Auseinanderbrechen der Schule prognostiziert, und zusammengehalten wird sie nach meinem Eindruck nur durch jene Einigkeit, die sich stark macht, alle, die sich zu ihr bekennen, auskömmlich zu plazieren. Reichenbach, der es, offenbar einfach weil er nicht so dumm ist wie die anderen, zu nichts Rechtem gebracht hat und immer noch in Konstantinopel schmachtet, hat sich nach seiner Mitteilung vom Positivismus sehr distanziert und schimpft ganz offen. Andrerseits habe ich das Gefühl, daß Neurath und Carnap ihn hassen, wobei die Entscheidung von Recht und Unrecht besonders schwer ist, da zwar Reichenbach sicher der intelligentere ist, aber mit seiner Intelligenz noch die letzten bescheidenen Bindungen an das Dasein und die Frage nach der Wahrheit liquidieren möchte, die die anderen noch konzedieren.

Zur Charakteristik der Atmosphäre: Ich habe als Kind einige Jahre lang am freireligiösen Religionsunterricht teilnehmen müssen. Die Atmosphäre jener Unterrichtsstunden wurde mir aufs schrecklichste heraufbeschworen. Die Sitzungen fanden im Amphithéâtre de Géologie der Sorbonne statt;

der Raum sollte wohl der Fiktion eines Denklaboratoriums zum Ausdruck dienen, gleicht aber dem Physiksaal eines Gymnasiums, wo die Physik in geringem Ansehen steht. Die ganze Gesellschaft machte, in der Kleidung, im Ton, in der Gestik einen etwas schäbigen Eindruck; etwa wie eine Kongregation von zum Monismus bekehrten Pastoren. Diskussionssprache war schlechtes, besonders unexaktes Deutsch; wenn die Herren Französisch oder Englisch radebrechten, waren sie überhaupt nicht mehr zu verstehen. Philipp Frank wollte einmal geistreich werden und zitierte in seinem Französisch etwas aus De l'Amour – von Balzac; ohne dessen inne zu werden, daß diese Schrift von Stendhal stammt. Immer wieder kehrten Hinweise auf Emotionen, Gefühle und Gemütsregungen. Bei weniger wissenschaftlichen Leuten kommt so etwas nicht halb so oft vor. Der monde war einsam durch Paul Oppenheim vertreten; man hat ostentativ nicht ihn, sondern seinen streberhaften Assistenten Hempel beachtet. Die Sitzungen waren für morgens 9 Uhr anberaumt, offenbar um die oberlehrerhafte Attitüde eigens zu markieren. Nachdem aber die Schüler einmal merkten, daß die Lehrer mit Hinblick auf die vorgesetzte Behörde sie nicht wegen Träumerei zu verprügeln wagten, wurden sie dreist und kamen zu spät oder überhaupt nicht mehr. Es präsidierte der Franzose [Louis] Rougier und gab in seiner Eröffnungsansprache ganz unverhohlen der Freude über die endlich erreichte allseitige Beachtung des logischen Positivismus Ausdruck.

Nach ihm sprach (am Nachmittag des 28. Juli) Carnap zur Bedeutung der Logistik. Er war sichtlich um Bescheidenheit bemüht, die er mit der Pedanterie eines Klavierlehrers paart, der auf die rechten Fingersätze hält (er sieht völlig wie ein subalterner Klavierlehrer aus). Logistik sei ein bloßes Instrumentarium. Liberal erklärte Carnap, es stehe dahin, wie weit Logistik auf konkrete Wissenschaft überhaupt anwendbar sei. Er bezog die »Vereinheitlichung«, in deren Dienst der Kongreß stünde, ausdrücklich nicht auf die Totalität der Wissenschaft sondern auf die der Logistiker untereinander. Der Kongreß wolle keinen Terror ausüben; wie denn überhaupt das schlechte Gewissen der Terroristen den Unterton der ganzen Tagung ausmachte. Auf Carnap folgte Neurath, der ebenso wie dieser und die meisten anderen Redner durch die Nase sprach. Er berichtete über die Arbeit an der Enzyklopädie, von der man sich offenbar Großes verspricht. In den ersten Sätzen schon gebrauchte er die Ausdrücke *Präzision* und *Formalisierung* der Begriffe äquivalent. Sachlich scheint er den orthodoxen Flügel der Schule zu repräsentieren, was vielleicht damit zusammenhängt, daß er von den wirklichen Naturwissenschaften am wenigsten versteht. Er erklärt die Schlicksche Auffassung der Philosophie als der bloßen Klärung der Wissenschaft für verbindlich. Neurath vertritt die Auffassung, durch Vereinheitlichung der Wissenschaften könne Wissenschaft die gleiche Funktion gewinnen wie sie früher die Philosophie ausgeübt habe. Der Erkenntniswert der Formalisierung wird danach bemessen. – Enzyklopädie gehe vom gegenwärtigen Stand der Wissenschaften aus, ohne auf Absolutheit Anspruch zu machen; eine Haltung, die Neurath mit Vorliebe Relativismus nennt. Nach seiner Ansicht seien heute bereits die empirischen Wissenschaften zur Formalisierung durch Kooperation mit Logik und Mathematik fähig (der Begriff der Kooperation ist das genaue theoretische Äquivalent der praktischen Universitäts»beziehungen«). Aufgabe sei die Erstellung eines logischen Rahmenwerkes; die unifizierte Wissenschaft sei kein antezipiertes System; abermalige Leugnung des terroristischen Charakters der Unifizierung. (Zur Unifizierung wurde in einer späteren Sitzung folgender Beleg gebracht: Die Logistik, weit entfernt, sich auf die Gebiete der exakten Wissenschaften zu beschränken, greife besonders in Amerika in erfreulicher Weise in den Betrieb der Geisteswissenschaften ein. Ein logistisch geschulter Kunsthistoriker habe in seinen Vorlesungen über Geschichte der holländischen Malerei sich der Symbolsprache bedient und die verschiedene Behandlung des Konturs in 2 Malerschulen mit [Symbol fehlt] und [Symbol fehlt] eingeführt. Diese Terminologie habe nach der Versicherung einiger Studenten der Mathematik, die der Vorlesung beiwohnten, ihrem an der exakten Wissenschaft geschulten Denken zum ersten Mal das Verständnis für die Gegenstände der Kunstwissenschaft eröffnet. Demgegenüber, so meint der Referent, sei es gewiß in Kauf zu nehmen, wenn einige Kunsthistoriker sich zunächst von dieser Symbolsprache befremdet gezeigt hätten und dem Dozenten nicht ganz hätten folgen können.) Neurath faßt – und darin scheint sein eigentlicher Gegensatz zum logistischen Flügel der Schule zu bestehen – die Einheit der Wissenschaft als bloßes historisches Faktum auf, ohne sie als Ideal zu betrachten. An einer aufschlußreichen Stelle des Vortrags hebt er es als den besonderen Vorzug der neuen Enzyklopädie vor der Diderotschen hervor, daß heute die enzyklopädische Arbeit keinerlei Gefahren oder Verfolgungen mehr ausgesetzt sei, während Eingriffe, sogar des Druckers bei gewissen Artikeln der alten Enzyklopädie die Identifizierung der Verfasser einzelner Artikel unmöglich mache. Dazu scheint zu stimmen, daß Neurath zwar wiederholt seine Inkompetenz in Sachen der mathematischen Logik betonte und sich abwechselnd als Soziologen und Nationalökonomen bezeichnete, aber weder ein Wort über den Gehalt seiner Forschung noch eines über deren Relation zum logischen Positivismus verlor.

Danach entwickelte Frank, der während der Tagung die Rolle eines Pseudo-Unparteischen spielte, deren Programm.

Die Vormittagssitzung des 29. Juli gehörte zunächst abermals der Enzyklopädie. Neurath unterstrich besonders die weltanschauliche Neutralität: die Logisierung sei unabhängig vom Standpunkt der Mitarbeiter: auch wer sich, gewissermaßen in seinen Mußestunden, mit Metaphysik befasse, sei als Mitarbeiter willkommen. Es fielen Formulierungen, die, ohne völlig eindeutig zu sein, kaum anders verstanden werden können, als daß die Social Sciences in den »Anhang« der Enzyklopädie verwiesen werden müßten. Die Theorien über die Abhängigkeit der Wissenschaft von der realen Gesellschaft seien noch nicht spruchreif. Aber sie seien sehr interessant: man müsse sie natürlich erwähnen. In diesem Zusammenhang wurde der Marxismus gemeinsam mit Mannheim erwähnt[:] der letztere als besonders aktuell.

Es folgte das lange Referat von [Egon] Brunswik (Wien und Berkeley) über Psychologie im Lichte des logischen Positivismus. Der Referent sieht aus wie ein Beamter in einem Paßbüro; er verliest seinen Vortrag, als ob es sich um die Reproduktion ihm kürzlich zugekommener Ausführungsbestimmungen zu einer unfreundlichen Verordnung handle. Die Grundhaltung ist behavioristisch; wenn er von den Lebewesen spricht, denen das Behavior zugekehrt ist, pflegt er diese meist »Beutetiere und Feinde« zu nennen. Die von ihm geforderte Formalisierung der Psychologie soll ermöglicht werden durch periodische Lebens-*Konstanten*. Er fordert »deskriptiv-teleologische Einstellung«; beim Begriff der deskriptiven Psychologie bezieht er sich ausdrücklich auf die Tradition der Brentanoschule, setzt sich aber dieser insofern prinzipiell entgegen, als er den Rekurs auf das subjektive Erlebnis ablehnt. Als formalisierbar fordert er »Leistungsbetrachtung«: Die Knotenpunkte im Lebensvorgang des Organismus seien dessen objektiv und [subjektiv] meßbare Leistungen; er legt allen Nachdruck darauf, daß das bloß Einmalige lediglich in Relation auf diese von ihm prinzipiell als konstant angenommenen Leistungen verstanden werden könne. »Psychologie ist eine objektive Beziehungswissenschaft«, nämlich relativ auf die Konstanten = Leistungen. Zentrale Definition: Psychologie die Lehre von den Erfolgen des Lebewesens (ich weiß nicht, ob diese Psychologie mit erfolglosen Lebewesen sich überhaupt einläßt). Die Messung von physiologischen Reiz-Reaktionen soll durch die Messung der objektiven Erfolge ersetzt werden. Relativ auf ihr εἶδος wird den Behaviors der »Charakter des Familienhaften« zugeschrieben, wobei gewiß der Redner den Begriff der Familie in bloß logisch-klassifikatorischem Sinn verstanden wissen wollte. Der Terminus Psychologie sei aufzugeben zu Gunsten des Terminus Behavioristik als deskriptiver objektiv gerichteter Leistungswissenschaft Brunswik vertritt einen »Pan-Physikomorphismus« der Beschreibung. Die Mathematisierung soll durch »unbekannte Gleichungen« zwischen Leistungsobjekt und Leistung bewerkstelligt werden.

Die Diskussion ergibt starke Widerstände gegen die Liquidation des Begriffs Psychologie, und zwar von beiden Seiten: die psychologisch Interessierten bestreiten die Quantifizierbarkeit der deskriptiven Befunde, die Logistiker die noch von Brunswik verwandten teleologischen Begriffe.

[Federigo] Enriques beschränkt sich auf gewisse Bemerkungen zur Geschäftsordnung der Debatte, soweit sie Neuraths Encyclopaedie angehen. (Wie überhaupt alle Bemerkungen von Enriques auf dem Congreß sich ausschließlich auf Fragen der Geschäftsordnung und Organisation beschränkt haben. Wie weit etwa das Wohlwollen und die Geschwätzigkeit des Redners bestimmt waren, seine Geringschätzung des Congressniveaus zu verbergen ist allerdings schwer entscheidbar. Seine Gestik ist die einer bereits halbvergessenen Autorität.) Dem um die »Erkenntnis« gruppierten Kreis stellt er sich als Vertreter der »Scientia« vor, die bereits vor dreißig Jahren positivistische Schlachten geschlagen hatte. Das hindert ihn nicht, die »Großzügigkeit des Entwurfs« von Neurath anzuerkennen. Programmatisch meldet er den Wunsch an, es möchten neben dem Logikkalkül Positivismus und Empirismus ihr Recht behalten.

Das Diskussionsthema der Nachmittagssitzung des 29. Juli ist der semantische Wahrheitsbegriff. Neurath wendet sich dagegen, die Aussagen der Logistik mit »Sein« zu konfrontieren: er will bloß Sätze mit Sätzen vergleichen (N. B. hier ist der Zusammenhang des neuen Positivismus mit dem Idealismus mit Händen zu greifen. An dieser Stelle hat sich übrigens Reichenbach später im Gespräch weit vorsichtiger gezeigt als der innerste Wiener Kreis: Neurath, Carnap, Philipp Frank. Neurath möchte den Terminus wahr ganz eliminieren (Diese Intention verfolgt mit den Mitteln der Wahrscheinlichkeitstheorie auch Reichenbach in anderer Weise). Die Diskussion schien mir, soweit ich die Geheimsprache verstand, zumindest zu zeigen, daß die Herren untereinander uneinig sind. Sie geht um den angeblich von dem Polen [Alfred] Tarski *gegen* die Logistiker geführten Nachweis, daß der traditionelle Wahrheitsbegriff widerspruchsfrei zu halten sei. Neurath will ihn trotzdem eliminieren, weil er Antinomien zumindest nahelege. Carnap ist der Ansicht, daß »Wahr« nicht vermeidbar sei. Der deutsche Mathematiker [Heinrich] Behmann (angeblich Nationalsozialist) will das Moment des Begründetseins als Kriterium des Wahrheitsbegriffes hinzufügen. Das Modell, an dem er seine Meinung expliziert, ist der Satz »Es gibt Marsbewohner«. (N. B. Dies Beispiel ist besonders interessant auf der Folie der von Neurath stets hergebeteten These, man habe überall von Sätzen, Problemen und Befunden der tatsächlichen Wissenschaft auszugehen, unter denen ja Theorien über die Marsbewohner keine hervorragende Rolle spielen.))

In einem kühnen Übergang schließt sich an die Diskussion über den Wahrheitsbegriff der Vortrag eines Norwegers Arne Naess an, der über Testversuche berichtet, die er an 117 Versuchspersonen gemacht hat. Die Versuche sollen ergründen, welche der verschiedenen Wahrheitsbegriffe im Volke verbreitet sind. Bei diesen Testversuchen soll sich ergeben haben, daß nicht nur der naiv-realistische, sondern auch der aristotelische und relativistische Wahrheitsbegriff in allen Ständen Freunde gefunden habe. Über die sozialen und bildungsmäßigen Voraussetzungen der Testpersonen wird nichts ausgesagt. Herr Naess ist ein Jüngling von 25 Jahren, offenbar großbürgerlicher Herkunft, der seine Behauptungen mit nachlässiger Arroganz vorbringt; er soll übrigens ein bekannter Psychoanalytiker in Oslo sein. Sein Vortrag fand besonderen Beifall; Carnap beglückwünschte sich dazu, die Begriffsbildungen des Wiener Kreises von autoritärer psychologischer Seite bestätigt zu sehen. Das hinderte nicht, daß in einem späteren Gespräch Neurath nach drei Minuten Herrn Naess mir ebenso preisgab, wie er sich dann auch von Oppenheim und Lazarsfeld distanzierte. – In der Diskussion sprach [Heinrich] Scholz abermals mit einiger Besonnenheit.

Die vierte Sitzung (30. Juli 1937 morgens, nur noch etwa 20 Teilnehmer) galt lediglich technischen Fragen der Vereinheitlichung der logischen Symbolik. Hauptreferenten waren Behmann (der »Nahziele und Fernziele« der Symbolsprache unterschied) und Scholz. Der Gegenstand der Diskussion ist gleichgültig. Wir fügen einen leider durch unsere Notizen entstellten Zettel* bei [er fehlt], der vor dem Behmannschen Vortrag an alle Teilnehmer verteilt wurde. Dieser Zettel ist deshalb bemerkenswert, weil während der ganzen Sitzung weder die darauf befindlichen Zeichen erläutert, noch überhaupt auf den Zettel Bezug genommen wurde. Er sollte offenbar magischen Zwecken dienen.

Der Nachmittag war einer Diskussion über Wissenschaftstheorien vorbehalten, und man machte viel Wesens davon, daß die Debatte internen Charakter habe; von den Thesen der Referenten werde ins offizielle Congress-Protokoll nur soviel eingehen, wie jeder Redner dafür vormerke. Als erster sprach Carnap und verzeichnete an der Wandtafel die Grundbegriffe der Wissenschaftstheorie: zuoberst den Wahrheitsbegriff in seiner zwei- und mehrwertigen Fassung; an zweiter Stelle den Begriff der Wahrscheinlichkeit; an dritter den der Bewährung; an vierter den der Bewährungshäufigkeit; an fünfter Stelle den des »Gewichts«. Der Vortragende machte sich zur Aufgabe, die Funktionen anzudeuten, in denen diese Grundbegriffe zueinander stehen. Er versäumte freilich keine Gelegenheit, darauf hinzuweisen, daß einmal diese Begriffe, zum anderen und vor allem ihr Verhältnis zueinander kontrovers seien. Insbesondere sei strittig, welche unter diesen Prinzipien auf andere der Reihe zurückführbar seien und welche nicht. Mit anderen Worten, Carnap ließ von vorneherein keinen Zweifel, daß er zu jedem Kompromiß bereit sei; die wissen-

* *dazu Anlage*

schaftliche Stringenz war der Gegenstand seiner Ausführungen, der Ekklektizismus ihre Methode.

Wenn Reichenbachs Korreferat den Höhepunkt des Congresses darstellte, so ist das nicht im spekulativen, sondern im spektakulären Sinne zu verstehen. Von Anfang an war seine Rede von gehässigen Zwischenrufen begleitet. Zu Beginn hatte Neurath die Führung der Opposition, später glaubte jeder sein Wort beisteuern zu können und zum Schluß löste sich der Vortrag in Diskussion auf. Die Position Reichenbachs läßt sich am ehesten unter Zuhilfenahme seines Vortrages auf dem Congrès Descartes andeuten, wo sie immerhin prinzipieller herauskam als in der Cénacle-Diskussion mit Carnap. Folgendes scheint der springende Punkt: Reichenbach desinteressiert sich an dem Bestreben der Logistiker, die Sinnmomente der Umgangssprache im Kalkül zu filtern. Die Symbolik bewährt sich, nach Reichenbach, nicht im theoretischen, sondern im praktischen Zusammenhang. Sie legitimiert sich nicht darin, daß sie eine bestimmte Ansicht von den vergangenen Vorgängen erschließt, sondern daß sie bestimmte Erwartungen von den zukünftigen erweckt. Reichenbachs Bestreben ist, alle Begriffe der Wissenschaftstheorie auf den Begriff der Bewährung zurückzuführen – in anderer Formulierung heißt das, nach Reichenbach, daß anstelle des zweiwertigen Wahrheitsbegriffes ein mehrwertiger tritt. Wahr und falsch sollen sich diesem mehrwertigen Wahrheitsbegriff als Spezialfälle einfügen. Das Verhalten des Wissenschaftlers sei grundsätzlich das des Spielers, dessen Einsatz auch nicht die Behauptung impliziere, diese oder jene Nummer werde herauskommen, sondern der lediglich trachte, möglichst gut im Spiele abzuschneiden.

Die Schlußsitzung war ausschließlich Formalitäten gewidmet.

Paris, 4. August 1937. Wiesengrund.
Benjamin

(Typoskript im Theodor W. Adorno Archiv)

Congrès Descartes und Ästhetikerkongreß.

Der Congrès Descartes ist eine Massenveranstaltung. Die Teilnehmerzahl soll sich auf 800 belaufen (aktive und passive zusammen). Es werden über 280 Vorträge gehalten; je einer von einem Vortragenden. Die Organisation der Vorträge ist derart, daß an den Vormittagen durchschnittlich je 3 Vorträge im Plenum stattfinden, die mehr repräsentativen Charakter haben; an den Nachmittagen finden Vorträge innerhalb der Fachsektionen statt und zwar je 8 oder 9 gleichzeitig. Unter diesen Umständen ist ein Bericht über den Inhalt der Vorträge unmöglich; auch wohl überflüssig, da sämtliche Communications *vorher* schon gedruckt vorlagen und lediglich verlesen wurden (dies hat zur Demoralisation des Ganzen wesentlich beigetragen. Die Vorträge, als Verlesungen waren eine bloße Farce, und einige der anständigeren Redner haben sich dafür ausdrücklich entschuldigt. Entsprechend scheinhaft verliefen die Diskussionen, in denen babylonische Sprachverwirrung und allgemeine Verbrüderung als Komplemente auftraten). Der Bericht beschränkt sich auf personelle Eindrücke.

Zur Atmosphäre: von wirklich bekannten Leuten war kaum einer präsent. Bergson Ehrenpräsident, aber entschuldigt; Russell, Whitehead, Santayana, Husserl, Cassirer, Croce nicht da; Heidegger von Deutschland nicht delegiert und darum ebenfalls nicht erschienen; die deutsche Delegation von einem ganz untergeordneten Mann namens [Hans] Heyse »geführt«; ihr gehörte auch [Alfred] Baeumler an, ein Mann etwa vom Typ Wilhelm Kubes [1887-1943, Gauleiter und späterer Generalkommissar der besetzten Ostgebiete], sehr sehenswert. [Herman] Schmalenbach erst bei den Ästhetikern zu finden, sprach sehr geschickt. Sehr viele deutsche Emigranten konformistischer Haltung, unter denen sich [Arthur] Liebert und [Fritz] Heinemann besonders hervortaten. Das Ganze unpolitisch aufgemacht; die Schlußworte des deutschen und italienischen Delegierten triefen vor Versöhnlichkeit und Humanität. Einziger politischer Zwischenfall: der spanische Delegierte wurde mit ostentativem Beifall begrüßt und unterbrochen; sprach einmal von der Philosophie als dem Bollwerk gegen die Bestialität; darauf rief jemand, ein italienischer oder französischer Fascist, »Assassin« dazwischen und verließ den Saal; die Versammlung zischte ihn nieder. – Die Bedeutungslosigkeit der Leistungen war evident, wohl auch unbestritten. Die eigentlichen Interessen waren geschäftliche der bescheidensten Art; Fühlungnahme zwecks gegenseitiger akademischer Einladungen, Organisation buchhändlerischer Dinge (Benjamin verfolgte ein langes Schachergespräch zwischen Groethuysen und Klibansky wegen einer neuen Descartesausgabe und deren Finanzierung). Der Eifer, mit dem die Teilnehmer auf keinen der gebotenen gesellschaftlichen Genüsse verzichten mochten (einschließlich Landpartien), schien zu beweisen, daß ihnen solche Freuden nicht mehr gar zu häufig geboten werden. In die gleiche Sphäre gehört die Verteilung von Schriften unter unermüdlicher Beteuerung ihrer Unentgeltlichkeit. Die meisten dieser Schriften befaßten sich mit Herrn Masaryk als Denker. Auf dem Ästhetikerkongreß schien der Tänzer Serge Lifar dessen Rolle übernommen zu haben. Liebert bemühte sich, die Lagerbestände der »Philosophia« an den Mann zu bringen und bot uns ein Austauschverfahren an, auf das ich mit freundlicher Zurückhaltung einging. – Zur Organisation ist zu sagen, daß die Reihenfolge der angesetzten Vorträge nur locker eingehalten wurde, so daß man nie ganz genau wußte, wer gerade auf dem Podium stand, ohne daß das jedoch viel Unterschied gemacht hätte. Denn während alle unablässig ihre Differenzen diskutierten und zwar in Termini, unter denen jeder etwas anderes verstand und verstehen mußte, erklärten zugleich alle mit Recht ihr tiefes Einverständnis. Für dies Einverständnis scheint uns insbesondere charakteristisch, daß das Vokabular der Existentialphilosophie von allen Richtungen verwandt und in gewisser Weise vorausgesetzt wird; selbst die logischen Positivisten sind allezeit bereit, ihre tiefe existentielle Besorgtheit unter Beweis zu stellen.

Die existentielle Woge scheint insbesondere Frankreich erfaßt zu haben. Koyré hat im Kongreß sowohl wie in einem langen Gespräch mit mir eine existentialistische Auffassung von Descartes vertreten. Die These läuft etwa darauf hinaus, daß die cartesianische dubitatio und die Form der Meditation insgesamt geraden Weges aus der mystischen stamme und nicht sowohl auf die subjektive Konstitution oder Erzeugung der Welt als auf die Gewinnung eines von der Welt möglichst ungestörten Innenlebens gerichtet sei. Mit anderen Worten: es wird versucht, den rationalistischen Impuls Descartes' möglichst zu unterdrücken. Koyré verwahrt sich dagegen, Descartes als Stammvater des Idealismus zu sehen; erst mit dem Wegfall der theologischen Dimension sei der cartesianische Ansatz idealistisch verfälscht worden. Das spezifisch existentialphilosophische Moment der koyréschen Interpretation liegt darin, daß er die cartesianische Konstruktion zwischen res cogitans und res extensa als einer durch die Idee Gottes garantierten nicht im Sinne von Erkenntnis, sondern im Sinne einer religiösen »Spannung« (etwa wie manche dialektische Theologen oder auch Buber) verstehen möchte. K. verhielt sich sehr freundlich, aber mit einer gewissen Förmlichkeit, und ich hielt es darum für besser, mich auf Gespräche mit ihm zu beschränken, ohne darüber hinaus gesellschaftliche Beziehungen mit ihm aufzunehmen. Ein sehr geschickter, übrigens auch sehr gebildeter Mann; wahrscheinlich von Ehrgeiz verzehrt und sehr diplomatisch zu behandeln (daß er von Montpellier bereits nach Paris zurückberufen ist, und zwar an die Sorbonne, ist wohl bekannt). Durch ihn lernte ich Jean Wahl kennen; persönlich viel angenehmer, sachlich auf derselben Linie. Er hat ein großes Kierkegaard-Buch geschrieben, das sich offenbar ganz auf der existentialphilosophischen Linie hält. Die Diskriminationsfähigkeit von Wahl scheint nicht sehr hoch entwickelt; so ist er z. B. trotz seines Existentialismus von dem Kierkegaardbuch von [August] Vetter und von dem wiederum diesem ganz entgegengesetzten von mir gleichermaßen entzückt gewesen. Ich habe es unter diesen Umständen für geraten gehalten, die Frage der Bevorwortung der Essais de Philosophie matérialiste nicht aufzuwerfen und möchte vorschlagen, diese Frage bis zur nächsten Europareise von Herrn Horkheimer zu vertagen. Im Gefolge von Koyré und Wahl befand sich als Claqueur Herr Groethuysen. Er stürzte sich auf mich und bat mich, eine Verabredung mit ihm zu treffen. Darauf bat ich ihn um seine Telephonnummer, aber die Antwort lautete, er besitze kein Telephon, werde mich aber zu einer vereinbarten Zeit anrufen. Das ist weder zur vereinbarten Zeit noch zu irgendeiner anderen geschehen. Der Groethuysensche Schmutz ist nun von den Kleidern auch auf den Bart übergegangen.

Einen ganzen Nachmittag verbrachte ich unter den Phänomenologen. Ich hörte mir zunächst ein Referat von Helmut Kuhn an, der mir durch verschiedene Arbeiten (besonders zur Hegelschen Ästhetik, die er im Sinne einer historischen Liquidation der Kunst interpretiert) aufgefallen war. Der Vortrag war sehr langweilig, und der Mann machte einen untergeordneten Eindruck. Für uns kommt er, selbst wenn es sich bloß um Besprechungen handeln sollte, m. E. nicht in Frage. Nach ihm hielt unser Heinemann [Fritz Heinemann hatte in Frankfurt a. M. gelehrt] einen unsäglichen Vortrag über Husserl, Heidegger und seine (Heinemanns) eigene Phänomenologie, die wesentlich in den Titeln neuer philosophischer Branchen besteht. Während des ganzen Vortrages redete er vom Substanzverlust des Menschen. Ich hielt die Zeit für eine Intervention gekommen und entgegnete strikt philologisch auf seine Darstellung von Husserl, indem ich Punkt für Punkt nachwies, daß diese Darstellung den Texten widerspricht. Höchst unerwarteter Erfolg: allgemeiner Applaus, die ganze folgende Diskussion ging von meinem Angriff aus, und Herr Heinemann wurde richtig zu Grabe getragen, was ihn nicht daran hinderte, mich am nächsten Tag zu begrüßen und sich bei mir auch noch zu bedanken (ich kann mir in der gegenwärtigen Situation keinen philosophischen Angriff vorstellen, der nicht vom Dank des Angegriffenen quittiert würde). Jedenfalls hat nach der Heinemann-Affäre die ganze Phänomenologen-Herde sich mir vorgestellt und ebenfalls bei mir bedankt, und ich habe nicht verfehlt, in diesen Gesprächen auf die Haltung unserer Zeitschrift und des Instituts hinzuweisen. Unter den Leuten, die ich auf diese Weise kennen lernte, befanden sich [Emil] Utitz, von dem ich später noch einen völlig inhaltslosen Vortrag hörte, und [Ludwig] Landgrebe, der jetzt in Prag habilitiert ist und dort eine Gesamtausgabe der Husserlschen Schriften, gewissermaßen eine Nachlaßausgabe zu Lebzeiten, veranstaltet. Landgrebe ist ein im positiven und negativen Sinn sehr bescheidener Mann, aber offenbar mit wirklicher Sachkenntnis. Es entbehrte nicht einiger Ironie, daß er glaubte, meinen Angriff auf Heinemann als eine Intervention für Husserl interpretieren zu sollen; meine Interpretation hat er völlig bestätigt. Husserl ist übrigens mittlerweile zum tschechischen Staatsphilosophen erklärt worden und hält dauernd in Prag Vorträge (er stammt bekanntlich aus Brünn). – In der gleichen Sitzung hielt Liebert eine pompöse Ansprache mit der Gestik eines verkrachten Rabbiners; er meldete gegen die Phänomenologie die Ansprüche des deutschen Idealismus an; daß die Phänomenologie längst mit diesem sich versöhnt hat, ist ihm offenbar unbekannt. Seine These war: Während die Phänomenologie sich nach den Sachen richte, vertrete der Idealismus die »Freiheit«, worunter er verstand den Anspruch der souveränen und autonomen Verfügung über das Tatsachenmaterial. Ein Satz lautete etwa so: »Phänomenologie, Anthropologie, Existentialphilosophie, alles schön und gut, wir begrüßen das, aber außerdem gibt es doch in der Philosophie noch etwas anderes, nicht bloß die Analyse der Erscheinungen, sondern ihre Synthese.« Der Vortrag wurde ernsthaft diskutiert. Gegenwärtig waren allerlei Gespenster aus der Vorzeit wie Arnold Metzger und unser [Georges] Gurvitch. Einen besonders negativen Eindruck hatte ich von Siegfried Marck, der nur seniles Geschwätz von sich gab.

[Maurice] Errera (Gabis [Gabrielle Oppenheim] Vetter, sehr bekannt!) berichtete über die Physiologie von Descartes.

Sie wurde weitgehend von Descartes' Interesse an der Mechanik bestimmt; die Lehre vom Blutkreislauf war einer ihrer Hauptgegenstände. Errera betonte die systematischen Vorurteile, die diesen Forschungszweig bei Descartes bestimmen. Descartes habe vom Wert des Experiments nur recht unklare Vorstellungen gehabt. Um so bemerkenswerter seien seine Antezipationen. So habe Descartes die Funktion sowohl des Zwerchfells wie der Leber im Blutkreislauf geahnt – Funktionen, die exakt erst im dritten Jahrzehnt unseres Jahrhunderts festgelegt worden seien. Der Vortragende schloß mit einem Ausblick auf Pawlows Lehre von den bedingten Reflexen, an die Descartes hin und wieder in seinen Vorstellungen von der Tierpsychologie denken macht.

Gehlen sprach über 2 Bemerkungen Schellings zu Descartes. Sein Vortrag war existentialphilosophisch gestimmt. In der ersten dieser Bemerkungen erkläre Schelling die cartesianische Philosophie als Nachfolge des Christentums. Descartes habe, wie Gehlen (nach Schelling?) formuliert, »die Rettung der beschränkten Vernunft« unternommen. Es sei dieses so zu verstehen, daß bei Cartesius zum ersten Mal – im cogito ergo sum – das Unendliche als das Subjektive erscheine. Die zweite Bemerkung Schellings, auf die der Vortragende sich bezieht, schließt ebenfalls an den Cogitosatz an. Sie stellt sich kritisch zu diesem Satz. Schelling schaltet in dieser Bemerkung das Denken den Träumen gleich. So, wie wir gewohnt sind, zu sagen es träumte mir, sollten wir auch das Denken als einen unpersönlichen in uns sich vollziehenden Akt uns vergegenwärtigen. Schelling stellt dem cartesischen cogito das Bewußt-Sein als Phase im prozessualen Fortschritt eines nicht mehr theoretischen Wissens gegenüber. Die Diskussion dieses Referats erhob sich über das vorherrschende Niveau durch die Intervention von Scholz, der auf seine diskrete und ironische Weise zu bedenken gab, daß Descartes Mathematiker gewesen sei; auch könne man sich das Unendliche objektiver nicht denken, als Descartes es getan habe.

Eine ganze Sitzung war den logischen Positivisten eingeräumt, die ihre bekannten Thesen vortrugen und dabei womöglich noch mehr Gewicht auf ihre Friedensliebe legten als auf ihrem Privatkongreß. Paul Oppenheim hielt ein Referat über Klassenbegriffe und Typenbegriffe; die letzteren sollen nicht starre Disjunktionen bilden, sondern sich nach Formen wie »je mehr, desto« und ähnlichem abstufen; die Frage, wie sie sich logisch zu den Klassenbegriffen verhalten, ob sie in diese transformierbar sind und umgekehrt usw., wurde nicht einmal gestellt. Er predigte die Kirche leer; überhaupt kein Beifall. Am Abend war ich mit Gabi [Oppenheim] aus.

Einige Stichproben vom Ästhetikerkongreß: Am meisten hatten uns natürlich die Surrealisten interessiert. Zwei von ihnen waren angemeldet: Paul Eluard und Roger Caillois. Beide blieben der surrealistischen Intention der Sabotage treu, indem sie überhaupt nicht erschienen. Zur Charakteristik der Organisation: Der Vortrag von Caillois, über den Gegensatz von Mythos und Kunst, war im Personenverzeichnis, aber nicht im Sitzungsprogramm angemeldet. Wir erkundigten uns beim Sekretariat, wo und wann er stattfände. Antwort: Herr Caillois sei in Ferien und werde nicht sprechen; wenn uns aber sein Vortrag interessiere, so werde man ihn zu einer gemeinsam zu bestimmenden Zeit verlesen lassen. Als wir zur festgesetzten Zeit erschienen, wurde zunächst die Verlesung um eine Stunde vertagt und dann ohne jede Begründung erklärt, sie fände nicht statt.

Celebritäten: Herr und Frau Maritain: Er ein völlig glatter, ungreifbarer Mann, der sich bemühte, die Tendenzen der avantgardistischen Kunst in derrièregardistischen Begriffen darzustellen. Seine Frau verkündete, daß es in der Poesie nicht bloß auf den Sinn, sondern auch auf das Wort ankäme, in der Prosa dagegen nur auf den Sinn. Der Verkehr mit Cocteau ist offenbar ohne Folgen geblieben.

Maximilian Beck, der Herausgeber der Philosophischen Hefte, sprach über »objektivistische Ästhetik«. Er macht den Eindruck eines Mannes, der zwar, wie alle die anderen, sein philosophisches Süppchen kocht, aber abgesehen davon seine fünf Sinne zusammenhat; es sind ihm auch gewisse ästhetische Erfahrungen zuzutrauen, obwohl er einmal Beethoven als Kunstsachverständigen bezeichnete. Guter Diskussionsredner. Seine Theorie läuft auf einen phänomenologischen Objektivismus im Sinne des Scheler des »Ewigen im Menschen« heraus, gewiß eine zurückgebliebene Position, aber immer noch fortgeschritten gegenüber dem leeren Stroh von Form- und Inhaltsästhetik, das die anderen dreschen. Er hat übrigens einige vorzügliche Kritiken geschrieben. Wir haben uns mit ihm bekanntgemacht; vielleicht ist der Kontakt mit ihm nicht ganz wertlos.

Dialektische Materialisten: ich glaube, ich habe eine wirkliche Entdeckung gemacht. Es sprach eine ganz junge Amerikanerin, noch Studentin in Harvard, Miss Martha Wolfenstein [1911-1976], über die Situation des Malers in der industriellen Gesellschaft. An Konkretheit und wirklicher Einsicht in die Probleme war der Vortrag allem weit überlegen, was es sonst auf dem Kongreß zu hören gab; auch in der Art des Vortrags ungemein sympathisch; Frl. W. erinnert in ihrer Sprechweise stark an Liesel Paxmann. Radikal, aber nicht orthodox. Ich habe sie um das Manuskript ihres Vortrags gebeten. Ich möchte noch nicht entscheiden, ob er zum Abdruck bei uns geeignet ist; auf jeden Fall aber sollte man sie im Auge behalten. Wenn ich mich nicht sehr täusche, liegt hier wirklich ein Fall von »Nachwuchs« vor. Ich habe ihr unsere Adresse gegeben und vereinbart, mit ihr in Kontakt zu bleiben; sie wird sich auch in New York melden. Natürlich habe ich ihr keinerlei Zusicherungen gemacht. Auf den Vortrag habe ich in der Diskussion eingehend englisch geantwortet.

Über Hegels Musikästhetik sprach Herr [Manfred] Bukofzer, angeblich materialistischer Musikästhetiker. Orthodox; daher im Vortrag von Materialismus nichts zu merken. Er hat aus der an sich schon sehr dünnen Hegelschen Musikästhetik die dünnsten Kategorien der heute üblichen, kunstfremden und schlecht kollektivistischen Musikwissenschaft herausdestilliert: er vertritt, das Wesen der Musik sei »monistische Symbolik«, d. h. unabtrennbare Einheit von sinnlicher Erscheinung und Bedeutung, die Autonomie der Musik und ihre »Materialgerechtigkeit« (um 20 Jahre verspäteter Werkbund). Im Habitus eine Mischung von Betriebsamkeit und Ungeschliffenheit. Kommt für uns nicht in Betracht, obwohl er leidenschaftlich die Zeitschrift schnorrt. Der Zustand der materialistischen Ästhetik ist kläglich; auf der einen Seite beten die offiziellen Leute die Litanei von der Inhaltsästhetik gegen die Formalästhetik her; auf der anderen verzapfen die mit »Niveau«, wie Bukofzer, seelenruhig den alten Idealismus. Hier bleibt wirklich alles erst noch zu tun.

Benjamin hörte einen Vortrag über die Ästhetik des Feuerwerks. Dieser Vortrag scheint die Höhe der Verdummung zu markieren, die sich unter Akademikern ergibt, wenn sie up to date sein wollen. Der Vortragende feierte das Feuerwerk (wie die Gartenbaukunst) als besonders charakteristisch für die kollektivistische Kunst unserer Zeit. Hauptgrund: daß man im Dunkeln den Mann nicht sähe, der das Feuerwerk abbrennt. Es wäre dem hinzuzufügen, daß zwar während des Ästhetikerkongresses kein Feuerwerk abgebrannt wurde (es sei denn das sonntägliche auf dem Eiffelturm, das aber zum Kongreß in keinerlei Beziehung stand), daß aber trotzdem keinerlei Männer sichtbar wurden. Die Kollektivierung scheint weit fortgeschritten.

Heute Nachmittag werde ich mir noch die Verhandlungen der Musikästhetiker im Musiksaal anhören. Morgen fahre ich nach London zurück. Brief an Herrn Pollock folgt.

Paris, 11. August 1937.
(unter Mitwirkung von Benjamin)
Wiesengrund

Adresse bis auf weiteres: Albemarle Court Hotel
18, Leinster Gardens
London, W.2.

(Typoskript im Theodor W. Adorno Archiv)

Editorische Nachbemerkung

Der Briefwechsel zwischen Theodor W. Adorno und Max Horkheimer, dessen erster Band kurz vor Adornos Übersiedlung von England nach New York endet, ist vor allem ein Dokument der geplanten gemeinsamen theoretischen Arbeit, die als »materialistische Logik« oder »materialistische Dialektik« immer wieder die Korrespondenz durchzieht, dann ein Briefwechsel im traditionellen Sinn und schließlich fast eine Geschäftskorrespondenz über die Arbeiten des Instituts in den USA und in der Bundesrepublik Deutschland. Das hat es nahegelegt, neben den Briefen Adornos und Horkheimers in einem Anhang jeweils Briefe an Dritte, Gutachten, Berichte und Memoranden wiederzugeben, die für das Verständnis der Briefe selbst nicht unerheblich sind. Auf diese Weise hoffen die Herausgeber, etwas von der internen Geschichte des »Instituts für Sozialforschung« gerade auch dort zugänglich zu machen, wo es sich um nicht abgeschlossene Arbeiten und Institutsprojekte handelt.

Die Briefe, deren Originale im Theodor W. Adorno Archiv und im Max-Horkheimer-Archiv, beide in Frankfurt a. M., erhalten sind und allein die Vorlage dieser Ausgabe bilden, sind vollständig und diplomatisch getreu wiedergegeben. Nur in wenigen Fällen, wie der Verschreibung von Eigennamen (etwa »Lévinasse« für »Lévinas« oder »Karnap« für »Carnap«) und offensichtlichen Tippfehlern, wurde stillschweigend korrigiert. Ansonsten wurden Korrekturen der Herausgeber und Ergänzungen bei Textverlust in eckigen Klammern kenntlich gemacht. Normiert wurden die Umlaute sowie die Schreibung *ß* für *ss*, außer in den Briefen Horkheimers, der auch in handschriftlichen Briefen immer *ss* schreibt.

Die Anmerkungen dienen allein dem Verständnis dessen, wovon die Briefe handeln; eine Kommentierung ist nicht beabsichtigt. Folgende Abkürzungen wurden verwandt:

O: Original
Ms: Manuskript
Ts: Typoskript
Ts(Dg): Typoskript-Durchschlag
E: Erstdruck
gedr.: gedruckt

Nachstehende Werk- und Briefausgaben werden in abgekürzter Form zitiert:

Theodor W. Adorno, Gesammelte Schriften. Herausgegeben von Rolf Tiedemann unter Mitwirkung von Gretel Adorno, Susan Buck-Morss und Klaus Schultz. Band 1-20, Frankfurt am Main 1970-1986 – abgekürzt: Adorno GS [1-20].

Theodor W. Adorno / Walter Benjamin, Briefwechsel 1928-1940. Herausgegeben von Henri Lonitz, 2. Auflage, Frankfurt am Main 1995 (Theodor W. Adorno. Briefe und Briefwechsel. Band 1.) – abgekürzt: Adorno / Benjamin, Briefwechsel.

Theodor W. Adorno / Alban Berg, Briefwechsel 1925-1935. Herausgegeben von Henri Lonitz, Frankfurt am Main 1997 (Theodor W. Adorno. Briefe und Briefwechsel. Band 2.) – abgekürzt: Adorno / Berg, Briefwechsel.

Theodor W. Adorno und Ernst Krenek, Briefwechsel. Herausgegeben von Wolfgang Rogge, Frankfurt am Main 1974 – abgekürzt: Adorno / Krenek, Briefwechsel.

Theodor W. Adorno und Alfred Sohn-Rethel, Briefwechsel 1936-1969. Herausgegeben von Christoph Gödde, München 1991 – abgekürzt: Adorno / Sohn-Rethel, Briefwechsel.

Walter Benjamin, Gesammelte Briefe. Herausgegeben von Christoph Gödde und Henri Lonitz. Band I-VI, Frankfurt am Main 1995-2000 – abgekürzt: Benjamin, Gesammelte Briefe [I-VI].

Walter Benjamin, Gesammelte Schriften. Unter Mitwirkung von Theodor W. Adorno und Gershom Scholem herausgegeben von Rolf Tiedemann und Hermann Schweppenhäuser. 7 Bände, Frankfurt am Main 1972-1989 – abgekürzt: Benjamin GS [I-VII].

Ernst Bloch, Briefe 1903-1975. Zweiter Band. Herausgegeben von Karola Bloch, Jan Robert Bloch, Anne Frommann, Hanna Gekle, Inge Jens, Martin Korol, Inka Mülder, Arno Münster, Uwe Opolka und Burghart Schmidt, Frankfurt am Main 1985 – abgekürzt: Bloch, Briefe 2.

Erich Fromm, Gesamtausgabe. Band I: Analytische Sozialpsychologie, Stuttgart 1980 – abgekürzt: Fromm GA.

Max Horkheimer, Gesammelte Schriften. Herausgegeben von Alfred Schmidt und Gunzelin Schmid Noerr. Band 1-19, Frankfurt am Main 1988-1996 – abgekürzt: Horkheimer GS [1-19].

Max Horkheimer, Gesammelte Schriften. Band 15: Briefwechsel 1913 bis 1936. Herausgegeben von Gunzelin Schmid Noerr, Frankfurt am Main 1995 – abgekürzt: Horkheimer, Briefwechsel 1913-1936.

Max Horkheimer, Gesammelte Schriftem. Band 16: Briefwechsel 1937 bis 1940. Herausgegeben von Gunzelin Schmid Noerr, Frankfurt am Main 1995 – abgekürzt: Horkheimer, Briefwechsel 1937-1940.

Siegfried Kracauer, Schriften 1: Soziologie als Wissenschaft. Der Detektiv-Roman. Die Angestellten, Frankfurt am Main 1971 – abgekürzt: Kracauer, Schriften 1.

Leo Löwenthal, Schriften. Herausgegeben von Helmut Dubiel. 5 Bände, Frankfurt am Main 1990 – abgekürzt: Löwenthal Schriften [1-5].

Herbert Marcuse, Schriften. Band 3: Aufsätze aus der Zeitschrift für Sozialforschung 1934-1941, Frankfurt am Main 1979 – abgekürzt: Marcuse, Schriften 3.

Für ihre Unterstützung danken die Herausgeber Elisabeth Matthias (Institut für Sozialforschung, Frankfurt am Main), Michael Maaser (Archiv der Johann Wolfgang Goethe-Universität, Frankfurt am Main), Ulf Rathje (Bundesarchiv, Koblenz) und Jochen Stollberg (Stadt- und Universitätsbibliothek, Frankfurt am Main).

Register

Die Register der Schriften Adornos und Horkheimers erschließen die Briefe und die Briefe und Texte des Anhangs, während das Personenregister, in dem die Namen der beiden Briefschreiber fehlen, auch die erwähnten Personen in den Anmerkungen der Hrsg. berücksichtigt. Unter die Schriften wurden in eine eigene Abteilung auch Vorträge, Vorlesungen und geplante Arbeiten aufgenommen, von denen in den Briefen gesprochen wird. Im Personenregister werden Namen in bibliographischen Angaben sowie Verlage oder andere Geschäftsnamen nicht angeführt. Indirekte Erwähnungen sind nicht besonders gekennzeichnet. – Die Zahlen in Geradschrift beziehen sich auf die Briefe, *kursiv* gesetzte Zahlen auf die Anmerkungen.

I. Schriften Adornos

1. Abgeschlossene Arbeiten

2. Vorträge, Vorlesungen und Pläne

3. Memoranden, Exposés, Gutachten und Berichte

II. Schriften Horkheimers

1. Abgeschlossene Arbeiten

2. Vorträge, Vorlesungen und Pläne

Suhrkamp Verlag GmbH
Torstraße 44, 10119 Berlin
info@suhrkamp.de
www.suhrkamp.de